böhlau

Klaus Lohrmann

Babenberger und Traungauer

Landesherrschaft und Ökonomie (1150–1250)

BÖHLAU

Veröffentlicht mit freundlicher Unterstützung durch:
Kulturamt der Stadt Wien
Amt der N.Ö. Landesregierung
Museum Lauriacum, Enns

Bibliografische Information der Deutschen Nationalbibliothek:
Die Deutsche Nationalbibliothek verzeichnet diese Publikation in der Deutschen Nationalbibliografie; detaillierte bibliografische Daten sind im Internet über https://portal.dnb.de abrufbar.

Korrektorat: Vera M. Schirl, Wien
Einbandgestaltung: Michael Haderer, Wien
Satz: Michael Rauscher, Wien
Druck und Bindung: Hubert & Co, Ergolding
Gedruckt auf chlor- und säurefrei gebleichtem Papier
Printed in the EU

Vandenhoeck & Ruprecht Verlage | www.vandenhoeck-ruprecht-verlage.com
E-Mail: info@boehlau-verlag.com

ISBN 978-3-205-22158-6

Inhalt

Ausführliches Inhaltsverzeichnis

Vorwort

Vor fünf Jahren begann ich, mich mit der Jahrmarktsordnung von Enns aus dem Jahre 1191 zu beschäftigen. Die daraus resultierende Untersuchung richtete besonderes Augenmerk auf die Rolle der Regensburger Kaufleute, die schließlich unter Führung ihres Hansgrafen den Ennser Markt organisierten. Enns spielte für einige Jahrzehnte, als sich in der zweiten Hälfte des 12. Jahrhunderts der Donauhandel entwickelte, eine bedeutsame Rolle als Drehscheibe im europäischen Warenaustausch zwischen Flandern und Kiew. Diese ersten Ansätze zu neuen Forschungen, die zunächst wirtschafts- und verkehrsgeschichtlich dominiert schienen, ließen bei der Untersuchung von Zöllen und anderen Abgaben einen weiteren Aspekt von möglicherweise großer Bedeutung hervortreten: die Einnahmen des Landesfürsten aus Zöllen, Münzen und der Gerichtsbarkeit sowie den Forsten aber auch den nicht eingeforsteten Wäldern.

Die Einnahmen und ihre dichter werdende Administration und der daraus folgende Reichtum, der mit einer Machtsteigerung untrennbar verbunden war, eröffnete neue Möglichkeiten, um das Entstehen territorialer Herrschaft umfassender zu verstehen. Die vorliegende Arbeit versucht also mit Hilfe einer vertieften Untersuchung handelsgeschichtlicher Entwicklungen territorialer und europäischer Prägung einen erweiterten Zugang zum vieldiskutierten Phänomen der Landesherrschaft zu schaffen.

Von Anfang an war mit diesen Forschungen und ihrer Bekanntmachung der Museumverein Lauriacum-Enns mit seinem wissenschaftlichen Leiter Reinhardt Harreither aufs engste verbunden. Zusammen mit dem Obmann des Vereins Gottfried Kneifel gelang es im Oktober 2023 eine internationale Tagung zum Thema »Enns und der europäische Fernhandel im Mittelalter« zu organisieren. Zu den Druckkosten des vorliegenden Buches leistete der Verein einen wesentlichen Beitrag.

Die Stadt Wien beteiligte sich mit ihrer Wissenschaftsabteilung im Rahmen der MA 7 an den Kosten für die einschlägigen Forschungen und Drucklegung. Dies auch deshalb, weil Wien seit den neunziger Jahren des 12. Jahrhunderts rasch zum wirtschaftlichen Zentrum im Herrschaftsbereich der Babenberger aufstieg. Auch die Mittel, die das Land Niederösterreich für den Druck zur Verfügung stellte, beruhen unter anderem auf der Bedeutung und Präsenz der niederösterreichischen Forschung der letzten Jahrzehnte auf dem Gebiet der Territorialentwicklung, vertreten durch den verstorbenen Maximilian Weltin und den Direktor von Archiv und Bibliothek des Landes Roman Zehetmayer.

Eine Reihe weiterer Kollegen begleiteten die Arbeit mit ihrer Diskussionsbereitschaft. Der Leiter der Bibliothek des Instituts für Österreichische Geschichtsforschung Paul Herold war auch diesmal als oft bewährtes Gegenüber ein wichtiger Diskutant. Gleiches gilt für Christoph Sonnlechner vom Wiener Stadt- und Landesarchiv, dessen Kenntnisse des mittelalterlichen Forstwesens eine große Hilfe waren.

Für Gespräche und wichtige Ratschläge im Bereich des Münzwesens sorgte Johannes Hartner vom (Münzkabinett) des KHM. Hilfreiche Gesprächspartnerinnen für Ungarn und Kiew waren Veronika Rudolf von der Eötvös-Loránd-Universität Budapest und Cornelia Soldat von der Universität Köln.

Ihnen allen und besonders dem Verlag und seiner Lektorin Mag. Eva Buchberger sei für die intensive und hilfreiche Betreuung des Buchprojektes gedankt.

Land – Landeshoheit – Ökonomie

Als Erstes möchte ich dem Titel dieses Buches zwei Erklärungen hinzufügen. Der Jahrmarkt von Enns wurde in der Mitte des 12. Jahrhunderts von Otakar III., dem Markgrafen von Steier, einem »Traungauer« eingerichtet. Diese Bezeichnung der Dynastie gilt heute als veraltet, leistet aber trotzdem bei der Klarheit von Texten recht gute Dienste. Die steirische Geschichte, die Entstehung der Landeshoheit in dem komplex und stark differenzierten steirischen Raum, in dem die ökonomischen Schwerpunkte Eisen und Wälder eine herausragende Rolle spielten, sind unter diesen Voraussetzungen zu behandeln. Zweitens übernahmen die Babenberger erst 1192, nach dem Tod von Otakars gleichnamigem Sohn, der 1186 in der Georgenberger Handfeste Leopold V. zu seinem Nachfolger ausersehen hatte, die Herrschaft in der Steiermark. Die Babenberger werden erst mit Heinrich Jasomirgott und seinem Sohn Leopold V. in dieser Untersuchung im Detail berücksichtigt. Rückgriffe in die Zeit des Investiturstreits mit Leopold II. (1075–1095) und die Anfänge der Entwicklung der Landeshoheit in der Zeit Leopolds III. (1095–1136) werden sich allerdings als notwendig erweisen.

Unsere Betrachtungen haben ihren Schwerpunkt im 12. und frühen 13. Jahrhundert und betreffen vor allem den Handel an der Donau als Verkehrsweg für Waren, die zwischen dem Nordwesten Europas und dem Osten ausgetauscht wurden. Daraus entstand eine Neuorganisation und Intensivierung des Abgabenwesens, das sich in komplexen Zusammenhängen und Wechselwirkungen etwa gleichzeitig mit der fürstlichen Territorialherrschaft entwickelte. Zölle, Münzen und Abgaben aus dem Marktgetriebe, sowie etwas anders geartete Vorteile aus der Herrschaft über Wälder und Forste spielten dabei eine bedeutsame Rolle.

Im Gegensatz zur pessimistischen Beurteilung der Quellenlage im umschriebenen Zeitraum weist der Donauraum unter babenbergischer und traungauischer Herrschaft eine Fülle von Urkunden, Schenkungsnotizen, Zollerleichterungen, historiographischen Bemerkungen und schließlich Urbareintragungen auf, die eine angeblich schlecht dokumentierte Zeit überraschend gut ausleuchten. Durch verschiedene Vergleiche von Zahlungen und Abgaben, ergeben sich sogar Rückschlüsse auf den Wert und die Bedeutung von Waren und Geldsummen.[1]

---

1 Dirlmeier, Mittelalterliche Zoll- und Stapelrechte 26 f. wies auf die überlieferten Zollbeträge im 14. und 15. Jahrhundert hin, über deren Einschätzung unterschiedliche Meinungen geäußert wurden. Die üblichen Tabellen besagen auch relativ wenig – die Diskussion um die Interpretation verschiedener Einnahmen und Kosten kann uns ein Gefühl für den Wert bestimmter Summen vermitteln. Siehe dazu vor allem unten im Kapitel über Landesherrschaft, Markt und Münze.

Der in der vorliegenden Untersuchung behandelte Fragenkomplex ist nicht neu: In welcher Weise hing die Ausbildung jener Herrschaftsform, die wir seit dem 12. Jahrhundert in einem gewissen Widerstreit, aber auch neben und verbunden mit der Königsherrschaft als »Landeshoheit« kennen, mit der gleichzeitigen Wirtschaftsexpansion in Europa zusammen, die wohl einen der Höhepunkte der kommerziellen Revolution des Mittelalters bildete?[2] Dieser behauptete Zusammenhang bedarf aber einiger Erklärungen. Die Landeshoheit bezog sich auf Gebiete, die, wie ich noch genauer erörtern werde, im Vergleich zur Ausdehnung des mittelalterlichen Reiches überschaubar waren. In einem solchen Raum konnten günstige Verkehrsbedingungen bestehen, die durch größere Wasserstraßen oder durch Landwege geprägt waren, deren qualitative Ausstattung noch Reste römischen Knowhows bewahrte, die man in der Zeit der Karolinger wohl zu nutzen wusste. Der Verkehr auf diesen Verbindungslinien umfasste größere Räume, die besonders für die Versorgung von besiedelten Gebieten und Institutionen (Bischofssitze, Klöster, Pfalzen) mit Salz früh die Dimensionen des Fernhandels erreichten. Die Zollordnung von Raffelstetten gilt als der wichtigste Musterbeleg für den Nachweis dieses Handelszweiges in der ausgehenden Karolingerzeit.[3] Auf dieser abgabentechnischen Nutzung des Handels beruhte die Zollhoheit von Grafen, die sie in Stellvertretung des Königs ausübten. Das Recht zu dieser Nutzung wurde zu einem Bestandteil der sich fast 300 Jahre später entwickelnden Territorialherrschaft. Die Erhaltung und möglichst Steigerung der Einnahmen hing von der ökonomischen Entwicklung, aber auch von einer »gekonnten« Einhebung und Ordnung ihrer rechtlichen Voraussetzungen ab.

Wenn etwa Otto Brunner und Hans Pirchegger die Schlussfolgerung betonen, ein Land erstrecke sich, so weit wie sein Recht gültig sei, mag das richtig sein – diese Feststellung sollte aber durch einen weiteren Gedanken präzisiert bzw. ergänzt werden: Es erstreckt sich so weit, wie sein Recht durchsetzbar ist und das ist eine von politischen Umständen abhängige Leistung des Territorialherren, seiner edelfreien Vasallen, sowie besonders seit dem Investiturstreit in wachsendem Maße seiner Dienstleute. Letztere waren bei der Erfüllung »politischer« Funktionen erfolgreicher als der sogenannte alte Adel und spielten daher im Alltag des Landes als Strategen und Amtleute eine bedeutende Rolle. Wie es zu diesem Erfolg der Ministerialen kam, werden wir an mehreren Stellen unserer Untersuchung zu erklären versuchen. Den Stadtbewohnern unter ihnen, den *cives* oder *burgenses* fiel dann in ökonomischer und administrativer Hinsicht entwicklungsbedingt eine Schlüsselrolle zu. Die Erklärung und Deutung der Rolle der Ministerialität oder etwas weitergedacht, des Meliorats, soll erst im Kapitel über die Entwicklung des steirischen Territoriums und seine ökonomischen Grundlagen behandelt werden.[4] So viel zur ersten Einstimmung!

---

2 Lopez, The Commercial Revolution; in diesem Sinne Rösch, Wirtschaftsexpansion 17.

3 Mitterauer, Zollordnung von Raffelstetten 344 ff.

4 Begründet ist die Verlagerung dieses zentralen Themas durch die spezifische Forschungslage in der Steiermark.

Fassen wir nun die allgemeine Lage zunächst am Beispiel des Zollwesens etwa zu Beginn des 12. Jahrhunderts ins Auge. Die traditionelle, in die karolingische Zeit zurückreichende Organisation dieser Einnahmen als »Zollregal« zu verstehen, war damals teilweise schon überholt und war gerade für die Mark der Babenberger nicht mehr zutreffend.[5] Ferner ist zu bedenken, dass die sogenannte Regaliendefinition, die in einer bestimmten Phase des Investiturstreits formuliert wurde, in einer Zwangssituation entstand. Immerhin ist klar, dass zur Zeit der Verhandlungen im Februar 1111 Bischöfe und Klosteräbte eine Vielzahl kaiserlicher Rechte bereits übernommen hatten.[6] Durch die immer wieder notwendige Neubesetzung dieser kirchlichen Spitzenfunktionen blieb ein gewisser königlicher Einfluss gewahrt, den Heinrich V. auch als Grundlage der Herrschaft im Reich betrachtete. Die Situation unterschied sich in einigen Details von der späteren Rolle weltlicher Fürsten bei der Ausübung königlicher Rechte, die schon dem Prozess der Territorienbildung zuzurechnen sind. Wir werden in diesem Sinne an geeigneter Stelle dieser Arbeit zeigen, dass politisch günstige Verhältnisse seit den achtziger Jahren des 11. Jahrhunderts Leopold II. dazu veranlassten, Rechte an sich zu ziehen, die sein Sohn Leopold III. durch eine geschickte Ausgleichspolitik vor allem mit Vertretern kirchlicher Machtpositionen absicherte.[7]

Die hochinteressanten politischen Details, die offenbar mit neuen rechtlichen Einschätzungen abgesichert wurden, etablierten die Vorstellung von einer neuen, königsähnlichen Landeshoheit. Die staufische Wirtschaftspolitik, von der wir trotz immer wieder erhobener kritischer Einwände ohne Anführungszeichen sprechen wollen,[8] zielte auf eine der Territorialpolitik entsprechende Herrschaftsdurchsetzung in einzelnen Regionen, ähnlich wie jene in den »Ländern«, ab. Fasst man die Politik Leopolds II. und seines Sohnes beschreibend und deutend ins Auge, kann man einen Vorsprung der fürstlichen Politik gegenüber der Durchsetzung der angeblich alten »Reichsrechte« in einzelnen Regionen (etwa Eger) erkennen. Primitives Fazit, grob formuliert: Die Babenberger waren bei der Schaffung eines Territoriums letztlich erfolgreicher als Friedrich Barbarossa.

In diesem Zeitraum erlangte der Donauhandel zunehmend Bedeutung,[9] der den in der bayerischen Mark, im späteren Herzogtum Österreich, herrschenden Babenber-

5 Vgl. dazu etwa HAHN, Zu den Anfängen der österreichischen Münzprägung 47, der die Rolle des Königs bei der Vergabe des Rechts, Münzen zu prägen, überschätzt und den Wettbewerb zwischen königlicher und fürstlicher Herrschaftsorganisation nicht wahrnimmt.

6 HARTMANN, Der Investiturstreit 38.

7 Ein schönes Beispiel für geschickte Politik ist der Verzicht Leopolds III. und weiterer Grafen auf Güter im Traungau, die am Ende des 10. Jahrhunderts Kremsmünster von Bischof Christian von Passau und Leopold I. entfremdet worden waren und nun zurückgestellt wurde (1099). BUB IV/1 Nrn. 553 und 596; BRUNNER, Leopold der Heilige 88.

8 FRIED, Die Wirtschaftspolitik Friedrich Barbarossas 195.

9 Zum Donauhandel und der Bedeutung für die benachbarten Gebiete bereits STEIN, Handels- und Verkehrsgeschichte 306–325; TREMEL, Wirtschafts- und Sozialgeschichte 87; SANDGRUBER, Ökonomie und

gern wachsende Einnahmen verschaffte, die ihren Reichtum vermehrten. Reichtum und Macht gehören zusammen[10] und fördern die Selbstständigkeit, d. h. die Lösung von älteren Bindungen. So wurde die traditionelle königliche Herrschaft geschwächt, wie wir das in der Zeit des Konflikts Leopolds II. mit Heinrich IV. beobachten können. Berthold von St. Blasien bezeichnete den verstorbenen Leopold II. resümierend als *ditissimus marchio de orientalo regno.*[11]

Ich verzichte auf umständliche, theoretische Überlegungen zu den Zusammenhängen von Rechts-, Staats- und Wirtschaftsgeschichte, die ausführlich bei Otto Brunner nachzulesen sind. Aus seinen Erörterungen, die auch das Spannungsverhältnis zwischen Quellensprache und dem Gebrauch unserer modernen Sprache beleuchten, zog er aber auch den Schluss, dass nur der Historiker von einem im echten und vollen Sinn politischen Gesichtspunkt die Probleme einer Zeit erfassen kann.[12] Dabei muss er (der Historiker) auf die Erkenntnisse der genannten Fachwissenschaften zurückgreifen, wenn sich dabei auch Probleme bei der kritischen Deutung dieser Erkenntnisse ergeben können. Die Deutung mittelalterlicher Verhältnisse und der damals entstandenen Texte ist zu einem guten Teil eine Interpretation mittellateinischer oder mittelhochdeutscher Sprachrätsel und erfolgt in der uns geläufigen gehobenen Umgangssprache, womit auch die Grenzen von Brunners Forderung nach der quellennahen Sprache deutlich werden. Mit einer Darstellung in der Quellensprache kann sich der Historiker nicht mit seinen zeitgenössischen Lesern verständigen. Darstellung und Deutung in moderner Sprache sind lediglich ein Versuch, längst vergangener Wirklichkeit einen heute noch überzeugenden Sinn abzugewinnen. Zugleich ist die Deutung die Legitimation eines Historikers, sich überhaupt mit einem Thema zu beschäftigen. In distanzierte Ironie zu versinken, wäre eine zweite Möglichkeit, wie uns einige Intellektuelle unserer Zunft manchmal vorexerziert haben.

Diese interpretatorischen Versuche beziehen sich in der gegenständlichen Untersuchung auf gerade neu entstehende Organisationsformen der Gesellschaft des 12. Jahrhunderts, die oberflächlich betrachtet, Ähnlichkeiten mit den modernen Vorstellungen vom Staat aufweisen. Das mittelalterliche Territorium und seine Herrschaftsverhältnisse sind aber kein unfertiger Staat,[13] sondern eine im Rahmen theologischer und imperialer nachaugusteischer Vorstellungen monarchisch geprägte Lebensform bzw. Ordnung des

---

Politik 37; Fragen zum Donauhandel werden durchgehend bei Lohrmann, Regensburger Kaufleute behandelt.

10 Vgl. die Schenkungsbestätigung für Lilienfeld 1209, in der Leopold VI. darauf hinweist, er sei nicht nur im Besitze der *plenitudo postestatis* sondern auch *copiarum omnium* BUB I 221, Zeile 29 f., Nr. 167.

11 BUB IV/1 Nr. 588; Brunner, Leopold, der Heilige 32 mit Anm. 27.

12 Brunner, Land und Herrschaft 164.

13 Brunner, Land und Herrschaft 114 wohl mit Bezug auf die Forschungssituation der 30er Jahre des 20. Jahrhunderts; ein Beispiel für eine heute überholte zeitabhängige Darstellung Mayer, Der Staat der Herzoge von Zähringen etwa 362.

Zusammenlebens. Eine Gesellschaft, die sich ihre Ordnung vor allem in Abhängigkeit von einem einzigen, allmächtigen Gott erklären und vorstellen will, hält das monarchische Übergewicht auch im Rahmen der *temporalia* für eben von diesem Gott gewollt. Durchaus ernst zu nehmende Alternativen konnten dieses Grundgerüst der Ordnung nicht erschüttern. Genossenschaftliche Organisationsformen, wie etwa die Berggenossen oder die Entwicklung der Allmende, des der Dorfgemeinschaft gehörenden Nutzlandes, standen neben der herrschaftlichen Hierarchie. Auch die Stadt ist ja nach Auffassung Alfred Haverkamps von einer Balance zwischen herrschaftlichen und genossenschaftlichen Elementen geprägt. Auch die jüngst hervorgehobene religiöse Eigenwilligkeit der adeligen Gesellschaft ist hinsichtlich der Vielfalt der Lebensformen des Hochmittelalters zu bedenken.[14]

Das mittelalterliche Land und die es prägende monarchische Landeshoheit eines Fürsten bilden das damals bestehende Ordnungsgefüge in einem überschaubaren geographischen Raum. Diese Überschaubarkeit des Gebietes, in dem die untertänigen Verbände lebten, war die Grundlage der Gebietsherrschaft, die wohl deswegen eine neue Qualität der Herrschaftsdurchdringung im Unterschied zur alten Königsherrschaft mit ihren Reichsvorstellungen geboten hat. Sich in einem Königreich geographisch zu orientieren, ist mit den damaligen Möglichkeiten, sich nur mit theologisch geprägten Phantasiedarstellungen der Welt (Jerusalem als Mittelpunkt) eine topographische Vorstellung zu machen, unmöglich. Diese Überlegungen wären aber wirklichkeitsfremd ohne Berücksichtigung der Einrichtung von Grafschaften, die auch in der Zeit karolingischer Reichsvorstellungen der politischen Durchdringung der überschaubaren Region dienen sollten.[15] Schon die Grafen beschritten allerdings im Zuge der allmählichen Lösung ihrer Tätigkeit von der königlichen Abhängigkeit einen dem Aufbau von Territorien vergleichbaren Weg.

Das »Land«, die *terra*, war der Raum, bildhafter ausgedrückt der S c h a u p l a t z, wo traditionelle Elemente von Herrschaft und Organisation in veränderter Form den Elementen der bestehenden Ordnung neuen Sinn gaben. Die Gewere am Land scheint einer der Schlüsselbegriffe der neuen Herrschaftsordnung zu sein. Betrachten wir diesen Prozess etwas konkreter!

Ein »Land« wird durch die Programmatik seiner Strukturen bildenden Führungsschicht ins Leben gerufen und meist als Phänomen der langen Dauer wahrgenommen und im Bewusstsein der an der Organisation mitwirkenden »Einwohner« verankert. Es wäre eine lohnende Aufgabe, den Vorstellungen über die Art der Gemeinsamkeit im Territorium nachzugehen. Der notwendig zu begreifende spirituelle Hintergrund würde

14 Haverkamp; Die »frühbürgerliche« Welt, 56, die politisch-herrscherliche Komponente sei in der älteren *societas civilis* eng mit der genossenschaftlichen verknüpft gewesen. Zum Adel: Weltecke, Der Narr spricht 122.

15 Mayer, Der Staat der Herzoge von Zähringen 351.

eines umfassenden Forschungsprojektes bedürfen. Die mittelalterlichen Formen und Strukturen des Landes sind, wie oben bereits bemerkt, von königlich-monarchischen Vorstellungen dominiert, die durch das Widerstandsrecht gegen den tyrannischen Herrscher und die Wechselfälle des politischen Alltags begrenzt sind.[16] Diese Wechselfälle werden in der jüngeren und jüngsten Forschung oft auf allgemeine Prinzipien wie etwa *government by consens* zurückgeführt. Eine der bekanntesten Studien auf diesem Gebiet räumt der Darstellung der politischen Voraussetzungen für die Mitwirkung der Reichsfürsten an einer Entscheidung Kaiser Friedrichs II. doch einigen Raum ein. Auch der Konsens von Heinrich V., mit einigen Fürsten beim Aufstand gegen den Vater folgte den politischen Zwängen des Investiturstreits.[17] Konsens wird meist nur in bestimmten Situationen gesucht, wenn andere Machtmittel, wie rechtliche Konstrukte oder Gewalt versagen oder ihre Anwendung kontraproduktiv ist. Die vielfältigen Möglichkeiten im 12. und 13. Jahrhundert, Entscheidungen durchzusetzen, kennen auch den Konsens, der auf allen Ebenen nachzuweisen ist. Fraglich ist, ob es um das Prinzip des Konsenses geht oder um die Anpassung an eine Situation bzw. um die Sachkompetenz von Betroffenen und Entscheidungshelfern. Wir werden sehen, dass die Babenberger den Rat und manchmal sogar den Konsens in Zollangelegenheiten bei ihren Amtleuten ministerialischer Qualität suchten.

Die Treue der Nobilität und der Diensteifer der Ministerialität funktionieren nur in einem günstigen und diesen Grundsätzen förderlichen Alltagsgeschehen. (Man versuchte dabei gewisse Verhaltensweisen als Verfasstheit, wie in einem Ehekonsens festzuschreiben: etwa wie im Pactum zwischen Otakar Přemysl und den österreichischen Landherren 1254).[18] Unter diesen Umständen tritt die Definition des Landes hinter die Notwendigkeit zurück, traditionelle und aktuellere Elemente der Landeshoheit zu erfassen und zu beschreiben. Dies in stetem Bezug zum Fluss der täglichen Ereignisse.

Die folgende Untersuchung geht von dem bereits erprobten Gedanken aus, dass die sich verdichtende Landeshoheit und die Ausweitung des Handels und vor allem des Fernhandels voneinander abhängen. Als wichtige Bindeglieder dienten dafür die Einhebung von Zöllen, die einsetzende Münzprägung, die Einrichtung von Messen und die Kontrolle über Wälder und Forste. Diese »Maßnahmen« dienten der Sicherung und Steigerung von Einkünften und bedurften einer umfangreichen Organisation, deren Erfolg oder Misserfolg eng mit den sozialen Verhältnissen und den daraus folgenden Machtstrukturen verbunden war. Es ist dies einfach die Frage nach dem »Personal«, das diese Organisation im Einzelnen zu verantworten hatte und durchführte. Leopold VI.

---

16 Wenn ein Fürst sich gegen die Ministerialität wie ein Tyrann erhebt und dabei die Gerechtigkeit missachtet und es verschmäht, mild zu herrschen, können seine Ministerialen beim Kaiser und den Reichsfürsten gegen ihn vorstellig werden. Artikel 19 der Georgenberger Handfeste BUB I Nr. 65 89 Zeile 36 ff.

17 Schneidmüller, Konsensuale Herrschaft 54 betrifft Regensburger Herrschaftsverhältnisse aus der Zeit Kaiser Friedrichs II. (1216); Weinfurter, Reformidee und Königtum; Lubich, Heinrich V. 25.

18 Zum Pactum umfassend Weltin, Landesherr und Landherren 144 ff.

beschrieb die Aufgaben dieser Leute sehr allgemein, aber verständlich: Sie hatten für die *salus* des Fürsten zu sorgen.[19]

Einschlägige Forschungen müssen sich deshalb auf die Begriffe *administratio* und *officium* konzentrieren. Es sei schon zu Beginn darauf hingewiesen, dass das »Mittellateinische Wörterbuch« *administratio* erst in zweiter Linie mit dem heutigen Begriff der Verwaltung und ähnlichen Bedeutungsfeldern übersetzt, zuerst aber als Geben, Darreichen und Entrichten.[20] Es ist dies wohl der eigentliche und vielleicht ursprüngliche Inhalt der *administratio*. Wir werden auch sehen, dass *iustitia* auch Abgabe bedeutet, die etwas mit Leistung und Gegenleistung zu tun hat und damit der Herstellung einer gerechten Balance dient. Im Rahmen der Zolleinhebung ist die Interpretation der *administratio* als »Abgabenwesen« wohl am treffendsten.

Ich werde in der vorliegenden Untersuchung mehrfach auf die durch die Forschung zweifelsfrei belegte Tatsache zu sprechen kommen, dass die Babenberger und Traungauer jedenfalls seit den dreißiger Jahren des 12. Jahrhunderts eine sich ausweitende »Münz- und Zollpolitik« betrieben, die den seit etwa 1150 sich ausweitenden Donauhandel zur Steigerung der landesfürstlichen Einnahmen nützte. Auf die Voraussetzungen werden wir eingehen; vorläufig sei auf die recht kompakte Zusammenfassung Otto Brunners hingewiesen, die er in seiner Schilderung der Entwicklung von Krems und Stein gab: »Dieser ganze Prozess, Rodung, Durchbildung des Städtewesens, Entstehung des Landesfürstentums, Umschichtung des Adels und des Machtverhältnisses im Lande, der eine tiefgreifend veränderte Struktur heraufführt, … erfüllt das ganze 12. und kommt erst im 13. Jahrhundert zum Abschluss.«[21] Damit ist auch der zentrale Zeitraum unserer Untersuchung festgelegt. Vorläufig sei dazu nur festgehalten, dass die Hauptrolle dabei Regensburger Entrepreneuren[22] zufiel, die zum Teil schon bürgerlichen Familien angehörten und Schiffseigener oder Kaufleute waren. Noch im 11. Jahrhundert können wir Adelige mit Lebensmittelpunkt in Regensburg als Teilhaber am ungarischen Handel nachweisen, die allerdings auch in »politischen« Angelegenheiten kräftig mitmischten.[23] Theodor Mayers Bemerkungen zur Bedeutung dieses Handels, der sich seiner Meinung nach nur auf die Marktzeiten beschränkte, sollte kritisch betrachtet werden. Die großen Zollstellen in Ybbs und besonders in Stein waren wohl laufend beschäftigt. Die Kopplung von Münze und Zoll in Krems / Stein lässt bei der Masse der hier verzollten Güter auf ständige Einhebungen schließen. Ferner deutet das Privileg für die Regensburger von 1192 auf eine kontinuierliche Handelstätigkeit, die sich nicht nur auf die

19 NÖUB 4 388 Nr. 13/12 Zeile 14 f.: *quia saluti nostre consulentes.*

20 MLW 1,1 Sp. 206 ff. *administratio.*

21 Brunner, Krems und Stein 28.

22 Vgl. zur Rolle der Regensburger allgemein Mayer, Der auswärtige Handel 4; Wanderwitz, Regensburg 45 ff.

23 Lohrmann, Regensburger Kaufleute 18 f.

Jahrmarktszeiten beschränkte.[24] Freilich wurde dieses Privileg zu einer Zeit ausgestellt, als die wirtschaftliche Entwicklung fortgeschritten war und sich beschleunigte. Schon Ende der siebziger Jahre kennen wir in Krems einen Tuchhändler *(venditor pannorum)*, der seine Waren wohl schon aus dem Nordwesten Europas (Flandern) bezog.[25] Der arabische Reisende al-Idrisi, der im Auftrag Rogers II. von Sizilien ein geographisches Sammelwerk verfasste, erwähnte etwa 1153 unter den Handelsstädten an der Donau Ghermesia (Krems) und Biena (Wien).[26] Damit ist die wirtschaftliche Bedeutung der Stadt in der Mitte des 12. Jahrhunderts hinlänglich nachgewiesen, da er auch Regensburg, Passau und das seit Kurzem (nach 1138) wieder aufgebaute Ulm erwähnt.

Die Ausweitung des Handels auf der Donau hatte am Ende des Jahrhunderts ein solches Ausmaß erreicht, dass Zoll- und Geldwesen eine differenzierte Ausgestaltung erfahren hatten, die ein höheres Maß an Einnahmen sicherstellen konnten. Dieses Geld bzw. adäquate Wertgegenstände flossen im alltäglichen Ablauf des Empfangs und der Verteilung zwischen den an diesem Vorgang Beteiligten nur teilweise dem landesfürstlichen *fiscus* zu. Ich werde zeigen, dass die für das 13. Jahrhundert errechneten und im Urbar vermerkten landesfürstlichen Einnahmen etwa 9000 bis 10.000 Pfund ausmachten.[27] Die Abgaben mussten aufgrund der Zahlungen an die am Zoll beteiligten Amtleute und Zolleinheber um einiges höher gewesen ein. Unterschlagungen und Eigenmächtigkeiten beim Einheben der Zölle bilden eine weitere kaum einzuschätzende Dunkelziffer.

Die Höhe dieser Einnahmen führt zu der Frage nach den Preisen einzelner Waren, besonders der Tuchwaren. Die auf unterschiedlicher Qualität beruhende Spannweite der Preise ist bemerkenswert. Theodor Mayer errechnete aus den Passauer Zollregistern, dass bei einem Stückpreis eines Tuches (gemeint ist wohl eine Tuchbahn, *pannus*) von 13 Pfund um die Mitte des 13. Jahrhunderts jährlich Tuchwaren im Gesamtwert von 45.000 Pfund eingeführt wurden.[28] Otakar Přemysl hatte ungefähr zur selben Zeit anlässlich der Hochzeit der Kunigunde von Brandenburg mit dem ungarischen Kronprinzen für Kleidung 20.000 Pfund ausgegeben. So viel vorläufig zu den Größenordnungen des Handelsvolumens pro Jahr bzw. bei besonderen Anlässen.

Die vorliegende Untersuchung geht davon aus, dass der Erfolg beim Ausbau der Landeshoheit wesentlich auf den Verhältnissen beruht, die durch die Dienstleistungen der Ministerialen geprägt wurden. Diese bestanden nicht nur im berittenen Waffendienst, sondern auch in einer Art von technisch-administrativem Knowhow. In unserem Fall ging es etwa um das Wissen über den Wert bestimmter Waren an verschiedenen Orten, aber auch um eine ausbalancierende politische Urteilskraft von Ministerialen, die das

24 BUB I 116 ff. Nr. 86.

25 NÖUB 3 653 Nr. 25/8.

26 Lohrmann – Opll, Regesten Nr. 112.

27 Mayer, Der auswärtige Handel 10 berechnet 9000 Pfund, ohne seine Berechnung kritisch zu hinterfragen.

28 Mayer, Der auswärtige Handel 12 bezieht sich auf eine Jahresrechnung des Passauer Zolls. Vgl. zur Jahresrechnung 10.

Zollwesen organisierten. So ist es erstaunlich, dass der bekannte und eng mit Leopold VI. zusammenarbeitende Dietrich der Reiche, der zugleich ein Fachmann für Zollangelegenheiten war, immer wieder bei Zollbefreiungen und -erleichterungen für Klöster als Ratgeber tätig wurde,[29] obwohl er damals schon als Stadtrichter und Münzmeister nachgewiesen ist. Sein Wissen als Mautner war für Leopold VI. wohl unverzichtbar.

Eine Opposition der bedeutenden Ministerialen, also der Landherren, konnte nur dann auf die Dauer schlagend werden, wenn sie sich hinter einem fürstlichen Machtträger oder einem auftretenden Anwärter sammeln konnte, der über das Charisma seiner Geburtsrechte verfügte. Aufstände hatten ein Ablaufdatum, um es salopp zu formulieren, weil sich ein opponierender Adel letztlich in einer Dauerfehde nur selbst schadete. Ohne fürstliche und daher gottgewollte Gerichtsbarkeit auch über die mächtigen Leute, war kein Frieden im Land zu erreichen. So gesehen beruhte die zunehmende Dominanz der Landeshoheit auf dem Verhalten der Ministerialität, deren Mehrheit sich in den Dienst des Landesherrn stellte und damit die Grundlagen und den Vollzug seiner Herrschaft stärkte und sich nicht in oppositionellen Kämpfen aufreiben wollte. Spannungen wirkten nur unter besonderen Verhältnissen nachhaltig. Friedrichs des Streitbaren Verhalten vor 1236 bewegte sich ja nahe der Tyrannis und schuf, gemeinsam mit dem Tod Vladislavs im Jänner 1247, wenige Monate nach der Hochzeit mit Gertrud, der Erbnichte, eine eigentlich unlösbare Verwirrung, die erst durch Todesfälle und Aufgabe von Ansprüchen 1251 gelöst werden konnte.[30] Die Landherren waren zweifellos ein Machtfaktor in der »Politik« des Landes, der Landesfürst aber nicht ihre Marionette.

Betrachtet man die Rolle von Märkten, Münzstätten und Zollstellen im 12. Jahrhundert, fällt bereits für die Zeit um 1150 die besondere Stellung von Enns auf, einer *villa*, die fast an der Donau in unmittelbarer Grenzlage zum Territorium der Babenberger lag. Hier schuf Otakar III. einen Markstein seiner »Wirtschafts- und Verkehrspolitik«. In einem in jeder Hinsicht weiteren Zusammenhang, der vor allem herrschaftsgeschichtlich, also im Rahmen des Aufstiegs der Babenberger zu einer führenden »mitteleuropäischen« Macht zu deuten ist, müssen wir den Aufstieg Wiens zum Zentrum städtischen Reichtums in diesem Raum als zentrales Phänomen der Frage nach Herrschaft und Ökonomie deuten. Von der spezifischen Bedeutung von Linz werden wir noch hören.

Die zeitlich beschränkte Bedeutung von Enns ist auf die angedeutete Weise in ihren spezifischen Voraussetzungen zu erklären; die Ergebnisse solcher Analysen sind tatsächlich eindrucksvoll und sind teilweise auf die Erschließung neuer Verkehrswege und Handelsknotenpunkte zurückzuführen. Stützte sich Leopold V. noch auf die Regensbur-

29 So ist wohl Dietrichs Zeugenschaft bei einer Zollbefreiung für das Kloster Vornbach im Jahre 1210 zu erklären. BUB I 230 Nr. 172; Lohrmann – Opll, Regesten Nr. 313

30 Zu untersuchen wären allerdings noch die Gründe für die von Jans Enikel behandelte Opposition gegen Leopold VI. (schon 1203) und des Kuenringer Aufstandes gegen Friedrich den Streitbaren 1230. Reichert, Landesherrschaft 9 ff. ohne nähere Begründung.

ger und auf Zollorganisatoren aus Wien und Enns, ging sein jüngerer Sohn Leopold VI. neue Wege, die auf Veränderungen im politischen und sozialen Gefüge des gesamten Herrschaftskomplexes der Babenberger fußten. Die Herausforderungen der Herrschaft in der Steiermark sind unter einem solchen Aspekt zu untersuchen, wobei der Blick auf die Donau nicht zu kurz kommt, da einige wichtige Flüsse des steirischen Flusssystems auf die Donau zuströmen.

Die hier angerissenen Probleme sind eng miteinander verknüpft und tauchen oft in einer Urkunde zugleich auf. Im Wesentlichen werden bestimmte Themen des Handels, der Verzollung und des Zahlungsverkehrs behandelt. Die Gegenüberstellung von Unterschieden in den einzelnen Urkunden können Entwicklungslinien oder verschiedene Voraussetzungen bei der Regelung eines Problems erkennen lassen. Die Ennser Jahrmarktsordnung wird dabei jedenfalls als Ausgangspunkt eine zentrale Rolle spielen. Diese sich auf die folgende Studie beziehende programmatische Feststellung soll erklären, warum im Laufe der Erörterung mehrfach auf ein und dieselbe Bestimmung eingegangen werden muss, da sie ja in verschiedenen Zusammenhängen gesehen werden kann.

Ein Fürst gründet einen Jahrmarkt an der Donau

Herzog Otakar I. von Steier (1164–1192) verhandelte 1191 mit Leuten aus Regensburg, unter denen sich auch Kaufleute befanden, über die Abwicklung und die Abgaben eines Jahrmarkts in Enns und stellte darüber zwischen Mai und August desselben Jahres eine Urkunde aus.[31] Wir erfahren bei dieser Gelegenheit, dass schon sein Vater, der noch Markgraf gewesen war, nämlich Otakar III. († 1164), diesen Markt erstmals eingerichtet hatte und die dorthin kommenden Kaufleute aus Regensburg, Köln, Aachen und Ulm Marktabgaben zu leisten hatten, die 1191 nicht verändert werden sollten. (Abb. 1)

Abb. 1: Grabplatte ursprünglich aus der Kartause Seitz (Žiče). Die Figur gedeutet als Herzog Otakar I. von Steier oder als Otakar III., Gründer der Kartause.

Die Ersteinrichtung des Jahrmarkts (Messe) fällt in Otakars Regierungszeit zwischen 1140 und 1164. Der Wortlaut der Marktordnung von 1191 und die Umstände, wie und wann Otakar III. die Herrschaft im Ennser Raum erlangte, machen es wahrscheinlich, dass es vor seiner Gründung keinen älteren Jahrmarkt in Enns gegeben hat. Eine genauere Datierung der Marktgründung werden wir später versuchen. Die markgräfliche Schenkung einer Hofstatt als Lehen an Admont, die im Marktort Enns lag *(apud forensam villam Ensam)*, ist auf etwa 1160 datiert und beweist, dass in dieser Zeit bereits ein Markt in Enns bestand. Hier wurde ein Nachtquartier für Admonter Mönche gebaut, das mit der Marktgründung

31 Hausmann, Urkundenbuch der Steiermark 1 EN1, mit ausführlichen Literaturangaben; zur Datierung Kommentar 1; Eine deutsche Übersetzung Haider, Bestätigung 163–167; Lohrmann, Regensburger Kaufleute 8 Hausmann folgend. Zur Bedeutung der Regensburger für den Jahrmarkt und die Handelskarawane Stein, Handels- und Verkehrsgeschichte 311–314; Wanderwitz, Regensburg 45 ff.

wahrscheinlich nichts zu tun hatte.[32] Die Hofstatt lag in Enns, weil die Formulierung *apud … Ensam* in den zeitgenössischen Datierungen der Urkunden häufig gebraucht wurde.[33]

Die Admonter Beziehungen nach Salzburg und Bayern sind wohl eine der Ursachen dafür, dass Enns schon damals eine Drehscheibe zwischen dem Donauweg und den Zentren war, die an der Enns flussaufwärts lagen. Die Admonter Brüder hatten offenbar öfter den mühsamen Weg auf oder längs der Enns zur Donau bzw. umgekehrt zurückgelegt. Auf solche Weise transportierten sie 1144 die Leiche Günthers, des Markgrafen von der Sann, die sie in Enns in Empfang nahmen und zum Begräbnis nach Admont schafften. *Multo labore et impensis* hatten sie die Überführung der Leiche zu bewerkstelligen.[34] Die Umwandlung dieser Hofstatt in eine Übernachtungsmöglichkeit für die Mönche in Donaunähe hatte also mit der Jahrmarktsgründung kaum etwas zu tun. Die Unterbringung von Marktbesuchern ist jedenfalls nicht erwähnt. Es gibt allerdings zu denken, dass diese Einrichtung zum Erhalt der Klosterapotheke beitragen sollte. Diese war ja nicht mit der Übernachtung eigener Mönche zu finanzieren.

Admont war auch für Warentransporte nur mit Saumtieren zu erreichen. Sogar die Sudleute des Stiftes Bamberg, die in Hall bei Admont Salz gewannen, mussten Tragtiere benützen, um zu den Salinen zu gelangen.[35]

Die Vogtei in Admont hatte zur Zeit der Einrichtung des Ennser Jahrmarkts Graf Gebhard I. von Burghausen inne (seit 1149).[36] Gebhard gehörte zur Adelsgruppe der Sieghardinger, hatte enge Beziehungen zum Erzbischof von Salzburg, war Vogt von St. Peter und anderen Salzburg nahestehenden Klöstern, verfügte aber wie seine Verwandten, die Grafen von Schala und Peilstein, auch über Besitz in der babenbergischen Mark bzw. seit 1156 im Herzogtum. Über seine Mutter Ita von Burghausen war er ein Neffe Kaiser Lothars.[37] Die Bezeichnung von Enns als *forensis villa* ohne Erwähnung

32 StUB I 401 Nr. 415: *Otacher marchio de Styra concessit fratribus ecclesie sancti Blasii in beneficium locum curtis apud forensem villam Ensam … Hunc locum curtis fratres eiusdem ecclesie necessariis sibi officinis in nocturnam mansionem quicumque ex eis qualibet de causa illuc in transitu venire et pernoctare necesse haberet, edificaverunt et decreverunt.*; Lohrmann, Regensburger Kaufleute 10 mit unrichtigen Schlussfolgerungen hinsichtlich der Datierung der Marktgründung.

33 Ein interessantes Beispiel dafür ist eine Schenkung des 1149 verstorbenen Otto von Machland, die über mehrere Umwege erst 1188/1191 dem Salzburger Domkapitel überwiesen wurde. Die *delegatio* wurde *aput Anasum*, also in Enns auf die Reliquien des heiligen Rupert angewiesen. Die Formulierung ist kein Beweis für die Existenz einer Ruprechtskirche in Enns, sondern bezieht sich auf die Salzburger Reliquien Ruperts. NÖUB 4 512 Nr. 17/15. Die fälschlich erschlossene Ruprechtskirche drang sogar in die Datierung des NÖUB ein. Haslhofer, Markt und Marienkult 45 mit verfehlten Schlussfolgerungen.

34 StUB I 232 Nr. 220; Jaritz, Alltagsleben und Sachkultur 314; zu den politischen Umständen Pirchegger, Geschichte 1, 150 f.

35 Jaritz, Alltagsleben und Sachkultur 315.

36 Hausmann, Vogtei 112.

37 Weller, Heiratspolitik 549 (Herkunft Itas von Burghausen), 665–667 (Gebhard).

der dort stattfindenden *nundinae*, des Jahrmarkts, der einer Messe entspricht, ist vielleicht mit dem Sprachgebrauch des Admonter Schreibers zu erklären und meint wohl die hier stattfindende Messe.[38] Die nähere Benennung der Scheiblingkirche, die auf dem heutigen Hauptplatz stand und 1389 als *capella sancte Marie in foro* bezeichnet wurde,[39] ist schon aufgrund des zeitlichen Abstands zur Jahrmarktsgründung ganz anders zu deuten und trägt zur Erhellung der Zustände in der Mitte des 12. Jahrhunderts nichts bei.

Unter den gegebenen Umständen ist die Frage neu zu stellen, in welchem Zeitraum Otakar III. die *iura nundinarum* in Enns festlegte. Dieser Zeitraum erstreckt sich, wie schon eingangs festgestellt, vom Antritt seiner Alleinregierung (nicht mehr unter Vormundschaft seiner Mutter, der Welfin Sophia) etwa 1140 bis zu seinem Tod 1164. Diese Datierungsfrage ist natürlich eng mit dem Problem verbunden, wann Otakar III. seine Herrschaft in Enns bzw. im Ennser Raum erlangte. Mit recht allgemeinen Erwägungen könnte man die Datierung in den sechziger Jahren begründen. So z. B., dass Otakar damals eine Reihe »verkehrs- und handelspolitischer« Maßnahmen setzte: die bekannteste ist der Ausbau der Semmeringstraße.[40] Trotz einer gewissen Plausibilität bleibt dieser Ansatz jedoch unscharf.

Wir müssen hingegen versuchen, eine konkrete Konstellation zu erkennen, die eine Beteiligung der Regensburger an der Gründung eines neuen Jahrmarkts etwa in der Jahrhundertmitte erklären könnte. Geht man von der aus der Urkunde von 1191 nachweisbaren besonderen Rolle der Regensburger bei der Gründung des Jahrmarkts in Enns aus, stellt sich die Frage, welche Beziehungen Otakar III., der Sohn der Welfin, zu Regensburg hatte und ob sich daraus bestimmte Zusammenhänge erklären lassen? Der Versuch, diese Frage zu beantworten, ist aber auch ein erster Schritt, die Voraussetzungen für die Erschließung neuer Märkte durch die Tuchproduzenten und -händler Flanderns auszuloten. Bleiben wir aber zunächst bei den Beziehungen zu den Regensburger Kaufleuten und Schiffseignern.

Otakar kam mit Bischof Heinrich von Regensburg möglicherweise im Rahmen der bekannten 1145 beginnenden Auseinandersetzung des bayerischen Herzogs Heinrich Jasomirgott mit dem Bischof in Kontakt. Der Babenberger geriet mit Heinrich wegen Besitzangelegenheiten in Streit, doch dürfte ein grundsätzlicher Konflikt, vermutlich um die Stadtherrschaft,[41] verschleiert dargestellt worden sein. Zu gleicher Zeit verwüsteten Ministerialen Heinrich Jasomirgotts zusammen mit Gefolgsleuten Otakars III. fast ganz

38 Unter *forum* könnte man auch einen regionalen Markt verstehen. *Nundinae* ist ein Pluralwort, das Jahrmarkt (und nicht Jahrmärkte) bedeutet. So eindeutig glossiert in der Markt- und Zollordnung Herzog Leopolds VI. 1208/1212: *in nundinis qui dicitur iarmarkcht* NÖUB 4 389 Nr. 13/12 Zeile 16 f.

39 Marckhgott, Das kirchliche Leben in Lorch-Enns 97 mit Anm. 108; UbOE 10 564 Nr. 732, Deutsch ebda. 562 Nr. 728. Die Nennung von 1342 ist unklar.

40 Appelt, Die Anfänge des Spitals am Semmering 3 ff.; Pickl, Handel und Verkehr 339.

41 Muschka, Regensburg 170.

Österreich mit Raub und Brand.[42] Eine befremdliche Aktion der Österreicher, die zeigt, dass die Dienstleute wohl mit den Ambitionen ihres Herrn in Bayern überfordert waren! Neben dem Bericht aus Klosterneuburg erwähnte auch Otto von Freising, dass der bayerische Herzog eine schwere Auseinandersetzung mit dem Bischof und den Bürgern von Regensburg führte aber auch mit dem steirischen Markgrafen Otakar.[43] Aus diesen Schilderungen wird nicht klar, ob Otakar mit den Regensburgern damals tatsächlich Kontakt hatte. Es könnte sich ja auch, wie Zehetmayer mutmaßte, um zwei verschiedene Konflikte gehandelt haben.[44] Schneidmüller geht hingegen davon aus, dass Markgraf Otakar zusammen mit dem Erzbischof von Salzburg und Heinrich von Regensburg von Welf VI. gegen Heinrich Jasomirgott aufgestachelt wurde.[45] Otakars damalige Parteinahme für die Welfen bei ihrem Konflikt mit dem Babenberger ist nicht unwahrscheinlich. Zusammenfassend und kritisch stellte Wolfram Ziegler die verschiedenen Auffassungen zusammen.[46]

Heinrich Jasomirgott wurde von seinem Schwager Wladislaw von Böhmen unterstützt und belagerte mit böhmischer Unterstützung Regensburg, wobei das Umland verwüstet wurde.[47] Der Salzburger Erzbischof und der Bischof von Regensburg verhängten den Kirchenbann über Herzog Heinrich und seine Verbündeten, darunter auch Otto von Wittelsbach und Graf Friedrich von Bogen. Bevor der Kirchenbann aber wirksam werden konnte, verhandelte man im Bistum Regensburg unter dem Vorsitz des Königs und brachte offensichtlich einen Frieden zustande[48]. Auf dem Hoftag wurde am 10. Juli 1146 auch eine Urkunde für das steirische Kloster Rein ausgestellt.[49] Otakar war damals nicht in Regensburg, denn sein Name fehlt in der Zeugenliste und das wäre bei der Privilegierung eines steirischen Klosters befremdlich. Trotzdem halte ich es für wahrscheinlich, dass Otakar zu dieser Zeit wegen einer Marktgründung in Enns mit Regensburger Unterstützung erste Verhandlungen führte.

Direkt nach den geschilderten Ereignissen konzentrierten sich die Interessen bald auf den bevorstehenden, im Mai 1147 beginnenden Kreuzzug, sodass die Ennser Markt-

42 Continuatio Claustroneoburgensis II 614 zum Jahr 1145.

43 Gesta Friderici I cap. 30, 47 und cap. 31, 48.

44 Zehetmayer, Die Babenberger als Herzöge von Bayern 199.

45 Schneidmüller, Die Welfen 183; dazu auch Zehetmayer, Die Babenberger als Herzöge von Bayern 199 mit Anm. 82.

46 Ziegler, König Konrad III. 167 ff. zum Konflikt, 168 f. mit Anm. 1212 bis 1215 zur Rolle Welfs VI.

47 Bernhardi, Konrad III. 481 und 482 mit Anm. 36. Aus der Fülle der Berichte sei nur jener aus Kremsmünster ausgewählt Continuatio Cremifanensis 544 f. *Hoc anno dux Bawariorum et dux Boemiorum omnem pene regionem circa Ratisponam incendiis ecclesiarum et villarum devastaverunt* zum Jahr 1146. Über die Teilnahme Otakars an diesen Kämpfen berichtete auch Otto von Freising Gesta Friderici I cap. 31, 48: *eo tempore, quo … Heinricus Noricorum dux cum prenominato Heinrico Ratisponensium episcopo civibusque suis ac Stirensi marchione Odoacro gravissimam guerram agitabat.*

48 Bernhardi, Konrad III 482; Lohrmann, Die Babenberger 264 und 272.

49 Reg. Imperii IV, 1,2 Nr. 390, im Kommentar ist die Beendigung der Fehde erwähnt; MGH D Konrad III. 279 ff. Nr. 153.

gründung erst danach wieder behandelt werden konnte. Wir werden im Kapitel über Münzen auf einen schwierig zu interpretierenden Münzfund am Balkan zu sprechen kommen, aus dem hervorzugehen scheint, dass Pfennige aus Enns auf dem Zweiten Kreuzzug mitgeführt wurden.[50] Der chronologische Zusammenhang zwischen der Prägung von Ennser Pfennigen und der Einrichtung eines Jahrmarkts in Enns ist nicht unbedingt zwingend, da die Geschäfte wohl überwiegend als Warenaustausch abgewickelt wurden und ein etwaiger Werteausgleich nicht nur mit gemünztem Geld stattfinden konnte, sondern auch mit Barren aus Gold oder Silber,[51] auch Bruchsilber wurde vielleicht verwendet. Da aber zugleich mit der Marktordnung verschiedene Bereiche des Abgabenwesens geregelt wurden, die Pfennigbeträge erforderten, waren für Begleichung der Zoll- und Marktgebühren geprägte Münzen kleinerer Werte notwendig. Da Otakar bei der Einrichtung und Betreuung des Jahrmarkts auf die Regensburger angewiesen war, konnte er ihnen wohl nicht die Münzwährung vorschreiben, denn die Regensburger brachten ja die im Donauraum herrschende Leitwährung mit – den Regensburger Pfennig. Genaueres über die Einrichtung der Münzprägung in Enns werden wir im einschlägigen Kapitel über das Münzwesen noch erörtern.

Die Ersteinrichtung des Ennser Jahrmarkts fand also um das Jahr 1150 statt. Die Frage, wo dieser Markt lag, führt zu den Problemen der Baugeschichte der *villa Enns*. Zunächst würde man den Markt am Ort des heutigen Hauptplatzes vermuten. Doch bestehen Zweifel, dass um 1150 die Siedlung am Ennser Berg bereits bestand. Wir wissen, dass der Jahrmarkt eine Ausstattung erhielt, die aus einer vorderen und hinteren Mauer bestand, die den Markt von seiner Umgebung abgrenzten und Tische auf dem freien Platz zwischen den Mauern aufgestellt wurden. Auch dafür waren Gebühren von 32 bzw. zwölf Pfennigen zu entrichten.[52] Alois Zauner und Franz Pfeffer haben für diesen doch beträchtlichen Aufwand die Ebene am nördlichen Fuß des Georgenberges als einen geeigneten Platz vermutet. 1186 wurde der Ort, an dem die berühmte Handfeste ausgestellt wurde, nämlich der Georgenberg, als beim Markt liegend lokalisiert. Südlich lag der Ennser Berg, nördlich die Ebene zur Donau hin. Auf welcher Seite ist also der Markt zu suchen? Vermutlich war die *villa forensis* auf dem Berg bereits im Bau. Auslöser für den Bau könnte die Zerstörung der älteren Siedlung durch den Feuerüberfall österreichischer Ministerialen des Jahres 1175 sein. 1176 hielt aber Heinrich der Löwe

50 Zur Interpretation des Fundes unten S. 237.

51 Rösch, Wirtschaftsexpansion 25. Zur Frage der Gleichzeitigkeit bei der Verleihung oder Einrichtung von Markt, Münze und Zoll relativierend und kritisch Irsigler, Zollpolitik 41.

52 NÖUB 4 Nr. 1312, 390 Zeile 1 f. *Item de anteriori pariete triginta duos denarios item de apoteka duodecim, de posteriori pariete duodecim.* Knittler, Enns und der Donauhandel um 1200 80, rechte Spalte. Die Gebühr bezieht sich auf die gesamte Marktzeit. Pfeiffer, Rheinische Transitzölle 132 berichtet von 1209 eingehobenen Standgeldern in Koblenz, die tageweise berechnet wurden. Ein schönes Beispiel für die Vielfalt der Marktabgaben, das die zeitgenössische Kritik an den wachsenden Gebühren verständlich macht.

einen Prozess vor den Toren einer Ennser Kirche ab. War das ältere Enns damals ein Trümmerhaufen? Die Frage ist mit unserem aktuellen Wissensstand nicht zu klären.[53]

Für die Lokalisierung des Marktes im Norden des Georgenberges spricht neben dem vorhandenen Platz, dass der Hafen an der Donau zwar in gewisser Distanz vom Messegelände lag, von hier aus aber günstig zu erreichen war. Der Hafen im Reintal an der Enns ist erst 1280 nachweisbar und muss daher aus unseren Überlegungen ausscheiden.[54] Wie noch die Donauskizze von 1680 zeigt, mündete die Enns wohl auch im Mittelalter nicht an der heutigen Stelle in die Donau, sondern deutlich flussaufwärts (Abb. 2). Allerdings können wir uns über die Verhältnisse an der Donau im 12. Jahrhundert mit ihren Inseln und Verlandungen kein realistisches Bild machen. Es besteht aber kein Zweifel, dass Herzog Otakar mit der Herrschaft über Enns auch die Kontrolle des Südufers der Donau im Bereich der Ennsmündung innehatte.

Vor ein eigenes Problem stellt uns die Markt- und Zollordnung Leopolds VI. von 1208/1212 bezüglich eines Brückenwegs über die Enns. Die wichtigste und zunächst wohl einzige Brücke war jene, die im Zuge der Heeresstraße oder auch südlichen Donautalstraße die Enns überspannte. Sie ist 1176 anlässlich von Besprechungen in Enns, an denen Heinrich der Löwe und Heinrich Jasomirgott teilnahmen, erwähnt, aber wohl älter.[55] 1191 wurden Abgaben für das Passieren der Brücke mit Wagen oder Pferden festgelegt. Wagen, die in der Stadt beladen wurden, kamen etwas billiger davon als jene, die entweder auf der Vorbeifahrt waren oder zum oder vom Jahrmarkt kamen. Die fehlende Präzision des Textes lässt die genaueren Zusammenhänge allerdings offen. Es scheint aber, dass der Markt eben nicht im Bereich der *villa* lag. Die billigere Benützung der Brücke deutet auf eine Begünstigung von Ennser Bürgern und Händlern hin. 1125 wurde ein Megingoz von Enns genannt und in der Mitte des Jahrhunderts Sigibot und Meribot, die vielleicht Brüder waren. Zwischen 1164 und 1180 ist ein Hermann von Enns nachgewiesen, der vermutlich ein Ministeriale Kunigundes oder Markgraf Ota-

53 Knittler, Enns und der Donauhandel um 1200 79 mit Anm. 51. Der Markt wäre dann in oder in der direkten Umgebung der Ennser Altstadt am Nordfuß des Georgenberges zu suchen. Lohninger, Die Stadtpfarrkirche von Lorch-Enns 8. Zitiert nach Haslhofer, Markt und Marienkult 13.

54 UbOE 3 525 Nr. 568.

55 BUB IV/1 Nr. 846, nachdem der bayerische Herzog Heinrich der Löwe in Enns einen Rechtsstreit zwischen Reichersberg und Heinrich von Stein entschieden hatte (vor den Toren einer Ennser Kirche), fand die Übergabe der strittigen Güter in feierlicher Form am Ostufer der Enns statt, *postea ab omnibus* (den Fürsten aus Bayern und Österreich) *transito ponte fluvii Ans*. Diese Nennung gilt als Nachweis für das Bestehen der Brücke im Jahr 1176. Es ist bei der Funktion der Brücke im Zuge der Heeresstraße im Süden der Donau, die seit Heinrich III. (wieder) intensiv genutzt wurde (Csendes, Die Straßen Niederösterreichs 141), schwer vorstellbar, dass sie im 11. Jahrhundert nicht hätte bestehen sollen, wenn auch 1057/1064 die Überfahrt über die Enns mit einem Kahn möglich war. Lohrmann, Regensburger Kaufleute 12. Zum *naulus ille de Ensiburc* NÖUB 1 357 kurzer Kommentar zu Bischof Gunther von Bamberg und seinen Interessen im Ennser Raum. Festzuhalten ist auch, dass es aus dem 12. Jahrhundert keinen Beleg für die Bezeichnung der Heeresstraße gibt.

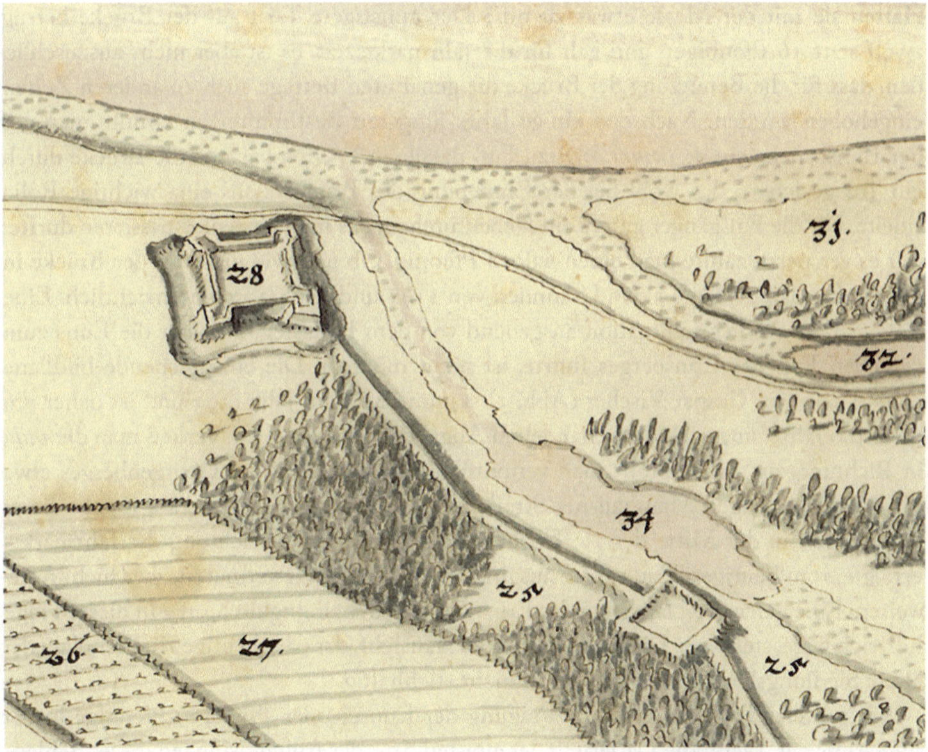

Abb. 2: Ältere Mündung der Enns in die Donau. Ausschnitt aus der Kartenskizze der Donau im Raum Enns/Mauthausen.

kars IV. war.[56] *Concives* von Enns lassen sich erst gegen Ende des Jahrhunderts nachweisen.[57] Ein 1185/86 als Zeuge genannter Warmund von Enns war Ministeriale des bayerischen Herzogs und Otakars IV.[58] Eine bemerkenswerte Kombination! Die Zuweisung und soziale Einordnung der nach Enns genannten Leute gestaltet sich, wie an diesen Beispielen zu sehen ist, recht kompliziert.

Gehörten ihnen die in Enns beladenen Wagen und welche Waren hatten sie geladen? Es handelte sich um *plaustra*, große vierrädrige Wagen, *que in villa ipsa* beladen wurden.[59]

56 Der Datierungszeitraum folgt Haider, Traditionsurkunden 52. Zu Hermann ebda. 194 Nr. T 160. Danach sind Gerhoch und sein Sohn Engilschalk genannt. Letzterer könnte mit dem etwas später genannten *concivis* Engilschalk identisch sein. Zur Stellung Hermanns Weltin, Die steirischen Otakare 198; zu Megingoz UbOE 2, 164 Nr. 110, zu Meribot und Sigibot QuE N.F. 39/1, 110 f. Nr. 139; Haslhofer, Markt und Marienkult 36; künftig Lohrmann, Jahrmarkt in Enns.

57 Weltin, Die steirischen Otakare 198; Haider, Traditionsurkunden T 178.

58 StUB 1 624 Nr. 647 Weltin, Die steirischen Otakare 198 mit Anm. 61.

59 Hausmann, Urkundenbuch der Steiermark 1, EN1 S. 2 Zeile 22 f. *Plaustra, que in ipsa villa onerantur, XII denarios persolvant.*

Hatten sie mit der Messe etwas zu tun? Der günstigere Tarif auf der Brücke betrug zwölf statt 16 Pfennigen und galt für die Jahrmarktszeit, es ist aber nicht auszuschließen, dass für die Benützung der Brücke die genannten Beträge auch zu anderen Zeiten eingehoben wurden. Nach den einige Jahre jüngeren Bestimmungen konnte man auf der Ennsbrücke ein *posticium porte* zu Fuß passieren.[60] Offenbar war die Brücke durch ein Tor gesichert, das wohl bei der Einhebung des Brückenzolls eine wichtige Rolle spielte. Für die Fußgänger gab es ein Nebentürchen, das man kostenlos passieren durfte; war es versperrt, zahlte man einen halben Pfennig. Ob und wie man von der Brücke in die Stadt gelangte, ist aus den Urkunden von 1191 und 1208/12 nicht ersichtlich. Eine Rekonstruktion dieser Situation ausgehend von dem Holzsteg, der über die Enns zum östlichen Fuß des Ennsberges führte, ist nicht möglich. Die entsprechende bildliche Darstellung von Caspar Vischer (Abb. 3) stammt aus dem Jahr 1593 und ist daher um etwa 400 Jahre jünger als die behandelten Abgabenbestimmungen. Verließ man die *villa* in Richtung zur Brücke fuhr man vermutlich am Westabfall des Georgenberges etwa im Zug der heutigen Mauthausner Straße nach Norden. Ob der Ausgangspunkt dieser Fahrt schon in der Mitte des 12. Jahrhunderts, als die Ersteinrichtung des Jahrmarkts erfolgte, vom heutigen Hauptplatz ausging, können wir zwar vermuten, aber nicht nachweisen. Eine genauere Datierung der Erbauung der Scheiblingkirche, die in dieser Frage hilfreich wäre, steht aus. Die jüngst vertretene Ansicht, dass der heutige Kirchenplatz der ältere Siedlungskern von Enns war, ist nicht stichhaltig.[61]

Ein weiteres Problem stellt die Prägung der Ennser oder ähnlicher Pfennige in der *villa* Enns dar. Wenn die Datierung der ältesten bzw. der frühen Münzen dieses Schlags gelingt, könnte man daraus auf die Übernahme der Herrschaft der Otakare in Enns schließen. Dabei ist die Frage zu stellen, ob die Münze, die als ältester Ennser Pfennig betrachtet und bezeichnet wird, überhaupt in Enns geprägt wurde. Es handelt sich um den Typus einer Münze, den man Enns zuweist. Johannes Hartner datiert einen Pfennig um 1130 und weist ihn dem Ennser Gepräge zu.[62] Zugleich führt er aber auch das Agnus Dei im Münzbild des besagten Pfennigs mit Vorsicht auf Passauer Einfluss zurück. Passau war jedenfalls eine bedeutende Macht im Raum Enns/St. Florian und ein von Passau in seiner Bildauswahl beeinflusster Ennser Pfennig würde in dieses Bild passen. Ich vertrete, wie unmittelbar anschließend noch ausgeführt wird, Alois Zauners Ansicht, dass die Otakare (Otakar III.) die Herrschaft in Enns vom Bischof übernommen hat-

60 NÖUB 4 389 Nr. 13/12, Zeile 21 ff. *Item in ponte Anasi quidquid potest portare per posticium porte nichil persolvat, sy porta aperiatur, obulum.*

61 Haslhofer, Markt und Marienkult 25 ff. Seine diesbezüglichen Ergebnisse sind methodisch anfechtbar. So war z. B. das erst 1400 nachgewiesene *Besächhaus* sicher kein »Marktamt«, sondern ein Haus für arme Einwohner – besehen heißt nicht nur beschauen oder prüfen, sondern auch versorgen und zu diesem Zweck verwendeten die Minoriten dieses Gebäude auch nachweisbar, was der Autor selbst darlegt.

62 Künftig Hartner, Münz- und Geldwirtschaft entlang der Donau.

Abb. 3: Caspar Vischer, Ansicht von Enns 1593.

ten.[63] Die Entwicklung verlief vermutlich so, dass die landesfürstliche und die Passauer Herrschaft im Ennser Raum (zwischen Traun und Enns) für einige Jahrzehnte wohl nebeneinander bestanden. Der Beginn des Wirkens Otakars III. in dieser Landschaft fällt etwa in die Zeit um 1150, da sehr bald danach der Passauer Bischof Konrad (Bischof seit 1148), ein Babenberger, mit dem Ausbau der Passauer Herrschaft im Raum Linz/Ebelsberg begonnen hat. Diese Aktivitäten könnte man als Reaktion auf die Schwächung der Position des Bischofs im Ennser Raum betrachten.

Wenn es jemals eine Urkunde über die Einrichtung des Jahrmarkts in der Jahrhundertmitte gegeben hat, ist sie verloren. Die 1191 schriftlich festgehaltenen Abgaben geben zumindest teilweise Einblick in die Bestimmungen von damals. Demnach müssten alle Abgaben, deren Betragshöhe 1191 genannt wurde, schon bei der Ersteinrichtung des Jahrmarkts geregelt worden sein. Das galt auch für die Zahlungen, welche die Kaufleute aus dem Maasraum und aus Gebieten, die außerhalb des Reiches lagen, zu leisten hatten. Die Frage, ob die Urkunde von 1191 eine bloße Bestätigung darstellt oder auch Veränderungen beinhaltet, sei trotz ihrer Bedeutung zunächst zurückgestellt.

Um 1150 erscheint der Markgraf von Steyr als Inhaber eines Marktes, über den er Herrschaft ausübte, die ihren Ausdruck in der Festlegung von Abgaben und besonderer Rechte der Regensburger bei der Organisation des Marktes findet. Otakars Herrschaft über die *villa* Enns griff ein wenig über das otakarische Zentrum Steyr mit seiner Stiftung Garsten hinaus. Der entscheidende Punkt dieser Entwicklung ist das Vordringen der Herrschaft des Markgrafen nach Norden zur Donau.[64] Der Fernhandel am und längs des Stroms und die daraus lukrierten Markt- und Zollabgaben waren willkommene Elemente zur materiellen Stärkung der Herrschaft des Markgrafen. Wir werden

63 Zauner, Lorch und Enns 58 und 60; Weltin, Die steirischen Otakare 198 mit Anm. 58 und unten 18.
64 Zauner, Lorch und Enns 60.

sehen, dass damit ein wichtiges Detail der Entwicklung der Landeshoheit in der Steiermark im Rahmen einer Reihe von Maßnahmen und vielleicht sogar zufälliger Machterweiterungen beleuchtet wird.[65]

Wir haben mit einer gewissen Vorsicht festgestellt, dass Otakar III. um die Jahrhundertmitte die Herrschaft im Raum Enns erwarb. Dass Passau seit 977, also nach der Schenkung der Ennsburg an die Laurenzkirche, eine Immunitätsherrschaft in diesem Raum ausübte, hatte noch im 12. Jahrhundert Bedeutung. 1125 wurde nämlich der erwähnte Megingoz nach Enns genannt, der zum Personenverband des passauischen Eigenklosters St. Florian gehörte.[66] In der Zeit des Passauer Bischofs Konrad I. (1148–1164), eines Bruders Herzog Heinrichs Jasomirgott, baute dann Passau, wie schon erwähnt, seine Stellung im Raum zwischen Traun und Enns mit dem administrativen Zentrum Linz/Ebelsberg aus.[67] Die bedeutende Stellung Passaus in Enns, die weit über die bischöfliche Sprengelgewalt hinausging, wird an der bekannten Auseinandersetzung zwischen Leopold VI. und Bischof Manegold deutlich. Es ist wahrscheinlich, dass Manegolds Erfolg bei der Abwehr der Gründung eines Bistums Wien seit dem Jahresende 1208 für eine gewisse Spannung zwischen dem Herzog und dem Bischof sorgte.[68] Das Verbot, den Passauer Pfennig beim Ennser Jahrmarkt zu verwenden, scheint mit dieser Missstimmung zusammenzuhängen.[69] Diese Verwendung des Passauer Pfennigs ist ein Indiz für die noch nachwirkende herrschaftliche Stellung Passaus im Ennser Raum. Auch die gerade oben erwähnte Verwendung des Agnus Dei auf dem Ennser Pfennig ist ein allerdings etwas unsicherer Hinweis auf den hiesigen Einfluss Passaus.[70] Im Münzfund von Běhařov befindet sich eine größere Anzahl von Pfennigen, die vermutlich vor

---

65 Weiteres dazu etwa zur Beurteilung des berühmten Erbanfalls von 1122 unten S. 83; als »zufällig erworben« könnte man einige der von Otakar III. ererbten Gebiete betrachten, doch mahnt eine gewisse Logik dieser Erbgänge zur Vorsicht, denn es war wohl kein Zufall, wenn nämlich gerade der Markgraf von Steier als Erbe auserkoren wurde.

66 Lohrmann, Regensburger Kaufleute 11 und 44 f., Megingoz UbOE 2, 164 Nr. 110. Zur Rolle Passaus zusammenfassend Zauner, Die Anfänge des Landes ob der Enns 199; ders.: Lorch und Enns 58 mit Anm. 110.

67 Lohrmann, Regensburger Kaufleute 52.

68 Seit dem Dezember 1208 gab es keine direkten Bemühungen mehr um die Errichtung eines Wiener Bistums. Allerdings versuchte der Herzog Passauer Besitzungen und Rechte an sich zu ziehen. Das Verhältnis zum Bischof muss bis zu Manegolds Tod 1215 angespannt gewesen sein. Lechner, Babenberger 202. Die Behauptung auf Seite 203, Leopold wäre über die Durchkreuzung seiner Pläne nicht verstimmt gewesen, ist problematisch; es gibt allerdings Hinweise, dass es auch entspanntere Zeiten im Verhältnis von Bischof und Herzog gab. Mag sein, dass ein freundliches Auftreten auch damals zum politischen Alltagsgeschäft gehörte.

69 NÖUB 4 Nr. 13/12, 389 Z 23 f. … *in foro Anasi cum denariis ibidem currentibus vendatur et ematur, cum Pataviensibus nullatenus.*

70 Zuletzt Hartner, Münz- und Geldwirtschaft entlang der Donau, Vortrag, der voraussichtlich 2025 in Mitteilungen des Museumvereins Lauriacum-Enns erscheinen wird. Die Datierung auf etwa 1130 wäre ein Hinweis auf die Herrschaft Passaus in Enns als Vorgänger der Markgrafen von Steier.

1150 in Enns geprägt wurden.[71] Der Fund von 1967 wurde jüngst entsprechend ausgewertet. Diese Datierung würde nahelegen, dass der Jahrmarkt und die Münze in Enns etwa gleichzeitig eingerichtet wurden.[72]

Wir haben, wie schon angedeutet, keine sichere Information darüber, ob die Etablierung des Jahrmarkts, und die Gründung der Münzstätte in Enns zu gleicher Zeit erfolgten. Stein hat dieses Problem auf Reichsebene nur gestreift und ohne nähere Prüfung festgestellt, dass Markt und Münze in der staufischen Zeit oftmals nicht gemeinsam eingerichtet wurden.[73] Der von Friedrich Barbarossa dem Stift Obernkirchen gewährte Markt in Obernkirchen war auch für Pilger gedacht und war daher vielleicht sogar ein Fernhandelsmarkt.[74]

Der Handel in Enns und damit der Jahrmarkt werden im Ennser Stadtrecht vom 22. April 1212 im Artikel 14 erwähnt. Sechs geeignete Bürger verpflichteten sich eidlich, nach bestem Wissen Anordnungen in allen Angelegenheiten zu treffen, die der Stadt Enns zur Ehre und zum Nutzen gereichten. Unter diesen ist der Markt besonders erwähnt, der damit als wichtiges Element der materiellen Grundlagen der Stadtentwicklung hervortritt. *Mercatus* bedeutet auch Handel, bei Betrachtung unseres Wissens über die Ennser Entwicklung könnte man den Begriff Markt oder Jahrmarkt vorziehen, wenn auch im zeitlichen Umfeld von 1212 einige Bewegung in der Neustrukturierung des Marktes (meist aber als *nundinae* bezeichnet) zu bemerken ist.[75]

Auch die etwas oberhalb der Ennsmündung auf einer Insel in der Donau erbaute Burg Spielberg wurde von Passauer Ministerialen betreut und war wohl mit ihrer um Luftenberg, Abwinden und Langenstein bestehenden Herrschaft als Lehen des Bischofs ausgegeben (Abb. 4).[76] Eine Urkunde Bischof Konrads I. von Passau, die am 23. Juni 1159 in Ebelsberg ausgestellt wurde und einen Zehenttausch des Pfarrers von Schönering mit dem Kloster Wilhering bezeugt, enthält einen Beleg für einen Dietrich von Spielberg, der wahrscheinlich ein Sohn oder Bruder des 1158 vor Mailand gefallenen Dietmar von Spielberg war. Die Spielberger waren Passauer Lehnsträger der zur Burg auf der Donauinsel gehörenden Herrschaft, die sich von Luftenberg bis Langenstein am

71 Alram, Der Beginn der Münzwirtschaft in Österreich 21.

72 Weitere Ausführungen zur Münze in Enns und dem Münzmeister Richwinus unten im Münzkapitel.

73 Stein, Handels- und Verkehrsgeschichte 172. Das von Stein angeführte Beispiel betrifft das Chorherrenstift in Obernkirchen. Friedrich Barbarossa gewährte dem Stift 1181 das Recht, einen Markt abzuhalten. Dass in der Urkunde aber keine Münzprägung erwähnt wurde, ist wohl auf die spezifischen Umstände des Sandsteinabbaus in den benachbarten Bückebergen zurückzuführen.

74 MGH D Friedrich I. 4 18 Nr. 817: *Et ut in villa Ouerenkerken forum sit, quod in vulgari wicbelte (Weichbild) dicitur, concessimus et peregrinos seu alios ad forum euntes … nostra pace et protectione gaudere volumus.*

75 BUB I 252 Nr. 183. Schon im umstrittenen, wohl später entstandenen Wiener Stadtrecht von 1198 ist von 24 Bürgern die Rede (BUB I 145 Nr. 109, Artikel 12), wie das dann auch 1221 festgelegt wurde (BUB II 64 Nr. 237, Artikel 28). Die Abfolge der Bestimmung in den drei Privilegien ist meiner Ansicht nach ungeklärt.

76 Lohrmann, Regensburger Kaufleute 45 ff.

Nordufer der Donau erstreckte.[77] Es ist möglich, dass diese Herrschaft zum *regimen* der Babenberger gehörte, denn Leopold III. bezeichnete bald nach 1115 die Riedmark und andere nördlich der Donau gelegene Gebiete als seiner Herrschaft zugehörig. In Mauthausen hob Leopold V. bereits vor dem Abschluss der Georgenberger Handfeste Abgaben ein.[78] Die genaue Abgrenzung dieses Herrschaftsgebietes nach Westen ist nicht bekannt und wird wohl im Raum Steyregg zu suchen sein.

Die Zweifel an der Echtheit der Urkunde, in der Dietrich von Spielberg genannt ist, erschweren ihre überzeugende Auswertung, etwa der Zeugenliste. Eine genaue Zeugenanalyse spricht aber dafür, dass die genannten Leute im Juni 1159 bei dem Rechtsgeschäft tatsächlich in Ebelsberg anwesend waren.[79] Ferner sind vor allem die Passauer Burghüter auf der Spielberg ein starkes Argument für die Passauer Herrschaft auf der Spielberger Insel und ihrer Umgebung am nördlichen Donauufer.[80] Die Spielberger waren jedenfalls bedeutende Leute. Über Dietmars Tod vor Mailand 1158 berichten die Melker Annalen gleich im Anschluss an den Tod des Vornbacher Grafen Ekbert III., dem wohl Prominentestem der dort Gefallenen.[81]

Das sind also die dichten Hinweise, die auf Passau als Vorgänger der Otakare als Herren im Raum Enns/St. Florian deuten. Eindringlich vertrat hingegen Heinz Dopsch die Auffassung, dass die Otakare ihre Position im Gebiet von Steyr und Enns zusammen mit der Markgrafschaft an der Mur in der Nachfolge Arnolds von Wels-Lambach erworben hätten. In seiner Argumentation spielt dabei ein gewisser Aribo, der 1034 als Inhaber der Ennsburg nachgewiesen ist, eine besondere Rolle. Dopsch hält ihn für einen Wels-Lambacher, räumt aber eine gewisse Schwäche der Argumentation ein.[82] Im jüngsten Kommentar zu dieser Urkunde wird Aribo mit einer Person dieses Namens im Passauer Traditionskodex gleichgesetzt, was entschieden besser ins Bild passt.[83]

Die Übernahme der Herrschaft in Enns vollzog sich als Herrschaft über Personen, die sich wohl aus den gräflichen Rechten der Karolingerzeit herleitete, zu denen auch die »Zollherrschaft« gehören konnte.[84] Diese im Auftrag des Königs geleisteten Dienste hatten Amtscharakter, der allerdings durch die zunehmende selbstständige Machtentfal-

---

77 Lohrmann, Regensburger Kaufleute 48 f. UbOE 2, 294 Nr. 197; Hausmann, Urkundenbuch der Steiermark I, WI 5.

78 BUB I 2 f. Nr. 2, hier 3 und ebda. 65 f. Nr. 49, hier 66 Datierung 1177–1180. Vgl. dazu auch Lechner, Babenberger 359 letzter Absatz der 356 beginnenden Anmerkung 13.

79 Eine genaue Analyse Lohrmann, Regensburger Kaufleute 49–52; referiert von Haider, Verzeichnis 72 Nr. 79.

80 Lohrmann, Regensburger Kaufleute 46 mit Anm. 255.

81 Annales Mellicenses MGH SS 9 504 nach Zeile 20 zum Jahr 1159 mit Bezug auf Mailand: *ubi et Ekebertus comes occisus est; et Dietmar de Spilberch occisus est.*

82 Dopsch, Die steirischen Otakare 105.

83 NÖUB 1 172 ff. Nr. 14h (Nennung Aribos 173) und Kommentar 148. Aribo wird als möglicher Burggraf des Bischofs eingeordnet. Kritisch dazu auch Zauner, Die Grafen von Lambach. 133 (1988) 1.

84 Die in der Zollordnung von Raffelstetten festgelegten Gebühren und Befreiungen wurden von einer Kom-

Abb. 4: Georg Matthäus Vischer, Burg Spielberg.

tung der Grafen schwächer wurden. Dazu kamen die Zollschenkungen an geistliche Institutionen, welche die karolingischen Strukturen untergruben.[85] Die Zolleinhebungen in den Burgbezirken der ottonischen und frühsalischen Zeit bildeten den Übergang zur Ausübung der hoheitlichen Rechte durch die Territorialherren.[86] Wie weit eine solche Gebiets- oder Territorialherrschaft Otakars III. über die Steiermark schon entwickelt war, lässt sich bei der Fülle anstehender Fragen nicht *en passant* beantworten und wird später genauer zu behandeln sein und ist mit den österreichischen Verhältnissen zu vergleichen.[87] Sicher ist, dass die Markt- und die damit verbundene Zollherrschaft des

mission festgelegt, die hauptsächlich aus Grafen bestand. Mitterauer, Zollfreiheit und Marktbereich 115 ff., zur ottonischen Entwicklung ebda. 135 ff.; Adam, Das Zollwesen im fränkischen Reich 47.

85 Pitz, Artikel Zoll LMA IX Sp. 667 In der Karolingerzeit setzte eine neue Entwicklung ein: »Immer häufiger entzogen die Könige die Zollverwaltung ihren Grafen, um sie auf eine Kirche des Reiches [...] zu übertragen.«

86 Mitterauer, Zollfreiheit und Marktbereich 135 in einem eigenen Kapitel »Von der karolingischen Grafschaft zum ottonischen Burgbezirk«.

87 Siehe unten dazu ausführlich im Kapitel Otakar III. – Landesherrschaft und Ökonomie.

Markgrafen in Enns ein Element der sich entwickelnden neuen Fürstenherrschaft in einem definierten Gebiet war.

Der Gründer des Jahrmarkts in Enns war also ein Fürst und diese Tatsache betrifft auch das in Handbüchern und Lexikonartikeln behandelte Problem des Zollregals. Die Frage nach der Mitwirkung des Königs bei der Errichtung der Zollhoheit eines Fürsten in der zweiten Hälfte des 12. Jahrhunderts ist im Rahmen des Verhältnisses zwischen Reichs- und Territorialgewalt unter Berücksichtigung der lebhaften Entwicklung von Handel, Verkehr, Abgaben und Münzwesen zu untersuchen.

Von einer Zustimmung oder Mitwirkung des Kaisers Heinrichs VI. an der Gründung des Jahrmarkts in Enns ist in der Urkunde von 1191 nicht die Rede. Zu der Zeit, als die Verhandlungen Otakars mit den Regensburgern vermutlich geführt wurden (April/Mai), befand sich Heinrich in Rom, wo er am 15. April, einem Ostermontag, zum Kaiser gekrönt wurde. In der Folge versuchte er militärisch seine Ansprüche in Sizilien durchzusetzen. Nachdem dieses Unternehmen gescheitert war, ist er zu Weihnachten 1191 wieder in Deutschland in Hagenau nachweisbar.[88] Zu einer Begegnung zwischen Kaiser und Herzog kam es wohl erst am 24. Mai 1192 in Worms bei der Belehnung Leopolds und seines älteren Sohnes Friedrich mit der Steiermark. Der Bericht über den Kreuzzug Barbarossas erwähnt, dass Leopold V. nach seiner Rückkehr vom Kreuzzug einige Schwierigkeiten zu überwinden hatte, bevor es zur Belehnung kam.[89] Die Probleme in der Anfangszeit der Herrschaft Heinrichs VI. und die angespannten Aktivitäten rund um den Dritten Kreuzzug, die auch Leopold V. betroffen haben, mögen eine Erklärung dafür bieten, dass der König/Kaiser an der Ennser Gründung nicht beteiligt war. Die prinzipielle Entwicklungslinie im Verhältnis zwischen dem Kaiser und den Fürsten wurde aber auch in ökonomischen Fragen und deren rechtlich-administrativen Problemen von Heinrichs Vater Friedrich Barbarossa geprägt.

Friedrichs Bemühungen, die königliche Kontrolle in Handels- und Zollangelegenheiten etwa durch die Vergabe von Privilegien oder den Erlass von Verboten zu stärken, erfolgten meist im Einvernehmen mit den Reichsfürsten. Diese waren zwar selbst an der Gründung von Märkten und Zollstellen interessiert, wollten aber ebenfalls entsprechende Versuche Adeliger, die keine fürstliche Würde innenhatten, unterbinden. Dem steirischen Markgrafen, mit dem der Kaiser verwandt war, überließ Barbarossa eine Reihe dem König zustehender Rechte. Heinz Dopsch führt als Beispiele für die Förderung Otakars III. die Übertragung von Klostervogteien an. Die Nachricht über eine angebliche Überlassung des Bergregals für seinen gesamten Herrschaftsbereich beruht allerdings auf einer missverständlichen Interpretation einer späten Überlieferung.[90] Der Kaiser reagierte vereinzelt auf Beschwerden, die Verkehrs- und Abgabenfragen betrafen,

88 Csendes, Heinrich VI. 91 ff.

89 BUB IV/1 Nr. 914; Lechner, Babenberger 186.

90 Dopsch, Die steirischen Otakare 118; Pirchegger, Das steirische Eisenwesen 10 – beide ohne Beleg.

war aber auch als Gründer von Märkten, wie in Aachen und Duisburg aktiv.[91] Ob sich aus diesen Fällen eine planmäßige »Markt- und Handelspolitik« Barbarossas ableiten lässt, gab jedenfalls Stoff für Diskussionen.[92]

Die Beteiligung des Königs bei der Regelung von Markt- und Zollangelegenheiten war trotz Barbarossas Bemühungen aber nicht mehr selbstverständlich. Dietmar Willoweit stellte für einen etwas späteren Zeitraum fest, dass die Herkunft von Regalienrechten aus dem Bereich der königlichen Ansprüche im Spätmittelalter keine entscheidende Bedeutung mehr hatte.[93] Königliche und fürstliche Ansprüche bestanden aber im 12. Jahrhundert nebeneinander.

Dabei hatten in den Territorien neben den anderen als Regalien beanspruchten Rechten die Zölle eine besondere Bedeutung, da sie ja vor allem im Rahmen des Fernhandels fremde Leute betrafen, die anderen Herrschaften angehörten. Daraus schloss Willoweit, dass der Zoll ein Zeichen politischer Macht wie auch eine hervorragende Einnahmequelle war. Ohne den Zoll wäre der Aufbau einiger bedeutender Landesherrschaften undenkbar.[94]

Wir werden uns mit der Stichhaltigkeit dieser Beurteilung noch mehrfach beschäftigen. Für umfangreiche Einnahmen aus den Zöllen spricht ein Hinweis von Michael Mitterauer. Könige statteten ihre Gattinnen meist (so Mitterauer) mit großen Königshöfen aus, zu deren Pertinenzen auch Zolleinnahmen gehörten.[95] Agnes, die Mutter Heinrichs IV, erhielt im Zuge einer solchen Ausstattung die Einnahmen aus dem Königsbesitz in Ybbs/Persenbeug, den sie später an das Passauer Kloster St. Nikola schenkte.[96] Die genaue Höhe der Einnahmen lässt sich nicht ermitteln, da unter den landesfürstlichen Mauteinnahmen von 1277 Ybbs/Persenbeug nicht genannt ist und damals wahrscheinlich verpachtet war.[97]

Die 1277 im landesfürstlichen Urbar aufgelisteten Zahlen zeigen, dass sie für eine jährliche Einnahme doch eine beträchtliche Höhe aufweisen. Die Summe aus den Ein-

---

91 Zu den eigenmächtig eingerichteten Transitzöllen am Main MGH D Friedrich I. 1 282 ff. Nr. 165. Zur Marktgründung in Aachen Meuthen, Aachener Urkunden 123 ff.

92 Vgl. dazu die Einleitung von Fried, Die Wirtschaftspolitik Friedrich Barbarossas 195 mit Anm. 1 mit Bezug auf Hassingers Diktum, es gebe keine hochmittelalterliche Wirtschaftspolitik, und Ulf Dirlmeiers diametrale gegen Hassinger gerichtete Ansicht.

93 Willoweit, Entwicklung und Verwaltung der spätmittelalterlichen Landesherrschaft 70 f. Der Überblick beschäftigt sich mit dem Spätmittelalter ab dem 13. Jahrhundert, behandelt also vor allem den Zeitraum nach dem Wandel zu landesfürstlicher Herrschaft.

94 Willoweit, Entwicklung und Verwaltung der spätmittelalterlichen Landesherrschaft 71; dieser Ansicht schloss sich Dirlmeier, Mittelalterliche Zoll- und Stapelrechte 20 mit Anm. 7 an.

95 Mitterauer, Zollfreiheit und Marktbereich. 143; eine Bemerkung dazu auch bei Dirlmeier, Mittelalterliche Zoll- und Stapelrechte 21.

96 Mitterauer, Zollfreiheit und Marktbereich 144; zur wichtigen Entwicklung während des Investiturstreits und der Herrschaft Leopolds III. vgl. unten S. 46.

97 Knittler, Zum ältesten Steiner Zolltarif 29.

nahmen in Linz (5.000 Pfund), Gmunden (1.400 Pfund), Wels (400 Pfund), Mauthausen (500 Pfund) und Stein (1.500 Pfund) betrug 8800 Pfund, mit Ybbs vielleicht knapp 10.000 Pfund. Es ist aber zu bedenken, dass die große Einnahme aus Linz den Babenbergern frühestens 1211 zur Verfügung stand. Außer den hier übersichtlich verzeichneten Zollerträgen gab es noch kleinere Beträge, die in der Auflistung der Einnahmen verstreut sind. So machte der Zoll in Klein-Retz 47 Pfund und 36 Pfennige aus.[98] Die Einkünfte aus dem *cursus monete maior*, also dem Münzumlauf betrugen in friedlichen Zeiten ohne Kämpfe mit den Nachbarn vergleichsweise etwa 14.000 Pfund.[99] Als Vergleichszahl sollen kaiserliche Einnahmen in Italien dienen, die allerdings unter besonderen Umständen lukriert wurden. Rahewin berichtete über eine jährliche Einnahme von etwa 30.000 Pfund (etwa 45.000 Mark), die dem *fiscus* aus den kaiserlichen Rechten in Italien zufloss. Es handelte sich um das finanzielle Ergebnis der Regaliendefinition auf den ronkalischen Feldern (1158). Wer urkundlich nachweisen konnte, dass er Regalien mit Recht besaß, durfte sie als kaiserliches Lehen und im Namen des Reiches behalten. Jene, die sich durch Dreistigkeit Regalien angeeignet hatten, mussten künftig jährliche Abgaben leisten, die in Summe jene 30.000 Pfund ergaben.[100] Die tatsächlichen Einnahmen aus Italien lassen sich aus diesem Befund nicht mit Sicherheit ableiten. Es ist wahrscheinlich, dass es auch Abgaben aus anderen Quellen gab.

Zwei weitere Zahlen aus unterschiedlichen Bereichen seien hier genannt, die zu bedenken sind und ein Gefühl für die Dimensionen von Geldbeträgen vermitteln: Der Anteil am Lösegeld für König Richard Löwenherz, den Leopold V. erhielt, betrug je nach den widersprüchlichen Angaben in den Quellen zwischen 30.000 und 70.000 Mark, also etwa 20.000 bis 45.000 Pfund, die ein Gewicht von 11.690 Kilogramm hatten.[101]

1261 finanzierte, wie schon kurz erwähnt, Otakar Přemysl die Hochzeit Kunigundes von Brandenburg mit dem Prinzen Bela von Ungarn (einem Sohn König Belas IV.) und ließ dafür Zaum- und Reitzeug aus Gold und Silber herstellen. Für mehr als 20.000 Pfund wurden Scharlach und Brunat (feiner, dunkelfarbiger Kleiderstoff), Baldekin (ein aus Seide und Goldfäden moiréartig gewebter Stoff, ein kostbarer Seidenstoff ursprünglich aus Bagdad) und Siglatseide, Grauwerk, Hermelin und Buntwerk gekauft.[102]

Die in den Urbaren überlieferten landesfürstlichen Einnahmen aus den Zöllen müssen aber auch kritisch betrachtet werden. Das Fehlen von Ybbs gibt einen Fingerzeig, dass

98 Dopsch, Die landesfürstlichen Urbare Nieder- und Oberösterreichs 75 Nr. 306.

99 Dopsch, Die landesfürstlichen Urbare Nieder- und Oberösterreichs 231 f. Zu bedenken ist, dass wegen der raschen Zunahme der Bedeutung des Wiener Pfennigs der Vergleich zwischen 1200 und etwa 1230 unsicher ist.

100 Gesta Friderici IV cap. VIII, 240; Bumke, Höfische Kultur 61. Seine Berechnung ist in diesem Sinne zu präzisieren und zu korrigieren.

101 BUB IV/1 Nr. 926; Csendes, Heinrich VI. zu den Verhandlungen und den tatsächlich ausbezahlten Geldern 127–129.

102 Hoensch, Přemysl Otakar II., 139.

auch ein Teil der Einnahmen der anderen Zollstellen verpachtet gewesen sein könnte. In den Urbaren sind neben den großen Zollstätten Marktorte genannt, die geringfügige Zolleinnahmen einbrachten, die in Summe aber mehrere hundert Pfund betrugen. Ferner waren die Zolleinnehmer unterschiedlichen Ranges wesentlich an den Einnahmen beteiligt und ihre Sachkenntnis brachte ihnen nicht nur gerechtfertigte Einnahmen, sondern auch solche, welche die Herzöge der Babenberger selbst als Unverschämtheit ihrer Amtleute brandmarkten. Aber nicht nur darum ging es, sondern auch um administrative Unzulänglichkeiten, die Leopold VI. bei Gelegenheit beklagte.[103] Wenn mit diesen Erwägungen zwar keine präzisen Zahlen der Einnahmen aus Zöllen erschlossen werden können, so lassen sich doch Dimensionen erkennen, die mit den uns fallweise überlieferten Ausgaben in Einklang zu bringen sind. Auch die Zolleinnahmen, die uns vor dem 18. Jahrhundert bekannt sind, weisen einen bedeutenden Anteil der Zölle an den gesamten Abgaben auf. Überdenkt man die Summe aus Zoll und Münze, die nach den Einträgen im Urbar von 1277 24.000 Pfund pro Jahr betrug, war das doch eine regelmäßige Einnahme, die man nicht zu geringschätzig betrachten sollte. Sie verschaffte dem Landesfürsten zumindest einen gewissen materiellen Spielraum, auch wenn sich nach Abzug des Linzer Zolls die Gesamteinnahmen auf 19.000 Pfund (etwa 26.000 Mark) verringern. Die jährlichen Einkünfte erreichten demnach fast den niedrigsten Ertrag des englischen Lösegeldes von 30.000 Mark.

Die Entwicklung der landesfürstlichen Einnahmen aus dem Handel und den damit verbundenen Markt- und Passierzöllen stand in einem Spannungsverhältnis zu den Bemühungen des Königs, die aus karolingischer Zeit stammenden Rechte an Verkehrswegen und Zolleinnahmen in der neuen, auf Regionen und Territorien bezogenen Form für eine wirkungsvolle Herrschaft zu nutzen. Dabei spielte gerade in der Barbarossa-Zeit die Steigerung der Einnahmen im Rahmen der sich rasch entwickelnden Bedeutung des Geldverkehrs eine grundlegende Rolle.[104] Die Übertragung von administrativen Aufgaben an Reichsministeriale ist denselben Methoden verpflichtet wie die entsprechende Tätigkeit der landesfürstlichen Ministerialen.[105]

Schon ein erster, zunächst nur der Orientierung dienender Blick auf schriftliche Zeugnisse zur vermehrten Gründung und Organisation von Märkten und Zollstellen erlaubt deren Einordnung in die zweite Hälfte des 12. Jahrhunderts, also in die Zeit der Herrschaft Friedrich Barbarossas.[106] Damit wird ein eigener Abschnitt in der Entwicklung dieser Einrichtungen erkennbar, der sich im 13. Jahrhundert in mancher Hinsicht

---

103 NÖUB 4 Nr. 13/12 388 Zeile 16, als er auf die *diversificationes officialium*, also die Verschiedenartigkeit der Amtsauffassung der Zolleinnehmer hinwies.

104 Fried, Die Wirtschaftspolitik Friedrich Barbarossas 196 ff.

105 Der Vergleich bezogen auf Bayern und Österreich (Ranshofen) bei Bosl, Reichministerialität, Teil 2, 470 ff.

106 Unter dem Aspekt des Zollregals kommt Schmoeckel zu dem Schluss, »Das Zollregal scheint kaum in so weitem Umfang wahrgenommen worden zu sein wie bei Friedrich Barbarossa.« Schmoeckel Artikel Zollregal HRG V (1. Auflage) Sp. 1763; Dirlmeier, Mittelalterliche Zoll- und Stapelrechte 21.

besser fassbar fortsetzte. Die Frage nach der Rolle der Ökonomie bei der Ausbildung und Weiterentwicklung der Herrschaft über ein Land kann diesem chronologischen Hinweis folgend nicht zeitlos, d. h. typologisch, behandelt werden. Vielmehr wollen wir sie einer wichtigen Bemerkung Otto Brunners folgend als ein strukturierendes Element jener vor allem politisch zu deutenden Vorgänge behandeln, die zur Entstehung von Ländern bzw. Territorialherrschaften im Hochmittelalter führten und geradezu das Merkmal einer neuen Epoche bildeten.[107] Hinsichtlich der Zölle stellte schon Karl Lamprecht recht allgemein fest, dass es im 12. Jahrhundert Neugründungen und Erweiterungen von Zollstätten gab, die durch das Bevölkerungswachstum und den dadurch ausgelösten Wirtschaftsaufschwung veranlasst wurden.[108] Den chronologischen Schwerpunkt bildet dabei der Zeitraum von etwa 1150 bis 1270. Die Ausbildung territorialer Herrschaft konkurrierte erfolgreich mit den Versuchen des Königs, die überkommene Machtstellung zu behaupten, mit dem Einfluss des Papstes und der Bischöfe sowie der Entwicklung der Städte.[109]

Diese Entwicklung soll im Folgenden genauer erfasst und womöglich datiert werden, wobei es auf soziale, mentale und daraus folgende politische Zusammenhänge ankommt. Dirlmeier hielt im Rahmen derartiger Überlegungen fest, dass das ausgehende 12. und das 13. Jahrhundert für die Entwicklung des Zollwesens in Mitteleuropa tatsächlich einen gründlichen Wandel gebracht habe.[110] In diesen Jahrzehnten begannen, etwa seit den dreißiger Jahren des 12. Jahrhunderts, die Gründung und intensive Förderung von Märkten, Zollstellen und Münzprägestätten. Walter Stein hat diesen Wandel mit Blick auf das Reich allgemein beschrieben und in einen etwas größeren Zeitraum eingeordnet. Dieser Zeitraum reichte vom Investiturstreit bis ins 13. Jahrhundert. Heinrich V. und die Staufer prägten ihn, womit auch der Endpunkt dieser Zeitspanne in etwa festgelegt ist.[111] Dies wird auch durch die chronologischen Grenzen des vorhergehenden Kapitels in Steins Untersuchung deutlich, die »vom Ende der Karolingerzeit bis zum Beginn der inneren Unruhen unter Heinrich IV.« reichten. Wir werden sehen, dass die Verhältnisse

107 Auf diesen Punkt wies bereits Otto Brunner, Land und Herrschaft, 3. Auflage (1953) 267 Anm. 4 hin, dass nämlich die politische Leistung des Landesherrn bei der Entwicklung der Landesherrschaft erst in einer umfassenden politischen Geschichte wirklich dargestellt werden kann.

108 Lamprecht, Deutsches Wirtschaftsleben Bd. 2, 273; diese Erscheinung, die am konkretesten in der Binnenkolonisation fassbar wird und intensive Rodungen nach sich zog, wird mehrfach in der Schilderung der früh- und hochmittelalterlichen Verhältnisse in den Ostalpen und im Donauraum behandelt von Tremel, Wirtschaft- und Sozialgeschichte Österreichs oft im Register unter »Rodung«.

109 Dirlmeier, Mittelalterliche Zoll- und Stapelrechte 21 und 24 spricht mit Berufung auf Lamprecht von einem Wettlauf zwischen König, Adel, der Kirche und den Städten bei der Gründung von Zollstätten. Marktgründungen wären hinzuzufügen.

110 Dirlmeier, Mittelalterliche Zoll- und Stapelrechte 21.

111 Stein, Handels- und Verkehrsgeschichte 167 ff. Zur Datierung 171: »Während unserer Periode, deren größter Teil in die Zeit der hohenstaufischen Kaiser und Könige fällt«.

an der Donau und in den angrenzenden Gebieten trefflich in diese »Epochenbildung« passen.

Ich möchte vor allem auf zwei, wohl aufeinander zu beziehende, Punkte von Steins Ausführungen hinweisen. Im Gegensatz zur Periode des 10. und 11. Jahrhunderts (ottonisch-frühsalische »Epoche«) gehen für die folgende Zeit die Nachrichten über neue Marktgründungen zurück, »obwohl die verkehrsgeschichtliche Überlieferung im Übrigen die der älteren Zeit an Umfang und Vielfältigkeit weit übertrifft«.[112] Den Rückgang an schriftlicher Überlieferung hinsichtlich der Marktgründungen führt Stein auf die Tatsache zurück, dass nun auch die »Großen« (des Reiches) als Marktgründer tätig gewesen seien. Der in Österreich und Steier im Allgemeinen seltene Verzicht auf Beurkundung deutet auf eine Gründung von Märkten und auch Zollstellen hin, die ohne konfliktträchtige Konfrontationen erfolgte bzw. keine Rücksichten auf benachbarte Einrichtungen erforderte. So fehlen etwa Gründungsurkunden für Mauthausen oder Ardagger und letztlich auch die Urkunde für Enns zur Zeit Otakars III. Anders war die Ausgangslage 1191.

Diese Jahrmarktsordnung wurde vom Herzog der Steiermark, also einem der Großen des Reiches ausgestellt und entstand, um die Ergebnisse schwieriger Verhandlungen schriftlich niederzulegen. Divergierende Interessen der »Steirer« und der Regensburger und neue organisatorische Verhältnisse in Regensburg schufen Probleme: Die Sicherung des Marktgeschehens durch Regensburger Kaufleute verlangte daher eine schriftliche Absicherung von Leistungen und Gegenleistungen, die nachweisbar eine *commutatio* der Organisation gegenüber der Gründungszeit bedeuteten. Zwischen den Regensburgern und Otakar I, war die Frage offen, wer für die Einschätzung der Warenmengen zuständig war und damit wesentlichen Einfluss auf den Umfang der Zolleinnahmen hatte.[113]

Die Bedeutung der Tätigkeit von Regensburger Kaufleuten, die dieses Geschäft vielleicht mit der Absicht politischer Eingriffe betrieben, ist bei der Erweiterung des Handels- und Wirtschaftsraums im Süden und Südosten des Reiches schon mehr als 100 Jahre früher nachweisbar. In den vierziger Jahren des 11. Jahrhunderts trieb eine vornehme Regensburger Familie Handel mit Ungarn und verband dies mit politischen Ambitionen.[114] Otakar III., der die ältere, schriftlich nicht erhaltene Ennser Marktordnung mit den Regensburgern aushandelte, war Markgraf der Mark an der Mur. Er gilt als jener Herr in der Steiermark, der die politisch-sozialen Voraussetzungen für die Landesherrschaft in diesem Raum geschaffen hat.[115] Dass die Förderung von Verkehr und Handel dabei eine ausschlaggebende Rolle spielte, zeigt nicht nur die mit Hilfe der Regensbur-

112 Stein, Handels- und Verkehrsgeschichte 171.

113 Hausmann, Urkundenbuch der Steiermark 1 EN1 S. 2 und 3 bezieht sich auf die lesbaren Reste der gelöschten Zeilen.

114 Lohrmann, Regensburger Kaufleute 20 f.

115 Dopsch, Die steirischen Otakare 117 f.

ger geplante Marktgründung in Enns. 1158 fiel im Krieg gegen Mailand der letzte auch nach Pitten genannte Vornbacher Ekbert III., der den Nordost-Zipfel der Steiermark, das Pittener Gebiet, dem steirischen Markgrafen als Erbe hinterließ. Otakar begann daraufhin etwa 1160 mit dem Ausbau der Semmering-Straße und der Gründung des dortigen Spitals.[116] Etwa zur gleichen Zeit verlegte er oder seine Witwe Kunigunde, die Regentin für ihren noch im Kindesalter stehenden Otakar IV., die Münzstätte im Pittener Gebiet von Neunkirchen nach Fischau wo sie 1166 erstmals nachweisbar ist.[117]

Die Voraussetzungen für die Entstehung der landesfürstlichen Zoll- und Marktho-heit der Babenberger sind vergleichsweise recht gut zu erschließen. Doch müssen auch in diesem Fall manche Zusammenhänge Hypothese bleiben. Die Babenberger waren wohl bis in die Zeit des Markgrafen Ernst (gest. 1075) als Inhaber der gräflichen Gewalt in der Mark als Stellvertreter des Königs berechtigt, in ihrem Herrschaftsbereich die Donauzölle einzuheben.[118] Es erhebt sich die Frage beim Vergleich mit der zweiten Hälfte des 12. Jahrhunderts, wie lange diese Tätigkeit tatsächlich auf der traditionellen Stellvertretung des Königs bzw. ab wann sie auf der landesfürstlichen Herrschaftsausübung beruhte. »Bis zum Beginn der inneren Unruhen unter Heinrich IV.« erfolgten die Zolleinhebungen im Rahmen der Aufgaben eines Markgrafen (daher die Mutmaßung, dass die älteren Verhältnisse bis zu Ernst vorherrschten). Dabei ging es um die Tätigkeit eines Grafen, dem die Verantwortung für die Zolleinhebungen übertragen war, wie aus den einschlägigen Kapitularien und Zollordnungen hervorgeht.[119]

Die ältesten Hinweise auf die künftige Einbeziehung der Grafenrechte in die territorialen Machtansprüche gehören wohl in die Zeit Leopolds II. (1075–1095).[120] Die Rolle des Investiturstreits bei der Bildung der Territorien ist hinreichend erforscht. Für Österreich beschrieb man diesen Vorgang in der Weise, dass der Markgraf in den Jahrzehnten vom Ende des 11. bis zum ersten Drittel des 12. Jahrhunderts vom königlichen Amtsträger zum Inhaber einer »Gewere« am Land wurde. Die Vorstellung von Besitz- vielleicht sogar Eigentumsrechten am Land entstammte den grundherrschaftlichen Vorstellungen, die in Verbindung mit den nun von der Stellvertretung des Königs losgelösten gräflichen Rechten eben jenes neue Verständnis von der Territorialherrschaft schufen.[121] Die nur

116 Lohrmann, Regensburger Kaufleute 13 f.

117 Siehe Genaueres unten im Kapitel Landesherrschaft, Markt und Münze.

118 Zur Gleichsetzung von *marchia* und *comitatus* aufgrund der urkundlichen Belege zwischen 972 und 1108: Weltin, Die »tres comitatus« Ottos von Freising 66 ff.

119 Adam, Das Zollwesen im fränkischen Reich 209 ff.; Mitterauer, Zollfreiheit und Marktbereich 109 f. aus der Zollordnung von Raffelstetten; NÖUB 1 150 ff. Nr. 13, Kommentar ab 154.

120 Brunner, Land und Herrschaft 233 Anm. 2 zitiert den treffenden Satz von Ernst Klebel, Die Grafen von Görz 82, dass erst Herrschaftsrechte und Grafschaftsrechte zusammen genügen, um Landeshoheit zu schaffen. Das trifft wohl auch auf den Zoll- und Marktbereich zu.

121 Weltin, Die »tres comitatus« Ottos von Freising 73 mit Anm. 74; Hageneder, Die Länder im spätmittelalterlichen Verfassungsgefüge 16 verlegt das Ende dieser Entwicklung in das 13. Jahrhundert.

methodisch zu akzeptierende gedankliche Trennung von Land und Landesherrschaft hat den Vorteil, eine ihrer Grundlagen deutlicher zu erkennen, nämlich den Rückbau der königlichen Gewalt auf eine lehenrechtliche Herrschaft. Damit gab es keine landrechtliche Gewalt mehr, die höher stand als der Landesfürst.[122]

Der Investiturstreit schuf die politische Zwangslage für den Rückzug des Königs aus einigen süddeutschen Grafschaften. Die dadurch ausgelösten Konfrontationen und folgenden militärischen Aktionen blieben ohne durchgreifend verändernde Folgen für die Herrschaft der Babenberger. Jahrzehntelang gab es keine Entscheidungen des Königs in der Mark.[123] Der dadurch entstandene Freiraum begünstigte auch einen selbstständigen Zugriff des Markgrafen auf die Zolleinrichtungen und ihre Verwaltung. Nachzuweisen sind diese Veränderungen der Verhältnisse allerdings erst in den Befriedungsaktionen Leopolds III. gegen Ende seiner Regierungszeit. Unter den Rückstellungen und Tauschgeschäften, die St. Nikola in Passau betrafen, befanden sich vermutlich auch solche, die sich auf die Zolleinnahmen bezogen. Die einschlägigen Dokumente sind 1128 und 1136 datiert.[124] Der Wandel der politisch-rechtlichen Voraussetzungen für die Zolleinhebung wird konkret fassbar. Damit werden die allgemeinen Behauptungen zu den Zusammenhängen von Zoll und Landeshoheit nun durch Faktizität unterfüttert, wie nämlich der Zoll in die territoriale Verfügungsgewalt kam.[125]

Bei den erwähnten Dokumenten ging es um einen Teil der zu Persenbeug gehörigen Einnahmen und es besteht, wie oben festgestellt, die Möglichkeit, dass dazu auch Zolleinnahmen gehörten. Dass in Persenbeug Zölle eingehoben wurden, ist allerdings erst 1207 zweifelsfrei in einer Zollbefreiung für Raitenhaslach nachweisbar.[126] Persenbeug liegt am

---

122 Brunner, Land und Herrschaft 232; Diesen Vorgang beschreibt Hageneder, Die Länder im spätmittelalterlichen Verfassungsgefüge noch präziser: »Seit dem 13. Jahrhundert betrachteten sich die Lehensträger dieser Amtsbezirke jedoch immer mehr als Land(es)herren, *domini terre*, das heißt sie nahmen eine Gewere – also den tatsächlichen Besitz, eingekleidet in eine rechtliche Legitimation – an ihren Ländern in Anspruch«. Stelzer, Landesbewußtsein in den habsburgischen Ländern 164 folgte dieser Einschätzung, indem er sie in zusammenfassender Weise, Hageneder auch hier folgend, mit dem römischen Eigentumsbegriff in Verbindung brachte.

123 Kupfer, Das Königsgut 157.

124 NÖLA 2/1 473 Nr. 13/3 und 474 ff. Nr. 13/5.

125 Abgesehen von den zitierten allgemeinen Überlegungen Willoweits versuchte Herbert Hassinger schon in den siebziger Jahren des vorigen Jahrhunderts die Bedeutung des Zollregals für die Landeshoheit herauszuarbeiten und bestätigte dabei die Vorstellung, dass die Territorialgewalten die Zollhoheit unrechtmäßig an sich gerissen hätten. Die gerade geschilderten politischen Voraussetzungen dieser Vorgänge geraten dadurch ins Hintertreffen. Hassinger, Die Bedeutung des Zollregals 151; Adam, Das Zollwesen im fränkischen Reich 213, Anm. 107 kritisierte, dass Hassinger den Übergang vom königlichen Machtmonopol zur territorialen Verfügungsgewalt nicht erklärt habe. Dieses Urteil wird der weit ausholenden Problemdarstellung Hassingers nicht gerecht.

126 BUB I 200 f. Nr. 155 hier 201 Zeile 4 f. *videlicet ut fratres de Reitenhaslach liberum transitum habeant Chremise, Persinpige et Muthusen*. Die Kritik an der Echtheit der Urkunde von Knittler, Zum ältesten Steiner Zolltarif 30 mit 59 Anm. 25 ist nicht nachzuvollziehen, da hier von einer Zollerleichterung in Linz

nördlichen Donauufer gegenüber von Ybbs, der damaligen Ybbsburg, eine Zollstelle, die als Eparesburg nach dem Ausweis der Zollordnung von Raffelstetten schon um 900 oder früher bestand. Tatsächlich gab es an beiden Donauufern Zollstellen. Eine Zollerleichterung für Metten von 1198 bezieht sich auf die Zollstellen Stein und Ybbsburg.[127]

Sehen wir uns die Geschichte der Zollstelle Ybbs / Persenbeug etwas näher an. In der Zeit Heinrichs III. oder bereits Heinrich IV. erhielt Kaiserin Agnes den Neunten *(nona pars)* von Einnahmen, die zur Burg Persenbeug gehörten.[128] Als Bischof Altmann im traditionell überlieferten Jahr 1067 St. Nikola in Passau gründete, kamen diese Einnahmen durch die Mitgründerin Agnes an dieses Stift.[129] Mitterauer versuchte im Vergleich mit ähnlichen Schenkungen des Neunten wahrscheinlich zu machen, dass zu solchen Einnahmen oft auch der Zoll gehört habe. Das Argument, dass die gesamten Einnahmen so bedeutsam waren, dass Agnes nur den Neunten verschenkte, hat Einiges für sich.[130] Unterstützt wird diese Ansicht durch die Tatsache, dass Leopold III. 1136 diese Einnahmen nach ihrer Rückstellung an St. Nikola (1128) erfolgreich wieder zu erwerben suchte. Wir werden diese Frage gleich weiterbehandeln. Die Schenkung von 1067 erwähnt zwar die Ybbsburg als das zweite Zentrum, von dem die erwähnten Einnahmen herstammten, doch wurde die Stelle offenbar erst 1111 oder später hinzugefügt.

Denn in den Besitzbestätigungen der Päpste Alexander II. (1073) und Gregor VII. (1075) ist die Ybbsburg nicht erwähnt.[131] Erst 1111 ist in Bestätigungen der Gründungsurkunde durch Bischof Ulrich I. von Passau und Kaiser Heinrich V. auch von der Ybbsburg die Rede.[132] Obwohl in keiner Urkunde Zolleinnahmen erwähnt werden, die zu diesem Neunten gehörten, ist Mitterauers Ansicht, dass Agnes auch über Einnahmen aus dem Ybbser Zoll verfügte, eine ernsthafte Diskussionsgrundlage. Die gerade erwähnten Zollerleichterungen für Metten und Raitenhaslach weisen recht deutlich auf eine Verbindung zwischen Ybbsburg und Persenbeug hin.

Aus der verfälschten Schenkung von 1067 geht aber nicht hervor, ob Markgraf Ernst im Rahmen seiner Aufgaben mit der Zolleinhebung zu tun hatte. Und wenn, dann als

---

keine Rede ist. Nur eine Erwähnung von Linz würde nämlich für eine Fälschung sprechen. Zur Erwerbung von Linz BUB IV/2 Nr. 1015.

127 BUB I 146 f. Nr. 111 (Metten); Hassinger, Die Bedeutung des Zollregals 173 mit Anm. 98.

128 Mitterauer, Zollfreiheit und Marktbereich 143, wobei er auch den Neunten der Einnahmen von Ybbsburg dazurechnete. Nach einer Bestätigung Heinrichs V. vom 25. Juni 1111 war Heinrich IV. mit seiner Mutter zusammen der Schenker an St. Nikola. Das Datum der Übergabe der Einnahmen an Agnes kennen wir nicht. NÖUB 2/1 470 ff. Nr. 13/2.

129 NÖUB 1, Nr. +32, Text der Fälschung 395–402, Varianten 402–407. Kommentar 407–412; zur Gründung von St. Nikola: Annales S. Nicolai Patavienses et notae Wolfelmi 60 *Anno gracie 1067. Monasterium sancti Nycolai in Patavia fundatur ab Altmanno Pataviensis episcopo et ab Agnete Augusta.*

130 Mitterauer, Zollfreiheit und Marktbereich 144 f.

131 NÖUB 1, Nr. +32, 402.

132 NÖUB 2/1 465 ff. Nr. 13/1. Ebenfalls am 25. Juni 1111 stellte Kaiser Heinrich V. die Bestätigung für St. Nikola aus. NÖUB 2/1 470 ff. Nr. 13/2.

Markgraf stellvertretend für den König. Hinweise auf eine Beteiligung des Markgrafen an der Zollerhebung unter gänzlich anderen Voraussetzungen erlaubt ein Blick auf die Entwicklung vor 1111 im Rahmen des Investiturstreits. 1128 stellte Leopold III. dem Stift St. Nikola den angeblich durch Nachlässigkeit der Brüder abhandengekommenen neunten Teil der Persenbeuger Einkünfte zurück.[133] Diese Erklärung wirkt einigermaßen gekünstelt und soll offenbar einen unangenehmen Sachverhalt vernebeln. Tatsächlich hatte wohl Leopold II. nach der Eroberung Passaus durch Heinrich IV. die *pars nona* annektiert, die sein Sohn nach dem Ende des Konflikts wieder den Mönchen von St. Nikola überließ. Vor 1132 bestätigte er die Rückgabe und 1136 tauschte er diese Einnahmen wieder zurück, indem er den Passauern ein *predium* in Münichreith überließ.[134] In diesen Aufzeichnungen ist wieder Persenbeug erwähnt. Gleichzeitig erhielt das Schiff von St. Nikola gegen eine Schenkung von drei Büchern Zollfreiheit in der Mark. Es ist aber wahrscheinlich, dass die Zollbefreiung eher eine Gegenleistung für die Rückgabe der Zolleinnahmen war. Schon zu Beginn des 12. Jahrhunderts waren demnach Zolleinkünfte im Verein mit anderen Abgaben eine gesuchte Einnahmequelle. Bezüglich der Ybbs/Persenbeug-Frage und den Zolleinnahmen lässt sich mit großer Vorsicht aus den besprochenen Urkunden erschließen, dass Leopold II., um dem kaiserlich gesinnten St. Nikola zu schaden, die Persenbeuger Einkünfte annektiert hatte, sein Sohn Leopold III. sie später zurückstellte, doch diese acht Jahre später wieder zurücktauschte. Ein wenig unsicher bleibt der Nachweis, dass Zolleinnahmen zu diesen Abgaben gehörten. Mit Rücksicht auf die späteren Zollerleichterungen in Ybbs und Persenbeug hat dies aber einige Wahrscheinlichkeit für sich.

Es wäre verlockend, aus dieser sich auch auf den Zoll in Persenbeug beziehenden Rekonstruktion weitere Schlüsse auf eine Herrschaftsverdichtung in der Zeit Leopolds III. zu schließen, welche einen Wandel von der königlich-markgräflichen Zolleinhebung zu einer landesfürstlichen bedeuten würde. In diese Richtung weist die Erwähnung des ersten bekannten *theleonarius* in Stein namens Eppo, auf den ich in anderem Zusammenhang genauer eingehen werde.[135] Die etwa eine Generation andauernde Absenz des Königs in der Mark hatte die der alltäglichen Herrschaftsausübung zugrundeliegenden Verhältnisse wesentlich verändert.[136] Die zahlreichen Rückstellungen von Gütern und Rechten durch Leopold III., die im Zuge des Investiturstreits entfremdet worden waren, kann nicht darüber hinwegtäuschen, dass der Entscheidungsspielraum des Markgrafen in diesen Jahren gewachsen war.[137] Die verschiedenen Bestätigungen König Konrads III.

133 NÖUB 2/1 473 Nr. 13/3. Dazu und zum Folgenden vgl. den Kommentar von Weltin NÖUB 2/1 500 f.

134 NÖUB 2/1 474 Nr. 13/4 und 474 ff. Nr. 13/5.

135 FRA II/4 Nr. 58.

136 Kupfer, Königsgut 157 weist auf den Zusammenhang mit dem Investiturstreit hin. Zeitgrenzen 1078 bis 1104.

137 Bis in die Zeit Heinrichs Jasomirgott dauerte die Bereinigung der Entfremdung des Dornbacher Besitzes

in Angelegenheiten des Ostlandes sind wohl im Rahmen der de facto bestehenden staufisch-babenbergischen Dynastie zu deuten und zu verstehen.[138]

In einer sozial und politisch überzeugenden Weise bildete sich etwa seit der Mitte des 11. Jahrhunderts die militärisch und administrativ tätige Gruppe der Ministerialität aus. In der Zeit Leopolds III. traten allmählich einige Familien von Dienstleuten hervor und wechselten, wenn sie aus dem Verband anderer edelfreier Herren kamen, in die Gefolgschaft der Babenberger. Es gab aber auch Dienstleute, die im weitesten Sinn mit kaufmännischen Angelegenheiten und Finanzen zu tun hatten, also auch Mautner. Wir werden noch sehen, dass der erwähnte Eppo Zöllner und Finanzmann war.[139]

Mehrere Zeugnisse über diese Dienstleute und ihre Tätigkeit haben sich aus der Zeit um die Jahrhundertwende 1200 erhalten. Zwischen 1198 und 1203 gewährte Leopold VI. dem Kloster Garsten den Erlass aller Abgaben zu Wasser und zu Lande in seinem Herrschaftsgebiet. In der Sache intervenierten Ministerialen des Herzogs, die ihn auch berieten. Ihre Zustimmung erteilten die herzoglichen Amtleute Dietrich von Wien und Herbord von Enns, die auch unter den Zeugen genannt sind.[140] Otto Brunner identifizierte die beiden als Mautner.[141] Bemerkenswert ist die Differenzierung, dass die Ministerialen intervenierten und berieten, die Amtleute aber ihre Zustimmung gaben (Abb. 5).

Schon 1196 bezeugte ein Mautner und Münzmeister Dietrich eine Mautbefreiung für Osterhofener Lebensmitteltransporte auf der Donau.[142] Ein Bernold, der gleichzeitig *mutarius* und *monetarius* war, wurde mit ihm zusammen als Zeuge genannt. Infolge einer falschen Interpunktion in der Edition des Babenberger Urkundenbuches hielt man die beiden für Kremser Amtleute. Karl Lechner bezog die Bemerkung *de Cremis* richtig auf die folgenden Zeugen.[143] Zu bedenken ist die Tatsache, dass beide Zeugen im Plural als *mutarii et monetarii* bezeichnet wurden. Demnach bekleideten beide die Ämter eines Mautners und eines Münzmeisters gemeinsam – entweder in Wien oder noch in Krems; Dietrich ist der nach Wien genannte Amtmann/Mautner aus der Garstener Zollbefreiung. Der Mautner im Raum Krems war wohl der unter den Leuten aus Stein genannte

von St. Peter in Salzburg. Diese Entfremdung gehörte zu den Voraussetzungen zur Übernahme der Herrschaft im Wiener Raum durch Leopold III. Lohrmann, Der Dornbacher Besitz 189 ff.

138 Zur Aufgabe des Vohburger Besitzungen unter teilweiser Beteiligung Konrads III. (Petronell/Hugo von Liechtenstein): Weltin, Ascherichsbrugge 357 ff. Zur staufisch-babenbergischen Verwandtschaftspolitik vgl. Dendorfer, Von den Babenbergern 229; Lohrmann, Die Babenberger und ihre Nachbarn 253.

139 Allgemein dazu Eichstaedt, Der Zöllner 36, der auch andere Beispiele für die soziale Stellung von Zöllnern bringt und weiterführende Literatur.

140 BUB I 139 f. Nr. 106*: interventu et consilio ministerialium nostrorum cumque assensu officialium nostrorum Dietrici de Wienne et Herwordi de Aneso*; Lohrmann, Regensburger Kaufleute 79.

141 Brunner, Zwei Studien 245 mit Anm. 18.

142 BUB I 129 f. Nr. 95 hier 130 Zeile 25.

143 Die richtige Zuordnung nach Wien Lechner, Babenberger 251 und 392 Anm. 64, 369 Anm. 5. Zuletzt auch Emmerig, Kremser Währung 61, Das bedeutet, dass die Münzprägung in Wien schon 1196 eingerichtet war.

Heinricus muter, der ja eher in Stein als in Krems saß. Bei Bernold ist die Sache nicht so klar. Immerhin ist in Krems aber ein (Geld-)Wechsler Leopold aus unserer Zeugenliste bekannt.

Die Befreiung wurde zweimal am gleichen Tag beurkundet, die erwähnten Kremser Mautner sind in der zweiten Fassung genannt, in der ersten der erwähnte *Heinricus muter* von Stein.[144] Als Leopold VI. am 17. August 1198 die Zollfreiheit für Osterhofen bestätigte, wurden am Ende der Zeugenliste wieder Herbort und ein Dietmar genannt, was wir wohl als Verschreibung für Dietrich betrachten müssen. In einer späteren Ergänzung der Zollbefreiung ist nämlich der Name zu Dietrich korrigiert.[145] Der Mautner und Monetar Dietrich von 1196 ist mit unserem Amtmann Dietrich von Wien identisch. Das Jahr 1196 gehört zu der Übergangszeit vom Kremser zum Wiener Pfennig. Dietrich lebte um 1200 und wird mit dem bekannten Dietrich dem Reichen gleichgesetzt. Der Namen seines Sohns Arnold legt den Verdacht nahe, dass ein 20 Jahre früher genannter Mautner Arnold, ein älterer Verwandter, vielleicht sogar Vater Dietrichs war. Dieser Mautner Arnold beriet den Herzog Leopold V. nach dem Ausweis einer zwischen 1177 und 1180 verfassten Urkunde in einer heiklen Frage von Zollgebühren.[146] Er legte Zeugnis über die Höhe der Zahlungen ab, die der Abt von Niederaltaich als Maut für Transporte zu leisten hatte. Die ursprüngliche und neuerlich herzustellende Höhe der Abgaben wurde vom *proavus* Leopolds V. festgelegt. Nimmt man diese Verwandtschaftsbezeichnung wörtlich, wurden diese Abgaben schon von Leopold III. oder sogar noch von seinem Vater bestimmt. Es handelt sich wieder um einen Hinweis auf Veränderungen im Umfeld des Investiturstreites. In der Zeit Heinrichs Jasomirgott hielten sich die Mautner einige Zeit nicht an die festgesetzten Abgaben,[147] die nun aufgrund von Arnolds Bericht wieder

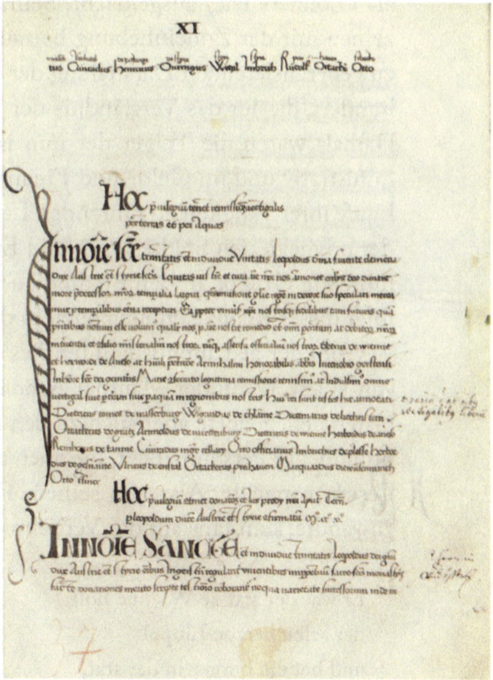

Abb. 5: Dietrich von Wien und Herbort von Enns in einem Zollprivileg für das Kloster Garsten 1198–1203.

144 BUB I 127 ff. Nr. 94 hier 129 Zeile 14.

145 BUB I 145 f. Nr. 110 und147 f. Nr. 112.

146 BUB I 65 f. Nr. 49; Lohrmann, Regensburger Kaufleute 80.

147 BUB I 66 Zeile 2 *ego Lvpoldvs … iusticiam recognovi in mutua, que in diebus patris mei aliquantisper a mutuatoribus fuerat contra ius eorum disturbata.*

bestätigt wurden. Er bezeugte aber die Höhe und die Art der Abgaben nicht allein, sondern zusammen mit anderen Ministerialen (*attestatione Arnoldi mutuatoris et aliorum ministerialium*). Arnold war demnach selbst ein Ministeriale, der ganz allgemein gesprochen im Finanzbereich tätig war. Eppo von Stein war in derselben Weise tätig.[148] Otto Stolz hat in seiner Entwicklungsgeschichte des Zollwesens Bürger und untere Amtleute als »Zollner« (sic) ausgemacht. Seine Gesamtdarstellung der Verhältnisse, wie die einzelnen mit der Zolleinhebung betrauten Personen zusammenspielten, beruht auf einer zu generalisierenden Darstellung der Verhältnisse des ausgehenden 13. bis zum 15. Jahrhundert, die für das Verständnis der Verhältnisse im 12. Jahrhundert wenig beiträgt.[149] Damals waren die Träger der nun landesfürstlich gewordenen Zolleinhebung die administrativ und im Geld- und Finanzwesen tätigen Ministerialen, von denen einige im Laufe ihrer Tätigkeit zu führenden Leuten des sich formierenden Bürgertums, besonders der privilegierten Städte Wien und Enns, aber auch Krems[150], wurden. Man fasste diese führende Gruppe in den Städten auch unter der Bezeichnung *meliores* zusammen und folgt dieser Kennzeichnung auch in der aktuellen Forschung.[151]

Wohl der bedeutendste unter diesen Finanzleuten war der gerade erwähnte Dietrich von Wien. Wenn der Mautner Arnold sein Vater war, kam er aus einer Familie von Ministerialen, gehörte aber auch zu den führenden Wienern, dem »Stadtadel«. Er war eine prominente Persönlichkeit, die auch zwei Generationen später noch Jans Enikel seinen Lesern vorstellte. Als er in seinem Fürstenbuch sich der Regierungszeit Leopolds VI. zuwandte, kam Jans auf das Verhältnis des Herzogs zu Wien zu sprechen:

Er war der stat ze Wienne holt,
der selbe herzoc Liupolt
und het ein burger in der stat,
der was vil dick an seinem rât
der selbe war unmâzen rich
und was geheizen Dietrîch.[152]

Wichtig und bisher selten erwähnt ist die Tatsache, dass Dietrich häufig als Ratgeber Leopolds tätig war. Wir haben gesehen, dass die urkundlichen Erwähnungen Dietrichs dies bestätigen. Schon aus dem ersten Bericht des Jans über Dietrichs Wirken wird dessen Schlüsselposition als Finanzmann mit politischem Verstand erkennbar. Leopold ließ ihn zu sich kommen und schilderte ihm ein Vorhaben: Der Herzog ist den Bürgern

148 FRA II/4 Nr. 58 als *theleonarius* bezeichnet

149 Stolz, Zur Entwicklung des Zollwesens 1–41, die Kritik bezieht sich auf den gesamten Aufsatz.

150 Zu Krems Brunner, Rechtsquellen 9 ff. Nr. 21/I und 20 ff. Nr. 21/II. Vgl. zu Laufen Heffeter, Salzachschifffahrt 1. Teil 10 f.

151 Rösch, Zwei literarische Quellen 113 f.

152 Jansen Enikels Fürstenbuch 630 Vers 1665 bis 1670.

gewogen und will diese dazu bewegen, ihm bei der Bezwingung von Dienstmannen zu helfen, die ihm nicht untertänig sein wollen. Er will sie dafür an Ehren und Gütern reich machen. Dietrich rät dazu, den Bürgern die notwendigen finanziellen Mittel zur Verfügung zu stellen (631 Vers 1693–1695):

> wan in der stat ist der sit
> daz si arbeitent damit
> und werdent damit rich.

Daraufhin erklärte der Herzog (631 Vers 1698 und 1699):

> Nu nemt min silber und min golt:
> Drizic tusent marc i'n lihen wil.

Wir wollen die Geschichte dieses bekannten Finanzkunststückes, das die unwilligen Dienstleute unter Druck setzte, nicht weiterverfolgen. Jans Enikel berichtet, dass der Coup gelang und die beteiligten Wiener Bürger reich wurden. Zurück zu den Zollangelegenheiten.

Die erwähnten Abgaben, zu denen Niederaltaich verpflichtet war, waren in Mauthausen zu leisten. Dies ist die älteste Erwähnung von Mauthausen (1177–1180). Allerdings ist folgendes zu bedenken: Das Hinterland von Mauthausen war die Riedmark, von der wir wissen, dass sie jedenfalls 1115 zum *regimen* Leopolds III. gehörte.[153] Dass schon er hier eine Mautstelle einrichten ließ, scheint plausibel, ja sogar wahrscheinlich, kann aber nur vermutet werden.

Leopold III. nahm die Abgaben in Ybbs/Persenbeug, Melk und in Stein im Rahmen einer in Entwicklung befindlichen landesfürstlichen Hoheit ein, die sich in einem längeren Zeitraum kaiserlicher Absenz selbstständig entfalten konnte. Inhalt dieser Hoheit im Lande war die Verfügung über eine Reihe von Gerechtsamen, die in den schriftlichen Aufzeichnungen als *iura* oder *iustitae* (meist nur in der Einzahl *iustitia* überliefert) erscheinen. Die Bezeichnung dieser Verfügungsgewalt als Gewere am Land vermittelt den Eindruck, dass sie eine Summe verschiedener Rechte umfasst. Diese Definition ist quellenmäßig gedeckt, wenn in den Urkunden bei der Übertragung eines Gutes aufgezählt wird, welche Rechte der Besitzer ausüben durfte: Verkaufen, verschenken, verpfänden und vertauschen. Dies konnte sich auch auf eine Belehnung mit einem Zollrecht beziehen. Die Belehnung mit solchen Einnahmen konnte sich allerdings als ungünstig erweisen.[154] Selbst die Regaliendefinition ist genau genommen auch nur eine Aufzäh-

153 BUB I 2 f. Nr. 2 hier 3 Zeile 17 f. St. Florian wird befreit *a redibitione vel reditu mei iuris in Ridmarcha vel in omnibus locis mei regiminis trans Danubium, positis.*

154 Friedrich Barbarossa musste die Belehnung der Grafen von Pfullendorf mit der Überfahrt über den Bo-

lung einzelner Herrschafts- und Lebensbereiche. Wir werden uns dieser Frage noch von verschiedenen Seiten annähern.

Herbert Hassinger hat sich mit der Frage der Bedeutung des Zollregals für die Ausbildung der Landeshoheit befasst, also in einem etwas eingeschränkteren Umfang über unsere Fragestellung gearbeitet.[155] Wir haben am Beispiel Ybbs/Persenbeugs gezeigt, welche Rolle die längere Untätigkeit und Abwesenheit des Königs in einer Region beim Übergang und bei der Wandlung von Herrschaftsrechten spielte. Dass die aus den gräflichen Rechten stammende Tätigkeit als Stellvertreter des Königs einen Ansatzpunkt für Markgraf Leopold II. darstellte und Überlegungen hinsichtlich der Übernahme und Neugestaltung der Zollhoheit beeinflusste, haben wir ernsthaft erwogen und bedacht. Hassingers Studie übte auch einen bedeutsamen Einfluss auf Mitterauers große Untersuchung zu Zollfreiheit und Marktbereich aus, die deshalb die Komplexität der Entwicklung zu territorialen Herrschaftsrechten im Zollsektor teilweise verfehlt.[156] Beide Arbeiten sind über 60 Jahre alt und haben im Lichte der seither durchgeführten Forschungen hinsichtlich der verfassungsgeschichtlichen Grundlagen und der Fragestellungen an Bedeutung und Aktualität verloren. Trotzdem ist die Auseinandersetzung mit ihnen lehrreich und bei der Orientierung in dem Dickicht komplexer Probleme hilfreich.

---

densee 1179 zurücknehmen. SCHMID, Graf Rudolf von Pfullendorf 193.

155 HASSINGER, Zur Bedeutung des Zollregals, besonders der erste Abschnitt 151–158.

156 MITTERAUER, Zollfreiheit und Marktbereich, siehe die Kritik HOLTER, ZRG Germ. Abt. 91, 308.

Die Urkunde von 1191

Das Umfeld ihrer Entstehung

Bevor ich auf die aus der Urkunde ersichtlichen Details zu ihrer Entstehung eingehe, sei auch der Gedanke Willibald Katzingers erwähnt und gewürdigt, dass Herzog Otakar bereits schwer erkrankt war, als er die Urkunde ausstellte, um die Rechte der Regensburger und ihrer Karawane zu sichern. Die seit der Georgenberger Handfeste zugunsten Herzog Leopolds V. verbriefte Nachfolge als Herr in der Steiermark könnte eine der Ursachen für die Sicherung der Verhältnisse auf dem Ennser Jahrmarkt gewesen sein.[157] Die Verhandlungen mit den Regensburgern führten aber auch zu Neuregelungen, wie aus der Bezeichnung der Urkunde als *commutatio* hervorgeht.

Soweit uns nicht die Erklärungen zur Bedeutung der Quellensprache zwangsläufig in die sprachliche und daher methodische Theorie führen, wollen wir versuchen, die Vorgänge, die mit der Ausstellung unserer Urkunde verbunden waren, und anderen, die sich mit Zoll-, Verkehrs- und Marktordnungen befassen, möglichst direkt aus den lateinischen Texten zu verstehen. Eine Reihe von Fragen zur Urkunde über den Ennser Jahrmarkt von 1191 steht am Anfang unserer Betrachtungen.

In der Arenga wird betont, dass die Schriftlichkeit im Gegensatz zu bösartig oder in »rechtsverdrehender« Absicht erhobener Widersprüche und ihrer schwächlichen Umsetzung die unveränderbare Wahrheit bewahre.[158]

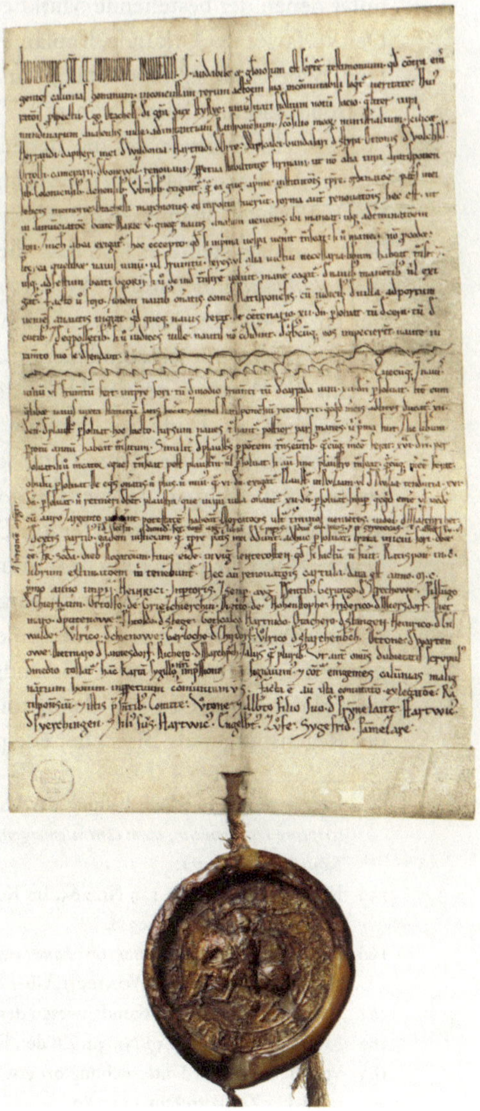

Abb. 6: Jahrmarktordnung für Enns, Mai – August 1191.

157 Katzinger, Geschichte von Enns 99.

158 Haider, Bestätigung 165 – Von mir überarbeitete

Das ist eine sehr allgemeine Formulierung; die Beschreibung der Probleme durch den Begriff der *calumnia* mit ihren umfangreichen Bedeutungsfeldern betrifft einen Topos der Motive bei der Ausstellung von Urkunden.[159] Der Gedanke wird mit fast denselben Worten in der Corroboratio wieder aufgenommen: Die Aufzeichnung diene der Beseitigung aller Zweifel und richte sich gegen auftauchende Widersprüche böswilliger Menschen.[160] Ob diese Arenga als Anspielung auf bestehende Drangsale gewählt wurde, unter denen der bestehende Markt eventuell litt, ist denkbar, aber nicht wahrscheinlich. Der Verfasser der Urkunde, Kaplan Heinrich, gebrauchte dieses Bild auch in der Arenga einer Schenkung Herzog Otakars an das Kloster Millstatt aus dem Jahr 1183 und in der Corroboratio für Gairach von 1184.[161]

Dazu ein Hinweis, der die Bedeutung von *calumnia* als Widerstand wahrscheinlich macht. Als Lothar III. 1131 die Einnahmen des Marktes in Visé der zum Bistum Lüttich gehörigen Johannes-Kirche bestätigte, die auf der durch einen Flussarm gebildeten Maasinsel lag, stellte er fest, dass die Kirche dieses Recht seit der Schenkung Ottos II. *sine calumpnia* innehatte.[162] Widersprüche gegen die Nutzung eines Zolls oder Details der einzelnen Regelungen sind nicht nur in diesem Fall nachweisbar.[163] Andere Probleme werden wir noch kennenlernen.

Um die Ausstellung der Urkunde baten Regensburger, die zunächst nicht genauer beschrieben, am Ende der Urkunde jedoch als sechsköpfige Gesandtschaft namentlich genannt wurden. Der Herzog und seine Ratgeber verhandelten mit diesen Leuten, die einflussreiche Bürger in Regensburg waren. In der Einleitung, die ähnlich einer Narratio formuliert wurde, erklärte Herzog Otakar, dass er die Marktordnung seines Vaters erneuere. Auch die Datierung beginnt mit der Mitteilung, dass es sich bei der Urkunde um eine *renovatio* handle. Der letzte Satz der Urkunde stellt die Geschichte allerdings völlig anders dar. Da ist nun die Rede von einer Veränderung (*commutatio*), die in Verhandlungen mit einer Regensburger Gesandtschaft erarbeitet wurde.[164] An deren Spitze stand der (Hans-)Graf Uto von der Brunnleiten. Die zunächst gebrauchte Kennzeichnung der Regensburger als Bittsteller entsprach der konventionellen Behandlung solcher Vor-

---

Übersetzung unter Beibehaltung der Vorstellung von der Rechtsverdrehung: *Laudabile et gloriosum est scripture testimonium, quod contra emergentes calumnias hominum in concussam rerum actionem sua incommutabili loquitur veritate.*

159 Fichtenau, Arenga 129 Nr. 265. Im Kontext der otakarischen Kanzlei Wonisch, Über das Urkundenwesen der Traungauer 123 ff.

160 Haider, Bestätigung 166/167: *hanc cartam … contra emergentes calumnias malignantium hominum in perpetuum communivimus*; Wonisch, Über das Urkundenwesen der Traungauer 124.

161 Wonisch, Über das Urkundenwesen der Traungauer 123 ff. bes. 124.

162 MGH D Lothar III. 57 Nr. 34. Zu den Einzelheiten vgl. die ausführliche Kommentierung dort.

163 Vgl. die in unserer Untersuchung oft erwähnte Frechheit der Amtleute oder die Vorgeschichte der Niederaltaicher Zollkorrektur 1177/80.

164 Hausmann, Urkundenbuch der Steiermark 1 ENı S. 2 Zeile 38 f. *Facta est autem ista commutatio ex legatione Ratisponensium et istis presentibus* folgen die Namen der Gesandtschaftsmitglieder.

Abb. 7: Gelöschte Zeilen in der Jahrmarktordnung für Enns (wie Abb. 6).

gänge in Urkunden. Die Vorgeschichte müssen wir wohl anders verstehen. Es ist nämlich zu vermuten, dass die erst kürzlich geschaffene Funktion des Hansgrafen in Regensburg Probleme bei der Abhaltung und Durchführung des Jahrmarkts mit sich brachte, die durch Verhandlungen beseitigt werden sollten.[165]

Bei den Verhandlungen, die der Ausstellung der Ennser Urkunde vorangingen, peilte der Landesfürst Herzog Otakar wahrscheinlich eine gewisse Einschränkung des Einflusses des Hansgrafen zugunsten seiner Richter in Enns an. Darauf weisen zwei radierte Zeilen hin, die zudem mit einer Wellenlinie ungültig gemacht wurden (Abb. 7). Aus den Fragmenten des Textes ist mit einiger Unsicherheit zu erschließen, dass die landesfürstlichen Richter einen größeren Einfluss bei der Einschätzung des Umfangs der Ladungen haben sollten. Die von den Herausgebern des steiermärkischen Urkundenbuchs durchgeführte Rekonstruktion dieser gelöschten Worte ist nicht vollkommen verlässlich – die Ergebnisse der im Folgenden versuchten Deutung sind daher nur eine Hypothese.[166]

Der gelöschte Satz beginnt wie jener davor: *Si vero* … Das folgende Wort, welches wohl das Subjekt des Satzes bildete, ist nicht lesbar. Aus den folgenden Resten des gelöschten Textes scheint hervorzugehen, dass nach der zuvor erwähnten Taxierung der Ladung (?) ein Schiff Enns verlassen konnte, nachdem die Abgabe für die Schiffsführer festgesetzt wurde, *quod ipse dare debuerint.* Vermutlich konnte die vorläufige Taxierung des Ladegewichts einen begründeten Verdacht hervorrufen, der ein weiteres Verfahren im Sinne landesfürstlicher Interessen auslöste.[167] Dieses hier hypothetisch erschlossene Verfahren war aber offenbar nicht im Sinne der Regensburger und ihrer Kollegen aus dem Westen, denn vermutlich setzte Uto von der Brunnleiten im letzten Moment die Löschung dieser Regelung durch.[168]

165 Lohrmann, Regensburger Kaufleute 18 ff.

166 So unterliefen den Herausgebern auch kleine Fehler bei den deutlich lesbaren Teilen der Urkunde: Zeile 6 der Online-Edition *est imposita*, richtig in Zeile 8 des Originals *eis imposita* sowie Zeile 19 *dexteris*, richtig im Original Zeile 26: *de exteris*. Die richtige Edition Haider, Bestätigung 164.

167 Nach der Lesung unter der Quarzlampe sind folgende fragmentarisch zugängliche Einheiten lesbar: *Si vero…quam pretaxato…navis cedat Anes…iudicium dati…nautis, quod ipse dare debuerint.* Hausmann, Urkundenbuch der Steiermark 1, 3 EN1. Der Text ist unter der Voraussetzung zu beurteilen, dass in der Bestimmung zuvor die Regensburger bei Zweifeln an ihren Angaben durch einen Eid die Richtigkeit ihrer Selbstaussage zum Ladegut beschwören durften.

168 Eine weitere von mir in Zusammenarbeit mit Reinhardt Harreither durchgeführte Prüfung der gelöschten Zeilen blieb ohne Ergebnis – letztlich bleibt die Sache unklar.

Die grundsätzlichen Interessen der Regensburger lassen sich an dem Text der Marktordnung gut erkennen. Als Verantwortliche für möglichst große Vorteile der Handelskarawane waren sie daran interessiert, an der Einschätzung der zu verzollenden Mengen des Transportgutes beteiligt zu werden. Die Kosten sollten natürlich möglichst niedrig gehalten werden, doch spielte bei der Festlegung der Abgabenhöhe noch etwas anders eine Rolle. Auch Otakar hielt es für richtig, die Abgabenhöhe im Vergleich mit den Regelungen seines Vaters nicht zu verändern. Der Grund dafür liegt wohl in der Definition der gerechten Zölle, die sich auf eine möglichst weit zurückliegende Regelung stützen sollten.[169] Die Regensburger teilten wohl diese Ansicht. Da die Abgaben sich auf das Gewicht der Transporteinheiten bezogen, wurden nur wenige Waren erwähnt. Dass das mit der damals noch nicht wirksamen Umstellung der Zollhöhe von Transportmitteln zu Waren zusammenhängt, ist wenig wahrscheinlich. Vielleicht war die Jahrmarktsordnung in diesem Punkt etwas antiquiert. Das nur ein Jahr jüngere Regensburger Privileg vermerkt ja die Zollhöhe teilweise schon nach den verschiedenen Waren.

Als Otakar die Ordnung des Jahrmarkts bestätigte bzw. neu ordnete, lag den nunmehrigen Entscheidungen eine Situation zugrunde, die nicht selbstherrlich durch ihn im Alleingang, sondern nur auf dem Verhandlungsweg zu klären war. Otakar verfügte aber über eine Möglichkeit, seine Position in den Verhandlungen mit den Regensburgern zu verbessern: In der Urkunde sind fünf Ministerialen des Herzogs als seine Ratgeber bei der Neufassung der Marktordnung genannt, von denen drei, nämlich der Truchsess, der Marschall und der Kämmerer, Hofämter innehatten. Der Truchsess Herrand von Wildon, der Marschall Hartnid von Ort und der Kämmerer Ortolf vom Gonobitz waren so wie Gundakar von Steier und Otto von Volkensdorf einflussreiche Landherren des steirischen Herrschaftsgebietes.[170] Sie gehörten zu einer Gruppe miteinander verwandter Adeliger, die edelfreier Abkunft oder mit Damen aus edelfreien Familien verheiratet waren, aber als landesfürstliche bzw. steirische Ministerialen den Verband der Landherren bildeten. Die genealogische Analyse der betroffenen Personen zeigt das für die politische Führungsschicht der werdenden Territorien Steier und Österreich typische Zusammenwirken der älteren edelfreien, vasallitisch gebundenen Adeligen und der Ministerialen mit militärischen und meinungsbildend-politischen Aufgaben. So war Herrand von Wildon mit Gertrud aus der edelfreien Dynastie der St. Dionysen-Waldstein-Gutenberg verheiratet.[171] Die Verwandtschaftsverhältnisse sind fallweise in der Forschung umstritten. Dass etwa der älteste Hartnit von Ort ursprünglich dem Geschlecht der Herren von Traisen und Feistritz angehörte, hat Pirchegger ausführlich widerlegt.[172] Die neuere, als

169 Adam, Das Zollwesen im fränkischen Reich 215.

170 Lohrmann, Regensburger Kaufleute 27; bei der Auflistung der Ratgeber von 1191 nicht ganz korrekt: Pirchegger, Landesfürst und Adel in der Steiermark 3, 216 mit Bezug auf Hartnid III. von Ort.

171 Pirchegger, Landesfürst und Adel in der Steiermark 1 117 und 120.

172 Pirchegger, Landesfürst und Adel in der Steiermark 3 221 ff. bes. 223.

Ministerialität bezeichnete Bindung, die auf einem (oder mehreren) Dienste(n) beruhte, erwies sich im Rahmen des entstehenden Territoriums als effizienter als eine primär gefolgschaftlich verstandene Treue, war aber kein Allheilmittel für eine in jedem Fall funktionierende Zusammenarbeit mit dem Fürsten. Die Übernahme von entscheidenden Positionen durch Ministerialen, die mit Frauen aus edelfreien Dynastien verheiratet waren, konnte auch auf der Durchsetzung der allmählich dominierenden Tradition der ministerialischen Familie beruhen.[173] Jene, die dem Fürsten dabei am engsten verbunden waren, beteiligten sich 1191 an den Entscheidungen über die neu zu gestaltende Marktordnung als Ratgeber. Sie gaben nicht ihre Zustimmung, sondern berieten den Herzog.[174] Die Zielsetzung der Bestimmungen verstand sich mittelalterlichen Vorstellungen entsprechend als Beibehaltung früher gesetzten Rechtes. Die Kompetenz bezüglich des Marktgeschehens und des zugehörigen Abgabenwesens war bei berittenen Schwertträgern wohl begrenzt, die »politischen« Folgen solcher Regelungen konnten sie vermutlich einschätzen.

In den Marburger Raum gehörte der Kämmerer Ortolf von Gonobitz, einer der ersten Ministerialen der Traungauer.[175] Die Herkunft des großen Eigenbesitzes der Gonobitzer ist unklar. Peter Feldbauer vermutete in dem Edelfreien Heinrich von Trixen ihren Stammvater.[176] Leopold von Gonobitz, Vater oder Onkel des Kämmerers Ortolf hatte 1164 dem Markgrafen die Güter im Seizertal für die Gründung des Kartäuserklosters Seiz im Tauschweg zur Verfügung gestellt. Bei dieser Gelegenheit wurde Leopold als Ministeriale Markgraf Otokars III. bezeichnet.[177] Papst Lucius ermahnte allerdings 1185 die Brüder Ortolf (oder Otakar) sowie Leopold, das Kloster Seiz nicht zu bedrücken. Dabei bezeichnete sie die päpstliche Kanzlei als *nobiles viri;* als Edelfreie.[178]

Mit diesen Leuten bereitete der Herzog im vertraulichen Gespräch die Entscheidungen vor,[179] die sich insbesondere um die Frage drehten, wer die Einschätzung des Wertes der vom Ennser Markt abtransportierten Waren bestimmend durchführen sollte – die

173 Ein Beispiel dafür habe ich beschrieben Lohrmann, Herrschaftsverhältnisse in der Grie 156–160.

174 Otakar bestätigte die Rechte und Abläufe auf dem Jahrmarkt auf Bitten der Regensburger *et consilio meorum ministerialium* Hausmann 1 ENi S. 1 Zeile 5.

175 Direkt mir Ortolfs Nennung in unserer Urkunde beginnt Pirchegger, Landesfürst und Adel in der Steiermark 3, 237 das ausführliche Kapitel über die Herren von Gonobitz-Rohitsch.

176 Ebner, Untersteiermark 292, weiters 284 und 290; Feldbauer, Herrenstand 180.

177 Hausmann, Urkundenbuch der Steiermark SEI 1. Hier auch ein ausführlicher Kommentar. Fälschung von etwa 1207 einer wohl vernichteten echten Urkunde, die zwischen dem 25. und 31. Dez. 1164 ausgestellt wurde. Der Tausch des *predium* in Gonobitz mit dem Ministerialen Leopold von Gonobitz fand tatsächlich statt. *Est pagus qui vulgo dicitur Gvniwic...... ubi situm est predium... quod a Livpoldo ministeriali meo legitimo concambio conquisivi...*

178 Hausmann, Urkundenbuch der Steiermark SEI 8, die Grußformel lautet: *dilectis filiis nobilibus viris Otacharo (*Ortolfo?*) et Liupoldo Gonuz salutem...* Es ist fraglich, ob die päpstliche Kanzlei zwischen ministerialischen und vassalitischen Adeligen einen Unterschied machte.

179 Zu solchen Vorgesprächen Althoff, Spielregeln 170.

Regensburger oder die landesfürstlichen Richter der *villa* Enns. Vor aller Augen abgesegnet wurden diese Regeln dann in einem offiziösen Akt, der von weiteren Ministerialen bezeugt wurde. Wir haben ja gesehen, dass es trotz dieser Vorbereitungen noch Probleme gab, die an den »Verbesserungen« und Veränderungen des Urkundentextes zu erkennen sind, die wohl im allerletzten Moment durchgeführt wurden. Solche Beobachtungen sind nicht unbedingt geeignet, verfassungsgeschichtlich gedeutet zu werden, sie geben aber Einblick in die Machtverhältnisse, welche die Art der Herrschaftsausübung prägten und etwaige »Pannen«.

In der Zeugenliste der Marktordnung sind weitere Ministerialen genannt, wohl nicht zufällig an der Spitze der Inhaber der Burg Strechau Gerung (III.), wo ein gleichnamiger Vorfahre bereits 1120 die Herrschaft innehatte. Die Burg war Salzburger Lehen der steirischen Markgrafen, welche die Burg Salzburger Ministerialen anvertrauten, die sich nach Ennstal, Winklern und Strechau nannten.[180] Die ministerialischen Zeugen der Liste kamen aus verschiedenen Herrschaftsgebieten der steirischen Landesfürsten, ein deutlicher Hinweis auf das Zusammenwachsen der einzelnen Teile des werdenden Landes. Eine Analyse der Zeugenlisten nach der Erhebung Otakars IV. zum Herzog im Jahr 1180 zeigt, dass einige dieser Zeugen unserer Urkunde über eine ansehnliche Machtstellung verfügten.[181] Einen gewissen Reichtum und einen gewissen Einfluss auf die landesfürstliche Herrschaft kann man bei ihnen demnach voraussetzen, doch dem eigentlichen Kreis der Mächtigen und Einflussreichen gehörten sie nur vereinzelt an.

Ratgeber wurden bereits bei der Entscheidung über die Nachfolge Herzog Otakars im Vorfeld der Georgenberger Handfeste im Jahr 1186 tätig. In dieser Urkunde wird berichtet, dass die *meliores* des Herzogs mit ihm Rat gepflogen hätten. Appelt zählte die hohe Geistlichkeit und bedeutende Ministerialen zu den Ratgebern. Heinz Dopsch bezweifelte mit Blick auf die Zeugenliste diese Einschätzung.[182] Die Zeugenliste von 1186 zeigt, dass die Ratgeber damals ausschließlich edelfreie Steirer waren, wenn es sich bei den Zeugen überhaupt um Ratgeber gehandelt hat. Zu den vasallitischen Zeugen der Steiermark zählten Heinrich Pris, Albrecht von Weichselburg, Liutold von Gutenberg, Konrad und Rudolf von Kindberg und Rudolf von Flatz.[183] Auch die anderen Zeugen, deren Macht- und Besitzschwerpunkt in Österreich, Salzburg oder auch von dort übergreifend im Steirischen lag, waren Edelfreie. Die Georgenberger Handfeste wurde auf Bitten der steirischen *ministeriales* und *provinciales* ausgestellt, die offenbar nicht als Berater tätig waren. Einiger Überlegungen bedarf die Tatsache, dass die bedeutenden

180 Pirchegger, Landesfürst und Adel in der Steiermark Teil 3 199 ff.; Naschenweng, Die Burg Strechau und ihre Besitzer bis 1629, 5.

181 Ein interessantes Beispiel aus der Zeugenliste ist Dietrich von Hochstaff, der Besitz im Gölsental im südlichen »Niederösterreich« hatte. Gutkas, Der Besitz der steirischen Otakare 200.

182 Dopsch, Die Ministerialität 30.

183 Spreitzhofer, Georgenberger Handfeste 72.

Berater von 1191 einige Jahre zuvor zumindest nach dem Ausweis der Handfeste an den Beratungen nicht beteiligt waren.

Die Frage der Mitwirkung des Adels an Entscheidungen des Landesfürsten bedarf einer breiteren Untersuchung. Schon die Themen, die sich dabei stellen, müssen über den bisher üblichen Fragenkatalog hinausgehen. Zunächst ist die Frage von Bedeutung, ob bei der Entscheidung von Fürsten in bestimmten Fällen überhaupt Berater mitwirkten. Von ihnen ausgestellte Bestätigungen von Schenkungsurkunden berichten meist in narrativer Weise von der Schenkung der Eltern oder Großeltern, erwähnen den Beschenkten, nehmen aber kaum Bezug auf Berater aus dem adeligen Umfeld.

Mehr erfahren wir, wenn nach einer Beschwerde oder Klage über Missstände die Rechte verändert werden mussten. Als 1179 der Abt und die Mönche von Kremsmünster berichteten, dass die Untervögte zur Zeit von Otakars IV. Minderjährigkeit ihre Rechte mit allzu großer Härte gebraucht hätten, ließ der Markgraf den Sachverhalt mit einer Befragung der Betroffenen (die Rede ist allgemein von Otakars *fideles*) überprüfen. Aufgrund der Aussagen hob Otakar die Entscheidungen der Untervögte auf und legte neue Richtlinien für deren Tätigkeit fest. Die Vorgänge zeigen eine gewisse Ambivalenz: Tätig wurden der Abt und seine Mönche, die eine Untersuchung der Vorgehensweise der Untervögte auslösten. Die daraus folgende Neuordnung der Vogtei folgte wahrscheinlich einer Art von Rechtsberatung, die wohl als Bitten des Abtes formuliert waren. Eine objektivierte Erörterung mit Beratern fand offenbar nicht statt.[184] Die Sache macht eher den Eindruck, dass sich der Abt beraten ließ.

In Zollangelegenheiten gab es in mehreren Fällen Beratung, die bisweilen von Leuten geleistet wurde, die mit Zolleinhebungen zu tun hatten, oft aber auch von Ratgebern in einflussreicher Position. Die Ratgeber von 1191 haben wir bereits kennengelernt. Noch einmal hinzuweisen ist im Rahmen unserer Fragestellung auf die Festsetzung der rechtmäßigen Zollabgaben, die Niederaltaich zu leisten hatte.[185] Die Verfügung Leopolds V. beruhte auf einer *attestatio*, also auf einem Weistum, einer Art Gutachten des Mautners Arnold und anderer Ministerialen des Herzogs. Der Ministeriale Arnold wird wohl eher zum »politischen« bzw. herrschaftlichen Kontext der Zollsache Stellung bezogen haben als zum abgabentechnischen Bereich. Wir haben für das 12. Jahrhundert keine Nachrichten zum »Personal«, das für die Einhebungen zuständig war, müssen aber davon ausgehen, dass es solches gab.[186]

Interessant ist die Beschreibung der Berater in der Markt- und Zollordnung Herzog Leopolds VI. von 1208/1212. Sie werden als die *saluti nostre* (Leopoldi) *consulentes* be-

184 Hausmann, Urkundenbuch der Steiermark 1 KRE 5.

185 BUB I 65f, Nr. 49.

186 Eichstaedt, Der Zöllner 55 ff. zu den Ämtern des Zollschreibers, Gegenschreibers, Besehers, Nachgängers und zu den Zollknechten. Diese Amtleute sind vereinzelt am Ende des 13., gewöhnlich aber erst im 14. und 15. Jahrhundert nachweisbar.

schrieben, welche Beträge von Zöllen und Mauten festlegten.[187] Auch hier handelt es sich um ungeklärte Verhältnisse, die mit dem unterschiedlichen Verhalten des Zollpersonals erklärt wurden.[188]

Die Einleitung der Steiner Zollordnung überrascht mit der Information, dass Leopold VI. keine Ratgeber hatte, sondern die Abgaben der Maut vom Herzog zusammen mit allen Ministerialen und den Bürgern Österreichs festgelegt wurden.[189] Die detaillierten Bestimmungen dieses Zolltarifs konnten allerdings nur unter Mitwirkung einschlägiger »Fachberater« erarbeitet werden, zumal die Zollstelle in Stein damals bereits seit mindestens 100 Jahren bestand und vor ihrer Übernahme der Herrschaft in Linz den Babenbergern die höchsten Zolleinnahmen einbrachte. Wir wissen nicht, wann Leopold VI. den Zolltarif verschriftlichen ließ und wann die Beratungen darüber begonnen haben.

Den Markt Ardagger betrafen einige Beschwerden des Propstes Ulrich von Ardagger aus der Zeit zwischen September 1188 und Mai 1189, die sich gegen die Untervögte des steirischen Herzogs und die Störungen des Jahrmarkts durch österreichische Kaufleute richteten.[190] Herzog Otakar ordnete eine Untersuchung der Zustände an. Gerichtsleute (*assertores*) befragten die Ministerialen des Herzogs und die Marktbewohner, um sich ein Bild von den Missständen zu machen. Die Unklarheiten wurden auf einem Hoftag im Markt Ardagger beseitigt, den bereits ein jüngst ernannter herzoglicher *praepositus* leitete. Daraufhin verfügte Otakar einige neue Bestimmungen hinsichtlich der Prozessführung und einiger administrativer Details.[191] Die Aufsicht über den Jahrmarkt und das damit zusammenhängende Gerichtswesen wurden unter Mitwirkung zahlreicher Betroffener und Amtleuten geregelt, wobei auch den herzoglichen Ministerialen eine Rolle zufiel; sie konnten wohl die »politische« Dimension der Beschwerden beurteilen. Wir werden noch sehen, dass der Hintergrund der Streitigkeiten wegen der dadurch berührten Interessen Freisings und wohl auch Passaus heikel war. Als Herzog Leopold V. zwischen 1192 und 1194 der Propstei das Recht, einen Jahrmarkt abzuhalten, bestätigte, erinnerte er daran, dass seine Abhaltung wegen der Unverschämtheit der *precones* und der *exactores* erschwert worden war.[192] Diese Leute hatten die Höhe der Abgaben verändert und andere Belastungen zu verantworten. Diese Bestätigung der Gerichtsordnung für Ardagger wurde von sechs namentlich genannten steirischen Ministerialen und anderen Ungenannten bezeugt, da die Vogtei über das Kanonikat dem steirischen Herzog zustand. Von österreichischer Seite war Hadmar II. von Kuenring anwesend, die

187 NÖUB 4 388 Nr. 13/12 Zeile 14 f.

188 Wie vorige Anmerkung; *saluti nostre consulentes…ad precidendas indebitas exactiones, qui propter diversificaciones officialium possunt emergere.* Lohrmann, Regensburger Kaufleute 68.

189 Knittler, Zum ältesten Steiner Zolltarif 70.

190 Hausmann, Urkundenbuch der Steiermark ARD 1.

191 BUB IV/1 Nr. 881.

192 BUB I 110 Nr. 82 Zeile 32 f. …*postea insolentia preconum et exactorum inmutatam et agravatam*.…

Zeugenschaft Dietrichs Hallgraf von Wasserburg bleibt etwas rätselhaft. Im Zusammenhang mit den Beschwerden gegen die österreichischen Kaufleute ist ein Hinweis auf die Bedeutung des Wiener Marktes von Interesse: Als Kaiser Friedrich Barbarossa auf dem Weg ins Heilige Land 1189 nach Wien kam, versorgte sich das Heer auf dem Markt, den Leopold V. mit den notwendigen Waren beliefern ließ.[193]

In Enns hatte ein Mann namens Riwin seinen Lebensmittelpunkt, der 1191 die *moneta* innehatte, demnach als Münzmeister tätig war – d. h. der für die Prägeangelegenheiten und den Geldwechsel zuständig war. Wir kennen ihn aus einer Urkunde für das Kloster Traunkirchen, die zwischen April und August in seinem Haus in Enns ausgestellt wurde.[194] Damals wurden auch die Verhandlungen mit den Regensburgern geführt. Es ist schwer vorstellbar, dass der für die Münze zuständige landesfürstliche Amtmann an den Gesprächen nicht teilgenommen hat. Wenigstens als Zuhörer musste er über die Abmachungen informiert werden. Trotzdem ist es ein wenig befremdlich, dass sein Name unter den Anwesenden nicht genannt ist und vielleicht unter den *aliis quam pluribus* schweigend subsumiert wurde. Vielleicht hatte er auch nie die bedeutende Stellung erlangt wie Dietrich der Reiche wohl schon zur Zeit Leopolds V., gewiss aber am Hof Leopolds VI. Möglich wäre es auch, dass nach den Vorstellungen der Regensburger die Ennser Münzinteressen einfach beiseitegeschoben wurden. Das wäre aber bei der gewöhnlich nachzuweisenden Wechselwirkung von Zoll und Münze bemerkenswert.

Aus den bisherigen Beispielen ist zu schließen, dass bei umfassenden Zolltarifen und Marktordnungen sehr wohl Beratungen stattfanden, die sogar zu eingehenden Untersuchungen führen konnten. Die Gründe dafür liegen in der notwendigen Sachkompetenz aber auch in der bisweilen heiklen »politischen« Situation, deren Beurteilung eine genauere Vorstellung über die Folgen neuer Regeln erforderte. Zu viele Leute von Einfluss konnten von solchen Entscheidungen betroffen sein. Eine Einschränkung der landesfürstlichen Herrschaftsgewalt ist in den uns zur Verfügung stehenden Texten nur im besonderen Fall Osterhofens zu erkennen. Der Adel und die mit der Ministerialität ohnehin in Verbindung stehenden führenden Bewohner der Städte beeinflussten die Entscheidungen durch Ratschläge, bildeten aber damit eher eine Stütze als ein Hemmnis der landesfürstlichen Herrschaft.

Eine weitere in dichter Folge überlieferte Quellengruppe bilden die Zollerleichterungen bzw. -befreiungen. Die Überprüfung der einschlägigen Privilegien für den Zeitraum von 1177 bis 1200 ergibt ein eindeutiges Bild: An der Entscheidung des Landesfürsten war überwiegend nur der Petent beteiligt. In einer Zollbefreiung für das von den Otakaren gegründete Garsten aus der Zeit 1181/1182 (Herzog Otakar war noch am Leben – die Georgenberger Handfeste wurde erst vier Jahre später abgeschlossen) erklärte

193 BUB IV/1 Nr. 891.

194 Hausmann, Urkundenbuch der Steiermark TR 2 Datierung: *aput Anisum in interiori domo Riwini, qui tunc temporis monetam tenebat.* Emmerig, Kremser Währung 54.

Leopold V. seine Motive für dieses Privileg: Er habe Sehnsucht nach dem Heiligen Grab, dessen Besuch er für die unmittelbare Zukunft plante und zu Otakar ein freundschaftliches Verhältnis, das in der Verwandtschaft seine Wurzeln hatte.[195] Es handelte sich zunächst um eine Anspielung auf die kurze Pilgerreise Leopolds V. nach Jerusalem, die noch 1182 stattfand und über die in den österreichischen Annalen berichtet wurde. Der österreichische Herzog brachte von dieser Reise einige Kreuzpartikel mit.[196] Das deutlich unterstrichene gute Verhältnis zum steirischen Herzog weist vielleicht schon auf die bevorstehende Entscheidung des kinderlosen kranken Fürsten über seinen Erben und Nachfolger in der Steiermark hin.

1196 gewährte Herzog Friedrich I. dem Kloster Osterhofen eine Mautfreiheit beim Transport von Lebensmitteln auf Schiffen, die anlässlich eines Landtaidings auf der Burg Kaja ausgestellt wurde.[197] Diese Vergünstigung kam auf Bitten des Osterhofener Propstes Gerung zustande, dessen Anliegen auch der Bischof von Passau unterstützte. Getreue Ministerialen des Herzogs berieten ihn und stimmten in diesem Fall auch zu. Friedrich wollte mit diesem Privileg Osterhofen für Zerstörungen entschädigen, die sein Vater 1192 verursacht hatte, als er im Rahmen einer neuen Machtverteilung im bayerischen Adel die Grafen von Ortenburg in ihrer Burg belagerte.[198] Leopold V. führte ein großes Heer, dem vor allem Ministerialen angehörten.[199] Ihre Beteiligung an den verursachten Schäden war vielleicht der Grund, ihre Zustimmung zu dieser Privilegierung einzuholen. Zumindest konnte man dem Empfänger auf diese Weise signalisieren, dass alle Beteiligten an der Herstellung eines friedlichen Verhältnisses interessiert waren.

Die am gleichen Tag in Kaja ausgestellte zweite Fassung der Urkunde führt unter den Zeugen die uns schon bekannten *mutarii et monetarii* Dietrich und Bernold an. Sie übten zusammen beide Ämter *eo tempore* aus.[200] Ihre Anwesenheit in Kaja ist ein Hinweis, dass sie den Herzog in der Sache berieten oder sogar aus sachlichen Gründen ihre Zustimmung erforderlich war. Zumindest 60 Personen nahmen an dem Landtaiding teil, die nach Funktion und Rang differenziert aufgelistet wurden. Vielleich wurden sogar alle Teilnehmer am Landtaiding angeführt, denn es fehlt die sonst übliche Formel *et alii quam plures*.

---

195 Haider, Die Traditionsurkunden 80 ff. Nr. K 15 Leopold gewährte die Zollbefreiung *ob amorem sanctissimi et gloriosissimi sepulchri domini nostri Iesu Christi ad quod invisendum desiderabiliter propero, et propter familiarem amiciciam dulcissimi amici et cognati mei Styrensis ducis Otacher.*

196 Annales Mellicenses 505, Continuatio Admuntensis 586, Continuatio Garstensis 594, Continuatio Claustroneoburgensis secunda 617 und tertia 633: Klosterneuburg mit Erwähnung der Kreuzreliquien.

197 BUB I 127 f. Nr. 94. Vgl. Auch die weiteren Urkunden für Osterhofen Nrn. 95, 110 und 112; NÖUB 4 630 ff. Nr. 23/3 und 23/4, ein ausführlicher Kommentar zum politischen Umfeld 650.

198 Hausmann, Die Grafen von Ortenburg 22. Heinrich und Rapoto, Grafen von Ortenberg (sic). Zu den Parteiungen und zum Verlauf Handbuch der bayerischen Geschichte 2 20 ff.

199 Chronicon Magni presbiteri 519 Zeile 28 f. *In mense Octobrio dux Austriae Liupoldus cum multo exercitu... adversus duos fratres de Ortenberch veniens...* Zu den Schäden vgl. Schön, Das Stift Osterhofen 4.

200 BUB I 129 f. Nr. 95, hier 130 Zeile 25: *Dietricus et Pernoldus mutarii et monetarii eo tempore.*

Auffallend ist die am Schluss der Zeugenliste aufgelistete große Zahl von Kremser und Steiner Zeugen. Darunter waren der Richter Siegfried und der Wechsler Leopold, der im Münzverkehr bei der Einhebung der Zölle notwendig war und vielleicht zum »Personal« der Münzmeister und Mautner gehörte, denn in Krems wurde ja 1196 noch geprägt, vielleicht schon nach dem Wiener Schlag. Unter den aus Stein kommenden Leuten befand sich der schon erwähnte *muter* namens Heinrich.[201] 1198 erweiterte Leopold VI. diese Vergünstigung auf alle Transporte zu Wasser und zu Lande und erließ Osterhofen auch die Gebühr für die Fürfahrt, die freie Fahrt vorbei an einer Zollstelle.[202] In beiden Fassungen der Urkunde sind die letzten Zeugen die Amtleute *(officiales)* Dietmar (in der zweiten Fassung richtig: Dietrich) und Herbord, von denen schon die Rede war.

Bei den Beratern des Herzogs in Zoll- und Marktangelegenheiten handelt es sich entweder um eine in der Sache hilfreiche oder sogar notwendige Mitwirkung von Amtleuten, die Ministerialen sein konnten oder um im Herrschaftsaufbau erfahrene Leute. Eine Kontrolle des Landesfürsten durch den Adel, der unter Umständen den Herzog sogar fallen lassen konnte, ist wohl nicht anzunehmen.[203] Im Gegenteil: Die Ministerialen bildeten mit ihrer Beratung eher eine Mauer, welche die Hoheitsgewalt des Fürsten sogar stützte. Jedenfalls waren sie ein Machtfaktor im Land.

Zoll- und Marktangelegenheiten wurden gestaltend und begleitend von der Herrschaft des (Landes-)Fürsten geprägt. Auch die im obersten Gericht (des Landes) handelnde adelige Landgemeinde, die das Landrecht (bzw. die dem Landrecht vorausgehende Mischung von bayerischem und Gewohnheitsrecht) anwendet, steht unter Leitung des Fürsten, den die einflussreichen Mächte im Land für die Rechts- und Friedenssicherung verantwortlich machen.[204] Die Landgemeinde, die nach Landrecht lebt, wird nach der Interpretation Otto Brunners als für ein Land konstitutiv betrachtet.[205] Brunner fügte allerdings etwas hinzu, das zwar immer wieder zitiert aber doch vielleicht zu wenig beachtet wird. So spricht Stelzer, sich auf Brunner beziehend, von den Landesherren, deren

201 BUB I Nr. 94 129 Zeile14; vgl. dazu auch NÖUB 4 650.

202 BUB I 145 ff. Nr. 110 und 147 ff. Nr. 112; Knittler, Eine Markt- und Zollordnung Herzog Leopolds VI. 343 f. ausführlich zur Fürfahrt.

203 So mit Bezug auf das Österreichische Interregnum nach dem Tod Friedrichs des Streitbaren 1246: Weltin. Landesfürst und Adel 255 mit einer problematischen Sicht der Geschehnisse. Immerhin löste erst der frühe Tod des Vladislav, Sohn des böhmischen Königs und kurzfristiger Ehemann der Gertrud, eine der Erbinnen und Nichte Friedrichs des Streitbaren, die folgende Krise aus. Mit dieser Eheschließung schien die Nachfolge des Babenbergers mit einer nachbarlichen Dynastenehe geklärt, welcher der Adel nur zustimmen konnte. Der Einfluss des Adels bestand nach dem Jänner 1247 darin, verschiedene Kandidaten zu unterstützen, also sich hinter einem aussichtsreichen Fürsten zu sammeln. Der spätere Sturz Ottokars II. Přemysl wurde ja auch dadurch eingeleitet, dass sich der Adel an den König wandte. Mitwirkung und Schweigen des Adels sind also von Fall zu Fall zu untersuchen.

204 Hageneder, Die Länder im spätmittelalterlichen Verfassungsgefüge 14 f. Stelzer, Landesbewusstsein in den habsburgischen Ländern 164.

205 Brunner, Land und Herrschaft, 5. Auflage 233.

Politik »die Länder geschaffen oder erhalten hat«. Brunner ist an der zitierten Stelle, die gesperrt gedruckt ist, aber noch entschiedener, indem er mit Bezug auf die Landesherren formulierte: »Ihre Politik allein hat die Länder geschaffen [...].«[206]

Für Otto Brunner war diese Feststellung, die sich schon in der 1. Auflage findet, von Bedeutung, da Mitteis und andere Rezensenten den Vorwurf erhoben hatten, Brunner würde die politische Leistung der Landesherren unterschätzen. Brunner fühlte sich missverstanden und reagierte in der 2. Auflage deutlich: »Nichts liegt mir ferner als dies. Ich bin nur der Ansicht, dass diese Leistung erst in einer umfassenden politischen Geschichte wirklich dargestellt werden kann.«[207] Die ganze Diskussion dreht sich dabei um die Beantwortung der Frage, wie ein Land entsteht und schon da spricht Brunner von der allein ausschlaggebenden Politik des Landesfürsten.[208] Für unsere Fragestellung bedeutet diese Schlussfolgerung, dass Markt und Zoll, die eindeutig zur Landeshoheit gehörten und aus einem nicht mehr aktuellen königlichen Recht hergeleitet wurden, wohl zu den wichtigsten Elementen der materiellen Grundlegung der Territorialherrschaft gehörten.[209] Der Landesfürst übte mit seiner Zollhoheit ein ins 8. und 9. Jahrhundert zurückreichendes gräfliches Recht aus, das später, wie schon ausgeführt, mit anderen Rechten ergänzt und kombiniert wurde.[210] Damit bestätigt diese rechtliche Grundlage Klebels Vorstellung, dass erst Herrschaftsrechte und Grafschaftsrechte zusammen genügen, um Landeshoheit zu schaffen.[211]

Die wachsenden Einnahmen hingen von der raschen Ausweitung von Handel und Verkehr ab und trugen maßgeblich zum Erfolg und zu fürstlichem Reichtum bei. Zusammen mit der Verantwortung des Fürsten für die Rechts- und Friedenssicherung ist es dieser Anspruch, der zum Streben nach Ausweitung der Machtsphäre und in diesem Rahmen nach Mehrung des Reichtums führt. Dabei ist allerdings zu bedenken, dass der Begriff »reich« im 12. Jahrhundert nicht nur auf eine Ansammlung materieller Werte

---

206 Brunner, Land und Herrschaft, 5. Auflage 233. Die Aussage wird verunklärt, da sich in den Satz vor dieser Feststellung ein Druckfehler eingeschlichen hat. Otto Brunner stellte fest, dass er die Bedeutung des Landesherrn (Singular) nicht zurückgesetzt hat. Der Beginn des nächsten Satzes »Ihre Politik« ist ein Plural und könnte Zweifel fördern, dass es sich um die Politik des Landesherrn handelt. In der 1. bis 3. Auflage heißt es aber logisch »damit soll die geschichtliche Bedeutung der Landesherren nicht zurückgesetzt werden.« Erst in der 4. Auflage kam es zu dem Druckfehler. Die Bedeutung von »ihre Politik« als die der Landesherren ist damit geklärt.

207 Brunner, Land und Herrschaft, 2. Auflage 261 Anm. 4. Auch der weitere Text der Anmerkung ist bezüglich der Bedeutung des Landesfürsten klar. Gerade diese Forderung nach einer politischen Behandlung der Frage der Landeshoheit versucht die vorliegende Untersuchung ansatzweise zu verwirklichen.

208 Dazu wäre zu bemerken, dass ein Konsens mit führenden Ministerialen sich auch im Rahmen einer politisch schwierigen Situation als notwendig erweisen konnte.

209 Willoweit, Entwicklung und Verwaltung der spätmittelalterlichen Landesherrschaft 71; Dirlmeier, Mittelalterliche Zoll- und Stapelrechte 20 mit Anm. 7.

210 Vgl. dazu oben S. 44.

211 Klebel Die Grafen von Görz 82

zielt, sondern vor allem Macht und Ansehen meint.[212] Zur Macht gehört eben auch ein »Schatz«, dessen Besitz ein prägendes Merkmal für das Ansehen eines Fürsten darstellt.

Schon der 1095 verstorbene Leopold II. galt als reich; kein Zufall, denn wir haben gesehen, dass die Entwicklung seiner auf der eigenen Stellung beruhenden Herrschaftsrechte eine Folge seiner »Politik« im Investiturstreit war. Den späteren Babenbergern sagte man geradezu sagenhaften Reichtum nach. Der einschlägige Vergleich mit den reichen Herzögen von Österreich stammt aus Frankreich und wurde vor 1185 von Chrétien de Troyes im »Yvain« niedergeschrieben.[213] Die chronologische Festlegung ist immerhin bemerkenswert, denn in dieser Zeit können wir das intensive Interesse Leopolds V. an der Ausweitung von Handel und Verkehr und dem damit verbundenen Abgabenwesen nachweisen.[214] Peter Csendes schenkte dieser Entwicklung sein Augenmerk und hielt fest: »Zollprivilegien, Niederlags- und Stapelrecht zeigen die immer stärkere Einflussnahme des Landesfürsten auf Handel und Verkehr.«[215] Die Einhebungen selbst, ihre detaillierte Anwendung und Lösung auftretender Rechts- und anderer Probleme oblagen Ministerialen, deren Dienste eben von fachspezifischen Erfahrungen und Kenntnissen abhingen. Einige dieser Dienstleute integrierten sich allmählich in die städtische Führungsschicht und behielten teilweise ihre Funktionen bei.

Zuletzt möchte ich noch ein Problem streifen, welches das Verhältnis des Fürsten zu den ihm am nächsten stehenden Dienstleuten, Rittern und Geistlichen betrifft. Wenn wir vom Fürsten als Träger der Territorialhoheit sprechen und die Art seiner Zusammenarbeit mit diesem Personenkreis problematisieren, behandeln wir ja den Fürsten nicht als Person, sondern als eine im Machtgefüge dominierende Institution. Dieser Gedanke fußt auf Überlegungen, die im Rahmen der Intitulatio-Forschungen bezüglich des Problems angestellt wurden, wer oder was mit dem »rex« oder »imperator« eigentlich gemeint ist.[216] In diese kompakte Einheit »princeps« bestehend aus der Person des Herrschers und seinem engsten »Umstand« haben wir im Mittelalter nur ganz wenig Einblick. Das Lebensalter des Herrschers aber auch das seiner engsten Berater dürfte eine gewisse Rolle spielen. Das hohe Ansehen des »Älteren« in der mittelalterlichen Gesellschaft legt nahe, dass ein erfahrener Ratgeber wohl einen großen Einfluss auf Entscheidungen ausüben konnte.

Wir konnten uns ein Bild von den Problemen und Interessen machen, die bei der Vorbereitung der Niederschrift der Urkunde über die Ennser Marktordnung zu lösen und zu berücksichtigen waren. Die regional Beteiligten und die Regensburger als erfahrene Donauhändler haben wir dabei kennengelernt. Geht man in der Analyse der an

212 Dazu und zum Folgenden Brunner, Leopold, der Heilige 32 ff.

213 Dopsch, Die Länder und das Reich 33 und 489 Anm. 58: Ein Bettüberwurf war so kostbar, dass selbst der Herzog von Österreich nie einen solchen sein Eigen nannte.

214 Lohrmann, Regensburger Kaufleute 80 mit Anm. 422.

215 Csendes, Die Straßen Niederösterreichs 107.

216 Wolfram, Intitulatio II Einleitung 11 ff.

der Marktgründung beteiligten Personen und Institutionen über die regionalen und rein territorialen Interessen hinaus, muss man den Blick auf größere wirtschaftliche Zusammenhänge richten, nämlich die Absicht der Tuchproduzenten aus Flandern, sich neue Märkte zu erschließen, und welche Rolle dabei der Handelsdrehscheibe Köln zukam. Daraus ergibt sich geradezu zwangsläufig die Vermittleraufgabe der Regensburger Kaufleute und Schiffseigner.

Für unsere Untersuchung vermittelt das Studium der Rolle, welche die einzelnen Gruppen spielten, die mit ihren sachlichen Voraussetzungen und Problemen beschäftigt waren, gewisse Einsichten in das Verhältnis landesfürstlicher Herrschaft zur Beratungstätigkeit und eventuell Mitwirkung des ministerialischen Adels am Auf- und Ausbau der Bedingungen des wirtschaftlichen Umfeldes und seiner »fiskalischen« Nutzung.

Jahrmarkt und Fernhandel

Markgraf Otakar III. richtete schon bald nach dem Beginn seiner Herrschaft in Enns einen Jahrmarkt ein, der von Kaufleuten aus dem Westen und wahrscheinlich auch aus dem Osten besucht wurde und daher dem Fernhandel diente. Unter den Regensburgern gab es eine eigene Gruppe, die *Ruzarii*, die auf den Handel mit der Kiewer Rus spezialisiert waren. Die Urkunde, die anlässlich der Erneuerung der Marktordnung 1191 ausgestellt wurde, enthält nach einer Art Narratio, in der die Beratung durch steirische Ministerialen und die Regensburger als Petenten erwähnt werden, die *iura nundinarum,* die in der *villa Anasensis* galten.[217] Immer mit Zeitbestimmungen verbunden ist die Bezeichnung des Marktes als *forum*.[218] Der gleichzeitige Gebrauch der beiden Begriffe bedeutet nicht, dass man durchgehend einen Unterschied zwischen *nundinae* und *forum* machte. Beide konnten den Jahrmarkt bzw. die Messe meinen. Die ursprüngliche Marktordnung Otakars III. beschrieb der Verfasser des Textes von 1191 als eine *ordinatio institutionis*, das Verhandlungsergebnis konventionell als eine *renovatio* und mit Blick auf die Regensburger Delegation und die schon geschilderten tatsächlichen Vorgänge eine *commutatio* am Ende der Urkunde in einer Art Anhang. Es ist zu vermuten, dass sich in Enns neben dem Jahrmarkt für den Fernhandel auch ein Markt befand, welcher der Versorgung mit Waren des täglichen Lebens für die in Enns und der Umgebung lebenden Personen diente. Dieser könnte sich an der Stelle des heutigen Hauptplatzes befunden haben. Die in der Ordnung von 1191 festgelegten Termine und Gebühren beziehen sich aber auf den Jahrmarkt in der Nachbarschaft des Georgenberges und den Transitverkehr.

Bei der Festlegung verschiedener Termine im Zusammenhang mit dem Jahrmarkt, die nicht nur die eigentliche Marktzeit betrafen, ging es um eine möglichst umfangreiche Versorgung der Messe mit Waren. Fiel der Beginn des Marktes in der Betwoche (vom 5. Sonntag nach Ostern bis zum folgenden Dienstag) auf den spätesten Termin, nämlich Ende Mai, mussten mit Waren beladene Schiffe schon mehr als zwei Monate zuvor, nämlich ab Maria Verkündigung (25. März), in Enns vor Anker gehen und dort bis zum Ende des Jahrmarkts liegen bleiben.[219] Die regionale Versorgung und die dafür notwendigen Transporte sollten durch die Anlieferung zum Jahrmarkt möglichst wenig gestört werden und so hatten Schiffe, die Wein, Getreide (Roggen, Weizen und Hafer)

---

217 Hausmann, Urkundenbuch 1 EN1 S.2 Zeile 4 f.

218 Hausmann, Urkundenbuch 1 EN1 S.2 Zeile 4 f. *terminatio fori*, Zeile 13 *tempus fori* und 27 *inicium fori.*

219 Hausmann, Urkundenbuch 1 EN1 S.2 Zeile 3 ff.: *ut in annunciatione beate Marie virginis queque navis Anasum veniens ibi maneat usque ad terminationem fori.*

und andere Lebensmittel transportierten, freie Fahrt, vorbei an Enns.[220] Mit einer gewissen Vorsicht möchte ich darauf hinweisen, dass auch diese Transporte eher auf der Donau als auf dem Ennsfluss stattgefunden haben.[221] Der gerade erwähnte *liber transitus* galt bis zu Georgi, dem 23. April. Der Jahrmarkt begann frühestens fünf Wochen nach dem Ostersonntag am 22. März (das ist der früheste Termin nach dem ersten Frühlingsvollmond) und fiel dann auf den 26. April. Das Anhalten der regionalen Versorgungsschiffe ab dem 23. April hing also offenbar mit dem Beginn des Marktes zusammen. Die Waren auf diesen Schiffen verkaufte man ab nun auch den Leuten, die mit dem Markttreiben zu tun hatten.

Die Vorschriften für das Anlegen der Schiffe zur Zeit des Jahrmarkts begünstigen nämlich die Anlieferung von täglich gebrauchten Gütern, wie Wein und Getreide; ob daraus die Existenz eines Wochenmarktes abzuleiten ist, bleibt allerdings unklar.[222] Die bis Pfingsten dauernde Messe hing mit ihrem Termin mit keinem Kirchweihfest der Maria zusammen. Der Anlegezwang beginnend mit dem 25. März ist wohl kein Grund, um den Jahrmarkt unter dem Schutz Marias zu vermuten. Es wäre zu prüfen, ob man sich in Enns nicht nach St. Georg ausrichtete, wo wir ja den Marktplatz vermuten. Der Name Georgenberg ist erstmals in der berühmten Handfeste genannt: Dort heißt es in der Datierung in *monte sancti Georgii apud Anesim forum*.[223] Ich wage zu übersetzen: Auf dem Georgenberg beim Ennser Markt. *Anesim forum* scheint eben den Markt Enns zu meinen und nicht die Siedlung. Dies ist aber nicht mit Sicherheit eindeutig zu entscheiden. Das Ende der freien Fahrt für die Getreideschiffe fiel auf den 23. April – Georgi könnte auch als Beginn der Marktzeit gedeutet werden und namensgebend für den Berg gewesen sein. Mehr als eine Überlegung kann dieser Hinweis aber nicht sein.

Erst eine Markt- und Zollordnung Leopolds VI., die etwa auf 1108/1112 zu datieren ist, enthält eine eindeutige und erklärende Bezeichnung für den Markt, die dem Sprachgebrauch der Zeit entsprach: Der Herzog erließ neben anderen auch Verfügungen *in nundinis qui dicitur jarmarkcht*.[224] Davon war auch der Ennser Jahrmarkt, besonders mit den abgabepflichtigen Transporten über die Ennsbrücke, betroffen.

---

220 Ebda. Zeile 6 f.: *Preterea quelibet navis vinum vel frumentum ferens vel alia victui necessaria liberum habet transitum usque ad festum beati Georii* (sic).

221 Die Enns konnte am Ende des 12. Jahrhunderts nur mit Flößen befahren werden. Lohrmann, Regensburger Kaufleute 14 f.

222 Wochenmärkte erforderten eine höher entwickelte örtliche Wirtschaft. Cordes, Krey, Artikel Markt, HRG III (2. Auflage) Sp. 1311 f. Die nach Hassinger, Zollwesen und Verkehr 336 angeblich schon 1103 an der Zollstätte Judenburg bestehende Scheidung in Markt- und Fernverkehr ist unrichtig. Die dem Stift St. Lambrecht überlassenen Einnahmen stammten aus der Maut für die Marktgeschäfte und aus einem Transitzoll. Das Wort *thelono* (irrtümlich für *theloneo*) steht eher bezugslos zwischen Maut und vorbeigeführten Waren. Näheres zu Judenburg im Kapitel Steiermark 99 ff.

223 BUB I Nr. 65 90 Zeile 1 f.

224 NÖUB 4 13/12 389 Zeile 16 f.; zur Datierung: Lohrmann Regensburger Kaufleute 70 f.

Es handelte sich also um einen Warenverkehr, der dem Fernhandel diente und damit auch Kaufleute aus Gebieten außerhalb des Herrschaftsbereiches der steirischen Otakare zur Reise nach Enns veranlassen sollte, wie etwa die Kölner und Kaufleute aus Aachen und Ulm. Darüber hinaus kamen aber auch Leute von jenseits der Westgrenze.[225] Wir wissen, dass in diesen Jahren eine Reihe von Jahrmärkten gegründet wurden.[226] Ihr Hauptzweck war, als Vermittler und Anreger des Fernhandels zu dienen. Bei den meisten Gründungen dominiert der Eindruck, dass die Jahrmärkte vor allem für ausländische Händler eingerichtet wurden.[227] Damit ist für die vorliegende Untersuchung ein zentrales Thema angeschlagen. In eigenen Kapiteln werden wir die Voraussetzungen für die Tuchproduktion und den -handel in Flandern sowie den Pelz- und Rohstoffhandel aus dem Raum der Kiewer Rus genauer betrachten. Arbeitsteilige Vorgänge, wie das Färben von grauem Tuch aber auch spezifische Güterlieferungen wie Häute, Pferde und Fische betreffen Böhmen und Ungarn, also die unmittelbaren Nachbarn der Babenberger. Dies nur vorwegnehmend als vorläufiger Hinweis, wohin uns die Markt- und Zollordnungen und andere Privilegien im steirisch-österreichischen Raum um 1200 führen werden.[228]

Die Einbindung des Donauraums in den europäischen Fernhandel hatte Einfluss auf das Verhältnis zwischen der Herrschaft der »Traungauer« und der Babenberger in einem Grenzraum voller Probleme, über die wir später noch berichten werden. Die Attacke österreichischer Ministerialen im Jahr 1175 auf Enns weist auf eine Konkurrenz zwischen den beiden hier an der Donau aneinanderstoßenden Territorien hin.[229] Der kurze Abschnitt im Raum Enns/Mauthausen war in diesem Verhältnis ein neuralgischer Punkt. In Enns warf der Jahrmarkt zugunsten der Otakare materielle Vorteile ab, in Mauthausen gab es eine Zollstelle der Babenberger, die schon seit Leopold III. bestand oder noch älter war. Niederaltaich hatte dort seit 1177/80 eine noch zu behandelnde Abgabe zu leisten.[230] Da wie dort ging es um Waren des Fernhandels. Die Jahrmarktsordnung von 1191 ist bei der Erwähnung von Waren wenig aufschlussreich, eine Reihe etwa gleichzeitiger schriftlicher Zeugnisse ermöglicht aber eine ausreichende Information zum Warenverkehr im Fernhandel an der Donau. Vorläufig sei darauf hingewiesen, dass die Nachfrage nach Luxuskleidung aus Wollstoffen oder Seide, nach Luxusnah-

225 Hausmann, Urkundenbuch 1 EN1 S.2 Zeile 24 ff. *Mercatores ultra terminos venientes, de Masthrihet et de exteris partibus* (verbessert nach Haider, Bestätigung 164); Lohrmann, Regensburger Kaufleute 41 f.

226 Irsigler, Jahrmärkte und Messesysteme 22.

227 So Stein, Handels- und Verkehrsgeschichte 187.

228 Besonders möchte ich dabei auf die Wiener Burg- und Wagenmaut hinweisen, die ich weiter unten besprechen werde und frühestens auf die 90er Jahre des 12. Jhs. datiere. Tomaschek, Die Rechte und Freiheiten 15 f. Nr. III und 7 Nr. IV.

229 Auffällig ist die Tatsache, dass die Ministerialen Heinrichs Jasomirgott 1175 die beiden steirischen Münzstätten Fischau und Enns angriffen. Zu dem Konflikt, an dem auch Böhmen beteiligt war Lohrmann, Babenberger 295 f.

230 BUB I 65 f. Nr. 49; zum Gutachten unten S. 165.

rungsmitteln wie exotischen Gewürzen und die zur Familie der Störe gehörigen Fische (Hausen) und verschiedenen Rohstoffen (z. B. Silber, Kupfer, Zinn, Blei) in der zweiten Hälfte des 12. Jahrhunderts im Wachsen war.[231] Das hatte mit dem zunehmenden Einfluss der Ministerialität zu tun, die zahlenmäßig und in ihrer Bedeutung die edelfreien Herren bald übertraf. Die als politische Kraft Mächtigsten unter ihnen repräsentierten mit ihrer zur Schau gestellten Lebensführung die erreichte gesellschaftliche Stellung. Das Paradebeispiel für diese neue adelige Führungsschicht sind in Österreich die Kuenringer. Auch die geistlichen Fürsten und hohen Repräsentanten kirchlicher Institutionen trieben mit ihrer Nachfrage den Fernhandel voran. Neben den genannten Luxuswaren war es vor allem das Wachs, das für verschiedene liturgische Zwecke, vor allem aber für die Beleuchtung der Kirchen gebraucht wurde. Lichtinseln in einer finsteren Welt! Der Bedarf war so hoch, dass die Erträge der Bienenzucht aus den eigenen Grundherrschaften und die Bienenjagd in den Wäldern nicht mehr ausreichten. Importe aus den Waldgebieten im Osten schlossen diese Lücke. Näheres zu dieser groben Übersicht werde ich in den einschlägigen Kapiteln zum Warenaustausch behandeln.

Die erwähnten Regensburger Kaufleute nahmen, wie wir schon dargestellt haben, eine besondere und dominierende Rolle bei der Organisation und Durchführung des Ennser Jahrmarkts ein. Die dringende Bitte, also die Initiative der Regensburger zur Erneuerung bzw. »Überarbeitung« der von Otakar III. verfügten Marktordnung, lässt darauf schließen, dass ihnen schon damals eine bestimmende Rolle auf dem Ennser Markt übertragen worden war. Diese Rolle umfasste die Verantwortung für das Zustandekommen des Marktes, also vor allem für die Zufuhr einer ausreichenden Menge an Waren.[232] Dies wurde durch den schon besprochenen zeitlich befristeten Anlegezwang erreicht, der eigentlich schon ein Zwang zum Stapel war.[233] Den konnten die Regensburger wiederum organisieren, da sie die aus Kölnern, Aachenern und Ulmern bestehende Handelskarawane auf der Donau anführten und diese in Streitfällen bzw. Rechtsfragen vertraten. Dass es in erster Linie um die Sicherung der Warenzufuhr ging, zeigt sich an der Begünstigung, dass für das Anlegen und Ankern keine Gebühr verlangt wurde.[234]

Ob die Kaufleute, die aus den Gebieten jenseits der Grenze (wohl der Maas) bzw. aus der an der Maas gelegenen Stadt Maastricht nach Enns kamen, von den Regensburgern mitbetreut wurden, ist nicht mit Sicherheit zu entscheiden.[235] Dass sie irgendetwas mit

231 Einen repräsentativen Überblick über Luxuswaren als das entscheidende Element des Fernhandels Spufford, Handel, Macht und Reichtum 79–97 und oft in anderen Zusammenhängen.

232 Knittler, Enns und der Donauhandel 77 unter Berufung auf Otto Gönnenwein (Anm. 36); Irsigler, Jahrmärkte und Messesysteme 13 und 16.

233 Hausmann, Urkundenbuch der Steiermark 1, EN1 S.2 Zeile 3 f. und 6 ff. Zitiert oben Anm. 218 und 219.

234 Hausmann, Urkundenbuch der Steiermark 1 EN1 S.2 Zeile 8: *De navibus manentibus nihil exigatur.*

235 Hausmann, Urkundenbuch der Steiermark 1 EN1 S.2 Zeile 24: *Mercatores ultra terminos venientes, videlicet de Masthrihet et de exteris partibus, eandem iustitiam quam tempore patris mei dederunt.*

den Wagen, die in die Kiewer Rus weiterfuhren oder von dort kamen, zu tun hatten, geht aus der Jahrmarktsordnung nicht eindeutig hervor. Die Abfolge der verschiedenen Abgaben vermittelt trotz einiger Unklarheiten den Eindruck, dass die Wagen aus der Rus, die über die Ennsbrücke kamen oder über die Ennsbrücke in den Osten fuhren, nicht unter der organisatorischen Leitung der Regensburger standen. Der Vollzug des Stegrechts, also der Transport der Waren von den Schiffen ans Ufer erfolgte nämlich, nachdem sich der Regensburger (Hans-)Graf zurückgezogen hatte oder schon abgereist war.[236]

Vermutlich handelte es sich bei der Entladung um jene Waren, die nicht in Enns verkauft worden waren und nun von den Schiffen zum Weitertransport nach Osten mit Wagen zum Ufer geführt wurden. Obwohl die »Steggebühr« von zwölf Pfennigen nach den Wagen berechnet wurde, ging es wahrscheinlich nicht um deren Verzollung,[237] sondern eher um einen Zoll, der auf die Waren aufgeschlagen wurde, der aber nach Wagenladungen gemessen wurde. Dass man die Abreise des Hansgrafen abwartete, bevor man diese Gebühr einhob, war wohl im Sinne der otakarischen Amtleute. Auch diese Zahlung ist wegen ihrer zahlenmäßigen Übereinstimmung mit anderen Abgaben eher als Zoll zu verstehen und nicht etwa als eine Erstattung von Transportkosten, wobei solche Überlegungen zu dieser Abgabe nicht auszuschließen sind.

Diese Gebühr wurde von den Ennser Richtern eingehoben, da der Hansgraf an diesem Vorgang nicht mehr beteiligt war. Nicht behandelt wurde die Frage, wie vor der Eröffnung des Marktes die Waren von den Schiffen zum Marktplatz transportiert wurden. Wenn die zwölf Pfennige Bezahlung für die Fuhre vom Schiff zum Ufer nicht reine Schikane war, diente sie vielleicht dem Zweck, die Bereitstellung von Wagen und die Wagenlenker zu entgelten. Hatten diese auch die Hinfahrt zum Markt bewerkstelligt, also die Waren gewissermaßen abgeholt? Das hätten sich die Regensburger als einen wichtigen und kostenverursachenden Akt wohl verbriefen lassen!

Auch für die Kaufleute von jenseits der Maas war der Hansgraf wahrscheinlich nicht zuständig. Offensichtlich umfassten einige Regelungen der Marktordnung auch Angelegenheiten, die den Regensburgern nicht zugewiesen wurden. Die Kaufleute aus Maastricht und dem Westen erhielten Zugang zum Marktgeschehen durch die Zahlung eines Vierdungs (reinen Silbers), der jeweils bei der Hin- und Rückfahrt geleistet werden musste. Kamen diese Kaufleute aus dem Westen in Enns an, entrichteten sie ein Pfund Pfeffer und die aus der Marktsymbolik bekannten Kleidungsstücke Schuhe und Handschuhe.[238]

---

236 Hausmann, Urkundenbuch der Steiermark 1 EN1 S. 2 Zeile 14 ff. *Item cum quelibet navis iuxta statutum satis fecerit et comes Ratisponensium recesserit, quicquid mercis ad litus ducatur, XII denarios de plaustro persolvat.*

237 So Knittler, Enns und der Donauhandel 74.

238 Die Aufzählung dieser Abgaben trug der Schreiber zwischen den Zeilen nach bzw. vermerkte er die letzten Worte *fertonum argenti* am linken Rand der Urkunde. Grundlegend Stein, Handels- und Verkehrsgeschichte 163 f.; Schwineköper, Handschuh 56; Schlesinger, Der Markt als Frühform der deutschen

Neben der Vorstellung, der Marktgründer habe die erste Kaufhandlung vorzunehmen, bedeuteten Abgaben dieser Art die Anerkennung der Marktgepflogenheiten durch einen oft begünstigten Besucher oder Zollpflichtigen.[239] Soweit dies Walter Stein sah, war Konrad von Zähringen der Erste, der, ohne eine Mitwirkung des Königs zu erwähnen, 1120 einen Markt auf seinem Eigengut in Freiburg im Breisgau gründete.[240] Die Mitwirkung des Königs bestand in anderen Fällen eben darin, dass der eigentliche Herr des Marktes, ein geistlicher oder weltlicher Fürst einen Handschuh vom König erhielt, der als erste Ware zu verkaufen war.[241] Noch 1218 ist in einem Fürstenspruch, der als Mandat Kaiser Friedrichs II. formuliert wurde, davon die Rede, dass der Kaiser jemandem durch einen Handschuh einen Jahr- oder Wochenmarkt übergab. Während der Marktzeit wurde die Gerichtsbarkeit des zuständigen Grafen oder eines anderen Richters ausgesetzt. Verbrechen, die mit der Todesstrafe geahndet wurden, behandelte man in gewohnter Weise. Ziel dieser Regelung war es, Kaufleute und andere Marktbesucher vor gerichtlicher Verfolgung von Vergehen, die außerhalb des Marktgeschehens begangen worden waren, zu schützen.[242]

Zwei Fragen erheben sich hinsichtlich der Regensburger und ihrer Fahrtengemeinschaft mit den Kölner und Aachenern aber auch bezüglich der Kontakte zu Maastricht und anderen Städten im Maasraum. Zunächst geht es um die Rolle der Regensburger und des Donauhandels in der Politik der beiden letzten Traungauer und der Babenberger Leopold V. und Leopold VI., die offensichtlich Anlass zu Differenzen gab. Die zweite Frage betrifft die Handelsbeziehungen zwischen den flandrischen Tuchproduzenten, den Kölner und Aachener Kaufleuten und schließlich deren Verbindungen nach Regensburg.

Zuerst zur Rolle der Regensburger. Die Verhandlungen über den Ennser Jahrmarkt führte 1191, wie wir bereits festgestellt haben, der Leiter der Regensburger Gesandtschaft, der Hansgraf Uto, der als Hansgraf, abgesehen von den Vorbereitungen für den Jahrmarkt, die Schiffsführer nach dem Abschluss des Markttreibens zur Einschätzung

---

Stadt 282 mit Anm. 128 zu einer Marktgründung Konrads III. für Stablo MGH D Konrad III. 8 ff. Nr. 5, 11 Zeile 1: *in cuius valle mercatum et publicas nundinas datis ad vendendum cirothecis nostris auctoritate regiam instituimus*. Diese Abgabe, mit der man vermutlich das Recht erkaufte, an einem Ort Handel zu treiben, hieß in karolingischer Zeit »*salutaticum*« und war ein »Begrüßungsgeld«. Adam, Das Zollwesen im fränkischen Reich 62 f.

239 Lohrmann, Regensburger Kaufleute 41 f. Dazu ist die Festsetzung der Mauttarife für Niederaltaich von 1177/80 zu vergleichen. Nach der Korrektur der Zollhöhe bestimmte Leopold V., dass das Kloster Niederaltaich an der Zollstelle Mauthausen nur ein Pfund Pfeffer, zwei Schüsseln und zwei (Paar?) Handschuhe abzuliefern hatte. BUB I 66 Nr. 49 Zeile 8 f. und zuletzt NÖUB 3, 646 f. Nr. 25/2; Stein, Handels- und Verkehrsgeschichte 164 f. zur Bedeutung der »königlichen« Handschuhe einleuchtende Ausführungen.

240 Stein, Handels- und Verkehrsgeschichte 173 f.

241 Stein, Handels- und Verkehrsgeschichte 164 mit den Betreffen zu Konrad III, und der weiteren Darstellung Schlesingers wie in Anm. 238.

242 MGH D Friedrich II. 3, 44 f. Nr. 445: *Quod si forte alicui per cirothcam nostrum contulerimus forum annual vel septimanale in aliquo loco;* Rietschel, Markt 202–206.

des Wertes des Ladegutes befragte. Die Befragung führte er im Beisein der Ennser Richter durch.[243] Er setzte die erste Einschätzung des Ladegewichts nach der Selbstauskunft der Schiffsleute fest. Es ging um die Ladung jener im Hafen liegender Schiffe, die am Ende des Jahrmarkts nach Regensburg zurückkehren sollten. Die Ladung bestand aus Waren, die auf dem Markt erworben worden waren. Nach der ersten Runde des Abgabenkarussells konnten die Ennser Richter Zweifel anmelden.[244] Den Beginn des Aufwärtsziehens der Schiffe, nachdem sich der Hansgraf zurückgezogen hatte, schildert der Urkundentext in Einzelheiten.[245] Es heißt dazu in der Urkunde: *Hoc facto sursum naves trahantur posterior pars manens, ubi prima fuit, et sic liberum per totum annum habeant transitum.*[246] Diese Darstellung gibt recht deutliche Hinweise, dass die Schiffe am Donauufer anlegten und nicht in den Ennsfluss fuhren. Die Schiffe wurden nämlich in umgekehrter Reihenfolge ihrer Ankunft flussaufwärts gezogen, was nur auf der Donau möglich war, nicht aber auf der Enns. Auf der Enns hätten die Schiffe bei diesem Manöver, dass nämlich das letzte Schiff als erstes losfuhr, flussabwärts fahren müssen.[247] Es heißt aber, dass die Schiffe flussaufwärts gezogen wurden. Daran knüpft sich die logische Frage, zu welchem Zweck hätte man die Schiffe die Enns aufwärts ziehen sollen? Zu einer Entflechtung der vor Anker gegangenen Schiffskolonne konnte das nichts beitragen. Ferner war die Enns damals noch für lange Zeit nicht schiffbar, sondern konnte nur mit Kähnen und Flößen befahren werden. Auf diese Weise wurden von den Grundherrschaften Lebensmittel oder Bauholz nach Steyr und Enns gebracht.[248] Der Hafen, in dem der Hansgraf mit den Richtern die Befragung durchführte, befand sich daher mit an Sicherheit grenzender Wahrscheinlichkeit an einem südlichen Donauarm – es muss sich dabei nicht um den seit 1340 bekannten Enghagen gehandelt haben.[249] Stein interpretierte diese Stelle als Beginn der Rückfahrt der Schiffe flussaufwärts nach Regensburg.[250] Offenbar waren die in Enns erworbenen Waren so wichtig und wertvoll,

---

243 Exakt interpretiert von KNITTLER, Enns und der Donauhandel 74. HAUSMANN, Urkundenbuch der Steiermark 1 EN1 S. 2 Zeile 9 f.: *comes Ratisponensis cum iudicibus de villa ad portum veniens a nautis inquirat*; LOHRMANN, Regensburger Kaufleute 33.

244 HAUSMANN, Urkundenbuch der Steiermark 1 EN1 S. 2 Zeile 11 ff.

245 LOHRMANN, Regensburger Kaufleute 34; im Gegensatz zu meiner damaligen Einschätzung, die Lage des Hafens an der Enns oder an der Donau wäre aus dem Urkundentext nicht ableitbar, werde ich im Folgenden zeigen, dass der Hafen an einem Donauarm durchaus erschließbar ist.

246 HAUSMANN, Urkundenbuch der Steiermark 1 EN1 S. 2 Zeile 16ff; HAIDER, Bestätigung 164 (Edition), 165 (Übersetzung).

247 In diesem Punkt stehe ich im Widerspruch zu KNITTLER. Enns und der Donauhandel 74, der meint, dass die Schiffe zwar donauaufwärts gezogen wurden, vorher aber das Flussbett der Enns verlassen hatten.

248 NEWEKLOWSKY, Flößerei auf der oberen Enns 112; LOHRMANN, Regensburger Kaufleute 14 ff. auch zum beginnenden Eisentransport.

249 KATZINGER, Geschichte von Enns 98, aber auch KNITTLER, Enns und der Donauhandel 79 Anm. 51 mit Berufung auf Zauner und Pfeffer. Zum Enghagen UbOE 6 330 Nr. 325 vom 7. Mai 1340.

250 STEIN, Handels- und Verkehrsgeschichte 312; LOHRMANN, Regensburger Kaufleute 34.

dass es sich lohnte, die Schiffe 260 km gegen die Strömung aufwärts zu ziehen.[251] Welche Waren diese für die Rückkehr nach Regensburg bestimmten Schiffe geladen hatten, werden wir später behandeln.

Galt die beschriebene Vorgehensweise auch schon in der Zeit der Gründung des Marktes? Dass die Regensburger schon damals eine bedeutende Rolle auf dem Ennser Jahrmarkt spielten, geht aus dem Text von 1191 klar hervor.[252] Allerdings ist es nicht wahrscheinlich, dass der Hansgraf schon damals für die Organisation des Marktes und die Befragung der Schiffsleute zuständig sein konnte. Die Funktion ist jedenfalls jünger.

Forschungen zum Amt des Regensburger Hansgrafen legen nämlich nahe, dass der erste Hansgraf *Marquardus vor dem niun Marct* erst in den siebziger Jahren des 12. Jahrhunderts tätig war.[253] Der 1191 nachgewiesene Uto war einer seiner Nachfolger. Schon 1135/1145 taucht ein Uto von Penchapelle in einer Urkunde Bischof Heinrichs von Regensburg auf.[254] Schmid qualifizierte ihn als Ministerialen des Regensburger Bischofs und eine Verwandtschaft mit dem Verhandlungsleiter von 1191 ist nicht auszuschließen, denn der ältere Uto hatte einen Bruder und der jüngere einen Sohn namens Albert.[255]

Dieser jüngere Uto nannte sich nach einem Ort am Südufer der Regensburger Donau, nämlich nach der Brunnleiten, wo eine Matthäuskapelle erbaut worden war. Diese Familie gehört nach Auffassung der traditionellen Regensburger Forschung zu den ältesten Familien der Stadt.[256] Uto ist vielleicht 1238 noch einmal genannt und kann daher nicht der Erbauer der Matthäuskapelle gewesen sein, die bereits 1155 nachweisbar ist.[257] Vor dem ersten Auftreten des Hansgrafen Marquard zwischen 1170 und 1184[258] erfahren wir über diese Funktion nichts. Auch die Vermutung, dass es sich um einen Amtmann

---

251 Trotz der mehrfachen Behauptung, man hätte erst seit dem 15. Jh. Pferde oder Ochsen zum Treideln verwendet, ist es aber im Fernhandel, in dem zum Teil Luxuswaren transportiert wurden, durchaus denkbar, dass die Kaufleute und Schiffseigner sich um die Empfehlung, keine Tiere zu verwenden, nicht kümmerten. Näheres dazu unten S. 169.

252 Hausmann, Urkundenbuch der Steiermark 1 EN1 S. 2: Hauptanliegen war der Wunsch der Regensburger und anderer *ut non alia iura… exigantur quam ea, que a prime institutionis tempore ordinatione patris mei… Otacheri marchionis eis imposita fuerunt.*

253 Lohrmann, Regensburger Kaufleute 18 und 20. Besonders wichtig Schmid, Anfänge 483, der die Einsetzung eines Hansgrafen in Regensburg in einen Zusammenhang mit der Absetzung Heinrichs des Löwen 1180 und dem Aussterben der Burggrafen-Dynastie 1185 bringt. Vgl. dazu auch die interessanten Überlegungen von Ambronn, Bemerkungen zu den Anfängen 238.

254 QuE 28/1, 5 ff. Nr. 2.

255 Schmid, Anfänge 491 mit Anm. 46 und 39; Lohrmann, Regensburger Kaufleute 24.

256 Morré, Ratsverfassung und Patriziat 19; Primbs, Jahr- und Totenbuch 278 ff. mit einer unklaren Bemerkung zu einem Familienmitglied, das als »von der Penleiten« bezeichnet wurde.

257 Damit berichtige ich meinen Irrtum Lohrmann, Regensburger Kaufleute 25. Zum 1. Mai 1238 bezeugen *Ekehardus et Uto de Brunnleit* eine Schenkungsbestätigung Bischofs Siegfrieds von Regensburg, Ried, Codex 383 Nr. 398. Hansgraf war damals der Zeuge *Gerhardus inter rasores.* Ob dieser Uto allerdings mit dem Hansgrafen Uto von 1191 gleichzusetzen ist, ist fraglich.

258 QuE 39 171 Nr. 216c und 173 Nr. 218; Ambronn, Bemerkungen zu den Anfängen 236.

des Burggrafen gehandelt habe, wurde von Ambronn begründet in Zweifel gezogen. Der Hansgraf Marquard taucht zwar in den gerade zitierten Urkunden des Burggrafen als Zeuge auf, die Zeugen wurden aber kurzschlüssig als Gefolge des Burggrafen interpretiert; eine häufige, aber nicht immer überzeugende Einordnung! Darüber hinaus stellte Ambronn die auf der Hand liegende Frage, wenn der Hansgraf tatsächlich ein Gefolgsmann des Burggrafen war, warum ist er in den zahlreichen Rechtsentscheidungen des Burggrafen für Prüfening und St. Emmeram nicht genannt?[259]

Die seit Waitz öfter vertretene Auffassung, der Hansgraf wäre kein Kaufmann gewesen und hätte mit der Regensburger Kaufmannschaft nichts zu tun, ist ebenfalls anfechtbar.[260] Gerade die Ennser Bestimmungen machen diese Feststellung unwahrscheinlich, da er dort als Vertreter der Regensburger und anderer Kaufleute beschrieben wird. Unser Wissen über die Funktionen des Hansgrafen vor dem Regensburger Stadtrecht Philipps von Schwaben aus dem Jahre 1207[261] beruht eben ausschließlich auf der Jahrmarktsordnung von 1191. Peter Schmid hat in einer minutiösen Analyse des werdenden Bürgertums in Regensburg die Mitglieder der Gesandtschaft von 1191 als Fernkaufleute und als Angehörige der Regensburger Führungsschicht identifiziert.[262]

In der schon erwähnten Markt- und Zollordnung für Österreich und das Pittener Gebiet, die auf etwa 1208/1212 zu datieren ist,[263] untersagte Herzog Leopold VI. dem Regensburger Hansgrafen die Ausübung richterlicher Tätigkeit in Enns.[264] Trotz aller Unsicherheit bei der Datierung sei vergleichend festgestellt, dass Philipp von Schwaben in seinem Regensburger Stadtrecht vom 9. März 1207 dem Hansgrafen die Aufgabe übertrug, die Rechte und Gewohnheiten der Regensburger auf den Jahrmärkten zu vertreten.[265] Es ist demnach möglich, dass Leopold sein Verbot vor 1207 verhängte, wenn aber später, dann ohne die königliche Bestätigung zu kennen oder er ignorierte sie einfach. Begründen könnte man diese chronologische Abfolge mit Philipps Ermordung am 21. Juni 1208 oder aber mit einem weiteren Erfolg territorialpolitischer Maßnahmen

259 Ambronn, Bemerkungen zu den Anfängen 235 f.

260 Waitz, Deutsche Verfassungsgeschichte 5, 367.

261 MGH D Philipp von Schwaben 305 f. Nr. 135. Die den Hansgrafen betreffende Stelle mit einem verfälschten Zusatz 307 Zeile 40 ff.: *Item cives Ratisponenses facultatem habebunt ex arbitrio suo elegendi magistrum, qui vulgariter hannisgraue dicitur, ut ille de officio suo iura et consuetudines ipsorum in nundiniis requirat, et si infra civitatem is aliquid ordinare disposuerit, id non nisi ‹secundum civilia instituta et ex consensu urbanorum fiat›*. Zu den Ursachen der Verfälschung vgl. den Kommentar 306 Zeile 30–44.

262 Schmid, Anfänge 489 und bes. 491.

263 Zur Datierung Lohrmann, Regensburger Kaufleute 69 ff.

264 NÖUB 4, Nr. 13/12 389 Zeile 29 ff. *Item in Anaso ad nundinas hansgraf nichil habeat iudicare, sed totum iudicium spectat ad iudicem civitatis*. Zur Frage der Datierung der Markt- und Zollordnung mit Rücksicht auf die Erwähnung eines Ennser Stadtrichters Lohrmann, Regensburger Kaufleute 70.

265 MGH D Philipp von Schwaben Nr. 135; 307 ff. Text wie Anm. 259. Diese Bestimmung entspricht dem ursprünglichen Diktat und berührt nicht die später im Text folgende Interpolation, die oben besprochen wurde.

Leopolds VI. Eine Reaktion des Regensburger Hansgrafen auf das Verbot ist nicht bekannt.

Um das Problem in seiner Dimension richtig einschätzen zu können, müssen wir unsere Aufmerksamkeit noch einmal der gerade erwähnten Markt- und Zollordnung Leopolds VI. zuwenden. Sie enthält Entscheidungen hinsichtlich administrativer Vorgänge bei der Einhebung der Gebühren für Transporte und Marktabgaben. Bei gerichtlich zu regelnden Streitigkeiten lag nun die gesamte Entscheidungsgewalt *(iudicium)* beim Ennser Stadtrichter.[266] Dies bedeutete eine prinzipielle Veränderung gegenüber der 1191 getroffenen Regelung: Landesfürstliche Richter und Amtleute hatten ab nun die Kontrolle über den Markt und den Zoll in Enns.

Wer waren diese 1191 erwähnten Ennser Richter?[267] Hinweise zur Beantwortung dieser Frage gibt eine wenige Jahre jüngere Nachricht, die wir in anderem Zusammenhang bereits erwähnt haben. In einer Zollbefreiung des Klosters Garsten, die zwischen 1198 und 1203 zu datieren ist, wurde nämlich ein Herbord von Enns als *officialis* Leopolds VI. genannt. Er und Dietrich von Wien erteilten ihre Zustimmung zu dieser Begünstigung, woraus Otto Brunner bereits den Schluss zog, dass die beiden Amtleute Mautner waren.[268] Herbord von Enns bezeugte auch eine Zollbefreiung Herzog Leopolds VI. für das Kloster Baumgartenberg, die vermutlich 1198 ausgestellt wurde.[269] Noch einmal sind die beiden Amtleute als Zeugen in einer Mautbefreiung für das Kloster Osterhofen vom 17. August 1198 genannt.[270] Der nach Enns genannte Amtmann war vermutlich ein enger Vertrauter Leopolds VI. Von Dietrich wissen wir dies mit Gewissheit. Vielleicht wurden Amtleute dieser Art in Enns erst von Leopold VI. eingesetzt. Eine Gleichsetzung der beiden mit den Ennser Richtern von 1191 ist nicht wahrscheinlich.

Eine weitere Stütze erhält die Identifizierung der beiden Amtleute als Zolleinnehmer durch den 1177/1180 nachweisbaren Mautner Arnold, welcher der Vater oder ein älterer Verwandter des Dietrich von Wien war.[271] Zu den Aufgaben der 1191 erwähnten Ennser *iudices* gehörte, wie beschrieben, ihre Mitwirkung bei der Einhebung von Zöllen und Marktgebühren im Dienst des steirischen Herzogs. Es besteht in diesem Punkt eine gewisse Ähnlichkeit mit entsprechenden Verhältnissen in Österreich. So überließ

266 NÖUB 4 13/12 389 Zeile 30 f. *sed totum iudicium spectat ad iudicem civitatis.*

267 Knittler, Enns und der Donauhandel 77 behandelt diese Frage in einem eigenen Unterabschnitt zu den lokalen Organen in Enns.

268 BUB I 139 f. Nr. 106; Lohrmann, Regensburger Kaufleute 79 mit Anm. 418 und 419; Brunner, Zwei Studien 243 mit Anm. 18.

269 BUB I 138 f. Nr. 105, vorletzter Zeuge ist *Herbordus de Ense.* Die genaue Datierung ergibt sich aus einer weiteren Nennung der beiden *officiales.* Siehe die folgende Anmerkung.

270 BUB I 145 f. Nr. 110 *officiales Herbordus et Dietmarus* (recte Dietricus).

271 BUB I 65 f. Nr. 49; Lohrmann, Regensburger Kaufleute 80. Als Dietrich der Reiche 1216 die von ihm gestiftete Ulrichskirche in Zeismannsbrunn konsekrieren ließ, ist unter den Zeugen ein *Dietricus filius Biterolfi* genannt, der wohl nicht mit dem Stifter *Dietricus civis Wiennensis* identisch ist. FRA II/18 21 Nr. 15.

etwa Leopold V. in seinem Privileg für die Regensburger Bürger den Richtern in Wien, Melk, St. Pölten und Tulln Abgaben von einem Wagen Bekleidung in der Höhe von vier bis 52 Pfennigen.[272] Zumindest die aus Streitigkeiten um Mauten und Zölle folgenden gerichtlichen Entscheidungen fällte nach der Regelung von 1208/12, wie gesagt, ausschließlich der Ennser Stadtrichter.[273] Welche Rolle der oder die Ennser Mautner in der Folge spielten, wurde nicht erwähnt.

1191 wurden die Richter in Enns noch als *iudices de villa* (Dorfrichter?) bezeichnet. In der mittellateinischen Rechtssprache bedeutet *iudex* nicht nur Richter, sondern auch Amtmann und Verwalter sowie jemand, der Entscheidungen zu treffen hat. Daher ist auch die richterliche Tätigkeit, wie bereits gezeigt wurde, damals nicht eindeutig von administrativer zu unterscheiden.[274] Die angebliche Gleichsetzung von *officiales* und *iudices* in einer Urkunde für die Kartause Seitz von 1185 ist dafür allerdings nicht heranzuziehen, da sie als Fälschung aus dem Jahr 1274 erkannt wurde. Überdies unterschied der Diktator in der Adresse sehr wohl zwischen den einzelnen Funktionen eines *iudex*, *praepositus* und eines *officialis*.[275] Auch bei der Organisation anderer Jahrmärkte im Herrschaftsgebiet Leopolds VI. spielten die Richter nach dem Text der Markt- und Zollordnung von 1208/12 eine wichtige Rolle. Wenn es nämlich ein Kaufmann verabsäumte, zum richtigen Termin zum Jahrmarkt zu kommen und eventuell später erschien, sollte er keine Rechte haben, außer er erhielt sie aus der Gnade des Richters.[276]

Bei der weiteren Interpretation unserer Urkunde von 1191 beziehe ich mich zunächst auf die zwei bereits besprochenen gelöschten Zeilen, die fragmentarisch den ursprünglichen Text erkennen oder eher erahnen lassen. Es ist daran zu erinnern, dass an einer anderen Stelle der Urkunde zwischen den Zeilen und am linken Rand Ergänzungen vorgenommen wurden. Bei diesem Befund erhebt sich die Frage, ob wir es mit einem fehleranfälligen Schreiber zu tun haben oder ob gegensätzliche Positionen bei den Verhandlungen keiner Lösung zugeführt werden konnten. In letzterem Fall waren bei der Abfassung der Jahrmarktsordnung stellenweise Komplikationen unvermeidlich. Als Diktator wurde der Kapellan Heinrich nachgewiesen, der vermutlich in Diensten Herzog Otakars stand.[277] Er hatte wohl die Probleme bei der Niederschrift zu verantworten.

---

272 BUB I 118 Nr. 86 im Artikel 27, der hier genannte *currus* war etwas kleiner als das *plaustrum*.

273 NÖUB 4 Nr. 13/12 389 Zeile 30 f. *sed totum iudicium spectat ad iudicem civitatis.*

274 Knittler, Enns und der Donauhandel 77.

275 Lohrmann, Regensburger Kaufleute 19 mit Anm. 78; Knittler, Enns und der Donauhandel 77 mit Anm. 31. Wichtig zu diesem Problem die Bemerkungen von Ogris, Die Bürgerschaft in den mittelalterlichen Städten Kärntens, 97 mit dem Hinweis, dass *iudex* auch Amtmann bedeuten konnte. Zeitnahe Quellenbelege fehlen und die im Text angeführten Beispiele fallen in die Zeit um 1300! Der Fälschungsnachweis zuletzt Hausmann, Urkundenbuch der Steiermark 1, SEI 10.

276 NÖUB 4 Nr. 13/12 389 Zeile 27 ff.: *Item ad nundinas qui tempore suo venire neglexerit, si tandem forte venerit, nichil iuris habebit, nisi quod potest ex gracia iudicis obtinere.*

277 Wonisch, Über das Urkundenwesen der Traungauer 125.

Zurück zu unserem Text und zur Frage nach den jeweiligen Einflüssen des Hansgrafen und der landesfürstlichen Amtleute bei der Festlegung der Abgaben, welche von den Ladungen der zur Abfahrt bereiten Schiffe abzuführen waren. Um die Richtigkeit der Gewichtsangaben zu den Schiffsladungen konnten Streitigkeiten entstehen, wenn nämlich die Richter den Selbstauskünften der Schiffsleute nicht glaubten. Der Fall, dass der Hansgraf an den entsprechenden Angaben zweifelte, war nicht vorgesehen. Als Vertreter der Interessen der Schiffs- und Kaufleute zog er deren Einschätzungen wohl nicht in Zweifel. Im Sinne des Marktschutzes, also einem beschleunigten Beweisverfahren beim Auftreten von Kontroversen, konnten die Schiffsleute ihre Angaben mit einem Eid bestätigen: *Si vero iudices ville nautis non crediderint, de quibuscunque eos impecierint, naute iuramento suo se defendant.* Mit dieser Lösung beschleunigte man die Geschäftsgänge im Sinne eines möglichst reibungslosen Marktgeschehens ohne zeitaufwendige Prozesse mit Zeugenbefragungen.[278]

Die Verfahren waren aber unterschiedlich, wenn etwa verschiedene Standpunkte der Käufer bzw. der Verkäufer bestanden, wie die Koblenzer Zollordnung in der Fassung von 1209 erkennen lässt. Wenn ein Zöllner der Selbstauskunft eines flussaufwärts fahrenden Schiffsführers keinen Glauben schenkte, zog er den Vertreter von Koblenz, nämlich den Gerichtssprecher (*nuntius villici ..., qui preco ville nuncupatur*) der Stadt, zur Prüfung der Schiffsladung bei.[279] Wie in Enns war auch in Koblenz ein Angehöriger des Gerichts an der Klärung derartiger Probleme beteiligt, da ja die Stadt und der Stadtherr ihre Interessen zu wahren hatten.

Diese Rechte des Hansgrafen sollten, wie wir schon besprochen und diskutiert haben, bei den Verhandlungen zugunsten der Richter der *villa* Enns eingeschränkt werden. Dies konnten die Regensburger noch im letzten Augenblick verhindern, obwohl es schon im Urkundentext niedergeschrieben worden war. Zu diesem Zeitpunkt verfügten die Regensburger über beträchtliche Möglichkeiten, ihre Vorstellungen durchzusetzen. All das passt zu den allerdings nicht exakt zu ermittelnden Kompetenzen des Hansgrafen im Regensburger Ämtergefüge. Dass das Amt erst mit dem Übergang der Regensburger Stadtherrschaft auf Friedrich Barbarossa etwa 1182 entstand, ist recht plausibel, wenn auch nicht auf Punkt und Beistrich beweisbar. Immerhin scheint es, dass diese Phase kaiserlicher Stadtherrschaft letztlich die Wahl des Hansgrafen durch die Bürger begünstigte. Diese Wahl ist, wie wir gesehen haben, erst 1207 im Stadtrecht Philipps von Schwaben eindeutig nachweisbar.[280]

Herzog Otakar verhandelte also mit einem Amtmann/Kaufmann, der seine Kompetenzen gerade durch seine außerhalb Regensburgs gelegenen Aufgaben definierte. Die

278 Cordes, Erwartungen 39; Lohrmann, Regensburger Kaufleute 63 f. Das Zitat Hausmann, Urkundenbuch der Steiermark 1 EN1 S. 2 Zeile 11 ff.

279 Pfeiffer, Rheinische Transitzölle 133 mit Anm. 228; MRUB II, 281 Nr. 242.

280 Entsprechende Ausführungen bei Ambronn, Bemerkungen zu den Anfängen 233; Schmid, Anfänge 503.

Erfahrungen und Kenntnisse der Regensburger wurden für die Marktorganisation an der Donau dringend benötigt. Wohl noch wichtiger war ihre vermittelnde Rolle zwischen dem rheinischen Westen sowie den angrenzenden Gebieten Nordwesteuropas und der damals rasch an Bedeutung gewinnenden Staatenwelt in »Mitteleuropa«. Diese Frage grundsätzlicher Natur werden wir noch ausführlich behandeln.[281]

Das Knowhow der Regensburger in Handelsangelegenheiten erwies sich zunächst als die überlegene Kompetenz. Die Einhaltung der Termine für den Jahrmarkt gehörte zu den Verpflichtungen der Regensburger Organisatoren. Hielten sie diese nicht ein, hatten sie dem steirischen Herzog eine Taxe von 100 Pfund zu bezahlen.[282] Dass sie überhaupt die Verantwortung für die Abhaltung des Marktes trugen, wie dies Franz Irsigler vertreten hat, ist nicht wahrscheinlich.[283] Zunächst wurde nämlich der Anfangs- und Endtermin des Jahrmarkts festgelegt und dann folgte die Festsetzung der Taxen. Diese Abfolge spricht dafür, dass sich die Strafzahlung der Regensburger auf die Nichteinhaltung des Termins bezog. Da von der Verpflichtung der Regensburger und nicht der ihres Hansgrafen die Rede ist, könnte dieser Satz aus der ursprünglichen Regelung Otakars III. stammen. Damit verfügen wir über einen gewissen Hinweis, dass die Vertragspartner Otakars III. die organisierten Regensburger Fernhändler waren, die ihren Geschäften auf der Donau nachgingen.[284] Bemerkenswert ist ferner die schon in der Anmerkung erwähnte Tatsache, dass sie zur Strafzahlung bei Nichteinhaltung der Jahrmarktstermine die *Ratisponenses* direkt dem Herzog oder schon dem Markgrafen Otakar III. verpflichtet waren. Zur Zeit der fortgeschrittenen Administration verwaltete diese Zahlungen wohl der herzogliche Kämmerer.

Mit der Zuspitzung der Vertretung der Fernkaufleute auf den Hansgrafen ergab sich erst das Problem der Konkurrenz zu den landesfürstlichen Richtern. Wahrscheinlich lag gerade in der Bedeutung des Hansgrafen seit den achtziger Jahren des 12. Jahrhunderts die Ursache für die Neuverhandlung der Jahrmarktsordnung und die exakte Festsetzung seiner Tätigkeit. Seine Aufgabe war es ja, die Interessen der Regensburger Kaufleute auf den auswärtigen Märkten zu vertreten. So sah man das zumindest in Regensburg und wollte es daher auf den Jahrmärkten durchsetzen. Herzog Otakar sah sich wohl schwierigen Verhandlungen gegenüber.

---

281 Siehe unten im Kapitel über Flandern.

282 Hausmann, Urkundenbuch der Steiermark 1 EN1 S. 2 Zeile 27 ff. *Preterea inicium fori debet esse feria secunda diebus rogationum, finis eiusdem in vigilia pentecostem; quod si factum non fuerit, Ratisponenses in C librarum estimationem m i h i tenebuntur.* Die Zahlung ging direkt an den Landesfürsten und nicht an einen *iudex villae*. Probleme oder gar Unregelmäßigkeiten bei der Administration der Marktgebühren sind bei dieser Regelung nicht auszuschließen.

283 Lohrmann, Regensburger Kaufleute 31 mit Anm. 161; dort die Zitate der unterschiedlichen Interpretation von Franz Irsigler und Herbert Knittler.

284 Ähnlich auch Knittler, Eine Markt- und Zollordnung 346 f.

Die Marktordnung und die durch sie geregelten Abgaben zeigen, dass die Kaufleute an der Festlegung der Abgabenhöhe beteiligt waren, und das entspricht älteren Methoden der Zolleinhebung. Friedrich Pfeiffer hat dazu eine wichtige Beobachtung beigesteuert: 1195, als Heinrich VI. eine überarbeitete Fassung der Zollordnung für Koblenz ausstellte, wurden feste Zahlungen bestimmt, die an die Stelle von Verhandlungen von Zöllnern und Kaufleuten traten. Dieser Vorgang wurde mit dem bezeichnenden Verbum *vexare* beschrieben.[285] Auch in Enns ist der Übergang von älteren Verhandlungsergebnissen zu festgelegten Abgaben zu bemerken. Die in Enns eingehobene, vom Ladungsgewicht abhängige feste Gebühr von zwölf Pfennigen stellte also einen relativ »moderneren« Versuch der Abgabeneinhebung dar.[286] Der Verzicht auf Verhandlungen könnte ein Hinweis auf eine strukturelle Verfestigung des Zollwesens sein, die wiederum im Zusammenhang mit der königsähnlichen Stellung des Landesfürsten im Rahmen der Bemühungen um »alte« rechtmäßige Zölle zu deuten wäre.

Die Abgaben in der Marktordnung von 1191 waren ihrem Typus nach eine sich aus den Marktgeschäften ergebende Verpflichtung, denn die eingeschätzten Warenmengen stammten aus dem Marktgeschehen und entsprachen keinem Transitzoll, keiner Steggebühr oder einer sich sonst aus dem Schiffsverkehr ergebenden Abgabenverpflichtung. Bald nach diesen Verfügungen war von einer »Wagenmaut« auf der Ennsbrücke die Rede, die eben dem Typus eines Transitzolls entsprach. Auch auf der Brücke konnte man nicht mehr über die Maut verhandeln, sondern sie war festgelegt.

Die Bedeutung der Marktordnung fordert die Frage heraus, ob und wie Leopold V. in die Ennser Verhandlungen von 1191 eingebunden war. Einige Abstimmungen zwischen den beiden Herzögen nach 1186 sind bekannt.[287] Zum Zeitpunkt der Abfassung der Ordnung befand er sich auf dem Kreuzzug gegen Saladin, von dem er erst im Spätherbst 1191 nach Hause zurückkehrte.[288] Vermutlich sah er die Rolle der Regensburger im Donauhandel in einem umfassenderen, über Enns hinausgehenden Zusammenhang, die er in seinem berühmten Privileg 1192 für die Regensburger Bürger[289] ordnete und dabei den Hansgrafen überging, der in diesem umfangreichen »Regelwerk« nicht erwähnt wird. Stillschweigend vorauszusetzen, dass der Hansgraf und seine Regensburger Genossen Leopolds Verhandlungspartner waren,[290] setzt eine Vermutung an die Stelle eines Nachweises. Hätte die Delegation von 1191 tatsächlich mit Leopold V. verhan-

285 Pfeiffer, Rheinische Transitzölle 129.

286 Zwar bewährte sich die Festsetzung eines Zolls, doch die spätere Berücksichtigung des Wertes einer Ware förderte neuerlich eine Umstellung der Zollberechnung.

287 Vgl. etwa BUB I 102 f. Nr. 75, 104 ff. Nr. 76, BUB IV/1 Nr. 895.

288 Lechner, Babenberger 185 f.

289 An jene richtet sich die Urkunde BUB I, 117 Nr. 86 Zeile 5 f. *Inde est, quod nos pensato fideli obsequio civium Ratisponensium quod serenitati nostre sepenumero prestiterunt…*

290 Ambronn, Bemerkungen zu den Anfängen 235 spricht mit Bezug auf die Verhandlungen von 1191 hinsichtlich des Regensburger Privileg Leopold sogar von der »nämlichen Delegation«.

delt, wäre das Stillschweigen bezüglich des Hansgrafen schwer zu verstehen.[291] Es ist allerdings auch möglich, dass Leopold V. dem Hansgrafen in Österreich eben nicht jene Rechte zubilligte, die dieser in Enns ausübte. So oblag die Einschätzung von Transportlasten nach dem Wortlaut des Regensburger Privilegs ausschließlich den Mautnern, die sich aber wie in Enns auf eine Selbstauskunft der Händler stützten. Zweifelten die Mautner, wie ihre Ennser Kollegen, an den Angaben, konnten die Regensburger die Einschätzungen durch einen Eid ohne Eideshelfer bestätigen.[292] Leopold VI. bestätigte schließlich in seiner Zollordnung von 1208/12 allen Schiffsleuten, die Wachs und Häute vom Ennser Jahrmarkt transportierten, ebenso das Recht, ihre Selbsteinschätzung durch einen Eid zu untermauern.[293] Die Beschleunigung der Marktgeschäfte lag im Interesse aller Beteiligten und war ein Zug der Zeit. Leopold V. verhandelte über die Rechte der Regensburger in Österreich mit Leuten aus Regensburg, die mit den Ennser Verhältnissen vertraut waren – das Fehlen des Hansgrafen hat wohl damit zu tun, dass es 1192 nicht um eine Marktordnung ging, sondern vor allem um Transitzölle. Immerhin wurde den Regensburgern ein Einspruchsrecht bei der Einschätzung des Warenumfangs wie in Enns gewährt.

Trotz dieser unterschiedlichen Behandlung der Funktion des Hansgrafen tragen daher einzelne Bestimmungen des Regensburger Privilegs Leopolds V. vieles zum Verständnis der Jahrmarktsordnung von 1191 bei. Zunächst betrifft das die enge Zusammenarbeit von Regensburger Kaufleuten mit jenen aus Köln. Aus der Ennser Marktordnung erfahren wir nichts über die Waren, die aus dem Westen kamen; aber nur ein Jahr später bietet das Regensburger Privileg ausführliche Informationen über die Tuchladungen, die in Köln transportfertig gemacht wurden und über Regensburg in den Donauraum und weiter nach Osten kamen.[294] 1191 wurde festgelegt, wie viel von einem Wagen auf dem Weg in die Rus bei der Überquerung der Brücke über die Enns zu zahlen war, wobei wir davon ausgehen müssen, dass es damals nur eine Brücke über die Enns gab, jene nämlich, die im Zuge der Heeresstraße den Fluss überquerte.[295] 1192 hatten die *Ruzarii*, die Regensburger »Russlandfahrer«, wesentlich höhere Beträge bei der Durchreise durch

291 Zu bedenken ist aber die Tatsache, dass auch in der Ennser Marktordnung die Mitteilung über die Verhandlungen mit der Regensburger Delegation gewissermaßen nebenbei angefügt wurde. Hausmann, Urkundenbuch der Steiermark 1 EN1 S. 2 Zeile 39 f. *Facta est autem ista commutatio ex legatione Ratisponensium.*

292 BUB I 118 Nr. 86 Artikel 25 *Si vero mutario visum fuerit, vestes eiusmodi onus plaustri de quo dictum est excedere, hospes sola manu affirmabit nil amplius esse.*

293 NÖUB 4 Nr. 13/12 390 Z 4 ff. …*et si iudex procuratorem navis de numero cere et cutium suspectum habeat, sacramentum ab eo accipiat et sic credit.*

294 BUB I 118 Nr. 86 Artikel 24–26.

295 Diese Brücke bestand sicher schon zur Zeit der Marktgründung. Ferner ist es kaum denkbar, dass die Brücke zu der Zeit, als die Fähre über die Enns in Betrieb war, nicht bestand, da gerade damals in der Mitte des 11. Jahrhunderts die südliche Donautalstraße bei den Feldzügen gegen Ungarn eine große Rolle spielte. Csendes, Die Straßen Niederösterreichs 141 und 226 ff.

Österreich aufzubringen. Auf der Ennsbrücke waren 16 Pfennige fällig, 1192 auf der Fahrt in die Kiewer Rus zwei Pfund und auf dem Rückweg ein halbes Pfund. Die nach Westen transportierte Pelzkleidung war zollfrei. Ferner kamen aus dem Osten Kupfer, Blei und Glockenerz, die in Stein, aber nicht in Mauthausen verzollt wurden.[296] Zusammenfassend können wir feststellen, dass 1192 ein Ost-West-Handel unter Regensburger Beteiligung nachweisbar ist, der auch den funktionalen Hintergrund des Warenaustausches in Enns erkennen lässt.

Die Einrichtung eines Jahrmarkts und die Vielfalt der damit zusammenhängenden Abgaben, deren Einhebung auch einer effizienten Organisation bedurfte, wurde vom steirischen Landesherrn wohl schon bei der Gründung des Marktes in ihrer Bedeutung erkannt. Offenbar gelang es zunächst nicht, eine reibungslose Abwicklung der Zoll- und Mauteinhebung sicherzustellen. Die bedeutsame Rolle der Regensburger Kaufleute und Schiffseigner beruhte auf ihren Erfahrungen im Handel und im Güterverkehr,[297] aber auch auf den ihnen zufallenden Aufgaben beim Warenaustausch zwischen den am Rhein gelegenen Zentren und den am Südostrand des Reiches gelegenen Gebieten und Herrschaften. Dieser Transfer von Knowhow von Altbayern in den Osten lässt sich auch an den einzelnen Phasen der ungarischen Entwicklung seit Stephan dem Heiligen, also etwa seit der Jahrtausendwende nachvollziehen.[298]

Die Amtleute des Landesfürsten übten bei ihrer Einhebetätigkeit territoriale Herrschaftsfunktionen aus und verfügten mit dem Fortschreiten der Zeit über eine zunehmende Bedeutung. Ihre Mitwirkung bei der Gewährung von Zoll- und Mautprivilegien ist ein deutlicher weiterer Hinweis auf diese Entwicklung. Ihre Sachkenntnis verfestigte im Dienst des Fürsten die Strukturen, die bei der Entstehung und weiteren Entwicklung der Territorien eine gestaltende Rolle spielten. Wir werden auf dieses Thema noch mehrfach zurückkommen. Die sich damit formierende Organisation und Art der landesfürstlichen Herrschaftsverhältnisse waren in dieser Phase der Entwicklung vielleicht von größerer Bedeutung als die messbaren Einnahmen. Die rasch zunehmende Vielfalt von Waren, die unter anderem ihre Qualität, Verarbeitung und Herkunft betraf, verlangte von den Leuten, welche die Ladungen von Wagen und Schiffen prüften, präzise Kenntnisse der Produktionsabläufe und ein gutes Schätzungsvermögen für den Umfang einer Ladung.

296 BUB I Nr. 86 118 in den Artikeln 30, 31 und 33.

297 Bosl, Die Sozialstruktur 101 ff. bringt eine geraffte Übersicht der Handelstätigkeit der Regensburger, aus der ihre langjährig Erfahrung deutlich wird.

298 Zur Eheschließung Stephans mit Gisela, der Schwester des bayerischen Herzog Heinrich des späteren Königs Lohrmann, Die Babenberger und ihre Nachbarn 69 f.

Otakar III.

Landesherrschaft und Ökonomie

Bevor wir uns der weiteren Entwicklung des Zollwesens und der Differenzierung der Einnahmen zuwenden, wollen wir uns mit dem Herrschaftsbereich Otakars III., des Gründers des Ennser Jahrmarkts beschäftigen (Abb. 8). Dabei geht es um einen Vergleich mit den österreichischen Verhältnissen und zu vermutenden wechselseitigen Beeinflussungen und Abhängigkeiten. Otakar gilt ja etwas plakativ als der Begründer der Landesherrschaft in der Steiermark, wofür auch bei genauerer Analyse tatsächlich einiges spricht. Herwig Ebner eröffnete seine Studie zur Traungauer Herrschaft in der Untersteiermark mit der Feststellung, dass durch die bisherige Forschung erwiesen sei, dass der Ausbau der traungauischen Macht nach dem Investiturstreit begann.[299] Diese Bemerkung nimmt offenbar Maß an der in der steirischen Forschung oft betonten Bedeutung des Jahres 1122, als Markgraf Leopold der Starke das ausgedehnte Erbe der Eppensteiner nach dem Tod Herzog Heinrichs III. von Kärnten antrat.[300]

Abb. 8: Siegel des Markgrafen Otakar III. von Steier, Gründer des Jahrmarkts in Enns.

Betrachten wir zunächst die Ereignisse während des Investiturstreits, soweit sie die Mark an der Mur und die mit ihr zunächst lose oder auch nicht verbundenen Nachbargebiete betreffen. Wir haben bei der Besprechung des Zolls von Ybbs/Persenbeug seine Beanspru-

299 Ebner, Untersteiermark 278.

300 Pirchegger, Geschichte der Steiermark 157 f. und in verschiedenen Beiträgen des Traungauer-Bandes, etwa Posch, Die Besiedlung und Entstehung 39, der auch das Ende des Investiturstreits 1122 erwähnt, ihn als Voraussetzung für die fürstliche Landeshoheit aber nicht weiter behandelt. 2024 erschien der Tagungsband Schlüsseljahr 1122 (Zitat in der Literaturliste), in dem Härtel, Herzog Heinrich III. 17 f. die Erbregelung des Herzogs würdigt, die für die Steiermark bedeutete, dass die Gebiete an der Mur und in der Obersteiermark nun gemeinsam in der Verfügung der steirischen Markgrafen waren. Diese Feststellung wird den komplexen Problemen dieser »Erbschaft« nur teilweise gerecht. Denn es handelte sich bei dieser Entwicklung um einen lang andauernden Prozess, der erst am Ende des 12. Jahrhunderts zu einem gewissen Abschluss kam.

chung durch den Markgrafen und die sich daraus ergebenden Folgen als wichtiges Element des beginnenden Aufbaus der Territorialherrschaft gedeutet.[301] Auf den allgemeinen, d. h. das gesamte Reich betreffenden Zusammenhang zwischen adelig-fürstlicher Gegnerschaft zu Heinrich IV. und den Veränderungen der Herrschaftsstrukturen hat Wilfried Hartmann hingewiesen.[302] Besonders möchte ich herausstellen, dass Hartmann meint, dass manche potente Adelige in den Stammesherzogtümern eine vizekönigliche Stellung zu erringen trachteten. Dies deckt sich in gewisser Weise mit meiner schon angesprochenen Auffassung von der »königsähnlichen« Herrschaft der Territorialherren. Ich gebrauche diese ungewöhnliche Formulierung vor allem deswegen, weil mir die Vorstellung von einem Vizekönig zu zentralistisch erscheint und diese daher wieder ein wenig irreführend sein könnte.

Versuchen wir also entsprechende Hinweise einer Veränderung der Herrschaftsgrundlagen auch in der Steiermark zu finden. Zu Beginn des Jahres 1077 führte der Traungauer Markgraf Adalbero Krieg gegen Erzbischof Gebhard von Salzburg, einen überzeugten Gregorianer und verwüstete dabei die erzbischöflichen Besitzungen bei Friesach.[303] Das politische Umfeld dieser Kämpfe beleuchtet eine Urkunde Heinrichs IV., die er Anfang April 1077 für den Patriarchen von Aquileia in Pavia ausstellte.[304] An dieser Urkunde interessiert uns vor allem der erste Intervenient: Der Eppensteiner Herzog Liutold von Kärnten. Der König hatte gerade seinen aufsehenerregenden Bußgang nach Canossa hinter sich. Am 15. März 1077 hatte aber trotzdem die Wahl eines Gegenkönigs, nämlich Rudolfs von Rheinfelden, in Forchheim stattgefunden. Berthold von Zähringen, damals angeblich eher machtloser Herzog von Kärnten, war führend an dieser Wahl beteiligt und wurde deswegen als Herzog in Pavia abgesetzt.[305] Heinrich designierte den Eppensteiner Liutold zum Nachfolger – dessen Großvater Adalbero war 1035 von Kaiser Konrad II. als Herzog von Kärnten abgesetzt worden. Kurz zuvor war Liutolds Vater Markward am 16. Nov. 1076 gestorben, der in Kärnten die mächtige Position der Eppensteiner wieder aufgebaut hatte.[306] Liutold wurde in der Urkunde vom April 1077 bereits als Herzog bezeichnet. Etwas später, bei seiner Rückkehr aus Italien auf dem Weg nach Regensburg, wurde König Heinrich am Überschreiten der Alpen gehindert, weil die Anhänger des Gegenkönigs die Zugänge gesperrt hatten.[307] Der Weg führte den König durch Kärnten und die karantanische Mark, wo Markgraf Adalbero

301 Siehe oben S. 45. Wadl, 1122 – Ein Wendepunkt 211 hebt die Bedeutung der Ereignisse des Jahres 1077 am Beginn des Investiturstreites für die sich anbahnenden Veränderungen hervor.

302 Hartmann, Der Investiturstreit 103, hier auch zum Folgenden.

303 Dopsch, Die Länder und das Reich 273 und ders. Die steirischen Otakare 112.

304 MGH D Heinrich IV. 2 384 f. Nr. 293.

305 Zotz, Die Zähringer 39 und 41, die Einschätzung der Machtstellung Bertholds bedürfte noch einiger Klärung.

306 Krones, Verfassung und Verwaltung 6 mit einigen Unklarheiten; Klaar, Eppensteiner, 33–44, Nr. 40–54.

307 Zur Rückreise Heinrichs IV. Meyer von Kronau, Jahrbücher Heinrichs IV. 3 19 f. Etwas verkürzt wird berichtet, dass Heinrich rasch durch Aquileia nach Regensburg zog. Chronica Sigiberti Gemblacensis 364.

die Herrschaft ausübte. Adalberos Mutter Willibirg war eine Eppensteinerin[308] und der Markgraf unterstützte wohl auch deswegen, ebenso wie der neue Kärntner Herzog, König Heinrich IV. In dieser Phase des Konflikts stand Heinrich IV. der Weg zur Donau noch offen.

Das in den folgenden Monaten erfolgreiche Vorgehen gegen Rudolf von Rheinfelden verschaffte dem König zunächst eine günstige Position. Adalbero führte als Nutznießer dieser Entwicklung Krieg gegen seinen gregorianisch, jedenfalls aber gegen König Heinrich eingestellten Bruder Otakar II., bis er bei Leoben von einigen seiner Ministerialen umgebracht wurde.[309] Ob dabei der umfassende politische Konflikt eine Rolle spielte, wissen wir nicht. Die Schlussfolgerung, dass der steirische Hochadel hinter Adalbero stand, ist trotzdem nicht auszuschließen, beruht aber auf Spekulation und wäre erst gründlich zu untersuchen. In die Überlegungen miteinzubeziehen wäre eine diesbezügliche Bemerkung Gerald Gänsers, der in der Entwicklung des Eigenbewusstseins, d. h. der zunehmenden Macht der »steirischen« Ministerialität im Investiturstreit eine der wichtigen Voraussetzungen für den Prozess der Territorialisierung in der Steiermark sieht.[310] Die Konstellation erinnert ein wenig an die Ermordung des mächtigen Sieghard durch Ministerialen in Regensburg 1104, deren politischer Hintergrund allerdings trotz intensiver Behandlung in den zeitgenössischen Berichten und Einschätzungen unklar bleibt.[311]

Doch wurde die Fürstenopposition gegen Heinrich IV. allmählich stärker. Für unsere Fragestellung bedeutend ist die Entwicklung der Machtverhältnisse in Bayern. Auch die Lage in der Steiermark begann sich unter diesem Einfluss zu verändern. In Bayern standen an der Spitze der königlichen Partei die Rapotonen-Diepoldinger. Die Reformer hingegen fanden im Passauer Raum die Unterstützung Bischof Altmanns und des dortigen Grafen Ekbert I., eines Vornbachers. Heinrich IV. belagerte im Winter 1077/78 einige Burgen der Vornbacher und Ekbert musste samt einigen Verwandten und Gefolgsleuten sein Heil in der Flucht suchen, die ihn über seine österreichischen Besitzungen nach Ungarn zu König Ladislaus führte. In einer seiner Grafschaften, dem Rottachgau, folgte Rapoto IV., der prominente Parteigänger des Königs. Im benachbarten Künziggau übernahm Kuno von Rott die Rolle des zuständigen Grafen, der auch im Pittener Gebiet begütert war.[312] Als Parteigänger König Heinrichs verlor er 1081 seine Pittener Besitzungen, als Leopold II. dem König seine Gefolgschaft aufsagte.[313]

308 Dopsch, Die steirischen Otakare 110.

309 In der Genealogia marchionum de Stire 72 Zeile 12 f. heißt es von Otakar II.: *Qui etiam cum germano suo Adylberone gwerram habuit donec idem Albero a ministerialibus suis occisus est iuxta Iulben.*

310 Gänser, Voitsberg 124 ff.

311 Meyer von Kronau, Jahrbücher Heinrich IV. und V. Bd. 5 194–198. Vgl. dazu Lubich, Heinrich V. 61.

312 Loibl, Herrschaftsraum 150 und 154. Zu Kuno und Pitten Weltin, Das Pittener Gebiet 23.

313 Weltin, Das Pittener Gebiet 23 mit Anm. 30 und 31.

Warum landete Ekbert, der Graf vom Inn in Ungarn? Der ungarische König Ladislaus, der nach dem Tod seines Bruders Geza I. († 25. April 1077) zum König gewählt wurde, stand nämlich zu Heinrich IV. in einem, um es gelinde zu sagen, unfreundlichen Verhältnis. Der Salier stützte einen anderen Árpáden, nämlich Salomon, der wiederum gegen Ladislaus um die ungarische Königswürde kämpfte.[314] Daher nahm Ladislaus die bayerischen Vertriebenen auf und wurde in einem Schreiben des Papstes Gregor VII. vom 21. März 1079 dafür gelobt und ermuntert, für deren Wohlergehen weiterhin zu sorgen.[315]

1078 zu Pfingsten in Goslar könnte bei den Feiern Rudolfs von Rheinfelden eine Gesandtschaft des Ladislaus über eine später nachgewiesene Ehe mit einer Tochter Rudolfs Verhandlungen geführt haben. Im Zuge der Diskussion dieser Fragen kam Meyer von Knonau auf die von Strnadt angestellten Überlegungen zu sprechen, dass der Gegenkönig Rudolf schon in dieser Zeit Otakar II. zum Markgrafen gegen oder anstelle seines Bruders Adalbero ernannte und hielt dies für durchaus plausibel.[316] Damit reihte sich Otakar damals oder etwas später in die Landschaft der Opposition gegen Heinrich IV. ein. Dazu kam, dass damals wahrscheinlich auch die Pläne einer Ehe zwischen Otakar und Elisabeth, einer Tochter Leopolds II., besprochen wurden.[317]

Das Verhältnis zwischen dem Markgrafen und König Heinrich war damals bereits getrübt. Leopold nahm 1078 nämlich am Pfingstfest Heinrichs in Regensburg teil und verließ dieses beleidigt.[318] Die Gründe dafür könnten das Schicksal Ekberts und seiner Verwandten gewesen sein und vielleicht auch die Schenkung in Österreich liegender Güter, die der König seinem Parteigänger Sigebot überließ.[319] Der schon erwähnte mächtige Markgraf Rapoto (wohl IV.) von Cham intervenierte für Sigebot, einen Ministerialen von Parnham.[320] Leopold war wohl über den Unmut süddeutscher Fürsten informiert und zog sich ostentativ vom königlichen Hof zurück. Mit Leopold II., Otakar II. und dem ungarischen König wird ein oppositioneller Block gegen den König fassbar, der die Marken der Babenberger und der Traungauer sowie Ungarn umfasste: Im Ergebnis gelang es Ungarn, die Abhängigkeit vom Reich zu beenden, in Österreich und Steier begann die Territorienbildung.

---

314 HÓMAN, Geschichte des ungarischen Mittelalters 1, 280 ff. und LOHRMANN, Die Babenberger 203 ff. Auf den Ablauf des komplexen und vielschichtigen Konflikts kann hier nicht eingegangen werden.

315 Register Gregors VII. 442 Nr. VI, 29; auch zum Papst war das Verhältnis des Ladislaus sehr vorsichtig – das Streben Gregors nach klerikaler Hegemonie musste auch ihn mit Misstrauen erfüllen.

316 MEYER von KRONAU, Jahrbücher Heinrichs IV. und V. 3, 133 f. mit der vielzitierten, bekannten Anm. 53; STRNADT, Die Geburt des Landes ob der Enns 57–59.

317 H. DOPSCH, Die steirischen Otakare 115, Ehe vor 1082 geschlossen.

318 Zuletzt LOHRMANN, Die Babenberger 201. 1072 hatte sich auch Berthold I. von Zähringen vom Hof Heinrichs IV. zurückgezogen. ZOTZ, Die Zähringer 40.

319 MGH D Heinrich IV. 3 401 Nr. 305.

320 Reg. Imp. III, 2, 3 Nr. 930. Zu Sigebot BIRNDORFER, Parnham 14 f.; LOIBL, Herrschaftsraum 154.

Die bald darauffolgende Verweigerung Leopolds II. im Jahr 1081, dem König weiterhin Treue zu leisten, und die Bekämpfung seiner Anhänger in der Mark haben wir auch hinsichtlich ihrer Folgen bei der Ausübung von Herrschaftsrechten erörtert.[321] Etwa gleichzeitig, vielleicht sogar etwas früher, wurde Adalberos Bruder, Otakar II., Markgraf von Steier. Im Zuge der geschilderten neuen Konstellation und Machtverteilung verschwand der König auch aus dem politischen Geschehen der Mark Otakars. Erst 1112, also einige Jahre nach dem Aufstand Heinrichs V. und dem Tod seines Vaters 1106 gehörte Otakar zusammen mit Leopold III. und Hermann von Baden zu den Intervenienten in Mainz für ein Privileg des Königs zugunsten des Klosters St. Georgen im Schwarzwald.[322]

Adalberos Vorgehen gegen Erzbischof Gebhard wurde bereits 1077 bereinigt. Er hatte im Jänner 1077 Raub und Brandstiftung in Friesach begangen und war dem Kirchenbann verfallen. Als Entschädigung vor allem der dem Kloster Admont zugefügten Übeltaten und gegen die Lösung vom Bann übergab er dem Erzbischof mehrere Güter. Für unsere Verkehrsgeschichte besonders interessant sind zwei Höfe in Ardning bei Liezen, die vielleicht schon in Zusammenhang mit der Straße über den Pyhrnpass zu sehen sind.[323] Diese Schenkung stärkte – wie geplant – Salzburgs Position bei der Zufahrt zum Pyhrnpass. Dass sie allerdings den Einfluss der Traungauer, die hier als Lehensträger Bambergs mächtig waren, schwächte, ist nicht anzunehmen.[324]

Erst nach dem Wormser Konkordat kam es etwa 1125 zu einer Entschädigung Erzbischof Konrads I. von Salzburg, die Graf Wergand für seine Übergriffe gegen den päpstlich gesinnten Erzbischof Tiemo, wahrscheinlich ein Bruder Graf Ekberts I., zu leisten hatte. Er war zusammen mit seinen Brüdern an der Gefangennahme Tiemos beteiligt und an seiner Fesselung an Belagerungsmaschinen beim Angriff auf die Friesacher Burg. Der Erzbischof geriet dadurch in Lebensgefahr, da die Verteidiger auf die Maschinen schossen.[325]

Noch in die spätere Zeit des Investiturstreits fällt die erstmals 1103 auftauchende Nachricht von der Schenkung eines Marktes und der dazu gehörigen Maut in Judenburg.[326] Den topographischen und herrschaftlichen Verhältnissen im Raum Judenburg als eines der wirtschaftlich interessantesten Gebiete der Steiermark werden wir uns gleich ausführlich zuwenden.

---

321 Siehe oben S. 85.

322 MGH D Heinrich V. Nr. 104; BUB IV/1 Nr. 609.

323 Zu diesen Ereignissen und mit Begründung der frühen Datierung 1077 Dopsch, Die steirischen Otakare 112.

324 Pickl, Handel und Verkehr in der Steiermark 335 f.

325 Dopsch, Geschichte Salzburgs I/1, 253 mit Anm. 170 (S. 1263 in Band I/3). Zu Wergand Dopsch, Die Stifterfamilie des Klosters Gurk 111 f. und Gründler, Die Herkunft der Grafen von Plain 230 zur Identifizierung mit Wergand von Plain.

326 StUB 1, 111 Nr. 95: *preterea mercatum Judenpurch cum usu qui muta dicitur, thelono* (sic) *et pretereuntium merce.*

Zur Datierung der Übernahme der Herrschaft in der Steiermark durch Otakar II. hielt Heinz Dopsch fest, dass Markgraf Adalbero »nach 1080 in keiner einzigen Quelle mehr nachzuweisen ist«.[327] Die Herrschaft seines Bruders Otakar war von Beginn an von der engen Verbindung zu den Babenbergern und den mit der Gründung des Stiftes Garsten zusammenhängenden Maßnahmen geprägt. Die Schenkungen wurden überwiegend von Ministerialen geleistet und konnten sogar Gebiete in der Obersteiermark betreffen. Als Beispiel dafür ist die Schenkung des Gutes Graslupp eines Ernst zu erwähnen, eines *familiaris* Leopolds des Starken, aus den zwanziger Jahren.[328] In welchem Maße die Ministerialen Otakars bereits damals als Berater und Gefolgsleute Einfluss ausübten, wäre gesondert zu untersuchen. Es wäre naheliegend, die Ermordung Adalberos durch seine Ministerialen so zu deuten, dass die Dienstleute überwiegend Otakars Partei ergriffen hatten. Erwarteten sie etwa für sich Vorteile aus einer günstigen Einstellung zur Reform, wie sie etwa in Admont zu finden war?

Zuletzt sei noch darauf hingewiesen, dass Otakar ohne Mitwirkung des Königs seine Maßnahmen traf und in mehreren machtpolitischen Unternehmungen mit seinem Schwager Leopold III. zusammenarbeitete.[329] Der Eindruck, dass Otakar vor allem im Raum Steyer/Garsten und auffallend oft im Herrschaftsgebiet seines Schwagers tätig war, ist nicht zuletzt darauf zurückzuführen, dass unser Wissen in hohem Maße von der dichten Überlieferung der Quellen Garstens und Göttweigs abhängt.[330]

Der Ablauf der geschilderten Umbrüche zeigt, dass der Rückzug des Königs durch den Verzicht auf Eingriffe und Maßnahmen auch in der Mark der Traungauer die Voraussetzungen für eine landrechtliche Selbstständigkeit der Markgrafen schuf. Zum Hintergrund dieser Entwicklung habe ich bei der Darstellung des Zolls von Ybbs/Persenbeug Stellung bezogen und seine Bedeutung als Element der Landeshoheit im Sinne Otto Brunners Analyse gewürdigt.[331] Die Verhältnisse in der Steiermark unterschieden sich von Österreich insofern, als die Herrschaftsgebiete der Traungauer, die nicht zum Land Steiermark gehörten, einen beträchtlichen Umfang hatten. Das Gebiet zwischen Hausruck und Enns war aber bedeutsam, da eine größere Anzahl von steirischen Ministerialen aus diesem Raum stammte. Auch in den später unter die Herrschaft des Markgrafen gekommenen Gebieten beeinflussten Edelfreie und in zunehmendem Maß seine Dienstleute das politische und wirtschaftliche Geschehen. Wir werden besonders jene Macht- und Funktionsträger betrachten, die in der landesfürstlichen Administra-

327 Dopsch, Die steirischen Otakare 112.

328 Haider, Traditionsurkunden T 68, die Schenkung am zentralen Ort des Grasluppstals ist wegen der Klärung der Frage der Zugehörigkeit des Tals zur Steiermark nach 1122 interessant. Wir kommen darauf noch einmal zurück. Feistritz in der Mark an der Mur betrifft die Schenkung T 145.

329 Otakar war sicher am Sturz des Waldo von »Kottes« beteiligt. Lohrmann, Herrschaftsverhältnisse in der Grie 107 ff. bes. 113.

330 Dopsch, Die steirischen Otakare 113 f.

331 Siehe oben S. 45.

tion eine Rolle spielten. Berater und Zeugen der Ennser Marktordnung haben wir ja schon in dieser Weise untersucht.

Weil wir eben den bedeutenden Wandel im Verhältnis zwischen König und Fürst erkannt haben, verliert der Erbfall von 1122 seine zentrale Funktion bei der Betrachtung der Ausbildung der steirischen Landeshoheit. Der Erwerb, auch von ausgedehnten Gebieten, legt hinsichtlich der räumlichen Entwicklung eines Territoriums zwar einen gewissen Machtzuwachs nahe, die Auswirkungen sind aber nur im Rahmen einer Analyse der in der Region herrschenden Machtverhältnisse zu beurteilen. Erst die Untersuchung der Haltung des Adels in einer etwa durch Erbschaft erworbenen Landschaft und der Art ihrer Einbindung in die zentralen landesfürstlichen Anliegen, nämlich die Wahrung von Recht und Frieden, kann die notwendigen Erklärungen liefern. Es mag sein, dass Otakar II. diese Lücke, die der König hinterließ, noch nicht ausreichend nutzte und erst seine Nachfolger die sich bietenden Möglichkeiten ausschöpften.

Damit sind wir schon bei der Darstellung der Dinge angekommen, wie sie Fritz Posch sah. Er vertrat klar die herrschende steirische Forschungsposition, dass das riesige Eppensteiner Erbe, das 1122 den Markgrafen von Steier zufiel, eine völlige Änderung der Herrschaftsverhältnisse mit sich gebracht habe.[332] Diese Formulierung ist, wie gerade angedeutet, nur eine sehr allgemeine Beschreibung und keine Erklärung oder Deutung dessen, was vor sich gegangen war. Die Bemerkung zu den Herrschaftsverhältnissen bezieht sich offenbar auf die Entwicklung der Landeshoheit. Neben den Besitzungen im Mürztal und im Kern der Mark an der Mur erwiesen sich die Gebiete um Judenburg, Murau, Neumarkt, Obdach, Lind, Weißkirchen und Mariahof zusammen mit der Vogtei über St. Lambrecht als wegweisender Herrschaftszuwachs. Die Aufzählung der Gebiete lenkt aber unsere Aufmerksamkeit auf strukturelle Probleme: so z. B. die neue Zugehörigkeit des Neumarkter Beckens zum Land Steiermark.[333] Wir werden daher am Beginn unserer Beispiele für die Entwicklung der Gebietsherrschaft nach 1122 der grundsätzlichen Frage nachgehen müssen, ob diese durch den Erbgang erworbenen Gebiete auch zum Bestandteil der Mark wurden.

Die den Traungauern damals zufallenden Besitz- und Hoheitsrechte betrafen zum Teil Gebiete, die nicht zur Mark gehörten. Krones rechnete die Räume westlich von Scheifling, sowie das Gebiet um Neumarkt/Graslupp nicht dazu.[334] Wonisch und ihm folgend Walter Brunner kamen zu dem Schluss, dass das Graslupptal mit dem Erbe von 1122 zu einem Teil der Mark – der Steiermark wurde.[335] Walter Brunner lehnte es ab, über die Problematik der politischen Topographie einer Schenkung Rüdigers von Krappfeld an Gurk vom 10. Mai 1146 ernsthaft nachzudenken.[336] Diese Urkunde ist nicht der einzige

332 Posch, Die Besiedlung und Entstehung 39 f.

333 Wonisch, Zugehörigkeit 128; W. Brunner, Das Werden der Landesgrenze 182 ff. und 197 ff.

334 Krones, Verfassung und Verwaltung 25.

335 W. Brunner, Das Werden der Landesgrenze 197 f.; Wonisch, Zugehörigkeit 57 ff.

336 Monumenta Carinthiae III, Nr. 571, W. Brunner, Das Werden der Landesgrenzen 198.

Beleg, der Zweifel an der Datierung 1122 aufkommen lässt: Auch die Zeugenliste einer Schenkung des Gottfried von Wieting von 1140, die in Friesach ausgestellt wurde, enthält mit Gottschalk von Dürnstein und einem Gebhard von Graslupp Leute, die durchaus noch zur Grafschaft Friesach gehören könnten.[337] Der Burgherr von Eppenstein im Gebiet von Judenburg/Obdach, Landfried, ist hingegen 1135 und 1139 als Ministeriale des Markgrafen nachweisbar. Die älteste Erwähnung der Burg fällt etwa in die Zeit um 1130. Herzog Heinrich III. wurde erst nach seinem Tod »von Eppenstein« genannt. Es fehlen Anhaltspunkt für die Beantwortung der Frage, ob die Burg Eppenstein schon von einem Burghüter der Kärntner Herzoge vor 1122 betreut wurde.[338]

Genau hier liegt wohl das eigentliche Problem: Die Gebietsherrschaft der Traungauer im steirischen Raum entfaltete sich zum Teil, indem ein engeres Verhältnis zu den regionalen Dienstleuten entstand. Die Integration der bisher mit dem Herzogtum Kärnten verbundenen Gebiete in die steirische Landesherrschaft dauerte längere Zeit und ist ein unterschiedlich verlaufender Prozess gewesen. Die Herrschaft des Markgrafen im Grasluptal ist erstmals 1172 zweifelsfrei nachzuweisen.[339] Offenbar schuf der Erbgang zwar die Voraussetzungen für die Integration neuer Räume in die Mark, bildete aber keineswegs den Abschluss. Dabei werden unsere Vorstellungen über diesen Integrationsvorgang noch erschwert, da er in die Entwicklung der neuen königsähnlichen Gebietsherrschaft eingebunden und von dieser abhängig war. Ähnlich liegen die Verhältnisse im Gebiet zwischen Mur und Drau und den südlich davon liegenden Räumen im Sanntal, deren eigene von Kärnten sich emanzipierende Loslösung schon vor 1147 zur Zeit der Herrschaft Bernhards von Spanheim begann und sich nach dem Erbgang zugunsten der Traungauer fortsetzte.[340] Diese Beobachtungen bestätigen die wohl richtige Feststellung, dass die Politik Otakars III. für den Erfolg dieser Entwicklung wesentlich war. Die Details dazu harren allerdings noch der Untersuchung.[341] Die dadurch bedingte neue Verteilung der Macht in den Regionen und ihre politisch-genealogischen gesamtsteirischen Verbindungen sind die prägenden Elemente bei der Entstehung des Landes Steiermark.[342] So weit der einführende kritische und analytische Diskurs.

Ich werde im Folgenden an einigen wenigen Beispielen die Formation der Gruppe der steirischen Landherren erörtern, um ein vorläufiges Bild der sich entwickelnden und

337 StUB I 196 f. Nr. 184.

338 Klaar, Eppensteiner 71 Nr. 99; die ersten Erwähnungen Landfrieds StUB I 156 Nr. 151 und 186 Nr. 178. Weiteres dazu unten S. 101.

339 StUB I 516 Nr. 548, Markgraf Otakar IV, oder eher die Regentschaft für ihn, schlichtete einen Streit zwischen seinen Ministerialen von Eppenstein und St. Lambrecht vor einer großen Menge seiner Ministerialen in Graz.

340 Krones, Verfassung und Verwaltung 23 ff.

341 Diese Forschungen müssten bei Ebner, Untersteiermark 281 ff. bes. 284 f. und 291 ff. ansetzen und Štih, Vorgeschichte der Stadt Maribor/Marburg berücksichtigen.

342 Posch, Die Besiedlung und Entstehung 39.

fortschreitenden Landesherrschaft der Markgrafen von Steier zu gewinnen. Dabei wäre idealerweise der oben angedeutete dynamische Prozess der Entwicklung einer Gebietsherrschaft zu betrachten, der auch vom Verschwinden oder der Umformung alter Grafschaften im karantanisch-steirischen Raum aus ottonischer und sogar karolingischer Zeit abhing.[343] Der komplexe Prozess ist bei der Dürftigkeit und der Art der Beschaffenheit unseres Quellenmaterials nicht direkt nachweis- und rekonstruierbar, sondern muss sich auf erschlossene Zusammenhänge stützen.

Für unsere Untersuchung sind vor allem wirtschaftliche Einrichtungen und ihre Nutzung sowie die Kontrolle von Verkehrswegen, Märkten, Zöllen und des »Geldverkehrs« im weitesten Sinne von Bedeutung. Einen informativen Einstieg in die Verkehrssituation der Steiermark unter besonderer Berücksichtigung wirtschaftlicher Aspekte verdanken wir Othmar Pickl, der sich auf die bekannte Studie Herbert Hassingers zum Zollwesen in den Alpenländern stützte.[344] Daher müssen unsere Überlegungen auch dort ansetzen und der Frage nachgehen, welche Personen bei Gebietserweiterungen unter welchen Umständen in ein bestimmtes Verhältnis zu den Markgrafen von Steyer kamen. An der Spitze steht wohl die Erforschung der klassischen Frage nach der wachsenden Gefolgschaft eines Fürsten und ihren Funktionen.

Das vorläufig kurz zu beleuchtende Problem der steirischen Grafschaften führt zunächst zu Fragen bezüglich des Zollwesens.[345] Abgesehen von der ohnehin problematischen Verknüpfung von Grafschaft und »Zollgebiet« seit der zweiten Hälfte des 11. Jahrhunderts, ist die Existenz von Grafschaften im obersteirischen Raum eines der Probleme bei der Rekonstruktion des Werdens der Steiermark.[346] Heinz Dopsch hat schon vor 25 Jahren darauf hingewiesen, dass das wiederholt gezeichnete Bild von diesem Werden durch siegreiche Kämpfe der tapferen Otakare gegen übermächtige Konkurrenten aus den Reihen des Hochadels einer gründlichen Korrektur bedarf.[347] Eine umfassendere Kritik gilt den verfassungsgeschichtlichen Ansätzen von Hans Pirchegger und Fritz Posch, die wichtige Erkenntnisse von Franz Krones in den Hintergrund drängten.[348] Posch wurde vor allem der Vorwurf einer übertriebenen Einschätzung von Konflikten gemacht, die zwischen dem Landesfürsten und dem alten Adel bestanden. Pircheggers oftmals interessante Ansätze werden immer wieder durch die Beschäftigung mit nicht gerade hilfreichen und letztlich nicht zu klärenden genealogischen Details

343 Kupfer, Krongut 172.

344 Pickl, Handel und Verkehr in der Steiermark 327–354; Hassinger, Zollwesen und Verkehr 327 f. vor allem 335–359.

345 Diese Frage wurde den Donauraum betreffend im Zusammenhang mit einer gewissen Kritik an Mitterauers Untersuchung zu Zollfreiheit und Marktbereich erörtert.

346 Eingehend hat sich zuletzt Erwin Kupfer mit diesem Problem beschäftigt. Kupfer, Krongut 182–194.

347 Dopsch, Die Länder und das Reich 270 mit Anm. 1, dessen Kritik sich offensichtlich auf Posch bezieht.

348 Kupfer, Krongut 182 mit Betonung der Forschungen von Krones, Verfassung und Verwaltung 4–8 und 497–500.

getrübt.[349] Einen äußerst geglückten Überblick gibt der alte und neue Erkenntnisse geschickt kombinierende Kommentar zur Urkundengruppe 3/1 bis 3/6 im 3. Band des Niederösterreichischen Urkundenbuchs[350]

Die Etablierung der Landeshoheit bedurfte folgender Voraussetzungen: Sie leitete sich her aus dem Ansehen und dem Rang des Fürsten in der Hierarchie des Reiches, die man nicht mit der Starrheit modernerer Vorstellungen (vor allem des 19. und der ersten Hälfte des 20. Jahrhunderts) verwechseln und erklären sollte. Dabei ist der Gedanke zu berücksichtigen, dass es sich bei der gesellschaftlichen Ordnung im 12. Jahrhundert um die Vorstellung von einer gottgewollten Ordnung handelte.[351] Zentral dabei waren, wie ich schon mehrfach ausgeführt habe, die Grafenrechte, die auch der Fürst gewissermaßen als Ausgangspunkt einer herrschaftlichen Neuinterpretation beanspruchte und ausübte. Der Bereich, in dem der *marchio* Karantaniens tätig war, galt in der Sprache der Urkunden und dem herrschenden Verständnis ebenso wie jener der Babenbergermark als *comitatus*. Max Weltin hat gezeigt, wie entscheidend das Schwinden dieser Vorstellung als aufbauendes Element der neuen Ordnung im Reich nach dem Investiturstreit war und damit den Weg für die damals modernen Formen der Herrschaft – etwa *ditio* und *regimen* – frei machte.[352]

Eine für die Landeshoheit in der Steiermark besonders kritische Materie ist die schon erörterte Frage, ob man Otto Brunner folgend die Besitzungen und Herrschaften der steirischen Otakare in Österreich, Kärnten, Krain und Friaul zu einem »Herzogtum Steiermark« rechnen darf.[353] Dabei steht zunächst einmal auch die Frage des Herzogtums auf dem Prüfstand. Heinrich Appelt neigte dazu, die Erhebung Otakars IV. zum Herzog auch mit der Entstehung eines Herzogtums Steiermark zu verbinden.[354] Keine einzige der Quellen ist in diesem Punkt eindeutig. Selbst die Ausführungen eines oder mehrerer Schreiber desselben Klosters sind in ihrer Darstellung nicht widerspruchsfrei. So hieß es in dem in der Zeit 1170 bis 1189 entstandenen Teil der Zwettler Annalen zum Jahr 1180, dass der Steirer Otakar an die Stelle des Titels Markgraf den Rang eines

---

349 Pirchegger, Landesfürst und Adel, 3 Bände, erörtert, wie wir an einigen Stellen unserer Untersuchung zeigen werden, in verwirrender Weise richtige Ansätze mit fehlerhafter oder kaum nachvollziehbarer Interpretation des Urkundenmaterials. Seine Ausführungen zu den steirischen Grafschaften Pirchegger, Erläuterungen zum Historischen Atlas sind überholt.

350 NÖUB 3 113–118.

351 Gesta Friderici I cap. 8 24: Denn da alle Obrigkeit von Gott stammt, widersteht Gottes Ordnung, wer der Obrigkeit widersteht. Das Zitat nach Paulus Römerbrief 13/1 f. Obwohl die Feststellung den Anstrich eines Allgemeinplatzes hat, muss man diese Grundüberzeugung doch ernst nehmen. Daran ändern auch den Sachverhalt »kriminalisierende« Klagen über die Missachtung von Gottes Geboten und Befehlen durch den Kaiser nichts.

352 Weltin, Tres comitatus 66 ff. Es ist bemerkenswert. dass *regimen* und *comitatus* gleichbedeutend gebraucht werden konnten.

353 Brunner, Land und Herrschaft 207 f.

354 Appelt, Die Erhebung zum Herzogtum 63 ff. Der Titel der Untersuchung ist bereits eindeutig.

Herzogs gesetzt habe und der Kaiser habe dies akzeptiert.[355] Nach diesem Text hat Otakar die Rangverbesserung selbst veranlasst und der Kaiser, der dagegen keine Bedenken hatte, stimmte zu. 1186 vermachte Otakar Leopold V. sein gesamtes Erbe; der Kaiser übergab ihm *terram et ducatum*. Wenn diese Formulierung nicht bloße Stilisierung ist, sind *terra* und *ducatus* verschiedene Einheiten. Ob die Analyse der Zwettler Annalen für die Klärung des Problems ausreicht, sei dahingestellt. Auch Otto Brunners Ansichten beruhen ohne nähere Deutung einschlägiger Quellen auf damals vorliegenden Forschungsergebnissen, die kritisch zu betrachten sind.[356] Prüfen wir einige Einzelheiten:

Die Herrschaft des steirischen Herzogs im Gebiet Steyr/Enns ist am plausibelsten mit den Ansichten Otto Brunners und Maximilien Weltins über den Personenverband zu erklären. Die Ministerialen dieses Gebietes waren die Träger der Herrschaft der steirischen Otakare in diesem Raum. An ihrer Spitze standen die Herren von Steyr, Volkensdorf und Ort, die zugleich auch im steirischen Verband nachzuweisen sind und oft Ämter am herzoglichen Hof innehatten. Die Marktordnung für Enns gibt ja dazu ausführlich Auskunft.

Im Gebiet von Wilhelmsburg und St. Veith an der Gölsen, im Süden bei der Kalten Kuchl von einem schmalen Weg, dem Pechstich, begrenzt, im Westen von der Traisen und im Osten vom Gerichtsberg, lag ein Gebiet, in dem die steirischen Otakare im 12. Jahrhundert über Besitz verfügten, der teilweise von ihren Dienstleuten genutzt wurde.[357] Im berüchtigten Landbuch von Österreich und Steier wird berichtet, dass der Markgraf Leopold von Österreich dem Markgrafen Otakar von Steier seine Tochter zur Frau gab und ihm dabei seinen Eigenbesitz in dem genannten Gebiet übertrug.[358] Eine Verbindung zwischen diesen Besitzungen und dem Raum Garsten/Steyr ist durch einige Ministerialen gesichert. Eine Hildegard und ihr Sohn Ulrich von Ipf übertrugen 1164/1180 Garsten einen Hof in Ipfdorf (zwischen Asten und Linz) und jeweils einen Hof an den beiden Ufern der Gölsen, zu denen neun Lehen gehörten. Unter den Zeugen befanden sich der in Kerschbach nördlich der Gölsen begüterte Dietmar, der selbst Schenkungen an Garsten leistete und Liutold, der zu der bedeutendsten Familie der otakarischen Markgrafen in diesem Raum gehörte, nämlich zu den Herren von Hochstaff.[359]

355 Continuatio Zwetlensis altera 541 *Otakarus Styrensis nomen marchionis in ducis dignitatem commutavit et ab imperatore eum suscepit.*

356 Brunner, Land und Herrschaft 207 mit Anm. 6 und 7 bzw. Anm. 1 auf S. 208. Continuatio Zwetlensis altera 543 zum Jahr 1186 *Dux Styrensis omnem hereditatem suam testatus est Liupoldo duci Austrie; imperator etiam terram et ducatum sibi ipsius contradidit.* Dieser Hinweis auf die Mitwirkung des Kaisers an diesem Erbgang ist zwar nicht erstaunlich aber meines Wissens einzigartig. Die tatsächliche Belehnung Leopolds V. erfolgte aber erst 1192.

357 Gutkas, Der Besitz der steirischen Otakare 198 ff.; Kupfer, Vom ältesten Mariazell 68 ff.

358 Das Landbuch 710; Gutkas, Der Besitz der steirischen Otakare 198.

359 Haider, Traditionsurkunden 196 f. Nr. T 163; eine eigene Schenkung des Dietmar von Kerschberg z. B. ebda. 185 f. Nr. T 149; Gutkas, Der Besitz der steirischen Otakare 201.

Von den Gebieten an der Gölsen heißt es in der zwischen 1164 und 1180 ausgestellten Urkunde, dass sie *in Austria* lagen. Erinnerungen an eine frühere Zugehörigkeit zur Steiermark könnten bei einer Besitzstreitigkeit im Rahmen der Ausstattung von Stift Lilienfeld eine Rolle gespielt haben.[360]

Es lohnt, diese Urkunde etwas näher zu betrachten. Die erst 1213 ausgestellte Ausstattungsurkunde für Lilienfeld ist mit 7. April 1209 datiert. Der Besitz des Klosters umfasste Grundstücke, die Leopold VI. für den Standort des künftigen Klosters durch Tausch oder rechtliche Entschädigung erwarb und fügte einen Forst aus landesfürstlichem Besitz hinzu.[361] Gestört wurde diese Vorgehensweise durch Liutold und Konrad von Altenburg-Hochstaff, die gegen eine Verletzung ihrer Besitzrechte protestierten. Es ging dabei um Forstrechte. Angeblich ließ Leopold bei dieser Auseinandersetzung auch die Burg auf dem Staff bei St. Veith schleifen. Der Herzog reagierte umfassend mit allen Möglichkeiten und Argumenten einer entwickelten Landesherrschaft. Er berief eine Versammlung von Ratgebern und Ministerialen nach Wilhelmsburg, um nach rechtlichen Kriterien und nicht bloß aufgrund stärkerer Machtstellung eine Entscheidung herbeizuführen.[362] Die Teilnehmer an der Versammlung stellten fest, dass dem Herzog Leopold die umstrittenen Güter aufgrund des väterlichen Erbes und seiner fürstlichen Stellung zustanden. Eine Begründung, die vielleicht auf die noch nicht ganz selbstverständliche Zugehörigkeit des Gebiets zu Österreich anspielt. Trotzdem kam es zu einem Kompromiss und die Brüder erhielten offenbar ausreichend Entschädigungen.[363] Wir befinden uns eben in jener Zeit, in der politische Probleme zunehmend mit der Zahlung von Entschädigungen aus der Welt geschafft wurden.

Die Schwierigkeit, die territoriale Zugehörigkeit des Gebietes an der Gölsen zu beurteilen, liegt auch in der Landschaft selbst begründet: Es ist ein von Wäldern und Bergen beherrschtes Grenzgebiet, an dessen Erschließung von Norden her eher Göttweig als die Babenberger beteiligt war und wo die Abgrenzung steirischer Landeshoheit von der österreichischen nicht in jedem Streitfall eindeutige Ergebnisse brachte.

Das für die Steiermark namensgebende Gebiet um Steyr gehörte zur Herrschaft der Traungauer aber nicht zum Land Steiermark.[364] Folgt man Otto Brunners Einschätzung, dass nach 1180 die Gebiete Steyr/Garsten/Enns (das wären die von ihm erwähnten

360 BUB I 223 Nr. 168; dieser Aspekt schon bei GUTKAS, Der Besitz der steirischen Otakare 202 mit Bezug der Rechte der steirischen Ministerialität gegenüber den Babenbergern, wie sie in der Georgenberger Handfeste garantiert wurden.

361 BUB I 220 ff. Nr. 167; MUSSBACHER, Das Stift Lilienfeld 155.

362 BUB I Nr. 168 224 Zeile 26: *Quibus* (den Brüdern von Hochstaff) *cum certa ratione potuissemus obviasse, ne quid tamen inconsultius vel potentia magis quam ordine iudiciario in eos temptaremus, vocatis consiliariis nostris et ministerialibus.... Willehalmsburc accessimus.*

363 BUB I 223 ff. Nr. 168.

364 BRUNNER, Land und Herrschaft 207 »Der Spengel des 1180 geschaffenen Herzogtums hat [...] wahrscheinlich Teile des Traungaus umfasst«

»Teile des Traungaus«) nicht zur Steiermark, sondern zur herzoglichen Gewalt (deren Ursprung nicht landrechtlich, sondern »dynastisch« zu erklären wäre) gehörten, müsste die Marktordnung für Enns ursprünglich auf der Basis von Otakars grundherrschaftlicher Gewalt verfügt worden sein.

Der Fürst war verantwortlich für die Anwendung des in einer »Landschaft« üblichen Gewohnheitsrechtes, das sich im 12. Jahrhundert auf dem Weg zwischen der *lex Baiuvariorum* einerseits sowie dem Schwabenspiegel andererseits befand, aber auch aus kaum erklärbaren gewohnheitsrechtlichen Einzelheiten bestand.[365] Spirituell ging es darum, die jeweils gedachte Gerechtigkeit herzustellen, temporal um die *pax* zwischen den Mächtegruppierungen, die sich ohne landesfürstliche Gerichtsbarkeit unabsehbar lange Zeit bekriegt hätten. Und das konnte die Behauptung einer Herrschaft von außen stören und behindern.

Alle diese Aufgaben bedurften verlässlicher Mitarbeiter, wie wir sie schon in Österreich und in Enns kennengelernt haben und wollen nun fragen, wie sie in der Steiermark wirkten. Auch hier waren die Dienstleute die entscheidende Gruppierung, die an der Entwicklung der Vorstellung vom Land und der fürstlichen Herrschaft wesentlich beteiligt war. Im Sinne unserer Untersuchung der wirtschaftlichen Seiten der landesfürstlichen Herrschaft fassen wir kärntnerisch-steirische Gebiete ins Auge, die für den Warentransport und die damit verbundenen Märkte und Zölle von Bedeutung waren. Da ist zunächst der Raum Judenburg mit dem nördlich gelegenen, bis Knittelfeld reichenden Aichfeld von besonderem Interesse.

Über die Erstnennung des Marktes und die spezifischen Mautabgaben in Judenburg haben wir bereits berichtet. Vor der Diskussion von Details dieser Beschreibung einige Worte zur verkehrspolitischen Lage Judenburgs. Die Siedlung mit dem Markt lag an der Längstalfurche des oberen Murtals, dem später viel begangenen Weg zwischen Italien und dem Wiener Becken über den Semmering. (Abb. 9) Das Murtal bildet mehrere Becken, nördlich bei Judenburg liegt das Aichfeld und im Süden der Murboden. Von Norden mündet das Pölstal in das Murtal. Das Pölstal ist der letzte Abschnitt von Verkehrswegen, die von Salzburg und aus dem Donauraum über das Ennstal und den Triebener Tauern kommend zur Mur führten.[366] Hassinger erwähnte den Salz- und Weinhandel, der bei Judenburg die Mur querte.[367] Im Norden ging es wohl zwischen Trieben und Rottenmann durch das Paltental und schließlich über den Pyhrnpass Richtung Traun und Donau. Der Weg setzte sich im Süden von Judenburg über Obdach nach Kärnten fort und in östlicher Richtung über das Gaberl nach Voitsberg und Graz.[368]

365 Das ist die notwendigerweise komplizierte Beschreibung des angewendeten Rechts, das verkürzt meist als Landrecht bezeichnet wird. Siehe Brunner, Land und Herrschaft 232: Der Landesherr hatte das »Landrecht« zu schützen. Anführungszeichen von mir gesetzt.

366 Deuer, Judenburg Kommentar im Österreichischen Städteatlas.

367 Hassinger, Zollwesen und Verkehr 335.

368 Ebda.

Abb. 9: Georg Matthäus Vischer, Karte des Judenburger Gebietes 1678.

Rottenmanner Taurn
Zincken
S. Hieronimus
Kniepass
am Taurn
S. Iohann
Seauer Alben
Diernberg
Franck
Kraubath
in der Gail
Secau
S. Marta
Wasser berg
Samerein
Feistritz
S. Lorentzen
Moderitz
S. Oswald
Probstey
Zeyring
Hanfel
den
POLS
Cobentz
Hauzenbichel
FLVSS
S. Benedicten
Ober Zeyring
Winten
FLVSS
Pöls
Spillberg
Massweg
Knittelfeld
MVEHR
S. Margreth
in der Glein
Olim ditissimæ Argentifodinæ
quæ autem ante annos 400 subito
aqua impletæ et 1400 Viores orbatæ
Viris fuere.
Reiffenstein
Offenburg
Rotenbach
Linth
FELD
Gobernitz
Rieggersburg
AICH
Lant
DAS
Ainadt
Pols Hals
Saurbrunn
im Paradeis
Autal
Grosslobming
RACK
Pichelhof
Dann
Klein Lobming
Fraunburg
Iudenburg
Puech
Weissenthurn
S. Peter
Rottenthurn
Weyer
Lichtenstein
Weis Kirchen
S. Iorgen
Zum Stübler
Hundsmarckt
in der Feistritz
Zamrichsberg
STVBALBEN
Grossing
Mons præalt
IVDENBVRGER
ALBEN
Gruebhof
Bundschuch
S. Iohann
Lanckowitz
Obedach
Admontpihel
Lauant
See
S. Hema
Edlschrott
S. Mörten im Greit
Weissee
Hirscheck
Mosshof
die Packh
Felda
Reichenfels
Praiteneck
S. Veit
Mörten
Modriack
am Pichel
DEKKITSCH
ALBEN
im Prettstein
wald

Hassinger und ihm folgend Pickl verwiesen allerdings auf Bedingungen, welche die Bedeutung des Marktes und der Maut in Judenburg einschränkten. Es ging dabei um eine genauere Analyse des Verlaufs der Verkehrswege zwischen Italien und letztlich wohl Regensburg. Der einzige ins 12. Jahrhundert gehörende Beleg für die Bedeutung dieser Straße für den Handel ist der Münzfund von Dürnstein. Die Siedlung, die uns noch beschäftigen wird, liegt zwischen Neumarkt und Friesach. Es handelt sich um 1165/70 vergrabene Münzen, unter denen sich zu 41 % Regensburger Pfennige befinden, aber auch Passauer und Kremser Währung.[369] Die ersten Nachrichten, die vor allem Venedig betreffen, fallen in die Zeit um 1200.[370] Trotzdem gibt die Datierung des Münzfundes zu denken. Erwähnenswert scheint es daher, dass 1165 in der Nähe dieser Straße in St. Georgen bei Neumarkt eine Taverne genannt ist.[371] Tavernen waren wichtige Etappenstationen für Händler, um Kontakte zu knüpfen und damit ihre Geschäfte in Gang zu bringen.

Auf dem Weg nach Norden befand sich eine ältere Zollstelle im Paltental in Trieben/Dietmannsdorf, die am Ende des 12. Jahrhunderts nach Rottenmann verlegt wurde.[372] 1188 gab es in Rottenmann bereits einen herzoglichen *economus*, einen »Pfleger« namens Dietrich.[373] Er bezeugte neben mehreren anderen Zeugen eine Schenkung des *Herwicus Boemus marescalcus ducis Stirie* an Admont, als dieser zu einer Pilgerfahrt ins Heilige Land aufbrach. In der Zeit Friedrichs des Streitbaren (1230–1246) betrugen die Einnahmen aus der Maut im Ennstal 1150 Mark. Alphons Dopsch bezog diese Maut auf Rottenmann, unter der sie dann im steirischen Urbar der Zeit Otakar Přemysls erscheint und 1000 Mark betrug.[374]

Bei Wels überquerte man schließlich die Traun auf einer Brücke, die bereits 1138 nachgewiesen ist. Auch diese Etappe lag wohl auf dem Weg von Italien nach Regensburg. Der genaue Verlauf der Straße entzieht sich unserer Kenntnis, die Überquerung des Pyhrnpasses ist aber nachweisbar.[375] Der Würzburger Bischof Embricho erhielt die

369 Pickl, Handel und Verkehr 336; zum Fund Fritsch – Grubinger, Der Münzfund von Dürnstein 10 ff. Probszt, Judenburg in der Münz- und Geldgeschichte 12.

370 Rösch, Die Wirtschaftsbeziehungen der Ostalpenländer bes. 75; Bosl, Die Sozialstruktur 137 ff.

371 StUB I 457 Nr. 491, nach der Stiftung von vier Mansen *secus ecclesiam sancti Georgii que est in Grazluppa* heißt es: *Simul et idem Purchardus* (von Mureck) *contulit adiacentem predictis mansibus tabernam prefatae ecclesiae* (St. Lambrecht).

372 Pickl, Handel und Verkehr 336.

373 StUB 1 681 Nr. 695 *Dietricus economus de Rotenmanne*; Dopsch, Landesfürstliche Gesamturbare 64 (Ottokarisches Urbar 1265–1267) zitiert in Anm. 3; Krones, Verfassung und Verwaltung 472; weitere Belege für Dietrich StUB 1 602 Nr. 31 (1184) und 647 Nr. 672 (1185), hier ist *Guntherus economus de Laznich* (Lassing) unmittelbar vor ihm genannt. Alle Urkunden betreffen Schenkungen an Admont. Die landesfürstliche Administration hatte hier ein beträchtliches Ausmaß erreicht.

374 Dopsch, Landesfürstliche Gesamturbare 47 *De muta in Enstal 1150 mr.* und 64 *1000 mr. den.*

375 UbOE 2 171 f. Nr. 114; Lahusen, Zum Welser Brückenprivileg 364; Krawarik, Paßstraßen im Hochmittelalter 23 mit Anm. 3; Erwähnung und Literatur zur Welser Brücke. Weiteres ebda. 30 ff.

Abgaben, die auf der Brücke eingehoben wurden. Der Reichsministeriale *(regni ministerialis)* Friedrich von Rora übergab dem Bischof mehrere Güter, darunter Äcker und Weingärten, wofür dieser die Brückenmaut für Kaufleute und Reisende aufhob. Der Tausch fand unter Mitwirkung des Vogtes, des Markgrafen von Steier, Otakars III., statt, der damals (1138) wahrscheinlich erstmals bei einer Rechtshandlung tätig wurde. Als Bischof Embricho 1140 die Befreiung bestätigte, galt sie nicht mehr für die *negotiatores*, sondern nur noch für Reisende.[376] Die ältere Fassung enthält eine umfangreiche Interpolation zur Administration der Brücke, etwa die Bestellung des Brückenmeisters durch den Welser Rat. Offenbar gab es zwischen dem Bischof und der Stadt Streitigkeiten um die Einnahmen von der Brücke. Mag sein, dass die Fassung von 1140, die keine Hinweise auf die Welser enthält, sich nur mehr auf die Befreiung der Reisenden bezog, während die Abgaben der Kaufleute entweder der Bischof entgegen der ursprünglichen Abmachung kassierte oder sie der *villa* Wels überließ. Für unsere Fragestellung ist die Reichweite der otakarischen Herrschaft über die Lambacher Vogtei beachtenswert.

Als Mittelpunkt Judenburgs sieht Walter Brunner die Judenburger Ritterburg.[377] Westlich davon siedelten sich Kaufleute, Händler und Handwerker schon vor 1103 an, denn in diesem Jahr ist ja erstmals vom *mercatum* die Rede.[378] Fraglich ist, welche konkreten Marktzölle in Judenburg eingehoben wurden. Es wurde dem neu gegründeten Stift St. Lambrecht von Herzog Heinrich III. von Kärnten eben dieser *mercatus* geschenkt, vermutlich kein Fernhandelsplatz, denn nach Hassingers Ausführungen ging zumindest die Nord-Süd-Straße an Judenburg vorbei und die Straße längs des Murtals hatte 1103 noch nicht ihre spätere Bedeutung gewonnen. Außerdem sei der Hinweis erlaubt, dass eben von einem *mercatus* und nicht von *nundinae* die Rede war. Ob solche philologischen Haarspaltereien hier am Platze sind, wage ich nicht zu entscheiden, es sei aber festgehalten. Der Markt wurde zusammen mit dem Nutzen einer Abgabe geschenkt, die *muta* genannt wurde. Dazu kam noch *thelono* (sic) *et pretereuntium merce*. Man scheint also auch einen Transitzoll für Waren eingehoben zu haben. Wenn die etwas unklare Stelle tatsächlich so zu interpretieren ist, müsste eine der Straßen direkt an Judenburg vorbeigeführt haben. Eher ist dies für den Weg durch das Murtal anzunehmen. Ob man aus diesen Formulierungen ein Stapelrecht herauslesen kann, scheint zweifelhaft.[379]

Wenden wir uns nun den bedeutenden Adeligen im obersteirischen Gebiet, im Raum von Judenburg zu. Direkt am südöstlichen Rand der Siedlung liegt in der Nähe des späteren Schlosses die Ruine der Burg Liechtenstein. (Abb. 10) Etwas weiter im Süden auf dem Weg nach Obdach die Burg Eppenstein. Datierung und Baugeschichte beider

---

376 UbOE 2 189 Nr. 126.

377 Zur Judenburger Rittergemeine (sic), die aber erst 1260 erstmals nachgewiesen ist Popelka, Die Judenburger Ritterstadt 305.

378 Geschichte und Topographie des Bezirkes Judenburg 144; Pickl, Handel und Verkehr 337.

379 Pickl, Handel und Verkehr 338 mit Zitaten in Anm. 87 (S. 351).

Abb. 10: Ruine Liechtenstein.

Burgen sind unklar und folgen in den bisherigen Darstellungen wohl zu weit gehenden Hypothesen.

In jener schon in anderem Zusammenhang besprochenen Admonter Urkunde vom 14. Mai 1144, in der über den beschwerlichen Transport der Leiche des Markgrafen von der Sann berichtet wird, ist auch von der Rückgabe eines Gutes an das Stift die Rede.[380] Pilgrim, der Vater des Verstorbenen, hatte sich mit Gewalt Besitz in Straßgang (heute 16. Grazer Stadtbezirk im Südwesten der Stadt) angeeignet und in einer nicht rechtmäßigen Schenkung dem Markgrafen von Steier übergeben. Über den Tod des Sohnes erschüttert wurde Pilgrim klar, dass er unrecht gehandelt hatte und bat den Markgrafen um die Rückgabe des Gutes. Auf diese Weise erhielt Admont seinen Besitz zurück, leistete aber Zahlungen in Silber an Otakar III. und Leute, die zu dessen Gefolgschaft gehörten. Mit 17 Pfund Silber wurde der Ministeriale des Markgrafen Dietmar von Liechtenstein entschädigt. An einen Otto von Stein gingen sechs Pfund.[381] Ich werde gleich darauf zurückkommen, dass dieser Otto wohl ein Sohn Dietmars war. Dietmar ist erstmals nach Liechtenstein unter den Zeugen einer Urkunde des Salzburger Erzbischofs Konrad I. vom 10. Jänner 1140 genannt.[382] Konrad bestätigte damals, dass Adalram von

380 StUB I 232 f. Nr. 220; Pirchegger, Landesfürst und Adel 3 47 und 48.

381 Ebda. 233: *Ad hec data sunt marchioni XX libre argenti ministeriali eius Dietmaro de Lietenstaine decem et VII libre, Ottoni de Steine VI libre.*

382 StUB I 186 f. Nr. 179 hier 187.

Waldegg aus der weit verzweigten mächtigen Familie der Traisener eine Marienkirche in Feistritz samt einer großzügigen Ausstattung zur Gründung eines Chorherrenstifts stiftete. Zwei Jahre später kam es mit diesen Gütern dann zur Gründung von Seckau.[383]

In der Zeugenliste von 1140 ist bald nach Dietmar der uns schon bekannte Landfried von Eppenstein verzeichnet worden, der sich nach jener Burg nannte, von der die mächtige Dynastie der Eppensteiner angeblich ihren Namen herleitet.[384] Landfried pflegte enge Beziehungen zu Seckau und war der Burghüter der Burg Eppenstein. Im Gegensatz zu Pircheggers Behauptung, er wäre schon ein Dienstmann der Kärntner Herzöge der Eppensteiner gewesen, ist er erst 1139 als einer *de ministerialibus machionis* (Otakars III.) nachgewiesen.[385] Der zweite Zeuge vor Landfrieds Eintragung war ein Perchtold von Teufenbach, dessen Bruder Dietmar uns noch interessieren wird.

Dietmar von Liechtenstein war vermutlich ein Nachkomme eines 1075 in einer Admonter Urkunde nachgewiesenen edelfreien Dietmar, der nach seinem Besitz in Teufenbach (auch Tiefenbach) genannt wurde,[386] den Wilhelm Deuer für den ältesten Besitzer der späteren Burg Liechtenstein hält. Der Edelfreie Dietmar übergab Hartnit, dem Sohn Hartnits von Ranten, mit Zustimmung seines Sohns Adalbert sein Gut in Teufenbach als Eigengut unter der Bedingung, dass er es den Wünschen Erzbischof Gebhards von Salzburg entsprechend weitergebe.[387] Dietmar erhielt für sein Gut in Teufenbach (Kirche Allerheiligen bei Pöls), das an Admont kam, von Gebhard zwölf Pfund Silber und wurde *miles* in der Gefolgschaft des Erzbischofs. Er erhielt ferner den Zehenten und Güter in Wöllmersdorf und ein *predium* in Maria Buch als Lehen, das ein Ozi/Otakar (die Gleichsetzung der Namensformen ist unsicher) Salzburg übergeben hatte. Dazu gehörte auch der Empfang von zehn Eimern Wein und drei Eimern Honig. Aus dem Text geht nicht klar hervor, ob das eine einmalige oder eine jährliche Zuwendung war. Letzteres ist allerdings wahrscheinlich. Nach Dietmars Tod nahm der Erzbischof oder sein Nachfolger dessen Sohn Adalbert als *miles* in seine Gefolgschaft auf und überließ ihm, was er dem Vater in Wöllmersdorf gewährt hatte. Vater und Sohn hatten die Lehen ohne Gegenleistung inne.[388] Die Lehngüter befanden sich östlich der Stelle, an

---

383 Hintermayer-Wellenberg, Die Herren von Traisen 29.

384 Die zeitgenössischen Belege für die Nennungen nach der Burg Eppenstein sind spärlich. Klaar, Eppensteiner 97, 107 und eine erst nach dem Tod des letzten Eppensteiners entstandene Urkunde, in der er als *Dux Karinthie Heinricus de Eppenstein* bezeichnet wurde, 71 Nr. 99. Diese Notiz von etwa 1130 gilt als der älteste Beleg für die Burg Eppenstein. Landfried von Eppenstein ist erstmals 1135 nachzuweisen und 1139 als Ministeriale Otakars III.

385 Pirchegger, Beiträge zur Genealogie des steirischen Uradels 32f; StUB 1 186 Nr. 178.

386 Bracher, Der Edle Dietmar von Tiefenbach 299–311; so auch Pirchegger, Landesfürst und Adel 311 in einer Stammtafel zu den ältesten Teufenbachern und den steirischen Liechtensteinern. Die Angaben weichen von der Darstellung ab, ebda. 103 im Kapitel »Die Teufenbacher zu Teufenbach« Zur Lage Georg Matthias Vischer Karte 1678.

387 StUB 95 Nr. 78; zu Hartnit von Ranten Pirchegger, Landesfürst und Adel 1 89.

388 Deuer, Burg und Schloss Liechtenstein 8 und 51 Anm. 19.

der die Burg Liechtenstein gebaut wurde, die ursprünglich vielleicht Hohenstein hieß.[389] Das Problem einer Burg Hohenstein könnte auf folgende Weise erklärt werden. Adalram von Traisen-Waldegg übergab 1149 zusammen mit seiner Frau Richinza dem Stift Seckau seine gesamten Güter. In der Zeugenliste sind nach einem Herrand von Donawitz Otto von Liechtenstein (wohl der Otto von Stein von 1144) und ein Dietmar von Hohenstein genannt.[390] Es handelt sich um zwei Burgen, die beide im Besitz der Liechtensteiner waren, denn Otto und Dietmar waren wahrscheinlich Söhne des 1140 in der Gründungsurkunde des Chorherrenstiftes in Feistritz erwähnten Dietmar von Liechtenstein.[391] Dass Otto vor Dietmar genannt wurde, weist darauf hin, dass dieser wohl sein jüngerer Bruder war.

Ob der Teufenbacher Dietmar oder sein Sohn Adalbert die Liechtenstein erbauen ließ, ist nicht bekannt.[392] Ihre Aufnahme in die Gefolgschaft des Erzbischofs fiel wohl in die Zeit des Beginns des Konflikts zwischen Erzbischof Gebhard und dem Kaiser. Dessen wichtigster Unterstützer in der Nachbarschaft von Judenburg und in der Siedlung selbst war bekanntlich der Kärntner Herzog, der Eppensteiner Liutold. Die Bauzeit der späteren Burg Liechtenstein fiele nach diesen Überlegungen in die Zeit am Beginn des Investiturstreits. Deuer vermutete in diesen Vorgängen Strategien gegen die an der Straße nach Obdach liegende Burg Eppenstein, die aber damals vermutlich noch nicht bestand.[393] Die Begünstigung der Teufenbacher gehörte angeblich zu einer Reihe von Maßnahmen des Salzburger Erzbischofs, um seine Position im von den Eppensteinern beherrschten Raum Judenburg zu stärken. Deuer nimmt an, dass die Erbauung der späteren Burg Liechtenstein eine Sperre gegen die Burg Eppenstein bedeutete. Wenn diese Überlegungen zu den politischen Verhältnissen stimmen, wurde die Burg entweder schon 1077/78 oder erst nach der Vollendung der Gründung von St. Lambrecht (1103) durch Heinrich III. von Eppenstein in der Zeit 1111/1112 erbaut.[394] Die jüngere Datierung fällt in eine Zeit, als sich die Konfliktlinien im Investiturstreit bereits verschoben hatten. Die Datierungsversuche sind allerdings reine Hypothesen.

Wir wissen nicht, wann der 1140 nachgewiesene Dietmar von Liechtenstein im Judenburger Raum seine Herrschaft antrat. Es ist wahrscheinlich, dass er ein Sohn des

389 Ohne Beleg mit Fragezeichen im Artikel Liechtenstein – Ruine (Stmk.) burgen austria (online).

390 NÖUB 2/1 Nr. 10/12 404 Zeile 6; der Donawitzer gehört nach Pirchegger nicht zur hochfreien Familie der Donawitzer, zu der wohl auch die Mutter des Dietmar von Liechtenstein (1140) gehörte, sondern war ein Ministeriale, Pirchegger, Landesfürst und Adel 1, 101.

391 Siehe oben S. 100.

392 Deuer, Burg und Schloss Liechtenstein 9.

393 So auch Deuer, Burg und Schloss Liechtenstein 8. Die Erstnennung der Burg 1130 kann natürlich Zufall sein. Dass sie schon früher bestand, ist durchaus möglich.

394 Deuer, Burg und Schloss Liechtenstein 9; zur Bedeutung der Ausstattung von 1103 siehe die Bestätigung Papst Honorius II. vom 29. März 1126 StUB I 130 Nr. 116. Hier heißt es *Heinricus... consumavit* die Stiftung, die a *patre suo inchoatum (est).*

Teufenbachers Adalbert war. Dafür sprechen Dietmars Beziehungen zu Konrad I. von Salzburg. Seine Anführung als Zeuge in der Urkunde von 1140, die der Erzbischof ausstellte, könnte in dieser Weise verstanden werden. Deuer schreibt Dietmar sogar die Position eines Vermittlers landesfürstlicher und bischöflicher Interessen zu.[395] Dopsch betont die mächtige Position Dietmars im wirtschaftlich zentralen Gebiet von Judenburg. Dietmar wäre in diesem Raum um Judenburg die Aufgabe zugefallen, diesen für den Markgrafen zu sichern.[396] Diese Aufgabe konnte er mit seinen Beziehungen zu Salzburg erfolgreich erfüllen.

Zur Frage der Herkunft des Dietmar kam Dopsch in einer Studie über den berühmten Minnesänger Ulrich I. von Liechtenstein zu dem Schluss, dass Dietmar aus der edelfreien Familie kam, die sich nach Traisen nannte. Adalram von Waldegg im Piestingtal, der Schenker für die Gründung von Seckau, wäre dann sein Onkel gewesen.[397] Diese Auffassung wurde aber Jahre später zumindest teilweise widerlegt. Carl Plank hat 1986 die Identität des Dietmar von Reidling mit dem ältesten Liechtensteiner, die seit Dopschs Forschungsergebnissen in der Literatur als gegeben hingenommen wurde, als nicht beweisbar kritisiert.[398] Es wurde nämlich die etwa 1129/1131 an Garsten erfolgte Schenkung eines *Dietmarus de Rubinich* nicht von einem Dietmar von Reidling, sondern von Raming durchgeführt.[399] Übrig bleiben die viel diskutierten Einträge im Seckauer Nekrolog und Verbrüderungsbuch. Hier wurde ein Dietmar als Sohn (*filius*) eines Hartwik genannt, der ein Bruder (*germanus*) des Stifters von Seckau, Adalram von Waldegg, war.[400] Die Gleichsetzung dieses Dietmar, der als Neffe Adalrams offensichtlich zu den Traisenern gehörte, mit dem nach Liechtenstein genannten Dietmar hat einiges für sich, ist aber vorsichtig zu beurteilen. Dopsch stützte diese Gleichsetzung, indem er auf Besitzungen der Liechtensteiner, nämlich des Bruders des Minnesängers Ulrich von Liechtenstein, der ebenfalls den Namen Dietmar führte, im Traisental verwies. Zu abenteuerlich wäre es nach den prinzipiellen Überlegungen von Klebel und ihm folgend Naschenweng,[401] das verwandtschaftliche Verhältnis zu Hartwik so zu erklären, dass *filius* auch Stiefsohn bedeuten könnte.

Wir müssen also vor allem mit Rücksicht auf die Baugeschichte der Burg Liechtenstein der Frage nachgehen, ob Dietmar, wie oben ausgeführt, nicht doch von einer edel-

395 Deuer, Burg und Schloss Liechtenstein 9.

396 Dopsch, Die Länder und das Reich 282.

397 Dopsch, Zwischen Dichtung und Politik 62 und 65 ff.; ders., Der Dichter Ulrich von Liechtenstein 100–103, dort der Hinweis auf Verbrüderungsbuch und Nekrolog von Seckau. Zitate unten Anm. 399.

398 Plank, Genealogische Studien zum Hochmittelalter 56–59 mit Bezug auf Dopsch, Der Dichter Ulrich von Liechtenstein 99 ff. So auch vorsichtig im NÖUB 2/1 408.

399 Haider, Traditionsurkunden 144 T 86 und 145 T 87.

400 MGH Necr. II 389 col. 112 Zeile 43 und 409 zum 24. März und 428 eine zusammenfassende Darstellung der »Traisener«.

401 Naschenweng, Die Herren von Traisen 19.

freien Familie, die sich nach Teufenbach nannte, abstammte. In der Urkunde von 1140 ist, wie schon erwähnt, ein Perchtold von Teufenbach genannt. Ein Jahr später stellte der Salzburger Erzbischof wieder eine Seckau betreffende Urkunde aus, deren Zeugenliste einige Übereinstimmungen mit jener von 1140 aufweist. Wieder ist Perchtold von Teufenbach (diesmal in der Form »Bertold«) als Zeuge genannt und ihm folgen sein Bruder Dietmar und der uns bekannte Landfried von Eppenstein.[402] Es läge der Gedanke nahe, dass dieser Dietmar mit jenem Dietmar identisch ist, der sich nach der Burg Liechtenstein nannte. Dem widerspricht allerdings die Beobachtung, dass in der Zeugenliste von 1140 jeder derartige Hinweis fehlt. Unter Umständen könnte man dies mit zwei getrennten Gruppen von Zeugen in Zusammenhang bringen, die man bei genauem Studium der Zeugenliste erkennen kann. Für das Brüderpaar Perchtold und Dietmar spricht auch das Vorkommen der Namen Otto und Offo bei den Liechtensteinern und Teufenbachern.[403] Die Abstammung der steirischen Dynastie der Liechtensteiner ist in der Sache und noch mehr bei methodischer Betrachtung hochinteressant, doch halte ich sie im Gegensatz zur vorherrschenden Ansicht für nicht gelöst.

Hinweise zur Besitzdichte der Liechtensteiner in der Nachbarschaft der Burg gibt ein Gütertausch zwischen Dietmars gleichnamigem Enkel und St. Lambrecht im Jahre 1181. Hier wird auch der Enkel als Ministeriale des steirischen Herzogs bezeichnet und auf die *possessiones vicinas castro Liechtenstein* verwiesen.[404] Die von Dienstleuten getragene starke Stellung der steirischen Fürsten im Raum Judenburg bestätigt ein *Wolferim de Kamere*, der in Weißkirchen als *economus ducis* tätig war.[405] Weißkirchen war ein neuralgischer Punkt des Verkehrswesens im Judenburger Gebiet, wo sich die Straßen über das Gaberl nach Voitsberg und in den Grazer Raum bzw. jene über den Obdacher Sattel nach Kärnten kreuzten.[406]

Werfen wir einen Blick auf die südlich des Gebietes von Judenburg gelegene *provincia Grazlup*. In die Zeit nach 1122, also nach dem Erbfall der Eppensteiner an die Markgrafen von Steier, fällt die Schenkung eines Ernst, Ministeriale Leopolds des Starken, an das Kloster Garsten. Es ging um ein *predium* in Carinthia *situm Grazlub*.[407] Die *provincia Grazlup* gehörte zunächst zur Grafschaft Friesach und gelangte 1122 an die Traungauer. Dass ein Grundherr in diesem Raum ein Ministeriale des steirischen Markgrafen war, spricht dafür, dass die Zugehörigkeit des Graslupptals im Rahmen einer Ablösung von Kärnten in Bewegung kam. Die Bezeichnung *in Carinthia* könnte aber auch eine

402 StUB I 213 Nr. 207.

403 Pirchegger, Landesfürst und Adel 2, die Stammtafel 311. Er nimmt an, dass es zwei Personen mit dem Namen Dietmar gab. Zu den komplizierten Beziehungen durch eine Ehe des älteren Dietmar von 1075 mit einer Donawitzerin ebda. 47 f.

404 StUB 1 582 Nr. 616.

405 StUB 1 657 Nr. 681. Er wirkte 1186 in Weißkirchen.

406 Geschichte und Topographie des Bezirkes Judenburg 427.

407 Haider, Traditionsurkunden 133 Nr. T 68.

Erinnerung sein, die in diesem Fall noch nicht lange zurücklag.[408] Der rasche Zugriff Leopolds des Starken auf die einheimische Ministerialität, die wir doch vorsichtig verallgemeinern dürfen, ist bemerkenswert und liefert uns ein Beispiel zum Verständnis der Rolle der Liechtensteiner. Othmar Wonisch hat in seiner Untersuchung über die Zugehörigkeit des Graslupptales einige Bemerkungen zur Ministerialität dieses Gebietes gemacht. Er wies ihnen die Funktion von »Organen« des Landesfürsten zu und stellte sich damit ähnliche Fragen, wie sie in der vorliegenden Arbeit behandelt werden.[409] Die vor 1200 entstandene Genealogie der steirischen Markgrafen hält bezüglich des Erbes von 1122 fest, dass Leopold der Starke der Erbe *ex testamento possessionum et ministerialium* gewesen ist.[410]

Eine bedeutende Stellung hatten die Herren von Dürnstein inne, deren Burg am südlichen Zipfel des Graslupptales quasi gegenüber von Friesach lag. Die im steirischen Urkundenbuch auf etwa 1128 datierte Ersterwähnung eines Gottschalk von Dürnstein *(Dirnensteine)* ist vielleicht auf 1147 zu korrigieren.[411] Die Machtstellung der Markgrafen von Steier erfuhr, wie wir schon gehört haben, auch eine weitere Vertiefung durch den Erwerb der Vogtei über das Stift St. Lambrecht. Wohl 1164 ist erstmals ein Dürnsteiner, nämlich ein Gottfried, als Vogt von St. Lambrecht erwähnt.[412] Purchart von Mureck schenkte damals, wie schon in anderem Zusammenhang erwähnt, St. Lambrecht Pfandgüter bei St. Georgen bei Neumarkt samt einer benachbart liegenden Taverne.[413] Als Salmann wirkte an der Schenkung Gottschalk von Dürnstein mit, vielleicht der Vater des Vogtes. Der erste Zeuge war Markgraf Otakar III., der bei diesem Rechtsakt nicht als Vogt erscheint. Die Rolle Gottfrieds von Dürnstein lässt eine Krise beim Auf- und Ausbau der Landeshoheit der Markgrafen erkennen, die zwar erst mit dem überraschenden Tod Otakars III. schlagend wurde, sich aber vermutlich schon früher angebahnt hatte. Der Ausbau einer eigenen Machtstellung Gottfrieds wird besonders im Raum Voitsberg erkennbar, wo er ohne zureichende Rechtmäßigkeit eine Burg errichtete.[414] Zugleich ist seine Tätigkeit ein eindrucksvolles Beispiel für den klugen und effizienten Ausbau von Schlüsselpositionen, die Macht bedeuteten und der landesfürstlichen Herrschaft letztlich

408 W. Brunner, Das Werden der Landesgrenzen 198.

409 Wonisch, Zugehörigkeit, 33 zu den Dürnsteinern.

410 Genealogia marchionum de Stire 72: *Et factus est heres Liupoldus marchio ex testamento possessionum et ministerialium voluntate Heinrici ducis de Eppenstein.* Härtel, Herzog Heinrich III. 19 f. mit Anm. 23.

411 StUB I 136 Nr. 120; Wonisch, Die Zugehörigkeit 33; der jüngere Datierungsvorschlag Härtel, Die älteste Urkunde über Graz 87 mit der Einschränkung des Ergebnisses dieser Untersuchung 88, er schlage diese Lösung vor.

412 StUB I 457 Nr. 491; zur Datierung und zur Urkunde selbst Wonisch, Die Zugehörigkeit 87 f. bes.88. Als Vogt von St. Lambrecht ist Markgraf Otakar 1147 (StUB I 275 Nr. 263) und 1151 (ebda. 327 Nr. 340) nachzuweisen. Es heißt in dieser Urkunde in der Datumszeile *presente et auxiliante advocato suo* (des Abtes Gottfried) *Otakaro.* Zu den Datierungsproblemen zuletzt Gänser, Voitsberg 125.

413 StUB I 457 Nr. 491.

414 Gänser, Voitsberg 124 ff. zur politischen Problematik.

vielleicht sogar ungewollt entsprechendes Gewicht verliehen. Den notwendigen Sachverstand dürfen wir bei einem Mann wie dem Weißkirchener *econmus* Wolferim vermuten. Es hängt wohl mit der ökonomisch wichtigen Funktion Dürnsteins zusammen, dass dort der schon erwähnte 1165/70 vergrabene Münzschatz entdeckt wurde. Die Datierung stimmt mit der Lambacher Vogtei der Dürnsteiner recht gut zusammen.

Im Gegensatz zum Judenburger Gebiet spielte die Maut im Grasluptal eine geringe Rolle. Die Maut in Neumarkt ist im ottokarischen Urbar von 1267 in einem umfassenderen Zusammenhang genannt: *Officium et iudicium et muta in Grazlup cum advocaciis et aliis suis pertinenciis pro 160 mr. den.*[415] Auch die Einnahmen aus der Zeit Friedrichs des Streitbaren von 130 Mark sind eine Summe verschiedener Abgaben. Die Einnahmen aus dem Judenburger Bereich war mit 350 Mark wesentlich höher, umfassten aber auch das Landgericht in Knittelfeld. Bis zur Anlage des ottokarischen Urbars waren diese Einnahmen zumindest teilweise einige Jahre an Dietmar von Offenberg, einen Bruder Ulrichs von Liechtenstein, verpfändet.[416] Diese wenigen Hinweise zeigen, dass auch im für den Handel und Verkehr wichtigen Judenburger Raum Ministerialen und Edelfreie, die zumindest teilweise zur Gefolgschaft der Eppensteiner aber auch des Erzbischofs von Salzburg gehört hatten, zu Dienstleuten der steirischen Markgrafen wurden. In einzelnen Fällen geschah dies bereits im Zuge der Auseinandersetzungen im Investiturstreit, in verstärktem Maße dann nach 1122. Dabei zeigt sich auch in der Steiermark wie in Österreich, dass die edelfreien Familien durch Eheschließungen mit Angehörigen mächtiger Dienstleute ihre Traditionen verließen und als Ministerialen zu Landherren der Steiermark aufstiegen. Dies im Detail herauszuarbeiten, wäre eine lohnende Aufgabe, um den politisch-ökonomischen Hintergrund der detaillierten und verdienstvollen Studien Pirchegges herauszuarbeiten.[417]

Folgen wir dem Verlauf der Mur abwärts, gelangen wir nach Leoben, wo gegen Ende der Herrschaft Otakars III. die landesfürstliche Hoheit deutlich zu erkennen ist. Am 16. April 1160 stellte der Markgraf in Leoben eine Urkunde aus, die ein Tauschgeschäft zwischen Otakars Kämmerer *(cubicularius)* Reginward und dem Stift Seckau betraf.[418] Vier Zeugen wurden nach Leoben genannt: Ein *Hartwich de sancto Petro* war vielleicht der Burgherr in der landesfürstlichen Burg St. Peter-Freienstein; zumindest wird er zur Burgbesatzung gehört haben.[419] Der erste der vier Zeugen von Leoben war der edelfreie Gotto, dessen Tochter den landesfürstlichen Ministerialen Pilgrim von Mürzhofen heiratete; ein schönes Beispiel für die sozio-politischen Veränderungen in der Otakar-Zeit.[420]

415 Dopsch, Gesamturbare 63; Wonisch, Die Zugehörigkeit 109.

416 Dopsch, Gesamturbare 63 Nr. 17.

417 Unter den zahlreichen Untersuchungen Pircheggers sei hier auf seine von mir oft zitierte dreiteilige, umfassende Studie zum Thema Landesfürst und Adel in der Steiermark während des Mittelalters verwiesen.

418 StUB I 389 Nr. 404; zur Urkunde Susanne Pils, Österreichischer Städteatlas Kommentar zu Leoben

419 StUB I 389 Nr. 404.

420 Pirchegger, Landesfürst und Adel 1 99 f.

Etwa um dieselbe Zeit trat ein Meginhard sein Gut in der Nähe von St. Peter an Admont ab. Auch in der Zeugenliste dieser Urkunde wurde ein *Hartwicus* angeführt, der nach Leoben genannt wurde und die Funktion eines *economus* innehatte. Der vor ihm genannte *Wielant marschalch marchionis de Stira* lässt darauf schließen, dass Hartwig ein *economus* des Markgrafen und vielleicht mit dem nach St. Peter genannten Hartwig identisch war. Daraus würde folgen, dass dieser Amtmann wohl ein Ministeriale war. Der erste Zeuge ist Otto, der Richter von Leoben, der schon fünf Jahre zuvor in dieser Funktion tätig war.[421] Für unsere Untersuchung bedeutsam ist die Tatsache, dass Otto von Leoben ein *ministerialis marchionis de Stire*, also Otakars III., war.[422] Wie die Organisatoren von Zoll und Münze kamen auch die Richter in der Steiermark oft aus dem Kreis der Ministerialen.

Otto war vermutlich bereits Richter des Eisenmarktes Alt-Leoben.[423] Wenn auch um 1160 die Erzgewinnung im Bereich des Erzbergs noch nicht ihre spätere Bedeutung erlangt hatte, ging schon damals der Handel von Waldeisen über Leoben. Aus Leoben kamen für das Kartäuserkloster Seiz 20 Maß Eisen, die schon Otakar III. seiner Gründung als Ausstattung geschenkt hatte.[424] Die Präsenz der Markgrafen und Herzöge von Steier, vertreten durch Ministeriale und Amtleute an diesem wirtschaftlich zentralen Ort, wird an diesen Beispielen deutlich.

Die genannte Burg St. Peter-Freienstein gilt als Mittelpunkt der Grafschaft Leoben. Die Belege dafür stammen aus dem 11. Jahrhundert, die interessanteste Erwähnung erfolgte 1065/66, wo die Lage der Quelle Röthelstein folgendermaßen beschrieben wird: *quo marcha et comitatus ad Liubana terminantur*.[425] 1177 erwähnte man noch einmal die Grafschaft Leoben, allerdings mit der Bezugnahme auf einen Tausch zwischen Göß und dem Erzbischof von Salzburg aus dem Zeitraum 1060/1088. Es ging um Güter, die teils in der Mark, teils in der Grafschaft Leoben lagen.[426] Mit einiger Vorsicht dürfen wir daraus schließen, dass die Grafschaft schon seit einiger Zeit ihre Bedeutung verloren hatte und vermutlich im Rahmen der administrativen Maßnahmen Otakars III. mit Hilfe der Ministerialität im landesfürstlichen Sinne neu organisiert worden war.

Auch die benachbarte Grafschaft Mürztal ist bis zum Jahr 1103 nachgewiesen, die späteren Erwähnungen von 1114, 1149 und 1170 fußen auf Vorurkunden.[427] Chronologisch etwas unscharf betrachtet sei festgestellt, dass die mit der Mark verbundenen

421 StUB I 408 f. Nr. 430 (1160); 366 Nr. 387 (1155).

422 StUB I 356 Nr. 366 aus dem Jahr 1155.

423 Pirchegger, Landesfürst und Adel 1 100 bezeichnet Otto auch als Landrichter in der Grafschaft Leoben, allerdings ohne konkreten Beleg.

424 Genannt in einer Bestätigung Herzog Otakars I. von 1182 StUB 588 Nr. 620: *Pater meus dederat .... XX massas ferri in Leuben.*

425 StUB 1 78 Nr. 68; Kupfer, Krongut 189.

426 Kupfer, Krongut 190.

427 Kupfer, Krongut 191 mit Anm. 1574.

Grafschaften im Laufe des 12. Jahrhunderts verschwanden. Das Ennstal nahm eine eigene Entwicklung, die wahrscheinlich mit den bedeutenden Erträgen in diesem Gebiet zusammenhängt.

Wenn wir dem Weg nach Nordosten in Richtung Semmering folgen, gelangen wir in das Mürztal nach Kapfenberg, das unter der Herrschaft eines der bedeutendsten Ministerialengeschlechter der Steiermark, nämlich der Stubenberger, stand, deren Herkunft uns über den Semmering nach Norden in das Pittener Gebiet südlich der Piesting führt.[428] Eine nicht unwahrscheinliche Theorie besagt, dass ein oder mehrere Vorfahren der Stubenberger 1035 mit den Wels-Lambachern ins Pittener Gebiet gekommen sind.[429] In der Nähe eines nach Norden ausgreifenden Bogens der Mürz münden der Thörlgraben und das Lamingtal in das Mürztal. Der Thörlgraben führte nach Aflenz, den alten Besitz der Eppensteiner, das Lamingtal zum Erzberg.[430] Ob diese Zugänge zur Mürz zur Zeit der Burgengründung von Kapfenberg vor 1173[431] (Abb. 11) schon eine Rolle spielten, sei dahingestellt. Die gültige Datierung der Ersterwähnung in diesem Jahr ergab sich aus der diplomatischen Kritik einer Schenkung des uns schon bekannten Gottfried von Dürnstein an St. Lambrecht, als er bereits den Tod vor Augen hatte.[432] Das von Gänser benannte Todesjahr Gottfrieds 1173 beruht offenbar auf der zitierten Korrektur von Wonisch, so dass diese Annahme allein keine Stütze für die Datierung der Burg Kapfenberg ist. Allerdings legt Wonischs Vergleich unserer Urkunde mit einer weitgehend übereinstimmenden Formulierung in einer Seckauer Urkunde das Ausstellungsjahr 1173 nahe.[433] Ferner ist gegen die Datierung 1183 ins Treffen zu führen, dass Herzog Otakar noch als *marchio* bezeichnet wurde. Schenkungen dieser Art mit Zeugen aus weit gestreuten steirischen Gebieten zeigen ein Zusammenwachsen des steirischen Landesgebietes von seinen südwestlichen Grenzen bis in den äußersten Nordosten über seine traditionellen räumlichen Differenzierungen hinweg.

Der Bogen der Mürz wurde durch einen »Abschneider« mit zwei Brücken verkürzt, die von der Burg bewacht und finanziell ausgebeutet wurden. Über diese Maut erfahren wir im 13. Jahrhundert aus einer Befreiung für das Kloster Rein.[434] Das Kloster erhielt *liberum transitum* an der Zollstelle. Die Maut wurde wohl von Burgleuten der Stubenberger eingehoben.

---

428 Pirchegger, Landesfürst und Adel 2, 2 ff.

429 Ebda. 6.

430 Dies betont Reiner Puschnig im Kommentar Kapfenberg im Österreichischen Städteatlas.

431 Zur noch immer ungeklärten Datierung Puschnig, Kapfenberg 193 Anm. 32. Abbildung der Urkunde ebda. 18.

432 Wonisch, Über das Urkundenwesen 92; gegenüber StUB I 592 Nr. 623 von 1183 auf 1173 korrigiert. Die Datierung erwähnt als Ort der Ausstellung ein Gelände neben der Martinskirche *sub castro Chaffenberch*.

433 StUB I 518 Nr. 550; dazu ausführlich Wonisch, Über das Urkundenwesen der Traungauer 99 ff.

434 StUB Ergänzungsheft 26, Nr. 33.

Abb. 11: Burg Kapfenberg.

In der Urkunde für die Bestiftung des Klosters St. Lambrecht sind auch Besitzungen und einige Ministerialen im Aflenztal verzeichnet. Die Güter lagen *in comitatu, qui dicitur Morztal.*[435] Wirtschaftlich bedeutend waren die Salz- und Erzgewinnung bzw. die Beschaffung von Biber- und Marderpelzen.[436] Es ist bezüglich der Pelze nicht anzunehmen, dass sie gegenüber dem Fernhandel aus der Rus eine wichtige Rolle spielten.

Zu den Verhältnissen im Pittener Gebiet liegen einige Nachrichten vor, die Einblick in die Fortschritte der landesfürstlichen Administration im wirtschaftlichen Bereich erlauben. Gehen wir von Kapfenberg weiter nach Nordosten ins Pittener Gebiet, stoßen wir auf die Semmeringstraße. Ihr Ausbau erfolgte nach 1158, dem Jahr, in dem der letzte Pittener Vornbacher, Ekbert III., vor Mailand gefallen war und Otakar hier die Herrschaft übernahm. Der Ausbau dieser Straße schuf neue Voraussetzungen für die herrschaftliche Gestaltung der Pittener Landschaft.

Der steirische Markgraf Otakar III., der die Straße über den Semmering auszubauen begann (Venediger Straße), verlegte wohl bald nach 1160 die Münzprägung von Neun-

435 StUB 1 112 Nr. 95.

436 Ebda. Es ging um den Nutzen von Jagd und Fischerei aber auch *salino et rudere quod ariz dicitur, castoribus et martonibus.*

kirchen nach Fischau.[437] Die Vorbereitung zur Gründung eines neuen zentralen Ortes in der Gegend des späteren Wiener Neustadt begann noch in otakarischer Zeit, die bei der bekannten Versammlung von Fischau 1194 von Leopold V. zu einem gewissen Abschluss gebracht wurde.[438] So wurde die Bedeutung der alten Straße (Hartbergstraße), die über den Wechsel in die Oststeiermark führte, zugunsten der neuen Venediger Straße zurückgedrängt.

Zunächst zu Pitten/Fischau: Am Beginn ihrer Regentschaft bestätigte Markgräfin Kunigunde, Otakars III. Witwe, am 17. September 1166 dem Stift Seckau die Widmung eines Geldbetrags, mit dem das Stift einen Hof an der Fischa bei Neunkirchen gekauft habe.[439] Knapp vor seinem Tod hatte der Markgraf einen goldenen Becher von sechs Mark Gewicht zerschlagen und die Stücke an einige Klöster verteilen lassen. Mit dem Gold, das Seckau bekam, sorgten die Brüder für die Beleuchtung und andere notwendige Bedarfsgegenstände. Der Kauf des Hofes wurde mit dem Ertrag aus dem Verkauf eines wertvollen Gürtels finanziert. Die Abwicklung des Geschäftes lag in den Händen eines Eberhard, dem ehemaligen Finanzverwalter der Regentschaft, seiner Frau Truta und seiner Söhne.[440] Dabei waren die markgräflichen Ministerialen und Marktbewohner von Fischau unter der Leitung des aktuellen Säckelwarts Balduin anwesend.[441] Es wäre wohl für unser Bild der damaligen Gesellschaft verwirrend, wenn dieser Säckelwart mit dem Arzt Balduin identisch wäre, der einen Weingarten in Fischau dem Hospital am Semmering schenkte.[442] Ein Arzt des Hospitals, der über ausreichende finanzielle Mittel verfügte, um den Markgrafen bei Bedarf mit Geld zu versorgen, ist bemerkenswert, aber nicht ausgeschlossen. Ist ein *medicus* eine Identität an sich oder steht er den *cives, urbani* oder gar den sachkundigen *ministeriales* nahe? Man vergleiche: Auf seinem Totenbett wurden die letzten Verfügungen des Wulfing von Stubenberg vom 11. Dezember 1197 von einem Arzt und einem Pfeilschützen bezeugt![443]

Die Zeugen in Fischau stammten aus der Umgebung. Allerdings waren dort auch ein Heimo von Wien und einige andere Leute aus dieser Stadt anwesend. Ferdinand Opll wies darauf hin, dass es sich bei diesem Aufenthalt von Wienern in Fischau um

437 Koch, Der Neunkirchner Pfennig (ohne Seitenzählung) 6. Seite.

438 BUB IV/1 Nr. 930. Dort auch die zu vermutende Vorgeschichte in der otakarischen Zeit.

439 NÖUB 3 142 ff. Nr. 5/6.

440 Ebda. 144: *Emptio…facta est a quodam Eberhardo monetario dispensatore nostro.*

441 Balduin wurde nur als *dispensator* der Regentschaft bezeichnet und nicht als Münzmeister. Eberhard könnte man als Münzmeister ansehen, die Formulierung *monetarius dispensator* ließe auch eine andere Interpretation zu. Dazu NÖUB 3 147; in der Gründungs- und Ausstattungsurkunde für das Spital am Semmering ist Eberhard zusammen mit einem Udalschalk als Zeuge genannt (Zitat in der folgenden Anmerkung). Nach Fischau ist 1169 auch ein Ulrich genannt, NÖUB 3 46 Nr. 1/9.

442 NÖUB 3 105 ff. Nr. 3/5 eine 1165/66 nach dem Tod Otakars III. ausgestellte Urkunde, die einer Kaiserurkunde Barbarossa (Nr. 3/6) als Vorlage diente. Die Nennung des *medicus* Baldwin 108, Zeile 2.

443 Als aufeinanderfolgende Zeugen StUB II, 54 Nr. 25.

den ältesten Nachweis für ihr Auftreten an der Verbindung nach dem Süden handelt.[444] Ob die Straße über den Semmering 1166 bereits benutzbar war, wissen wir nicht. Von Fischau aus konnte man auch über die Hartbergstraße nach Süden gelangen. Weitergehende Schlussfolgerungen in diesem Zusammenhang lassen sich vom Ausstellungsort der Urkunde, nämlich Hartberg, wohl nicht ableiten.

Das Rechtsgeschäft wurde im Beisein der Regentin im Markt Hartberg wiederholt und bei dieser Gelegenheit waren einige der bedeutendsten steirischen Ministerialen anwesend. Einige davon sind uns bekannt, wie etwa Otto von Stubenberg, Wulfing von Kapfenberg, Gundaker von Steyr oder der aus der Obersteiermark kommende Albrecht von Eppenstein.

Fischau wurde zum Hauptort des Vornbacher Erbes ausgebaut. Die wirtschaftliche Bedeutung zeigt sich an der seit 1166 nachgewiesenen Münzprägung. Ortlieb von Fischau ist eindeutig als *economus* et *monetarius* ausgewiesen und wir wissen auch, dass er ein *ministerialis ducis Styrensis* war.[445] Die zentralörtliche Funktion Fischaus umfasste auch die Kirchenorganisation, denn hier ist seit den fünfziger Jahren des 12. Jahrhunderts ein Archidiakon namens Otakar nachweisbar, der auch zu Markgraf Otakar in einem Nahverhältnis stand.[446] Auch im Zuge der kriegerischen Auseinandersetzung zwischen den Steirern und den Österreichern im Jahr 1175 verwüsteten empörte österreichische Ministerialen nicht nur Enns, sondern machten auch aus Fischau eine Einöde. Die Österreicher wurden nach dem Klosterneuburger Bericht von den Steirern unrechtmäßig bedrängt.[447] Zwei zentrale Orte der otakarischen Herrschaft mit ökonomischen Schwerpunkten in Grenzlage wurden in diesen Kämpfen schwer geschädigt.

Die Verbindung zwischen Fischau und dem südlich des Wechsels gelegenen Grenzgebiet zu Ungarn ergab sich aus der Abzweigung vom Gebirgsrandweg im Bereich von Schwarzau/Neunkirchen, nämlich der Hartbergstraße.[448] An dieser Straße befand sich eine 1244 in einer Wr. Neustädter Maut-, Zoll- und Marktordnung erwähnte Zollstelle in Warth. Seit wann sie bestand, wissen wir nicht.[449] Für Tuchwaren hatten Wiener Neustädter Bürger in einer Richtung (unbekannt in welcher) nichts zu bezahlen, auf

---

444 Opll, Studien zur frühen Wiener Handelsgeschichte 57.

445 NÖUB 3 147, urkundliche Belege: ebda. 448 Nr. 16/40, 1180/90: *Ortlieb de Viscach economus et monetarius ducis Styrensis*; ebda. 447 Nr. 16/39, 1180/90; *Ortliebus de Vischa ministerialis ducis Styrensis.*

446 NÖUB 3 148.

447 Continuatio Claustroneoburgenses III 630 f. zum Jahr 1175: *A Styrensibus multis quoque lacessitur iniuriis, unde indignati ministeriales ducis Austrie Vischa civitatem et illi contigua preda et incendio in solitudinem redegerunt.*

448 Csendes, Die Straßen Niederösterreichs 252 ff. (Gebirgsrandweg) 254 zur Bedeutung von Fischau und 272 ff. (Hartbergstraße).

449 Csendes, Die Straßen Niederösterreichs 273 vermutet ihre Existenz in früherer Zeit; Pickl, Handel und Verkehr 343 meint, dass sie vielleicht schon vor 1042, dem Jahr des Sieges des Wels-Lambachers Gottfried gegen die Ungarn bestand. Er bezieht sich dabei auf Hassinger, Zollwesen und Verkehr 343.

dem Rückweg allerdings zwei Pfennige und einen Pfennig für das wöchentliche Gericht. Für ein Pferd waren sechs Pfennige fällig, für einen Stier oder Ochsen ein Pfennig und ein Obolus Gerichtsgebühr. Für ein Fuder Wein betrug die Abgabe zwölf Pfennige.[450] Auf dem Weg nach Süden gelangte man direkt zu einem der Abhänge des Wechsels, wo es in der Siedlung Spital im Gemeindegebiet von Schäffern ein Hospiz der Johanniter gab. Posch erklärte es für einen Rastplatz für Kolonisten, da er die Rodungstätigkeit in der Oststeiermark für die dort bedeutendste Entwicklung nach 1122 hält.[451]

Weiter südlich in der Nähe der Kreuzung der Hartbergstraße mit der ungarischen Straße habe nach Posch Markgraf Leopold (1122–1129) oder sein Beauftragter Konrad Bertha eine Burg als Pfalz errichtet.[452] Die Datierung c. 1128 stützt sich auf eine Leopold dem Starken zugeschriebene Schenkung eines Gutes im Ausmaß von zehn bayerischen Einheiten in Hartberg. Das Gut erhielt Leopolds Ministeriale Rüdiger,[453] die Urkunde wurde in Graz ausgestellt und galt lange Zeit als das älteste Graz betreffende Dokument. Dazu stellte Reinhard Härtel vor fast 50 Jahren die grundsätzliche Frage, ob markgräflicher Besitz um Hartberg und mit ihm Besitz markgräflicher Eigenleute damals überhaupt möglich war.[454] Härtels herrschaftsgeschichtliche Untersuchung des oststeirischen Raums klärt über die mögliche Datierung der Urkunde hinaus wichtige Details der steirischen Landeswerdung. Wichtig ist die Erkenntnis, dass bis zum Tod Ekberts II. 1144 das Waldgebiet zwischen Voraubach und Lafnitz den Vornbacher Grafen gehörte und es erst die Witwe Willibirg zusammen mit ihrem Sohn Ekbert III. an das Kloster Vornbach übergab.[455] Vermutlich in der gleichen Zeit traten die Vornbacher die Gegend zwischen Masenberg und Ringkogel, also ein großes Gebiet im Norden von Hartberg, an die Otakare ab. Härtel schließt daraus, dass Ekberts II. Tod das Grafenhaus geschwächt habe und auch Schulden vorhanden waren.[456] Das ist wohl richtig, denn wir werden an der Geschichte der Münzprägung in Neunkirchen sehen, dass Ekberts II. Herrschaft im Pittener Gebiet den Höhepunkt der Macht der Vornbacher bedeutete. Es ist nicht ausgeschlossen, dass Pitten sich damals auf dem Weg zu einem selbstständigen Territorium besonderer Art befand.

Hartberg etablierte sich vermutlich erst ab Mitte des Jahrhunderts als Siedlung mit einem gewissen zentralen Charakter. Fraglich ist die Datierung der Anlage der genannten Burg, über die wir aus dem 12. Jahrhundert keine Nachrichten kennen. Posch vermutet, dass Markgraf Leopold der Starke oder sein 1147 als Zeuge genannter Beauftragter, Konrad Bertha von Hartberg, bald nach 1122 eine Burg »auf der letzten Terrainwelle des

450 BUB II 280 Nr. 427.

451 Posch, Hartberg 49 f.; das Hospiz auch kurz erwähnt vom Csendes, Die Straßen Niederösterreichs 274 f.

452 Posch, Hartberg 1 50.

453 StUB 1 136 Nr. 120.

454 Härtel, Die älteste Urkunde über Graz 69.

455 StUB 1 204 Nr. 195; Härtel, Die älteste Urkunde über Graz 74 f. mit richtiger Datierung 1144.

456 Härtel, Die älteste Urkunde über Graz 81.

Masberges« gegründet habe. Das Bestehen dieser Burg sei angeblich urkundlich erwiesen, doch existiert kein diesbezügliches Diplom.[457] Ferner sei nach Poschs Einschätzung etwa 1125 ein Markt errichtet worden, der mit der heutigen Herrengasse identisch gewesen sei.[458] Dass eine solche Entwicklung in der zweiten Hälfte des 12. Jahrhunderts im Raum des heutigen Hauptplatzes stattgefunden hat, ist wahrscheinlich. Doch beruhen alle diese Annahmen auf nicht recht durchschaubaren topographischen Schlussfolgerungen und für mich nicht überprüfbaren archäologischen Befunden. Was immer sich an dieser Stelle an Siedlung und Markt entwickelt hat, sei dahingestellt – jedenfalls handelt es sich um einen Ort regionaler Bedeutung, an dem es wohl keinen Fernhandel gab. Die tatsächliche Entstehung des Marktes scheint ja in die Zeit zu fallen, als der Ausbau der Semmeringstraße bereits im Gange war und die Hartberger Straße an Bedeutung verlor. Völlig bedeutungslos kann Hartberg aber nicht gewesen sein, weil 1166 das erwähnte umfangreichere Rechtsgeschäft, das Fischau betraf, *in foro Hartberch,* also im Marktort Hartberg, zum Abschluss kam. Die dort anwesenden Zeugen wie Heinrich *Bris* oder Otto von Stubenberg hatten einiges politisches Gewicht.[459] Einen weiteren Hinweis auf eine gewisse Handelstätigkeit könnte der erst 1184 nachgewiesene Heinrich *interpres de Harberch* liefern, der zugleich mit einem Adilbero von Hartberg als Zeuge genannt ist.[460] Er war ein Vermittler von Geschäften, der wohl auch Übersetzungsdienste leistete. Solche Leute waren etwa in Tavernen anzutreffen, wo sie zwischen Kaufleuten für Verständigung sorgten.[461] Die Ausführungen Spreitzhofers zu Hartberg, der es als Vorläufer von Graz betrachtet, fußen auf einigen wichtigen Beobachtungen, zeigen aber nur, dass Hartberg vielleicht für kurze Zeit als der zentrale Ort der Steiermark Bedeutung erlangen sollte.[462]

Mit dem Vornbacher Erbe hängt auch die Gründung des Vorauer Stifts 1163 zusammen. Nach 1144 überließ Willibirg, die Witwe Graf Ekberts II., zusammen mit ihrem Sohn Ekbert dem Kloster Vornbach neben anderen Gütern einen Wald *ad Forauwa* zur Rodung.[463] Die südlichen Ausläufer dieses Gebietes lassen sich etwa mit Grafendorf lokalisieren. Die späteren zur Gründung gehörigen Schenkungen Otakars III. zwischen Wechsel und Masenberg stammten aus dem Vornbacher Erbe.

457 Zur Erwähnung Konrad Berthas als Zeuge StUB I 272 Nr. 261; zur Burg Posch, Hartberg 50 ohne Beleg, ebenso fast gleichlautend im Österreichischen Städteatlas Kommentar Hartberg. In seiner ersten polemischen Auseinandersetzung mit Posch gab Pirchegger, Zur Besiedlungsgeschichte der Oststeiermark 94 f. einen Überblick zu den Hartberg betreffenden Urkunden, aus denen die von Posch geschilderten Abläufe nicht rekonstruierbar sind. Die Frage der Burg erwähnt Pirchegger überhaupt nicht.

458 Posch, Hartberg 51.

459 StUB I 463 Nr. 499. *Bris* wird gewöhnlich Pris geschrieben.

460 StUB I 602 Nr. 631.

461 Peyer, Von der Gastfreundschaft 86 ff. Wohl eine der besten Schilderungen zur Bedeutung der Tavernen.

462 Spreitzhofer, Von Grauscharn nach Graz 633 f.

463 StUB I 204 Nr. 195; hier auch der Hinweis auf Schulden des verstorbenen Ekbert (gegenüber Vornbach?) bei der Geistlichkeit – *pro debito ecclesiatice pecunie.* Die Gründungsschenkung StUB I 445 f. Nr. 479.

Die vor allem von Eichenwäldern geprägte Landschaft wurde seit den 20er Jahren des 12. Jahrhunderts gerodet.

Mit der ältesten Erwähnung von Hartberg haben wir auch Graz erreicht, den Ausstellungsort der erwähnten, hinsichtlich der Datierung 1128 verfälschten Urkunde. Der Felsen des Schlossberges begünstigte wohl schon im ältesten Abschnitt der eppensteinischen Herrschaft in der karantanischen Mark zwischen 973 und 1035 die Errichtung von Kirchen (Kapellen) respektive Wehrbauten an dieser Stelle.[464] Die Vorsicht Härtels bei seinem Datierungsversuch wird durch die Verhältnisse am Fuße des Schlossberges und der nicht allzu weit entfernten Umgebung verständlich, über die wir Näheres aus einer Urkunde erfahren, die vor dem 22. Juni 1164 ausgestellt wurde.

Otakar III. schenkte damals dem ihm als Vollender der Gründung besonders verbundenen Stift Rein drei Hofstätten in Graz, die am Fuße des Schlossberges, in *suburbano castri Grece* lagen.[465] Ferner hieß es, dass sie »durch festgesetzte unzweifelhafte Grenzen von den übrigen Behausungen geschieden waren«.[466] Dort sollte ein Kellergewölbe für Wein und andere Waren errichtet werden, die für den Verkauf bestimmt waren. Der Verkauf dieser Waren fand auf diese Weise in einer gewissen Entfernung vom Getriebe des öffentlichen Marktes statt.[467] Wir erfahren also, dass es damals bereits einen Markt in Graz gab, der an einem Verkehrsweg lag, der von der Mur in die heutige Sporgasse entlang des Burgfelsens nach Nordosten und Osten führte.

1147 ist ein *mercator* namens Witelo nachzuweisen, der vielleicht in Graz tätig war, denn er bezeugte eine in Graz ausgestellte Urkunde Otakars III. Er tauchte ein zweites Mal 1159 wieder in der Umgebung Otakars auf.[468] Der Empfänger der Urkunde, das Stift Rein, bietet einen gewissen Hinweis auf die Grazer Herkunft Witelos. 1150 ist schließlich ein *Pertholdus mercator de Graze* genannt, der ein Gut dem Stift Admont verkaufte und das er durch den bedeutenden Ministerialen Swiker von Gösting übergeben ließ.[469] 1172 wurde der Ausstellungsort Graz als *forum* bezeichnet, 1182 stellte Herzog Otakar eine Bestätigung für Seckau *ante ecclesiam sancti Egidii* (vor der heutigen Domkirche) *foro Graece* aus. 1189 heißt es in einer Urkunde des Herzogs für Rein, dass sie *Grace in civitate* ausgestellt wurde.

---

464 Gänser, Kommentar im Österreichischen Städteatlas Graz, im Absatz bei Anm. 18. Gänser meint, dass bis ins 11. Jahrhundert kaum ein Bauwerk auf dem Schlossberg gestanden haben dürfte, dass man als Burg bezeichnen könnte.

465 StUB I 451 f. Nr. 484.

466 Die Übersetzung von Gänser, Kommentar im Österreichischen Städteatlas Graz: die Hofstädten waren *ceterisque terminis a ceterorum habitaculis distincta.*

467 StUB I 451 f. *vinum et cetera venalia sua proponentes in turbis licet forensibus imperturbato quietis amice silentio fruerentur.*

468 StUB I 275 Nr. 263 und 383 Nr. 401.

469 StUB I 301 Nr. 293.

Die Bezeichnung von Graz als *civitas* 1189[470] könnte als programmatische Absicht Herzog Otakars gedeutet werden, den zentralen Charakter von Graz zu betonen. Die später häufig in Graz ausgestellten Urkunden Leopolds V. und Leopolds VI. beziehen sich auf Graz mit der bloßen Namensnennung ohne weitere Bezeichnung. Bemerkenswert ist das von Leopold V. im Juni 1192 gleich nach der Übernahme der Herrschaft in der Steiermark abgehaltene *placitum nostrum in Graetze*.[471] Wir werden auf Graz bei der Besprechung der Udalriche, Herren auf dem Schlossberg, noch einmal zurückkommen.

Einer der wichtigsten Verkehrswege in der Steiermark war die Drau, die grob gesprochen von Villach bis nach Ungarn bei Warentransporten eine bedeutende Rolle spielte.[472] Beginnen wir mit Marburg, das zum Erbe des mächtigen Bernhard von Spanheim gehört haben soll. Bernhard starb auf dem Kreuzzug des Jahres 1147 und sein Erbe war Otakar III.[473] Der Zuwachs an Gebietsbesitz und -herrschaft war beträchtlich aber eher eine Chance, die der Verwirklichung harrte.[474] 17 Jahre danach, am 20. Oktober 1164, stellte Otakar am Ende seines Lebens eine Urkunde in der *Marchburch* aus.[475] Im selben Jahr fungierte ein *Hezmann de Marchpurch* als Zeuge in einem Güterverzicht des Hartnid von Riegersburg im Kreise von Zeugen aus dem Ennstal, von denen zwei ministerialische Amtsträger des Markgrafen waren: Meginhart, der Kämmerer von Lassing, und Rapoto von Grauscharn, der später als *economus* der Witwe Otakars nachgewiesen ist.[476] 1175 tauchen in einer Schenkung desselben Hartnid weitere Marburger, nämlich Konrad und *Richer de Marchburch* in prominenter Umgebung (Stubenberger), sowie bedeutenden Ministerialen aus Graz (Burggraf Otakar) und Leoben (Otto, der auch als *iudex* nachgewiesen ist) als Zeugen auf.[477] Zu Hartnid Riegersburger und den Marburger Burgleuten bestanden Beziehungen. Möglich, dass Otakar III. Leuten aus dem Ennstal die Marburg übergab. Die Burg mauserte sich zu einer *praepositura*, einem administrativen Mittelpunkt an der Drau, die seit 1182 nachzuweisen ist.[478] Als *praepositi* waren wahrscheinlich Richer selbst und seine Nachkommen tätig. 1190 wurde ein Streit zwischen dem Stift

---

470 1172 16. Mai StUB I 513 f. Nr. 546; 1182 29. Nov. ebda. 586/587 Nr. 619 und 1189 10. August ebda. 685 Nr. 698.

471 BUB II 115 Zeile 28 Nr. 85; Spreitzhofer, Von Grauscharn nach Graz 634 ff. zum Aufstieg von Graz.

472 Pickl, Handel und Verkehr 328 ff.

473 Über dieses Erbe berichtet in unzuverlässiger Weise das Landbuch von Österreich und Steier. Štih, Zur Vorgeschichte der Stadt Maribor/Marburg 71 ff. mit Bezug auf die grundlegenden Forschungen zum Landbuch von Max Weltin in Anm. 5.

474 Ebner, Untersteiermark, hat S. 281 ff. die Herrschafts- und Besitzrechte der Otakare analysiert und S. 291 ff. die Ministerialität in der Untersteiermark.

475 StUB I 449 f. Nr. 482.

476 StUB I 410 Nr. 433. Zu Rapoto von Grauscharn unten S. 118.

477 StUB I 539 Nr. 568.

478 StUB 1 587 ff. Nr. 620 hier 588 Zeile 17 f. in *tribus prepositturis Marchburch*; Štih, Zur Vorgeschichte der Stadt Maribor/Marburg 81 mit Anm. 64.

Admont und dem herzoglichen Kämmerer Wulfing durch einen Eid entschieden. Unter den Leuten, die den Eid leisteten, befand sich ein Säckelwart *(dispensator)*, der nicht, wie im Register vermerkt, nach Marburg gehörte und den ich für einen herzoglichen Geldverwalter halte, da er mit der Frage der Güter des Wulfing vertraut war. Ferner tauchen in einer weiteren Zeugenliste im Rahmen der Streitbeilegung weitere Marburger Zeugen auf: Ein Richer und ein Ulrich aber auch ein *dispensator* namens Engelbert mit seinem Sohn Herwig.[479] Die hier genannten Personen waren vom Herzog abhängig, die konkreten Verhältnisse werden aus diesen Erwähnungen allerdings nicht klar.

Mit Sicherheit bestand ein Markt in Marburg erst 1209. Leopold VI. setzte zugunsten der Kartause Geirach fest, dass sie jährlich in *foro Marhpurh* aus dem Fischgeschäft fünf Mark Friesacher Pfennige erhalten sollte. Die Datierung der Urkunde bestätigt diese Nachricht: *Acta sunt hec in foro nostro Marpurch.*[480]

Die Herren von Pettau, die schon 1132 nachzuweisen sind, können mit einiger Sicherheit ab 1144 identifiziert werden. Sie waren Salzburger Ministerialen.[481] Einer der ersten beiden Friedriche war mit einer Benedikta verheiratet, die Pirchegger irrtümlich der mächtigen Familie der Herren von Machland zuordnete. Eine Tochter aus dieser Ehe, deren Namen wir nicht kennen, war mit Landfried von Eppenstein verheiratet, der zu den einflussreichen Ministerialen Otakars III. in der Obersteiermark gehörte. Die Pettauer Eheverbindungen waren von Anfang an weitreichend und politisch erfolgreich. 1160 ging Friedrich militärisch gegen Ungarn vor. Seit September 1159 bestand das Schisma der Päpste Alexander III. und Viktor IV., der mit Hilfe Kaiser Friedrichs I. gegen den rechtmäßig gewählten Alexander in sein Amt kam. Unter den Anhängern Alexanders spielte Eberhard I., der Erzbischof von Salzburg, eine führende Rolle, und auch der ungarische König Geza II. (†1164) erklärte sich als Anhänger Alexanders und wurde damit zum Gegner des Kaisers. Der Pettauer teilte nicht die Ansichten seines Herrn, des Salzburger Erzbischofs. Er drang in ungarisches Gebiet ein; vermutlich gab es ein gewisses Einvernehmen mit Otakar III. Geza beschwor hierauf den Erzbischof, Friedrich von Pettau zu bestrafen und bot ihm Hilfe gegen den Kaiser an.[482] Friedrich zeigte sich als Salzburger Ministeriale besonderer Qualität: Er betrieb steirische Grenzpolitik, die wohl nicht im Sinne des Erzbischofs war. Ganz ähnlich verhielt sich ein späterer Friedrich, eher Enkel als Sohn des vorher genannten Friedrich, der hohes

479 StUB I 698 f. Nr. 707.

480 StUB II 153 Nr. 98. *Preterea annuatim constituimus ei in foro Marpurch quinque marcas Frisacenses pro piscibus.*

481 Pirchegger, Die Herren von Pettau 4 und 31 Anm. 1 geht davon aus, dass Friedrich I. (ich folge der Zählung in Pircheggers Stammbaum nach S. 3) seit 1132 den Grenzschutz gegen Ungarn übernommen hatte.

482 Admonter Briefsammlung 135 f. Nr. 78 bes. 136: *Preterea si amiciciam nostrum nolueritis tepescere, sed potius roborare, F. de Pettowe et quamlibet aliam terram nostrum perturbantem, graviter corripere non differatis.* Ebner, Untersteiermark 287; Hóman, Geschichte des ungarischen Mittelalters 1 392.

militärisches Ansehen erlangte, als es ihm gelang, den Ungarn das Gebiet von Friedau zu entreißen.[483]

All diese Spannungen hinderten aber nicht, dass Pettau die wichtigste Station an der Drau im Handel nach Ungarn blieb bzw. ausgebaut wurde. Pickl charakterisiert Pettau überhaupt als den wichtigsten Handelsplatz der Steiermark. Er verweist auf die Dominanz der Friesacher Pfennige bei den Münzfunden in Ungarn. Ferner gibt es einen jüdischen Grabstein aus Pettau, der mit 22. November 1103 datiert ist.[484] Berücksichtigt man die große Zahl von Judendörfern im steirischen Bereich, vor allem das an unserer Straße in Kärnten liegende Völkermarkt *(forum iudeorum)*, können wir zwar eine Beteiligung von Juden am Handel in der damaligen Zeit erkennen, deren Dimensionen uns aber nicht bekannt sind.

Aus einem Schreiben Papst Honorius III. vom 15. Jänner 1222 erfährt man, dass Leopold VI. die Verlegung der Grazer Münzprägung nach Pettau betrieb. Er war dort Vogt der Salzburger Kirche und es ging um die Frage, wie die Gewinne aus dieser Tätigkeit zwischen dem Erzbischof und dem Herzog aufzuteilen waren. Die den Erzbischof beratenden Pröpste hielten das Projekt für vorteilhaft. Bis zum Jahre 1232 war die Pettauer Münzstätte in Betrieb, bevor man die Prägung wieder nach Graz zurückverlegte. Der Aufstieg von Graz zum politischen Zentrum der Steiermark erwies sich als erfolgreicher als die wirtschaftliche Bedeutung von Pettau.[485]

Was wir aus der Geschichte der Herren von Pettau als wichtige Erfahrung mitnehmen, ist die Erkenntnis, dass aus der bloßen Zuordnung einer Person als Dienstmann zu einem bestimmten Dienstherrn kein ausreichender Rückschluss auf ihr politisches Verhalten gezogen werden kann – ich muss allerdings zugestehen, dass durch diese Feststellung sich ein beträchtliches methodisches Problem bei der Beurteilung des politischen Profils einer Person ergibt. Für die Ausprägung der Landesherrschaft ist der Handlungsspielraum solcher Familien von entscheidender Bedeutung – selbst der großmächtige Erzbischof von Salzburg musste hinnehmen, wenn sich sein Pettauer Dienstmann für den Landesfürsten engagierte. Mag sein, dass der Erzbischof in diesem Punkt das selbstbewusste Handeln seines Ministerialen stillschweigend zur Kenntnis nahm, da ja auch seine Interessen an der ungarischen Grenze, vielleicht nolens, volens im Wesentlichen mit solchen des steirischen Landesfürsten übereinstimmten.

Neben den schon erwähnten Zollstellen im Ennstal lag dort die Pfalz Grauscharn, einer der Zentralorte otakarischer Herrschaft.[486] Als erster ist ein *Pernhard* von Grauscharn

483 Pirchegger, Die Herren von Pettau 10.

484 Pickl, Handel und Verkehr 329; zum Grabstein Herzog, Jüdische Grabsteine 63; Wadl, Geschichte der Juden 19.

485 BUB IV/2 117 Nr. 1071; Pickl, Handel und Verkehr 329 f.

486 Die jüngste Darstellung zu Grauscharn stammt von W. Brunner, Siedler, Grundherren, Untertanen und findet sich in: An der Wiege des Landes Steiermark im Unterkapitel Pfalz, Burg und Herrschaft Grauscharn 218 bis 224; vgl. aber besonders Spreitzhofer, Von Grauscharn nach Graz 627–639.

genannt.[487] Hof- und Amtleute des Markgrafen sind in Grauscharn in den achtziger Jahren nachzuweisen.

Etwa 1180 und 1187/88 begegnen wir einem *Rapoto economus marchionissae apud Cruscharen* zusammen mit zwei Söhnen, deren Namen wir nicht kennen.[488] Mehr wissen wir über den herzoglichen Küchenmeister Hiltgrim und seine Nachkommen. 1185 ist er noch nicht als Küchenmeister bezeichnet, sondern nur nach Grauscharn genannt.[489] 1188 ist er als letzter Zeuge einer Rechtshandlung Herzog Otakars und dem dazugehörigen Brief an den Erzbischof von Salzburg angeführt: *Hiltgrim magister coquine.*[490] Unter den vorangehenden Zeugen befanden sich Vertreter einiger bedeutender Ministerialenfamilien: z. B. *Herrand de Wildonie*, Ulrich von Stubenberg oder Gundakar von Steyr. Daraus lässt sich auf eine hervorragende Stellung Hiltgrims am Hof Otakars schließen. Nachdem Leopold VI. 1195 Herzog der Steiermark geworden war, behielt Hiltgrim sein Hofamt. 1201 bezeugte er im Kreise des herzoglichen Kämmerers und seines Bruders Wolfgang, der als *ammanus ducis* bezeichnet wurde, die Schenkung einer Kapelle in Gröbming im Ennstal an Admont.[491] Mehr als vierzig Jahre nach seiner erstmaligen Erwähnung endete ein Streit zwischen ihm, der auch damals noch als *magister coquinae ducis in Enstal* bezeichnet wurde, und Abt Pilgrim von Gleink um eine Hube in Grauscharn. Man fand den üblichen Kompromiss: Hiltgrims gleichnamiger Sohn erhielt die Hube, hatte aber als Zins *(census)* jährlich 20 Pfennige Friesacher Währung an Gleink zu bezahlen.[492] Der Sohn wurde damals *de Steinae* genannt, also nach Steinach. Grauscharn wird überwiegend in Pürgg lokalisiert, in der nahe gelegenen Johanneskapelle befinden sich ja Fresken eines geistlichen und eines weltlichen Würdenträgers und letzteren identifiziert man meistens mit Otakar III.[493] Die Deutung des Namens Gruscharn als Geröll oder Schotter zusammen mit den Bezeichnungen Steinachs als Gruscharn gibt einen Hinweis, dass wir die Pfalz möglicherweise nicht in Pürgg, sondern in Steinach zu suchen haben.[494]

---

487 StUB II 3 Nr. 1 zum Jahr 1135; PIRCHEGGER, Landesfürst und Adel 3 182, Anm. 18 hält die Datierung für zu früh.

488 StUB I 575 Nr. 608 und 410 Nr. 433; erwähnt auch bei PIRCHEGGER, Landesfürst und Adel 3 182 rechnet ihn zu der in Grauscharn dominierenden Familie, in der der Name Hiltgrim häufig war. Ebda. 183 Anm. 19 die Richtigstellung der Datierung auf 1187/88.

489 StUB I 634 Nr. 653.

490 StUB I 677 Nr. 691 und 679 Nr., 692.

491 BUB I 155 Nr. 118; PIRCHEGGER, Landesfürst und Adel 183 zu Wolfgang mit weiteren Belegen BUB I 72 Nr. 53 und 112 Nr. 83 und die Stammtafel der Familie 184.

492 BUB IV/2 Nr. 1091.

493 Kritik daran DEUER, Kunstgeschichte in: An der Wiege 448 f. Katzinger wollte Ähnlichkeiten zwischen diesem Fresko und dem Kopf auf den Ennser Pfennigen erkennen. Die Frage scheint noch nicht entschieden; vorläufig mündlich vorgebrachte Argumente für Katzingers Beobachtung von Johannes Hartner.

494 SPREITZHOFER, Von Grauscharn nach Graz 630; HARL, Spätmittelalterliche Ennstaler Adelsgeschlechter 59 f.

Versuchen wir nun die Ergebnisse unserer Analyse nicht nur zusammenzufassen, sondern auch in einer detaillierten sozialen und politischen Darlegung der Geschichte der Grazer »Burggrafen« zu präzisieren.

Die Ministerialität in der Steiermark begann sich in einem bemerkenswerten Umfang erst zur Zeit der Herrschaft Leopolds des Starken (1122–1129) zu entfalten. Auch hier übernahm sie neben dem sozial prägenden Reiter- und Waffendienst Aufgaben im Bereich der Herrschaftsadministration, wie wir das auch in Österreich kennengelernt haben. Einige wichtige Amtleute führte Herzog Otakar 1185 an, als er die ihn vertretenden *capitanei, iudices vel provisores in Styria* mit dem Schutz der Rechte der Kartause Seitz beauftragte.[495] Auf den ersten Blick würde man einen *capitaneus* oder bei oberflächlicher Betrachtung auch einen Richter nicht zu den Amtleuten rechnen. Vergleichsweise war aber auch ein *castellanus* oder *prefectus urbis*, der eine Burg zu betreuen hatte, nicht nur für die strategisch-militärischen Belange zuständig, sondern hatte auch »amtliche Befugnisse« in dem zur Burg gehörigen Umland.[496] Häufig begegnen wir den *economi*, Verwaltern mit wirtschaftlichen Kompetenzen. Wie wir schon am Beispiel Eppos, des Kremser Zolleinnehmers, gesehen haben, war der *dispensator* ein ganz persönlicher Säckelwart des Fürsten, der allerdings auch in gleicher Funktion in den Diensten eines Klosters oder einer Chorherrengemeinschaft stehen konnte. Die Lebensführung am Hof war dem Küchenmeister (*cocus*) anvertraut, den man sich nicht als »Chefkoch« vorstellen sollte. Die Interpretation als Rentmeister könnte bezüglich der Haushaltsführung bei Hof zutreffen. Bei anderen Zahlungen war der *dispensator* zuständig. Die spezifischen Umstände des Auftretens Hiltgrims von Grauscharn in den Zeugenlisten deuten auf eine einflussreiche politische Tätigkeit.

Für die landesfürstlichen Finanzen unentbehrlich war der an den Münzprägestätten tätige *monetarius* (Münzmeister). Wir kennen zwar Mautstellen in der Steiermark, von denen nur möglicherweise Judenburg aber vor allem Pettau an einem Fernhandelsweg lagen. Pettau gehörte allerdings zur Herrschaft des Erzbischofs von Salzburg, woraus sich teilweise die geringen Einkünfte aus Maut und Münze von lediglich 30 Mark im landesfürstlichen Urbar erklären lassen. Die Gesamteinnahmen aus der Münze und Maut betrugen nach dem Urbar aus der Zeit der Babenberger 4750 Mark. Ins Gewicht fielen nur die Salzeinnahmen und die Maut im Ennstal mit 2700 Mark.[497] Und dann gab es eine Fülle spezieller Aufgaben, die von Ministerialen und Amtleuten betreut wurden. Die Administration und wohl auch die wirtschaftliche Nutzung der Wälder

495 StUB I 620 Nr. 644 auf S. 621 sind allgemein die landesfürstlichen *officiales* ohne nähere Kennzeichnung erwähnt.

496 Popelka, Untersuchungen zur älteren Geschichte von Graz 168. Die amtlichen Befugnisse umfassten je nach dem Entwicklungsstand des Burgbezirkes die Ausübung gerichtlicher Tätigkeit, die Einhebung verschiedener Abgaben und schließlich die Leitung des Münz- und Mautwesens.

497 Dopsch, Landesfürstliches Gesamturbar 47–50, die jeweiligen Anmerkungen sind wegen der Zusammenhänge und Details der Einnahmen heranzuziehen.

samt der notwendigen Kontrolle war Sache des *forestarius*, der auch als *magister nemoris* bezeichnet wurde. Im Zusammenhang mit den Wäldern ist der *venator*, der Jäger, von Bedeutung, der einen gewissen Einfluss in der Umgebung des Fürsten haben konnte.[498]

Wenden wir uns nun der Frage zu, wie sich die Gruppe der Dienstleute bildete, deren mächtigste Vertreter zu steirischen Landherren wurden. Die Frage geht natürlich weit über die steirischen Verhältnisse hinaus, soll hier aber am steirischen Beispiel möglichst konkret und quellennah erörtert werden. Auffällig sind einige der von Pirchegger behandelten Ministerialen, von denen einige »edelfreie« Adelige unter ihren Vorfahren hatten.[499] Die Beschreibung des Ergebnisses solcher Vorgänge als »Abstieg in die Ministerialität« wird der Bedeutung und auch der Art und Weise dieser sozialen und politischen Veränderung nicht gerecht. Richtiger scheint die einfache Feststellung, dass der »alte Adel« als Führungsgruppe von einer flexibleren und stärker differenzierten Gruppe in einem sich über mehrere Generationen erstreckenden Prozess abgelöst wurde. Das Verhältnis zwischen dem Herrscher und dem Adel wurde im Rahmen der feudalen Ordnung, durch eine Bindung bestimmt, die durch die Leistung eines Treueides entstand. Diese vasallitische Bindung konnte sich schon zur Zeit der ersten beiden Salier Konrad II. und Heinrich III. als unzureichend erweisen. Die damit zusammenhängende wachsende Unsicherheit im Herrschaftsgefüge wurde im Investiturstreit durch die häufig verhängte Exkommunikation noch deutlicher. Der Eid verlor gegenüber einem Exkommunizierten seine Wirkung – die Vasallen waren sogar verpflichtet, ihn zu verlassen und verfielen selbst der Exkommunikation, wenn sie an ihrer Treue festhielten. An die Stelle dieser untauglich gewordenen Bindung trat das wohl aus den Hofrechten bekannte Dienstverhältnis, das sich allmählich auch auf höchster Ebene im direkten Umkreis des Herrschers durchsetzte. Es handelte sich dabei um einen Prozess, dessen vielfältige Entwicklung zwischen Beharrung und Weiterentwicklung anhand von Urkunden und Traditionsnotizen studiert werden kann.[500]

Ein teilweise verwirrendes Beispiel für diesen Prozess ist die Geschichte der sogenannten Udalriche, Burggrafen einer der beiden (?) Burgen auf dem Schlossberg in Graz.[501]

---

498 1150 schenkte der Neunkirchner Geldwechsler Ellenhart dem Stift Admont einen Weingarten in Pottschach. Ob die dort als Zeugen genannten Leute, nämlich der *venator* und der *nemoris magister*, Vornbacher oder Admonter Dienstleute waren, ist nicht klar. Ich halte sie eher für Vornbacher Gefolgsleute. StUB I 300 Nr. 291. Vermutlich ein landesfürstlicher Förster (*forstar*) war ein gewisser Friedrich, der 1185 nachgewiesen ist. StUB I 637 Nr. 657. Siehe dazu weiters im Kapitel Landesherrschaft, Wälder und Forste.

499 Pirchegger, Landesfürst und Adel 3, 47 f. zur Verwandtschaft der Liechtensteiner mit dem um 1155 verstorbenen Edelfreien Reginhard von Donawitz. Vgl. auch die Stammtafel der Liechtensteiner und Teufenbacher hier 311.

500 Wichtige Betrachtungen zur Wirkung eines Treueides im Fall einer Exkommunikation Lubich, Heinrich V. 52 f. im Zusammenhang mit dem Aufstand Heinrichs gegen Heinrich IV. und der Rolle des Papstes bei der Lösung des Treueides.

501 Dopsch, Die Länder und das Reich 291 mit der nicht belegten Nennung eines Weriant von Graz, der seinen Sitz bereits auf dem Schlossberg hatte. Als Begründer des »Ministerialengeschlechts« der Udalri-

1135 bezeugte ein *Odalrihc de Graiz* einen Tausch, an dem die Markgräfin Sophia beteiligt war.[502] Ein Jahr später ist er als *prefectus urbis Grace* genannt.[503] Er übernahm die Schenkung eines Gutes in Lamperstetten, das ein gewisser Ekehard von Leibnitz dem Stift Rein anlässlich seines Eintritts in das Kloster als Konverse übergeben hatte. Diese Erwähnung interpretierte Fritz Popelka als Udalrichs Eintritt in landesfürstliche Dienste.[504] Das bedeutete aber nicht unbedingt, dass er mit diesem Schritt ein Ministeriale der Regentin wurde. Es ist aber nicht zu leugnen, dass er die Burg nun als *prefectus* betreute. Fraglich ist, ob er sie zuvor als Erbe des Weriant (Werigand) als Eigenbesitz innegehabt hatte.[505] Ebenso notwendig, wenn auch etwas ungewöhnlich, ist die Frage, ob ein *prefectus* unbedingt als Dienstmann zu betrachten ist. Jedenfalls änderte sich am sozialen Status des Udalrich nichts – auch in späteren Jahren wird er als *nobilis* oder *homo liber* bezeichnet.[506] Allerdings ist zu bedenken, dass unsere Urkunden und Traditionsnotizen bei der Benennung handelnder Personen aus naheliegenden Gründen widersprüchlich sein können. Nicht immer war es nämlich notwendig, sich plakativ von den »zeitgeistigen« und zunehmend reüssierenden Ministerialen abzugrenzen, besonders dann, wenn man, um seinen Einfluss zu erhalten, sich der Ministerialität annäherte. Bei Udalrich scheint es eher umgekehrt gewesen zu sein: Er beharrte trotz seiner landesfürstlichen Präfektur auf seinem Rang als *nobilis*.

Auffällig, aber doch mit Vorsicht zu beurteilen, ist die Schenkung Kaiser Heinrichs III. von zwei Königshufen in Gösting (heute Bezirk im Norden von Graz) aus dem Jahr 1042 an den Markgrafen Gottfried, den Wels-Lambacher. Popelka meint, dass diese Erwerbung der Erbauung eines befestigten Platzes auf dem Schlossberg diente und zu einer Kette von Befestigungen gehörte.[507] Aber auch diese Verbindung schafft keine Klarheit.

Große Verwirrung stiftet eine Admonter Notiz, in der es wieder um den Klostereintritt von Konversen geht, in der ein *Udalricus ministerialis Liutoldi comitis de Plain* auftritt.[508] Zugleich wurde aber auch seine Frau Engilmout, Ministerialin des steirischen Markgrafen (1150 war Otakar III. seit etwa zehn Jahren an der Herrschaft) in der Sache tätig. Es ging um die Kinder dieses Ehepaars. Zunächst ist aber vor allem festzuhalten, dass der von Dopsch erwähnte Werigand von Graz der gleichnamige

chinger gilt ein Nachkomme des Weriant namens Ulrich (Udalrich). Zur Burg der Udalriche vgl., auch Gänser, Österreichischer Städteatlas Kommentar zu Graz. Ob es wirklich zwei Burgen gab und die Dietmare nicht einfach die Nachfolger der Udalriche waren, ist nicht völlig geklärt.

502 StUB I 156 Nr. 151.

503 StUB I 171 Nr. 172.

504 Popelka, Untersuchungen zur ältesten Geschichte der Stadt Graz 277.

505 Dopsch, Die Länder und das Reich 291. Siehe dazu die folgenden Ausführungen.

506 StUB I 307 Nr. 302 Nr. 362: *Udalricus de Grece liber homo* (c. 1150), 332 Nr. 344 *Odalricus de Graece* unter den *nobiles* genannt (1152).

507 Popelka, Untersuchungen zur älteren Geschichte von Graz 167.

508 StUB I 320 Nr. 329.

Graf von Plain sein könnte.[509] So wäre es zu erklären, warum Udalrich als Ministeriale des Liutold von Plain eingeordnet wird. Wenn die ungefähre Datierung im steirischen Urkundenbuch mit etwa 1150 richtig ist, wären Udalrichs Rechte an der Burg auf seine Stellung als Ministeriale der Plainer zurückzuführen. Parallel dazu übernahm er aber die Präfektur über die Burg im landesfürstlichen Dienst. Diese Übernahme ließe sich aus der Stellung seiner Frau als landesfürstliche Ministerialin erklären. Die Unsicherheiten häufen sich: Ist der Udalrich von 1150 überhaupt der Burggraf? Dafür spricht bestenfalls sein Sohn Udalrich. Die Namen der Töchter Willibirg und Elisabeth geben keinen Hinweis auf die Identität des Vaters, die angebliche Verschreibung des Namens eines weiteren Sohnes Adalram zu Altmann ist für die Klärung von Udalrichs Identität nicht geeignet. Die Probleme sind auf diese Weise nicht lösbar. Wir müssen davon ausgehen, dass der Ministeriale des Grafen Liutold von Plain mit dem Burggrafen nicht identisch ist. Gleiches gilt von der Behauptung, dass die Grazer Burg am Ende des 11. Jahrhunderts einem Werigand gehörte. Sicher ist lediglich, dass Udalrich in der Zeit der Minderjährigkeit Otakars III. die Präfektur über die Grazer Burg übernahm. Es handelte sich um eine Aufgabe im strategischen und organisatorischen Umfeld des Markgrafen, die in die Vorstellungen eines Angehörigen des alten Adels passte und auch im Rahmen einer vasallitischen Treuebindung ausgeübt werden konnte. Ein gewisses Schwanken bei Udalrichs Anpassung an die neuen Organisationsformen ist bemerkbar. Zuweilen legte er darauf Wert, sich in einer gewissen Relativierung der Gegebenheiten als *liber homo* zu bezeichnen. Sein Sohn Ottokar ist dann um 1190 zweifelsfrei als herzoglicher Ministeriale nachzuweisen, dem man sogar die Ehre erwies, seine Funktion als *honestus* zu bezeichnen.[510] Wenden wir uns einigen zusammenfassenden Überlegungen zu.

Es ist ein Spezifikum der steirischen Geschichte, dass die Landesherrschaft sich in einem Zeitraum ausbildete, als dem Markgrafen vor allem durch Erbschaft Gebiete zufielen, die eine Vermehrung der Dienstleute notwendig machte. Noch ist nicht geklärt, in welchem Maße etwa im weststeirischen Raum schon Ministerialen der Eppensteiner tätig waren. Als die Traungauer ihre Erbschaft hier übernahmen, vertraten Dienstleute ihre Interessen, die aus der Salzburger Ministerialität kommen konnten und deren Verhältnis zu den Eppensteinern im Rahmen des Investiturstreites wohl gespannt war.

Politisch komplex ist das Auftreten der Liechtensteiner als neuer Macht im Raum Judenburg und Murau. Offenbar kamen sie aus der »altadeligen« Tradition der Teufenbacher und bauten eine neue politisch-soziale Selbstdefinition im Dienst der Otakare auf. Häufig holten Leopold der Starke, seine Witwe Sophia und später Otakar III. Gefolgsleute aus den ursprünglichen Herrschaftsgebieten der Markgrafen aus dem Raum

509 Dazu die kritische Darstellung von GRÜNDLER, Die Herkunft der Grafen von Plain 225.

510 StUB I 688 f. Nr. 701: *quidam Otakari ducis Styrensis honestus ministerialis Otaker nomine castellanus in Graze.*

zwischen Donau, Enns und dem Hausruck und setzten sie im »Neuland« ein, wie ich das für Marburg wahrscheinlich gemacht habe.

Der auch nach der Übernahme eines landesfürstlichen Dienstes nachzuweisende Anspruch *nobilis* oder *liber* zu sein, ist wohl mit einem Beharren auf einer »altadeligen« Vorstellung von sozialer Ordnung zu erklären. Ursachen, die manchmal in einer komplexen, nicht leicht zu entschlüsselnden Verbindung zueinanderstanden. Letztlich lassen sich diese vereinzelt dramatisch verlaufenden Veränderungen sogar aus den Quellen recht plausibel erklären. Meist geht es dabei um alltagspolitische Motivlagen.

Ein wesentliches Element der Veränderung bildeten oft die Umstände einer Eheschließung. Am Beginn dieser Entwicklung (Anfang des 12. Jahrhunderts) stand wohl der Wunsch eines Aufsteigers, der etwa als Amtmann aufgrund bestimmter Dienste der landesfürstlichen Ministerialität angehörte, seine herausgehobene Stellung und sein Ansehen zu festigen. Als sich in solchen Positionen Erfolge einstellten, versuchte man zunächst, sich von dieser neuen, erfolgreichen Gruppe durch das Betonen traditioneller Vorstellungen zu unterscheiden. Mit dem Fortschreiten der Veränderungen schwächte sich das zunächst für die Abgrenzung von den neuen Dienstleuten notwendige edelfreie Herkunftsbewusstsein ab, das bis zum adeligen Großvater zurückreichte (die drei Generationen umfassende Adelsdefinition bezeugt das Lehnrecht des Sachsenspiegels)[511]. Wenn ein edelfreier Mann oder eine Frau eine Ministerialin oder einen Ministerialen heiratete, übernahm der edelfreie Teil bisweilen nachweisbar die entsprechenden Traditionen des Ehepartners. Unter solchen Voraussetzungen verloren Einschränkungen, die der Herr in einem solchen Dienstverhältnis verfügen konnte, an Bedeutung und wurden vermutlich zunehmend als Formalität betrachtet. Die von uns auch in Österreich festgestellte vielfältige Verwendung der Ministerialität verbietet eine einheitliche Betrachtung dieser beruflich, sozial und politisch deutlich differenzierten Gruppe. Methodisch genau zu beachten sind weiters die unterschiedlichen Verläufe des Lebens eines Ministerialen im Dienste des Königs, eines Fürsten, eines Grafen oder im Rahmen einer kirchlichen Immunitätsherrschaft.[512]

Für die Integration von Regionen im Rahmen der Bildung eines Landes war es neben der Herrschaft des Fürsten auch von Bedeutung, dass wir vor allem die mächtigen Ministerialen als Grundherren und Beteiligte am herrschaftlichen Geschehen im gesamten werdenden Land nachweisen können. Bei der Bezeugung von Rechtsgeschäften spielte natürlich die Nachbarschaft zum geschenkten Gut oder zum bedachten Kloster

511 Eike von Repgow, Sachsenspiegel Viertes Buch Kapitel II: Kein Lehnrecht hatten alle, die nicht von ritterlicher Herkunft sind vom Vater und vom Großvater her.

512 Die Forschungsgeschichte zur Ministerialität ist in diesem Punkt von einiger Bedeutung. Wir orientieren uns an der Frage, wie ein »Reichsministerialer« an den König gebunden war und an der Art der Abhängigkeit der bischöflichen Ministerialität. Vgl. die unterschiedlichen Zugänge etwa Bosl, Reichsministerialität 1 32 ff. und Brunner, Ius, quod veri ministeriales habent 177 ff. Dies ist nur ein knapper Hinweis im Rahmen eines viel behandelten Forschungsthemas.

eine Rolle, doch war etwa die Macht der Liechtensteiner nicht nur im Raum Murau/Judenburg nachweisbar, sondern auch im Murtal abwärts, wo ihnen die Maut in Knittelfeld einige Zeit verpfändet war. Die Stubenberger kamen aus dem Pittener Gebiet, hatten dann aber eines ihrer Zentren in Kapfenberg. Eine Tochter des Friedrich von Pettau war mit dem im Judenburger Gebiet mächtigen Landfried von Eppenstein verheiratet. Solche Beziehungen einflussreicher Familien förderten das Zusammenwachsen des Landes.

Wir konnten eine Reihe von Orten mit wirtschaftlichen Funktionen nachweisen, die sich aus der Verkehrslage ergaben. Es handelte sich um Marktsiedlungen, Zollstellen und schließlich Münzprägestätten. Wir können vorwegnehmen: Die überragende wirtschaftliche Stellung von Enns erreichte keine andere steirische Marktsiedlung – lediglich Judenburg und Pettau konnten da mithalten, blieben aber in Bedeutung und Größenordnung doch deutlich zurück. Den österreichischen Einnahmen entsprachen nur die Abgaben im Ennstal, die in Summe etwa das doppelte der Steiner Zölle ausmachten.

Die landesfürstliche Herrschaft ging auch wie in Österreich über die alte gräfliche Herrschaft hinaus in Formen über, die als *ditio* und *regimen* bezeichnet wurden. Es handelt sich dabei um eine Form von Herrschaft, die als wichtiges Element die Gewere am Land aufwies und die ich als königsähnliche fürstliche Herrschaft verstehe. Richtig scheint auch die Interpretation, dass der Territorialfürst an die Stelle des sich zurückziehenden Königs trat oder unter neuen Voraussetzungen mit ihm konkurrierte und/oder kooperierte. Die konkrete Tätigkeit der ministerialischen Herrschaftsträger und Fachleute führte zu ihrem organisatorischen Einfluss nicht nur bei der Zolleinhebung oder Münzprägung, sondern auch bei der Entwicklung des Pfarrnetzes und der damit verbundenen Verteilung der Zehentabgaben. Hier sei an das Wirken des Archidiakons Otakar in Fischau erinnert, das bis in das Gebiet von Hartberg reichte. Die Tätigkeit der Ministerialen von Fischau, dem otakarischen Zentralort in Pitten, der das vornbachische Neunkirchen ablöste, spielte bei der Einrichtung der Herrschaftsverhältnisse nach 1158 eine wesentliche Rolle.

Auch die Ausstellung der Urkunden des Landesfürsten beschränkte sich nicht nur auf eigene Entscheidungen und Schenkungen. Darüber hinaus wirkte er an der Schlichtung von Streitigkeiten mit. Die Gründung von Klöstern, die Durchsetzung von Reformen, die seit Konrad I. vom Erzbischof von Salzburg ausgingen, und vielleicht auch unüberlegte Widmungen für das eigene Seelenheil führten immer wieder zu Konflikten. Die dabei manchmal als Argument ins Treffen geführte fürstliche Gewalt macht den Blick frei auf die praktischen, im Alltag sichtbaren Grundlagen territorialer Herrschaft. Streitigkeiten dieser Art weisen auf die Grenzen der Sorgen um das Seelenheil hin.

Zuletzt sei noch auf ein angeblich steirisches Phänomen hingewiesen, nämlich das Bestehen von Grafschaften neben der Mark an der Mur, welche die steirische Kerngrafschaft bildete. Die kritische Analyse von Erwin Kupfer ergab, dass die Grafschaften Leoben und im Mürztal im 12. Jahrhundert noch bestanden. Die Grafschaft Judenburg gehörte zur Mark, ebenso wie das Ennstal, das allerdings im 13. Jahrhundert als eine Grafschaft im neueren Sinne erwähnt wurde. 1242 beurkundete Herzog Friedrich der Streitbare seinen Salzburger Lehnsbesitz. Dazu gehörten Besitzungen in Styria und in der Marchia, nämlich in der Grafschaft Ennstal, die vom Fluss Manlich bis zu den Grenzen der Grafschaft Leoben reichte.[513] Erwin Kupfers Beweisführung, dass es keine Grafschaft Ennstal gegeben habe, weist einen von mehreren Wegen zu einer neuen Beurteilung des Problems.

Kommen wir nun zur vermutlichen Ausdehnung der steirischen Markgrafschaft selbst. Am 7. März 970 übergab Kaiser Otto I. dem Erzbischof Friedrich von Salzburg eine offenbar ausgedehnte *curtis* bei »Nidrinhof« zu der 50 Hufen gehörten, die sich die Salzburger nach Gutdünken ausmessen konnten. Dazu kamen Besitzungen im Wald *(nemus)* Sausal und in Leibnitz. Die Güter lagen im Südosten der Steiermark nahe der heutigen Grenze zu Slowenien in *comitatu Marchuuardi marchionis nostri in plaga origentali constituta.*[514] Der Markgraf war der Eppensteiner Markward, der als erster seiner Dynastie in dieser Funktion tätig war. Die Urkunde dient als Zeugnis für die Einrichtung einer ottonischen Mark an der Mur.[515] Die Gründung dieser Mark erfolgte im Rahmen einer aggressiven Politik des bayerischen Herzogs Heinrich des Zänkers gegen Ungarn. In der genannten Urkunde trat er als Intervenient für den Salzburger Erzbischof auf. Das Treffen des ungarischen Großfürsten Geza mit Otto dem Großen 973 diente in dieser bedrohlichen Situation wohl der Entspannung.[516] Dass das Ennstal zur karantanischen Mark gehörte, geht dann aus einer Urkunde Heinrichs II. im Jahr 1006 hervor.[517] Die frühe Datierung bald nach 970 legt nahe, dass die karantanische Mark zumindest seit der Übernahme durch den Eppensteiner Markward wohl von Anfang an in dem großen Umfang bestand, der auch das Ennstal und den Raum Judenburg, Wölz und Lind bei Scheifling umfasste.[518] In den schriftlichen Quellen ist nur von einem *pagus Enstal* die Rede, von dem es heißt, dass er in *comitatu Adalberonis comitis* gelegen war. Der genannte *comitatus* des Eppensteiners war die steirische Markgrafschaft.[519] Die wohl otakarische

513 BUB II Nr. 396 241 Zeile 14 ff. *videlicet comitatum in Enstal, qui a flumine qui Manlich nuncupatur usque ad terminos comitatu in Leuben extenditur.*

514 MGH D Otto I. 530 Nr. 389; Kupfer, Krongut 183; Zu Nidrinhof vgl. Tremel Udulenidvor 40 f., der Nidrinhof bei Deutschlandsberg verortet.

515 Kupfer, wie Anm. 511; Klaar, Eppensteiner 19 Nr. 12; Krah, Migration nach Südosten 47 mit Anm. 16.

516 Handbuch der bayerischen Geschichte 1 295 f.

517 MGH D Heinrich II. 149 Nr. 123: *quoddam nostri iuris predium Adamunta dictum in comitatu Adalberonis comiti in pago Ensitala situm.* Schon im Jahre 1000 ist Adalbero als *marchio* in der karantanischen Mark nachweisbar. MGH Otto III. 785 Nr. 355. Vgl. die Tabelle bei Kupfer, Krongut 183 Nr. 2 und 3.

518 Zu Wölz und Lind siehe Kupfer, Krongut 183 Tabelle Nr. 4.

519 Der *pagus Enstal* StUB 1 105, 144 und 207. Eine scharfe Kritik, die sich vor allem auf Fritz Posch bezieht Weltin, Der Begriff des Landes 399 ff. Auch Pirchegger gegenüber kritisch Kupfer, Krongut 183 ff.

Pfalz Grauscharn, ob sie nun in Pürgg oder eher in Steinach zu suchen ist, befand sich in jedem Fall im Ennstal und damit im Gebiet der steirischen Mark.[520]

Bald nach seinem bekannten Sieg gegen die Ungarn erhielt Markgraf Gottfried am 8. November 1042 von König Heinrich III. zwei Königshufen in Gösting, die *in comitatu Hengest* gelegen waren.[521] Gösting bildet heute einen Bezirk von Graz im Norden der Stadt. Die Mark an der Mur wurde demnach in dieser Schenkung als Grafschaft *Hengest* bezeichnet.

Aus der Frühzeit Heinrichs IV. stammt eine Schenkung von zehn Königshufen in und um Schwarzau an der Schwarza gelegen an Kuno von Rott, einem Parteigänger Heinrichs im Investiturstreit, der 1081 in der Schlacht bei Höchstädt zu Tode kam. Die Königshufen lagen im Pittener Gebiet *in marcha Karantana et in comitatu Otacheres marchionis*. Pitten gehörte damals zur steirischen Markgrafschaft.[522] In Deutschlandsberg an der Laßnitz lagen fünf Hufen einer Schenkung an Erzbischof Balduin von Salzburg, die *in marchionis Otacheres marchia Carintina* lagen.[523]

520 Wichtige Anregungen zur Entschlüsselung des Problems der Pfalz Grauscharn gab Elfriede Harl, Spätmittelalterliche Ennstaler Adelsgeschlechter 59 f. Doch ist die Frage nicht als gelöst zu betrachten.

521 MGH D Heinrich III. 124 Nr. 98.

522 MGH D Heinrich IV 1 56 ff. Nr. 45; Weltin, Das Pittener Gebiet 23 f.; Kupfer, Krongut 183.

523 MGH Heimrich IV. 1 71 f. Nr. 55 vom 1. Juni 1059; zum Ortsnamen vgl. den Kommentar zu MGH D Heinrich III Nr. 373.

Landesfürst und grundherrschaftlicher Adel

Zoll versus Grundruhr

Die folgenden Beobachtungen, welche die Förderung des Handels und der Verkehrsverbindungen durch den König oder die Fürsten betreffen, beziehen sich dem Rahmen der vorliegenden Untersuchung entsprechend vor allem auf den Zeitraum zwischen 1150 und 1250. Relativierend sei aber, bevor wir in die Diskussion einsteigen, angemerkt, dass Probleme, wie die freie Schifffahrt, der Schutz der wichtigen Verkehrswege oder die Maßnahmen gegen die Grundruhr spätestens seit dem Beginn der Kreuzzüge schon eine gewisse Bedeutung hatten und auch nach der Mitte des 13. Jahrhunderts in Stadtrechten, Beilegungen von Streitigkeiten, Vereinbarungen in Kriegsfällen zum Schutz der Kaufleute oder wieder einmal der Abschaffung der Grundruhr bis in die Neuzeit immer wieder zur Sprache kamen. Es handelt sich also um fast zeitlose, zumindest aber langfristig störende Hemmungen von Handel und Verkehr. So auch der umgekehrte Fall, nämlich militärische Auseinandersetzungen mit »wirtschaftlichen Sanktionen« zu unterstützen, wie etwa das Erschweren oder Verhindern lebensnotwendiger Warenlieferungen. Ein bekanntes Beispiel dafür ist die von Friedrich dem Streitbaren 1235 verfügte Sperre des österreichischen Gebietes: Er verbot, die Jahreserträge an Getreide *(annona)* zu Wasser und zu Lande in die flussaufwärts gelegenen Gebiete zu transportieren. Bei der großen Zahl der Begünstigung solcher Transporte für bayerische Klöster, wie sie seit Leopold V. überliefert sind, waren die Folgen dieser Behinderung für die bayerischen Bischöfe und Klöster äußerst unangenehm.[524]

In der zweiten Hälfte des 12. Jahrhunderts, also grob gesprochen in der Zeit der Herrschaft Friedrich I. Barbarossas, verdichteten sich die Maßnahmen zur Förderung des Handels und zur Beseitigung von Hindernissen bei der Benützung von Verkehrswegen.[525] Diese eher ordnende als privilegierende Tätigkeit ist auf der Ebene der königlichen Zuständigkeit ebenso anzutreffen wie auf der territorialfürstlichen. Für beide Stufen der Herrschaftsausübung gilt, dass Ende des 12. Jahrhunderts Entwicklungen mit einer Intensivierung der Administration in Gang kamen, die in den werdenden Territorien, den werdenden Ländern, à la longue effizienter verliefen.[526] Das umstrittene Thema

---

524 Annales Sancti Rudberti Salisburgenses 786 zum Jahr 1235; BRUGGER, WIEDL, Regesten 1, 26 Nr. 13; LOHRMANN, Judenrecht und Judenpolitik 51; im Prozess gegen Friedrich 1236 nahm Kaiser Friedrich II. Bezug auf diese Verfügung MGH Const. 2 270 f. Zeile 37–40; BUB IV/2 221 ff. Nr. 1198, hier 224 f.

525 Zur Bedeutung des Finanz- und Geldwesens in der Regierungszeit des Kaisers (1152–1190) vgl. weit über unser Spezialthema hinausgreifend etwa FRIED, Die Wirtschaftspolitik Friedrich Barbarossas in Deutschland 196- 214.

526 MITTEIS, Der Staat des hohen Mittelalters 330 f. und 342; ich habe bereits auf die Problematik des

der Regaliendefinition in der Barbarossazeit im Verhältnis zur autochthonen Herrschaft aus fürstlich-adeligen Wurzeln haben wir schon gestreift.[527]

Ulf Dirlmeier konstatierte in der genannten Zeit eine Intensivierung der Herrschaftsausübung und wies dabei dem Handel und Verkehr eine wesentliche Rolle zu.[528] In einer kritischen Umformung der Formulierung Dirlmeiers aus den sechziger Jahren des 20. Jahrhunderts ergibt sich aus diesen Zusammenhängen im Lichte der seither durchgeführten Forschungen folgender Sachverhalt: Der Herrscher, König oder Fürst, gewährte beruflich kompetenten Leuten, die überwiegend in Städten lebten, Freiheit und Schutz bei Kauf, Verkauf und Transport von Produkten, die im städtischen Gewerbe erzeugt oder im landwirtschaftlichen Umfeld von Äckern, Wäldern, Weiden und schließlich Weinbergen zur Befriedigung von Grund- und Luxusbedürfnissen gewonnen wurden. Rohstoffe verschiedenster Art gehörten ebenfalls zu den Handelsgütern. Zur Durchführung standen Dienstleute zur Verfügung, die amtliche Aufgaben, darunter auch richterliche, zu erfüllen hatten.[529] Die so gewonnenen Einnahmen dienten der Erfüllung fiskalischer Notwendigkeiten aber auch der Gestaltung des wirtschaftlichen Lebens unter gemeinnützigen Aspekten.[530] Der Hinweis auf den gemeinen Nutzen erklärt die moralische Berechtigung auch zur Einhebung von Abgaben verschiedener Art. Zugleich löste dieses Argument eine teilweise völlig neue Beurteilung von Kaufmannstätigkeit um etwa 1200 aus.[531] Dabei ging es nicht nur um die *publica utilitas*, also um Nutzen und Vorteil der Betroffenen, sondern auch um die Bequemlichkeit *(commodum)* der Nutznießer.

Die seit dem späten 11. Jahrhundert nachgewiesenen Landfrieden beschäftigen sich in dieser Hinsicht mit der Sicherung der Versorgung mit landwirtschaftlichen Gütern. Hundert Jahre später spielten andere Kategorien, wie der Schutz der gewerblichen Produktion, der Handelswege samt dem dazugehörenden Abgabenwesen und eine zunehmende Geldmenge bei der Münzversorgung eine Rolle. Davon waren der König und die Fürsten in den sich entwickelnden Territorien in ähnlicher Weise betroffen. Die *pax*, der angestrebte »Friede«, ist eigentlich eine der allgemeinen Ruhe dienende Gnade, wohl auch Ordnung, die den jeweils Privilegierten zu Teil wurde, aber auch jenen, die aus deren Tätigkeit Vorteile zogen. Bei den Versuchen, die Vorteile, die sich aus dem zuneh-

---

Begriffes »Entstehung des modernen Staates« als irreführende Vorstellung hingewiesen. Es geht um die Ausbildung der Territorialherrschaft, die trotz gewisser Ähnlichkeiten mit dem uns geläufigen Staatsbegriff nicht gleichgesetzt werden kann. Es ist eine Herrschaft mit wachsender *administratio* auch im Sinne von Steigerung der Einnahmen.

527 Siehe unten S. 40.

528 Dirlmeier, Mittelalterliche Hoheitsträger im wirtschaftlichen Wettbewerb 181.

529 Lohrmann, Regensburger Kaufleute 79 zu Dietrich dem Reichen und Herbord von Enns als Mautner, die zur Ministerialität gehörten.

530 So Dirlmeier, Mittelalterliche Hoheitsträger im wirtschaftlichen Wettbewerb 181 und 186.

531 Weiteres dazu im Kapitel Herrschaft und Heilserwartung.

menden Handel ergaben, zu nutzen, standen bei Entwicklung des rechtlichen Rahmens der König und die Fürsten in einem Wettbewerb. Man fand sich allerdings zu gemeinsamen Schritten bereit, wenn es um Zollstellen und vergleichbare Einrichtungen ging, die ohne ihre Zustimmung angelegt worden waren. Wer diese ungerechtfertigten Zölle einrichtete, wird sich aus der nun folgenden Erörterung ergeben.

Die hier geschilderte Förderung des Handels wurde hinsichtlich der Binnenschifffahrt, aber auch bezüglich der Wagentransporte durch die Grundruhr empfindlich gestört. Kam es zu einem *naufragium*, einem Schiffbruch, oder stürzte ein Wagen um, konnte der Besitzer des dortigen Grund und Bodens Ansprüche auf die aus dem Gefährt verlorenen Gegenstände als seinen Besitz erheben. Beim Schiffbruch leitete der Eigentümer seinen Anspruch auf diese Güter aus der Tatsache her, dass das Schiff auf Grund, also auf seinem Grund und Boden, aufgelaufen war. Im 11.und 12. Jahrhundert betrachteten Grundherren Uferregionen von Flüssen oftmals zu ihrer Herrschaft gehörig und stellten die entsprechenden Ansprüche. Wie und ob die »universell« verbreitete und »urtümlich« beschriebene Grundruhr zu wasserrechtlichen Regelungen in einem Spannungsverhältnis standen, erfahren wir aus den einschlägigen Lexikonartikeln nicht.[532] Trotzdem war die Zuordnung der Ufer unklar: Wir werden gleich sehen, dass Friedrich Barbarossa zumindest die Treidelwege als königliche Verkehrswege betrachtete.

Um die Jahrhundertwende 1200 setzte sich der Rechtsstandpunkt durch, der es den Grundherren verbot, sich die Transportgüter gestrandeter Schiffe oder umgestürzter Wagen anzueignen. Die Gefährdung von Kreuzfahrern und ihres mitgeführten Besitzes machten das Thema Grundruhr zu einem besonders störenden Faktor.[533] Im Laufe des 12. Jahrhunderts wurde auf den Laterankonzilien mehrfach die Beraubung schiffbrüchiger Christen mit Exkommunikation bedroht. Seit den siebziger Jahren nahm auch der Kaiser zu diesem Problem Stellung, übernahm aber 1177, als er ein entsprechendes Verbot erlies, offenbar Rechtsvorstellungen italienischer Gelehrter.[534] Die zunehmende Kritik an der sogenannten Grundruhr und dem Strandrecht steht in engem Zusammenhang mit den Bemühungen Friedrich Barbarossas, Hindernisse für die Tätigkeit der Kaufleute zu beseitigen. Unter Berufung darauf, dass die Erlaubnis für die Benützung der Heeresstraßen, Handels- und Pilgerwege vom König zu gewähren war, bekämpfte der Herrscher die Einrichtung neuer Zollstellen zugunsten einer freien Fahrt.

So verlangte Friedrich I. schon 20 Jahre vor dem Verbot von 1177 nach Klagen von (Würzburger) Bürgern und Kaufleuten, von denen nicht gerechtfertigte Zölle gefordert

532 Grundsätzlich dazu: Lieberich, Artikel Grundruhr HRG II, 1. Auflage Sp. 1856 ff., bes.1857 f.; Cordes, Artikel Grundruhr HRG II 2. Auflage Sp. 603 ff.

533 Lieberich, Artikel Grundruhr HRG II, 1. Auflage Sp. 1857.

534 MGH D Friedrich I. 3 255 Nr. 719 im Artikel 4 vgl. dazu den Kommentar; Reg. Imp. IV, 2, 3 Nr. 2348. Es handelt sich um die Constitutio Auximana. Zur italienischen Herkunft vgl. den Kommentar in MGH D Friedrich I. 3 255.

wurden, Beweise für eine kaiserliche oder königliche Schenkung, aufgrund derer jemand einen Zoll längs des Main einhob.[535] Diese Klage wurde wohl schon 1155 oder noch früher erhoben, denn wir erfahren, dass die einschlägige Berechtigung zu Weihnachten 1155 auf einem Hoftag nachgewiesen werden sollte. Da von den Betroffenen niemand vor dem Kaiser erschien, wurden diese Zölle durch einen Fürstenspruch als ungerechtfertigt verurteilt. Zölle wurden sogar unter dem Vorwand der Benützung der Treidelwege am Flussufer abgefordert. Der Kaiser verbot dies unter dem Hinweis, dass die Ufer zu den königlichen Verkehrswegen gehörten. Dieser Fall und die Art seiner Behandlung zeigen eine komplexe Problematik und werfen eine Reihe von Fragen auf.

Wer waren diese Leute, die unberechtigt Zölle zwischen Bamberg und Mainz am Main einhoben? Da der Kaiser für die Berechtigung den Nachweis einer kaiserlichen oder königlichen Schenkung verlangte, behinderten vermutlich vor allem weltliche Grundherren, deren Herrschaftsansprüche bis an die Ufer des Flusses reichten, die Schifffahrt. Geistliche Grundherren sind als »Täter« eher unwahrscheinlich, da die Kirche selbst ja gegen diese Art von Beraubung von Pilgern und Händlern vorging und die Klöster, die auf den Flüssen die für ihre Versorgung notwendigen Güter von den zum Teil fern liegenden Grundherrschaften in die Stammhäuser transportierten, am Schutz vor Übergriffen interessiert waren und zudem häufig Zollerleichterungen genossen.[536] Somit bleiben weltliche Grundherren als Täter übrig, die neben der Nutzung der Grundruhr auch ohne Begründung ungerechtfertigte Zölle einhoben. Da es nur selten Eingriffsmöglichkeiten des Königs in den Regionen gab, spielten sich die einschlägigen Konflikte zwischen den Bürgern, speziell den Kaufleuten bzw. Inhabern der Transportmittel, und den Grundherren als Träger regionaler Herrschaftsrechte ab. Wenn der König tätig werden konnte, war er auf Klagen der Betroffenen angewiesen.

Die Beteiligung der Fürsten an den nun fälligen Verboten zeigt, warum letztlich die Länder, ihre Fürsten und ihre militärisch-administrative Gefolgschaft, den künftigen Weg zwischen einem überforderten Königtum und einem fordernden grundherrlichen Adel wiesen. Der Fürst konnte solche Eigenmächtigkeiten leichter bekämpfen, da er in seinem überschaubaren Herrschaftsgebiet rascher zur Stelle sein oder Dienstleute mit den notwendigen Maßnahmen betrauen konnte. Es ist daher damit zu rechnen, dass bei einer günstigen politischen Konstellation einige der bedenklich handelnden Zoll- und Grundruhrbetreiber ins fürstliche Lager wechselten. Wir werden gleich ein bemerkenswertes Beispiel kennenlernen, das vielleicht durch eine derartige Begründung verständlich wird.

---

535 MGH D Friedrich I, 1 Nr. 165, 283 Zeile 6–12: … *ex iudicio principum … precepimus, ut … omnes, qui in prefato flumine theloneum solebant accipere, nostro se conspectui presentarent et sua thelonea imperatorum … donationibus sibi esse collata per privilegia coramposita monstrarent. Ea thelonea, que … donationis auctoritate carerent, nostro iudicio perpetualiter amputarentur*; Lindermayer, Reise und Mobilität 322.

536 Vgl. etwa zu den bayerischen Klöstern Weber, Studien zum Weinbau 374.

Soweit ich sehe, sind im Unterschied zu den häufig begegnenden normativen Regelungen nur wenige konkrete Streitfälle zur Grundruhr bekannt. Dies stellte auch Fritz Koller in seiner Arbeit über die Schifffahrt auf der Salzach fest, dass nämlich Streitigkeiten um die Grundruhr auch an diesem Fluss nur geringe Bedeutung hatten. Das von ihm paraphrasiert dargestellte Beispiel ist nicht nur herrschaftsgeschichtlich auffällig, sondern auch versteckt überliefert. Die bayerischen Herzöge versuchten, mit Berufung auf die Grundruhr einen Zugriff auf die Salzschiffe zu rechtfertigen. Die erzbischöfliche Salzburger Verwaltung und die Schiffer aus Laufen wehrten diesen Versuch im 14. Jahrhundert ab. Entsprechende Versuche der Wittelsbacher fallen wohl schon in das 13. Jahrhundert, der Zeit des Ausbaus ihrer Landesherrschaft. Dass sich Fürsten argumentativ auf die Grundruhr bei der Einhebung von Abgaben stützten, scheint ungewöhnlich. In der Auseinandersetzung mit dem mächtigen Erzbischof von Salzburg glaubte man wohl, mit der Berufung auf die Grundruhr eine geeignete Vorgehensweise gefunden zu haben.[537]

Dass Fürsten die Grundruhr bekämpften, ist im Rahmen des Auf- oder Ausbaus der Territorialherrschaft zu vermuten, denn Konkurrenz anderer Herrschaftsträger schaltete auch Leopold VI. auf den Märkten und im Münzwesen aus.[538] Wir werden ferner sehen, dass zu diesen Maßnahmen auch die Einrichtung von Institutionen gehörte, die den Handel förderten. Die gerade erwähnten Fürsten waren es, die unter Führung des Pfalzgrafen vom Rhein einen Fürstenspruch verkündeten, der die Beraubung oder Beschlagnahmung von Schiffen auf dem Main künftig unterbinden sollte.[539] Solchen Herren, die im Verhältnis zu ihrer Machtstellung unangemessen handelten, konnte der König mit Hilfe der Fürsten zumindest Schwierigkeiten bereiten. Denn solche Machthaber in den Regionen hinderten ja auch Territorialfürsten bei Gelegenheit an der Weiterentwicklung einer umfassenden, königsähnlichen Herrschaft.

Darüber hinaus widerrief der Kaiser fallweise sogar ein Recht in Verkehrsangelegenheiten, das er als Lehen ausgegeben hatte. Ein Beispiel dafür betrifft eine Überfahrt auf dem Bodensee.[540]

Friedrich hatte dem Grafen Rudolf von Pfullendorf die Überfahrt über den Bodensee bei Überlingen als Lehen überlassen. Als er im Mai 1179 mit einer Anzahl von Reichsfürsten einen Hoftag in Konstanz beging, ermunterten ihn diese und auch die

537 Koller, Die Salzachschiffahrt 32 f., bes. 33 gestützt auf Anm. 85: Franz Th. von Kleinmayer, Nachrichten vom Zustande der Gegenden und Stadt Juvavia….1784, 477. Diese Seite gibt es zumindest in der online-Version nicht. Heffeter, Die Salzachschiffahrt 1. Teil 23 berührt die divergierenden Interessen des Salzburger Erzbischofs Wlodizlaus, eines Vetters Otakars II. Přemysl bzw. des bayerischen Herzogs Heinrichs XIII.

538 So die Maßnahmen 1208/12 gegen die Verwendung des Passauer Pfennigs auf dem Ennser Jahrmarkt. NÖUB 4 Nr. 13/12 389 Zeile 23 f.

539 MGH D Friedrich I. 1 283 Nr. 165.

540 Dazu bereits Stein, Handels- und Verkehrsgeschichte 211 f.

Geistlichkeit, die alte Freiheit der Überfahrt wiederherzustellen. Der Kaiser kam dieser Ermahnung nach und sorgte damit für eine freie Überfahrt über den See.[541]. Zugleich wurden aber auch Sanktionen für die Einhebung von nicht gerechtfertigten Gebühren festgesetzt, die durch die Fährleute eingehoben wurden. Ähnliche Vorgehensweisen kennen wir von Fürsten, die Überschreitungen der überkommenen Zollgebühren bekämpften. Wir haben bereits die Maßnahmen Leopolds V. von 1177/1180 in verschiedenen Zusammenhängen behandelt, welche die Maut des Stiftes Niederaltaich betrafen, die zur Zeit Heinrichs Jasomirgott von den *mutuatores* gegen das Recht gestört worden war.[542] Das Vorgehen gegen Rudolf von Pfullendorf betraf oberflächlich betrachtet eine Verkehrsangelegenheit, tatsächlich ging es um eine tiefgreifende Auseinandersetzung zwischen Barbarossa und dem Grafen im Zuge der Auseinandersetzung mit den Welfen.[543] Die politische Dimension von Verkehrsmaßnahmen liegt ja auf der Hand!

Am 24. Juni 1196 hob Kaiser Heinrich VI. im gesamten Reich das Gewohnheitsrecht auf, dass die Kaufleute, die auf einem Fluss Schiffbruch erlitten, nicht nur ihre Waren einbüßten, sondern auch noch mit Abgaben für das gerettete Gut belastet wurden.[544] Es handelte sich um einen Versuch, die Grundruhr auf den Flüssen des Reiches zu beseitigen.[545] Begründet wurde diese Maßnahme nicht nur mit den Misshelligkeiten, die diese Gewohnheit den Kaufleuten bereitete, sondern auch damit, dass dieses Recht wider alle Vernunft und ungerecht sei.[546]

Auch hinter dem entschlossenen Vorgehen gegen grundherrliche Gewohnheit, die den Verkehr behinderte, standen Bemühungen des Königs und der Fürsten, einen möglichst flüssigen Verkehr mit wenig Hindernissen sicherzustellen.

Im zwischen 1220 und 1235 entstandenen Sachsenspiegel wurde die Frage geregelt, was mit einer Habe eines anderen zu geschehen habe, die jemandem im Wasser zufließe. Bei einer gerechtfertigten Forderung auf Rückgabe, musste das Gut gegen die Erstattung von Unkosten zurückgestellt werden.[547] Diese Rechtsauffassung bedurfte aber einer oftmaligen Behandlung, um sich gegenüber den älteren Vorstellungen durchzusetzen.[548] Ob wir die Bekämpfung der Grundruhr im Rahmen neuer, von der Territorialpolitik

---

541 MGH D Friedrich I. IV 336 f. Nr. 779. Reg. Imperii IV, 2,3 Nr. 2492. Schmid, Graf Rudolf von Pfullendorf 100 ff. zur Bedeutung der Überfahrt.

542 BUB I 65 Nr. 49; Lohrmann, Regensburger Kaufleute 80 und in dieser Arbeit mehrfach erwähnt.

543 Schmid, Graf Rudolf von Pfullendorf 193.

544 MGH Const. I 521 Nr. 373 und Reg. Imp. IV, 3 Nr. 524.

545 Stein, Handels- und Verkehrsgeschichte 212.

546 MGH Const. I 521 Zeile 26 ff. *quod nos, adtendentes gravamen et contra iuris rationem statutum, universos imperii nostri mercatores, per aquarum decursus cum mercimoniis suis euntes, cum rebus suis eos ab hac penitus excludimus consuetudine inordinate statuta, ne periculum naufragii cum rerum suarum dimersione perpessi aliquod in bonis suis idcirco dispendium sustineat vel iacturam.*

547 Kaller, Sachenspiegel 121 Landrecht II 29: »Wem im Wasser etwas zufließt«.

548 Lindermayer, Reise und Mobilität 332 behandelt Beispiele bis ins 14. Jahrhundert; vgl. auch Lieberich, Artikel Grundruhr HRG II, 1. Auflage Sp. 1857 f. und Cordes, Artikel Grundruhr HRG II,

bestimmter Vorstellungen verstehen können, ist nicht nachzuweisen. Entsprechende Versuche, diese Gewohnheit abzuschaffen, appellierten eher an die Vernunft als an Unrechtsbewusstsein. Eine übertriebene »Zollpolitik« konnte zwar ähnliche Auswirkungen beim Blockieren der Flussfahrt und der Straßenbenützung haben, beruhte aber auf der traditionellen, bis in die Antike zurückreichenden Rechtsvorstellung vom gerechten Zoll.

Die andere Seite als Gegenstück zur adelig-grundherrschaftlichen Grundruhr war eben dieser alte Zoll, der nach dem Ausweis der karolingischen Kapitularien eine umfassende Neuordnung erfahren hatte.[549] In der Urkunde Herzog Otakars von 1191 werden die Abgaben, die auf dem Ennser Jahrmarkt zu leisten waren, erneuert und dauerhaft bekräftigt, aber nicht als *theloneum* – Zoll bezeichnet. Der hier verwendete Begriff *iura* bedeutet Abgaben, denn in der Fortsetzung des Textes heißt es, dass die Regensburger und die anderen Mitglieder ihrer Karawane *non alia iura … exigantur quam ea, que … ordinatione patris mei … Otacheri … eis imposita fuerunt.* Hinter dem recht allgemeinen Begriff der *iura* verbergen sich bei näherer Betrachtung des Textes Abgaben verschiedener Art und Qualität. Die Differenziertheit dieser Abgaben ist aufzuspüren, wenn im Text auch jegliche präzise Terminologie fehlt.

Obwohl uns die Aufzeichnungen über Rechtsgeschäfte und gerichtliche Entscheidungen kein Beispiel für die Ausübung der Grundruhr im Gebiet Enns/Mauthausen geben, begünstigten die topographischen und die Herrschaftsverhältnisse den Zugriff auf Ladegut bei Unfällen. Gegenüber dem Dorf Langenstein lag auf einer Insel die Burg Spielberg.[550] Das nördliche Donauufer bei Langenstein bestand aus Granit, der sich unter Wasser fortsetzte und eine Klippe bildete. Diese verursachte eine Stromschnelle, die als Fall und in älteren Beschreibungen als Fallwasser bezeichnet wurde.[551] (Abb. 12) Bis in die Neuzeit galt die Stelle als sehr gefährlich. Die Schiffe wichen unter gewöhnlichen Umständen der Stromschnelle aus und benützten einen südlichen Donauarm, der offenbar ruhiges Fahrwasser bot. Eine der Wundertaten Virgils, des Bischofs von Salzburg, ereignete sich bei der Burg Spielberg. Die Lebens- und Wundergeschichte Virgils (745–784) entstand nach der Auffindung von Virgils Grab nach 1181. Der Verfasser schildert in den Rahmenhandlungen der Geschichten die Lebensumstände seiner Zeit. Ein schwer mit Waren beladenes Schiff aus Regensburg war unterwegs zur Messe in Ardagger und erlitt dort einen Schiffbruch, von dem wir annehmen dürfen, dass er durch die Stromschnelle am Nordufer ausgelöst wurde.[552] Vielleicht riskierten die Schiffsleute

2. Auflage Sp. 604. Übersicht über die Bekämpfung der Grundruhr von den Kreuzzügen bis ins Spätmittelalter (ein gewisser Schwerpunkt von Beispielen aus dem 13. Jahrhundert).

549 Amon, Das Zollwesen im fränkischen Reich 215 behandelt das Diesenhofer Kapitular, in dem den *antiqua et iusta telonea* die *nova et iniusta* gegenübergestellt werden.

550 Die Geschichte der zu ihr gehörigen Herrschaft und der Burghut habe ich an anderer Stelle behandelt Lohrmann, Regensburger Kaufleute 45 ff.

551 Katzinger, Mauthausen 70.

552 Vitae et miracula sanctorum Iuvavensium 93 cap. 16 *De civitate Ratispona institores ad nundinas per alveum*

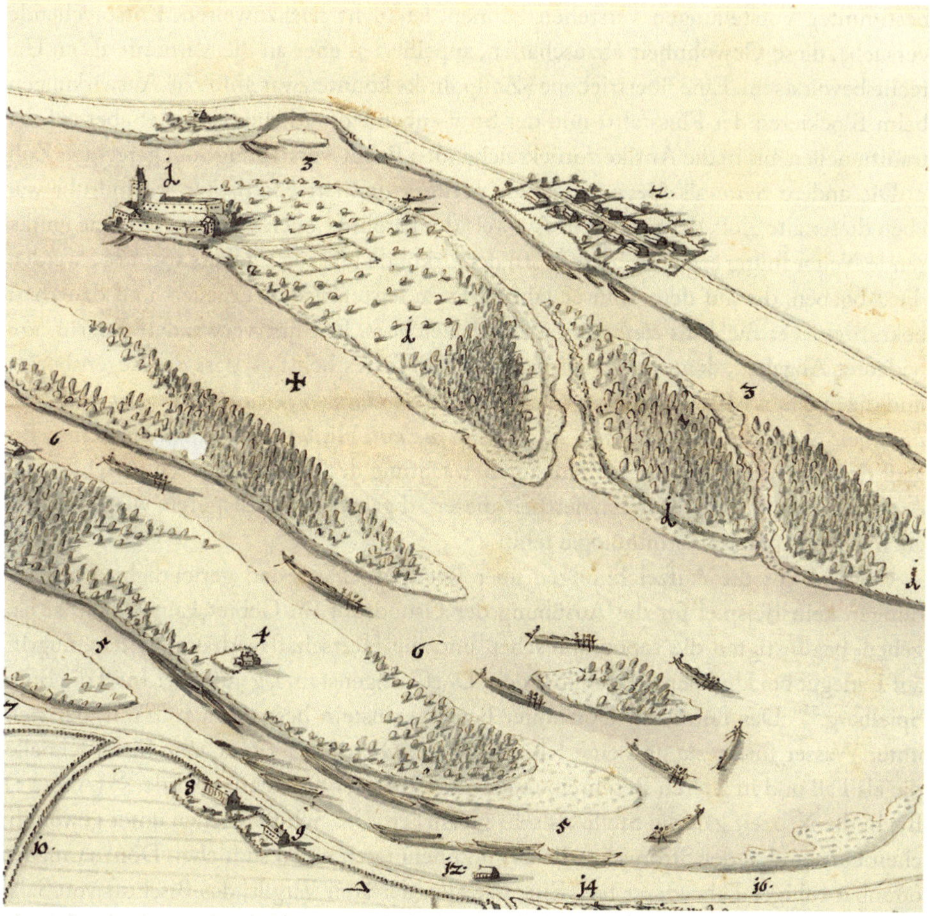

Abb. 12: Das »Fallwasser« am Nordufer der Donau bei Langenstein. Ausschnitt aus der Kartenskizze der Donau im Raum Enns/Mauthausen.

den gefährlichen Weg durch das Fallwasser, um die Zahlung der Fürfahrt in Enns zu vermeiden. Ob diese Abgabe in den achtziger Jahren schon bestand, wissen wir aber nicht.[553]

Diese Gebühr wurde zwischen Maria Lichtmess (2. Februar) und dem Ende des Jahrmarkts eingehoben und befreite vom Anlegezwang. Als die Regensburger Kaufleute Enns erreichten, dauerte die dortige Messe noch an. Sie endete nämlich zwischen dem 10. Mai und dem 13. Juni (Pfingstsonntag). Zu dieser Zeit kamen bereits frühe Warenla-

Dabubii in locum, qui dicitur Ardacher...descentes periculum illud excitatione fluctuum assidua Spilberch voatum inciderunt.

553 Vgl. dazu aber die Ausführungen Knittler, Eine Markt- und Zollordnung Herzog Leopolds VI. 343 f.

dungen zur Messe nach Ardagger, die um den 20. Juli stattfand. Wir haben ja festgestellt, dass auch die Ennser Messe bereits mehrere Wochen vor dem Messebeginn mit Waren beschickt wurde. Lassen wir diese etwas umständlichen und im Umfeld des Schiffsbruchs hypothetischen Erwägungen beiseite.

Schiffbrüche hatte es an dieser Stelle der Donau am Ende des Jahrhunderts wohl gegeben. 1941 wurden bei einer Grabung in Spielberg vier Münzen gefunden, die in Köln zur Zeit des Grafen Eberhard von Sayn (1139–1176) sowie der Erzbischöfe Friedrich II.und Reinald von Dassel wohl zwischen 1156 und 1167 geprägt wurden.[554] Die Münzen könnten bei einem ähnlichen Unfall verloren gegangen sein. Katzinger stellte die Frage, ob die Kölner hier eine Maut bezahlten. Der Fund von Kölner Münzen an diesem Donauabschnitt birgt an sich keine Überraschung, da die Kölner Kaufleute ja zur Karawane der Regensburger gehörten, deren Ziel Enns war. Der Fundort im Burgbereich deutet aber weniger auf Abgaben im Rahmen des Ennser Marktes, sondern eher darauf, dass die Burghüter, Passauer Ministerialen,[555] von den Kaufleuten abkassierten oder der Inhaber der Burgherrschaft Dietrich auch ohne Berufung auf die Grundruhr. Genug der Spekulationen! Bedenkenswert scheint jedenfalls die Möglichkeit, dass Zoll und Grundruhr Einnahmen waren, die ihre Grundlagen in ähnlichen Profit- und Rechtsvorstellungen hatten. Sie unterschieden sich aber darin, dass der Zoll als altes Recht betrachtet wurde und die Grundruhr zunehmend als Unrecht galt.

554 Katzinger, Mauthausen 72; Doblinger, Ein Münzfund von Spielberg, 227–229.

555 Zu den Burghütern Lohrmann, Regensburger Kaufleute, 45 f.

Bezüglich der Bestimmungen über die 1191 genannten Beträge bei der Verzollung von Waren ist eine interessante Beobachtung festzuhalten: In der Ennser Jahrmarktsordnung gibt es nur zwei Gebühren, nämlich jene von zwölf und eine weitere von 16 Pfennigen. Offenbar handelt es sich um einen frühen Versuch, eine einfache Form der Einhebung von Zöllen zu finden. Der geringere Betrag betraf die Abgaben für Häute und Wachs, die Anlieferung von Getreide und Wein während der Marktzeit und die Entladung von Schiffen; ferner ging es um Wagen, die in der Stadt beladen wurden und die Brücke benützten. Die 16 Pfennige waren für die Überquerung der Ennsbrücke fällig. Die Abgaben waren wenig differenziert, ihre Höhe bezog sich nicht auf bestimmte Waren, wenn man von den Häuten und vom Wachs absieht. Im Vergleich zum fast gleichzeitig geschriebenen Regensburger Privileg und den Tarifordnungen der folgenden Jahre sind die Regelungen der Ennser Ordnung in diesem Punkt äußerst gering.

Das ist unser Ausgangspunkt, von dem aus wir uns den verschiedenen Arten der Zölle zuwenden wollen. Dabei werden nicht nur die Abgaben in Enns, sondern auch solche an anderen Zollstellen der Donau behandelt. Die zur Abfahrt bereiten und beladenen Schiffe im Donauhafen bei Enns wurden nach dem Gewicht der Ladung taxiert und dabei handelte es sich um Wachs, Häute und gleichwertige Waren. Pro Zentner verlangte man zwölf Pfennige.[556] Andere Waren werden nicht genannt. Es handelte sich bei dieser Abgabe um den Typus des »großen Zolls«, welcher aufgrund der Waren nach Art und Gewicht festgestellt wurde.[557] Die Zollordnungen zeigen, dass die Bemessung des Zolls nach Transportmitteln oder nach der Warenmenge nebeneinander bzw. sogar vermischt angewendet wurde. Daher ist auch Vorsicht bei der Beurteilung des kleinen oder großen Zolls angebracht. Auch die sich aus dem Koblenzer Zoll in seinen Fassungen um 1200 ergebenden chronologischen Betrachtungen (die Verzollung nach Transportmitteln wäre älter als jene nach der Warenmenge) treffen in anderen Fällen offenbar nicht zu.[558] Die Tarifordnung von Stein etwa, die vermutlich nur um wenige Jahre jünger als die Ennser Marktordnung ist, folgt schon überwiegend der neueren Einschätzung nach der Warenmenge, vermischt aber in der ersten Bestimmung ältere und jüngere Formen des Zolls: Es geht um Tuchwaren, deren Menge aber nach dem Transportmittel berechnet wurde: Wagengewand, Saum und Schiff. Der gesamte Zolltarif wurde als *muta*

556 Hausmann, Urkundenbuch der Steiermark 1, EN1 S. 2 Zeile 11 f.: *de centenario XII denarios persolvat tum de cera, tum de cutibus et de equipollentibus.*

557 Schmoeckel, Artikel Zoll HRG V, 1. Auflage Sp. 1753.

558 Pfeiffer, Rheinische Transitzölle 141 und 160 ff.

minor bezeichnet[559] In Enns verzollten die Schiffseigner/Kaufleute bei der Abreise jene Waren, die auf dem Jahrmarkt erworben worden waren. Der Zoll entsprach dem Typus des Marktzolls.

Nach Erledigung dieser Prozedur wurden Waren an das Ufer gebracht, die offenbar auf Wagen von den Schiffen heruntergefahren wurden. Vom *plaustrum*, einem großen (vierrädrigen) Lastwagen, mussten zwölf Pfennige bezahlt werden. Diese Abgabe deutet wohl auf eine Anwendung des Stegrechts hin.[560] Die Waren, die auf diese Weise von den Schiffen gebracht wurden, waren wohl zum Weitertransport nach Osten bestimmt und dies bedeutete, dass man die Ennsbrücke passieren musste. Ob die hier zu zahlenden 16 Pfennige schon als *pontaticum*, als Brückenzoll, bezeichnet werden dürfen, ist unsicher, denn die Abgabe wurde nach dem Transportmittel berechnet, nämlich dem großen Wagen.[561] Ein Kaufmann, der hinter seinem beladenen Wagen Pferde über die Brücke führte, hatte keine Maut zu bezahlen.[562] Siegfried Haider zog aus dieser Bestimmung den Schluss, dass der Kaufmann als beritten betrachtet wurde und daher als wehrhaft galt.[563] Aus den folgenden Bestimmungen ist zu schließen, dass von dem vorausfahrenden Wagen Zoll zu zahlen war. Ging jemand ohne Wagen, aber mit Waren über die Brücke, bezahlte er einen Obolus, also einen halben Pfennig. Von beladenen Pferden waren sechs Pfennige zu entrichten.[564] Wurden Wagen in der Stadt beladen, war die Überquerung der Brücke billiger und betrug nur zwölf Pfennige.[565] Man nahm vermutlich auf die Interessen der Ennser Bewohner (Kaufleute?) Rücksicht. Diese Abgaben haben eine gewisse Ähnlichkeit mit dem sogenannten kleinen Zoll, der nach den Transportmitteln berechnet wurde. Aufgrund des einleitend festgehaltenen Zwecks der Urkunde, nämlich die Festlegung der Abgaben bei der Abhaltung des Ennser Jahrmarkts, gehören diese Zahlungen wohl zum Marktgeschehen.

Auch die beim Überschreiten der Ennsbrücke von den Wagen, die in die Rus fuhren oder von dort kamen, eingehobenen 16 Denare, waren sowohl Markt- als auch eine

559 Knittler, Zum ältesten Steiner Zolltarif 70.

560 Deutsches Rechtswörterbuch 13 Sp. 1600 unter Stegrecht: Neben anderen Bedeutungen vor allem eine »Abgabe auf Waren, die von Schiffen abgeladen oder auf diese aufgeladen werden«. Die Datierung der in diesem Artikel zitierten Urkunde angeblich im Jahr 1147 ist hinfällig, weil die Urkunde zwischen 1259/65 und 1322 verfälscht wurde. Eingefügt wurde auch das *ius littoris, quod Stegrecht in vulgo dicitur* an der Donau. Birngruber, Studien zu den frühen Urkunden des Klosters Waldhausen 37; die im Lexikonartikel genannten Beispiele, die meistens aus dem 13. Jahrhundert stammen, weisen verdächtig große Schwankungen auf.: Zwölf Pfennige, zwölf Schilling, zwölf Pfund.

561 Hausmann, Urkundenbuch der Steiermark 1 EN1 S.2 Zeile 18 f. *Similiter de plaustris per pontem transeuntibus, quamcunque mercem ferat, XVIcim denarios persolvat.*

562 Hausmann, Urkundenbuch der Steiermark 1 EN1 S.2 Zeile 19: *Si vero mercator eques transeat post plaustrum nihil pesolvat.*

563 Haider, Bestätigung 165.

564 Hausmann, Urkundenbuch der Steiermark 1 EN1 S. 2 Zeile 20 ff.

565 Ebda. Zeile 22 *Plaustra, que in ipsa villa onerantur, XII denarius persolvant.*

Transitabgabe.[566] Die Bestimmung wurde mitten unter den anderen Abgaben auf der Brücke verzeichnet. Damit ist wahrscheinlich, dass der Warenhandel mit der Rus auch zu den Geschäften auf dem Ennser Jahrmarkt gehörte. Zweifel an dieser Interpretation könnte der Schluss dieser Bestimmung auslösen, denn es hieß nach der Festsetzung der Gebühr von 16 Pfennigen *nec retineri debent*. Diese Anweisung könnte auf einen *liber transitus* deuten, aber sich auch auf die Abfahrt vom Markt beziehen.

In Enns hob man in der Zeit vor der Herrschaftsübernahme durch Leopold V. offenbar auch eine Gebühr für die freie Fahrt vorbei an der Ennsmündung ein. Leopold verfügte nämlich zwischen 1192 und 1194 eine Befreiung des Klosters Vornbach von der Abgabe oder vom Zoll, der auf der Brücke in Enns oder bei der Fahrt auf der Donau eingehoben wurde.[567] Die Formulierung *vectigal vel teloneum* ist nicht eindeutig: Zoll könnte die präzisere Erläuterung des Begriffs *vectigal* sein oder zwei verschiedenartige Abgaben bedeuten: nämlich Zoll oder Transitgebühr. Die Stadt Enns konnte also schon unter traungauischer Herrschaft eine Abgabe auf der Donau einheben, die wahrscheinlich den Zoll auf der Brücke bei der Fahrt auf dem Fluss ergänzen sollte. Der generelle Transitzoll auf der Donau wurde allerdings in Mauthausen eingehoben. Ein erster Hinweis darauf ergibt sich bekanntlich aus der Regelung der Zollangelegenheiten von Niederaltaich (1177–1180), die Ehrengabe für den Landesfürsten war in Mauthausen abzuliefern, der reguläre Transitzoll vermutlich in Ybbs (*in superiori mutua*).[568] Einen Grenzzoll bei der Einfahrt in das babenbergische Herrschaftsgebiet können wir in Mauthausen nicht nachweisen.

Die Markt- und Zollordnung Leopolds VI., die vermutlich 1208/1212 ausgestellt wurde,[569] regelt die Abgaben umfassender und benennt sie schon in der Publicatio. Dort findet sich eine konkrete Begründung für die Festlegung der Abgabenhöhe. Es ging darum, künftig ungebührliche Abgaben zu verhindern und vielleicht auch die bisher wenig differenzierten Abgaben nach Warenwerten aufzufächern. Der Herzog holte zu diesem Zweck den Rat von Leuten ein, die für sein Heil zu sorgen hatten *(salute nostre consulentes)*. Die Missstände waren infolge der unterschiedlichen Auffassungen *(diversificatio)* der Amtleute entstanden.[570] Daher waren die Obergrenze und die Zahl der herzoglichen Mauten *(mutae)* oder Zölle *(thelonea)* und alle Abgaben im Herrschaftsgebiet der Babenberger zu Wasser und zu Lande festzulegen. Ferner ging es um Abgaben bei den Jahrmärkten (Messen), aber auch solche, die außerhalb der Messezeiten eingehoben wur-

566 Hausmann, Urkundenbuch des Landes Steiermark 1 EN1 S. 2 Zeile 21 f.

567 BUB II 350 Nr. 489; Mitterauer, Zollfreiheit und Marktbereich 211 mir Anm. 14. Die Transit- und Zollbefreiung stellte wohl Leopold V. und nicht sein Sohn aus. Die Gebühr war vermutlich auch außerhalb der Jahrmarktszeiten eingehoben worden.

568 BUB I 66 Nr. 49.

569 Zur Datierung Lohrmann, Regensburger Kaufleute 70 f.

570 Lohrmann, Regensburger Kaufleute 26 f. Anm. 132 mit einer Erklärung organisatorischer Strukturfehler.

den.[571] Der Gebrauch einer präzisen Terminologie ist wahrscheinlich mit der vermutlichen Sachkenntnis der wohlmeinenden Ratgeber zu erklären; es handelte sich wohl um Personen, die das Vertrauen Leopolds VI genossen, sicher aber auch einen beträchtlichen Sachverstand hatten. Auch Leopolds Vater hatte sich von einem Fachmann, nämlich einem Mautner, beraten lassen, als er überhöhte Zollforderungen unterbinden wollte.[572]

Der umfangreiche Text ist weniger klar als der Beginn der Urkunde, manche Abgaben werden erst durch die Beschreibung verständlich. So etwa, wenn es heißt, dass die Wagenladungen in Mauthausen auf der Donau oder auf der Straße vorbeifuhren oder vorbeigeführt wurden.[573] Der Gebrauch zweier verschiedener Verba *transire* und *ducere* bezog sich wohl auf den Wasser- bzw. Landweg. Hier wurde ein Transitzoll von fünf Pfund eingehoben. Dass es sich dabei um einen Grenzzoll beim Betreten des Herrschaftsgebietes der Babenberger handelte, ist schon wegen der Höhe des Zolls nicht wahrscheinlich: Nach dem Text ihres Privilegs aus dem Jahr 1192 hatten die Regensburger für die Wagenladung für den wohl gleichen Durchgangszoll nur drei Pfund zu bezahlen und die Händler, die in die Rus fuhren, nur zwei Pfund.[574] Der Zoll wurde nach dem Gewicht der Wagenladung festgelegt, spiegelt aber mit seiner außerordentlichen Höhe die Qualität der Last, der Tuchwaren. Die Abgabe für die Durchfahrt der Regensburger *Ruzarii* in die Rus von 1192 bezog sich hingegen nicht auf die Wagenladung, sondern nur auf die Tatsache, dass man Österreich durchquerte (ein Transitzoll, der das Territorium betraf). Wo diese Zahlung zu leisten war, ist unbekannt. Etwas überraschend ist die Bestimmung, dass die »Russlandfahrer« 32 Pfennige zu bezahlen hatten, gleich, wo sie das Land betraten[575] – es handelte sich dabei um eine moderate Abgabe bei der Einreise. Hassinger vertritt die Ansicht, es habe um 1200 bereits Grenzzölle gegeben. Auch Nazarenko pflegt die Vorstellung vom Grenzzoll, wenn er meint, die russischen und ungarischen Kaufleute müssten in Wien und nicht in Mauthausen einen Grenzzoll leisten.[576]

In den folgenden Bestimmungen der Markt- und Zollordnung wurden Wagen, die an Mauthausen vorbeikamen, nach ihrer Größe mit Zöllen belegt. Für die großen Ladungen, das Wagengewand, wurde die erwähnte Abgabe von fünf Pfund eingehoben, für die kleineren Enzwagen, die nur von einem Pferd gezogen wurden, verlangte man nur ein Pfund. Dieser Wagen war für die Ladung eines Wagengewands zu klein. Der Enzwagen

---

571 NÖUB 4 Nr. 13/12 388 Zeile 17–20 *sub certa meta et numero mutas nostras sive thelonia et omnia tributaria terminorum nostrorum tam in aqua quam in terra, tam in nundinis quam extra nundinas…conscribi fecimus.*

572 BUB I 65 f. Nr. 49; Lohrmann, Regensburger Kaufleute 80.

573 NÖUB 4 Nr. 13/12 388 Zeile 23 f. *De eo quod dicitur recht wagnarwannt quinque talenta statuimus in Mathausn sive in aqua sive in terra transeat vel ducatur.*

574 BUB I 118 Nr. 86 Artikel 24.

575 BUB I 118 Nr. 86 Artikel 33.

576 Vgl. dazu Hassinger, Zollregal 157 mit Verweis auf Pirchegger, Geschichte der Steiermark 1 314 ff. (Grenze allerdings auf eine Grafschaft bezogen), Nazarenko, Die Regensburger Ruzarii 22.

wurde in die Kategorie eines *currus*, eines Wagens von unbestimmter Größe, eingeordnet. Das Wagengewand wurde hingegen mit einem *plaustrum*, einem vierrädrigen Wagen transportiert. Und dann gab es noch einen Wagen, der als »ringwagen« bezeichnet wurde, und bei Fahrten nach Ungarn oder in die Rus verwendet wurde.[577] Mit einem Zoll von drei Pfund stand er etwa in der Mitte zwischen dem Enzwagen und dem *plaustrum*. Wenn der Name dieses »Ringwagens« tatsächlich auf den mittelhochdeutschen Begriff *ring* = leicht, gering zurückzuführen ist, ergab sich dies wohl aus dem Vergleich mit dem schweren Wagen für den Transport des Kölner Wagengewandes.[578] Diese Ringwagen wurden von den Regensburger Russlandfahrern verwendet, die auch Handel mit Ungarn betrieben. Handelsbeziehungen von Regensburger Familien nach Ungarn, darunter auch Juden, sind bereits im 11. Jahrhundert nachweisbar.[579]

Die Erwähnung von Wagentransporten und ihrer Abgabenpflicht in Mauthausen lässt auf eine Straße schließen, die den Ort berührte. Dies wird ja auch durch den Zoll für das »Wagengewand« bestätigt, der für Transporte zu Wasser und zu Land eingehoben wurde. Bei dem Landweg handelt es sich um die nördliche Donautalstraße, die im Zuge der Feldzüge Heinrichs III. gegen Ungarn in den 40er Jahren des 11. Jahrhunderts gegenüber der Karolingerzeit an Bedeutung verlor.[580] Die Rolle Mauthausens als Markt- bzw. Zollstelle könnte zu einer kurzfristigen Neubelebung der Bedeutung dieser Straße geführt haben, die in ihrem weiteren Verlauf nach Osten auch die bekannte Mautstelle in Stein berührte.[581] Wie aus der Erwähnung von Waren aus dem Osten zu schließen ist, wurde diese Straße in beiden Richtungen benützt.

Leopold und seine Berater setzten daher auch in Mauthausen Zölle für Waren fest, unter denen Wachs und Häute genannt sind. Besonders fällt die Verzollung von zwei Gefäßen mit Deckeln auf. Der Zoll für diese Gefäße war hoch, nämlich fünf Vierdung *(quinque fertones)*. Wenn es sich bei dem Vierdung um das Viertel eines Zählpfundes gehandelt hat, ergäbe das einen Zoll von einem Pfund und 60 Pfennigen (5 × 60 Pfennige sind 300 Pfennige). Bei reinem Silber entspräche die Zahlung einem und einem halben Pfund plus 15 Pfennigen (75 Pfennige mehr). Rechnet man den Vierdung von der Mark, würde sich ein Zoll von 200 Pfennigen, also etwas unter einem Pfund oder über einer Mark ergeben. Dass diese Waren aus dem slawischen Osten kamen, wird auch durch die Abfolge der Betreffe in unserer Urkunde gestützt: Die Abgabe wurde direkt nach der

577 NÖUB 4 Nr. 13/12 388 f. Zeile 23 bis Zeile 1 auf S. 389: *De eo quod dicitur recht wagnarwannt quinque talenta statuimus in Mathausn... de curru qui dicitur ewenwagen talentum... de curru qui dicitur ringwagen, qui ducitur de Vngaria vel de Ruchia, tria talenta.*

578 Nazarenko, Die Regensburger *Ruzarii* 21 f.

579 Lohrmann, Regensburger Kaufleute 20 ff. Vgl. Die Graner Zollordnung, die vielleicht schon um 1200 gültig war unten S. 189; Nazarenko, Der bayerisch-russische Handel 22 f. mit Anm. 22.

580 Csendes, Straßen Niederösterreichs, 140 f. Kapitel über die nördliche Donautalstraße.

581 Csendes, Straßen Niederösterreichs 142.

Gebühr für Wagen aus der Rus und Ungarn verzeichnet. Ein Zoll von mehr als einem Pfund ist jedenfalls bemerkenswert hoch.

Direkt nach der Festsetzung des Zolls für die Gefäße mit Deckeln wurde die Gebühr für die Vorüberfahrt (Fürfahrt) bei Mauthausen mit einer Mark (160 Pfennige) bestimmt. Dieses Thema führt uns nach Enns zurück, weil sich ein genauerer Blick auf das Verhältnis der einander gegenüberliegenden Zollstellen aufdrängt. In Enns gab es nämlich die Fürfahrt nur als Ablöse vom Anlegezwang in der Zeit des Zwangsstapels, der die Versorgung des Jahrmarkts mit Waren sicherstellen sollte.[582] Die Höhe der Gebühr ist nicht bekannt. Wir wissen nur, dass ein Einheimischer zwei Drittel der Zahlung eines Gastes zu leisten hatte. Die Formulierung *ex hoc numero tertia pars* ist merkwürdig. Entweder galt für die Gäste der Mauthausener Betrag, aber dann ergaben zwei Drittel für die herzoglichen Bürger die unpraktische Zahlung von etwa 106 Pfennigen. Möglich ist es auch, dass man sich auf keinen Betrag einigen konnte und den Leuten vom Zoll bei der Einhebung freie Hand ließ. Eine Praxis, die man an sich zu vermeiden suchte, weil der Fürst ja, wie wir schon mehrfach festgestellt haben, diesen Leuten häufig misstraute.

Die Einhebung der Gebühr für die Fürfahrt begann, wie schon ausgeführt, bereits am 2. Februar *(purificatio sancte Marie, Lichtmess)*. In Otakars Jahrmarktsordnung wurden die Schiffe erst ab dem 25. März *(annunciatio beate Marie)* zum Anlegen in Enns verpflichtet. Die Möglichkeit eines Vorbeifahrens an Enns gegen eine Zahlung bestand damals offenbar noch nicht. Wann könnte die Ennser Führfahrt installiert worden sein? Es gibt zu denken, dass wir dieser Abgabe erstmals in einer Urkunde Leopolds VI. vom 17. August 1198 begegnen, die sich allerdings nicht auf Enns bezog.[583] Erst in seiner Markt- und Zollordnung 1208/1212 legte er für den 2. Februar bis 25. März die ersatzweise Einhebung einer Gebühr für die Fürfahrt fest. Leopold VI. nahm damals Veränderungen der Jahrmarktsordnung vor, die für das Marktgeschehen nicht günstig waren (die Gewährung der Fürfahrt gefährdete die Fülle des Marktangebots in Enns), versuchte aber etwaige Verluste von Einnahmen auszutarieren.[584]

Zwischen 1196 und 1198 könnte die Rechtssprache hinsichtlich der Fürfahrt konkreter geworden sein. Die Erwähnung der Fürfahrt von 1198 ist nicht ganz leicht zu verstehen: Man zitierte damals die Bestimmung von 1196 ziemlich frei: Die Güter Osterhofens waren bei den Zoll- und Mautstellen zollfrei, ebenso frei von anderen Abgaben *(vectigalia)* und von jener, die Fürfahrt genannt wird *(eo quod dicitur furfart)*. Dies paraphrasiert den Text von 1196; Herzog Friedrich I. verzichtete damals auf eine Abgabe, die von den Leuten *(vulgo) muta* genannt wurde.[585] Offenbar begann sich damals der Rechtsbegriff der

582 Knittler, Enns und der Donauhandel 77 f. mit Anm. 36.

583 BUB I 145 f. Nr. 110.

584 Zur Beurteilung der Fürfahrt Knittler, Eine Markt- und Zollordnung Herzog Leopolds VI. 243 f.

585 Die Urkunde für Osterhofen vom 17. August 1198 ist in einem wesentlichen Punkt eine interpretierende

Fürfahrt aus dem einfachen Vorgang des Vorbeifahrens an einem Ort zu einem administrativen Terminus zu entwickeln. Es ist durchaus denkbar, dass der Urkundeschreiber von 1196 unter der *muta* bereits die Fürfahrt verstanden hat. In einem etwas weiter gefassten Resümee, zu den »handelspolitischen« Maßnahmen Friedrichs I. und Leopolds VI. können wir folgendes festhalten: Die Beseitigung des Einflusses der Regensburger in Enns und die Gewährung eines Stadtrechts 1212 schlossen eine Entwicklung ab, die offenbar die Brüder sehr bald nach dem Tod des Vaters angestoßen hatten.

Kurz noch Bemerkungen zu den in Mauthausen zu leistenden restlichen Abgaben. Zunächst regelte der Herzog die Verminderung von Zollgebühren für bestimmte Personengruppen, wie etwa das Fuder Wein, für das die Bürger aus Wr. Neustadt nur acht statt zwölf Pfennigen, wie die anderen *burgenses ducis* zu leisten hatten. Die eindeutig Mauthausen betreffenden Bestimmungen enden mit der Festlegung eines personenbezogenen Zolls für Leute aus Franken. Diese auch später im Zolltarif von Stein aufgezeichnete Abgabe setzte sich klar ab von einer im Zuge von Handelstätigkeit fälligen Gebühr. Handelte es sich um deutsche Zuwanderer in Ungarn, welche die österreichischen Zollstellen passierten? Interessant für den Vergleich der beiden Donauufer unter der Herrschaft der Babenberger ist die Tatsache, dass nun in Enns der gleiche Betrag für Häute und Wachs wie in Mauthausen fällig war, nämlich 50 und fünf Pfennige.[586]

Nach der Festlegung der Personenzölle in Mauthausen ist in der folgenden Bestimmung von der Benützung einer Brücke die Rede. Knittler bezog dies ohne weitere Erörterung auf die Ennsbrücke, wogegen eigentlich nichts spricht. Zwölf Pfennige waren für eine Pferdelast fällig.[587] Entweder wurde der Betrag gegenüber 1191 verdoppelt[588] oder die Pferde wurden im Vergleich zu damals mit wertvolleren Waren oder einer schwereren Last beladen. Es handelte sich wohl um eine deutliche Differenzierung der Abgaben mit dem offenbaren Ziel einer Vermehrung der landesfürstlichen Einnahmen auch von den Wagen, die über die Enns fuhren.

Dieselbe Abgabe wurde beim Transport von Bauholz über die Brücke verlangt. Holz, das über den Eigengebrauch hinausging und verkauft werden sollte, wurde mit einer Ge-

---

Wiedergabe der Bestimmung Friedrichs I. vom 25. März 1196, BUB I 127 f. Nr. 94: *iustitiam nostram que muta dicitur in navibus victualia eorum portantibus remitteremus.* Wesentlich ausführlicher schildert Leopold VI. das Entgegenkommen seines Bruders: *Frater…noster….prefate ecclesie.* (Osterhofen) … *donavit, ut bona ipsorum ubique apud thelonea sive mutas suas absque vectigali et eo quod dicitur furfart et penitus absque omni iuris persolutione libere … ducerentur.* Diese ausführlich geschilderte Vergünstigung übergab Leopold nun Osterhofen mit der einfachen Erklärung, dass es sich dabei um *muta* und *furfart* handelte. Zur nicht unwesentlichen Kanzleigeschichte dieser Jahre Mitis, Studien 385.

586 NÖUB 4 Nr. 13/12 389 Zeile 2f (Mauthausen) und 390 Zeile 4 f. (Enns).

587 NÖUB 4 Nr. 13/12 389 Zeile 13 f.: *de uno sawme in ponte duodecim denarios.* Eine gewisse Unsicherheit, ob die Ennser Brücke gemeint ist, bleibt bestehen.

588 Hausmann, Urkundenbuch der Steiermark 1, ENı S. 2 Zeile 20 f.: *De equis oneratis nec plus nec minus quam VI denarios exigantur.*

bühr belegt, die der Richter festlegte.[589] Die Abgabe für Bauholz war offenbar günstiger im Vergleich zum Holz, das für den weiteren Verkauf gedacht war. Weniger gutes Holz, das etwa in den Weingärten gebraucht wurde, also produktiven Sinn hatte, war abgabenfrei. Das Holz aus den Forsten, das für die Weinstecken gebraucht wurde, durfte man frei entnehmen.[590] Schon 1094 hieß es im Bayerischen Landfrieden, dass Reisende nach Belieben Holz, das für den Hausbau ungeeignet war, nehmen durften.[591] Für Fußgänger gab es ein *posticium porte*, einen Durchlass auf der Brücke, den man mit jenen Waren, die man tragen konnte, zollfrei passieren durfte. War diese Pforte versperrt, musste man ein Sperrgeld von einem Obolus (ein halber Pfennig) bezahlen.[592]

Während des Jahrmarkts wurden auf der Brücke von einem Enzwagen die schon 1191 bekannten 16 Pfennige eingehoben, vom größeren, mit zwei Pferden bespannten Deichselwagen 32 Pfennige. Fremde Reiter bezahlten einen Pfennig, einheimische einen Obolus.[593] Die Zölle bei der Abreise wurden gegenüber 1191 neu festgelegt. Für Häute betrug die Abgabe 50 Pfennige, für Wachs nur mehr fünf Pfennige (1191 zwölf Pfennige). Man gewinnt den Eindruck einer überlegten Festsetzung von Zöllen, die sich von der früheren Gleichförmigkeit der Gebühren deutlich unterschied. Für die Marktbuden und Lagerräume wurden ebenfalls Abgaben verlangt.[594] Eine Tendenz zur Erhöhung der Gebühren ist bemerkbar.

Alle anderen Bestimmungen, die sich auf Enns bezogen, waren politisch-rechtliche Entscheidungen, die etwa dem Regensburger Hansgrafen verboten, Urteile zu fällen und Entscheidungen zu treffen oder die Verwendung von Passauer Währung auf dem Ennser Markt untersagten. Diese Maßnahmen erwecken durchaus den Eindruck einer gezielten Beseitigung fremder Einflüsse auf die Marktverhältnisse, vor allem auf die Administration und Gerichtsbarkeit. Im Ergebnis trugen sie zu einer Verdichtung der landesfürstlichen Territorialherrschaft bei. Weitere Regelungen, die das Verhältnis beider Zollstellen betrafen, fallen erst ins 14. Jahrhundert.[595]

Wie schon festgestellt, fehlen in der Ennser Jahrmarktsordnung konkrete Angaben, welche Waren aus Ungarn und der Rus bzw. aus dem Westen (Flandern, Maasraum und Rheingebiete) ausgetauscht bzw. ver- und gekauft wurden. Zeitnahe Bestimmungen lichten allerdings dieses Dunkel. Das Regensburger Privileg von 1192 berichtet be-

589 NÖUB 4 Nr. 13/12 389 Zeile 14 ff. *Item de arboribus ad unam kameram duodecim denarios, que ad propria velit edificia, de lignis vero venalibus pro voluntate iudicis (!) componat.*

590 Unten im Kapitel Landesherrschaft, Wälder und Forste.

591 Weinrich, Quellen zur deutschen Verfassungs-, Wirtschafts- und Sozialgeschichte bis 1250, 160 Nr. 42.

592 NÖUB 4 Nr. 13/12 389 Zeile 21 *Item in ponte Anasi quidquid potest portari per posticium porte nichil persolvat, sy porta aperiatur, obulum*; Knittler, Eine Markt- und Zollordnung Herzog Leopolds VI. 345 und 346: Kommentar zu den zuletzt besprochenen Bestimmungen.

593 NÖUB 4 Nr. 13/12 389 Zeile16 bis 19.

594 Ebda. 390 Zeile 2 ff. (Häute und Wachs) und Zeile 1 f. (Markthütten etc.).

595 Mitterauer, Zollfreiheit und Marktbereich 213 f.

kanntlich von Regensburger Händlern oder Transporteuren, die mit einer Wagenladung, dem sogenannten Wagengewand in das Herrschaftsgebiet Leopolds V. kamen.[596] Die Urkunde wurde am 9. Juli 1192 ausgestellt. Nur zwei Monate zuvor, am 9. Mai, war Herzog Otakar verstorben. Auf die Rechte, die Leopold nun am Ennser Jahrmarkt hatte, konnte man sich im Privileg vom Juli wohl noch nicht beziehen. Trotzdem prägte der Warenumschlag in Enns auch den Handel auf den von den Babenbergern beherrschten Donauabschnitten unterhalb von Mauthausen. Daher sind jene Betreffe des Regensburger Privilegs, die Tuchwaren und Kleidung betreffen, für unsere Kenntnis der Ennser Marktgeschäfte sehr nützlich.

Die Ladung kam aus Köln und wurde zu dem günstigen Tarif von drei Pfund verzollt.[597] Die Zölle für halbe und Viertelkleiderladungen wurden entsprechend geteilt und in *solidi* (Schilling) angegeben: *duodecim solidi, sex solidi*.[598] In der etwas jüngeren Markt- und Zollordnung von 1208/1212 verfügte Leopold VI. bekanntlich, dass an der Zollstelle in Mauthausen vom »Wagengewand«, der klassischen Kölner Ladung, eine Transitabgabe von fünf Pfund zu leisten war.[599] Dies galt für Transporte auf dem Land- oder Wasserweg und für alle Handelsleute, die nicht die Begünstigung eines Privilegs genossen. Wo die Regensburger ihren Zoll bezahlten, erfahren wir nicht. Direkt an die Gebühren für die reduzierten Kleiderladungen anschließend wurde der Zoll für zwei wichtige Güter aus dem Osten festgelegt: 50 Pfennige für 100 Häute und derselbe Betrag für 15 Zentner Wachs.[600] Das entsprach den Zöllen in Mauthausen, die 1208/12 festgelegt wurden. Zumindest teilweise übernahm Leopold VI. damals die Gebührenrichtlinien seines Vaters von 1192. War das die Handschrift des erfahrenen Zollberaters Dietrich von Wien?

Wir erfahren aber aus den Artikeln 24–26 des Regensburger Privilegs wesentlich mehr über die Ladungen aus Köln als die bloße Höhe des Zolls. Die Wagenladung wurde als *onus plaustri*, als Ladegut eines Wagens mit vier Rädern bezeichnet, der von zwei Pferden gezogen wurde. Dieses Ladegut konnte aus Kleidern *(vestes)* oder Tuchbahnen *(panni)* bestehen. Das Zusammenbinden der Ladungen erfolgte in Köln, von wo aus die Wagen nach Regensburg geführt wurden. Leopold V. bezog sich 1192 auf einen großen Wagen, wie das auch in der Ennser Jahrmarktsordnung der Fall war. Man differenzierte noch nicht nach festgelegten Wagengrößen, dem Deichselwagen oder dem kleineren Enzwagen, wie wir sie aus den jüngeren Zollordnungen Leopolds VI. kennen. In die grundlegende Orga-

596 BUB I 118 Nr. 86 Artikel 24–26. Um die gesamte Entwicklung um 1200 zu überblicken, sind auch die Zollordnungen aus der Zeit Leopolds VI. für Österreich und Stein heranzuziehen.

597 BUB I 118 Nr. 86 Artikel 24: *de onere plaustri, quod vulgari dicitur aein wagengiwant, sicut funibus circumligatis a Colonia ducitur, tria talenta solvantur.*

598 BUB I 118 Nr. 86 Artikel 27: *de dimidio vestimento duodecim solidi dentur.*

599 NÖUB 4 Nr. 13/12 388 Zeile 23 f.: *De eo quod dicitur recht wagnarwannt quinque talenta statuimus in Mathausn sive in aqua sive in terra transeat vel ducatur.*

600 BUB I 118 Nr. 86 Artikel 27: *de centum cutibus L denarii de XV centenariis cere L denarii.*

nisation des Fernhandels führt uns die Nachricht, dass die Waren in Köln gebündelt wurden – ein deutlicher Hinweis auf die zentrale Rolle Kölns als Drehscheibe zwischen dem Nordwesten des Reiches und seiner Nachbarn und dem über Regensburg abgewickelten Donauhandel.[601] Der Weg der Tuchwaren von Flandern über die Handelsdrehscheiben Köln und Regensburg an die Donau lässt uns eine seit etwa der Mitte des 12. Jahrhunderts erschlossene Handelsstraße europäischer Dimension erkennen.

Misstraute ein Mautner den Angaben zum Ladegewicht, konnte der Regensburger Gast, also ein Kaufmann oder Transporteur *(hospes)* die Richtigkeit seiner Angabe durch einen Eid ohne Eideshelfer bekräftigen.[602] Ebenso wurde verfahren, wenn eine Ladung auseinanderfiel und neu gebündelt werden musste, was ja die Möglichkeit von Manipulationen am Ladegut eröffnete.[603] Diese immer wieder angewandten Verfahren dienten der beschleunigten Beilegung von Streitigkeiten, die beim Markttreiben oder bei der Forderung nach Zollgebühren entstehen konnten. Das den Kaufleuten eingeräumte Recht, die Wahrheit durch einen Eid zu beweisen, setzte aber auch andere Rechtsprinzipien teilweise außer Kraft[604] und war einer der häufig gegen die Handelstätigkeit erhobenen Vorwürfe.

Diese größeren Wagenladungen waren zum Teil für die Kiewer Rus bestimmt. Die Regensburger Russlandfahrer bezahlten bekanntlich für den Transit durch Österreich nur zwei Pfund und nicht drei, allerdings auf der Rückfahrt noch einmal ein halbes Pfund.[605] Die in die Rus fahrenden Händler wurden offenbar gegenüber ihren Kollegen, die nur bis Österreich und eventuell Ungarn Handel trieben, ein wenig begünstigt. Möglicherweise ist das mit den dringlich benötigten Wachsimporten aus der Rus zu begründen. Dass diese Vergünstigungen auch für die Kölner Kaufleute als Mitglieder der Regensburger Karawane galten, ist nicht wahrscheinlich, weil das Privileg ja ausdrücklich für Leute aus Regensburg galt.

Spezielle Zollgebühren gab es auch für andere Gäste, nämlich die Latini und Schwaben in Ybbs, wo sie für das Wagengewand nur zwei Pfund zu bezahlen hatten. In Stein waren allerdings vier Pfund fällig.[606] Ein Kaufmann, der in Wien keine speziellen Rechte genoss *(qui non habuerit statutum ius Wyenne)* leistete dem Richter ebenfalls eine Abgabe

601 Irsigler, Köln und die Staufer 93

602 BUB I 118 Nr. 86 Artikel 25: *Si vero mutario visum fuerit vestes eiusmodi onus plaustri de quo dictum est excedere, hospes sola manu affirmabit nil amplius esse.*

603 Der Ennser Zolltarif von 1386 sah für diesen Fall eine stückweise Verzollung vor. Oberleitner, Die Stadt Enns 88.

604 Lohrmann, Regensburger Kaufleute 33 mit Anm. 175; Cordes, Erwartungen 39.

605 BUB I 118 Nr. 86 Artikel 33: *Ruzarii quocumque tempore vadant, duo talenta solvent et in reditu ex Ruzia diminium talentum.*

606 NÖUB 4 Nr. 13/12, 390 Zeile 8 f.: *Item Latinus sive Sueuus in Ibispurkh de wagngwant duo talenta persolvat, item Stainne de wagngwant quatuor talenta.*

von vier Pfund.[607] Die Formulierung *talem persolvat* bezieht sich auf die im Satz davor genannten vier Pfund, die in Stein eingehoben wurden.

Dieser Nachweis ist für die Zollgeschichte von Wien von einiger Bedeutung, er belegt, dass nämlich der (Stadt-)Richter schon bald nach 1200 den trotz der Ermäßigung (gegenüber den fünf Pfund in Mauthausen) relativ hohen Wagenzoll einhob. Die vier Pfund waren derselbe Betrag, der an der wichtigsten Zollstelle, nämlich in Stein, eingehoben wurde. Die Burg- und Wagenmaut in Wien waren keine Zölle, sondern spezielle Abgabenformen, die von eigenem, in den meisten Fällen an den Toren tätigen Personal, eingehoben wurden. Weil es in dieser Zeit in Wien wohl deshalb keinen eigenen Mautner gab, hob solche »Ersatzgebühren« für Zölle der Richter ein. Es gab aber auswärtige Kaufleute, deren Rechte in Wien besonders geregelt waren (die also ein *statutum ius* in Wien besaßen), wie etwa die Flandrenser oder auch die Regensburger.

Trotz des Schweigens des Privilegs von 1192, was die Orte der Einhebung betrifft, dürfen wir davon ausgehen, dass die genannten Zölle an den bekannten größeren Zollstellen eingehoben wurden. Es gab aber auch kleinere Transportmöglichkeiten für Kleider. Von einem Wagen unbekannter Größe *(currus)* mit Kleidern erhielt der Wiener Richter 52 Pfennige von einer donauabwärts kommenden Ladung. In Melk waren 30 Pfennige fällig, in St. Pölten vier und in Tulln zwölf. Die landesfürstlichen Richter dieser Städte wurden mit geringen Beträgen am Tuchtransport oder -handel beteiligt. Die auffällig niedrige Abgabe an den Richter in St. Pölten hängt wohl mit der komplizierten und problematischen Stellung des Richters in einer Stadt zusammen, die zwar unter der Herrschaft des Bischofs von Passau stand, zugleich aber Rücksicht zu nehmen hatte auf die Einflüsse des babenbergischen Landesfürsten, der über die Vogtei des St. Pöltner Chorherrenstiftes Einfluss auf die Verhältnisse nahm.[608] Die Situation erklärt sich aus der Problematik der Entwicklung einer qualifizierten Herrschaft Passaus (bisweilen verkürzend als Landesherrschaft bezeichnet) inmitten der Territorialherrschaft der Babenberger und der damit zusammenhängenden Probleme mit der Vogtei.[609]

Nach der Markt- und Zollordnung von 1208/1212 betrug der Zoll der Latini und Schwaben in Tulln für das Wagengewand oder eine Schiffsladung das Dreifache nämlich 36 Pfennige.[610] Die Regelung für die Regensburger mit zwölf Pfennigen in Tulln war wesentlich günstiger. Wer den Jahrmarkt in Hainburg besuchte, war bekanntlich ab Stein zollfrei.[611]

607 NÖUB 4 Nr. 13/12 390 Zeile 10 f. Die Formulierung *statutum ius Wyenne* weist auf die bereits entwickelte wirtschaftliche Stellung Wiens hin.

608 Reichert, Landesherrschaft 190–192; Helleiner, Pfarre, Markt und Stadtherrschaft in St. Pölten, 97 ff.; Tellenbach, Bischöfliche passauische Eigenklöster 16 ff.

609 Reichert, Landesherrschaft 192.

610 NÖUB 4 Nr. 13/12 390 Zeile 8 ff.

611 NÖUB 4 Nr. 13/12 390 Zeile 12 ff.: *quicumque ad annuale forum Hainburgk descendere voluerint, a Stein usque ad Hainburg nichil persolvant.*

Die auf die Wagenladung bezogenen Abgaben enthalten, wie wir sehen konnten, den deutlichen Hinweis, dass die Regensburger Händler flandrisches Tuch entweder selbst aus Köln in den Osten transportierten oder in Regensburg die Ware übernahmen. Die Nennung der Schwaben ist auf Kaufleute aus Ulm zu beziehen. Ein Handelsweg der in Köln gebundenen Ladungen erreichte offenbar die Donau schon hier. Ab Ulm war die Donau ja schiffbar. Kölner Kaufleute gehörten bekanntlich auch zur Karawane, die nach Enns unterwegs war.

Bastian war der Auffassung, dass die Transporte in die Rus zumindest zum Teil Tuchwaren umfassten. Auch seine Überlegung, dass die Abgabe von einem halben Pfund auf dem Rückweg für eine weniger wertvolle Fracht spricht, ist nicht von der Hand zu weisen.[612] Allerdings verfügte Leopold VI. 1208/12, dass von den Transporten, die aus Ungarn und der Rus in den Westen zurückkehrten drei Pfund Transitzoll zu bezahlen waren.[613] Das war eine um ein halbes Pfund höhere Abgabe als die Summe der Abgaben für Hin- und Rückfahrt im Regensburger Privileg. Möglicherweise handelt es sich um die gleiche Transitabgabe, bei der die Regensburger gewohnheitsmäßig etwas günstiger gestellt waren. Bastians Vergleiche zu Warentransporten aus dem 14. Jahrhundert, mit denen er den großen Unterschied zwischen den Zahlungen je nach Transportrichtung zu erklären sucht, vermögen nicht recht zu überzeugen.[614]

Im Artikel 29 des Regensburger Privilegs von 1192 wurden die Abgaben für das Kramgewand festgehalten,[615] das einfachere Produkte aus Webwaren umfasste, etwa Hosen und Schultertücher, wie wir aus der Steiner Zollordnung erfahren.[616] Es ist mit Sicherheit anzunehmen, dass auch dieser Warenstrom aus dem Westen kam. Ob die berühmten Hosen aus Brügge, für die es sogar eine russische Bezeichnung *(brjukis)* gab, die dem deutschen *brüggesch* entsprach, zum Kramgewand gehörten, bezweifle ich. Wir dürfen daher annehmen, dass die 1192 erwähnten Regensburger Russlandfahrer das Kramgewand und eben die Hosen aus Brügge bis nach Kiew oder zumindest bis Halič lieferten.[617] Der Kramhandel, d. h. der Detailhandel, konnte auch ausschließlich lokale Dimensionen haben, stand dann aber in einem ganz bestimmten Verhältnis zum Fernhandel: Träger waren die lokalen Krämer, die vor der Konkurrenz der Fernhändler geschützt waren. Die entsprechenden Regelungen enthielten nämlich Vorschriften über eine Mindestverkaufsmenge, mit der die Fernhändler Handel treiben durften.[618] Der Verkauf von Hosen, wenn auch als Kramgewand bezeichnet,

---

612 Bastian, Die Legende vom Donauhandel 317 f.

613 NÖUB 4 Nr. 13/12 388 f. Zeile 25 ff.: *Item de curru, qui dicitur ringwagen, qui ducitur de Vngaria vel de Ruchia, tria talenta.*

614 Bastian, Die Legende vom Donauhandel 318 f. Vgl. aber die folgende Diskussion.

615 BUB I 118 Nr. 86.

616 Knittler, Zum ältesten Steiner Zolltarif 70 Zeile 13 ff. *hospites...venerint, si duxerint mercimonia chramgwant, scilicet utpote chaligas, almucia et alia similia.*

617 Ammann, Deutschland und die Tuchindustrie 73.

618 Stützel, Wachs als Rohstoff 33; Köhler, Einzelhandel im Mittelalter 49 ff. unterscheidet zwischen Klein- und Großhandel, meint mit Letzterem wie aus Anm. 1 (S.49) hervorgeht, den Fernhandel.

war hingegen wirklicher Fernhandel. Dem gegenüber standen Kupfer und Metalle, die aus dem Osten donauaufwärts geführt wurden, denn bei der Regelung der Abgaben ist zunächst von Stein und dann vom donauaufwärts gelegenen Mauthausen die Rede.

Vielleicht führte man schon beim Landtaiding von Kaja 1196 erste Verhandlungen über die sogenannte kleine Maut *(muta minor)* für die Zollstelle in Stein. Die Anwesenheit von Zollspezialisten und einer größeren Anzahl von Leuten aus Krems und Stein könnten dafürsprechen. Die Zollstelle bestand ja schon zur Zeit Leopolds III.[619] Nach rechtshistorischer Auffassung ordnen bekanntlich, wie schon erwähnt, die »kleinen Zölle« die Abgaben nach den verwendeten Transportmitteln.[620] Zum Teil trifft dies für die Steiner Zollordnung zu, häufiger sind allerdings die Zölle für bestimmte Waren verzeichnet. Die Regensburger kamen nach Stein mit Wagen (Wagengewand), mit beladenen Pferden (Saum) und Schiffen (für die eine *wisode de navi* abgeführt werden musste).[621] Dann folgen zahlreiche Waren; die Höhe der Zölle richtete sich nach der Menge, die teilweise nach den Gefäßen bemessen wurde, in denen etwa Honig transportiert wurde oder nach einer Maßeinheit, wie z. B. ein Fuder Met. Eine persönliche Abgabe von einem Pfennig Kölner Münze hatten zwei Franzosen (Franzones) zu leisten, wie das auch in der Markt- und Zollordnung bestimmt worden war (damals Frannkchen).[622] Soviel vorläufig zu diesem umfangreichen und detaillierten Zolltarif, der uns im Zusammenhang mit den Waren des Fernhandels in den Kapiteln über Ungarn, die Rus und Flandern noch ausführlich beschäftigen wird.

Die Wiener Burgmaut entstand vermutlich etwa zur gleichen Zeit wie der Steiner Zolltarif. Der Wortlaut des Beginns beider Tarife ist nämlich nahezu identisch und zeigt auch Ähnlichkeit mit den einführenden Worten des Grazer Vertrags von 1225, der zwischen Leopold VI. und dem ungarischen König Andreas II. abgeschlossen wurde. *Hec est forma mute, que purchmaut dicitur observanda*, lautet der erste Satz der Burgmaut. Die Formulierung für Stein: *Hec est forma et iusticia mute minoris in Stein observanda.* Der Begriff *forma* bezeichnete den wesentlichen Inhalt eines Briefes bzw. einer Abmachung, besonders in rechtlicher Hinsicht.[623] Die Bezeichnung Maut wurde für die Zollabgaben im bayerisch-österreichischen Raum überwiegend gebraucht. Die Datierung der Burgmaut vor 1221 wegen des noch fehlenden Wiener Stapelrechts ist zwar korrekt, befriedigt aber im Lichte der dichten Gebührenentwicklung dieser Jahre keineswegs. Zwei Mautner gab es schon 1196

---

619 Knittler, Zum ältesten Steiner Zolltarif 27 ff. Text der Zollordnung: 70 ff. Zum ältesten Zöllner Eppo (1114–1133) vgl. unten S. 156.

620 Eichstädt, Artikel Zoll in HRG V Sp. 1753.

621 In diesem Fall eine Abgabe, die von einem Schiff zu leisten war. Allgemein dazu Lexer, Mittelhochdeutsches Taschenwörterbuch 381992, 325, linke Spalte letzter Eintrag: *wisot*

622 Knittler, Zum ältesten Steiner Zolltarif 74 Zeile 105 *duo Franzones dent I denarium Choloniensem*; NÖUB 4 Nr. 13/12 389 Zeile 10 *Homines qui dicuntur Frannkchen*....

623 So in etwas gekürzter Form die Erklärung von Dienst, Zum Grazer Vertrag 7 mit Anm. 20 (Erwähnung des Steiner Zolltarif).

in Wien und/oder Krems, die zugleich auch als Münzmeister tätig waren.[624] Sie könnten den in der Burgmaut erwähnten Marktzoll eingehoben haben. Das gibt zumindest einen Denkanstoß, dass die Maut schon längere Zeit vor 1221 bestanden haben könnte.

Aus mehreren Bestimmungen ist zu schließen, dass die Burgmaut eine Tormaut war, die an mehreren Stadttoren Wiens eingehoben wurde.[625] Ein Gast, der in Wien nichts verkaufte und seinen Wagen nicht entladen hatte, aber für die hereingeführten Wagen am Tor seine Gebühr bezahlt hatte, musste in diesem Fall keine Tormaut leisten. Aus dem Text geht allerdings nicht hervor, ob er die bereits bezahlte Gebühr zurückbekam, was aber zu vermuten ist. Wenn er hingegen seine Waren vom Wagen ablud und verkaufte, hatte er die Burgmaut und, was bemerkenswert ist, den Marktzoll zu bezahlen. Neben diesen beiden Abgaben gab es noch die Pfund- oder Wagenmaut, die beim Verlassen der Stadt eingehoben wurde. Jene Kaufleute, die lediglich durchreisten, waren von der Leistung der Tormaut befreit.[626]

Weitere auffällige Struktur- und Ordnungsprinzipien der Burgmaut sind die Kategorisierung der Transportmittel; ergänzend zur Einteilung der Wagen nach ihrer Größe wurde jetzt auch zwischen zweiwändigen Schiffen, einem Einbaum und einem Boot *(cymba)* unterschieden. Zuletzt wurden auch die aus Baumstämmen zusammengesetzten Flöße erwähnt.[627] Kompliziert war die Gruppenbildung von Kaufleuten nach ihrem Wohnort. Nicht besonders begünstigt waren die Kaufleute aus einem fremden Land *(patria aliena)*, die wohl den Leuten von jenseits der Grenze in den Ennser Bestimmungen entsprachen. Diese Leute dürften mit den *hospites* gleichzusetzen sein, weil diese an den Toren die gleiche Abgabe nach Wagengröße leisteten. Günstiger gestellt waren die Kaufleute aus Schwaben, Regensburg, Aachen, Metz und Maastricht, die nur die Wagenmaut zu bezahlen hatten.[628]

Eine weitere Gruppe bildeten die Bürger oder Kaufleute aus Wien sowie anderen Städten, wenn sie *indigene huius terre*, also Bewohner des Herrschaftsgebietes der Babenberger waren. Für einen *currus*[629] mit allen möglichen Waren bezahlten sie an den Toren in Wien nur einen Pfennig. Ausgenommen waren Bürger aus Hainburg und Bruck an der Leitha, welche die doppelte Gebühr zu bezahlen hatten, wenn sie Wagen aus Ungarn nach Wien führten.[630]

---

624 BUB I Nr. 95 130 Zeile 25.

625 Lohrmann, Regensburger Kaufleute 89–95, der Versuch einer Interpretation.

626 Lohrmann, Regensburger Kaufleute 90 mit Zitierung der nach Ungarn weiterfahrenden Gäste.

627 Tomaschek, Rechte und Freiheiten 5 Nr. III... *quicquid ducat in aqua in navi, que dicitur zwiwentiger schef det XII den., de einpaum VI den., de cymba tres den., de strue id est floz lignorum venalium det XII den.*

628 Das waren mit Ausnahme von Metz die Karawanenmitglieder von 1191 in Enns. Zu Metz vgl. Lohrmann, Regensburger Kaufleute 92.

629 Ein *currus* meint allgemein einen Wagen mir Rädern, der jedenfalls größer als eine *carruca* ist. MLW II Sp. 2147, die *carruca* hatte nur zwei Räder ebda. Sp. 311; war die *carruca* mit Kork beladen betrug die Tormaut zwei Pfennige, vom *currus* nahm man das Doppelte, vier Pfennige. Die Größenabfolge könnte also lauten *plaustrum – currus – carruca*.

630 Tomaschek, Rechte und Freiheiten 5 Nr. III ...*omnes cives aut mercatores Wienn, aut aliarum civitatum,*

Die Einrichtung der Zölle kam in den neunziger Jahren des 12. Jahrhunderts zu einem gewissen Abschluss, denn auch die Wagenmaut legte vor allem die Gebühren für bestimmte Waren fest, wobei bei den Tuchwaren eine beträchtliche Differenzierung nach der Herkunft oder nach der Gewebeart zu bemerken ist.[631] Zu unterstreichen ist bezüglich der Wagenmaut, dass es nicht nur um die Gebühren beim Verlassen Wiens ging, sondern auch um die Zahlung bei der Rückkehr. Diese überblicksartige Einführung in die beiden Wiener Mauten, die später noch ergänzt werden, kann nur einen oberflächlichen Einblick in ihren Aufbau geben. Die notwendige detaillierte Untersuchung steht noch aus.

Im Wesentlichen hatte sich der Landesherr eine Reihe grundsätzlicher Arten von Einnahmen erschlossen. Um nur die Wichtigsten noch einmal zu nennen: Neben den Transit- und Marktzöllen berechnete man die Abgaben nach Transportmitteln und Waren, legte besondere Abgaben auf Brücken fest und kam schließlich zu Tor- und Abfahrtsmauten. Wir werden bei der Analyse der Warenströme im übernächsten Kapitel sehen, welche ökonomischen und landesfürstlich-administrativen Einschätzungen die Höhe der einzelnen Abgaben bestimmten, wie die einzelnen Ordnungen zusammenhingen bzw. in welchem Verhältnis sie standen, je nachdem, um welche Art der Abgabe es sich handelte. Die oft großen Unterschiede bei der Höhe der Abgaben hingen auch von der Art der Maut ab. So war die Wiener Tormaut wesentlich niedriger als die Transitzölle an der Donau.

Vermutlich erhielt ein Torwächter für seinen Dienst eine geringere Vergütung als jemand, der Zölle einhob, da seine Kenntnisse nicht besonders spezialisiert sein mussten. An den Stadttoren hatten die auswärtigen Händler für einen großen Deichselwagen, der mit Tuchwaren oder anderen Waren beladen war, nur zwölf Pfennige zu bezahlen.[632] Man vergleiche das mit den fünf Pfund für das Wagengewand in Mauthausen, das wahrscheinlich in etwa der Last eines Deichselwagens entspricht.[633] Vorläufig habe ich nur ein Beispiel herausgegriffen, um zu zeigen, wie schwierig einschlägige Erklärungen zu erschließen sind, soweit uns eine genaue Lektüre der Quellen nicht doch den einen oder anderen Hinweis gibt.

Die Einrichtung von Zollstätten und Marktorten war, auch wenn sie rechtlich und vom Machtgefüge her durchsetzbar war, zumindest finanziell eine Belastung der Kaufleute.[634] Der wichtigste Unterschied gegenüber den Folgen der Exekution der Grundruhr

---

sive indigene hujus terre dabunt de curru, quicquit introduxerint in portis, unum dn. Set cives de Haimburch et de Prucke de curru ducta de Ungaria in civitatem Wiennensem dabit duos dn.

631 Tomaschek, Rechte und Freiheiten 7 Nr. IV. Zu beiden Mauten auch Lohrmann-Opll, Regesten Nrn. 374 und 375.

632 Ebda. *Mercator de patria aliena... det de deichselwagen XII dn.* Von einem Deichselwagen der Honig geladen hatte, mussten 24 Denare bezahlt werden. Das war die vierfache Gebühr gegenüber einem Fuder (*carrata*).

633 Den besten Vergleich für die unterschiedlichen Gebühren beim Transport von Tuchwaren geben die Artikel 24 bis 27 im Regensburger Privileg BUB I 118 Nr. 86.

634 Dirlmeier, Mittelalterliche Zoll- und Stapelrechte 19, der gleich zu Beginn seines Artikels zeitgenössische und moderne Kritik der Forschung zusammenfassend referiert.

bestand in den Gegenleistungen, die sich aus dem Marktgeschehen und dem Einheben der Transit- sowie der Geleitzölle herleiteten. Hinsichtlich der Eingangszölle in ein Territorium, die sich erst in einer frühen Phase ihrer Entwicklung befanden, ist zu bemerken, dass es wohl vor allem um ein Instrument des Fernhandels ging, das zu einer weiteren Differenzierung der Einnahmen führte. Der Schutz vor der Einfuhr bestimmter Waren erfolgte nämlich eher durch Verbote. Das bekannteste Beispiel dafür ist in unserem Raum das 1244 im Wiener Stadtrecht Friedrichs des Streitbaren ausgesprochene Verbot, Wein aus Ungarn in das Wiener Stadtgebiet zum Verkauf einzuführen, indem man die Grenzen des Burgfriedens passierte.[635] Ob die oben genannte Verdopplung der Tormaut für ungarische Einfuhren, die Hainburger und Brucker Händler nach Wien brachten, auf eine Erschwernis von Importen aus der Nachbarschaft zurückzuführen ist, sei zumindest als Frage gestellt. Dem Regensburger Privileg von 1192 ist jedenfalls zu entnehmen, dass der Eingangszoll in das Herrschaftsgebiet der Babenberger für die Wagen, die im Russlandhandel eingesetzt wurden, mit zwölf Pfennigen recht niedrig ausfiel.[636] Selbst für die privilegierten Regensburger Russlandfahrer betrug der Durchgangszoll auf der Fahrt in die Rus immerhin zwei Pfund und bei der Rückfahrt ein halbes.

Die Gegenleistung für die Durchgangszölle bestand vor allem in der Erhaltung der Verkehrswege[637] – die Nutznießer der Grundruhr waren bei solchen Bemühungen wohl wenig hilfreich. Ob man auch erfolgreiche Maßnahmen gegen das Auflaufen von Schiffen auf Grund in Flüssen um 1200 ergriffen hat, ist erst zu beweisen. 1180/90 kam es bei der Burg Spielberg gegenüber von Enns, wie schon beschrieben, wegen einer durch den felsigen Untergrund ausgelösten Stromschnelle zu einem Schiffbruch von Kaufleuten aus Regensburg auf dem Weg zum Markt von Ardagger.[638]

Der König und die Territorialherren errichteten neue Zollstellen, verlegten bestehende oder hoben sie auf, gewährten Zollerleichterungen, regelten die Höhe der Gebühren und übten die Aufsicht über die Einhebung und die Administration der Abgaben aus.[639]

---

635 BUB II 294 ff. Nr. 432 hier 299 Artikel 29 …*ut nullus vinum Ungaricum terminis civitatis, qui termini vocantur purchfride, inducere debeat ad vendendum.*

636 BUB I 118 Nr, 86 im Artikel 33 *duodecim denarios dabunt ubicumque velint intrare.* Es handelte sich um Abgaben der Regensburger Russlandfahrer.

637 Allgemein dazu Eichstädt, Artikel Zoll HRG V 1. Auflage Sp. 1754. Zu verweisen ist dabei auf die problematische Unterscheidung eines Zollgeleits von den Durchgangszöllen. Zu verweisen ist auf Schmoeckel, Artikel Zollgeleit HRG V, 1. Auflage Sp. 1757 ff. und die Einhebung der Fürfahrt bzw. die Befreiung von dieser Abgabe.

638 Lohrmann, Regensburger Kaufleute 17 und 29; zu dieser Stromschnelle Katzinger, Mauthausen 70.

639 Eichstädt, Artikel Zoll HRG V 1. Auflage Sp. 1754.

Alte und neue Zollhoheit

Die Gründung neuer Märkte

Die Frage nach der Rolle des Zollregals, also die prinzipielle Ableitung der Zolleinhebung von einem königlichen Recht, ist nicht einheitlich zu beantworten. Nachweisbar gab es ein Nebeneinander von königlichen und landesfürstlichen Maßnahmen, die den Verkehr und Abgaben betrafen. Dieses Nebeneinander erlebte einen Höhepunkt, als Friedrich Barbarossa mit verschiedenen Methoden geradezu programmatisch Ansprüche auf »alte Rechte« des Königs erhob. Neben dem Versuch, in vielen Fällen seine Lehnsoberhoheit durchzusetzen, griff er auch auf italische Rechtsvorstellungen von den Regalien zurück, wie sie schon 1111 die Gesandten Paschalis II. gegenüber der Delegation Heinrichs V. formuliert hatten.[640] Der damals geplante Verzicht der Bischöfe auf die Gebiete und Rechte, die allmählich als königliches Lehen verstanden wurden, betraf auch die weltlichen Herren, die solche als Kirchenlehen oder häufiger im Rahmen einer Vogtei empfangen hatten.[641]

Dieses Nebeneinander führte zur Frage nach der Relevanz einer erteilten »Berechtigung« im Hochmittelalter, die mit großem Bedacht von Othmar Hageneder formuliert und relativiert wurde.[642] Im Kern stellt er die gewichtige Frage, wer (in der Zeit der Ausbildung von Territorialherrschaften) nach der Berechtigung gefragt habe, wenn ein Fürst für Ordnung und Frieden sorgte. Der Fürst stellte mit dieser umfassenden Sorge subjektive Ansprüche auf eine Entscheidungsgewalt, die er zum Teil mit der in karolingischer Zeit ausgeübten gräflichen »Amtsgewalt« in Vertretung des Königs glaubhaft machen konnte.[643] Der subjektive Zugang spiegelt sich in Urkundenfälschungen und im Fehderecht, die manchmal als Verpflichtung zum Unfrieden erscheinen und dem subjektiven Recht einen großen Spielraum ließen.[644] Hageneders Ausführungen sind aber doch bei Betrachtung der Bemühungen Kaiser Friedrichs I. zu einseitig ausgefallen. Die Ansprüche des Kaisers, auch das Reich mit Hilfe von Reichsterritorien neu zu strukturieren und gegen Gewohnheiten vorzugehen, die dem überkommenen Recht und der Vernunft widersprachen, wurden zwar in der erwähnten Zollurkunde von 1157 für

640 MGH Const. I, 138 Nr. 85.

641 Hartmann, Investiturstreit 38.

642 Hageneder, Strukturgeschichte 96.

643 Quellenmäßig am besten behandelt von Wolfram, Grenzen und Räume 217–219 mit Zitaten aus ders.: Salzburg, Bayern und Österreich, der grundlegenden Darstellung zu diesen mit der karolingischen Mark zusammenhängenden Fragen, Lohrmann, Die Babenberger und ihre Nachbarn 55.

644 Hageneder, Strukturgeschichte 95–97.

den Main formuliert,[645] die betroffenen Nutznießer der umstrittenen Einhebung von Abgaben am Main führten aber keinen Nachweis ihrer Berechtigung, die von ihnen verlangt wurde. Dass sich die Fürsten an dieser Entscheidung beteiligten, ist mit ihrem Interesse an der Förderung von Handel und Verkehr in ihrem eigenen Herrschaftsgebiet zu erklären: Die Bemühungen Friedrichs I. standen mit ihren Bestrebungen zumindest in diesem Punkt im Einklang. Über konkrete Erfolge der Aktion von 1157 können nur allgemeine Tendenzen festgestellt werden. Letztlich setzte sich die Gewalt der Fürsten gegen den nicht kooperationswilligen Adel in den Regionen durch.

Die in der Auseinandersetzung über die Entstehung des Herrenstandes in Österreich und in der Steiermark zwischen Hageneder und Mitterauer geführte Diskussion berührte auch das Problem der Herleitung der Rechte dieser im Land an den Entscheidungen beteiligten führenden Ministerialen, die letztlich diesen Herrenstand bildeten. Mitterauer versuchte nachzuweisen, dass ihre besondere Stellung im Herrschaftsgefüge auf königlichen Schenkungen beruhte. Bezüglich der Zölle vertrat er die durch die Kapitularien erwiesene Auffassung, dass es die Grafen karolingischer Prägung waren, die auch in nachkarolingischer Zeit für ihre Festsetzung und Einhebung als Vertreter des Königs Sorge zu tragen hatten. In seiner bekannten Arbeit »Zollfreiheit und Marktbereich« tauchen daher Hoheitsträger auf, die als Herren in einer Grafschaft verstanden werden, obwohl diese »Grafschaften« inzwischen als nach der Mitte des 13. Jahrhunderts entstandene herrschaftliche Landgerichtssprengel *(comiciae)* erkannt wurden, die nicht auf ottonische oder salische Grafschaften zurückgeführt werden können.[646] Mitterauer schwächte in einigen Fällen die Form der Herrschaft etwas ab, indem er den Burgherrschaften eine den Grafschaften vergleichbare Rolle in den »Zollbezirken« zuwies.[647] Es erhebt sich in diesem Zusammenhang die Frage, ob die Leute, die nachgewiesenermaßen Zollerleichterungen erhielten und in der Nähe einer Zollstelle wohnten, tatsächlich einen Zollbezirk konstituierten.[648] Unbestritten bleibt allerdings die Tatsache, dass Burgen den Mittelpunkt einer Herrschaft bildeten.

Die Einrichtung von Zoll und Markt und die Organisation des damit verbundenen Abgabenwesens mit einer Art von Amtleuten knüpft lose an ein älteres, wohl karolingisches Ordnungsgefüge an, schuf aber im 12. Jahrhundert auch Neues.[649] Es handelt sich dabei um eine Entwicklung, die gegen eine unrechtmäßige Ausübung von Macht

645 MGH D Friedrich I. 1 282 ff. Nr. 165. Hier 283 Zeile 9–12.

646 Weltin, Die Gedichte des sogenannten »Seifried Helbling« 295; ders., Zur Entstehung der niederösterreichischen Landgerichte 35.

647 Mitterauer, Zollfreiheit und Marktbereich 135 zu Kontinuität und Umgestaltung des Verhältnisses Grafschaft (ab ottonischer Zeit oft Burgbezirk) und Zollbezirk.

648 Zur Kritik an Mitterauer Holter ZRG Germ. Abt. 91, 307 f. (Rezension).

649 Zu diesen beiden Seiten der Markt-, Zoll und Verkehrspolitik besonders des 12. Jahrhunderts prinzipiell Stein, Handels- und Verkehrsgeschichte 167 f. Dazu auch mit Bezug auf die Territorialbildung Irsigler, Jahrmärkte und Messesysteme 12; Lohrmann, Regensburger Kaufleute 13.

gerichtet war und allmählich eine frühe »Verwaltung« ausbildete. Daher gilt auch für die landesfürstliche Zollhoheit, was Ernst Klebel zur Formierung der Landeshoheit gesagt hat: »Erst Herrschaftsrechte und Grafschaftsrechte zusammen genügen, um Landeshoheit zu schaffen.«[650] Ähnliches lässt sich im Herrschaftsgebiet der Babenberger für die Gerichtsbarkeit feststellen. Etwa bis zur Mitte des 12. Jahrhunderts haben die in Österreich nachweisbaren Grafen und Hochfreien umfassende Gerichtsrechte ganz selbstverständlich ohne Autorisierung des Landesfürsten ausgeübt. Erst in der zweiten Hälfte des Jahrhunderts begann sich der Gedanke langsam durchzusetzen, Gerichtsbarkeit von einer übergeordneten Instanz herzuleiten.[651] Diese Instanz war aber bereits der Landesfürst – der König konnte in Fragen, die mit derartigen Problemen zusammenhingen, nur bei Gelegenheit spezifischer politischer Konstellationen eingreifen.

Walter Stein stellte als einer der Ersten fest, dass in staufischer Zeit eine große Zahl neuer Märkte eingerichtet wurde.[652] An der Donau entstanden damals zwei Jahrmärkte, die unter der Herrschaft der Traungauer standen: Enns und Ardagger.[653] In Enns spielten die Regensburger die zentrale Rolle, Ardagger besuchten sie. Schon 1139 wurde in einer päpstlichen Besitzbestätigung für den Vornbacher Abt Dietrich die Pfarre aber auch das Forum Neunkirchen erwähnt, wo ein *mercatus* und eine Münzstätte bestanden.[654] Angeblich erhielt Graf Ekbert II., der Herr im Pittener Gebiet, 1141 Markt und Münze in Neunkirchen von König Konrad III.[655] Bei diesem Markt handelt es sich um keinen Jahrmarkt, also keinen Fernhandelsplatz. Der Handelsweg über den Semmering wurde erst durch den steirischen Markgrafen Otakar III. nach dem Tod Ekberts III. (1158) ausgebaut. Direkt nach Süden, nach Karantanien, führte ein Weg über Grimmenstein und Unteraspang durch das Vornbach-Pittener Herrschaftsgebiet: Adalbert von Grimmenstein ist 1145/58 unter den Gefolgsleuten Graf Ekberts II. als Zeuge genannt.[656] An dieser Straße lag die Zollstelle Warth, die offenbar einen älteren Mittelpunkt des Pittener Gebietes bildete, obwohl sie in ihrer Funktion erst 1244 nachgewiesen ist.[657] Die Straße führte, wie schon ausgeführt, über ein Hospiz der Johanniter am südlichen Fuß des Wechsels schließlich nach Hartberg, wo sie eine Straße nach Ungarn kreuzte.[658]

650 Klebel, Grafen von Görz 82 von Brunner in wichtigem Zusammenhang zitiert: Land und Herrschaft 233 Anm. 2.

651 Weltin, Zur Entstehung der niederösterreichischen Landgerichte 37 mit Anm. 72.

652 Stein, Handels- und Verkehrsgeschichte 167 ff.

653 In Ardagger war Herzog Otakar Vogt des Kanonikates; Glaninger, Geschichte des ehemaligen Collegiatsstiftes Ardagger 121–124. Unsicherheit besteht hinsichtlich der Datierung der Marktgründung in Ardagger. Sehr vage Mitterauer, Zollfreiheit und Marktbereich 161.

654 NÖUB 2/1 256 f. Nr. 7/3 hier 257 Zeilen 3, 5 und 6.

655 MGH D Konrad III. 109 Nr. 62; Hartner, Die Grafen und Äbte von Formbach 209.

656 NÖUB 2/2 158 Nr. 4/24.

657 BUB II 278 ff, Nr. 427, hier 280 Zeile 15 ff. *muta in Wart*; Csendes, Straßen Niederösterreichs 273 und 276 Anm. 9–11.

658 Csendes, wie vorhergehende Anmerkung.

Nach diesem kurzen Blick in das Pittener Gebiet kehren wir in den Donauraum zurück und wollen uns der bedeutsamen Zollstelle Stein zuwenden. Loehrs Datierungsversuch, die Verlegung der Maut in Mautern nach Stein ins 10. Jahrhundert zu setzen ist Spekulation.[659] Die ersten Nachweise der Existenz von Stein und einer Kirche St. Michael stammen aber erst aus der Zeit Altmanns von Passau im Umfeld der Gründung und Besitzausstattung Göttweigs.[660]

Den ältesten beweiskräftigen Nachweis einer Zollstelle in Stein bietet die bisher nicht berücksichtigte Nennung eines Zöllners, der sich nach Stein nannte. Zwischen 1114 und 1133 schenkte der *theleonarius* Eppo von Stein, also wohl der dortige Mautner, dem Stift Klosterneuburg die Kirche in Stein mit drei Weingärten und einem *predium* in Krems. Die Kirche sollte erst nach dem Tod Eppos an das Stift fallen.[661] Es handelte sich um die in der ältesten Besitzausstattung Göttweigs erwähnte Michaelskirche, die vermutlich mit der heutigen Frauenbergkirche identisch ist.[662] Probleme wirft die nochmalige Schenkung der Kirche an Klosterneuburg durch Konrad III. 1139 auf. Wir kommen darauf gleich zurück.

Könnte Eppo noch ein vom König eingesetzter Mautner gewesen sein? Eppo ist in einer Zeit nachgewiesen, da es nur sehr selten königliche Maßnahmen in der Mark gab. Dem standen Aktivitäten Leopolds III. gegenüber, die gerade Krems betrafen: So etwa die Einrichtung einer Münzstätte.[663] Von Kremser Münzen ist erstmals in einer Urkunde Bischof Reginmars von Passau die Rede, die 1129/1130 datiert wird. Für ihre Zustimmung zur Gründung der Pfarre Kirchstetten erhielten der Propst und der Konvent des Stiftes St. Hypolit in St. Pölten *decem et octo libras Chremensis monete.*[664] Ein hieb- und stichfester Beweis für diese Datierung der Kremser Münze ist dieser Beleg nicht. Daher ist jedes Argument, das aus dieser Datierung gefolgert wird, von einem Zirkelschluss gefährdet. Gewiss ist aber in dieser Zeit das Auftreten unseres Mautners Eppo.

---

659 Loehr, Mittelalterlicher Donauhandel 241 f., danach Hassinger Die Bedeutung des Zollregals 176, Mitterauer, Zollfreiheit und Marktbereich 99 und Kühnel, Österreichischer Städteatlas, Kommentar zu Krems-Stein.

660 Fuchs, Der älteste Besitz 20 und 26; FRA II/69 151 rechte Spalte: *oblationes de ecclesia s. Michaeli ad Steina.*

661 FRA II/4 Nr. 58, Kommentar 219. *Notum sit omnibus … Epponem de Steine theleonarium ecclesiam cum tribus vineis et predio Gemze sito … Marie Nŏuuenburgensis ecclesie delegavisse.…Reliquie due cum predio et predicta ecclesia postquam e vita discederet.* Die Untersuchungen von Fuchs, St. Michael 302 und Brunner, Krems und Stein 130 leiden an der Unkenntnis dieser Traditionsnotiz.

662 Zur Michaelskirche Fuchs, St. Michael 302, der allerdings, wie gesagt, die Schenkung des Eppo nicht kannte und damit die Geschichte der Kirche zu Beginn des 12. Jahrhunderts offenlassen musste.

663 Siehe dazu unten im Kapitel: Landesherrschaft, Markt und Münze.

664 NÖUB 2/2 579 Zeile 22; Kommentar 590 ff., in dem eine Verfälschung der Urkunde aus den Jahr 1302 festgestellt wird. Die Erwähnung der Kremser Münze könnte eine unverdächtige Passage sein. Emmerig, Kremser Währung 60 lehnt die Urkunde als Nachweis für die Kremser Münze 1129/30 ab.

Zweifellos hatte er mit Geld zu tun und das macht in einem gewissen Maße seine Mitwirkung in Münzangelegenheiten wahrscheinlich. Der neuralgische Punkt dabei war die Beschaffung von Silber. Abgesehen von einem zu vermutenden persönlichen Wohlstand war Eppo offensichtlich ein Vertrauter Leopolds III. in finanziellen Angelegenheiten und dafür finden wir einen weiteren Beleg. Allerdings müssen wir einräumen, dass auch die aus der betreffenden Notiz im Klosterneuburger Traditionskodex abgeleitete Identifizierung Eppos auf etwas unsicheren, wenn auch plausiblen Voraussetzungen beruht. Wieder in der Zeit, als in Klosterneuburg noch die unregulierten Kanoniker am Werk waren (vor 1133), schenkte der Markgraf im abgekommenen Ort Engelgerseme im Gebiet von Mistelbach dem Stift zwei Zensualen. Zeugen waren der *dispensator* des Stifts und Eberhardus *dispensator marchionis*.[665] Die oft nachgewiesene Kurzform von Eberhard ist Eppo. Und darin liegt unsere Unsicherheit, ob dieser Eberhard mit unserem *theleonarius* tatsächlich identisch ist. Wahrscheinlich ist diese Identität allerdings.

Ein *dispensator* war ein Verwalter von Geldmitteln, ähnlich einem *economus*, der uns häufig in der grundherrschaftlichen Verwaltung begegnet.[666] Mautner, Münzer und Kassa des Markgrafen – so darf man sich einen der frühen Finanzleute im werdenden Territorium vorstellen. Eppo gehörte einer Familie oder Gruppe an, die in den Schenkungsnotizen Klosterneuburgs fassbar werden und von denen einige Leute herrschaftliche Funktionen im Gefolge Leopolds III. ausübten. Gezo, ein *praepositus* des Markgrafen, übergab dem Stift einen Zensualen, den er einem Eppo zum weiteren Vollzug der Schenkung übergab.[667]

Eppo hatte mit der Schenkung der Kirche auf den Todesfall eine für die Edelfreien und Dienstleute dieser Zeit häufig nachzuweisende Maßnahme getroffen.[668] Er handelte im Sinne Klosterneuburgs und Leopolds III., behielt aber die Verfügungsgewalt über die Kirche. Vielleicht plante er sogar, sie als Grablege der eigenen Familie zu nützen. Schenkungen auf den Todesfall verzögerten jedenfalls ihre Auswirkung und schufen darüber hinaus in einigen Fällen ungeklärte Verhältnisse – das Geschenk landete bisweilen wieder bei den Kindern des Schenkers. Über die Geschicke von Eppos Kirche erfahren wir zunächst nichts. Als aber Konrad III., ebenso wie die fast vollständige Schar der Nachkommen Leopolds III., ein Sohn der verwitweten Agnes, 1138 König wurde, setzte

---

665 FRA II/4 Nr. 80; BUB IV/1 Nr. 675.

666 Zum *dispensator* WELTIN, Die steirischen Otakare 197 mit Anm. 51; die interessanteste Glossierung im Mittellateinischen Wörterbuch vol. 3/1 Sp. 769: *habebat* (Anskar) … *semper … sacellum cum nummis, ut, si quando egens veniret et dispensator elemosinae suae deesset, ipse sine mora, quid daret haberet.* Vita Anskarii 35, 69 Zeile 19.

667 FRA II/4 Nr. 84. Zur Familie WELTIN, Der hochmittelalterliche österreichische und steirische Adel 115 mit Anm. 58.

668 Ein lehrreiches Beispiel ist die Schenkung einer Kirche samt Zubehör des jüngeren Pilgrim von Grie-Ranna an Stift Göttweig. Teile dieser Schenkung wurden auf den Todesfall des Schenkers übergeben. LOHRMANN, Herrschaftsverhältnisse in der Grie 91 ff.

man in Klosterneuburg alles in Bewegung, um sich den wohl unsicher gewordenen Besitz dieser Kirche mit Hilfe einer Königsurkunde zu sichern. Die Förderer des seit 1133 von regulierten Chorherren geführten Stiftes, nämlich Agnes, Bischof Otto von Freising und der bayerische Herzog Leopold, intervenierten bei ihrem Sohn bzw. Halbbruder Konrad III., dem Stift die Kirche zu schenken.[669] Der langen Ausführungen kurzer Sinn: Eppo war jedenfalls ein Mautner, der wohl vom Markgrafen eingesetzt worden war. Zu verweisen ist auf den auch von Otto Brunner festgestellten Zusammenhang der Bedeutung und des Zolls in Stein mit dem Wachsen der Bedeutung des Kremser Marktes und der dortigen Münzprägung.[670] Die führende Stellung von Krems als Handelsstadt im heute niederösterreichischen Raum nördlich der Donau zeigt sich an den Verbindungen zu den Städten nahe der böhmischen Grenze, wie Eggenburg, Horn, Laa/Thaya oder Zwettl aber auch zu den jenseits der Thaya liegenden böhmischen und mährischen Städten.[671]

Eine weitere Nachricht, diesmal die Verfügung über einen Zoll betreffend, stammt aus einer Notiz des Jahres 1136, die verschiedene Tauschgeschäfte zwischen Leopold III. und dem Stift St. Nikola in Passau zum Inhalt hat. Leopold erhielt drei Handschriften und ein Missale, wofür er St. Nikola gestattete, jedes Jahr mit ihrem Schiff ohne Leistung einer Abgabe das Gebiet der Mark zu durchqueren.[672] Die Zusammenhänge dieses merkwürdigen Tausches mit der von Leopold damals von St. Nikola wieder erworbenen Zollhoheit in Persenbeug sind klar. Der Markgraf konnte also schon damals das Abgabenwesen, soweit es Zölle betraf, regeln. Seine Eheschließung mit der Schwester des 1125 verstorbenen Königs Heinrich und seine eigene Kandidatur als Thronfolger des letzten Saliers sind Zeichen einer derart herausragenden Machtstellung, dass daneben die Berufung auf traditionelle gräfliche Rechte, die mit der Herrschaft in der Mark verbunden waren, etwas blass wirken. Es erhebt sich aber die Frage, seit wann die Markgrafen der *partes orientes* Zölle einrichteten bzw. über bestehende allein verfügten. Die Jahre der Abwesenheit des Kaisers seit den achtziger Jahren des 11. Jahrhunderts aus Österreich konnten wir am Beispiel Ybbs/Persenbeug als die vermutlich entscheidende Zeit herausarbeiten. Auch Heinrich V. kam, obwohl seit 1106 mit Leopold III. über seine Schwester Agnes verschwägert, nur 1108 nach Österreich, als er den ungarischen Thronwerber Almus unterstützte und Pressburg belagerte. Eine Schenkung und eine Besitzbestätigung für Göttweig stellte Heinrich damals in Tulln aus. Die Rechte des Kloster St. Georgen im Schwarzwald, die 1112 bestätigt wurden, ließ der König wohl

669 MGH D Konrad III. 60 f. Nr. 37.

670 Brunner, Krems und Stein 30: »Im engen Zusammenhang mit dem Aufstieg von Krems stehen auch die Anfänge der Stadt Stein«.

671 Brunner, Krems und Stein 33.

672 BUB I 8 Nr. 7 Zeile 40; Leopold erhielt die Schriften *ea conditione, ut annuatim libere navis eorum absque censu de partibus Orientis transiret.*

schon 1108 aufzeichnen. Leopold III. trat als Petent auf.[673] Die Aktivitäten des Königs fanden schon 1109 ihr Ende. Etwas übertrieben schrieb Karl Lechner dem Markgrafen den Schutz der Südostgrenze des Reiches zu. Jedenfalls beteiligte sich Heinrich V. an solchen selten stattfindenden Unternehmungen nicht. Kontakte zwischen Heinrich und Leopold gab es nur wenige: Der Markgraf war im Jänner 1114 bei der Hochzeit Heinrichs und Mathildes in Mainz anwesend, wo er auch für die St. Lambrechter Besitzbestätigung intervenierte. 1121 nahm der Markgraf an einem Hoftag in Regensburg teil. Unter diesen Umständen konnte Leopold III. den Weg zur territorialen Herrschaft erfolgreich und von der Reichsgewalt gewissermaßen ungestört fortsetzen.[674]

Die Fragestellung bezieht sich auch auf die Markgrafen von Steier in ihrem Herrschaftsgebiet.

Noch ein Wort zu dem viel zitierten »Zollbezirk« Weitenegg. Zu Mitterauers Verflechtung von Marktbereichen mit Grafschaften und Burgherrschaften ist die von ihm als wesentlich betrachtete besondere Bedeutung der sogenannten Grafschaft Weitenegg zu beachten. Diese Grafschaft gehört zu jenen angeblich außerhalb des markgräflichen Einflusses liegenden Grafschaften, die Otto Stowasser »entdeckt« und ihre Existenz nachdrücklich vertreten hat. Von ihm noch unscharf als Streugrafschaften bezeichnet, definierte sie Karl Lechner als flächige Gebilde mit bestimmten Realpertinenzen. Im ersten Band des Handbuches der historischen Stätten Österreich findet sich dann auch ein Artikel Weitenegg in diesem Sinne.[675] Diese Einschätzung übernahm Mitterauer und sah in diesem Landstrich ein Kontinuum gräflicher Zuständigkeit aus der Zeit der Zollordnung von Raffelstetten. Diese problematische Sichtweise erkannte bereits Kurt Holter in seiner Rezension von Mitterauers Habilitationsschrift, als er kritisierte, dass die Interpretation des Autors keine Lücken und Zweifel gelten ließ. Die Darstellung der Kontinuität in der Entwicklung gehe allerdings zu weit.[676] Der prinzipielle Versuch Mitterauers, abgabentechnische Vorgänge mir Herrschaftsstrukturen zu verbinden, führte zwar zu einer Reihe neuer und interessanter Einsichten, sorgte aber auch für manche Verwirrung, vor allem durch das oft wenig kritische und daher anachronistische Heranziehen der viel jüngeren Weistümer.

673 BUB IV/1 Nr. 609 mit wichtiger Literatur. Bes. Strnadt

674 Brunner, Leopold III. 119–121; Lechner, Babenberger 130; Lubich, Heinrich V. 146 f.

675 Weltin, Böhmische Mark 233 ff. Zu Weitenegg unter einigen genannten Beispielen 235 in Anm. 13; es handelt sich bei dieser Untersuchung um die wohl endgültige Absage an die irreführende »Grafschaftstheorie«.

676 Rezension von Kurt Holter in ZRG Germ. Abt. 91, 307 f. bes. 308.

Der Warenaustausch in Enns

Fakten und Schlussfolgerungen

Otakar III. stand bei der Einrichtung des Jahrmarkts in Enns keinesfalls vor dem Problem, wie er Kaufleute motivieren konnte, Waren nach Enns zu bringen. Es ist mehr als wahrscheinlich, dass der Markgraf darüber informiert war, dass die Regensburger und ihre Partner vom Rhein (Köln und Aachen) ihre Tätigkeit im Donaubereich intensivieren wollten.[677] Damals, in der Mitte des 12. Jahrhunderts, war eine Entwicklung bereits in Gang gekommen, die engere Kontakte zwischen Nordwest- und Mitteleuropa zum Ziel hatte.[678] Der recht energisch betriebene Ausbau des Donauhandels stützte sich auf die rasche Entwicklung der Produktion von Fertigwaren im Westen und die für diese Gebiete dringend notwendige Versorgung mit Rohstoffen aus dem Osten. Die Handelstätigkeit der Regensburger begründete und intensivierte Verbindungen ins Prager Becken über den Goldenen Steig sowie auf der Donau und der oft zum Strom parallellaufenden Königs- und Heeresstraße nach Ungarn. Peter Csendes betonte bei der Schilderung der Straßenverläufe die allmählich zunehmende Bedeutung des Wasserwegs auf der Donau.[679]

Kontakte zwischen den Regensburgern und Böhmen bestanden seit der Zeit Ludwigs des Deutschen († 876), ihre Anfänge reichen in die Zeit Pippins und Karls des Großen zurück.[680] Eine einflussreiche Familie Regensburgs mit einem bemerkenswerten hoch-

677 Vorläufig verweise ich auf Irsigler, Köln und die Staufer 92 ff.; dazu Lohrmann, Regensburger Kaufleute 89f; Ammann, Deutschland und die Tuchindustrie 88; genaueres zu diesen geradezu epochemachenden Zusammenhängen unten im Kapitel Flandrische Tuche auf dem Weg von Flandern nach Regensburg.

678 Die flandrischen Grafen Wilhelm Clito und Dietrich von Elsass begünstigten 1127 und 1128 die Händler aus St. Omer bei ihren Handelsreisen in das Reich: Oorkonden der graven van Vlaanderen 2,1 14 ff. Nr. 2, hier 15 Zeile 67 f. *Quisquis eorum* (der Händler von St Omer) *ad terram imperatoris pro negotiatione sua perrexerit, a nemine meorum hansam persolvere cogatur.* Um welche Waren es sich handelte, wissen wir nicht. Tuchproduktion und -handel waren noch nicht dominierend.

679 Zu den unterschiedlichen Verkehrswegen, die sich aus der römischen Heeres- bzw. Limesstraße entwickelten vgl. Csendes, Die Straßen Niederösterreichs zur »Südlichen Donautalstraße« 226 ff., bes. 228 ff. und zur St. Pöltner Straße 237 ff. Weitere Informationen auch im Kapitel zur Hainburger Straße ebda. 222 ff. Zur Dominanz des Wasserwegs im Lichte der Lage der Zollstellen und Marktanlagen (Ardagger) 228 und 229.

680 Ein Überblick bei Hoensch, Geschichte Böhmens 44 ff. besonders zur herrschaftlichen Abhängigkeiten Böhmens von Bayern und Sachsen. Zur wirtschaftlichen Entwicklung Prags vor allem nach Westen: Žemlička, Prager Westhandel 1–14; zu Prager und Regensburger Bürgern Bosl, Die Sozialstruktur 146.

adeligen Hintergrund und engen Verbindungen zu Kaiser Heinrich III. bekundete im 11. Jahrhundert Interesse an den ungarischen Herrschaftsverhältnissen und pflegte auch wirtschaftliche Kontakte nach Ungarn.[681]

Regensburger sind auch an westlichen Zollstellen, und zwar am Rhein, erstmals im Koblenzer Zolltarif erwähnt.[682] Die Überlieferung des Zolltarifs stellt vor gewisse Datierungsprobleme, die besonders »eine formlose undatierte Niederschrift aus dem 11. Jahrhundert als Nachtrag eines im 9. Jahrhundert angelegten Evangeliars des Koblenzer St. Kastorstifts« betreffen.[683] Die Fälschung oder verfälschte Urkunde Heinrichs IV., angeblich vom 5. Juni 1104, entstand bald nach diesem Datum, wurde also zeitnah überarbeitet.[684]

Die Kaufleute aus Regensburg sind also spätestens in den ersten Jahren des 12. Jahrhunderts an der Zollstelle in Koblenz nachzuweisen. Sie mussten eingeführtes Kupfer verzollen; vom Zentner hatten alle Händler vier Denare zu bezahlen. Leute aus Regensburg und Würzburg hatten mehr zu leisten, nämlich sechs Denare, wohl in gemünzter Form und Wein im Wert von zwei Denaren.[685] Das Kupfer, das über Regensburg und Würzburg an den Rhein gelangte, war gelbes Kupfer, das aus Oberungarn stammte, das Regensburger Kaufleute dort erworben hatten. Es handelte sich um Kupfer- und Silbervorkommen aus den slowakischen Karpaten,[686] also um Bergstädte wie Schemnitz (Banská Štiavnica), Kremnitz (Kremnica), Neusohl (Banská Bystrica), oder Karpato-Kupferberg.[687] Der Transport des Kupfers nach Westen durch das Donautal oder auf dem Fluss selbst geht aus dem Privileg Leopolds V. für die Regensburger Bürger von 1192 hervor. Damals wurde festgelegt, dass die Regensburger Bürger (Fernhändler) in Stein für den Zentner Kupfer zehn Denare abzuführen hatten. Diese Abgabe galt auch für Glockenmetall und Silberlegierungen, die aus Oberungarn nach Westen eingeführt wurden. Der spätere Tarif in Stein galt nicht nur für die Regensburger, sondern für alle Ankommenden und betrug zwölf Pfennige für einen Zentner Silberlegierungen, sechs für Kupfer und zwei für Blei.[688] Dieser Zoll für Kupfer war etwas niedriger als der in der

---

681 Lohrmann, Regensburger Kaufleute 20 f.; ders. Die Babenberger und ihre Nachbarn 131; zu Rang und Würde der Familie ohne Hinweis auf die politischen Abenteuer Schmid, Die Anfänge 489 f. Dirmeier, Die steinerne Brücke in Regensburg 28.

682 Die ausführlichste Arbeit zum Koblenzer Zolltarif mit kritischer Aufbereitung der älteren Literatur, die insbesondere die Datierung betrifft: Pfeiffer, Rheinische Transitzölle 89 ff. Zu den Regensburger Abgaben für Kupfer 108, 124 f., 139 f. 153; Bosl, Die Sozialstruktur 307.

683 Pfeiffer, Rheinische Transitzölle 89.

684 MGH D Heinrich IV. 2 662 ff. Nr. +487.

685 MGH D Heinrich IV 2 664, Zeile 9 ff. *Quicumque cuprum advexerint, de unoquo centenere debent dare IIIIor denarios. De Ratispona venientes debent dare VI denarios et II denarias vini, de Wirzeburg similiter.*

686 Braunstein, Artikel Kupfer LMA 5 Sp. 1576.

687 Kovacs László, A Kárpát-medenec kora Árpád-kori kincsleletei (1000–1141); Malingoudis, Die Handwerksbezeichnungen 76 und 77 Stichworte mednar und medenec = Kupferschmied (diese waren auch Kesselschmiede).

688 BUB I 118 Nr. 86 Artikel 31 *De centenario cupri, stagni, eris campanarum X denarios apud Steine dabunt.* Der

Koblenzer Ordnung in der Fassung von 1209 – dort zahlte man für vier Zentner Kupfer einen Vierdung *(ferto)*.[689] Dass dieses von den Regensburgern in Koblenz verzollte Kupfer letztlich für Maastricht oder andere eisenverarbeitende Städte an der Maas bestimmt war, ist recht wahrscheinlich. Das ungarische gelbe Kupfer wurde für Becken und Kessel verwendet, die in Maastricht hergestellt wurden und in Koblenz zu verzollen waren.[690]

In Koblenz konnten 1104 die Händler aus Regensburg auch Kaufleuten aus Flandern begegnen. Denn an einer Stelle der damaligen Zollordnung heißt es, dass auch Leute aus Flandern, nämlich aus dem *regnum Baldevvini*, wie es hier genannt wurde, nach Koblenz kamen.[691] Sie mussten ein Widderfell als Satteldecke entrichten, das volkssprachlich als *hulftvel* bezeichnet wurde; ferner einen Käse und Wein im Wert von zwei Denariaden übergeben.[692] Pfeiffer diskutierte bezüglich der Abgaben, die von den Kaufleuten aus den Städten an der Maas entrichtet wurden, die Bedeutung der hier genannten Kupferkessel und Becken. Sie entsprachen, wie schon erwähnt, den Produkten der maasländischen Metallindustrie. Das Widderfell der Flandrer ließe Pfeiffers Überlegungen folgend vielleicht auf Schafe, den Rohstoff der Tuchproduktion rückschließen. Die Abgabe könnte aber auf ältere Handelsgüter hindeuten, denn vor dem Aufblühen der flandrischen Tuchproduktion im späten 11. Jahrhundert verkauften die Flandrer Produkte ihrer Viehwirtschaft.[693] Es ist aber auch denkbar, dass das Widderfell, der Käse und der Wein eine Ehrenabgabe waren, mit der die Zollstelle als solche anerkannt wurde und keine reguläre Maut war.[694]

In umgekehrter Richtung war die zwischen 1135 und 1146 gebaute steinerne Brücke in Regensburg eine wichtige Verkehrsverbindung zwischen den Donauufern. Am Südufer legten die Schiffe an.[695] Schöndorfer verwies in seiner bekannten Studie zum Regensburger Donauhandel auf Maschkes Einschätzung der Bedeutung dieser Brücke bei der Erschließung des Donauhandels für die Handelszentren am Rhein.[696] Dorthin ge-

---

spätere Tarif KNITTLER, Zum ältesten Steier Zolltarif 70 Zeile 30 ff. *De centenario stagni XII denarios. De centenario cupri VI denarios. De centenario plumbi II denarios.*

689 Die Lesung von PFEIFFER, Rheinische Transitzölle 139 entspricht nicht dem Druck MRUB II, 281: *De unaquaque carrata cupri quod sunt IIII. centenarii fertonem.* Der Vierdung war die Gebühr für vier und nicht für 14 Zentner Kupfer. Wenn der Vierdung in Koblenz in Mark berechnet wurde, hätte der Zoll für einen Zentner Kupfer zehn Pfennige betragen.

690 BRAUNSTEIN Artikel Kupfer LMA V Sp. 1576.

691 Zu dieser Diskussion PFEIFFER, Rheinische Transitzölle 95 ff. bei der Erörterung der Datierungsversuche; NICHOLAS, Medieval Flanders, 115 Anm. 42 und 43; MGH D Heinrich IV 2, 663 Nr. +487 Zeile 38 *De regno Baldewini venientes debent dare pellem arietis ad opertorium sellae, quod theutonice dicitur hulft et unum casaeum et II denarios vini.*

692 PFEIFFER, Rheinische Transitzölle 119 Anm. 162 (*denariadae* und *hulftvel* zitiert nach GAWLIK in einem Nachtrag zu MGH DD Heinrich IV. 3 750) Anders in der vorigen Anmerkung *denarios* und *hulft.*

693 PFEIFFER, Rheinische Transitzölle 119.

694 Vgl. dazu LOHRMANN, Regensburger Kaufleute 41. SCHWINEKÖPER, Handschuh 115 mit Anm. 208.

695 WANDERWITZ, Der Regensburger Hafen 10.

696 SCHÖNFELD, Die Donau 114 mit Anm. 21 (Bezug auf Maschke).

langten die Regensburger über Würzburg und folgten dann dem Main flussabwärts. Obwohl in der Koblenzer Zollordnung von 1209 die Würzburger nicht mehr genannt sind, ist ihre Beteiligung an den Transporten wahrscheinlich. Gottfried von Viterbo erwähnt nämlich im Pantheon, im hier eingefügten Gedicht über Würzburg, dass vom Mittellauf des Main beginnend große Schiffe mit viel Leinwand und ungezählten Weinen nach England und Dänemark auf dem Fluss unterwegs waren.[697] Der Wein wurde jedenfalls Richtung Rhein verschifft. Der über den Main und Regensburg führende Handelsweg nach Osten wurde unter Beachtung der österreichischen Markt- und Zollbestimmungen von Walter Stein und Hektor Ammann ausführlich gewürdigt.[698] Möglicherweise bemerkenswert ist es, dass die Brücke in der Zeit, als der Babenberger Heinrich Jasomirgott Herzog von Bayern war, fertiggestellt wurde (1146). Gerade damals endete sein Streit mit dem Regensburger Bischof Heinrich. Ein Jahr später war Regensburg der Sammelplatz für die Kreuzritter der zweiten bewaffneten Pilgerfahrt ins Heilige Land.

Ich werde in einem späteren Kapitel versuchen, den chronologischen Abläufen bei der Entwicklung der flandrischen Tuchproduktion und den dazugehörigen Handelsaktivitäten nachzugehen. Besonders gilt das für die Beziehungen zu den Handelszentren und Jahrmarktgründungen am Rhein; neben Köln ist Aachen von besonderem Interesse. Die entscheidenden Phasen der Entwicklung fielen in das 12. Jahrhundert, als in Flandern die Elsässer Dynastie herrschte, die als bedeutende Förderin des flandrischen Tuchgewerbes gilt. In diesem Zeitraum expandierten auch die rheinischen Handelszentren, die chronologischen Zusammenhänge im Detail lassen allerdings einige Fragen offen. Bevor ich mich diesem Fragenkomplex zuwende, kehren wir wieder zur Ennser Jahrmarktsordnung zurück.[699]

Die Ausstellung der neuen Urkunde im Jahre 1191 wurde, wie bereits erwähnt, von den Regensburgern verlangt und betraf Kaufleute und Transporteure aus Köln, Aachen und Ulm und in davon zu unterscheidender Weise *mercatores* aus Maastricht und von jenseits der Maas. Es handelte sich also um Leute aus Gebieten, die donauaufwärts lagen und aus dem Westen.[700] Ihre Abgaben von einem Pfund Pfeffer, zwei Paar Schuhen und Handschuhen sowie einem Vierdung werden von der modernen Forschung, wie schon

697 Pantheon MGH SS XXII 161; Unterfränkische Geschichte 1 357 mit Anm. 111; Schreibmüller, Gottfried von Viterbo 257 ff. besonders 258 f. Übersetzung des Gedichtes.

698 Ammann, Deutschland und die Tuchindustrie 88; Stein, Handels- und Verkehrsgeschichte 306 ff. Österreich betreffend 325–327.

699 Literatur: Stein, Der Streit zwischen Köln und Flandern 202; Nicholas, Medieval Flanders 120 f.; Irsigler, Köln und die Staufer 90 ff., der hier auch die Entstehung der Handelsbeziehungen der Rheingebiete in den Donauraum anspricht.

700 Zu Köln, Aachen und Ulm vgl. S. 209 f.; zu den Leuten an und jenseits der Maas Hausmann, Urkundenbuch der Steiermark 1 EN1 S.2 Zeile 24 ff. *Mercatores ultra terminos venientes, videlicet de Masthrihet et de exteris partibus, eandem iusitiam quam tempore patris mei dederunt, adhuc persolvant in descensu dimidium fertonem argenti, libram piperis, duos calceos et cyrotecas, in ascensu fertonem argenti.* Fraglich ist, ob diese Kaufleute bzw. Transporteure bei der Fahrt donauaufwärts in Enns starteten, oder ob sie von Westen kommend über Enns hinausfuhren.

erwähnt, als Ehrengeschenke und/oder als Anerkennung der Markt- und Zollabgaben betrachtet; Irsigler schätzt dies als eine hohe Abgabe ein.[701] Der abzuliefernde Vierdung bestand aus reinem Silber und nicht in einer der Münzlegierungen. Legt man z. B. den Silbergehalt des Ennser Pfennigs zugrunde (750 Feingehalt), zeigt sich, dass der Unterschied zwischen dem Silbergehalt eines reinen Silberstücks und einer Legierung nicht allzu groß war und auch dem Vierdung eher symbolischer Charakter zukam.[702] Die Einschätzung Irsiglers bezieht sich daher eher auf das Pfund Pfeffer, denn dieses Gewürz galt als hochwertiges Gut, das auch als Zahlungsmittel verwendet wurde. Eine genauere Preisbestimmung ist allerdings kaum möglich. Paul Freedman erläuterte, dass ein Handwerker mit dem Lohn von zwei Arbeitstagen ein Pfund Pfeffer kaufen konnte.[703] Wenn diese Einschätzung richtig ist, war die Abgabe von einem Pfund Pfeffer nicht besonders hoch. Andere Werteinschätzungen von Pfeffer erreichen allerdings erstaunliche Höhen, allerdings mit schwer zu beurteilenden Vergleichen. Wilhelm Abel schätzte den Wert von Gewürzen 150-mal höher ein als den von Roggen.[704]

Eine solche Abgabe auf der Donau wurde schon etwas früher erwähnt. Herzog Leopold V. regelte, wie schon in anderen Zusammenhangen erwähnt wurde, zwischen 1177 und 1180 die Abgaben für das Kloster Niederaltaich, die widerrechtlich erhöht worden waren. In Mauthausen hatten die Schiffsleute aus Niederaltaich ein Pfund Pfeffer, zwei Schüsseln (*pelves*) und zwei Paar (?) Handschuhe abzuführen.[705] Die Rechtsgrundlagen dieser und ähnlicher Abgaben behandelte Berent Schwineköper und verstand sie als eine mit einer Zollbefreiung zusammenhängende Leistung. Der Begünstigte drückte damit seine Anerkennung der Zollhoheit an einer Einhebestelle aus. Im Fall der Leute von Maastricht und weiter westlich lebenden Kaufleuten, sowie des Klosters Niederaltaich ging es um die Anerkennung der Maut- und Zollhoheit auswärtiger landesfürstlicher Mächte (Steier und Österreich), die für ihre Begünstigung eine in ihrem Umfang schwer einzuschätzende Abgabe erhielten.[706] Zu bedenken wäre allerdings, dass die Transporte im Falle Maastrichts von »professionellen« Schiffs- oder Kaufleuten durchgeführt wurden und die Ladungen aus Handelswaren bestanden; die Klöster hingegen besorgten die flussaufwärts gehenden schwierigen Transporte ihrer auf eigenen Grundherrschaften produzierten Lebensmittel durch Inhaber von Schifflehen; gegen Ende des 12. Jahrhunderts beauftragten sie aber zunehmend auch berufsmäßige Transporteure. Die Schiffe

701 Die Deutung als Anerkennungsgabe ist genauer. Vgl. auch Lohrmann, Regensburger Kaufleute 41 f.; Irsigler, Polyethnizität 220.

702 Die Berechnung, dass der Vierdung reinen Silbers 5 Zählpfennigen entspräche, ist jedenfalls falsch.

703 Freedman, Out oft the East 127; allgemein zu vergleichen ders., Spice 1209 ff.

704 Abel, Strukturen und Krisen 31.

705 BUB I 65 f. Nr. 49 …*et in superiori mutua transeuntes talentum piperis et duas pelves et duas cirotecas Mvthusen.* Mittellateinisches Wörterbuch 2 Sp. 537 f. (*chirotheca*). Wenn der Wert des Pfeffers wirklich so hoch war, wäre die Abgabe für Niederaltaich wenig hilfreich gewesen.

706 Schwineköper, Handschuh 115 mit der wichtigen Anm. 208.

waren zumindest den Privilegien zufolge mit Gütern zum eigenen Gebrauch der Klöster beladen.[707] Zu erinnern ist an unsere bereits im einführenden Kapitel erwähnte Feststellung Willoweits, dass die Zollherrschaft über nicht dem eigenen Herrschaftsbereich angehörende Leute dem Landesfürsten eine bemerkenswerte Machstellung verschaffte.

Es ist nicht nachzuweisen, ob Wein um 1200 bereits ein Fernhandelsgut war. Entsprechende Nachrichten bezüglich des Weins sind erst in der zweiten Hälfte des 13. Jahrhunderts überliefert.[708] Zu vermerken ist hinsichtlich der Produktion und des Vertriebs von Wein aus dem Wiener Anbaugebiet, dass spätestens zu Beginn des 13. Jahrhunderts in der Wiener Tor(-Burg-)maut die Einfuhr von Kork erwähnt wird,[709] die für die Herstellung von Stoppeln notwendig war. Die Verbreitung von Korkeichen war in Südwesteuropa, vor allem im portugiesischen Spanien, bedeutend.

Im Zuge der Kämpfe des Jahres 1235 untersagte Herzog Friedrich der Streitbare den Transport von Getreide aus Österreich in die *partes superiores*, also in die bayerischen und Salzburger Gebiete. Aus der Klage der in diesem Sinne betroffenen weltlichen und geistlichen (Bischöfe) Fürsten geht hervor, dass der Herzog von Österreich und Steier die Ausübung ihrer Rechte und die Einhebung von Abgaben in seinen Ländern zu verhindern suchte.[710] Unter den Beschwerdeführern sind keine Äbte genannt. Ihre Interessen vertraten wohl die Bischöfe von Regensburg und Passau. So war etwa die Distanz von den niederösterreichischen Besitzungen Niederaltaichs zum Kloster selbst beträchtlich. Trotzdem handelte es sich bei diesen Transporten eigener Produkte nicht um einen professionellen Fernhandel, sondern um eine oft zollbegünstigte Schifffahrt im eigenen Organisationsbereich des Klosters. Diese Wein- Getreide- und auch Holzfuhren bildeten einen eigenen Transportbereich zwischen den Grundherrschaften bayerischer Klöster und den Stammhäusern, die Andreas Otto Weber gründlich behandelt hat.[711]

Dass die in Enns anlegenden Schiffe hauptsächlich aus dem Westen, also donauabwärts, kamen, ergibt sich aus der Zusammensetzung der Regensburger Karawane, über die uns die Marktordnung bekanntlich informiert. Ferner weisen die Wagen, die auf der Brücke den Fluss Enns überquerten, darauf hin, dass man bei Transporten in Richtung Westen eher die Straße benützte, als die Mühe des Ziehens der Schiffe auf dem Wasserweg auf sich zu nehmen.[712]

---

707 Zu dieser Problematik Weber, Studien zum Weinbau 304 f. (zum Niederaltaicher Besitz in der Wachau).

708 Knittler, Zum ältesten Steiner Zolltarif 46.

709 Tomaschek, Rechte und Freiheiten 5 Nr. III *De curru onorato cum subere IIIIor dn.*

710 Dazu zuletzt Lohrmann, Die Babenberger und ihre Nachbarn 325 f. mit Anm. 36.

711 Weber, Studien zum Weinbau. Da sich das gesamte Buch mit dem Besitz von Weinbergen sowie mit dem Transportwesen und seiner Organisation beschäftigt, sind präzise Seitenangaben nicht möglich. Die Orientierung kann mit Hilfe des Registers hergestellt werden.

712 Prinzipiell ist die pessimistische Einschätzung Steins, Handels- und Verkehrsgeschichte 221 f. bezüglich der Bestimmung der Richtung und des Verlaufs von Handelswegen noch immer zu beachten, doch wur-

Noch einmal wollen wir den Transport über die Ennser Brücke nach Osten betrachten. Jene Güter, die auf den Schiffen aus dem Westen mitgebracht und nicht auf dem Ennser Markt angeboten worden waren, sondern für den weiteren Verkauf etwa in Ungarn oder sogar für die Gebiete der Fürstenherrschaften der Kiewer Rus bestimmt waren, befanden sich noch an Bord. Sie wurden samt den Wagen von den Schiffen ans Ufer gebracht,[713] über die Ennsbrücke und von dort auf der südlichen Donautalstraße weitertransportiert. Das Umladen der Güter auf Wagen weist darauf hin, dass die Transporteure auf dem Fluss den Strudengau bei Grein vermeiden wollten. Auf der Brücke über die Enns wurden sie allerdings neuerlich geschröpft. Der allgemeine Tarif betrug die genannten 16 Pfennige, auch für die Regensburger Händler, die in die Rus fuhren oder von dort kamen. In der Jahrmarktsordnung wurde der Begriff des Brückenzolls vermieden, der Text ist in der Sache aber eindeutig: *de plaustris per pontem transeuntibus*. Einschlägige Lexikonartikel verlegen die Entstehung des Brückenzolls offenbar ohne die Kenntnis dieses Belegs für das 12. Jahrhundert irrtümlich in das 14. Jahrhundert.[714] Nazarenko vertrat die recht plausible Auffassung, dass die bezahlte, aber trotzdem freie, Fahrt der Wagen nach und aus der Rus eine Ausnahme bei der Anwendung des Anhaltezwangs zugunsten des Ennser Jahrmarkts darstellte. Dafür spricht auch die Schlussbemerkung der einschlägigen Bestimmung, dass man die Wagen nicht aufhalten soll.[715] Es gab aber auch Wagen, die in Enns beladen wurden, die auf der Brücke nur zwölf Pfennige bezahlten, also den offenbar allgemeinen Ennser Marktzoll. Das spricht dafür, dass es Leute gab, die Waren aus dem Westen, wohl vor allem Tuche, auf dem Jahrmarkt kauften und ebenfalls auf der Straße weiter nach Osten transportierten.[716] Die im Hafen liegenden Schiffe hatten zunächst keine Gebühr zu bezahlen.[717]

Nach den Ergebnissen und Schlussfolgerungen der bisherigen Forschung kamen die Häute meist aus Ungarn, das Wachs zumindest teilweise aus der Rus,[718] welche die Do-

---

den seit 1922 natürlich Fortschritte in der Forschung erzielt. Knittler, Zum ältesten Steiner Zolltarif 31 f., und vor allem unten S. 169.

713 Hausmann, Urkundenbuch der Steiermark 1 EN1 2 Zeile 14–16 *Item cum quelibet navis iuxta statutum satis fecerit...quicquid mercis ad litus ducatur, XII denarios de plaustro persolvat.* Diese Einnahmen aus der Be- oder Entladung der Schiffe gehörten zum Stegrecht. Artikel Stegrecht, Deutsches Rechtswörterbuch 13 Sp. 1600.

714 Etwa Schmoeckel, Artikel Zoll HRG V Sp. 1753 unter Zoll. Die Bemerkungen zum »Brückenzoll« behandeln vielleicht nur die Wortgeschichte, in der Sache ist die Abgabe älter.

715 Nazarenko, Die frühesten bayerisch-russischen Kontakte 26. Hausmann, Urkundenbuch der Steiermark 1 EN1 S.2 Zeile 22 ...*nec retinere debent.*

716 Hausmann, Urkundenbuch der Steiermark 1 EN1 S.2 Zeile 22 f. *Plaustra, que in ipsa villa* (Enns) *onerantur, XII denarios persolvant.*

717 Hausmann, Urkundenbuch der Steiermark 1 EN1 S.2 Zeile 8 *De navibus manentibus nichil exigatur.*

718 Stützel, Wachs als Rohstoff, 31 ff., der allerdings den Schwerpunkt seiner Untersuchung auf das 14. und 15. Jahrhundert legte. Zum Export aus der Rus konzentriert er sich älteren Forschungen folgend auf Novgorod und das Düna-Gebiet und die Beziehungen zu den Kaufleuten der Hanse. Die doch häufige

nau aufwärts oder wahrscheinlicher auf einer der parallel zum Strom verlaufenden Straßen[719] nach Enns gebracht worden waren. Dass sie tatsächlich aus dem Osten kamen, lässt sich aus der sachlichen Anordnung der Abgaben in der Markt- und Zollordnung Leopolds VI. aus der Zeit 1208/1212 schließen. Hier ist die Rede von der Verzollung von Wagen, die aus Ungarn oder aus der Rus herbeigeführt wurden. Die Abfolge der Betreffe in der Urkunde lässt darauf schließen, dass diese und die folgenden Bestimmungen in Mauthausen galten. Direkt nach der Erwähnung der Wagen aus dem Osten setzte man fest, dass vom Zentner Wachs fünf Pfennige und von 100 Häuten 50 Pfennige zu entrichten waren. 1192 wurde für die Regensburger derselbe Zollbetrag für 100 Häute festgelegt, Wachs war mit etwas mehr als drei Pfennigen pro Zentner geringer verzollt. In Stein verrechnete man für den Zentner Wachs fünf Pfennige. Die drei Pfennige waren wohl die Vergünstigung für die Regensburger.[720]

Welche Güter könnten mit den schon erwähnten gleichwertigen Gütern neben Wachs und Häuten gemeint sein? Es handelte sich vermutlich ebenfalls um Waren aus dem Osten, und zwar um Honig, Met, aber auch Pelze und Felle verschiedenster Art sowie Metalle, konkret Kupfer und Zinn, die zum Teil nach Maastricht gelangten, wo sie, wie schon erwähnt, zur Fertigung von Kupferkesseln und Pfannen verwendet wurden.[721] Dass diese Waren auch als Fernhandelsgüter im Donauraum transportiert wurden, ergibt sich aus dem nur ein Jahr jüngeren Privileg für die Regensburger. Hier werden Kupfer, Werkblei-Zinn und Glockenmetall erwähnt, die sicher stromaufwärts geführt wurden, wie sich aus der Abfolge Stein–Mauthausen ergibt. Sonderbar ist die Feststellung, dass auch gesalzene Fische (Heringe) in dieser Richtung verfrachtet wurden.[722] Der Steiner Tarif enthält die gleichen Warengruppen allerdings weitaus detaillierter als das Regensburger Privileg. Die Markt- und Zollordnung von 1208/1212 enthält bezüglich des Jahrmarkts in Enns keine über 1191 hinausgehenden Angaben zu den Waren. Beim Transitzoll in Mauthausen geht es vor allem um die Tuchwaren aus dem Westen.

Erwähnung von Wachs an den Zollstellen der Donau bezog er nicht in seine Betrachtungen ein. Zu Ungarn, Knittler, Zum älteren Steiner Zolltarif 51.

719 Die Wagen, die aus Russland kamen, benützten die Brücke zur Überquerung der Enns, kamen also auf der Straße. Zur Maut auf der Brücke: Hausmann, Urkundenbuch der Steiermark 1 EN1 S.2 Zeile 21 f. *Plaustrum in Ruziam vel de Ruzia tendentia XVI denarios persolvant nec retineri debent.*

720 Zu den Regensburgern BUB I Nr. 86 118 Zeile 18 f. Eine vergleichende Übersicht dieser und anderer Zölle bei Knittler, Zum ältesten Steiner Zolltarif 36.

721 Nur von Met wird in der Wiener Burgmaut berichtet: von einem Fuder waren sechs Pfennige zu bezahlen. Tomaschek, Rechte und Freiheiten 5 Nr. III *Item hospes de carrata medonis det sex dn.* Es handelt sich um die Gebühr, die ein Gast an einem der Tore zu bezahlen hatte. Weitere Beispiele aus anderen Privilegien und Tarifordnungen gleich im Folgenden.

722 BUB I 118 Nr. 86, Zeile 26–29; Knittler, Der älteste Steiner Zolltarif 52, zu den Metallen, zu den Fischen 47.

Die Ennser Ordnung des Jahrmarkts enthält keine Informationen, auf welche Weise die Schiffe von Enns nach Regensburg kamen. Lediglich bei der Entflechtung der Kolonne der im Hafen ankernden[723] Schiffe ist unmissverständlich vom Aufwärtsziehen *(sursum naves trahantur)* der Schiffe die Rede. Immerhin ging es allerdings um eine Strecke von rund 260 km nach Regensburg. Damit berühren wir das komplex gelagerte Problem des »Treidelns«. Das Aufwärtsziehen der Schiffe mit Ochsen oder Pferden begann nach der herrschenden Auffassung erst im 15. Jahrhundert. Eine genauere Prüfung des Sachverhalts zeigt aber, dass damals lediglich das Aufwärtstreideln mit Zugtieren, das zuvor untersagt gewesen war, erlaubt wurde. Dieses Verbot begründete man mit der Absicht, »dass sich die armen Leute zu Laufen ernähren mögen und die Städte gefördert werden«. Diese Leute, die in der warmen Jahreszeit diesen schwer belastenden Dienst leisteten, gehörten zu einem genau und ausführlich organisierten Transportsystem auf der Salzach, das aus privilegierten Schiffseignern, den Schiffsführern und zuletzt den Armen bestand, welche die Schiffe zu ziehen hatten.[724] Ferner wäre zu bedenken, dass Ochsen und Pferde, die ja für andere Verwendungen zur Verfügung stehen mussten, nicht in ausreichender Zahl vorhanden waren, um auch in diesem Bereich eingesetzt zu werden. Das bis ins 15. Jahrhundert zumindest auf der Salzach nachgewiesene Verbot ist ja auch ein Hinweis darauf, dass es Inhaber von Transportgerechtigkeiten gab, die Zugtiere einsetzten.

Die immer wieder auch bei Bastian herangezogenen Beispiele, dass man Schiffe nach einem Transport flussabwärts verbrannte oder als Bauholz verwendete,[725] wird in Einzelfällen wohl vorgekommen sein. Diese Vorgehensweise war aber kaum allgemein üblich, da ja ein Schiff einen gewissen Wert hatte, und man übergab es deshalb nicht einfach dem Feuer. 1172 kaufte Heinrich der Löwe in Wien sogar Schiffe zur Weiterreise auf der Donau abwärts.[726] Die Weiterverwendung leerer Schiffe wird auch durch eine Bestimmung in Stein deutlich: Für leere Schiffe, die in Stein verkauft wurden, sollte keine Gebühr bezahlt werden.[727]

Die bayerischen Klöster, die Besitzungen in Österreich hatten und ihre Güter in die Stammhäuser flussaufwärts transportieren mussten, richteten sogenannte Scheffllehen

---

723 Es ist mit eisernen Ankern zu rechnen: Reallexikon für Germanische Altertumskunde 1, 105 f.

724 Salzburgwiki online unter »Treppelweg«. Bis zum 15. Jahrhundert wurden die Schiffe von Menschen wieder flussaufwärts gezogen. Erst dann wurde das Aufwärtsziehen mit Zugtieren (Ochsen oder Pferde) erlaubt, was vorher untersagt war »damit sich die armen Leute zu Laufen ernähren mögen und die Städte gefördert werden.« Zu den sozio-ökonomischen Verhältnissen in Laufen mit Schwerpunkt auf den Schiffsbesitzern Heffeter, Die Salzachschiffahrt und die Stadt Laufen 19 f.

725 Bastian, Die Legende vom Donauhandel 305

726 Arnold von Lübeck, 116 f.; Lohrmann-Opll, Regesten Nr. 166; Bastian, Die Legende vom Donauhandel 305.

727 Knittler, Zum ältesten Steiner Zolltarif 74 Zeile 101 *De navibus vacuis, que venduntur in Stein, nihil detur.*

ein. Der Inhaber eines solchen Leihgutes, von dem er lebte, musste als Gegenleistung ein- oder zweimal im Jahr sich am Aufwärtsziehen der Schiffe beteiligen.[728]

Die Frage nach der weiteren Behandlung oder Verwendung von Schiffen berührt eine Reihe von Problemen. Konkret wissen wir aus den bisherigen Schilderungen, dass die Schiffe der Regensburger Karawane mit den in Enns erworbenen Waren donauaufwärts gezogen wurden und vermutlich auf diese Weise nach Regensburg zurückkehrten. Vorher rollte man aber jene *plaustra* von den Schiffen, deren Ladungen nicht in Enns auf dem Jahrmarkt angeboten wurden, sondern direkt in Ungarn oder in der Rus, etwa in Kiew, verkauft werden sollten. Es erhebt sich die Frage, wie man nach Ungarn kam. Mit dem Überqueren der Brücke befand man sich auf der »Südlichen Donautalstraße«.[729] Es handelte sich um eine *strata publica*, eine Heeresstraße, die in römischer Zeit als Limesstraße angelegt wurde. Die römischen Grundlagen dieser Straße (890 wurde sie als steinerne Straße bezeichnet) schufen relativ günstige Transportvoraussetzungen. Seit dem 11. Jahrhundert ist mehrmals von einer Hochstraße die Rede. Die Straße führte zunächst über die Strengberge nach Amstetten. 1058 benützte auch König Heinrich IV. diese Straße auf dem Weg nach Ungarn.[730] Etwa parallel dazu verlief im Norden die Fahrt donauabwärts bis Ardagger. Aus den 1192 festgelegten Gebühren für einen Wagen *(currus)* mit Gewand, die an die Richter in Wien, Melk, St. Pölten und Tulln zu entrichten waren, könnte man schließen, dass der Transport ab Melk wieder auf der Donau geführt wurde. Die Abgaben in Melk mit 30 und in Tulln mit zwölf Pfennigen waren deutlich höher als in St. Pölten mit vier Pfennigen.[731] Der Landweg war offenbar weniger beliebt. Zudem ist festzustellen, dass die Zahlung an der landesfürstlichen Zollstelle Melk deutlich höher als in Tulln war.

Für die Regensburger wurden aber auch Zölle für die Fahrt zu Lande festgesetzt. Wer es vorzog, auf der Straße seine Waren mit einem *currus* (offenbar nicht in großen vierrädrigen *plaustra*) zu transportieren oder in der Winterkälte den Wasserweg nicht nutzen konnte, zahlte für den mit Kleidern beladenen Karren zwei Pfund und am Rückweg ein halbes Pfund.[732] Mag sein, dass der Karren bei der Rückfahrt leer war oder eher billigere Waren geladen hatte. Die Kleider als Ladung deuten darauf hin, dass Karrenführer aus dem Westen ankamen und mit Gütern aus Österreich oder weiter aus dem Osten heimkehrten.

728 Loehr, Mittelalterlicher Donauhandel 169 ff.; Lohrmann, Regensburger Kaufleute 34 f. Zu Niederaltaich und Tegernsee Weber, Studien zum Weinbau 364.

729 Ich folge den Straßenbezeichnungen von Csendes, Die Straßen Niederösterreichs, hier 226 ff.

730 Csendes, Die Straßen Niederösterreichs 228 mit Anm. 11 aus der Itinerarforschung zu Heinrich IV. Die Ausstellungsorte der Urkunden sind in diesem Punkt nicht hilfreich.

731 BUB I 118 Nr. 86 Artikel 27 Zeile 19 f.

732 BUB I Nr. 86 Artikel 28: *Quandocumque potius terra quam navigio cum curribus venire voluerint vel cum propter hiemis asperitatem aliter non fieri poterit, de uno curru vestium duo talenta dabunt venientes, redeuntes dimidium talentum.*

Die Bedeutung des Handels mit Ungarn und den Fürsten der Kiewer Rus

Es erhebt sich nun die Frage, aus welchen konkreten Regionen welche Waren aus dem östlichen Europa stammten, welche Vorgänge in unseren Markt- und Zollordnungen festgehalten wurden und welche Rolle der Rohstoff- und Warenstrom aus Ungarn und der Rus als Gegenfuhr zu den Fertigwaren aus dem Westen spielte.

In unseren Urkunden für den Ennser Jahrmarkt, für die Regensburger Kaufleute und die Zoll- und Marktordnung Herzog Leopolds VI. ist, wie wir bereits gesehen haben, mehrfach von Russlandfahrern, aber auch von Transporten aus Ungarn die Rede, die *ex Ruzia* oder auf dem Weg dorthin das Gebiet der Babenberger durchquerten.[733] Aus dem Text der Letzteren geht hervor, dass der Handelsweg aus der Kiewer Rus wohl über Ungarn führte.[734] Die ausführlichsten Angaben zu den Waren enthält der Steiner Zolltarif, von dem uns die ältere, lateinische Fassung interessiert.

Zunächst zur Entwicklung in Ungarn. Was die Verkehrs-, Transport- und Zollverhältnisse bezüglich der Waren betrifft, ist nur bei wenigen ihre Herkunft aus Ungarn oder die Lieferung dorthin mit Sicherheit nachzuweisen. Die älteste Nachricht über Ungarn im Handel mit Nachbarn ist in einem Bericht über Prag des jüdischen Reisenden Ibrahim Ibn Ya'qub (965) zu finden. Er berichtet, dass Muslime (wohl Wolgabulgaren), Juden und ungarische Händler aus Ungarn Gold und byzantinische Goldmünzen nach Prag brachten und mit Sklaven, Zinn und verschiedenartigem Pelzwerk abreisten.[735] Es zeigt sich an diesen Geschäften recht eindrucksvoll, dass der ungarische Handel nach der Lechfeldschlacht zunächst noch stark von byzantinischen Einflüssen abhängig war. Die Taufe des Bulcsú, des ungarischen Heerführers am Lechfeld, die in Konstantinopel unter der Patenschaft Kaisers Konstantins Porphyrogennetos stattfand, weist in eben diese Richtung.[736]

733 BUB I 118 Nr. 86 Artikel 33 *in reditu ex Ruzia*; in der Zoll- und Marktordnung Leopolds VI, NÖUB 4 Nr. 13/12 388 f. Zeile 26: *ringwagen, qui ducitur de Vngaria vel de Ruchia;* in der Jahrmarktsordnung 1191 Hausmann, Urkundenbuch der Steiermark 1 EN1 S.2 Zeile 21 f. *Plaustrum in Ruziam vel de Ruzia.*

734 Siehe dazu die vorige Anmerkung und die Zollordnung von Gran: Monumenta ecclesiae Strigoniensis 2 238 f. Nr. 215 aus dem Jahr 1288.

735 Nagy, Foreign Trade 475 f. Kubinyi, Die Anfänge Ofens 14. Zur Bedeutung der Wolgabulgaren für den Pelzhandel Schier, Wege und Formen des ältesten Pelzhandels etwa 24 ff.

736 Zum Verhältnis der Ungarn zu Byzanz und die folgende Wendung nach Westen Lohrmann, Die Babenberger 61 f. Bulcsú war 965 nicht mehr am Leben, da er direkt nach der Lechfeldschlacht 955 hingerichtet wurde.

Nur vier Jahre jünger ist eine Nachricht aus dem Jahr 969, die wiederum Informationen über Handelsgüter aus Böhmen und Ungarn enthält. Ein Jahr zuvor war der Großfürst der Rus Swjatoslaw, der Sohn der berühmten Olga, einem Ruf des byzantinischen Kaisers Nikephoros Phokas gefolgt und hatte in einem raschen Feldzug gegen gute Bezahlung Bulgarien erobert.[737] Er nützte den Sieg zu dem Versuch, eine eigene Herrschaft in Bulgarien zu errichten und erklärte zum Kummer seiner Mutter und anderer Verwandter nach dem Bericht der »Povest vremennych«, er wolle künftig seine Residenz nicht in Kiew behalten, sondern nach Perejaslavec (Bulgarien) in das Donaudelta verlegen. Die geplante Residenz war ein Handelszentrum, wo unter der Masse der kostbaren Waren auch Silber und Pferde aus Ungarn und Böhmen genannt sind.[738] An dieser Stelle werden auch die klassischen Handelswaren aus der Rus aufgezählt: Pelze, Wachs, Honig und Sklaven. Die Byzantiner waren aber nicht willens, die bedrohliche Herrschaft Swjatoslaws I. am Balkan hinzunehmen. Stökl betonte in diesem Zusammenhang auch die wirtschaftliche Konkurrenz, die von Perejaslavec unter der Herrschaft der Rus für Byzanz ausging. Die gesamte Unternehmung brach 971 infolge eines unwiderstehlichen Feldzugs des byzantinischen Kaisers Johannes Tzimiskes zusammen, der auch den Beginn des Untergangs des ersten bulgarischen Reiches einläutete.

Interessante politische und soziale Fragen betreffen die kaufmännische Tätigkeit einer Regensburger Familie in Ungarn zur Zeit der Nachfolgekämpfe zwischen Peter Orseolo und Samuel Aba nach dem Tod Stefans des Heiligen. Zwei Regensburger Kaufleute, die Brüder waren, unterstützten Samuel Aba, der ihnen ein Herzogtum und eine Präfektur in Aussicht stellte. Sie waren Brüder des Freisinger Bischofs Nitker, der schon in der Spätzeit Stephans des Heiligen Stellung zu Fragen der ungarischen Verhältnisse bezogen hatte. Einer der Brüder, Bernold, war mit Bucca, einer Dame aus einem führenden schwäbischen Geschlecht verheiratet, einer Verwandten Bischof Ulrichs I. von Augsburg. Beider Sohn war Udalrich, ein bekannter Reformer im Rahmen der Cluny-Hirsau-Bewegung, der Kaiser Heinrich III. zum Taufpaten hatte. Das waren wohl recht auffällige Kaufleute.[739] Die Pilgerfahrten nach Jerusalem, die bereits unter Stephan I. für den ungarischen Durchzugsverkehr von Bedeutung waren, förderten weitere Handelsbeziehungen auch nach Westen. Konkrete Hinweise auf Handelswege und Waren stammen allerdings erst aus späterer Zeit.

Zwischen 1150 und 1153 lebte der arabische Reisende, Geograph und Schriftsteller Abu Hamid al-Gharnati am Hof König Gezas II., wo er als Berater tätig war. In den zwanzig Jahren davor lebte er in der Nachbarschaft der Wolgabulgaren, von wo aus er über Südrussland nach Ungarn kam. Er war in Ungarn für die Betreuung der muslimischen Wolgabulgaren als Scheich al-Islam zuständig. Nach 1161 schrieb er in Mossul

737 Ostrogorsky, Geschichte des byzantinischen Staates 244.

738 Nagy, Foreign Trade 475; Stökl, Russische Geschichte 50 f.

739 Lohrmann, Regensburger Kaufleute 20 f. und ders.: Die Babenberger und ihre Nachbarn 131 f.

seinen Reisebericht »*Tuhfat al-albab* – Geschenk der Herzen«.[740] Er berichtet über den Reichtum an Silber und Gold in den ungarischen Bergen, mit denen wohl die Karpaten aber wohl auch die Siebenbürgener Vorkommen an Edelmetall gemeint sind. Hamids Beobachtungen decken sich mit den zahlreichen Nachweisen in Zollordnungen und Privilegien von Silbereinfuhr aus den oberungarischen Bergstädten.[741]

Im Bericht des Odo von Deogilo, Kaplan des französischen Königs Ludwigs VII., über den Zweiten Kreuzzug 1147 heißt es, dass auf der Donau der Reichtum vieler Gebiete mit Schiffen die vortreffliche Stadt Esztergom erreichte.[742] Die Zeit des Zweiten Kreuzzugs führt uns aber bereits in einen Zeitraum, in dem auch die von uns ausgewerteten Quellen zum Donauhandel bereits Informationen zum Warenverkehr enthalten. Wir wollen uns diesen zunächst zuwenden, bevor wir die Verkehrswege nach und durch Ungarn erörtern wollen.

Neben der bekannten Einfuhr von Ochsen, die über die Grenze nach Österreich getrieben wurden, kamen aus Ungarn lebende, frische und eingesalzene Fische, unter ihnen wahrscheinlich *lucei* (Hechte) und *charphones* (Karpfen) aber auch zum Teil die als vornehme Speise gesuchten Hausen (Beluga-Störe). Unter den eingesalzenen Fischen gab es auch Heringe. Eine schwer verständliche Kapriole des mittelalterlichen Handels in Europa. Die Produkte der Bienenjagd Honig, Met und Wachs konnten teilweise aus Ungarn kommen, stammten aber größtenteils aus dem Kiewer Raum.[743]

Aus Ungarn, nämlich aus den schon erwähnten oberungarischen Bergstädten, kamen neben Silber andere wichtige Bergwerksprodukte, die über Österreich hinaus weiter in den Westen transportiert wurden. Es handelte sich um Werkblei-Zinn *(stagnum)*, Kupfer *(cuprum)* und Blei *(plumbum)*.[744] Letzteres wurde aber auch aus Böhmen eingeführt. Diese Güter sind auch im Privileg für die Regensburger 1192 genannt.[745]

Auch in den topographischen Bezeichnungen des mittelalterlichen Wiens spiegeln sich die Handelsverbindungen nach Ungarn. Die sogenannte Ungarvorstadt (Erstnennung des Ungartores in Wien erst 1256[746]) entspricht dem heutigen Baublock zwischen Lugeck und dem Dr.-Ignaz-Seipel-Platz und war wohl bereits im 11. Jahrhundert von Kaufleuten bewohnt, die Handel mit Ungarn betrieben. Die Geschichte der Regensburger Familie, der Unterstützer des König Aba angehörten, könnte ein Hinweis sein, dass Regensburger Kaufleute in der Ungarvorstadt anwesend waren. Ob der spätere Regensburger Hof auf der Nordseite der Vorstadt als Argument taugt, wäre zu untersuchen. Der benachbarte Kölner Hof könnte die Zusammenhänge mit der Handelsentwicklung

740 Brockelmann, Geschichte der arabischen Literatur 878 f.

741 Vgl. oben S. 162 (Neusohl – Banská Bystrica).

742 Nagy, Foreign Trade 477.

743 Knittler, Zum ältesten Steiner Zolltarif 47; zu den aus der Rus genannten Gütern unten S. 186.

744 Knittler, Zum ältesten Steiner Zolltarif 70, Zeile 30 ff. und 52.

745 BUB I 118 Nr. 86, Artikel 31. Hier ist statt Blei das Glockenerz angeführt.

746 Die Stadt Wien (Österreichisches Städtebuch) 188.

noch zwingender erscheinen lassen. Aus der unsicheren Datierung des Ungartores lässt sich kein haltbarer Schluss auf das Alter der Ungarvorstadt als Sitz auswärtiger Kaufleute ziehen. Der prominente Pilgerweg durch Ungarn ins Heilige Land, der von König Stephan († 1038) freigegeben und gefördert wurde, gab auch dem Handel neue Impulse. Mit der Klärung der Entwicklung des Handels nach Ungarn ist auch die Frage nach der Reichweite des Donauhandels verbunden. An der heutigen Prinz-Eugen-Straße lag eine Ried mit dem ungarischen Namen Jeuls oder Jeus. Am Wienfluss selbst, nahe der Straße nach Ungarn lag der Ochsengries, der seinen Namen nach dem bekannten Ochsentrieb aus Ungarn führte.[747]

Einige Schwierigkeiten bei ihrer Einordnung (Datierung und Verwandtschaft mit anderen Abgabenordnungen) bereitet eine Aufzeichnung von Rechten, die den Bürgern von Hainburg gewährt wurden, die auch Ungarn betrafen. Adrian Rauch sah diese Bestimmungen in Verbindung mit einigen Urkunden und Aufzeichnungen Herzog Friedrichs des Streitbaren (Abb. 13).[748] Diese enthalten auch Vergünstigungen zur Förderung der gemeinsamen Geschäfte von Wienern und Hainburgern. Dahinter stand nach Rauch ein *pactum* der beiden Städte, das sich auch auf den Handel mit Ungarn bezog.[749] Die Bestimmungen der Wassermaut in Hainburg beginnen nämlich mit der Abgabe, die ein Wiener für Gewand und Kramgewand zu bezahlen hatte. Es handelt sich also um eine zusammenfassende lokale Darstellung von Mautgebühren, die Einflüsse der Wiener Burg-, Wagen- und Wassermaut sowie des sogenannten inneren Zolls erkennen lässt.

Der gesamte Text ist nach mehreren Kapiteln geordnet. Zunächst ging es um die Rechte der Wassermaut in Hainburg, also die Abgaben, die von Schiffen oder Flößen zu leisten waren. Anklänge an die Wiener Wassermaut, die aber ebenfalls nur ungenau datierbar ist (bald nach 1320),[750] sind festzustellen. Gäste, die keine Untertanen der österreichischen Herzöge waren, hatten von einer Schiffsladung Gewand oder Kramgewand 42 Pfennige zu bezahlen, die Wiener »Landleute« nur zwei Pfennige.[751] Die Wiener Wassermaut enthält dieselbe Abgabe für die Gäste, die Waren aus Ungarn einführten. Unter diesen Waren sind Kupfer und Fische besonders genannt.[752]

747 Lohrmann, Die alten Mühlen 15 f.; Weigl, Siedlungsgeschichte 63.

748 Rauch, Rerum Austriacarum Scriptores I, 196: *iste codex eiusdem Friderici II Bellicoli leges Heimburgensibus ad Danubium civibus datas.*

749 Rauch, Rerum Austriacarum scriptores I, 196 bezieht sich auf einen aus dem Servitenkloster in der Rossau stammenden Codex, in dem verschiedene Texte, wie etwa die Judenordnung von 1244, überliefert sind.

750 Tomaschek, Rechte und Freiheiten 1, 95 Nr. XXX, im Eisenbuch WStLA Hs. 1 auf fol.4 gehört zu den ersten Eintragungen nach der Anlage des Privilegienbuches 1320. Offenbar handelt es sich um eine Sammlung älterer Urkunden (jüngere Burgmaut, Wagenmaut etc.).

751 Rauch, Rerum Austriacarum scriptores I, 206.

752 Tomaschek, Rechte und Freiheiten 95 Nr. XXX: *Ein iegleich gast, der herentgegen fuert von Ungern chueppher oder vische, oder welcherlaie chaufschatz iz sei, der geit von der schifunge zwein unde vierzich phenninge …*

Abb. 13: Hainburg mit Blick bis nach Pressburg.

Bei kleineren Transporten mussten die Gäste einzelne Tuchbahnen verzollen: Sechs Pfennige für ein Tuch aus Ypern oder Gent, vier für ein schweres Tuch aus Tournai.[753] Aus der jüngeren Wagenmaut in Wien wissen wir, dass aus Tournai schweres Tuch kam, von dem zehn Stück eine Pferdelast (etwa 170 kg) bildeten und mittleres Tuch, von dem ein Pferd 14 Stück tragen konnte.[754] Dass Gäste mit Waren aus Flandern nach Hainburg gelangten, ist mit der Ausdehnung des Wiener Stapelrechtes auf Hainburg zu erklären. Am 1. Juli 1244 erneuerte Friedrich der Streitbare nicht nur das Wiener Stadtrecht, sondern bedachte auch Hainburg mit diesen Bestimmungen. Die deutsche Übersetzung stammt aus dem 14. Jahrhundert, der Text bezieht sich aber eindeutig auf den Babenberger.[755]

Im folgenden Absatz ging es um Waren, die aus Ungarn kamen. Da es sich um die Wassermaut handelte, müssen wir davon ausgehen, dass die Schiffe getreidelt wurden. An der Spitze stand Blei, für das zwei Pfennige von einem Bürger wohl pro Zentner bezahlt werden mussten. Das war derselbe Betrag, den man in Stein von allen Ankommenden als Zolltarif kassierte. Daraus darf man schließen, dass auch Leute, die nicht in

753 Rauch, Rerum Austriacarum scriptores I, 206.

754 Tomaschek, Rechte und Freiheiten 94 Nr. XXIX.

755 BUB II 287 ff. Nr. 431 (für Hainburg) und 294 ff. Nr. 432. Das Stapelrecht enthält jeweils genaue Anweisungen, was den fremden Bürgern erlaubt und was verboten war.

Hainburg lebten, diesen Betrag leisteten. Das anschließend genannte Lagel Öl stammte wohl aus Venedig und kam wahrscheinlich die Drau abwärts nach Ungarn und schließlich über Preßburg nach Hainburg. Wenn diese Richtung stimmt, nahm man von einem Saum Öl in Stein offenbar von jedem Kaufmann vier Pfennige, in Hainburg bezahlte ein Bürger nur die Hälfte. Aus Ungarn kamen noch Heringe und Fässer mit Essig *(stubich mit azzech)*. Für letztere waren mit sechs und zwölf Pfennigen doch etwas höhere Mauten abzuführen.[756]

In den uns schon geläufigen, älteren Zolltarifen fehlen Angaben über die Mauten für Harnische, Panzer, Helme, Pickelhauben, Schwerter und Handschuhe, die in der Hainburger Wassermaut genannt sind. Betreffend die Handschuhe ist aber daran zu erinnern, dass sie als Ehrengabe und Rechtssymbol schon im 12. Jahrhundert eine Rolle spielten. Dass diese Waren, sowie die folgenden, Eisen und Werkzeuge (etwa Sicheln), aus Ungarn kamen, ist zweifelhaft.

Von einem Scheffel Getreide musste ein Gast vier Pfennige Abgabe leisten und dies entsprach dem Zolltarif in Stein. Zwei Pfennige zahlte der *purger inner lants*, ein Hainburger denselben Betrag von einer ganzen Schiffsladung.

Interessant und auf den ersten Blick etwas unerwartet sind die Bestimmungen, welche die Weineinfuhr aus Ungarn betreffen. Sieht man die Sache genauer an, stellen wir fest, dass das bekannte Einfuhr- und Verkaufsverbot von ungarischem Wein sich als Bestimmung des Wiener Stadtrechts von 1244 eben nur auf den Wiener Burgfrieden bezieht.[757] In den grenznahen Städten Hainburg und Marchegg sah die Sache anders aus. Ferner zeigt die Erwähnung von Marchegg, dass der gesamte Text unserer Wassermaut nach etwa 1270 entstanden sein muss.[758] Zunächst ist von Wein die Rede, den man von Hainburg wegführte – das betraf offenbar nur die Landleute, die zwei Pfennige bezahlten. Die Abgabe bezog sich wahrscheinlich auf ein Fuder. Der zum Verkauf bestimmte Wein aus Ungarn war mit zwölf Pfennigen Abgabe ziemlich hoch veranschlagt. Führte ein Bürger oder ein Gast ein Fass Wein auf der Donau nach Marchegg, waren nur zwei Pfennige fällig. Ob dieser Wein aus der ungarischen Nachbarschaft oder aus der heimischen Produktion kam, ist nicht mit Sicherheit zu entscheiden. Inländischer Transport von einem Fass Wein war mit einer Maut von zwei Pfennigen für den Landmann belastet, die Hainburger zahlten an der Hainburger Wassermaut nichts.

Ein Gast, der Salz nach Hainburg führte und dort stapelte, zahlte (für die gesamte Schiffsladung?) nur zwei Pfennige Wassermaut. Wer aber Salz weiter nach Ungarn

756 Rauch, Rerum Austriacarum scriptores I 206.

757 BUB II 299 Nr. 432 Artikel 29: …*statuimus, ut nullus vinum Ungaricum terminis civitatis, qui termini vocantur purchfride, inducere debeat ad vendendum.*

758 Rauch, Rerum Austriacarum scriptores I 207; zu den Belegen für die Gründung Marcheggs als Reaktion auf die bei der Schlacht von Groissenbrunn Opll, Österreichischer Städteatlas Kommentar Marchegg, Anm. 10 und 11. Die Annalistik bringt das Jahr 1268, der Beginn der Gründung ist einige Jahre vorher möglich. Zuletzt Scholz, Die Erbauung von Burg und Stadt Marchegg 24 f. und 32 mit Anm. 26 zu Opll.

führte, sei er Bürger oder Gast, hatte vom Pfund Küfflein (Kübel) 40 Pfennige zu leisten. Wer ein Schiff nach Ungarn verkaufte, zahlte sechs Pfennige. Dies ist wieder eines der Beispiele, dass es eine weitere Nutzung von Schiffen auch nach dem erledigten Transport gegeben hat. Es ist durchaus denkbar, dass ein Kaufmann, der sein Salz in Hainburg gestapelt hatte, sein Schiff einem ungarischen Kollegen verkaufte. Ähnlich verfuhr man bei den Schiffsladungen: Obst – zwölf Pfennige für die nach Ungarn bestimmte Fracht, zwei Pfennige, wenn man in Hainburg stapelte und die Bürger von Hainburg zahlten vom Obst, das sie nach Hainburg führten, nichts.

Es folgen die Gebühren bei Lieferungen von Hefe, Dach- und Mauerziegeln, Werkstücken (?), Mühl- und Schleifsteinen. Weitere Lieferungen nach Ungarn betrafen Leinen, Bauholz, Bretter aus Passau, Bretter ohne geschliffene Oberfläche *(sägerauh)*, Dachsparren aus Stein oder Stroh. Die Wassermaut lag für diese Baulieferungen zwischen zwei und zwölf Pfennigen. Am teuersten, nämlich zwölf Pfennige, waren die Passauer Bretter, die offenbar geschliffen waren.

War bisher auch von Transporten nach Ungarn die Rede, kommen wir nun zu den Warenlieferungen aus Ungarn im Abschnitt über die *wazzermaut her von ungern.*[759] Die für die Einfuhren aus dem Osten wichtigen Rohstoffe sind erst gegen Ende angeführt. Die Abgaben für Kupfer lagen mit zwei Pfennigen für den Bürger und vier für den Gast im üblichen Bereich von Wasser- und Tormaut. Ein Gast hatte für die bekannten Rohstoffe Wachs und Häute (die uns bekannten Mengen betrafen meist 100 Häute und einen Zentner Wachs) allerdings 42 Pfennige zu bezahlen, ein Bürger nur zwei. Auch ein derartig großer Unterschied bei den Zollgebühren hinderte die Gäste nicht daran, weiter ihren Geschäften im Fernhandel nachzugehen, da offenbar die uns nicht bekannten Preise dieser Waren mit den erzielten Gewinnen den Handel damit weiterhin attraktiv machten.

Vergleichsweise sei daran erinnert, dass der Marktzoll in Enns für diese Waren 1191 zwölf Pfennige und in Mauthausen für den Zentner Wachs fünf Pfennige und für den Zentner (100 Stück) Häute 50 Pfennige betrug. Ferner waren dort für die *ringwagen* aus Ungarn und der Rus drei Pfund zu bezahlen. Diese Beträge waren auch in Stein fällig. Auch in Wien entstanden im Rahmen der Burgmaut Kosten, die entweder nach dem Transportmittel oder bestimmten Ladungsgrößen bemessen wurden. Höhere Abgaben forderte man in Hainburg, von 100 Hermelinfellen nämlich acht Pfennige vom Bürger und 16 vom Gast. Für eine Wassermaut war dieser Betrag hoch, denn der Zoll in Stein betrug für die teuren Marderfelle nur vier Pfennige. Gering waren die auch in anderen Tarifen genannten Abgaben für Eichhörnchen, Hasen, Füchse und Ziesel *(zeizel)*.

Nach Hainburg gelangten ferner aus Ungarn Kohle, *lach* (Heilmittel?) in Scheffeln, neu hergestellte Wagen, Räder für Pflüge und Werkholz. Vom Fass ungarischen Weins, der für den Verkauf bestimmt war, hatten ein Bürger und ein Gast immerhin zwölf Pfen-

759 Rauch, Rerum Austriacarum scriptores I 209.

nige zu bezahlen. Beim eimerweisen Transport von Wein war der einheimische Bürger bessergestellt. Offenbar kassierte man die Wassermaut in Hainburg auch von Leuten, die aus Ungarn über den Landweg kamen, denn der Weintransport in Eimern auf der Donau war noch billiger als der vorher genannte Tarif. Für die aus Ungarn gelieferten Tuche war nur ein halber Pfennig Wassermaut zu bezahlen, die teuren Tuchwaren kamen ja aus dem Westen. Wassermaut musste auch für verschiedene Lieferungen von Fischen bezahlt werden, darunter die berühmten Hausen. Berechnet wurde die Gebühr auch nach Schiffsladungen Fischen (es ist die Rede von einem »Schifflein«, vielleicht der aus der Wiener Mautordnung bekannte Einbaum) aber auch nach Wagenladungen. Die Abgaben konnten auch mit zwei sogenannten Mautfischen geleistet werden. Insgesamt zeigen die über Ungarn nach Hainburg kommenden Waren, dass sie nicht nur aus Ungarn stammten, sondern das Wachs und die Pelztiere wohl aus der Rus kamen, wofür auch die Zollordnung des Kapitels von Esztergom spricht.[760]

In Hainburg wurde aber auch eine Tormaut eingehoben, die auch Waren betroffen hat, die nach Ungarn verkauft wurden.[761] Diese Gebühren wurden auch von den Gästen eingehoben. Am Beginn steht der Transport von *gwantwagen hintz vungern* und *chramgwant*. Das gesamte Abgabenwesen in Hainburg entsprach recht genau dem Wiener Vorbild, wie es sich im Laufe des 13. Jahrhunderts entwickelt hatte und passt auch sehr gut zu den uns bekannten Waren, die in Mauthausen oder Stein zu verzollen waren.

Aufgrund der bisweilen geäußerten Überlegung, dass die Hainburger Abgaben auch einen Grenzzoll umfassten, sei hier abschließend die Frage nach dem Charakter der beschriebenen Gebühren gestellt. Die Vorstellung, dass Kaufleute und Transporteure eine Gebühr beim Betreten des Herrschaftsgebietes, also des Territoriums der Babenberger, zu bezahlen hatten, ist spätestens seit 1192 im Privileg für die Regensburger nachweisbar. Eine weiter ausholende Interpretation könnte Zusammenhänge mit der Entwicklung des Territorialstaates und der Vorstellung von einem »Herrschaftsgebiet« herstellen. Die Hainburger Tarife sind aber anderer Herkunft. Außer kurzen Hinweisen erfahren wir im Grunde nichts über die Abgaben auf dem Hainburger Jahrmarkt. Die Rubra in der Handschrift sind trotz einiger Unsicherheit in der Überlieferung[762] recht aufschlussreich: Es handelt sich um eine in zwei Abschnitten behandelte Wassermaut, eine Tormaut, einen nicht näher definierten Zoll und schließlich Abgaben nach »gemessenen« Waren. Dieser Zoll könnte ein Markt- aber auch ein Transitzoll sein. Der Handel mit Ungarn verlief natürlich nicht nur auf und längs der Donau, sondern auch, wie bereits ausgeführt, im Süden, in der Untersteiermark, die Drau abwärts. Die Bedeutung dieses Verkehrsweges, der über Pettau nach Ungarn führte, kann aus einer Reihe von Indizien erschlossen werden. Die präzisen Angaben von Waren und Transportmitteln

760 Monumenta ecclesiae Strigoniensis 2 238 f. Nr. 215.

761 Rauch, Rerum Austriacarum scriptores I 210.

762 Rauch, Rerum Austriacarum scriptores I 196.

scheinen aber zu fehlen.[763] Erwähnt haben wir ferner die Straße nach Ungarn, die bei Hartberg die von Norden nach Süden führende Straße kreuzte.

Aus den besprochenen Privilegien und Zollordnungen des 12. Jahrhunderts geht hervor, dass Ungarn ein wichtiger Partner für den Ankauf von Tuchwaren aus den Rheingebieten und Flandern war. Aus dem 14. Jahrhundert kennen wir detaillierte Nachrichten, die jene älteren Überlieferungen bestätigen. So heißt es in einer Urkunde vom 27. September 1352 des Ödenburger Richters und der geschworenen Bürger, dass die Hauptausfuhr nach Ungarn aus Tuchen bestand, die aus Tournai, Köln, Ypern, Louvain, Aachen und Mainz kamen.[764] Es zeigt sich, dass in der frühen Phase der Auseinandersetzung zwischen England und Frankreich im Hundertjährigen Krieg die Produktions- und Handelsverhältnisse in Flandern jenen des 12. Jahrhunderts ähnlich waren.

Bei der Betrachtung der Handelspartner im Osten steht neben Ungarn der Raum der Kiewer Rus zur Diskussion. Nach dem Tod des Wladimir Monomach (1125) und seines Sohnes Mstislaw (1132) etablierten sich in der zweiten Hälfte des 12. Jahrhunderts selbstständige Fürstenherrschaften. Im Zuge dieser Entwicklung ging der herrschende Einfluss der Stadt Kiew auf politischem und wahrscheinlich auch in gewissem Umfang auf wirtschaftlichem Gebiet zurück.[765] Günther Stökl wies auf den Niedergang des Handelsverkehrs von Kiew hin und machte dafür die unsicheren Verhältnisse in den im Süden und Osten Kiews liegenden Steppengebieten verantwortlich. Gemeint sind vor allem die ständigen Auseinandersetzungen mit den Polovcern/Kumanen. Die Eroberung Konstantinopels durch die westlichen Kreuzfahrer 1204 schuf dann jene neuen Verhältnisse, die den raschen Niedergang Kiews vorantrieben.[766] Für den oft unglücklichen Ausgang der Kämpfe der Kiewer Fürsten gegen die Polovcer war vor allem ihre Uneinigkeit verantwortlich. Das bekannteste Ereignis im Zuge dieser Kämpfe ist die Niederlage des Fürsten Igor Swjatoslawitsch von Černigov 1185 am Don, über die im Igorlied erzählt wird. Dabei erfahren wir auch, dass in Kiew lebende Böhmen, Mährer, Deutsche und Venezianer mit den Russen zusammen die Niederlage betrauerten.[767] Man erinnerte sich in dieser tristen Situation gern an die Zeit der Herrschaft des Wladimir Monomach, mit dessen Namen die Polovcer ihre Kinder in der Wiege erschreckt hatten. Die aus dem Westen stammenden Leute in Kiew geben einen Hinweis darauf, dass sie als Handelspartner im Kiewer Wirtschaftsleben jedenfalls eine Rolle spielten. Einige kurze Bemerkungen dazu befinden sich auch im einschlägigen Abschnitt des

763 Pickl, Handel und Verkehr 329 f.

764 QuGStW II/1 Nr. 414; Csendes, Opll, Wien im Mittelalter 66 f.

765 Hösch, Artikel Kiev LMA V Sp. 1121 ff. In der russischen Forschung spricht man von der »Periode der Teilfürstentümer« – Udel, Sp. 1125. Zu Kiev Handbuch der Geschichte Russlands 1/I 381 ff.

766 Stökl, Russische Geschichte 74.

767 Stökl, Russische Geschichte 73 und 121. Im Igorlied wird deutlich auf die Uneinigkeit der Fürsten als Ursache der Niederlage hingewiesen.

Handbuchs der Geschichte Russlands.[768] Befragen wir zunächst das uns bekannte Quellenmaterial, ob Konkreteres über diese Tätigkeit und ihr Umfeld bekannt ist.

Wenn also 1191 Wagen der Russlandfahrer beim Überqueren der Ennser Brücke erwähnt wurden, sollte man sich vor Augen halten, dass sich die Verhältnisse in der Kiewer Rus im Zeitraum zwischen der Ennser Marktordnung Otakars III. der Mitte des 12. Jahrhunderts und jener Leopolds VI. von 1208/12 merklich verändert hatten. Seit Großfürst Andrej Bogoljubskij (so nach dem Ort seiner Ermordung im Jahr 1174 genannt) 1169 auf die Residenz in Kiew verzichtete, wollte er die Stadt Wladimir als Fürstensitz und zweite Metropole aufbauen. Er unternahm entsprechende bauliche Aktivitäten, die unter dem Einfluss der Kiewer Repräsentationsbauten standen (etwa das Goldene Tor), aber auch westliche Einflüsse aufwiesen. Bei der Berufung eines Metropoliten nach Wladimir war er nicht erfolgreich.[769] 1191 teilten sich die Herrschaft in Kiew Svjatoslav III. Vsevolodovič und Rurik Rostislavič, die allerdings in ständige Streitigkeiten verwickelt waren. 1194 übernahm nach Svjatoslavs Tod Rurik allein die Herrschaft.[770]

Ob dieser offensichtliche Wandel der politischen Bedeutung Kiews die wirtschaftliche Zentralfunktion der Stadt beeinflusste bzw. in welcher Weise, ist mit Vorsicht zu beurteilen. Die Regensburger spielten in Kiew wohl auch nach dem Wandel der politischen Lebensbedingungen eine gewisse Rolle. Dass Regensburger Kaufleute schon um 1150 die Ennser Brücke benützten, ist recht wahrscheinlich.[771] Markus Osterrieder vermutet mit Berufung auf Michail Šajtan schon 1132 eine Kolonie Regensburger Kaufleute in Kiew. Diese Kolonie ist mit Sicherheit erst 1178/80 nachzuweisen und liefert damit den Beweis, dass auch nach 1169 Regensburger Händler in Kiew tätig waren.[772] Die Regensburger nutzten ja schon im 11. Jahrhundert den Donauweg für Handelstransporte von und nach Ungarn. Wir werden sehen, dass in einer Kombination mit

768 Hartmut Rüss im Abschnitt »Das Reich von Kiev« Handbuch der Geschichte Russlands, Band 1/I 199 ff. Zu den angesprochenen westlichen Gästen in Kiew 382 f. unter Berücksichtigung der Tätigkeit deutscher Juden.

769 Stökl, Russische Geschichte 104; ausführlich dazu Handbuch der Geschichte Russlands 1/I, 342 ff.

770 Curtin, The Mongols in Russia 142 f. Zur Entwicklung vgl. auch Fennell, The Crisis of Medieval Russia 1200–1304 22 ff.

771 Dass die 1176 anlässlich eines Treffens von Heinrich Jasomirgott und Heinrich dem Löwen erwähnte Ennsbrücke vorher nicht existiert habe, ist eine unwahrscheinliche Annahme; war diese Brücke doch Teil der großen Heeresstraße nach Osten. Der oft zitierte Nachweis der Brücke: BUB IV/1 Nr. 846 *Postea ab omnibus transito ponte fluvii Ans, cum in unum convenissent dux Bawarie et Austrie.* Lohrmann, Regensburger Kaufleute 37. Die 1593 auf der Ennser Stadtansicht festgehaltene, in die Stadt führende Brücke ist natürlich nicht die Brücke der Heeresstraße und meine diesbezüglichen früheren Ausführungen sind daher zu korrigieren. Zu dieser Brücke, die zum Wassertor führte, von wo ein Weg hinauf zum Wiener Tor ging, vgl. Harreither, Von der spätantiken *civitas* 155 ff., bes. 158 mit Abb. 28 und 152 mit Abb. 25 mit der Darstellung eines Unglücks beim Wassertor von 1603.

772 Osterrieder, Kulturverbindungen 76.

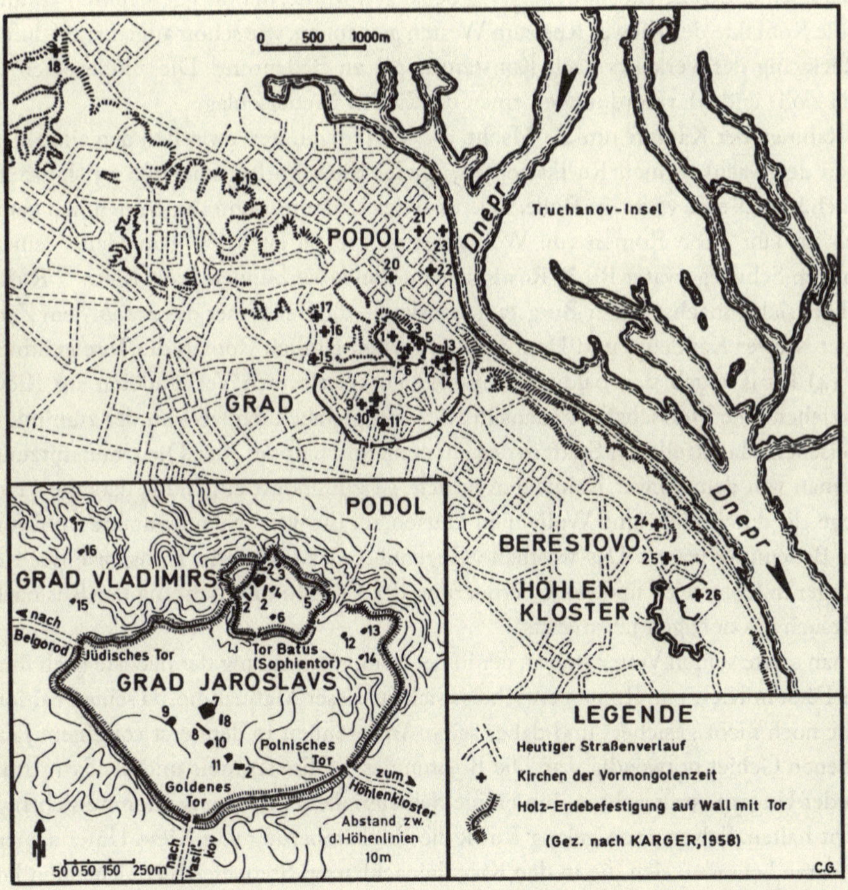

Karte 8: Plan von Kiev — Entwurf: Carsten Goehrke

1	Zehntkirche	15	Kirche
2	Fürstenhof	16	Kirche
3	Kirche der Kreuzeserhöhung?	17	Kirche
4	Andreaskirche	18	Kyrillkirche im Kyrillkloster
5	Basiliuskirche	19	Kirche
6	Theodorkirche und Kloster	20	Mariä-Himmelfahrtskirche im podol.
7	Sophienkathedrale	21	Michaelskirche der Novgoroder Kaufleute?
8	Mauer des Metropolitenpalastes	22	Kirche Boris und Gleb
9	Kirche im Metropolitenpalast	23	Eliaskirche im podol?
10	Georgskirche	24	Nikolajkirche?
11	Kirche St. Irene	25	Erlöserkirche in Berestovo
12	Michaelssobor	26	Himmelfahrtskirche im Höhlenkloster
13	Demetriuskirche im Demetriuskloster?		
14	Peterskirche		

Abb. 14: Planskizze von Kiew.

Benützung einer Straße ein südlicher Weg begangen wurde, der bis Kiew führen konnte. Denn die Kontakte der Kiewer Rus zum Westen gewannen, wie schon angedeutet, durch den Rückgang des Verkehrs nach Konstantinopel an Bedeutung. Dies findet auch in unseren Zoll- und Marktordnungen einen deutlichen Niederschlag.

Im Rahmen der Kämpfe um die Macht, die seit Jahrzehnten zwischen den einzelnen Zweigen der Nachkommen Ruriks tobten, spielte Kiew im beginnenden 13. Jahrhundert noch immer eine wichtige Rolle. Wie man der Laurentiuschronik entnehmen kann, vertrieb im Jahr 1200 Roman von Wolhynien, seit 1199 auch Fürst in Halič, seinen ehemaligen Schwiegervater Rurik Rostislavič und seine Verbündeten aus Kiew.[773] Rurik verteidigte sich zunächst in der Burgstadt Jaroslavs – die Bewohner des *podols*, dem Zentrum der Kiewer Kaufleute und Handwerker, hatten nämlich Roman die Tore geöffnet. (Abb. 14) Rurik ergab sich bald und musste sich samt seinen Verbündeten aus Kiew zurückziehen. Die Herrschaft Romans in Kiew zeugte auch damals von der zumindest symbolischen Machtfülle der Stadt in der Fürstenlandschaft der Rus. Die Unterstützung, die Roman von den Kiewer Kaufleuten erhielt, ist zumindest ein Indiz, dass die Handelswege, die durch Halič und Wolhynien führten, für die westlichen Kontakte wohl von einiger Bedeutung waren. Das westliche Gegenüber dazu sind die Transporte der Regensburger in Österreich und die Überquerung der Enns in die Richtung der Rus nach dem Besuch des dortigen Jahrmarkts.

Roman setzte seinen Vetter Ingvar, der in der Senioratsordnung der nächste nach ihm war, als Fürst in Kiew ein. Roman entschloss sich zu dieser Maßnahme, da seine Position in Halič noch nicht gesichert und daher seine Anwesenheit in dem erst vor einem Jahr erworbenen Gebiet notwendig war. Die Bojaren des Teilfürstentums und die Sympathisanten der Ungarn verursachten ihm einige Schwierigkeiten.[774] Lange konnte sich Ingvar nicht halten. Schon 1203 gelang Rurik die Rückeroberung von Kiew. Unter seinen Verbündeten befanden sich die in den Kiew benachbarten Steppengebiete lebenden Polovcer, die durch Raub und Totschlag, aber auch durch Entführungen Terror verbreiteten. Der Stadtteil Podol wurde niedergebrannt und die Festung Jaroslavs erobert. Unter den geplünderten Kirchen war auch die berühmte Zehentkirche im ältesten Teil der Oberstadt. Von den Kaufleuten konnten sich nur die Fremden durch Flucht in ihre Kirchen retten, sie verloren aber durch die Ereignisse ihr halbes Vermögen.[775] Die Folgen für die Handelsgeschäfte Kiews mit dem Westen scheinen sich in Grenzen gehalten zu haben. Gerade 1203 erfahren wir, dass Leopold VI. von den Wiener Bürgern Geschenke erhielt, die wohl zum Teil aus Kiew stammten, wie etwa die Hermelinpelze, die der Herzog

773 Zum Folgenden: Fennell, The Crisis of Medieval Russia 25 f. Roman wollte sein Frau Preslava zum Eintritt in ein Kloster zwingen, ihr gelang aber die Flucht zu ihrem Vater Rurik nach Kiew. Roman heiratete Anna, höchstwahrscheinlich die Tochter des byzantinische Kaisers Isaak II. Angelos, die auch mit Andreas II. von Ungarn verwandt war.

774 Lübke, Außenpolitik 42 ff.

775 Fennell, The Crisis of medieval Russia 26.

von den Wiener Wildwerkern erhielt.[776] Wir sollten aber nicht außer Acht lassen, dass solche Pelzkleidung auch in Köln oder Regensburg gefertigt sein konnte und schließlich kam die Ehrengabe ja von den Wiener Kürschnern.

Von Kiew verschob sich der politische und allmählich auch der wirtschaftliche Schwerpunkt seit der Mitte des 12. Jahrhunderts infolge der angedeuteten Auseinandersetzungen in den Südwesten der Kiewer Rus. Der Verlauf der Handelswege zur Donau rückt Halič in den Mittelpunkt unserer Beobachtungen. Stökl sieht in der Verlegung der Residenz von Přemysl nach Halič die wichtigste Voraussetzung für die materielle Erschließung und Entwicklung des Teilfürstentums.[777] An anderer Stelle verwies Stökl recht allgemein auf die günstigen Verkehrsverhältnisse, die im gesamten Raum Přemysl/ Halič herrschten. Die Karpatenpässe sind für die Frage nach den Verkehrsverbindungen zwischen dem Dnestr- und dem Donaugebiet von besonderem Interesse.[778]

In welchem Umfang Felle von Tieren, die in Wäldern gejagt wurden, aus Halič in den Westen kamen, lässt sich mit unserem derzeitigen Wissensstand nicht feststellen. Zur politischen Einordnung unseres Ennser »Leitjahrs« 1191 sei vermerkt, dass seit 1189 Wladimir II., der jüngere Sohn des 1187 verstorbenen Fürsten Jaroslav, mit Hilfe des polnischen Herzogs Kaszimir des Gerechten auf Betreiben Friedrich Barbarossas in Halič installiert worden war.[779] Zu den an der Reichspolitik orientierten Herrschern, die Einfluss auf die Verhältnisse in Halič ausübten, gehörte bis zu seinem Tod 1196 der ungarische König Bela III. Zumindest blieben Reich und Papst damit im Blickfeld der Haličer Teilfürsten. In der politischen Landschaft von Halič waren die Bojaren ein bemerkenswert einflussreicher Faktor. Ob und in welchem Maße diese Verhältnisse sich auf den Handel im Donauraum auswirkten, muss offenbleiben. Noch längere Zeit scheint Kiew, trotz aller Veränderungen, das östliche Ziel der westlichen Kaufleute gewesen zu sein.[780] Dies gilt wohl auch für die Zeit nach der mongolischen Eroberung und der folgenden neuen Herrschaftsorganisation.[781] Es muss also nach konkreteren Nachweisen von entsprechenden Verkehrswegen gesucht werden.

Eines der wichtigsten Fernhandelsgüter zwischen Ost- und Westeuropa war das Wachs. In unserer Jahrmarktsordnung von Enns wurde, wie schon mehrfach erwähnt, eine Marktabgabe oder eine Art »Abfahrtsgeld« von zwölf Pfennigen vom Zentner Wachs, Häuten und gleichwertigen Waren verlangt.[782] Bei den zwölf Pfennigen scheint

776 Jansen Enikels Fürstenbuch MGH Dtsch. Chroniken III/2, 631 ff. Lohrmann-Opll, Regesten Nr. 278.

777 Stökl im Handbuch der Geschichte Russlands 1/I 495.

778 Stökl, Russische Geschichte 107.

779 Handbuch der Geschichte Russlands 1/I 501.

780 So die Erwähnung von Regensburgern in Kiew: QuE 8 Nr. 926.

781 Eine angebliche Bemerkung des Johannes von Plano Carpini zu Kiew und den dort tätigen Kaufleuten war nicht verifizierbar.

782 Hausmann, Urkundenbuch der Steiermark 1 EN1 S. 2 Zeile 10 f. Vor der Fahrt nach Regensburg waren die in Enns erworbenen Waren zu verzollen: *de centenario XII denarios persolvat tum de cera, tum de cutibus.*

es sich, wie wir schon gesehen haben, um einen »Leitbetrag« zu handeln, der sich in den folgenden Jahren änderte: Wachs wurde etwas billiger und Häute teurer. Vielleicht stellte man erst um 1200 auf ein wahrscheinlich billigeres Wachs aus Kiew um. In der jüngeren Markt- und Zollordnung von 1208/1212 wurde in Mauthausen und Enns ein Transitzoll vom Zentner Wachs von fünf Denaren (Pfennigen) eingehoben und von 100 Häuten 50 Denare.[783] Es ist zu vermuten, dass auch Fellrohstoffe in den sogenannten *ringwagen* in den Westen transportiert wurden, die aus der Rus und Ungarn kamen. Allein für den Transit dieser Wagen hob man in Mauthausen drei Pfund ein.[784] Ob die genannten Güter Wachs, Häute und Pelze tatsächlich auf diese *ringwagen* aufgeladen waren, lässt sich nicht mit Sicherheit nachweisen. Klar ist aber, dass das Wachs aus der Rus und Ungarn kam, wobei der Anteil des Wachses aus der Rus mit der Zeit größer wurde. Häute konnten ebenfalls aus beiden Gebieten kommen. Die Einfuhr von Pelzen aus der Rus ist in den Bestimmungen des Steiner Zolltarifs nachzuweisen.[785] Die österreichischen Zoll- und Marktordnungen beweisen, dass es neben dem bedeutenden Wachs-, Fell- und Pelzhandel der Hanse auch an der Donau einen entsprechenden Fernhandel gab.

Bezüglich der westlichen Ziele dieses Fernhandels erfahren wir beispielsweise aus einer Aufzeichnung, die einige Jahrzehnte jünger ist (wohl nach 1266), dass in Brügge Wachs aus der Rus, Ungarn, Böhmen und Polen nachweisbar ist.[786] Hier sind auch schwarz-weiße und graue Pelze aus der Rus sowie Gold und Silber aus Ungarn und Böhmen erwähnt. Wachs ist damit als Fernhandelsware zweifelsfrei nachgewiesen. Stützel geht davon aus, dass vor allem die russische Ware über die Hansekaufleute nach Flandern gelangte.[787] Es könnte nun sein, dass das Wachs, von dem in unseren Urkunden die Rede ist, das also auf der südlichen Handelsroute transportiert wurde, nur für österreichische und bayerische Empfänger bestimmt war. Der für die Verbindung in den Westen informative Koblenzer Zolltarif enthält in den Fassungen von 1195 und 1209 keinen Hinweis auf den Transport von Wachs. Es ist allerdings möglich, dass es in die Liste nicht aufgenommen wurde. Bezeichnend für die Warenauswahl sind die dort

---

783 NÖUB 4 389, de *centenario cere quinque denarios, de centenario cuttium qinquaginta denarios*, die Unterschiede in der Abgabenhöhe sind vermutlich so zu erklären, dass in Enns ein Marktzoll und in Mauthausen ein Transitzoll eingehoben wurde. Im Regensburger Privileg Leopolds V. betrug der Transitzoll für 15 Zentner Wachs 50 Denare, gegenüber der Abgabe 1208/1212 in Mauthausen eine geringfügige Verminderung zugunsten der Regensburger Kaufleute. BUB I 118 Nr. 86 Artikel 27: *de XV centenariis cere L denarii.*

784 NÖUB 4 388 f. *de curru qui dicitur ringwagen. qui ducitur de Vngaria vel de Ruchia, tria talenta.*

785 Knittler, Zum ältesten Steiner Zolltarif 72 Zeile 51. *De pellibus merderinis vel de pellibus variis, quod dicitur veh, IIIIor denarios.*

786 Stützel, Wachs als Rohstoff 6 mit Anm. 8; Hansisches Urkundenbuch III 419 Anm. 1 mit vollständiger Wiedergabe des französischen Textes, Wachs kam, soweit es den Osten betraf, aus der Rus, Ungarn und Böhmen.

787 Stützel, Wachs als Rohstoff 32.

genannten Rohstoffe Kupfer, Blei und Zinn, die wohl aus Ungarn kamen, die von den Regensburgern auch durch Österreich transportiert wurden.[788] In den Aufzeichnungen in Brügge sind allerdings auch Regensburg und Ulm als Umschlagplätze für Wachs genannt und das passt gut zu den Rahmenbedingungen der Jahrmarktsordnung in Enns.

Gerade im 12. Jahrhundert entwickelte sich der Handelsweg aus dem Osten mit der Vermehrung der Warentransporte rasch. Die Ursache für die Intensivierung lag an der Veränderung der landwirtschaftlichen Voraussetzungen im Reich und wohl auch in den westlich der Grenzen gelegenen Gebieten. Durch die Rodungen, also den Verlust an Waldland und die Ausweitung der Ackerflächen, erlitt die Waldbienenjagd fühlbare Einschränkungen.[789] Auch die wegen des Ackerbaus weiteren Wege, welche die Bienen zurücklegen mussten, die von den Bienenstöcken der Höfe und Gärten auf Nahrungssuche flogen, schränkten die Ausbeuten und Erträge von Wachs und wohl auch von Honig ein. Auf mögliche Veränderungen in der Waldwirtschaft und der davon abhängigen rechtlichen Organisation des Forstwesens, werden wir im vorletzten Kapitel zurückkommen. Im Mangel an Erträgen aus den heimischen Wäldern sieht Stützel die Ursache, warum sich Wachs zu einem Fernhandelsartikel entwickelte, der europaweit flächendeckend gehandelt wurde.[790] Dazu stellte er fest, dass der Handel eher selten von Händlern aus den Erzeugerländern betrieben wurde, sondern von Fernkaufleuten, die in solchen Geschäften Erfahrungen hatten und keine reinen Wachshändler waren.[791] Wir werden allerdings auch feststellen, dass an den Transporten, die über Halič an die ungarische Donau gingen, auch Kaufleute aus der Rus beteiligt waren.

Auch das Fuder Met oder Honig wurde in Stein verzollt, der Handel betraf zum Teil heimische Produktion, umfasste aber auch Importe aus dem Osten.[792] Der Umfang des Fernhandels mit Honig war sicher von geringerer Bedeutung als jener mit Wachs, denn die einheimische Produktion von Honig und dem davon abhängigen Met deckte den Bedarf zu einem großen Teil ab.[793] Die umfangreiche Nachfrage nach Wachs hing mit den verschiedenen offenbar zunehmenden Verwendungen der Kerzen in der Liturgie zusammen. Als ideal betrachtete man weiße Kerzen aus reinem Bienenwachs. Im weltlichen, vor allem fürstlichen Bereich wurden nur bei besonders festlichen Anlässen Wachskerzen verwendet, im Allgemeinen beleuchtete man auch Burgen mit rußenden Fackeln und Talglichtern.[794] Einen kleinen Hinweis auf die Bedeutung der Kerzen, auch

788 Zur Zollordnung von 1209: Pfeiffer, Rheinische Transitzölle 129 ff., zu den einzelnen Waren 133.

789 Büll, Vom Wachs, Band 1, Beitrag 4: Zur Geschichte des Wachshandels, 162–167; Stützel, Wachs als Rohstoff 31.

790 Stützel, Wachs als Rohstoff 31.

791 Lohrmann, Regensburger Kaufleute 40 mit Anm. 217.

792 Knittler, Zum ältesten Steiner Zolltarif 47 und 70 Zeile 33 ff.

793 Spufford, Handel, Macht du Reichtum 229 zum Verhältnis der Honig- und Wachsimporte im Fernhandel.

794 Stützel, Wachs als Rohstoff 32.

in einer kleinen Kapelle, gibt z. B. die Ausstattung der Martinskapelle in Aich im Ennstal anlässlich ihrer Schenkung an Stift Admont. Für das ewige Licht wurden zwei Kerzen gestiftet, von denen eine vor dem Marienaltar, die zweite vor dem Altar des heiligen Blasius aufgestellt werden sollte. Sie sollten Tag und Nacht brennend an den Stifter Leopold VI., seinen Vater und an Herzog Otakar I. von Steier erinnern.[795]

Stützel hat deutlich darauf hingewiesen, dass selbst die Produktionskapazitäten des Nürnberger Forstes nicht ausreichten, um den riesigen Bedarf an Wachs in Deutschland abzudecken. Es ging dabei nicht nur um die Kerzen in den Kirchen, sondern auch um die Rolle des Wachses beim Metallguss, bei der Herstellung von Wachstafeln und in einem gewissen Maße bei der Anfertigung von Siegeln. Der Nürnberger Reichforst bestand aus einem für die Bienenjagd geeigneten Mischwald, in dem die Kiefer eine wichtige Rolle spielte.[796]

Bezüglich der Produkte, die den Ertrag der Bienenjagd in den Wäldern darstellten, ist die Forschung im Allgemeinen der Ansicht, dass die größeren Mengen von Met, Honig, Harzen und Wachs aus den damaligen (Misch-)Wäldern nördlich von Kiew kamen. Die Bienenjagd war, wie in anderen slawischen Gebieten, auch in der Rus weit entwickelt[797] und bedurfte im Gegensatz zur der uns heute geläufigen Bienenhaltung eines Baums, der für die Aufbewahrung der von den Bienen gesammelten Vorräte diente. Solche Bäume nannte man Beutebäume, man bezeichnete den Ertrag auch als Baumbeuten. Die Bienen ließen sich in solchen Bäumen entweder von selbst nieder oder sie wurden durch künstliche Baumhöhlungen angelockt. Wir können also eine gewisse Mischform von Bienenzucht und Bienenjagd erkennen.[798] Unter Anwendung von Rauch bemächtigte man sich der von den Bienen gesammelten Vorräte. Die Mischwälder nördlich von Kiew boten mit einer großen Anzahl von Kiefern ideale Voraussetzungen für die Bienenjagd und damit für den Export von Wachs und Honig.[799] Dabei ist zu bedenken, dass die heutige Ukraine über einen riesigen Bestand von Urwäldern verfügt, wenn auch einschränkend gesagt werden muss, dass die umfassendste Ausdehnung dieser Urwälder die Buchen in der Karpatenukraine aufwiesen.[800] Aus einer Bemerkung Wagners ist zu schließen, dass diese Buchenwälder im Südwesten der Kiewer Rus für die verschiedenen Formen der Waldjagd weniger geeignet waren: Laubhölzer wurden mit Ausnahme der

795 BUB I 155 Nr. 118 vom 28. August 1201.

796 Wagner, Zeidelwesen 19 ff.

797 Eine genaue Beschreibung gibt Schirach, Wald-Bienenzucht 148 ff.

798 Ich danke für diesbezügliche Hinweise Frau Dr. Cornelia Soldat.

799 Wagner, Das Zeidelwesen 10. Zu den Waldbeständen allgemein unter oftmaliger Erwähnung von Kiefern Handbuch der Geschichte Russlands 1 32 f.

800 Redaktion Bayerische Landesanstalt für Wald- und Forstwirtschaft (Ur)-Waldland in der Ukraine. https://www.waldwissen.net/de/lernen-und-vermitteln/weltforstwirtschaft/ur-waldland-ukraine. Abgerufen am 25. Mai 2023. Halič scheint wegen des anscheinend überwiegenden Buchenbestandes für die Bienenjagd weniger geeignet gewesen zu sein.

Linde und der Pappel nicht zu Beutebäumen hergerichtet. Die natürlichen Gegebenheiten der Wälder im Raum Kiew begünstigten hingegen die Gewinnung dieser Waldprodukte. Die Ausführungen Wagners und Stützels weisen gewisse Differenzen auf, die letztlich Forstspezialisten weiterführen müssten.[801]

Jagd und Beutnerei in den Wäldern der Rus betrieben Bauern, die nicht nur Felder bewirtschafteten.[802] Es waren dies die Smerden, zunächst vor allem freie Bauern, die nachweisbar seit dem 12. Jahrhundert in zunehmender grundherrschaftlicher Abhängigkeit von Fürsten oder deren adeliger Gefolgschaft lebten.[803] Fürsten, Adelige und Kaufleute waren am Handel beteiligt, was bereits aus den bekannten Griechenverträgen der Waräger hervorgeht. Gehandelt wurden vor allem die zunächst als Tribut erhaltenen »Urprodukte« aus den Wäldern. So bestand die fürstliche Herrschaft aus Bauerndörfern, in denen dem »naturausbeutenden Gewerbe« nachgegangen wurde.[804]

Der rechtliche Schutz dieser Wirtschaftstätigkeit findet sich in den verschiedenen Fassungen der *Russkaja Pravda*, in denen Strafen gegen Leute verfügt wurden, die Manipulationen in den Bienenstockwäldern vorgenommen oder Honig gestohlen hatten. Chroniken berichten, dass fürstliche oder bojarische Speicher geplündert wurden.[805] Die organisierten Zeidler hatten noch im 19. Jahrhundert auch in Deutschland die Möglichkeit, Schädiger der Zeidelweiden zu pfänden.[806]

Die in der Rus und teilweise in Ungarn und Böhmen gut entwickelte Bienenjagd führte, wie oben bereits ausgeführt, zu einer intensiven Exporttätigkeit von Wachs in den Westen.[807] Wir wollen nun einen Blick auf die administrativen Verhältnisse werfen, unter denen Wachs, Honig und Met die Zollstellen im Herrschaftsgebiet der Traungauer und Babenberger erreichten. Über die Einfuhr von Honig in den Herrschaftsbereich der Babenberger erfahren wir aus den bereits genannten Zollordnungen Genaueres. In der Markt- und Zollordnung Leopolds VI. von 1208/1212 ist von einem Gast die Rede, der ein Fuder Honig zu verzollen hatte, der dafür ein halbes Pfund bezahlte.[808] Die darauffolgende Abgabe vom Fuder Wein erweckt allerdings den Verdacht, dass der Honig aus heimischer Produktion stammen könnte. Die anschließende Zollerleichterung für die

801 So etwa, wenn Wagner die Eiche wegen ihrer Gerbsäure als Beutebaum ausschließt, während Stützel zumindest die Stieleiche für geeignet hält. Stützel, Wachs als Rohstoff 16, Wagner, Zeidelwesen 10, Eichen und Pappeln mussten vor ihrer Einrichtung als Beutebaum mit Strohfeuer ausgebrannt werden.

802 Heller, Russische Wirtschafts- und Sozialgeschichte 43.

803 Stökl, Russische Geschichte 69 ff., zu den Smerden 75 f.

804 Die in Anführungszeichen gesetzten Begriffe habe ich aus Heller, Russische Wirtschafts- und Sozialgeschichte 43 und 44 übernommen, wo auch auf bojarische Dörfer neben den fürstlichen hingewiesen wird.

805 Heller, Russische Wirtschafts- und Sozialgeschichte 44, hier auch die Maßnahmen zum Schutz der Wirtschaftskomplexe in der *Russkaja Pravda*.

806 Wagner, Das Zeidelwesen 31.

807 Vgl. dazu die kritischen Schlussfolgerungen von Wagner, Das Zeidelwesen 8.

808 NÖUB 4 Nr. 13/12 389 Zeile 5 f.: *Item hospes de karrata mellis dimidium talentum.*

Wiener Neustädter Bürger bezog sich aber nur auf den Wein. Wenige Jahre später legte man den Zoll in Stein fest; Kaufleute, woher sie auch kamen, hatten vom Fuder Honig ein halbes Pfund Zoll zu leisten und von einer Urne vier Pfennige.[809] Auf ein Fuder gingen demnach 30 Urnen. Vermutlich mit der gleichen Lieferung kam Met nach Stein – von einem Fuder zahlte man 60 Pfennige, von einer Urne zwei.[810] Zur Herstellung von Met brauchte man Honig, daher ist die direkt aufeinander folgende Erwähnung von Honig und Met aus diesem Umstand abzuleiten.

Auf die Festlegung des Zolls für die Ringwagen der Russlandfahrer folgen in unserer Markt- und Zollordnung die schon oft erwähnten Zölle für Wachs (fünf Pfennige pro Zentner) und Häute (50 Pfennige pro Zentner oder 100 Stück).[811] Diese Abfolge legt den nicht überraschenden Gedanken nahe, dass damals das Wachs aus Russland kam. Für Häute kam eher Ungarn in Frage.[812] Wachs und in geringerem Maße Honig waren Produkte, die, wie schon ausführlich behandelt, aus den riesigen Waldgebieten Russlands kamen, denn die polnische Produktion ging wohl nicht in den Donauraum und die böhmische erreichte vor allem Bayern und Sachsen. Die Einfuhr war im gesamten Reich notwendig. Der riesige Bedarf an Kerzenbeleuchtung im geistlichen Bereich und an Süßstoff bzw. kräftigender Nahrung mit Honig konnte ohne bedeutende Importe nicht gedeckt werden. Enns galt als einer der ältesten Umschlagplätze in ganz Europa für Wachs und Honig.[813] Die Anfänge des russischen Exports reichen in das 8. Jahrhundert zurück. Das ist die Zeit, als im Jahr 748 dem Kloster Mondsee die Erlaubnis zur Bienenzucht gewährt wurde.[814] Im Artikel 62 des *capitulare de villis* wurden die auf den Königsgütern vorhandenen und verkauften Güter aber auch Dienstleistungen und Abgaben aufgezählt; darunter finden wir Honig, Wachs und Met.[815] Auf dem Markt in Enns waren diese Waren aus dem Osten und einige, die in späteren Zollordnungen genannt sind (Kupfer, Silberlegierung und andere Metalle) an jene Kauf- und Schiffsleute verkauft worden, die aus Regensburg und weiter westlich gelegenen Gegenden gekommen waren.

809 Knittler, Zum ältesten Steiner Zolltarif 70, Zeile 33 ff. *Omnes generaliter, de quocunque sint loco, de carrada medonis LX denarios. De carrada mellis dimidium talentum. De urna mellis IIIIor denarios. De urna medonis II denarios.*

810 Ebda. Zeile 34 f. *De carrada mellis dimidium talentum. De urna mellis IIIIor denarios.*

811 NÖUB 4, Nr. 13/12 389 Zeile 2 ff. *Item de centenario cere quinque denarios, de centenario cuttium quinquaginta denarios…* Die Berechnung der Häute nach der Stückzahl erklärt den bedeutenden Unterschied bei der Festlegung der Maut. Zum »Hundert« der Häute Knittler, Zum ältesten Steiner Zolltarif 51.

812 Zur Ausfuhr von Häuten aus Regensburg (Zollstreit mit Passau, MB 53 713 Nr. 1310) Knittler, Zum ältesten Steiner Zolltarif 50 und zur Einfuhr von Häuten aus Ungarn 51. Hier behandelt er auch die Bedeutung der Pelzeinfuhr aus Russland.

813 Stützel, Wachs als Rohstoff 31; zur wirtschaftlich angeblich bescheidenen Produktion im Nürnberger Reichswald Ammann, Die wirtschaftliche Stellung der Reichsstadt Nürnberg 9 f.

814 Wagner, Das Zeidelwesen 4.

815 Capitulare de villis 89 im Artikel 62 Zeile 9 *quid de melle et cera.*

Wie bereits erwähnt, gelangten Felle, aber auch fertige Pelzbekleidung in das Zollgebiet der Babenberger. Es ist nicht auszuschließen, dass die fertige Pelzkleidung in Regensburg oder in Köln hergestellt wurde.[816] Die bedeutsame Rolle Regensburgs im deutschen Pelzhandel könnte eines der auslösenden Momente gewesen sein, dass sich rheinische und westliche Kaufleute bemühten, über Regensburg den Kontakt nach Osten zu forcieren. Auch die in der Steiner Zollordnung genannten Kölner Felle, die tarifmäßig den Schaffellen entsprachen, waren Produkte einer Veredelung, die zumeist in Köln durchgeführt wurde.[817] Zum Transport solcher Waren, die in den Osten gebracht wurden, dienten die sogenannten *ringwagen* der Regensburger Russlandfahrer.[818] Es ist nicht auszuschließen, dass diese Wagengröße extra für diese Warentransporte entwickelt wurde. Hergestellt wurden sie vermutlich in Ungarn.[819]

Die Verschiebung des politischen und wirtschaftlichen Schwerpunkts innerhalb der Kiewer Rus lässt sich nur ungefähr datieren. Die steirisch-österreichischen aber auch die ungarischen Markt- und Zollordnungen die Transport- und Handelsverhältnisse betreffen, bieten zur Datierung des laufenden Handelsverkehrs ziemlich präzise Daten zwischen 1191 und etwa 1220. Wagt man eine etwas kühnere Datierung, lag der chronologische Schwerpunkt dieser Regelungen noch im letzten Jahrzehnt des 12. Jahrhunderts.

Kaufleute aus der Rus und wohl auch Regensburger »Russlandfahrer« benützten aus Kiew bzw. aus der Kiewer Rus kommend eine Fernstraße, die über Ungarn führte und vielleicht schon in der zweiten Hälfte des 12. Jahrhunderts befahren wurde.[820] Am 18. April 1288 stellte König Ladislaus IV. von Ungarn eine Marktordnung für Gran aus, in der auch die Abgaben für Kaufleute aus der Rus festgelegt wurden. Wenn diese mit ihren Wagen, die von einem Pferd gezogen wurden, in Pest, Gran oder anderswo abstiegen, hatten sie eine halbe Mark zu bezahlen. Ebenso galt dies für jene Händler, die wertvolle Pelze brachten.[821] Graner Zollbestimmungen sind seit der Regierungszeit

---

816 BUB I 118 Nr. 86 Artikel 30: *De paratis variis pellibus nullus dabit mutam.* Hartmut Rüss stellte im Handbuch der Geschichte Russlands 1,I 382 fest »Dank der Pelzeinfuhr aus der Rus entfaltete sich in Deutschland das Kürschnerhandwerk.« Hier auch die Bemerkung zu Regensburg als Zentrum des Fellhandels in Deutschland. Auch in Wien sind 1203 anlässlich der Hochzeit Leopolds VI. Kürschner nachzuweisen. Lohrmann-Opll, Regesten Nr. 278.

817 Knittler, Zum ältesten Steiner Zolltarif 51 und für die weitere Diskussion besonders wichtig 68 Anm. 222 mit dem Hinweis auf ein Kölner Konfektionsgewerbe. Die hier erwähnten Ausführungen von Kurz, Österreichs Handel 335 tragen zur Illustration dieser Importe nichts bei.

818 Zu diesem Thema Nazarenko, Die Regensburger Ruzarii, 20 ff. Regensburg galt auch als das Zentrum des Fellhandels in Deutschland. So formuliert ohne Beleg im Handbuch der Geschichte Russlands 1,I 382; zur Problematik der *ringwagen* siehe S. 144.

819 Zu diesem Gedanken vgl. die Hainburger Betrachtungen zu Erzeugnissen aus Ungarn, wo auch Wagen genannt sind. Oben S. 177.

820 Nazarenko, Die Regensburger Ruzarii, 22.

821 Monumenta ecclesiae Strigoniensis 2, 238 Nr. 215: *Mercator autem de Ruscya veniens, unius equi, sicut in Pest sive Strigonii, sibi alibi descendat, et similiter hii, qui pelles deferunt caras, solvunt dimidiam marcam.*

von König Emmerichs Vater, Bela III., seit 1198 bekannt und wurden später auch von König Andreas II. und Bela IV. behandelt.[822] In den älteren Urkunden sind allerdings russische Pelzhändler nicht explizit genannt. Einige Zollabgaben wurden noch 1288 in Friesacher Währung angegeben. Dies lässt den Schluss zu, dass zumindest diese Teile der Urkunde schon in den dreißiger Jahren oder früher formuliert wurden, als der Friesacher Pfennig in Ungarn noch viel verwendet wurde.[823] Eine detaillierte Analyse des Textes ergibt manche Einsichten zu möglichen Zusammenhängen mit dem Zolltarif in Stein:

Hasen- und Eichhörnchenfelle, die in Pest und Gran zu verzollen waren, gelangten auch nach Stein. Allerdings waren die Gebühren an den ungarischen Zollstätten, insbesondere für Hasenfelle, anscheinend erheblich teurer als in Stein. Für 100 Häute von Eichhörnchen und 100 Hasenfelle waren in Stein jeweils fünf Pfennige Zoll zu leisten.[824] In Gran betrug die Zollabgabe hingegen für 2000 Felle der Eichhörnchen sechs Pfund und für 1000 Hasenfelle fünf Pfund *(pondera)*. In beiden Fällen handelt es sich bei den Eichhörnchenfellen wohl um die billige Massenware. Wenn die Angabe des Graner Zollbetrags in Pfund richtig ist, wäre das gegenüber dem Zoll in Stein etwa der 15-fache Betrag, ein Unterschied, der einer dringenden Klärung der Ursachen bedürfte. Bruno Schier hat im Gegensatz zur Billigware auf den hohen Wert der »bunten« Eichhörnchenfelle (Feh) und jene der Edelmarder hingewiesen. Auch solche kamen aus dem osteuropäisch-sibirischen Raum nach Stein. Von den bunten, schwarz-weiß-grauen Eichhörnchenfellen mussten wahrscheinlich pro Stück vier Denare Zoll bezahlt werden.[825] Diese teuren, Feh genannten Felle von osteuropäisch-sibirischen Eichhörnchen (Sciurus vulgaris varius Kerr), die als bunt bezeichnet wurden, waren ein gesuchter Rohstoff für Pelzmäntel[826] und hatten den gleichen Zollwert

---

Nazarenko, Die Regensburger Ruzarii 22 f. hat aus diesem Einspänner darauf geschlossen, dass an den Zollstellen auf die größeren Ringwagen der Regensburger *ruzarii* umgeladen wurde. In der Markt- und Zollordnung Leopolds VI. 1208/1212 ist die Rede von einem *currus,* also einem Wagen, *qui dicitur ringwagen, qui ducitur de Vngaria vel de Ruchia.* Der Ringwagen war eine Art »Zwischengröße« also ein gegenüber dem *plaustrum* etwas kleineres Transportgefährt, das auch aus der Rus kommen konnte – die Umladung in Ungarn war also nicht immer nötig. Es wäre denkbar, dass der Ringwagen und der Enzwagen etwa gleich groß waren. Vgl. weitere Argument bei Nazarenko, Die Regensburger Ruzarii 21.

822 Monumenta ecclesiae Strigoniensis 1, 156 Nr. 140 (Emmerich), 310 Nr. 373 (Andreas II.) und 424 Nr. 555 (Bela IV. vom 14. 10. 1255). Diese Urkunden sind Bestätigungen ohne detaillierte inhaltliche Angaben zu den Zöllen. Die Urkunde über die Schenkung des Graner Zolls, die Bela III. ausstellte, ist verbrannt. Seine Schenkung für die Graner Kirche von 1188 betraf den *tributus de foro* in Gran, war also eine Marktabgabe. Monumenta ecclesiae Strigoniensis 1, 137 Nr. 118.

823 Bastian, Die Legende vom Donauhandel 317. Zum Friesacher Pfennig in Ungarn Pickl, Handel und Verkehr 329.

824 Knittler, Zum ältesten Steiner Zolltarif 70 Zeile 28: *De centum asperiolinis cutibus V denarios. De centum leporinis pelliculis V denarios.* Dabei handelte es sich um die gewöhnlichen Eichhörnchenfelle.

825 Knittler, Zum ältesten Steiner Zolltarif 72, Zeile 51 f. *De pellibus merderinis vel de pellibus variis, quod dicitur veh, IIIIor denarios.*

826 Schier, Wege und Formen des ältesten Pelzhandels in Europa 40 mit literarischen Hinweisen auf das Loblied der Fehpelze, die vor der strengen Kälte in den Bergen schützte.

wie die Marderfelle, wohl Hermelin und Zobel. Wenn sich der Zoll tatsächlich auf ein Stück Marderfell bezog, war die Abgabe von vier Denaren auffallend hoch. Vergleichsweise waren doch für 100 Felle von Eichhörnchen nur fünf Denare zu bezahlen! Um den hohen Wert dieser Waren beurteilen zu können, sei darauf hingewiesen, dass Pelze, wie Hermelin oder Zobel, ein Gut von ähnlichem oder sogar höherem Wert als die Tuchwaren darstellten – die von Bruno Schier zitierten Preisangaben, die der arabische Forschungsreisende Ibn Battuta macht – etwa für Hermelin 1000 Dinare – sind recht umständlich und nicht ganz verlässlich einschätzbar, lassen aber letztlich den Schluss zu, dass sie recht teuer gewesen sein müssen.[827] Bei den Hermelin- und Zobelwaren handelte es sich um *unum coopertorium mardrinum*, wie es in der Vita Udalrici beschrieben wurde – also wohl um einen Mantel oder eine Decke aus Marderfellen hohen Wertes.[828] Die auffallenden Unterschiede der Zölle, die auch für die Marderfelle festzustellen sind, lassen sich aber auch aus diesen Vergleichen und Überlegungen bislang nicht zufriedenstellend erklären. Ergänzend wäre zu bemerken, dass die Eichhörnchenfelle wohl sogar noch weiter aus dem Osten, nämlich aus dem Wolgaraum kamen.[829] Ferner bleiben in dieser Argumentation die Hasenfelle ausgeklammert. Die teure Kleidung, die aus *vêhe, vedern* (flauschigen Fellen) und *hermîn* (Hermelin) gefertigt wurden, erwähnt auch Jans Enikel unter den Geschenken der Wiener Kürschner an Leopold VI. anläßlich seiner Hochzeit 1203.[830]

Eichhörnchenfelle, die nicht von marderartigen Tieren stammten, waren, wie wir festgestellt haben, billiger, weil sie ein Massenartikel waren, was an den in die Tausende gehenden Mengenangaben bei der zu verzollenden Einheiten zu erkennen ist. Die Eichhörnchenjagd in den Wäldern des Ostens spielte neben der Bienenjagd eine wichtige Rolle und wurde, wie schon erwähnt, von ostslawischen Bauern betrieben.[831] Eine Pelztierjagd in der Rus wurde auf zwei Bildern dargestellt, die sich unter den vier Tafeln des Rigafahrergestühls in der Nikolaikirche in Stralsund befinden. Das aus Eichenholz bestehende und farbig gemalte Relief entstand um 1360/70 (Abb. 15).[832] Eichhörnchenfelle waren aber nicht nur ein wichtiger Rohstoff für billigere Winterbekleidung, sondern wurden in der Rus auch als Zahlungsmittel verwendet.[833]

Auch Kupfer und Blei wurden in Gran und Stein verzollt. In Gran betrug der Zoll für eine »Maße«, das entspricht etwa einem Zentner (30–50 kg), zwei (für Kupfer) bzw.

827 Schier, Wege und Formen des ältesten Pelzhandels in Europa 42 zitiert Ibn Battuta: »Hermelin ist die schönste Pelzsorte. Ein Pelz von ihm gilt in Indien 1000 Dinare und, umgesetzt in unserem Golde, 250…«

828 Gerhardi vita Sancti Oudalrici 412, Zeile 9, Ulrich vermachte *unum coopertorium mardrinum ad servicium sui successoris*.

829 Knittler, Zum ältesten Steiner Zolltarif 51 und 67 f. Anm. 221; Schier, Wege und Formen des ältesten Pelzhandels in Europa 40 ff.

830 Jansen Enikels Fürstenbuch 631 Vers 1739.

831 Heller, Russische Wirtschafts- und Sozialgeschichte 43.

832 Houwald, Wetzel, Die Reliefs des Rigafahrergestühls Tafel A und B.

833 Einführend dazu Handbuch der Geschichte Russlands 1,I 385 f.

einen Friesacher Pfennig.[834] 1192 betrug die Gebühr für die Regensburger in Stein vom Zentner Kupfer zehn Pfennige und nach dem Steiner Zolltarif sechs Kremser oder Wiener Pfennige. Für Blei waren in Stein zwei Pfennige zu entrichten.[835]

Die Benützung und die wachsende Bedeutung der besprochenen Fernstraße durch Ungarn – noch unter dem Einfluss des Handels- und politischen Zentrums Kiew selbst –, könnte zumindest in die Zeit des ungarischen Königs Geza II. zurückreichen. Er hatte 1146 Euphrosina, die Tochter des Kiewer Großfürsten Mstislaw (1125 – 1132), geheiratet. In mehreren Feldzügen unterstützte er den Kiewer Thronkandidaten, seinen Schwager Izjaslav II. Euphrosina wurde die Mutter König Belas III. und die Großmutter Emmerichs und Andreas II., also jener Könige, die Herrschaftsrechte in Halič und später in Wolhynien anstrebten und kurzzeitig erlangten.[836] Die erwähnte Straße wurde wohl schon von Gezas Truppen auf dem Weg nach Halič bzw. Kiew verwendet. Auch die Russlandfahrer aus Regensburg nutzten vielleicht diesen Weg und luden ihre Waren aus der Rus in Gran oder erst beim Betreten Österreichs zum Teil in die erwähnten *ringwagen* um.[837]

Ein Feldzug König Andreas II. im Jahr 1213 führte zu einem Aufenthalt des Heeres beim Kloster *Lelesov*, das wohl an dieser Straße lag.[838] Es handelt sich dabei um das Dorf Leles, wo 1190 oder schon etwas früher (1181) ein bedeutendes Kloster der Prämonstratenser gegründet wurde. Von hier gelangte man wohl über einen der Karpatenpässe, nämlich den Halič-Pass, der dem Vereckei-Pass entspricht, in das Teilfürstentum Halič.[839] Die offenbar verkehrsgünstige Lage von Leles war die Voraussetzung, dass dort im 13. Jahrhundert ein Markt gegründet wurde. Eine Kartenskizze zum Einfall der Mongolen in Ungarn (1241/42) zeigt, dass das von Batu geführte Hauptheer wahrscheinlich beim Überqueren der Karpaten den Halič-Pass benützte.[840] (Abb. 16) Alle diese Beobachtungen zusammengenommen lassen uns einen sowohl militärisch als auch für den Handel wichtigen Verkehrsweg erkennen, von dem jedenfalls die Etappen Leles, Pest und Gran bekannt sind.

Um die Voraussetzungen des Handels mit dem Osten besser beurteilen zu können, bedarf es allerdings einer weiteren Analyse der personellen Handelskapazitäten in Kiew und des Nachweises von Kontakten in den Westen. Beides ist durch die bisherige, mehr

834 Monumenta ecclesiae Strigoniensis 2 239: *Masa vel Centenario cupri, duos frisiaticos. Masa vel Centenario blumbi, unum frisiaticum.*

835 BUB I, 118 Nr. 86 Artikel 31; Knittler, Zum ältesten Steiner Zolltarif 70 Zeile 31 f.

836 Hóman, Geschichte des ungarischen Mittelalters 1, 384 und 387.

837 Instruktiv für die vielfältige Verwendung von Straßen Szilágyi, Árpád period communication networks 56 ff. Wichtig vor allem für den Grenzraum nach Österreich.

838 Perfecky, The Galician-Volhynian Chronicle 23; dazu Vusopovic, The Chronicle of Halych-Volhynis and Historical Collections in Medieval Rus 46.

839 Er lag direkt auf dem Weg zum Quellgebiet des Dnestr, Hartlebens Volksatlas Karte 43; zur Klostergründung Hochberger, Das große Buch der Slowakei 416.

840 Kubinyi-Laszlovszky, Demographic Issues in Late Medieval Hungary 53, Figure 2.1.

Abb. 15: Eichhörnchenjagd in den Wäldern der Rus. Bild vom Rigafahrergestühl in der Nikolaikirche in Stralsund.

als ein Jahrhundert umfassende Forschung an einigen Beispielen konkret beschrieben worden. Zunächst können wir nachweisen, dass es zu einem nicht genau zu datierenden Zeitpunkt, wohl schon am Beginn des 12. Jahrhunderts eine Gruppe von Regensburger Kaufleuten in Kiew gab. Nach der Darstellung der Vita des hl. Marianus, des Gründers des Schottenkloster St. Jakob in Regensburg reiste Mauritius, ein Mönch dieses Klosters, nach Kiew. Dort erhielt er vom Großfürsten (*rex Russie*) und den *principes* der Stadt wertvolle Pelze im Wert von 100 Mark Silber als Geschenk. Die Rückreise nach Regensburg trat er zusammen mit Regensburger Kaufleuten an. Vom erzielten Preis des Pelzverkaufs zu Hause war es möglich, den Bau von St. Jakob durch den Zubau von Gebäuden und das Decken des Daches zu vollenden.[841] Die von Nazarenko versuchte

841 Osterrieder, Kulturverbindungen 75 mit Anm. 99; Nazarenko, Die frühesten bayerisch-russischen Kontakte 25; kurz erwähnt auch Bosl, Die Sozialstruktur 105 und 145; Flachenecker, Schottenklöster 274 mit Anm. 26: Vita Mariani cap. IV, 17 *Tum quidam de fratribus loci eiusdem vir industrius et in rebus*

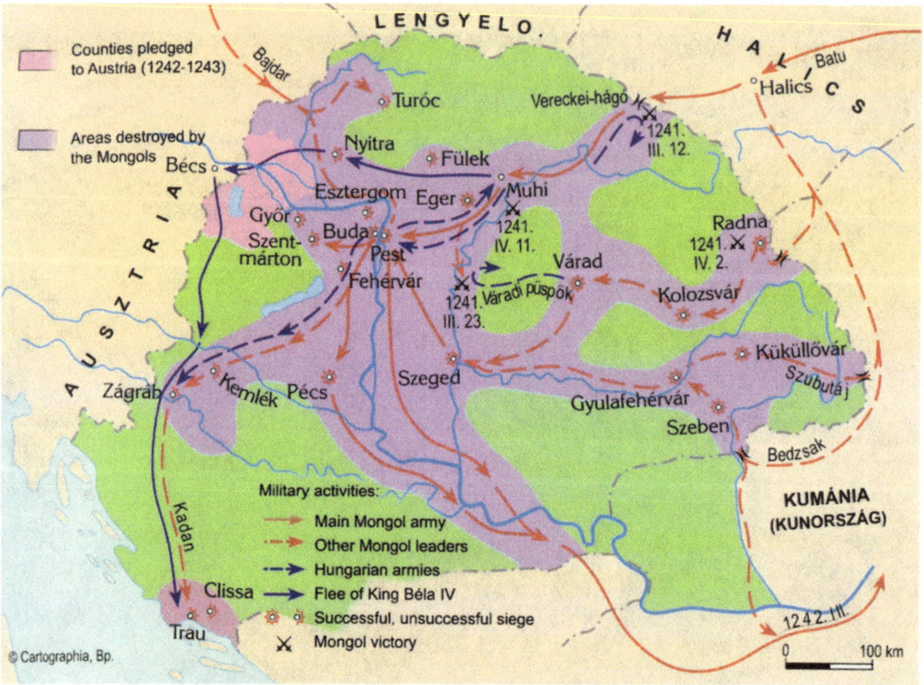

Abb. 16: Der Halič- oder Vereckei-Pass, der von Ungarn in das Fürstentum Halič führt.

Datierung »bald nach 1112«, die er mit angeblichen Ergebnissen von Friedrich Prinz zu belegen suchte, ist nicht recht schlüssig.[842] Die Reise des Mauritius müsste dann in die frühe Regierungszeit Wladimirs II. Monomach gefallen sein, der seit 1113 an der Macht war. Ein konkreter Nachweis gelingt allerdings nicht. Die Rede von einem *rex Russie*, der das Pelzgeschenk machte, ist wohl mit der Entstehungszeit der Vita des Marianus um 1180 zu erklären, ist aber ein sehr frühes Beispiel für eine solche Bezeichnung. Die österreichischen Annalen nennen in der Mitte des 13. Jahrhunderts den Großfürsten von Halič *rex Ruscie*.[843] An der Gabe von Pelzen waren aber auch die *principes* der Stadt Kiew beteiligt. Bei diesen führenden Leuten der Stadt handelt es sich wohl um Mitglieder des *vece*, einer Art Stadtrat, der seit dem ausgehenden 11. Jahrhundert in Kiew

---

agendis erudissimus, nomine Mauricius, solus cum solo puere comite per devia mundi,... ad regem Russiae perveniens, ab eodem rege ac pricipibus urbis ditissimae Chios de ferinis pellibus pretiosis valentibus centum marcas recepit, atque easdem vehiculis ferens, cum negatioribus Ratisbonam pacifice pervenit.

842 Nazarenko, Die frühesten bayerisch-russischen Kontakte 25 Anm. 2. Das dort genannte Zitat zur Datierung der Reise des Mauritius im Handbuch der bayerischen Geschichte 1. Band 398 trifft nicht zu.

843 Beispiele: Continuatio Lambacensis MGH SS 9 559 im Jahr 1246, 560 im Jahr 1261 oder Klosterneuburg Continuatio Claustroneoburgensis I 612 Zeile 45 heiratet Gertrud Roman von Halič, den *rex Ruscie* (spätere Hinzufügung).

mit dem Großfürsten zusammenwirkte.[844] Er berief die Versammlung ein, die bei der damaligen schwierigen Lage im Zuge der Streitigkeiten zwischen den Nachkommen Jaroslavs des Weisen einen gewissen Einfluss auf die Entscheidungen des jeweils herrschenden Großfürsten hatte. Es ist in Analogie zu Novgorod zu vermuten, dass es sich dabei um lokale Grundherren und Großkaufleute handelte. Die teils vom Großfürsten, teils von den Bürgern stammenden Geschenke könnten als Hinweis auf die geschilderte Machtverteilung in Kiew verstanden werden.[845] Die Sache selbst ist wohl richtig geschildert, die exakte Datierung muss offenbleiben. Die in diesem Zusammenhang immer wieder diskutierte Abhängigkeit des Kiewer vom Wiener Schottenkloster, die aus einem Geleitbrief für Flüchtlinge aus Kiew 1242 abgeleitet wurde, ist nicht wahrscheinlich.[846]

Ein zweiter Hinweis bezieht sich auf einen Regensburger Geschäftsmann namens Hartwic, der in Kiew lebte. Es handelte sich um einen Angehörigen der *familia* des Klosters St. Emmeram, der sich auf Dauer in Kiew niedergelassen hatte. Ihm schuldeten drei Regensburger Bürger 18 Pfund, die er an St. Emmeram abtrat.[847] Diese Erwähnung fällt in das Jahr 1179, stammt also aus der Zeit, als Großfürst Andrej, wie schon erwähnt, seine Residenz bereits nach Vladimir an der Kljaz'ma verlegt hatte (1169). Schon ins 11. Jahrhundert gehört die Erwähnung von zwei Juden, die aus der Rus kamen und deren Wagen in Alt-Buda oder Gran beschädigt wurde.[848]

Ob Regensburger Juden im Handel mit der Rus und Ungarn eine bedeutendere Rolle gespielt haben, würde einer eigenen Untersuchung bedürfen, wenn eine neuerliche Prüfung der bekannten Dokumente dies aussichtsreich erscheinen lässt. Übertrieben ist die Vorstellung, dass Juden im Handel mit Osteuropa ein Handelsmonopol besessen hätten. Denn es ist wohl richtig, dass der Fernhandel auch für jüdische Händler keine Selbstverständlichkeit war. Die Zahl der Responsen (rabbinische Antworten auf Fragen, die vor allem rechtliche Probleme betrafen) seit dem Beginn des 11. Jahrhunderts, die sich mit jüdischen Händlern in Mitteleuropa und dem Osten beschäftigen, umfasst lediglich vier Fälle. Den Fernhandel der Juden mit dem Zielpunkt Kiew sollte man trotzdem nicht bagatellisieren.[849] Im 12. Jahrhundert sollen sie ein eigenes Stadtviertel im oberen

844 Stökl, Russische Geschichte 82 ff.; Handbuch der Geschichte Russlands 1/I 388 ff.

845 Rußland – Fischer Weltgeschichte Band 31, 64 f.; Handbuch der Geschichte Russlands 1/I, 378.

846 Lohrmann-Opll, Regesten Nr. 630 nennt als Aussteller des Geleitbriefs Abt Franz von Marienberg in Ungarn oder St. Maria in Güssing. Vgl. dazu auch Flachenecker, Schottenklöster 276 f.

847 QuE 8 Nr. 926 im Jahr 1179; Bosl, Die Sozialstruktur 105 und 135 f. mit Anm. 179 *quidam huius ecclesie familiaris Hartwic nomine, habitans in regione Ruscie in civitate Chiebe dicta....pecuniam suam X videlicet VIII talenta per manus civium huius urbis....qui eius debitores erant obtvlit ecclesie nostre*...Dass es sich bei den Schuldnern um in Regensburg lebende Bürger handelte, geht aus der Zeugenliste hervor, in der sie namentlich aufgeführt sind – Hartwic war in Regensburg hingegen nicht anwesend.

848 Kubinyi, Regensburg – Passau – Ungarn im Mittelalter 32; Lohrmann, Regensburger Kaufleute 21.

849 Zuletzt wieder diskutiert von Haverkamp, Jüdische Münzmeister 165 mit Berufung auf ein eher einseitiges Urteil von Toch, Netzwerke 231.

westlichen Stadtteil von Kiew besessen haben. Dort befand sich nämlich das »Jüdische Tor«, das später als »Lemberger Tor« bezeichnet wurde und daher nach Westen in den Raum von Halič den Ausgang bildete.[850] Ferner gibt die von Michael Toch erstellte Liste der von Juden übernommenen Waren des Fernhandels einen deutlich in die Rus verweisenden Fingerzeig. Die dort genannten Pelze verschiedener Tiere sind entsprechend unseren bisherigen Ausführungen dafür charakteristisch.[851] Die Verbindungen zwischen Deutschland, besonders Regensburg, und der Kiewer Rus (auch unter Berücksichtigung von Halič und Wolhynien) sind auch bei Betrachtung der Juden von einiger Bedeutung. Toch schreibt dazu: Aus Deutschland ging es einige Male (das bezieht sich auf die geringe Zahl der Quellenbelege) nach Ungarn und Polen und über diese Länder nach »Russia«. Regensburg diente als Ausgangpunkt der südöstlichen Route[852] – damit bezog sich Toch allerdings nicht auf den Weg auf oder längs der Donau.[853]

Noch schwieriger als im Falle Kiews sind die Fragen der Produktionsverhältnisse, des Verkehrs und der Handelsbeziehungen mit Halič zu erfassen. Zur Jagd in den Wäldern von Halič wissen wir wenig. Das Vorherrschen der Buchen in den Wäldern der Karpatenukraine mahnt, wie bereits angeschnitten, zur Vorsicht, was die Beurteilung der dortigen Bienenjagd anbelangt. Eine handbuchmäßige Beschreibung der Verkehrs- und Wirtschaftssituation gab Günther Stökl. Der zentrale Raum von Halič war verkehrs- und klimabegünstigt: Dort lagen die Städte Přemysl an der San und Halič am Dnjestr. Seit der Mitte des 13. Jahrhunderts begann Lemberg, eine bedeutende Rolle zu spielen. Hier konnte Ackerbau betrieben werden, da sich der Wald lichtete und es kreuzten sich in diesem Raum weit reichende Verkehrswege.

Die Erwähnung des Handels mit Produkten aus der Kiewer Rus in den Ennser Jahrmarktsordnungen bezieht sich auf *plaustra*, auf Wagen, die über die Ennsbrücke in Richtung *in Ruziam* oder *de Ruzia* fuhren und dafür, wie schon erwähnt, eine Gebühr von 16 Pfennigen, den üblichen Betrag für die Überquerung der Brücke, zu bezahlen hatten und man durfte sie dabei nicht zurückhalten.[854] Die Erwähnung von Transporten in die Rus und aus der Rus und ihre Überquerung der Ennsbrücke steht in der Umgebung allgemeiner und einzelner Bestimmungen zu den Abgaben auf der Brücke. Einige der Wa-

850 Diese unsicheren Angaben, die nicht quellenmäßig gesichert sind, bei Heller, Russische Wirtschafts- und Sozialgeschichte 61; eine kurze Erwähnung von Juden aus Speyer, Mainz, Augsburg, Regensburg, Köln und Prag, die angeblich über Krakau und Přemysl nach Kiew reisten, auch im Handbuch der Geschichte Russlands 1/I 382 f.

851 Toch, Netzwerke 236. Seine Liste von Waren, die im Handel von Juden eine Rolle spielten, entspricht ziemlich genau den Waren in unseren Zolltarifen.

852 Toch, Netzwerke, 237.

853 Toch, Netzwerke 237 f. Die zitierten Rechtsgutachten sind um 1100 zu datieren.

854 Hausmann, Urkundenbuch der Steiermark 1 EN1 S.2 Zeile 21 f. *Plaustrum in Ruziam vel de Ruzia tendentia XVI denarios persolvant nec retineri debent.* Vgl. Nazarenko, Die Regensburger Ruzarii, 17.

ren wurden über die Ennsbrücke zum Jahrmarkt befördert oder von diesem wegtransportiert. Außerhalb der Jahrmarktszeiten könnten Wagen an Enns vorbeigefahren sein.

Es ist zu vermuten, dass sich unter diesen Gütern aus der Rus auch Felle als Rohstoff befanden, die in Regensburg aber auch in Köln zu Kleidung weiterverarbeitet wurden. Wir haben auf diese Produktion bereits hingewiesen. Die Einfuhr der Rohstoffe aus der Rus geht aus dem Steiner Zolltarif hervor, wo sowohl von den Massen der Eichhörnchen- und Hasenfelle die Rede ist, aber auch von den teuren Marderfellen.[855] Dass aus Köln Pelzröcke *(kürsen)* geliefert wurden, geht erst aus der späteren deutschen Fassung des Steiner Zolltarifs hervor.[856] 1192 setzte Leopold V. fest, dass die Regensburger von der eingeführten Pelzkleidung keine Maut zu bezahlen hatten.[857] Eine konkrete Erklärung für diesen Verzicht ist mir nicht bekannt. Wir wissen aber, dass etwa Leopold VI. anlässlich seiner Hochzeit von den Wiener Kürschnern Hermelinpelze erhielt.[858] Es ist denkbar, dass man 1192 im Herrschaftsgebiet Leopolds V. noch auf einen Import von Pelzkleidung aus Regensburg angewiesen war. Die Nachfrage nach Pelzkleidung könnte ja damals die Kapazität der Produktion in Wien überstiegen haben.

Die Bedeutung repräsentativer Kleidung für ritterliche Feste mit Turnieren und noch glänzenderen Aufwendungen im Rahmen fürstlicher Hochzeiten, die uns detailliert in zeitgenössischen Erzählungen von Jans Enikel oder Otakar aus der Geul geschildert werden,[859] könnte eine weitere Erklärung bieten, warum die Käufer dieser teuren Produkte nicht durch Zölle noch stärker belastet werden sollten. Allerdings machten die Zölle nur einen offenbar geringen Teil der Kosten solcher Kleidung aus. Für den Entfall der Maut für Pelzkleidung spricht auch der relativ hohe Transitzoll der Regensburger Russlandfahrer in Österreich.

Denn im Regensburger Privileg heißt es von den »Russlandfahrern« aus Regensburg,[860] dass sie auf dem Weg in die Kiewer Rus zwei Pfund und auf dem Rückweg ein halbes Pfund zu bezahlen hatten. Das entsprach der Abgabe, die alle Regensburger Händler von einem Wagen mit Kleidern zu entrichten hatten, wenn sie die Straße benützen wollten oder im Winter mussten.[861] Die höhere Abgabe von drei Pfund galt für das Wagen-

---

855 Knittler, Zum ältesten Steiner Zolltarif 70, Zeile 28 f. und 72, Zeile 50.

856 Knittler, Zum ältesten Steiner Zolltarif 73, Zeile 50: *Von ainr newen choelneschen chverrsen I pfenning.*

857 BUB I 118 Nr. 86 Artikel 30: *De paratis variis pellibus nullus dabit mutam.*

858 Lohrmann, Regensburger Kaufleute 83. Im dortigen Bezug auf das Regensburger Privileg habe ich noch nicht erkannt, dass die Formulierung *de paratis variis pellibus* verschiedene Kleidungsstücke aus Pelz meint. Zur Hochzeit 1203 Lohrmann-Opll, Regesten Nr. 278.

859 Zur Hochzeit Leopolds VI. vgl. die vorige Anmerkung. Zu der von Otakar Přemysl ausgerichteten Hochzeit für den ungarischen Prinzen Bela und seine Nichte Kunigunde 1264 Hoensch, Přemysl Otakar II. 139.

860 BUB I 118 Artikel 33: *Ruzarii quocumque tempore vadant, duo talenta solvant et in reditu ex Ruzia dimidium talentum.* Zur Übersetzung Russlandfahrer Nazarenko, Der bayerisch-russische Handel 19; dazu auch Bosl, Die Sozialstruktur 145.

861 BUB I Nr. 86 118 Artikel 28.

gewand, das sicher eine schwerere Last umfasste als die eines kleineren Wagen (*currus*).[862] Richtig ist Franz Bastians Feststellung, dass die Rückfracht aus der Rus wohl billigere Waren umfasste als jene bei der Hinfahrt. Bastian nimmt an, dass die Transporte in die Rus aus Kleidern bestanden.[863]

Darüber hinaus waren sie verpflichtet, wo immer sie bei solchen Fahrten das Herrschaftsgebiet der Babenberger betraten, zwölf Pfennige zu entrichten.[864] Diese Abgabe war eine zusätzlich zum Transitzoll eingehobene Art Grenzzoll, der einen Hinweis auf die Bedeutung der sich ausbildenden territorialen Ordnung gibt. Damit berühren wir ein Problem, das schwierig einzuordnen ist. Die Bestimmungen über die Durchgangs- und Betretungsgebühren beziehen sich wohl auf den Herrschaftsbereich Leopolds V., also auf das Territorium. Der Text lässt dies nicht eindeutig erkennen, erlaubt aber den logischen Schluss, der sich etwa aus den einleitenden Hinweisen zum Zweck der Urkunde ergibt. Da ist die Rede von den Waren, die in unser Land hereingeführt werden *(de rebus quas in terram nostram venales adduxerunt)*. Die Formulierung, dass die Gebühr fällig wird, wo immer sie (die *Ruzarii* oder alle Regensburger) eintreten, ist daher in dieser Weise zu verstehen, womit auch die Vorstellung von einer Abgabe beim Überschreiten einer Grenze verbunden ist. Der Übergang von einem Zollbezirk in einen benachbarten war natürlich nicht neu – so hat sich Mitterauer kritisch und genau mit der Enns als Zollgrenze befasst –, neu ist allerdings an der Bestimmung Leopolds V., dass sie sich auf das Territorium bezieht. Ich möchte diese Beobachtung nicht überbewerten, halte die Bestimmung aber für einen überlegenswerten Hinweis. Es ist aber festzuhalten, dass der Zoll in Mauthausen ein Transitzoll war und die 1208/12 festgelegten Vergünstigungen für Enns sich eindeutig auf den Jahrmarkt bezogen.[865] Die Hainburger Bestimmungen, die wohl etwas jünger sind, betreffen unterschiedliche Formen von Abgaben.[866] Besucher des Jahrmarkts in Hainburg waren zwischen Stein und Hainburg abgabenfrei. Ebenso jene Kaufleute, die zwei Wochen nach dem Markt in Hainburg aus Melk kamen oder zurückkehrten.

In den bisher behandelten Zoll- und Mautordnungen im Donauraum sind keine Einfuhren aus Böhmen erwähnt. Rohstoffe und andere Waren von dort gelangten auf anderen, weiter nördlich gelegenen Wegen nach Regensburg. Pelze, Honig, Sklaven, Pferde und Sättel gelten als böhmische Exportwaren. Wie erwähnt, sind in Perejaslavec Silber

862 Zum Wagengewand BUB I 118 Nr. 86 Artikel 24; wir müssen zwischen dem schweren Wagengewand und dem kleineren Wagen mit Kleidern auf der Straße unterscheiden.

863 Bastian, Die Legende vom Donauhandel 317.

864 BUB I 118 Nr. 86 Artikel 33 *duodecim denarios dabunt ubicumque velint intrare.*

865 NÖUB 4 390 Nr. 13/12 Zeile 12 ff.: *Item quicumque ad annuale forum Hainburgk descendere voluerint, a Stain usque ad Hainburg nichil persolvant* und Zeile 20ff.:: *Item ad nundinas annuales Hainburg a Medlico quatuordecim diebus post forum veniendo et revertendo de nullis mercatoribus aliquid persolvant.* Zur Ennsgrenze Mitterauer, Zollfreiheit und Marktbereich 208 ff.

866 Siehe oben S. 173 ff.

und Pferde aus Böhmen erwähnt. Pelze, Honig und Sklaven sind als weitere Waren aus Böhmen wahrscheinlich.[867] Zu betrachten ist aber auch der umgekehrte Weg, nämlich jener von der Donau nach Norden.

Für die Versorgung des nördlichen Niederösterreichs und darüber hinausgreifend Mährens, Böhmens, Schlesiens, ja sogar Polens, war Krems ein wichtiger Ausgangspunkt. Die in Stein eingerichtete Zollstelle machte die Doppelstadt Krems/Stein zu einer wichtigen Station beim Transport und dem Handel mit Fernhandelsgütern.[868] Harry Kühnel bezeichnete in seinem Kommentar im Österreichischen Städteatlas Krems als Zentrale für den Handel nach Böhmen und Mähren.[869] Im ausgehenden 12. und 13. Jahrhundert entwickelte sich in diesen nördlichen Nachbargebieten von Krems eine dichter werdende Landschaft von Städten. Am Fernhandel der Tuchwaren war Krems nicht beteiligt, wohl aber an der Einfuhr nach Österreich und dem Umschlag in die Nachbargebiete. Ein Kremser Tuchhändler namens Altmann ist schon 1172/1180 erwähnt, der dem Konversen Walchun aus Herrenchiemsee einen Weingarten verkaufte.[870] Unter den Zeugen dieses Verkaufs befand sich der Kremser *monetarius* Eberger.[871] Schließlich ist 1305 im Kremser Handschneiderprivileg von wertvollen Tuchbahnen aus Flandern und der Lombardei die Rede, die in Krems weiterverarbeitet wurden.[872] Hier wurde auch Fertigware verkauft, etwa die bekannten Hosen aus Brügge. Interessant ist die im Kleinen Lucidarius erhobene Kritik, dass sich Bauern und ihre Frauen mit grünem, braunem und rotem Tuch aus Gent bekleideten. Nach dem Recht des Landes war es den Bauern nur erlaubt, Kleidung aus grauem Loden, d. h. aus einem rauen Wollstoff zu tragen. Nur an Feiertagen konnten bzw. durften sie blaue Kleidung aus gutem Wollstoff aus Stamford tragen.[873] Diese Erlaubnis für die Feiertage zeigt, dass die Bauern einen gewissen Spielraum für ihre Repräsentation hatten. Die Behandlung dieser Frage entspricht der zeitkritischen Haltung des Autors.[874] Aus der Luft gegriffen waren solche Bemerkungen wohl nicht – sie zeigen uns, dass neben der konstruierten Unbeweglichkeit von Gottes Ordnung eine soziale Dynamik, ein Streben nach Vorwärtskommen, einer Verbesserung der Lebensverhältnisse vorhanden war.[875] Der Tuchhandel in Krems bezog sich wahrscheinlich vornehmlich auf die Stadt und die nähere Umgebung, wobei wir auch mit

867 Bosl, Die Sozialstruktur 104; zu Perejaslavec oben S. 172.

868 Brunner, Krems und Stein 33 und Details 49 ff.

869 Kühnel, Österreichischer Städteatlas Kommentar Krems.

870 NÖUB 3 653 Nr. 25/8.

871 Zu Eberger Emmerig, Kremser Währung 60 und unten S. 235.

872 Brunner, Die Rechtsquellen 29 f. Nr. 22.

873 Brunner, Krems und Stein 50 f.; Seifried Helbling, Gedicht II 68 Vers 60 f. und 69 Vers 70 ff. Vgl. Jansen Enikels Fürstenbuch, 632, Vers 1737 mit den Kleiderfarben *grüen, brûn, blâ, scharlât*.

874 Knapp, Die Literatur des Spätmittelalters 267 zu Gedicht II.

875 Dies in Auseinandersetzung mit den einschlägigen Gedanken Oexle, Deutungsschemata der sozialen Wirklichkeit 67. Vgl dazu weiters unten im Kapitel Herrschaft und Heilserwartung.

adeligen Kunden rechnen können. Für einen Export von Tuchwaren nach Böhmen ist mir kein Nachweis bekannt. Aus der Wiener Wagenmaut vom Beginn des 13. Jahrhunderts erfahren wir, dass graues Tuch nach Böhmen gebracht wurde und gefärbt zurückkam.[876] Hingegen gab es einen umfangreichen Salzexport von Krems nach Böhmen.[877]

Unsere Quellen zum Handel mit den Herrschaftsgebieten im Osten des Reiches sind in ihrer Aussagekraft meist schwierig einzuschätzen und lückenhaft, ergeben aber doch eine tragfähige, skizzenhafte Vorstellung, welche Waren die Gegenfuhr zu den Tuchwaren aus dem Westen bildeten. Auf diese Weise wird der Fernhandel über die im Reich südlich gelegene Donaulinie schlüssig nachweisbar. Die seit 1192 bestehende Herrschaft der Babenberger über den österreichischen und steirischen Raum nutzte dies zum Ausbau der materiellen und administrativen Stabilisierung ihrer Territorialherrschaft. Wir wollen uns daher nun den Voraussetzungen der nordwesteuropäischen Tuchproduktion zuwenden.

---

876 Tomaschek, Rechte und Freiheiten 7 Nr. IV.

877 Mayer, Der auswärtige Handel 11.

Flandrische Tuchwaren auf dem Weg von Flandern nach Regensburg

Aus den bisherigen Ausführungen zur Ein- und Durchfuhr in Österreich wurde klar, dass die Tuchwaren, insbesondere jene aus Flandern, zu den teuersten Waren gehörten und ihre Verzollung daher auffallend hohe Einnahmen erbrachte. Die von einer Wagenladung in Mauthausen verlangten fünf Pfund Transitzoll stellen im Vergleich mit der Verzollung anderer Waren die höchste bekannte Abgabe dar.[878] Auf die Berechnung des Wertes der in der Mitte des 13. Jahrhunderts nach Österreich eingeführten Tuchwaren mit 45.000 Pfund pro Jahr haben wir bereits verwiesen.[879]

Für Produzenten, Kaufleute, Schiffseigner und Gewandschneider als Endverkäufer war die Beteiligung an diesem Wirtschaftszweig eine Quelle des Reichtums.[880] Die Wiener Laubenherren, die in der Tuchlauben und einigen Gewölben am Hohen Markt ihre Ware anboten, erhielten ihre Verkaufsberechtigung meist durch Erbschaft, die zusätzlich durch ein Privileg des Stadtherrn abgesichert war. Die älteste Fassung dieser Verfügungen soll auf die Herzoge Leopold VI. und Friedrich den Streitbaren zurückgehen. Darauf nahm Herzog Rudolf III., Sohn Albrechts I., Bezug, als er am 19. November 1305 den Kremser Tuchschneidern bzw. -händlern (*incisoribus pannorum*) diese Rechte verlieh.[881] Es war allen Kremser (Wiener) Bürgern verboten von Tuchbahnen, um welche es sich auch immer handelte, herunterzuschneiden und zu verkaufen, es sei denn sie gehörten dem *consortium* der dazu Berechtigten an. Die Aufnahme in dieses Gremium erfolgte durch die Mitglieder, die ihre Geschäfte unter den Lauben, also in ihren Verkaufshallen, abwickelten.[882] Gäste durften einfarbiges oder Lombardisches Tuch nicht nach Ellen verkaufen, sondern mussten sie im ganzen Stück auslegen, anbieten und verkaufen. Unter dem ganzen Stück ist wohl eine Tuchbahn zu verstehen. Offenbar betrachtete man die Gäste als Fernhändler, die ihre Waren nur in großen Mengen anbieten durften. Dies diente dem Schutz der lokalen Detailhändler.

In der deutschen Fassung der Urkunde, die Herzog Albrecht II. 1355 ausstellte, findet sich ebenso der Hinweis auf die Babenberger Leopold und Friedrich als Aussteller von

878 NÖUB 4 Nr. 13/12 388 Zeile 23 f.

879 Mayer, Der auswärtige Handel 12.

880 Irsigler, Soziale Wandlungen 61; rechtliche und soziale Verhältnisse waren in Köln und Wien etwa dieselben.

881 Brunner, Die Rechtsquellen Krems, Stein 29 f. Nr. 22.

882 Brunner, Die Rechtsquellen Krems, Stein 29 Nr. 22 nennt das Mitglied des Gremiums auch nach diesem Standort *stet sub lubio*. Deutsch in der Fassung Albrechts II. von 1355: Tomaschek, Rechte und Freiheiten 168 ff. Nr. LXXV, hier 169: *die ze den zeiten under den lauben sten.*

Vorurkunden in der Sache. Gegenüber diesem Privileg für die Tuchhändler, *handschneider*, bildete das Flandrenserprivileg von 1208 einen eigenen Ausgangspunkt: Die deutsche Fassung stammt von 1333 aus Albrechts II. früher Herrschaftszeit, noch zusammen mit seinem früh verstorbenen jüngeren Bruder Otto. Die Flandrenser bildeten ebenfalls ein *Consortium* der in ihrem Geschäftszweig tätigen Leute. Über die Aufnahme neuer Mitglieder entschied ebenfalls, wie bei den Handschneidern, das *Consortium*. Es ist allerdings nicht wahrscheinlich, dass es sich bei diesen Flandrensern, die als Bürger des Stadtherren/Landesfürsten bezeichnet wurden, um Wiener Bürger handelte. Dass es um Zuwanderer aus Flandern ging, wird aus der Bestimmung bzw. der Formulierung erkennbar, dass sie vom Herzog in Wien »eingesetzt« wurden[883] und das Marktrecht in den landesfürstlichen Städten wie alle anderen Bürger genossen. Das Verb *instituere* legt nahe, dass sie von außen nach Wien kamen. 1192 übten auch Regensburger Gäste den Detailhandel aus, indem sie die gewünschte Menge von der Tuchbahn oder vom Ballen abschnitten. Diese Bestimmung bezog sich wahrscheinlich vor allem auf Wien.[884]

Trotzdem ist es bemerkenswert, dass sich der Detailverkauf von Tuchen in den Händen von Wiener Ratsbürgern befand, also unter der Kontrolle der einflussreichsten und reichsten Gruppe der Stadt war, die etwa auch die Münzprägung beherrschten. In der Tuchlauben, die ja ihren Namen den dort befindlichen Tuchgewölben verdankt, gab es 17 solcher Verkaufsstellen. Insgesamt sind in Wien 31 nachweisbar, einige davon auch beim Kammerhof und auf dem Hohen Markt. Zu den bekannten Leuten, die neben wichtigen administrativ-politischen Ämtern auch Weinbau und -handel und andere Handelsgeschäfte betrieben, gehörten z. B. die Familien Poll, Zink, auf der Säul, Hansgraf, Chrannest oder Wiltwerker.[885] Gegen Ende des 14. Jahrhunderts verschlechterten sich die Geschäftsbedingungen auf der Tuchlauben fühlbar; vermutlich infolge der Veränderung der Produktions- und Handelsbedingungen von Tuchwaren im Rahmen des Hundertjährigen Krieges.[886]

Die Bedeutung des Tuchhandels und -transports im Herrschaftsgebiet der Babenberger zeigt sich an einer Reihe von Bestimmungen aus dem Regensburger Privileg von 1192, das den Bürgern, wohl vor allem den Kaufleuten aus der bayerischen Metropole, einige Vergünstigungen zubilligte. Die erste dieser Regelungen bezüglich eines *hospes* (wohl Regensburger), der ein geschnittenes Tuch (*pannum incisum*) einem Bürger verkaufte, haben wir bereits erwähnt. Wenn der Käufer (wegen eines erlittenen Schadens) den Verkäufer mit einer Klage beunruhigte, konnte dieser mit einem einfachen Eid beschwören, er habe davon nichts gewusst. Dem Richter musste keine Gebühr bezahlt

883 BUB I 207 ff. Nr. 161, hier 209, Zeile 9 bis 12: *quod burgenses nostros, qui apud nos Flandrenses nuncupatur, taliter in civitate nostra Wiens instituimus.* Lohrmann, Regensburger Kaufleute 86 ff.

884 Zatschek, Handwerk und Gewerbe in Wien 12.

885 Sailer, Die Wiener Ratsbürger 59.

886 Nicholas, Medieval Flanders 273 ff. und 285 ff.

werden, den Schaden hatte der Regensburger Gast zu ersetzen. Verweigerte er den Eid, musste er dem Richter ein halbes Pfund bezahlen, dem Gerichtssprecher zwölf Pfennige.[887]

Von den in Köln gebündelten Wagenladungen haben wir auch schon gehört: drei Pfund betrug ihr reduzierter Zoll. Günstige Regelungen wurden auch für die Feststellung des Umfangs der Ladung getroffen, aber auch für die neue Bündelung, wenn eine Wagenladung zerfiel.[888] Es ging dabei um den Umfang der Ladung, der im Zweifelsfall mit einem einfachen Eid nachgewiesen werden konnte. Die Händler und Schiffseigner aus Regensburg führten die Waren bis zur Einrichtung des Stapels in Wien nach Ungarn und weiter in die Rus, wohl bis Kiew.[889] Regensburger brachten also Wagenladungen von Tuchen, die in Köln geschnürt wurden, die Donau abwärts. Wie gelangten nun diese Ladungen von Tuchwaren aus den Produktionsstätten in Flandern und an der Maas nach Köln an den Rhein und von dort nach Regensburg? Bevor wir uns dieser Frage widmen, wollen wir noch einige Bestimmungen der Zolltarife an der Donau betrachten.

Der Steiner Zolltarif enthält Bestimmungen, die sich auf teilweise teure Textilien beziehen. Die Transportmittel Wagen, Pferde und Schiffe haben wir bereits erwähnt.[890] Zollerleichterung vom Kölner Wagengewand genossen natürlich die Regensburger, welche die aus dem Regensburger Privileg bekannten drei Pfund Zoll abzuführen hatten. Etwas mehr zu leisten hatten die *Sweui, Latini* und *cives de Ache* und alle, die aus Gegenden oberhalb (d. h. flussaufwärts) kamen. Es handelt sich bei den Schwaben vor allem um Händler aus Ulm, und bei den Latini um solche aus Flandern und dem Maasraum.[891] Diese Kaufleute oder Transporteure zahlten vier Pfund vom Wagengewand, vom Saum 80 Denare, also um 20 Pfennige mehr als die Regensburger und von einem Schiff ebenso wie die Regensburger 24 Denare. Gleiches galt für die Passauer, die offenbar aber nicht mit Schiffen kamen. Daran anschließend ist das Kramgewand, nämlich Hosen, Schultertücher und ähnliche Waren, erwähnt. Die Maut wurde nach dem jeweiligen Preis aufgrund des Saumgewichts berechnet. Wenn man von solchen Waren weniger als zwölf Paare seinen Handelspartnern übergab, war keine Maut fällig.[892] Dass sich die anschließend genannten Zölle für Waren von geringfügigem Wert auch auf Textilien bezogen, ist denkbar.[893] Dass sie aus Flandern kamen, ist unwahrscheinlich. Zu Seidenstoffen, die

887 BUB 1 118 Nr. 86 Artikel 22.

888 Ebda. Artikel 24 bis 26.

889 Dies geht aus den im Artikel 33 genannten Regensburgern hervor, die in die Rus fuhren.

890 KNITTLER, Zum ältesten Steier Zolltarif 70 Zeile 4 ff.

891 Zu dieser Identifizierung, insbesondere der Latini KNITTLER, Zum ältesten Steiner Zolltarif 43 f., der Text im Zolltarif ebda. 70, Zeile 7 bis 10; vorläufig nur zu erwähnen ist die wichtige Studie MARGUE, Straße Flandern-Köln bes. 390 ff., die uns in diesem Kapitel noch gute Dienste leisten wird

892 KNITTLER, Zum ältesten Steiner Zolltarif 70 Zeile 7–12 und 17–19 *Si vero chaligas, almucia vel alia chleinodia duxerit infra XII paria constituta amicis suis dativa nichil solvat inde.*

893 KNITTLER, Zum ältesten Steiner Zolltarif 70, Zeile 20–23.

auf byzantinische Herkunft deuten, die vielleicht über Venedig und Regensburg in den Donauraum gelangten oder in Italien oder in Köln hergestellt wurden, sei auf Knittlers Ausführungen verwiesen.[894] Diese und eine Reihe billigerer Stoffe kamen ebenfalls nicht aus Flandern.

Aus einer nicht viel jüngeren Aufzeichnung von Abgaben, der sogenannten Wiener Wagenmaut, erfahren wir zu den flandrischen Importen Näheres; aus welchen Städten nämlich die Tuchwaren kamen und welche Qualität sie hatten.[895] Es geht dabei nicht um Zölle, sondern um die Stückzahl der Tuchbahnen, die eine Pferdelast ausmachten. Ein Saum, also das von einem Pferd getragene Gewicht, können wir mit etwa 170 kg veranschlagen.

Als schwerstes Tuch, das auch das wertvollste war, wird Scharlach genannt. Nur acht Tuchbahnen bildeten bereits eine Pferdelast. Der Stoff stammte aus Flandern, vielleicht aus England.[896] Es handelt sich dabei um geschorene Wolle aus einem sehr feinen, dicht verwobenen Faden, der auch dehnbar gewesen sein soll.[897] Es gab zwar auch roten Scharlach, es sind aber verschiedene Farben bekannt. Der »brennrote« aus England war besonders begehrt. Die Tuchbahnen aus Gent hatten mit zehn pro Pferdelast ein hohes Gewicht, also eine sehr dichte Qualität. Von hier kamen die meisten Tuchimporte in deutsche Gebiete (St. Bavo). Die gleiche Dichte bei einem Gewicht von zehn Stück pro Pferdelast hatten Tuche aus Arras, also aus dem französischen Flandern, die als *stampfart* bezeichnet wurden. Es handelte sich um Ware, die eine ähnlich gute Qualität aufwies, wie die berühmten englischen Tuchwaren aus Stamford. Zwölf Stück aus Ypern machten einen Saum aus. Ypern galt der Warenqualität nach als die bedeutendste Tuchstadt in Flandern, nach der Aufzählung in der Wagenmaut übertrafen allerdings die Tuchlieferungen aus Gent und Arras qualitativ jene aus Ypern. Yperns Fernhandel ist 1137 erstmals nachgewiesen.[898]

Jans Enikel berichtet in seinem um 1280 geschriebenen Fürstenbuch völlig anachronistisch und voller Irrtümer von einer Hochzeit Leopolds II. mit einer Tochter des Kaisers, beschreibt aber die Gewänder der geladenen Ritter als Ware vom Rhein aus Gent und Ypern.[899] Bekannt ist auch die Bemerkung Wolframs von Eschenbach, dass Kundri

894 Knittler, Zum ältesten Steiner Zolltarif 49. Heimpel, Seide aus Regensburg 286 ff. mit Bemerkungen zu Produktion und Handel mit kostbaren Stoffen im 12. und 13. Jahrhundert mit Bezug auf Stein, Handels- und Verkehrsgeschichte 306 ff.

895 Zur Datierung Lohrmann-Opll, Regesten Nr. 375 vor 1208 bis etwa 1220 unter Berufung auf Grössing, Stadtrecht 291.

896 Ammann, Deutschland und die Tuchindustrie 84. Das Gewicht einer Tuchbahn Scharlach betrug etwa 21 kg.

897 Munro, The Medieval Scarlet 13–70; Loschek, Wolter, Reclams Mode- und Kostümlexikon 461.

898 Ammann, Deutschland und die Tuchindustrie 70.

899 Jansen Enikels Fürstenbuch 605 Vers 331–333: *der ritter kleider muosten sin/und ouch der knappen von dem Rin von Ypern und von Gente.*

ein *brutlachen* von Gent trug.[900] Über gediegene Kleidung eines Boten aus Ungarn, der vermutlich 1246 eine Kriegsdrohung des ungarischen Königs Bela überbrachte, berichtet Jans Enikel. Friedrich der Streitbare, der sich in Himberg aufhielt, befahl vier seiner gerüsteten Knappen, den Boten ins Wasser des Kalten Ganges zu werfen, was gemessen an dessen teurer Kleidung und gepflegten Frisur besonders peinlich und demütigend war. Zu seinem Kleid aus Scharlach trug er Hosen aus Brügge.[901]

Mit 14 Tuchbahnen pro Saum waren die Waren aus Tournai (Dornick) etwas leichter (12 kg) und kamen aus dem Raum der älteren südlich gelegenen Handelsstraße Flanderns, die von St. Omer über Lille nach Tournai führte. Noch leichtere Stoffe kamen von der Maas, nämlich aus Huy und aus St. Quentin im Vermandois (16 Stück pro Pferdelast). Ein Saum aus Valenciennes im Hennegau bestand aus 18 Tuchbahnen. Die leichteste Ware kam aus Paris (Paerst ?) mit 20 Stück pro Saum und Brüssel mit 32 (etwa 5 ½ kg). Auffällig ist das Fehlen Brügges bei der Aufzählung der Herkunftsstädte, das aufgrund seiner politisch zentralen Funktion und seiner Küstennähe eine besondere Position im städtischen Gefüge Flanderns einnahm.

Die Menge der genannten Orte zeigt, wie aktiv man in Flandern das Exportgeschäft betrieb. Man sieht, dass Flandern in Nordwesteuropa bereits die führende Stellung gegenüber England und Nordfrankreich im Tuchhandel nach Osten gewonnen hatte. In welcher Weise, unter welchen politischen Bedingungen und in welchem Zeitraum entwickelte sich die Tuchproduktion in Flandern?

Allgemeine und überblicksartige Hinweise auf die Entwicklung der Tuchproduktion in Flandern und besonders in Gent datieren diese zwischen 1071 (Regierungsantritt Roberts des Friesen) und 1206 (Tod Balduins IX.).[902] Am Beginn dieses Zeitabschnitts stellte man in Flandern die bekannten *panni* also Tuchbahnen her,[903] die länger und schwerer als ihre Vorgänger waren. Diese Tuchbahnen wurden nun auf einem horizontalen und nicht mehr vertikalen Webstuhl verwoben, der durch Treten mit den Füßen in Gang gesetzt wurde und von einem Mann oder einer Frau bedient werden konnte. Der neue Webstuhl verdrängte den älteren Typus, für dessen Bedienung zwei Männer notwendig waren. Auf diese Weise konnte man entweder billiger produzieren oder doppelt so viel Tuch verweben. Da in den Städten mehr Arbeiter als auf dem Land zur Verfügung standen, verlagerte sich die Produktion dorthin.[904]

900 Karin, Warum trägt Cundri ein brûtlachen von Gent? Online Text unter dem Titel ohne Seitenzählung.

901 Jansen Enikels Fürstenbuch 652 Vers 2737 ff. *der Unger het von scharlach kleit/mit breiten Borten wol bereit… und truoc zwo Brackisch hosen an.* Die Anmerkung 2 auf S. 651 mit Bezügen auf Juritsch und Ficker ist unzutreffend.

902 Nicholas, Medieval Flanders 115.

903 1192 heißt es z.B. im Regensburger Privileg BUB I Nr. 86 118 Artikel 22 *Si pannum incisum hospes uni civium dederit.*

904 Nicholas, Medieval Flanders 114 f.

Diese technischen Veränderungen und die damit einhergehende Verbesserung der Qualität waren von großer Bedeutung für die rasche Entwicklung der flandrischen Tuchproduktion und verstärkten die Nachfrage nach feiner Wolle aus England um 1200.[905] Pirenne vertrat die Meinung, dass der rasche Aufschwung der flandrischen Tuchproduktion mit der Verwendung dieser Wolle schon seit dem frühen 12. Jahrhundert (etwa seit 1120) zusammenhing. Die Einfuhr englischer Wolle in Flandern erreichte einen ersten Höhepunkt um 1200. Vor 1120 war die heimische Schafzucht die Basis der flämischen Tuchproduktion. Durch die Urbarmachung ausgedehnter Gebiete gewann man Raum für die Schafzucht, wodurch das Wachstum im Bereich der Tuchproduktion gefördert wurde. In den Städten lebende Produzenten hielten Schafe auf ihren ländlichen Gütern. Belege für den Import auswärtiger Wolle liegen erst seit dem frühen 12. Jahrhundert vor.[906]

Offenbar hängt diese Entwicklung mit einer auffälligen Interessensgemeinschaft der Grafen von Flandern und den in der Tuchproduktion tätigen Bürgern, insbesondere Brügges, zusammen.[907] Die folgende Darstellung dramatischer politischer Ereignisse in Flandern zeigt, dass die Bedeutung der Förderung der Tuchproduktion und besonders des Handels nicht erst von den berühmten Elsässer Grafen von Flandern, Dietrich und Philipp, erkannt wurde,[908] sondern auch von ihrem vom französischen König unterstützten Vorgänger Wilhelm Clito.

Deutlicher fassbar werden diese Zusammenhänge in der minutiösen Schilderung der Auseinandersetzungen, die sich 1127/28 in Flandern nach der Ermordung Graf Karls des Guten abspielten, über die der Notar Galbert aus Brügge berichtet.[909] Kaufleute verbreiteten die Nachricht von dem Mord in London und in Laon. Den Markt von Ypern verließen sie fluchtartig, sofort nachdem sie von Karls Ermordung erfahren hatten.[910] Schon damals bestanden, wie wir an der Kommunikation mit London erkennen können, Kontakte der flandrischen Tuchproduzenten nach England wegen des Einkaufs von Wolle. Als französisches Lehnsfürstentum geriet Flandern mit dieser engen und notwendigen Verbindung in eine zeitweise recht heikle politische Lage.[911] Die führenden Bürger Brügges, die schon eine Art von Rat bildeten, bezogen Stellung gegen die Mörder des Grafen Karl und ließen ihre Verfolger in die Vorstadt *(suburbium)* von Brügge

905 Nicholas, Medieval Flanders 113 ohne exakten Nachweis der folgenden Berufung auf Pirenne.

906 Zur Problematik Nicholas, Medieval Flanders 112 f.

907 Sproemberg, Galbert 236 unter Berufung auf Pirenne; dieser für unsere Untersuchung dominierende Aspekt eindringlich behandelt von Margue, Straße Flandern-Köln 397.

908 Für die Erschließung des Tuchhandel nach Deutschland war Graf Philipp von großer Bedeutung. Ammann, Deutschland und die Tuchindustrie 86.

909 Galbert of Bruges, The Murder of Charles the Good. Literatur bei Nicholas, Medieval Flanders unter Galbert S. 402.

910 Sproemberg, Galbert 229.

911 Sproemberg, Galbert 229.

hereinkommen. Dieses Bündnis zwischen Adel und Bürgern hatte zunächst keinen Einfluss auf die Einsetzung eines neuen Grafen in Flandern. Der dafür zuständige französische König Ludwig VI. erschien in Arras, präsidierte einer Versammlung französischer und flämischer Herren und ließ Wilhelm von der Normandie (1102–1128), später mit dem Beinamen Clito, zum Grafen einsetzen.[912] Der Rechtsanspruch Wilhelms ging auf seine Großmutter, eine flandrische Prinzessin, zurück. Er gehörte zur näheren Umgebung des französischen Königs, da er mit seinem Onkel, dem englischen König Heinrich I., und dessen Verbündeten im Streit lag. Seine Einsetzung zum Grafen von Flandern hatte gerade für die Tuchwirtschaft unangenehme Folgen. Der englische König, der die Ansprüche Wilhelms auf die Normandie und den englischen Thron bekämpfte, hatte gegen Wilhelm eine wirkungsvolle Handhabe, nämlich die schon angedeutete Abhängigkeit der einflussreichen Tuchproduzenten und Kaufleute Flanderns von der englischen Wolleinfuhr. Als Heinrich I. den Wollexport nach Flandern sperrte, löste er eine wirtschaftliche Krise aus, die zu Revolten in einzelnen Städten gegen Wilhelm führte.[913] Grundlage der Revolte war eine gewohnheitsrechtlich erworbene Befugnis der Bürger, in der Stadtverwaltung mitzuwirken. Erfolgreich wurde diese Bewegung, als sich die großen Kommunen, etwa Brügge und Gent, zusammenschlossen und sich mit den mächtigen Baronen Flanderns verbanden. Wegweisend wurde das Zusammenwirken der Genter Kommune mit den mächtigen in Reichsflandern begüterten Herren Iwan und Daniel.[914] Ludwig VI. wollte die Streitigkeiten nützen, um seinen Einfluss in Flandern mit größerem Gewicht ausüben zu können. Vor allem die Bürger von Gent und ihnen folgend, jene von Brügge, riefen nun einen anderen Kandidaten für die Grafschaft ins Land, einen Enkel Roberts des Friesen, nämlich Dietrich von Elsass. Die entscheidende Rolle spielten aber dabei die flandrischen Barone, die mit Dietrich verhandelt hatten. Trotzdem war die Beteiligung der Städte an der »Wahl« Dietrichs bedeutend und prägte seine Förderung der Interessen der flandrischen Tuchproduzenten und -händler.[915]

Zu gleicher Zeit begann sich eine neue Phase des Fernhandels im Tuchgeschäft zu entwickeln, die allerdings den lateinischen Westen in unterschiedlicher Intensität erfasste. Der wichtigste Export aus Nordwesteuropa waren die Tuchwaren, die schon seit dem Ende des 11. Jahrhunderts aus Nordfrankreich in den Mittelmeerraum geliefert worden waren.[916] Tuche aus Flandern können wir etwa in Italien erst zu Beginn des 12. Jahrhunderts nachweisen, doch bleiben diese Einschätzungen ein wenig vage.

912 Sproemberg, Galbert 230.

913 Sproemberg, Galbert 232.

914 Sproemberg Galbert 232.

915 Sproemberg, Galbert 233.

916 Einige frühe Beispiele bei Ammann, Deutschland und die Tuchindustrie 55 ff. mit der Bemerkung 58, dass die Einfuhr von Tuchen im Mittelneerraum aus Nordfrankreich wohl schon im 11. Jahrhundert begonnen habe.

Aus den Notariatsregistern Genuas sind seit 1180 die flandrischen Städte bekannt, aus denen Tuche nach Genua kamen. Die hier genannten Städte entsprechen teilweise den schon besprochenen Aufzählungen in Wien aus der Zeit bald nach 1200. In Genua sind Waren aus Arras, Douai, Lille und Tournais, also aus dem welschen Flandern genannt; aus dem flämischen Bereich kamen Tuche aus Gent, Ypern, Brügge und St. Omer. Neben italienischen Kaufleuten betrieben auch Kaufleute aus Flandern den Tuchverkauf in Genua – zu einem beträchtlichen Teil wickelte man den Tuchhandel auf den Messen der Champagne ab.[917]

Obwohl es in den Jahrzehnten davor schon eine gewisse Nutzung des Wasserwegs auf der Donau bzw. den parallel zum Fluss laufenden Straßen gab, bestand am Ende des 11. Jahrhunderts offenbar noch kein lebhafter Handelsverkehr zwischen Flandern, Köln und dem Donauraum. Gerade diese Verbindung eröffnete aber seit der Mitte des 12. Jahrhunderts ein neues Feld im europäischen Fernhandel.[918]

Beginnen wir zunächst mit dem Handel, der sich zwischen Brügge und Köln entwickelte. In der Gründungsgeschichte der Abtei Affligem, die zwischen Aalst und Brüssel in Brabant lag, ist von einem *iter publicum* die Rede, vermutlich ein Ost-West-Verkehrsweg, der auf eine römische Straße zurückging. Die Gründung der Benediktinerabtei fand 1083 statt, und zwar auf Gütern, die der Gründer Pfalzgraf Hermann II. von Lothringen zusammen mit seinem Vormund Erzbischof Anno II. von Köln geschenkt hatte.[919] Die Straße wurde nach dem Bericht der Chronik von Affligem von Kaufleuten und Pilgern benützt, die von Räubern angegriffen wurden. Diese Räuber waren wohl die sagenhaften sechs »Raubritter«, die ihre Taten bereut und 1062 eine Eremiten-Bruderschaft gegründet hatten.[920] Für die Gründungszeit des Klosters hat Margue mit Recht darauf verwiesen, dass wir bei den Benützern der Straße eher an Pilger als an Kaufleute denken müssen. Kaufleute waren auf dieser Straße erst in der Mitte des 12. Jahrhunderts unterwegs.[921] Diese Datierung deckt sich auch mit unseren grob datierten Etappen der Entwicklung der Exportwünsche der flandrischen Tuchproduzenten. Die flandrischen Grafen unterstützten schon in den zwanziger Jahren den Handel der Kaufleute von St. Omer ins Reich, doch betraf diese Unterstützung wohl nicht die späteren Handelswege in den Donauraum.

Von der Bedeutung der Schifffahrt auf dem Main beim Ausbau dieses Handelsweges haben wir ja schon gehört.[922] Die Bemühungen Friedrich Barbarossas um einen vom Kaiser geschützten Handel auf den Reichsverkehrswegen zu Wasser und zu Lande und

917 Ammann, Deutschland und die Tuchindustrie 62 f.

918 Irsigler, Köln und die Staufer 92; Lohrmann, Regensburger Kaufleute 98.

919 Artikel Affligem, in: Lexikon für Theologie und Kirche 1 Sp. 191.

920 Margue, Straße Brügge-Köln 391 mit Anm. 32. Es heißt von der Straße: *per quod mercatoribus et peregrinis undecumque venientibus transitus erat.*

921 Ebda. 392 mit der kritischen Anmerkung Anm. 38.

922 Vgl. oben S. 164. die Bemerkungen des Gottfried von Viterbo.

die damit verbundenen Konflikte mit Köln spielten eine wesentliche Rolle bei der Entwicklung der Handelswege vom Rhein über Würzburg und Regensburg zur Donau, auf denen als wohl wichtigste Ware flandrische Tuchladungen transportiert wurden.[923]

Mit dem Vorstoß der otakarischen Herrschaft aus dem Raum von Steyr nach Enns an die Donau und der »handelspolitischen« Zusammenarbeit mit den Regensburger Kaufleuten eröffneten sich Möglichkeiten zur Erweiterung des Handelsverkehrs zwischen Nordwesteuropa und dem von den Traungauern und Babenbergern beherrschten Raum. Der Ennser Jahrmarkt bildete, wie wir schon mehrfach erörtert haben, eine wichtige Schaltstelle für den Handel nach Ungarn und in die Rus. Zu den vorbereitenden und begleitenden Maßnahmen von Markt und Verkehr gehörte auch die seit dem Beginn des 12. Jahrhunderts sich entwickelnde Münzprägung im Bereich der Herrschaft der Babenberger und Traungauer, auf die ich in einem eigenen Abschnitt noch näher eingehen werde.[924]

Wir wollen im Folgenden die Frage behandeln, wie das vermutlich schon um 1150 nachgewiesene gemeinsame Auftreten von Kaufleuten aus Köln und Aachen im Gefolge der Regensburger Karawane in Enns zu erklären ist und wie dieser Umstand mit den Bemühungen zur Ausweitung des flandrischen Tuchexports zusammenhängt. Dieser Export wurde in den sechziger und siebziger Jahren des 12. Jahrhunderts zeitweise durch einen Konflikt um die Zollrechte und Verkehrswege am Rhein behindert. Dadurch wurde die stabile und kontinuierliche Entwicklung des Handels in den Osten zeitweilig gestört. Eine Bereinigung der Lage, nämlich die ursprünglich vom Kaiser geförderten Kräfte, wie Aachen und Köln, in gemeinsamer Unternehmung zusammenzuführen, ist erst aus den Privilegien und Marktordnungen seit 1191 zu erkennen. Sollte ein Zusammenwirken von Kölnern und Aachenern schon 1150 bestanden haben, fiele dies in die Zeit vor dem Konflikt um die Zollrechte.

Die Rolle der Kölner wurde, wie schon beschrieben, im Regensburger Privileg 1192 ausführlich umrissen und die einschlägige Bestimmung beweist auch die Rolle Kölns als Umschlagplatz für flandrische Tuchladungen. Aachen stand mit Köln in enger Verbindung. Seit der Einrichtung der beiden Aachener Jahrmärkte (9. Jänner 1166) stand Aachen dem Kölner Währungsverband zumindest nahe.[925] Die Bemühungen der Flandrer, den Handel von Tuchwaren zu intensivieren, führten 1173 zu einer Intervention

---

923 Zum Konflikt zwischen dem Reich und den Kölner Bürgern, der von Stehkämper und Irsigler konträr beurteilt wurde vgl. den kurzen Bericht bei Pfeiffer, Rheinische Transitzölle 340 mit Anm. 13. Seine Stellungnahme für den harmonisierenden Standpunkt Irsiglers ist nicht mehr ganz aktuell, da Irsigler bei einer Diskussion in der Ennser Tagung »Enns und der europäische Handel im Mittelalter« im Oktober 2023 seine seinerzeitige Kritik an Stehkämper relativierte. Zur Sache siehe unten S. 216 ff.

924 Vorläufig Alram, Der Beginn der Münzwirtschaft in Österreich 60 zu den Prägestätten Krems und Enns. Ausführlich zum Münzwesen im Kapitel Landeshoheit, Markt und Münze.

925 MGH D Friedrich I. 2, 434 f. Nr. 503; Meuthen, Aachener Urkunden 123 f. Nr. 3 mit ausführlichem Kommentar.

des Grafen Philipp bei Kaiser Friedrich I., der auf seine Bitten jeweils zwei Jahrmärkte in Duisburg und Aachen für Kaufleute einrichtete, auf denen vor allem Tuchwaren aus Flandern angeboten wurden.[926] Aachen erreichten die Händler *per terram*. Einer der Wege aus dem Westen, der durch Brabant führte, erreichte Maastricht.[927] Maastrichter Kaufleute schlossen sich dann in einer offenbar etwas gelockerten Form den Kölnern auf dem Weg nach Regensburg und an die Donau an. Sie gelangten ja bekanntlich bis nach Enns. An dieser Straße durch Brabant ließ 1189 der Graf von Duras im Zuge einer Fehde, die er mit dem Herzog von Brabant und dem Grafen von Flandern führte, deren Kaufleute überfallen, die Wein, Scharlach und andere Tuchwaren und Silberwaren mit sich führten.[928] Die Umstände lassen nur einen ungenauen Ablauf der Entwicklung der Verkehrsdichte erkennen, doch scheint die Feststellung nicht zu gewagt, dass mit Beginn der zweiten Hälfte des 12. Jahrhunderts der Handel zwischen Flandern und den Rheingebieten Fahrt aufnahm und über Würzburg Regensburg erreichte. Hier saßen die Kaufleute und einflussreichen Bürger mit Erfahrung im Donauhandel, Kontakten nach Ungarn und in die Kiewer Rus. Sie konnten erfolgreich das Streben der flandrischen Erzeuger und der Händler vom Rhein nach Ausdehnung des Handels mit wertvollen Tuchwaren in den Osten wesentlich fördern.

Auch Leute aus Ulm sollen schon etwa 1160 zur Regensburger Karawane gehört haben. 1131 waren zuerst die *suburbia* und die *villae* Ulms und 1134 die Pfalz im Rahmen der letzten Kämpfe Lothars III. und Heinrichs des Stolzen gegen die staufischen Brüder Friedrich und Konrad (der spätere König) von Heinrichs bayerischer Gefolgschaft erobert, geplündert und verbrannt worden.[929] Seit den vierziger Jahren wurde die Pfalz unter der Herrschaft Konrads III. wieder aufgebaut und bestand zur Zeit der Krönung Friedrich Barbarossas (1152) wieder. Die Erwähnung Ulms unter den nach Enns fahrenden Händlern fällt also in eine Zeit, da der Wiederaufbau der Siedlung, der späteren Stadt, erst am Beginn stand. Unter den Waren, die von den Ulmern transportiert wurden, befanden sich damals wahrscheinlich noch nicht die später für Ulm berühmten Exportgüter Barchent und Leinen.[930] Die von Leopold VI. festgelegten Abgaben der Schwaben in Tulln beziehen sich wohl auf Leute aus Ulm, die auch eine Zollabgabe von einem Wagengewand zu leisten hatten (36 Pfennige); die Ulmer waren demnach ebenfalls am Handel mit Tuchwaren aus Flandern beteiligt. Zu den Bemühungen, Ulm zu einem der Zentren des Wegenetzes im schwäbisch-bayerischen Donauraum zu machen, zählt die

926 MGH D Friedrich I. 3, 86 f. Nr. 602; Meuthen, Aachener Urkunden 537 ff. Nr. 249.

927 Zu den Möglichkeiten des Weges durch Brabant und den angrenzenden Territorien Margue, Straße Flandern – Köln 394.

928 Giselbert de Mons, Chronique Kap. 154, 238; Margue, Straße Flandern – Köln 394 mit Anm. 45 und 46.

929 Bernhardi, Lothar von Supplinburg 553 f.; Specker, Deutscher Städteatlas Lieferung 3, 9.

930 Specker, Ulm 40 und ausführlicher 57 mit Anm. 145 (Literatur zur Textilproduktion).

1183 nachgewiesene Gründung eines Chorherrenstifts, und zwar eines Spitals für Arme und Pilger.[931]

Bevor wir uns dem bisher aufgeschobenen Thema widmen, wie es denn dazu kam, dass die Flandrer ihre Tuchwaren an den Rhein und von dort auf andere deutsche Märkte und weiter östlich gelegene bringen konnten, noch einige Bemerkungen zur »Zollpolitik« der Traungauer und Babenberger in diesem gewinnbringenden Wirtschaftssektor.

Es entspricht diesen bedeutsamen in den Südosten des Reiches gerichteten Unternehmungen, dass in der Ennser Jahrmarktsordung Wagen erwähnt werden, die auf dem Weg von oder in die Rus die Ennsbrücke benützten.[932] Man möchte meinen, dass alle Bestimmungen über Abgaben in einer Jahrmarktsordnung sich auf diesen Markt beziehen und daher die Gebühr, die beim Passieren der Brücke fällig wurde, kein bloßer Passierzoll war. Es ist aus den Urkunden nicht mit Sicherheit zu erkennen, ob dieser Schluss die Wirklichkeit trifft. Freilich ist zu bedenken, dass die in Enns gehandelten Güter Wachs und Häute zum Teil wohl aus der Rus kamen, und für diese war ein Marktzoll zu leisten. Es besteht aber die große Gefahr eines Zirkelschlusses: Wachs und Häute konnten auch von anderswo kommen, wenn auch Russlandfahrer die Ennser Brücke benützten. Trotz aller Vorsicht halte ich es für wahrscheinlich, dass die über die Brücke kommenden Frachten aus der Rus zumindest teilweise für den Ennser Markt bestimmt waren. Die nach Osten fahrenden Wagen sollten dann Tuchwaren aus dem Westen geladen haben. Davon lesen wir aber nichts.

Auch etwas später 1208/1212 ist in Enns von der Verzollung von Wachs und Häuten die Rede, die auf dem Markt gehandelt wurden. Dafür spricht die schon 1191 nachgewiesene Regelung, dass sich ein Kaufmann oder Schiffseigner beim Verdacht falscher Mengenangaben gegenüber dem Ennser Richter durch einen Eid *(sacramentum)* davon befreien konnte.[933] Ferner wurde die Gebühr von fünf (Wachs) und 50 (Häute) Pfennigen wie 1191 beim *exitus*, also beim Verlassen des Jahrmarkts, eingehoben. Ein Transitzoll wäre an eine »Vorbeifahrt«, an einen *transitus* geknüpft. Von Wagen aus der Rus in Enns ist in dieser Urkunde keine Rede. Diese kamen in Mauthausen vorbei und hatten, soweit sie aus dem Westen kamen, ein Wagengewand, also flandrische Tuchwaren geladen.

Die Latini und Sweuui hatten vom Wagengewand in Ybbsburg und Stein Zoll in der Höhe von zwei und vier Pfund zu zahlen und 36 Pfennige in Tulln.[934] Die Erwähnung der Schwaben bezieht sich, wie schon festgestellt, auf Ulmer Kaufleute und bietet einen

931 Ulmisches Urkundenbuch 1 25 f. Nr. 15: Witigow von Alpeck gründet auf dem St. Michels-Berg bei Ulm ein Armen- und Fremdenhospiz.

932 Hausmann, Urkundenbuch der Steiermark 1 EN1 S. 2 Zeile 22 ff. *Plaustrum in Rvziam vel de Rvzia tendentia XVI denarii persolvant.*

933 NÖUB 4 Nr. 13/12 390 Zeile 4–6 …*et si iudex procuratorem navis de numero cere et cutium suspectum habeat, sacramentum ab eo accipiat et sic credat.*

934 NÖUB 4 Nr. 13/12 390 Zeile 8–12.

wichtigen Hinweis, dass Tuchwaren aus dem Westen auch über diesen Verkehrsknotenpunkt nach Osten transportiert wurden.

Im Regensburger Privileg Leopolds V. vom 9. Juli 1192 wurde ein Transitzoll für die Regensburger Russlandfahrer festgelegt, die vermutlich Tuchwaren donauabwärts brachten.[935] Am 24. Mai waren Leopold und sein älterer Sohn Friedrich von Kaiser Heinrich VI. mit der Steiermark belehnt worden.[936] Dementsprechend urkundete Leopold ein paar Wochen später für die Regensburger als *dux Austrie et Styrie*. Ob sich diese neue Konstellation auch in den einzelnen Bestimmungen niederschlug, denen wohl längere Verhandlungen vorausgingen, ist zweifelhaft. Immerhin ist anzunehmen, dass die Regensburger auch den Markt in Enns besuchten und Leopold den Marktzoll und wahrscheinlich auch den Transitzoll in Enns einheben ließ. Wie die Einführung der Fürfahrt vorbei an Enns und die Transitabgabe in Mauthausen exakt zusammenhängen, ist nicht mehr zu rekonstruieren.[937]

Die Jahrmarktsordnung von 1191 vermittelt uns unmissverständlich, dass bereits Markgraf Otakar III. den Kaufleuten aus Köln, Aachen und Ulm in Enns bestimmte Abgaben auferlegte. Auch die »Ehrengeschenke« der Kaufleute aus Maastricht und auswärtigen Gebieten jenseits der Grenzen des Reiches, gehen auf die Zeit Otakars III. zurück, wurden also etwa 1150 festgelegt.[938] Unsere Markt- und Zollordnungen sowie andere Privilegien weisen auf einen bereits bestehenden West-Ost-Handel hin. Es erhebt sich nun die Frage nach den Hintergründen der Ausweitung des Handels mit nordwesteuropäischen Waren, insbesondere flandrischen Tuchwaren, in den Südosten des Reiches und die angrenzenden slawischen *regna* und Ungarn.

Die Tuchfertigung hatte in Flandern schon in der Zeit Dietrichs von Elsass († 1167) große Bedeutung erlangt. Die bisherige Entwicklung betraf die Qualität und die Menge der Produktion; beste Voraussetzungen also für Bemühungen, den Export zu intensivieren. Die Produktion führte zu Mengen an Tuchwaren, die weit über den regionalen flandrischen Bedarf hinausgingen, so dass es notwendig wurde, auswärtige Absatzgebiete zu erschließen. Zunächst galt es, den Rhein zu erreichen. Eine Reihe von Urkunden und auch Berichte von Zeitzeugen informieren über Streitigkeiten in der Rheinschifffahrt und benachbarten Landwegen, die sich zwischen Köln und den Kaufleuten aus Flandern erhoben hatten. Auch die Privilegierung der Aachener Messen, die Friedrich Barbarossa 1166 gewährte, schuf einige Unruhe im Verhältnis zu Köln. Walther Stein hat in einer Untersuchung zu den Kölner Streitigkeiten den grundlegenden

935 BUB I 118 Nr. 86 Artikel 33: *Ruzarii quocumque tempore vadant, duo talenta solvent et in reditu ex Ruzia dimidium talentum.* Die Abgabe bezog sich also auch auf Transporte, die ohne Bezug auf Jahrmarktszeiten stattfanden.

936 BUB IV/1 Nr. 914; Lechner, Babenberger 186.

937 Dieses Problem berührt auch Knittler, Eine Markt- und Zollordnung Herzog Leopolds VI. 343 f.

938 Stein, Handels- und Verkehrsgeschichte 269 f.

Versuch der Kölner erkannt, ihre Bürger an den Handelsgewinnen in der Rheinfahrt zu beteiligen.[939]

Ulf Dirlmeier schilderte ausführlich die Streitigkeiten um die Rheinschifffahrt, in deren Schatten sich der Export flandrischen Tuches entwickelte: »Um 1150 begann Köln die zuvor vielfach belegte freie Durchfahrt der Schiffe auf dem Rhein zu behindern und besonders den flandrischen Kaufleuten ihren Eigenhandel flußaufwärts über die Stadt hinaus zu verwehren.«[940] Die ungefähre Datierung ergibt sich aus einer Urkunde der Stadt Trier aus dem Jahr 1149, in der es um die Wiederherstellung der günstigen Zollbestimmungen der Trierer in Köln ging. Der Zöllner Daniel aus Köln und seine Helfer hatten versucht, diese zu Ungunsten Triers zu verändern. Wohl auf Beschwerden der Trierer fand eine Versammlung vor dem Kölner Richter statt, an der auch der Erzbischof und einige seiner Suffragane teilnahmen.[941] Es blieb bei den alten Zöllen und bestimmten Bedingungen der Einhebung, doch steht fest, dass es in Köln gegenläufige Bestrebungen gab, denn die Tätigkeit des Zöllners Daniel mit diesem Ziel ist ohne Zweifel aus der gerade zitierten Urkunde nachweisbar. Köln wollte damit seine Bedeutung als Verkehrsknotenpunkt intensivieren, aber auch den eigenen Handel fördern. Stein hält es für möglich, dass schon damals die Streitigkeiten zwischen Köln und den Flandrern um die freie Rheinfahrt begonnen haben.[942] Erst etwas später, nämlich 1157 erhielten die Kölner ein Privileg des englischen König Heinrichs II., in dem der Weinhandel Kölns nach England begünstigt wurde.[943] Indem die Flandrer gehindert wurden, den Rhein aufwärts bis in die Weinbaugebiete nahe der Mainmündung zu kommen und dort Wein gegen Tuchwaren zu tauschen, sorgte Köln für den eigenen Absatz von Wein in England. Der Wein kam aus dem Rhein-Main-Raum und von der Mosel, wie dies an den Zöllen der Trierer in Köln ablesbar ist. Dirlmeier wies ferner auf einen weiteren Vorteil hin, der für die Rolle Kölns von größter Bedeutung war: Wenn Köln der Endpunkt des Handels der Flandrer mit Tuchen war, konnte sich Köln in diesen ertragreichen Handel rheinaufwärts einschalten.[944] Eine solche »Handelspolitik« geriet, wie ich bereits ausgeführt habe, mit den Absichten Friedrich Barbarossas in Konflikt, nämlich die Reichsrechte an den Zoll- und Handelsrechten und damit einen weitgehend ungehinderten Verkehr durchzusetzen.

1165 wandte sich schließlich Graf Philipp von Flandern, der seinen auf einem Kreuzzug befindlichen Vater vertrat, an den Kaiser, um diese den flandrischen Kaufleuten un-

939 Stein, Der Streit zwischen Köln und den Flandrern 189.

940 Dirlmeier, Mittelalterliche Hoheitsträger im wirtschaftlichen Wettbewerb 71.

941 Kentenich, Die älteste Urkunde der Stadt Trier 476 ff., 478 der Text der Urkunde; Stein, Der Streit zwischen Köln und den Flandrern 189 ff.

942 Stein, Der Streit zwischen Köln und den Fandrern 192.

943 Hansisches Urkundenbuch I, S. 8 Nr. 13 Weinverkauf der Kölner in London und Nr. 14 Schutz der Kölner Niederlassung.

944 Dirlmeier, Mittelalterliche Hoheitsträger 71.

angenehme Entwicklung einzudämmen. Er kam mit einem großen Heer an Barbarossas Hof in Aachen, wurde dort mit Cambrai belehnt und erlangte einen Geleitschutz für die Flandrer, die sich im *imperium* bei ihren Geschäften frei bewegen durften.[945] Dass man gerade im St. Peterskloster in Gent über diese Initiative Philipps berichtete, würdigte Dirlmeier nachdrücklich. Wir haben die führende Rolle der Genter bei der Ausweitung des flandrischen Tuchhandels, besonders in das Reichsgebiet, bereits kennengelernt.

Es ist wohl kein Zufall, dass der Kaiser 1166, also kurz nach den geschilderten Ereignissen, zwei Jahrmärkte und eine Münzstätte in Aachen einrichtete. Es handelte sich dabei nach Dirlmeier um eine weitere Nutzung der Freizügigkeit der Flandrer, indem nun Handelszüge in die Reichsstädte Aachen bzw. Duisburg gelenkt wurden.[946] Aachen bildet, wenn man von Köln absieht, den Endpunkt jener schon besprochenen, aus Flandern kommenden Straße, die durch Brabant und benachbarte Territorien führte. Eine Förderung des flandrischen Tuchhandels auf dem Aachener Markt war beabsichtigt.

Auf Bitten Philipps von Flandern kam 1173 ein Vertrag mit dem Kaiser zustande, der nach Auffassung des Herausgebers der Aachener Urkunden, Erich Meuthen, die dortigen Marktgeschäfte fördern sollte, die zunächst nicht recht in Schwung gekommen waren.[947] Für die Flandrer wurden damals in Aachen und Duisburg Jahrmärkte eingerichtet. Nach dem Ende der Messen gab es zwei Wochen keinen Handel. Danach konnten die Händler aus Flandern wieder ihre Tuche und andere Waren anbieten, hatten allerdings denselben Zoll wie in Köln zu leisten. Gewisse Rücksichten musste man auf den zentralen Handelsplatz nehmen. Die neuen Jahrmärkte gehörten auch aufgrund der währungstechnischen Übereinstimmungen zum Kölner Handels- und Transportwesen. Gerade die aus der Ennser Jahrmarktsordnung ersichtlichen gemeinsamen Handelsfahrten der Kölner und der Aachener legen die Deutung nahe, dass die Aachener Jahrmärkte zum Kölner Wirtschaftsraum gehörten, worauf vor allem die Abstimmung im Währungsbereich hindeutet.[948]

Franz Irsigler bot für das gemeinsame Streben der Flandrenser und Kölner Kaufleute sowie der Marktbetreiber in Aachen und Duisburg nach einer Expansion in den Osten eine umfassende Erklärung. Die Initiative für die Marktneugründungen 1173 ging von Philipp dem Grafen von Flandern aus. Seine Interessen kamen jenen des Kaisers entgegen. Man brauchte aktive Händler aus Flandern, speziell aus Gent, die mit ihren Tuchwaren eine größere Nachfrage befriedigen konnten. Es stellte sich allerdings das Problem, ob die lokale Nachfrage des Adels und der Geistlichkeit ausreichen würde,

---

945 Annales Blandiniensis 26 zum Jahr 1164; Stein, Der Streit zwischen Köln und Flandern 189, Dirlmeier, Mittelalterliche Hoheitsträger 72 und 73, der *magna pax* als umfassenden Geleitschutz interpretiert.

946 Dirlmeier, Mittelalterliche Hoheitsträger 73 f.

947 Meuthen. Aachener Urkunden 537 ff. Nr. 249 (1173) und 123 ff. Nr. 3 (Aachener Jahrmärkte 1166)

948 Dazu Irsigler, Köln und die Staufer 85 f. Meuthen, Aachener Urkunden zur Währung Kommentar 124.

um die aus Flandern gelieferten Waren in zufriedenstellendem Umfang auch abzusetzen. Da sich offenbar dabei Schwierigkeiten ergaben, waren die Flandrenser und die Marktbetreiber auf einen weiteren Verkauf im Fernhandel angewiesen. Um an diesen Anschluss zu gewinnen, bedurfte es der Kooperation mit Köln.[949] So entstand die Hanse oder Karawane, die den Ennser Jahrmarkt besuchte.

Diese Bemühungen, die schließlich über den Main nach Regensburg an die Donau und nach Enns führten, sind, wie ausgeführt wurde, in die sechziger und siebziger Jahre zu datieren. Die Zugehörigkeit der Aachener und Kölner zur Regensburger Karawane passt zu ihrer Erwähnung in der Ennser Jahrmarktsordnung. Unsicher ist aber, ob die Entstehung dieser Karawane schon um 1150 wahrscheinlich ist. In diesem Punkt ist der Text von 1191 aber eindeutig: Kölner, Aachener und Ulmer sollten nur jene Gebühren bezahlen, die schon Otakar III. festgelegt hatte. Die allzu stringente Interpretation der rheinisch-flandrischen Streitigkeiten hinsichtlich ihrer Datierung könnte die aus der Ennser Jahrmarktsordnung zu entnehmende Tatsache verdecken, dass es einen Handel der Flandrer, Aachener und Kölnern an der Donau schon um 1150 gegeben hat. Dieser erhielt in den sechziger Jahren des 12. Jahrhunderts neue Impulse, die vielleicht sogar mit den »handelspolitischen« Aktivitäten Philipps von Flandern zusammenhingen. Die Datierung ist aufschlussreich: Philipp ist 1158 erstmals als Stellvertreter seines Vaters nachgewiesen, der seit 1156 im Heiligen Land weilte.[950]

Der Aachener Donauhandel blieb dann eine Konstante: In der um 1220 oder etwas früher entstandenen Burgmaut in Wien heißt es, dass sie wie andere auswärtige Händler diese Abgabe an den Toren zu leisten hatten. Auch in der vielleicht etwas jüngeren Wagenmaut wurden die Abgaben der Aachener auch für Kramgewand, also Hosen und andere Bekleidung festgelegt.[951] Bemerkenswert ist der Umstand, dass Kölner Kaufleute in diesen Abgabenordnungen nicht unter den Gästen genannt sind. Es wäre möglich, dass Köln seine direkte Beteiligung am Donauhandel im Zuge der Veränderungen der Zolladministration durch Herzog Leopold VI. reduzierte oder sogar aufgab.

Eine Generation früher als in Wien Dietrich der Reiche tätig war, gab es in Köln einen Mann, der eine vergleichbare Biographie hatte und eine ähnliche Karriere. Es geht um Gerardus Unmaze, der Kölner Schöffe, sogar Schöffenmeister, aber auch oberster erzbischöflicher Zöllner war.[952] Er stammte aus einer Familie von Fernhändlern, die zu den bedeutendsten Kölner Großkaufleuten gehörten. Gerhard war an der Finanzierung des fünften Italienfeldzugs Friedrich Barbarossas beteiligt, der von 1174 bis 1177 dauerte.[953] Besonders interessant ist die Tatsache, dass neben anderen Kölner Bürgern auch

949 Irsigler, Köln und die Staufer 90.

950 Cartellieri, Philipp, Graf von Flandern in: ADB 53, 50–53.

951 Tomaschek, Rechte und Freiheiten 1 5 Nr. III und 7 Nr. IV.

952 Zöller, Gerhard Unmaze von Köln 102. Jansen Enikels Fürstenbuch 630 Vers 1669 beschrieb auch Dietrich als *unmâzen rîch.*

953 Irsigler, Köln und die Staufer 90.

der Münzmeister Constantin, der in Zollsachen Gerhards Nachfolger wurde, am Transfer und vielleicht auch an der Aufbringung des Lösegelds für Richard Löwenherz beteiligt waren.[954] Er war das Vorbild für die Figur des »Guten Gerhard« des Rudolf von Ems. Als sich Gerhard zu einer Handelsfahrt rüstete, überließ er nach Rudolfs Erzählung seinem Sohn das Vermögen, nahm aber auf die Fahrt 50.000 Mark mit. In der Rus, Livland und Preußen kaufte er Zobel ein.[955] Gerhard verfügte, wenn es sich nicht um eine Übertreibung handelt, über ein Vermögen, das dem österreichischen Anteil am Lösegeld für Richard Löwenherz etwa entsprach.[956] Wir werden im Rahmen gesellschaftskritischer Betrachtungen im folgenden Kapitel auf die Gedanken und Einschätzungen des Ministerialen der Herren von Montfort, Rudolf von Ems, noch einmal zurückkommen.

Zurück zu den Quellen des »wirtschaftspolitischen« Geschehens. Wir konnten wohl Spannungen zwischen den Flandrern und den Kölnern feststellen, müssen allerdings einräumen, dass ein echter Konflikt, in dem man zudem mühsam die schwierige Situation zwischen dem Kaiser und der Stadt zu verdecken suchte, erst 1169 nachzuweisen ist. Erzbischof Philipp von Heinsberg setzte vor diesem Hintergrund am 6. November 1169 fest, dass es den Mönchen von St. Bavo in Gent erlaubt sei, über Köln den Rhein weiter aufwärts zu fahren und dort zum Nutzen des Klosters Handel zu treiben und bis zu 60 Fuder Wein einzukaufen und *sine impedimento* (ohne Behinderung) in ihre eigenen Keller zu bringen.[957] Franz Irsigler, der sich kritisch mit der Urkunde auseinandersetzte, rechnete die Mengenangabe in uns geläufige Werte um und kam dabei auf 54.000 Liter Wein.[958] Diese ausdrücklich auf den Eigenbedarf der Mönche abzielende Erlaubnis ist aber im Rahmen der Auffassung der Kölner Bürger über die Handelstätigkeit der Flandrer am Rhein zu beurteilen. Die Bürger waren der Meinung, dass deren Handel oberhalb Kölns oder über Köln hinaus ihre Rechte verletze. Es bestand nämlich der Verdacht, dass die Abgabenvorteile auch von flandrischen Kaufleuten genossen wurden, die in einem lockeren, wenn nicht bisweilen reichlich unklaren Verhältnis zu St. Bavo standen. Daher hinderten sie die Kaufleute aus Flandern an der Weiterreise über Köln hinaus.[959] Die Genter Mönche hatten dem Kaiser Friedrich I. ältere Urkunden vorgelegt, in denen

954 Zöller, Gerhard Unmaze von Köln 108.

955 Rudolf von Ems. Der gute Gerhard Vers 1176 -1180 und 1194–1197. Gerhart überließ seinem Sohn vor einer weiten Handelsreise sein gesamtes Vermögen aber: *silbers nam ich von im dan daz fünfzic tusent marke wac.*

956 Zur Bedeutung der der literarischen Verarbeitung wirtschaftsgeschichtlicher Details vgl. Rösch, Zwei literarische Quellen 111 ff.

957 Vleeschouwers, De oorkonden van de sint Baafsabdij te Gent 50–52 Nr. 48.

958 Irsigler, Köln und die Staufer 88.

959 So die Darstellung des Erzbischofs in der Narratio Vleeschouwers, De oorkonden van de sint Baafsabdij te Gent 51, Zeile 59 bis 60: *quod eo tempore, quo cives Colonienses iura sua pretendentes Flandrensium negotiatorum supra Colonia, negotiandi causa progressum ne ulterius quam deberent negotiarentur inhiberi fecerunt…* Stein, Der Streit zwischen Köln und den Flandrern 192, Dirlmeier, Mittelalterliche Hoheitsträger 75.

ihnen Rechte für einen Handel zu ihrem Nutzen eingeräumt wurden. Die Brüder von St. Bavo hatten erstmals 977 von Otto II. das Recht bekommen, freien Handel im Reich ausüben zu dürfen, und das Privileg der Zollfreiheit erhalten.[960] Diese Urkunde legten sie dem Kaiser vor. Es waren damals auch Bestätigungen dieser Rechte durch Heinrich II. und Heinrich III. vorhanden.[961] Der Kaiser anerkannte das alte Recht der Genter, überließ aber die urkundliche Erledigung der Sache dem Erzbischof von Köln. Barbarossa gab Erzbischof Philipp entsprechende Hinweise, die sich auf die bisher gepflegte kaiserliche Tradition stützten. Philipp berücksichtigte hierauf in seiner Entscheidung die Dienste, die das Kloster dem Reich gleistet hatte, und das Ersuchen des Kaisers, das auf den älteren Privilegien seiner Vorgänger beruhte.[962]

In diesem Text lassen sich einige grundsätzliche Probleme im Verhältnis von Handel und Herrschaft erkennen, die in einer in den neunziger Jahren des vorigen Jahrhunderts zuletzt geführten Diskussion ihren Niederschlag fand. Trotz aller Komplexität der Probleme, die sich aus der besprochenen Urkunde und anderen aus der etwa gleichen Zeit ergeben und die wir gleich kennenlernen werden, geht es um einen für die Mitte des 12. Jahrhunderts wohl typischen Interessenskonflikt grundsätzlicher Natur: Der Erzbischof verfolgte territoriale kölnisch-niederrheinische Interessen in zumindest gewisser Übereinstimmung mit den Kölner Bürgern, denen jene des Kaisers gegenüberstanden, der in seinem Sinne auch die Interessen der Flamen unterstützte. Eine Auswahl aus den Problemen macht ihre weit gespannte Komplexität begreiflich. Köln behinderte den flämischen Weineinkauf in den Rheingebieten südlich von Köln, um seine Handelsrechte mit Wein (seit 1157) in London in vollem Umfang nutzen zu können. Worauf Erzbischof Philipp bezüglich der freien Rheinfahrt der Mönche von St. Bavo freilich keinen Bezug nahm, ist die zu erschließende Tatsache, dass die Flamen den Wein als Gegenfuhr für ihren Wolleinkauf in England brauchten. Wie intensiv der Konflikt wohl war, an dem man die unterschiedlichen Interessen des Erzbischofs, der Kölner Bürger, der flämischen Händler und des Kaisers erkennen kann. Immerhin ging es um das heikle Verhältnis zwischen der Kölner territorialen Herrschaft und der Reichsherrschaft, die sich in differenzierter Weise auch territorialherrschaftlicher Methoden bediente.

Auf diese Verhältnisse nahm der Erzbischof von Köln Philipp von Heinsberg in seiner Entscheidung, datiert am 6. November 1169, über das Verlangen von St. Bavo Stellung.[963] Barbarossa hatte ihm die Entscheidung in der Sache überlassen. In ihren Details ist diese Urkunde nur mit größter Vorsicht zu interpretieren. Die Fülle der Argumente in dem

960 Stein, Der Streit zwischen Köln und den Flandrern 192 f.; Dirlmeier, Mittelalterliche Hoheitsträger 75.

961 MGH D Heinrich II. 40 ff. Nr. 36 vom 5. Februar 1003; MGH D Heinrich III. 63 f. Nr. 50 vom 28. Mai 1040; Stein, Der Streit zwischen Köln und den Flandrern 193.

962 Vleeschouwers, De oorkonden van de sint Baafsabdij te Gent 51 Zeile 65 bis 68.

963 Oorkonden van St.-Baafsabdij te Gent, Band 2 Urkunden 50–52 Nr. 48.

relativ bedeutsamen Streit zwischen Stehkämper und Irsigler[964] sind ungemein verwirrend und im Detail wenig produktiv, denn das entscheidende Problem wurde zwar nicht übersehen, aber unterbewertet: Barbarossa griff nämlich in die komplexe und mühselige Entscheidung durch nicht näher beschriebene Hinweise (Befehle) zwar in den Gang der Dinge ein, überließ aber doch dem Erzbischof als fürstlichem Herrschaftsträger die Regelung der Einzelheiten. Für Stehkämpers Vorstellung von einem territorialen Wirtschaftskrieg sprechen einige Maßnahmen des Kaisers, doch in den Formen des Konsens und des Ausgleichs der anstehenden Fragen sieht Irsigler die Sache im Rahmen der Quellenkritik kompetenter, wenn auch nicht widerspruchsfrei. Wesentlich bleibt die Frage nach dem Verhältnis zwischen einem Territorium, diesmal einem erzbischöflichen, und dem Reich. Es handelt sich um eine recht sensible Fragestellung, wenn man vergleichend die Probleme des Werdens des Territoriums der Babenberger heranzieht.

Betrachtet man die wachsende Bedeutung des Donauhandels, ist es vor allem von Interesse, dass die Kölner Maßeinheiten und auch das Gewicht der Mark Silber eine dominierende Rolle auf den meisten deutschen Märkten spielten. Die Teilnahme der Kölner an der Donaukarawane der Regensburger und dem Ennser Jahrmarkt ist vergleichsweise vielleicht gar nicht so bedeutsam wie der Kölner Einfluss auf das Messen und Wägen von Waren, den wir dem Regensburger Privileg von 1192 entnehmen können. An solchen Einzelheiten erkennt man die Strukturen im Handel schaffende Position der Kölner im europäischen sich nach Osten ausdehnenden Handel.

Trotz der Spannungen und dem Konkurrenzverhältnis, die zwischen den flandrischen und rheinischen Städten sowie Aachen bestanden, arbeiteten sie zusammen, als es um die Erschließung neuer Absatzgebiete, nämlich die Einbeziehung des österreichischen und steirischen Donauraums, in den europäischen Fernhandel ging. Köln spielte als zentraler Handelsplatz am Rhein bei der Verpackung und Verladung der Tuchwaren, die für den Südosten bestimmt waren, eine bedeutende Rolle. Die Anlieferung der Tuchwaren aus Flandern erfolgte auf der Straße, die von Brügge letztlich bis Köln über Maastricht und Aachen führte. Die Kaufleute dieser Städte und weiter westlich gelegener Gegenden beschränkten sich nicht nur auf einen Transport nach Köln, sondern beteiligten sich selbst an der Fahrt nach Regensburg und schließlich an den Geschäften auf dem Ennser Jahrmarkt. Brügge war die am weitesten im Westen gelegene Produktionsstätte in Flandern, Gent war für den Export nach Deutschland die wichtigste. Wenige Jahre nach der Jahrmarktsordnung Herzog Otakars von Steier berichtete, wie schon erwähnt, Wolfram von Eschenbach im Parsifal, dass Cundri (Kundry) einen Brautschleier aus Gent trug.[965]

964 Stehkämper, Kaiser Friedrich Barbarossa 65–83 eine Antwort auf die Kritik Irsigler, Köln und die Staufer.

965 Karin, Brautschleier, online unter dem Titel der gesamte Text ohne Seitenzählung.

Herrschaft und Heilserwartung im Alltag von Handel und Finanzen

Der Handel und die damit verbundenen Finanzierungsfragen konnten in ein kontroverses Verhältnis zu den Vorstellungen von der Sinngebung menschlicher Existenz geraten, die gerade im Mittelalter ihr Ziel in der Erlangung des persönlichen und kollektiven Seelenheils fand. Und zwar deswegen, weil der Handel und besonders der Fernhandel in der Praxis so abgewickelt wurde, dass es schwierig war, die Begehung von Sünden zu vermeiden. Besonders waren davon die in unserer Untersuchung oft erwähnten Eidesleistungen im Rahmen von Handelsgeschäften und der Festsetzung von Abgaben betroffen. In vielfältiger Weise war der Landesfürst in diese Probleme und Herausforderungen eingebunden. Im Angesicht des Gegenübers von kirchlichen Institutionen hatte er dabei nicht nur für sein eigenes Heil zu sorgen, sondern auch für das kollektive in seiner Gebietsherrschaft.

Wir können die Fülle der Probleme nur selektiv in einer unserer Problemstellung von Herrschaft und Ökonomie angemessenen Weise streifen.

So enthält etwa die Kanonistik zu vielen Fragen, die mit Handel und Finanzen zusammenhängen, Betrachtungen und eine oftmals erstaunliche Flexibilität bei Lösungsmöglichkeiten bei Kollisionen mit moralisch bedenklichen Konstellationen. Gerade das rasant anwachsende Kreditwesen des 12. Jahrhunderts, das nicht zuletzt durch die Kosten einer Kreuzzugsteilnahme mitverursacht wurde, führte z. B. dazu, dass ein rechtlich beschlagener Kirchenfürst wie Innozenz III. das leidige Problem der Zinsen mit der Unterscheidung von moderaten und übermäßigen Zinsen entschärfte. Der dem Papst geistig verwandte Kaufmannssohn und selbst zum Kaufmann ausgebildete Franz von Assisi kam in dieser und verwandten Fragen zu ähnlich »liberalen« Ergebnissen.

Im Rahmen der vorliegenden Untersuchung können nur gewisse Schlussfolgerungen aus dem bearbeiteten Quellenmaterial gezogen werden, wobei die Frage nach der Bedeutung der Heilserwartung, also der spirituellen Seite der Förderung von Handel und Verkehr, sehr magere und mangels Neuheiten enttäuschende Ergebnisse bringt. Dass eine Zollbefreiung für Gott dienende Mönche als Fürstentugend zu betrachten ist und das Heil des Fürsten sicherstellen sollte, ist so häufig in den Arengen beschrieben worden, dass wir von einem Topos sprechen können, der allerdings sehr ernst gemeint war. Leopold V. beschrieb die begünstigte Gemeinschaft als die Armen Christi, als die gemeinsam lebenden geistlichen Männer, die unermüdlich unter der Disziplin und Belehrung des Heiligen Geistes Barmherzigkeit übten und diese mit Rat und Hilfe gegen Widerstände aufrecht erhielten.[966] Wir werden sehen, dass in den Narrationes »zollpo-

966 Ein besonders ausführliches Beispiel dafür ist die Mautfreiheit für Garsten, die Wein, Getreide und Bau-

litischer« Maßnahmen aber auch konkrete, der temporalen Sphäre zugehörige Voraussetzungen genannt werden, die den österreichischen und steirischen Markgrafen oder Herzog veranlassten, einschlägige Verfügungen zu erlassen. Ein wichtiges Motiv, das mit dem Heil des Fürsten zusammenhing, war die Befreiung von Sünden.[967]

Dass es leicht möglich war, bei Handels- und Finanzgeschäften in Sünde zu geraten, wird in kritischen Betrachtungen von geistlichen Autoren immer wieder betont und gehörte zu den häufig erhobenen Vorwürfen gegen die städtische Bevölkerung und die Kaufleute.

Jakob von Vitry kritisierte die verweltlichte Lebensweise der Leute in den Städten, die dem Streben nach Erlangung des Seelenheils entgegenstünden. Sie versuchten durch das Anhäufen von Reichtum, durch Handel und Geldgeschäfte (auch durch Wucher und Betrug) sich einen autonomen, von der Kirche unabhängigen Bereich individuellen Glücks zu schaffen.[968] Betrachtet man dieses Urteil und die Folgen des Reichtums aus der Sicht des Fürsten oder zeitgenössischer Kommentare zur Fürstenherrschaft ergibt sich ein deutlicher Widerspruch: Der Reichtum der Bürger führt zu Glück ohne spirituelle Basis, der Schatz des Fürsten hingegen ist eine geradezu feierliche Notwendigkeit. Der Widerspruch ist leicht erklärbar: Der Fürst hat ja seinen Schatz nicht für sein persönliches Glück, sondern für die Sicherstellung von *salus* und *commoditas* seiner Untertanen, zu der auch die Bekämpfung derer gehört, die sich einer Ordnung verweigerten, die vom Fürsten zu verantworten war.[969] Den Zweck der fürstlichen Friedenswahrung sieht Dirlmeier in der Schaffung vorteilhafter Verhältnisse für Herrschaft, Herrschaftsgebiet und alle Untertanen. Ordnungsprinzip und Lenkungsmittel würden auch die Zölle, Straßen, Geleitsrechte und das Münzwesen betreffen.[970] Wenn er davon zum Schaden einflussreicher Personen oder Gruppen abwich, konnte es Beschwerden geben, die bis hin zum Vorwurf der Tyrannis reichen konnten.

Trotz dieser Bedenken setzte sich, wie vorher schon angedeutet, eine abwägende, an den alltäglichen Bedürfnissen orientierte Interpretation von Arbeit durch, die sich nicht nur auf manuelle Tätigkeit, sondern auch auf geistige bezog. Neben den bedeutenden Theologen der Zeit, unter denen vor allem Hostiensis[971] zu erwähnen ist, waren es die Franziskaner, die zu einer neuen Einschätzung von Arbeit und Lohn kamen, gleich wel-

---

holz betraf. Haider, Traditionsurkunden 80 f. K 15 mit einer Arenga, die ausführlich die Funktion der Mönche in der Gesellschaft beschreibt.

967 BUB I 95 Nr. 69 vom 29. Februar 1188 heißt es in der Adresse, dass Leopold die Mautbefreiung für Wilhering auch *in remissionem peccatorum nostrorum* ausstellte.

968 Schmidt, Arbeit und soziale Ordnung 261 f. Anm. 1.

969 Dirlmeier, Mittelalterliche Hoheitsträger 181 und oben S. 128. Leopold VI. verleiht eine große Summe aus seinem Kammergut, um Dienstleute, die sich ihm widersetzten durch Kredite, d.h. finanzielle Abhängigkeit unter seine Herrschaft zu zwingen. Jansen Enikels Fürstenbuch 631 Vers 1698 ff.

970 Dirlmeier, Mittelalterliche Hoheitsträger 186 f.

971 Schmoeckel, Die Kanonistik 239 beginnt mit ihm seine Untersuchung einzelner Autoren.

cher Natur sie waren. Hostiensis beschäftigte sich in der *Summa aurea* vor allem mit Handelsverträgen und stellte dabei den Konsens zwischen den Vertragspartnern in den Mittelpunkt. In der *Lectura* versuchte er Lügen und Meineide zu bekämpfen und kommt bezüglich der Verträge zu dem Schluss: *qui inter vendentes et ementes difficile est non intervenire peccatum.* Ferner beschäftigte er sich mit der in der Praxis sich oft stellenden Frage, ob man die Preise für Einheimische und Fremde unterschiedlich bestimmen dürfe.[972]

Der franziskanische Prediger Berthold von Regensburg spielte bei der in Bewegung geratenen Beurteilung des Handels und der Finanzierung eine wichtige Rolle.[973] Eine grundsätzliche Voraussetzung für diese Veränderungen war Bertholds und anderer Franziskaner Verzicht, Arbeit als Strafe für den paradiesischen Sündenfall zu betrachten. Arbeit verstand er sogar als Mittel der persönlichen Befriedigung und Vervollkommnung.[974] Ferner entkräftete Berthold sogar die Behauptung des Matthäus, eher gehe ein Kamel durch ein Nadelöhr, als dass ein Reicher in den Himmel komme.[975] Er brachte nämlich Karl den Großen und Heinrich II. als Beispiele für Herrscher, die trotz ihrer herausragenden Stellung und ihres Reichtums zu den Heiligen gehörten. Das traditionsprägende Beispiel dafür war natürlich König David. Die Schlussfolgerung daraus war klar: Es gab zwar übelwollende reiche Leute, aber auch solche, die gottgefällig lebten, ja sogar jene, die sich das Heil verdienten.[976]

In diesem Zusammenhang kommt Berthold auch auf die Kaufleute und ihren Lohn zu sprechen. Zunächst berechne sich dieser einfach aus der unterschiedlichen Höhe des Kauf- und Verkaufspreises. Diese Differenz sei mit der Tätigkeit des Kaufmanns zu erklären. Waren wurden von ihnen aus einem Land, in dem man sie billiger herstellen konnte, in ein Gebiet gebracht, in dem sie nicht oder nur sehr teuer produziert werden konnten. Der Mangel an Qualität in der regionalen Produktion befeuerte ebenfalls den Fernhandel. Der Anspruch auf den Gewinn ergab sich aus den Mühen des Transportes. Wir würden noch hinzufügen, dass der Kaufmann, Wagen- oder Schiffseigner ja auch einige Investitionen geleistet hatte. Diese Argumentation lag aber auch dem mittelalterlichen Moralisten nicht fern, wenn er für eine mäßige Verzinsung von Krediten plädierte.

Dazu gesellte sich eine weitere bedeutsame Betrachtungsweise: Berthold erklärte, der Handel sei eine Form der Arbeit, die für die menschliche Gesellschaft Nutzen bringe und daher entlohnt werden müsse.[977] Der Gedanke wurde schon von den Kirchenvätern kontrovers diskutiert. Dabei spielte die Überlegung, dass Handel Nutzen bringe, schon damals eine Rolle. Seit der freien Ausübung des christlichen Glaubens, die Kaiser Konstantin gewährte, ging es in der Diskussion vor allem um die zu verurteilende Habgier

972 Schmoeckel, Kanonistik 239.

973 Schmidt, Arbeit und soziale Ordnung 261 ff.

974 Schmidt, Arbeit und soziale Ordnung 269.

975 Mt. 19.24 mit einer sehr problematischen Antwort Jesu.

976 Schmidt, Arbeit und soziale Ordnung 271.

977 Schmidt, Arbeit und soziale Ordnung 271 Anm. 32 mit Zitat nach Berthold von Regensburg.

(avaritia) der Kaufleute. Die negative Beurteilung der Händler durch Ambrosius von Mailand oder Papst Leo I. ging auf Gedanken Ciceros über den Handel zurück. Cicero wiederum pflegte die Vorurteile der senatorischen Latifundienbesitzer gegen die »Krämer«. Die Beurteilung des Handels von Klerikern betrifft unsere Fragestellung nicht.[978]

Was in Bertholds Betrachtung fehlt, ist die Beurteilung des Handels mit Luxuswaren. Dieser Handelszweig brachte der menschlichen Gesellschaft nur auf einem Umweg Nutzen, denn er förderte die Ausweitung des Handels, auf der wiederum die zunehmende Flexibilität des wirtschaftlichen Denkens beruhte. Wer sich diese Waren, wie teures Tuch oder Pelze leisten konnte, war zu Geld gekommen, wo immer auch sein Platz in der Gesellschaft war. Wir haben die Kritik des Seifried Helbling (Kleiner Lucidarius) kennengelernt, dass selbst Bauern Kleider verschiedener Farben aus Gent tragen würden – es ist bei der Beurteilung einer solchen Bemerkung allerdings zu bedenken, dass sie aus der Zeit um 1300 stammt und sich gegen Bauern(söhne) richtet, die über entsprechende materielle Mittel verfügten, um sich ritterliche Lebensformen leisten zu können.[979] Solche Polemik diente der Abgrenzung des niederen Adels gegenüber nicht willkommenen Aufsteigern. Gegen eine solche Dynamik nahm auch Berthold Stellung, wenn er in einer Predigt die Forderung erhob, jeder habe an seinem angestammten, ihm zugewiesenen Platz zu bleiben und dürfe die sozial Begünstigten nicht wegen ihrer Stellung beneiden. Raimund von Penyaforte hingegen nahm gegen den Luxushandel – Goldborten und Schnabelschuhe – die nur *ad vanam gloriam* dienten, dezidiert Stellung.[980] Ganz anders Thomas von Aquin, der Frauen durchaus das Recht einräumte, Schmuck zu tragen, um ihren Männern zu gefallen. Verwerflich war dies allerdings außerhalb der Ehe, da dies nur der Lust und Sünde diene. Überdies hinge es von der Gelegenheit und vom Stand ab, welche Frauen wann Schmuck tragen durften. Diese Auffassung bezog sich auch auf andere Waren des Luxussektors,[981] wie die in unserer Untersuchung oft erwähnten Tuchwaren und Pelze. Die repräsentative Kleidung des Fürsten, vor allem bei entsprechenden Anlässen, wird von Jans Enikel und anderen Autoren als eine Aufmerksamkeit erregende und verdienstvolle Inszenierung gewürdigt.

Solche Betrachtungen betreffen letztlich die repräsentativen Bedürfnisse des Adels, deren Erfüllung auf keine Kritik stoßen sollte, und im Besonderen des Fürsten, der einerseits selbst repräsentieren wollte und musste, andererseits aber für die Wahrung des rechtlichen Gefüges verantwortlich war. Fürstliche Gerichtsbarkeit und Kontrolle sollten der Habgier und der Täuschung im Geschäftsleben Grenzen setzen. Dieses Sorgen für den rechtlichen Rahmen beruhte auf der Verpflichtung zur Erhaltung alter, d. h. er-

978 ECK, Handelstätigkeit christlicher Kleriker 128 ff. Die Arbeit bietet einen guten Einstieg auch in die allgemeine Problematik, nicht nur jene des Klerus.

979 Seifried Helbling, Gedicht II Vers 77–79: *diu treit nû an ir lîbe gruen, brûn, rôt von Jent.*

980 SCHMOECKEL Kanonistik 241.

981 SCHMOECKEL, Die Kanonistik 243.

probter Gerechtigkeit, die aber durch die aktuelle Notwendigkeit begrenzt wurde, die sich aus den politischen Veränderungen ergeben konnte; diese waren häufig Folgen von sozialer Dynamik oder einer veränderten Wahrnehmung von Problemen. Die sich rasch entwickelnde »liberale« Betrachtung des Geld- und Kreditwesens im 12. Jahrhundert ist eines der überzeugendsten Beispiele für die Richtigkeit dieser theoretischen Betrachtung. Diese ambivalenten Voraussetzungen sind auch in der Ennser Jahrmarktsordnung von 1191 zu erkennen: Die Kaufleute sollten nicht mehr als die alten Abgaben leisten, die ihnen nun bestätigt wurden; zugleich kam es aber bei Verhandlungen mit der den Jahrmarkt organisierenden Regensburgern zu Neuregelungen, so dass man die Bestimmungen schließlich in ihrer Summe als *cummutatio* bezeichnete. Auch die in dieser Untersuchung behandelte Erfindung neuer Abgaben und eine gewisse Flexibilität bei der Festlegung der Höhe von Gebühren ist ein Nachweis, dass es nicht nur um die Erhaltung alter Ordnungen gegangen ist.

Das Recht des Landesfürsten, mit Zöllen einen Teil der Gewinne abzuschöpfen, beruhte letztlich auf römischen Vorbildern, die vor allem in der Zeit Ludwigs des Frommen neu belebt wurden, und auf einer mit der Entstehung der Territorialherrschaft verbundenen *plenitudo potestatis*. Leopold VI. verwies in der Einleitung der Güterausstattung von Lilienfeld nicht nur auf die Fülle seiner Macht, sondern auch auf die materiellen Mittel, die ihm zur Verfügung standen.[982] Zwar bezog sich Leopold auf die ererbten Güter, doch trugen ja, wie wir mehrfach zeigen konnten auch andere Einnahmen, wie jene aus Zöllen, Münzen und Gerichtsbarkeit zum materiellen Spielraum des Landesfürsten bei. Neben der Steigerung der Einnahmen, die neben der Gebührenerhöhung auch eine effizientere Gestaltung der Verzollung umfassen konnte, ging es um die Beseitigung von Missständen und Betrug.

Dem positiven Urteil mancher Kanonisten, Beichtväter und Prediger über die Kaufleute stand eine literarisch belegte Haltung gegenüber, die den Kaufmann von vornherein mit Habgier und Täuschung in Verbindung brachte. Auch seriöse Kommentatoren wie Hostiensis betonten, wie nahe der Geschäftsvertrag der Sünde stehe und Petrus Johannis Olivi meinte, dass gut geführte Verhandlungen über einen Kaufvertrag die Gefahr einer Täuschung verminderten.

Diese Einschätzung der Kaufleute lässt sich vielfach belegen und fordert im Rahmen unserer Themenstellung die Frage heraus, wie weit der Territorialherr solche Zustände tolerierte oder gar förderte. Es sei an dieser Stelle nicht darüber hinweggegangen, dass die Frage nach dem Verhältnis zwischen Warenströmen und Finanzierung bzw. politischer Regulierung und Förderung ein Dauerproblem der gesellschaftspolitischen Wechselwirkungen bei der Ausbildung der rechtlichen Rahmenbedingungen für die Wirtschaft darstellte. Doch bleiben wir in der Zeit um 1200.

---

982 BUB I 221 Nr. 167 Zeile 29 f. *ego Liupoldus…,qui ipsius gratia progenitorum meorum dignitatis, potestatis ac copiarum omnium plenitudinem hereditate possideo.*

Ein lehrreiches Beispiel ist, wie schon erwähnt, der Eid. Irsigler zitiert und kommentiert eine Anekdote des Caesarius von Heisterbach über zwei Kaufleute, die unter dem Einfluss ihres Beichtvaters versuchten, ein Jahr lang ehrliche Geschäfte zu machen, d. h. diese ohne Lügen und Meineide abzuwickeln.[983] Die Sache ging völlig schief, die Kaufleute verkauften nichts und machten dafür vor allem den Verzicht auf einen Eid verantwortlich, mit dem die Qualität und die Menge der Ware nachgewiesen werden konnte. Dieses Recht der Kaufleute, einen korrekten Ablauf von Geschäften bei Zweifeln mit einem Eid zu beweisen, wurde ihnen bekanntlich in einer größeren Zahl von Privilegien zugestanden – wir haben einschlägige Beispiele aus der Ennser Jahrmarktsordnung, der Markt- und Zollordnung Leopolds VI. und dem Artikel 22 des Regensburger Privilegs vorgestellt.[984] Albrecht Cordes hat diese Regelung mit Recht als wichtig bei der Beschleunigung von Gerichtsverfahren beurteilt, da lange Zeugenverfahren das Marktgeschehen ungünstig beeinflusst hätten.[985] Ähnlich wie mit dem Marktschutzrecht der Juden wurde damit den Kaufleuten die Möglichkeit eröffnet, bei unkorrekter Abwicklung von Geschäften unbeschadet davonzukommen oder aber einen Schutz vor verleumderischen Behauptungen etwa von Konkurrenten zu genießen. Der Landesfürst vermied mit solchen Zugeständnissen Prozesse, die im Allgemeinen wegen einer mangelhaften Beweisführung nicht zu führen waren, nahm aber in Kauf, dass damit Unkorrektheiten nicht weiterverfolgt werden konnten. Auch Caesarius von Heisterbach blieb beim Abschluss dieser Geschichte pessimistisch: Als nach der Verarmung der Kaufleute im ersten ehrlichen Jahr auf Veranlassung des Priesters ein zweites folgte, wurden sie durch ein Wunder Gottes reich. Erfolg aus eigener Kraft mit Verzicht auf Betrug war offenbar nicht möglich.

Die rechtliche und organisatorische Tätigkeit des Landesfürsten beruhte aber nicht nur auf traditionellen Aufgaben des Herrschers. Raimund von Penyaforte zählte auf, welche Arten von Geschäften erlaubt seien, die vom Fürsten veranlasst und geregelt wurden. Ein Punkt sei aus seinen Ausführungen herausgegriffen, weil er auch die moralische Seite der Einhebung von Mauten betrifft: Die *administratio*, die ja nicht nur die Organisation der Einhebungen betrifft, sondern diese selbst meint. Die Organisation der *administratio* führten meist Ministerialen durch. Letztlich handelte es sich aber um ein landesfürstliches Herrschaftsrecht. Zur »Verwaltung« gehörte die *procuratio*, welche die Aufgabe des Landesfürsten umfasste, die für die Verwaltung zuständigen Leute einzusetzen. Wie wir gesehen haben, eine heikle und riskante Aufgabe. Auch die geschäftlichen Bereiche, die mit militärischen Unternehmungen *(militia)* und der Organisation des Nachschubs *(mercatio)* zu tun hatten, gehörten zu den erlaubten, wirtschaftlich ausgerichteten Aufgaben des Herrschers.[986]

983 Irsigler, Kaufmannsmentalität 63 f.

984 Lohrmann, Regensburger Kaufleute 33; BUB I 118 Nr. 86 Artikel 22.

985 Cordes, Die Erwartungen 39; Lohrmann, Regensburger Kaufleute 33.

986 Schmoeckel, Die Kanonistik 241.

Der Handel mit tödlichen Waffen, wie Schwertern und Pfeilen, stellte auch damals ein moralisches Problem dar. Nicht als Sünde betrachtete man solche Geschäfte, wenn die Waffen in einem gerechten Krieg verwendet wurden. Die Zurückhaltung bei Messern bezog sich auf Stechmesser.[987] Auch musste beim Betreten der Stadt die Sehne des Bogens entspannt werden, andernfalls wurden Bogen und Köcher beschlagnahmt.[988] Nur ein relativ stumpfes Messer, das man bei Tisch brauchte, war zugelassen.

In einen anderen Zusammenhang gehört eine gewisse Nachsicht gegenüber Modetorheiten, wenn es um Kirchenschmuck ging: Dafür waren auch goldene Schmuckborten erlaubt.

Wir haben die Komplexität und den Umfang dieser Thematik nur gestreift, da sie einer umfassenden Analyse bedürfte, die den Rahmen dieser Untersuchung sprengen würde. Wir wollen es mit dieser knappen Auswahl von Problemstellungen bewenden lassen, welche vor allem die fürstliche Verantwortung für ein heilsbezogenes Tun bei temporalen und spirituellen Herausforderungen betreffen.

987 BUB II Nr. 237 62 Artikel 16 *apud quecumque infra muros civitatis cultellus longus, dicitur stechemezzer, in cingulo suspensus deprehensus fuerit, hic det iudici I talentum et eundem cultrum.*

988 Ebda. Artikel 24.

Landesherrschaft, Markt und Münze

Wir sind im Laufe unserer Untersuchung den organisatorischen Zusammenhängen von Zoll und Münze mehrfach begegnet. Die zeitliche Nähe bei der Einrichtung der Zölle und der Münzprägung am gleichen Ort ist im Fall von Enns wahrscheinlich, im Fall von Krems/Stein mit einiger Sicherheit anzunehmen. Die Höhe der Zölle bewegte sich meist in einem niedrigen Pfennigbereich, selten ging es bei größeren Ladungen teurer Waren um Pfund. Wir dürfen vermuten, dass die geringen Gebühren nicht nur ihrem Pfennigwert nach angegeben wurden, sondern die Zahlung auch tatsächlich mit diesen Münzen erfolgte. Die Pfundangaben legten einen Wert fest, den man auch mit Stücken von Silberbarren begleichen konnte.

Die von Emmerig festgestellte Zunahme der Pfennigzahlungen gegenüber jener in Mark (reinen) Silbers stärkte den herrschaftlichen Einfluss des Münzherren.[989] Das Gebot Leopolds VI., ausschließlich die umlaufende Münze, also die Produkte der landesfürstlichen Münzprägung, auf dem Ennser Markt zu verwenden, und das gleichzeitig ausgesprochene Verbot für den Passauer Pfennig, beleuchten diese Entwicklung sehr gut.[990] Damit nahm er einen unmittelbaren Einfluss auf den Zahlungsverkehr, wenn er auch in manchen Fällen seine Prägeherrschaft mit einem Bischof teilen musste.[991] Die Gewinne der landesfürstlichen Münzhoheit kamen direkt aus den Marktgeschäften, unter denen die Gewinne aus dem Gelwechsel zu beachten sind und natürlich aus allen Geschäften, die mit der Erwerbung von Silber und der Prägung selbst zu tun hatten.

Es ist klar, dass die Einnahmen mit der Ausweitung der Handelstätigkeit stiegen. Dem Donauraum fiel bei dieser Entwicklung, die sich bekanntlich im Laufe des 12. Jahrhunderts stetig ausweitete, eine besondere Rolle bei der Erschließung von Verkehrswegen zwischen Nordwest- und Osteuropa zu. Nach der Zollordnung von Raffelstetten, welche die Zölle seit der Zeit Ludwigs des Deutschen bis zum Ausgang des karolingischen Zeitalters im Ostfränkischen Reich festhielt und für den modernen Historiker als Forschungsobjekt von überragender Bedeutung ist, fand erst im 12. Jahrhundert ein bemerkenswerter Schub an dichter werdenden Markt- und Transitabgaben statt, dessen erste Spuren schon in ottonischer Zeit zu entdecken sind. Dazu passt die Einrichtung von Münzprägestätten in Krems, Enns, Neunkirchen und zuletzt in Fischau, ehe um das Jahr 1200 der Wiener Pfennig die älteren Währungen zu verdrängen begann. Dies alles

---

989 Emmerig, Der Beitrag der schriftlichen Quellen 1109 ff.

990 NÖUB 4 Nr. 13/12 389 Zeile 23 f.

991 Vgl. unten die Verhältnisse in Neunkirchen und in den zwanziger Jahren des 13. Jahrhunderts in Pettau S. 243 ff.

passierte gleichzeitig mit dem Auf- und Ausbau der Landesherrschaft der Markgrafen in der *marchia orientalis* und der karantanischen Mark, den späteren Herzögen in Österreich und der Steiermark. Die Zölle in Österreich erbrachten vor 1211 etwa 2000 Pfund Einnahmen, ein nicht sehr hoher Betrag, der allerdings mit Linz und Wels im 13. Jahrhundert auf knapp 10.000 Pfund, eine doch ansehnliche Summe, anstieg.

Diese Urbare über die herzoglichen Einnahmen enthalten auch Angaben zur Münze in Österreich.[992] In Wien, Wiener Neustadt und Enns wurden in dieser Zeit, also etwa 1220/40, im Wesentlichen gleiche Münzen nach dem sogenannten Wiener Schlag geprägt.[993] Aus der Prägung, dem Münzverruf[994] und dem Geldwechsel, also aus dem Umlauf der Münzen auch in den benachbarten Ländern ergab sich in friedlichen Zeiten eine Einnahme von etwa 14.000 Pfund, die aber erst in der Zeit Friedrichs des Streitbaren nachweisbar sind. Daraus ist kein sicherer Schluss auf die Einnahmen der Zeit um 1200 möglich. Die Entwicklung des Wiener Pfennigs als immer häufiger gebrauchtes Zahlungsmittel hatte sicher in der Zwischenzeit zu einer deutlichen Erhöhung der Gewinne beigetragen.

Hinsichtlich der Einnahmen aus Zoll und Münze ist zu bedenken, dass die Organisatoren und Amtleute an den Gewinnen beteiligt waren bzw. ihre Aufwendungen auf diese Weise abgegolten wurden.[995] Der Ertrag aus den Mauten und den Münzstätten könnte deshalb fast doppelt so hoch gewesen sein. Ferner müssen wir mit Eigenmächtigkeiten und Unterschlagungen rechnen, deren Bedeutung durch Bemerkungen in einschlägigen Urkunden deutlich wird: Die etwa 1192 im Privileg für die Regensburger angeprangerte *insolentia* (Unverschämtheit) der Amtleute, die in die eigene Tasche wirtschafteten, war ein vermutlich häufig auftretender Missstand.[996] Diese Überlegungen sind aber nicht geeignet, uns Klarheit über die tatsächlichen Einnahmen aus der Münze um 1200 zu verschaffen.

In diesem Rahmen bietet es sich an, über den Reichtum der Babenberger im engeren Sinne Informationen zu sammeln, wenn uns auch keine Vergleichszahlen zur Verfügung

992 Dopsch, Die landesfürstlichen Urbare Nieder- und Oberösterreichs 231.

993 Koch, Die mittelalterliche Münzstätte zu Enns 51.

994 Der Münzverruf war im 12. und 13. Jahrhundert besonders ausgeprägt und erbrachte eine Steigerung der Einnahmen von 10 bis 25 %. Schels, Artikel Münzverruf LMA VI, Sp. 936. Diese Einschätzung ist unrichtig. Vgl. dazu Alram, Der Beginn der Münzwirtschaft 22 mit dem Hinweis, dass es in der Münzstätte Krems 1180 sicher noch keinen Münzverruf gegeben habe. Ausführlicher dazu Alram, Der Wiener Pfennig 53, Münzverruf etwa seit Friedrich dem Streitbaren, da Kaiser Friedrich II. 1236/37 aufgrund diesbezüglicher Klagen in der Steiermark den jährlichen Münzverruf aufhob und ihn durch einen fünfjährigen Rhythmus ersetzte. In Österreich begann man den jährlichen Münzverruf erst unter Albrecht II. aufzuheben.

995 Zu Übergriffen der Amtleute schon in der Zeit Heinrichs Jasomirgott vgl. etwa die Regelung seines Sohns der die wider Recht erhobenen Gebühren für Niederaltaich 1177–1180 durch traditionell gesicherte Abgaben ersetzte. BUB I 65 f. Nr. 49: *ego Lupoldus dux.... Altahensium abbati iusticiam recognovi in mutuam, que in diebus patris mei aliquantisper a mutatoribus fuerat contra ius eorum disturbata.*

996 BUB 1 117 Nr. 86 Beginn des Artikel 2 *Et contra insolentiam eorum qui officiis nostros presunt.*

stehen. Die umfassendere Bedeutung von Reichtum, nämlich Macht, soll für einen Moment außer Betracht bleiben. Zwei Nachrichten stehen dabei zunächst im Mittelpunkt: Die Mitteilung, dass Leopold II. bei seinem Tod als reicher Fürst galt und die oft behandelte Geschichte vom Lösegeld des Richard Löwenherz. Der Hinweis auf den Reichtum Leopolds II.[997] deutet auf einen gewissen Erfolg seiner ablehnenden Politik gegenüber Heinrich IV. Wir haben ja in diesem Zusammenhang einen neuartigen Umgang mit gräflichen Rechten im Sinne von Besitz- und Herrschaftsrechten behandelt, die wahrscheinlich schon damals zu einer etwas veränderten Grundlage bezüglich der Einhebung von Abgaben führte. Die fehlende Präsenz des Königs in der Mark eröffnete Leopold II. sicher einigen Spielraum.[998]

Nun zur Frage des Lösegelds aus England, der Einschätzung seines Umfangs und seiner Bedeutung für das Territorium. Die Höhe des tatsächlich an Leopold V. gelangten Silbers ist nicht mit Sicherheit zu bestimmen; die Quellenangaben weichen deutlich voneinander ab; sie schwanken zwischen etwa 30.000 Mark Silber bis 70.000 Mark Silber Kölner Gewichts. Die von Magnus von Reichersberg angegebenen 50.000 Mark Silber entsprachen dem bekannten Verhandlungsergebnis – es ist wahrscheinlich, dass tatsächlich etwas weniger Silber nach Österreich kam.[999] Jedenfalls handelt es sich um eine bedeutende Summe, auch wenn nur der niedrigste Wert zutreffen sollte. Die Ankunft des Silbers erregte jedenfalls Aufsehen, da auf einen Schlag eine große Menge Edelmetall in Wagen die Donau herabkam. Der Vergleich mit unseren zu Zoll und Münze angestellten Überlegungen zeigt allerdings, dass damals die jährlichen Einnahmen doch deutlich unter dem Betrag dieser einmaligen Zahlung lagen. Die Erweiterungs- und Befestigungsbauten, die mit diesem Geld in Wien, Enns, Hainburg, Friedersbach und schließlich Wiener Neustadt angeblich finanziert wurden, sind bis auf Wiener Neustadt bei näherer Betrachtung auf andere Zeitstufen zu verlegen.[1000]

Wahrscheinlicher ist die Verwendung eines Großteils des Silbers für die Münzprägung.[1001] Das Lösegeld soll zwischen Mitte 1193 und dem Februar 1194 eingetroffen sein.[1002] Ob der wohl aus Regensburg stammende Jude Salomon/Schlom erst in dieser Zeitspanne oder schon früher vom Herzog nach Österreich gerufen wurde und welche Rolle er beim Übergang vom Kremser zum Wiener Pfennig spielte, wird noch behandelt werden. In Kenntnis der personellen Ressourcen, die Leopold V. zur Verfügung standen, würde man eher einen Mann wie Dietrich den Reichen als Münzmeister erwarten.

---

997 Brunner, Leopold III. 32 mit Anm. 27; BUB IV/1 Nr. 588.

998 Oben S. 43 ff.

999 Ausführlich zu den verschiedenen Einschätzungen, wieviel Silber an Leopold V. gelangte, BUB IV/1 Nr. 926, Kommentar auf S. 224 (Vertrag zwischen Heinrich VI. und Richard Löwenherz).

1000 Lechner, Babenberger 189.

1001 Luschin, Wiener Münzwesen 12 f.; Koch, Wiener Pfennig 13 f.; Scheibelreiter, Die Anfänge der Geldwirtschaft 80 f.

1002 Lechner, Babenberger 190, die Datierung ergibt sich aus BUB IV/1 Nrn. 926, 927, 934 und 935.

Ende des Jahres 1194, als Leopold auf dem Sterbebett lag, waren nur noch 4000 Mark des Lösegelds vorhanden. Es erhebt sich allerdings die bisher kaum gestellte Frage, ob nicht schon vor den dramatischen Ereignissen um den englischen König beim Ausbau der Wirtschaft Wiens und der Schaffung einer Residenz größere finanzielle Mittel zur Verfügung gestanden hatten.

Wie war es denn um den Reichtum der Babenberger seit der Mitte des Jahrhunderts bestellt? Zur Zeit Leopolds V. entwickelten sich die Einnahmen des Landesfürsten günstig, doch sind keine genaueren Zahlen überliefert. Ein Indiz für wachsende Einnahmen sind die Bemühungen Leopolds um die Förderung des Fernhandels mit Luxuswaren und gesuchten Rohstoffen und die Festlegung zugehöriger Abgaben, wie sie uns vor allem 1192 im Regensburger Privileg überliefert sind. Über die Mitgift aus Leopolds 1174 geschlossener Ehe mit der ungarischen Prinzessin Ilona/Helena kann man nur spekulieren. Die königlichen Einnahmen in Ungarn hatten in den achtziger Jahren einen bedeutenden Umfang, der nach den Forschungen von Bálint Hóman gleich hoch wie jene der Könige von Frankreich und England waren.[1003] Diese Entwicklung setzte schon unter Geza II. († 1162) ein und fand unter dessen Sohn Bela III., dem Bruder der Helena, ihre Fortsetzung. Der ungarische König verfügte jedenfalls über das Potential für eine Mitgift, die den Schatz Leopolds V. bereichern konnte. Wenn die finanzielle Lage des ungarischen Königs auch gut war, bleibt doch fraglich, ob der Brautschatz (Mitgift) der Ilona/Helena bedeutend war, da zwischen Bela III., seit 1173 König, und Leopold V. beträchtliche Spannungen bestanden. Die zugehörigen Vereinbarungen wurden spätestens 1172 noch mit Heinrich Jasomirgott beschlossen, doch die politischen Probleme der Nachbarn lassen an einer reibungslosen Auszahlung zweifeln.

Längere Zeit zurück lag am Ende des 12. Jahrhunderts der vermutlich reichliche Brautschatz[1004] der Theodora, der Gattin Heinrichs Jasomirgott, einer byzantinischen Prinzessin. Über die Eheschließung wurde 1147/48 während des Kreuzzugs mit Kaiser Manuel I. verhandelt, als Heinrich noch Herzog von Bayern war. Wir haben aber keine Nachricht über die Höhe der Mitgift Theodoras. Vergleichende Überlegungen dazu könnten hilfreich sein, denn eine andere Theodora, ebenfalls eine Nichte Kaiser Manuels, die 1158/59 König Balduin III. von Jerusalem heiratete, erhielt eine solche in einem Umfang von 100.000 Solidi, dazu kamen 10.000 Solidi für die Hochzeit und 14.000 Solidi für Kleider und Schmuck.[1005] Balduins Brautwerber mussten lange verhandeln, ehe sie die Zusage betreffend der 13-jährigen Tochter des Isaak Komnenos erhiel-

---

1003 Hóman, Geschichte des ungarischen Mittelalters 1 422 f. 1109 brachte König Heinrich I. von England 10.000–15.000 Mark Silber als Mitgift für Mathilde, die Braut König Heinrichs V. auf. Lubich, Heinrich V. 150.

1004 Neukam, Schweigen ist Silber Kapitel 8, Die Vielgerühmte. Theodora Komnena (ca. 1133/1148 bis 1184) verwendet diesen Begriff und nimmt einen beträchtlichen Umfang an. Quellenmäßig ist weder ein Ehevertrag überliefert noch die Höhe des Brautschatzes. Rhoby, Byzanz und Österreich 191 ff.

1005 Runciman, Geschichte der Kreuzzüge 654 f.

ten. Die Verhandlungen Heinrichs Jasomirgott liefen vermutlich in einer günstigeren Atmosphäre ab, denn im Hintergrund ging es um die Verpflichtung Konrads III., einen Feldzug gegen den sizilischen König Roger II. zu unternehmen. Dass Konrad und Manuel bereits verschwägert waren, bot einen weiteren günstigen Anknüpfungspunkt.[1006] Der Brautschatz der Tochter des Andronikos war vielleicht sogar größer als die 100.000 Solidi, die Balduins Gattin erhielt. Theodoras Brautschatz wird demnach etwa 27.000 Kölner Pfund Silber betragen haben.[1007] Die unsichere Umrechnung in Mark Silber ergibt etwa 43.000 Mark; das entspricht dem mittleren Wert des englischen Lösegelds von 50.000 Mark.

Die Babenberger galten schon am Ende des 11. Jahrhunderts, als Leopold II., Heinrichs Großvater, starb, als reich, was man sogar in Frankreich wusste.[1008] Der Hinweis auf einen offenbar sagenhaften Reichtum der Babenberger stammt aus einer Zeit, die deutlich vor der Lösegeldgeschichte lag.[1009] Theodoras Mitgift muss demnach die Macht und den Reichtum Herzog Heinrichs trotz unserer vorsichtigen Einschätzung einigermaßen gesteigert haben.[1010] Welche Rolle diese Mitgift tatsächlich beim Aus- und Aufbau Wiens gespielt hat, wissen wir nicht. Der Burgenbau in Wien und die Errichtung des Schottenklosters (kleine Westerweiterung der Stadt) wurden wahrscheinlich teilweise oder vielleicht sogar größtenteils aus diesen Mitteln finanziert.

Bemerkenswert und etwas befremdlich ist die Aufnahme und nicht erfolgte Rückzahlung eines 1147 aufgenommenen Darlehens über 90 Mark Silber, das Heinrich Jasomirgott vom Stift Heiligenkreuz erhalten hatte, als er im Gefolge König Konrads III. zum Zweiten Kreuzzug aufbrach. Bei seiner Heimkehr verzichtete das Kloster auf die Rückzahlung, da der Herzog Heiligenkreuz eine Fülle von Wohltaten erwiesen hatte.[1011] Gegen die Stichhaltigkeit dieser Episode spricht natürlich der Brautschatz Theodoras, von dem die Heiligenkreuzer vielleicht sogar mitprofitiert hatten. Die Sache gibt in unserem Zusammenhang zu denken: Das 90-Mark-Silber-Darlehen stammt aus der Zeit vor dem Geldsegen aus Byzanz! Nach Chrétien lebte Heinrich Jasomirgott in seinen späteren Jahren in Saus und Braus bzw. im Wiener »Investment-Boom«.

Diese außergewöhnlichen Edelmetall- bzw. Geldbewegungen sind auffällig und helfen uns, Größenordnungen zu bilden und einzuschätzen. Die regelmäßigen Einnahmen

1006 Zur Ehe Manuels I. mit Bertha von Sulzbach, die über ihre 1146 verstorbene Schwester Gertrud Schwägerin Konrads III, war, Irmscher, Bertha von Sulzbach 279–290.

1007 Umrechnung nach Spufford, Handbook of Medieval Exchange 286. Die Umrechnung in Gewichtsmark ist unsicher.

1008 Brunner, Leopold, der Heilige 32; BUB IV/1 Nr. 588; Brunner erwähnt an dieser Stelle auch, dass um 1170/80 Chrétien des Troyes einen Bettüberwurf beschrieb, der so kostbar war, dass nicht einmal der Herzog von Österreich einen solchen besaß.

1009 Brunner, Leopold der Heilige 33.

1010 Rhoby, Byzanz und Österreich 191.

1011 Watzl, Aus zwei verschollenen Privilegienbüchern 404 Nr. 11; BUB IV/1 Nr. 755. und IV/2 Nr. 362.

waren wenig ertragreich, brachten aber jedes Jahr Gewinne aus den Markt- und Transitzöllen bzw. aus der Münzprägung und dem Wechselgeschäft. Der Münzverruf spielt im 12. Jahrhundert noch keine Rolle.[1012] Zur Vermehrung dieser landesfürstlichen Einnahmen trug der Fernhandel in einem unbekannten Umfang bei.

Die Angabe von Zahlungen in Pfennigen bedeutete, dass sich das politisch-finanztechnische Messsystem des Landesfürsten gegenüber der älteren Gewichtsangabe in Silbermark allmählich durchsetzte.[1013] Damit war der Landesfürst im Zahlungsverkehr im Territorium ständig präsent. Die Dominanz des landesfürstlichen Pfennigs wurde auch, wie bereits oben erwähnt, durch das Verbot gefördert, fremde Währungen auf den Märkten zu verwenden. Dadurch kurbelte der Landesfürst auch das einträgliche Geschäft des Geldwechsels an, das ebenfalls dem Münzmeister anvertraut war. Das System war allerdings eher kompliziert und geriet bald unter den Druck der von den Nachbarn in Italien und Ungarn geprägten Goldmünzen.[1014] Wahrscheinlich behinderte das Bestreben, regionale, im eigenen Herrschaftsbereich dominierende Silberpfennige zu prägen, den Umstieg auf Goldwährung schon im 12. Jahrhundert. Dazu hätte es einer schwierigen Umstellung der Edelmetallimporte von Silber auf Gold bedurft. Das von Gerhard Rösch konstatierte Nachhinken der Münzprägung gegenüber der Entwicklung des Fernhandels könnte in dieser Weise zu erklären sein.[1015] Jedenfalls zeigt sich auch an diesem Beispiel, wie viele ökonomische respektive »finanztechnische« Maßnahmen mit Rücksicht auf den Ausbau der Territorialherrschaft getroffen wurden.

Die in Enns befindliche Prägestätte erhielt auch von den Marktbesuchern Silber. Die Kaufleute, die Silber für die Münze brachten, konnten es zu einem angemessenen Preis verkaufen, der ihnen vor Ort ausgezahlt wurde. Andernorts konnten sie das Silber teurer verkaufen.[1016] Ein Zusammenspiel von Markteinnahmen und der landesfürstlichen Münzhoheit wird hier greifbar.[1017] Als bemerkenswert ist festzuhalten, dass die Kaufleute nicht gezwungen wurden, ihr Silber vollständig zum angemessenen Preis an den Ennser Münzmeister zu verkaufen. Vielleicht wollte man mit der »liberalen« Möglichkeit, Silber einträglicher andernorts zu verkaufen, den Besuch des Ennser Marktes fördern. Schließlich hatte Leopold VI. den Regensburger Hansgrafen seiner Gerichtsrechte in Enns entkleidet und damit vermutlich die wirtschaftlich-organisatorische Basis der Regensburger Handelskarawane und damit die Attraktivität des Messestandorts

1012 Alram, Der Wiener Pfennig 53, unter Friedrich dem Streitbaren (1230–1246) bereits Klagen wegen Münzverruf.

1013 Das mag tatsächlich hinter Emmerigs Beobachtungen zu den Veränderungen bei den Wertangaben im 12. Jahrhundert stecken. Emmerig, Der Beitrag der schriftlichen Quellen 1109–1113.

1014 Rösch, Wirtschaftsexpansion 22.

1015 Rösch, Wirtschaftsexpansion 22.

1016 NÖUB 4 Nr. 13/12 389, Zeile 25 ff.: *Item mercatores argentum ad monetam deferant et si eis, prout dignum fuerit, ibidem persolvatur, vendant, si autem ubicumque voluerint, vendant carius.*

1017 Dazu Knittler, Eine Markt- und Zollordnung Herzog Leopolds VI. 343.

geschädigt. Um 1208 befand sich der Ennser Jahrmarkt offenbar in einer »Umbauphase« im Sinne landesfürstlicher Herrschaftspolitik. An die Stelle der alten Ordnung traten nun hinsichtlich der Zölle und Abgaben Vergünstigungen für die Schwaben, die Regensburger, die Aachener und Leute aus Maastricht. Neu hinzu kamen Kaufleute aus Metz, die Kölner verschwanden zumindest für einige Zeit.[1018]

Die Münzstätte Krems

Das überzeugendste Beispiel für die Zusammenhänge von Zoll und Münzgeschäft ist die in der Zeit Leopolds III, († 1136) also in der frühen Phase der Ausbildung der Landesherrschaft der Babenberger, nachweisbare Organisation des Zolls in Stein und die Einrichtung einer Münzstätte in Krems. Die Person, um die sich diese Dinge drehten, war der bereits erwähnte Eppo von Stein, der zwischen 1114 und 1133 dem Stift Klosterneuburg eine Kirche samt drei Weingärten und einem *predium* schenkte.[1019] Er wurde als *theleonarius*, als für die Zolleinhebungen verantwortlicher Amtmann bezeichnet.

Der älteste Nachweis für die Kremser Währung fällt in die Zeit 1129/30, als Leopold III. noch an der Herrschaft war.[1020] Bischof Reginmar von Passau wandelte in dieser Zeitspanne im neunten Jahr seines Pontifikats die in Kirchstetten, östlich von Böheimkirchen gelegene Eigenkirche der Gräfin Petrissa von Schwarzenburg in eine Pfarrkirche um. Für die von ihm erteilte Zustimmung erhielt der Propst von St. Pölten von der Gräfin *decem et octo libras Chremensis monete*.[1021] Die Urkunde ist in einer verfälschten Abschrift des 16. Jahrhunderts überliefert. Auch die jüngste kritische Kommentierung bleibt strenggenommen ohne Ergebnis.[1022] Der Bezug auf die Datierung des Auftretens Eppos von Stein liefert kein wirklich überzeugendes Argument. Man kann aber mit Recht Zweifel haben, dass sich ein Schreiber 400 Jahre später den genauen Betrag der Entschädigungszahlung aus den Fingern gesogen habe. Es gibt allerdings eine Datierung von Kremser Pfennigen, in die unsere Entschädigungszahlung von 1129/30 gut passt. Im kürzlich untersuchten Münzfund von Běhařov befinden sich nämlich einige Kremser Pfennige, die Johannes Hartner auf 1130 bis 1140 datierte.[1023] (Abb. 17)

Abgesehen vom Kult um die Erstnennungen ist eine weitere Erwähnung Kremser Münzen aus der Zeit etwa zwischen 1168 und 1180 um einiges interessanter. Wir erfahren nämlich einige Details über Wertgegenstände, die sich in Burgen befinden konnten. Auf diese

1018 So in der Burgmaut: Tomaschek, Rechte und Freiheiten 1 5 Nr. III. Lohrmann, Regensburger Kaufleute 92 mir Erklärungen zu den Metzern, die seit einigen Jahren zum Reich gehörten.

1019 FRA II/4 Nr. 58.

1020 Emmerig, Kremser Währung 56.

1021 NÖUB 2/2 Nr. 7/3 579 Zeile 22.

1022 NÖUB 2/2 590 f.

1023 Hartner, Der mittelalterliche Münzfund von Běhařov (12. Jh.) 65.

Abb. 17a/b: Markgrafschaft Österreich, Leopold III. (1095–1136), Münzstätte Krems, Pfennig um 1110/1120 – Vorder- und Rückseite.

Weise erhalten wir Einblick in die Größenordnung des Schatzes eines adeligen Burginhabers. Es handelt sich um den bekannten Grafen Siboto von Falkenstein, dessen Besitzungen sich aus dem sogenannten Falkensteiner Codex rekonstruieren lassen.[1024] Helmpold, ein Ritter des Grafen, und ein Wernher, der wohl im gleichen Verhältnis zu Siboto stand, fassten zusammen, was sich auf den Besitzungen Sibotos IV. an Edelmetallgegenständen befand. Zunächst ging es um gemünztes Geld: 60 Pfund Kremser Pfennige und 40 Pfund Regensburger. Die Menge der Mark Silber ist nicht mit Sicherheit lesbar, die Zahl zehn könnte richtig sein. Die Pfennige übertrafen an Masse die Mark (reinen) Silbers deutlich. Das deckt sich mit der von Emmerig herausgearbeiteten Tendenz zur Verwendung von Pfennigen gegen Ende des 12. Jahrhunderts.[1025] Dann gab es sechs Tassen mit silbernen Deckeln (*VI ciphi cum copertoriis argentei*), fünf silberne Schalen ohne Deckel (*V cratere argentee sine copertoriis*) drei Silberbecher mit Deckeln, vier Becher ohne Deckel und zwei silberne Schöpflöffel. Der Gesamtwert der Gegenstände bleibt wegen einer Lücke im Text unklar. Auch der Sinn der halben Mark Gold entschlüsselt sich nicht. Dazu kamen zwei Armbänder aus einer halben Mark Gold und goldene Münzen, die ebenfalls eine halbe Mark wogen. Die Summe machte wieder eine halbe Mark Gold aus. (Abb. 18)

Zu etwa der gleichen Zeit (1168/69–1175) befanden sich auf den drei Burgen Sibotos mehrere silberne Schüsseln und Becher ohne und mit Abdeckung – in Hernstein sogar 16 silberne Vasen. Diese Vasen durften nur gegen das Doppelte ihres Wertes verkauft werden.[1026]

1024 QuE N. F. 29 67 Nr. 104 und 68 Nr. 105.

1025 Emmerig, Der Beitrag der schriftlichen Quellen 1109–1113.

1026 Die Zusammenstellung im Wesentlichen übernommen aus Adel in Bayern 33.

Abb. 18a/b: Herzogtum Österreich, Heinrich II. Jasomirgott (1140/1156–1177), Münzstätte Krems, Pfennig um 1150/60 – Vorder- und Rückseite.

Sehr vorsichtig war man bisher bei der Zuordnung des Münzers Eberger nach Krems.[1027] *Ebergerus monetarius* war 1172/80 der zweite Zeuge des Verkaufs eines Weingartens in Krems durch den Tuchhändler Altmann an einen Konversen aus Herrenchiemsee.[1028] Als weitere Kremser Zeugen sind Dietmar Scherf und sein Sohn Bernhard angeführt, deren Kremser Herkunft bei einem anderen Weingartenkauf 1180/92 nachzuweisen ist.[1029] Zunächst ist vorläufig zu betonen, dass das Zusammentreffen eines Münzers, eines Tuchhändlers und des Verkaufs eines Kremser Weingartens einen deutlichen Hinweis auf die Tätigkeit Ebergers in Krems geben. Alle Zweifel beseitigt aber die Aufzählung der Kremser Zeugen in der bereits besprochenen Osterhofer Mautbefreiung von 1196: *Siuridus iudex*, Eberger, Hunoldus, *Siuridus in foro*.[1030] Hunold als Sohn des Richters und *Siuridus de foro* gehören nach Krems, wie aus dem Geschäft von 1180/92 hervorgeht.[1031] Der ehemalige Münzmeister befand sich demnach noch 1196 unter den Kremser Honoratioren.

Zwischen 1182 und 1195 (1190) sind in Krems zwei Münzmeister, Kalhoch und Rimunt, genannt.[1032] Rimunt könnte auch Kalhochs Vorgänger gewesen sein. Der Abt von Garsten kaufte von Kalhoch einen Weingarten um 25 ½ Pfund *eiusdem civitatis monete* (also Kremser Pfennige). Ob der Kremser Münzmeister mit dem etwa gleichzeitig nach-

---

1027 Emmerig, Kremser Währung 60.

1028 NÖUB 3 653 Nr. 25/8.

1029 NÖUB 3, 247 Nr. 9/6: *Dietmarus qui dicitur Scerf et filius eius Pernhart.*

1030 BUB I 129 Nr. 94.

1031 Zu Hunold als Sohn des *Sifridus Cremmensis* siehe den Kommentar zur Datierung NÖUB 3 248.

1032 Haider, Die Traditionsurkunden 210 f. Nr. T 179 = NÖUB 3 208 Nr. 7/21 mit Datierung 1182/90: Emmerig, Kremser Währung 61.

zuweisenden Truchsess Kalhoch identisch ist, muss dahingestellt bleiben.[1033] Jedenfalls kennen wir mit Kalhoch einen Kremser Münzmeister, der wahrscheinlich bis 1190 dieses Amt ausübte. Ob der wohl aus Regensburg stammende Jude Schlom, den Leopold V. an die Spitze des Münzamts setzte, diese Funktion in Krems etwa als Nachfolger Kalhochs ausübte, wissen wir nicht.[1034] 1196 sind in der zweiten Fassung der Osterhofer Mautbefreiung die beiden *mutarii et monetarii Dietricus und Pernoldus* genannt, die in der ersten Fassung nicht verzeichnet wurden.[1035] Das Original der zweiten Ausfertigung ist verschollen, die Abschrift stammt aus dem 15. Jahrhundert.[1036] Beide Urkunden wurden bekanntlich anlässlich eines Landtaidings auf Burg Kaja ausgestellt.[1037] Zweifelsfrei ist Dietrich erst zu Beginn des 13. Jahrhunderts in Wien nachweisbar,[1038] doch ist eine enge Verbindung zur Stadt schon früher wahrscheinlich. Vor 1177 kaufte nämlich der Abt von Michaelbeuern einen Weingarten vom Goldschmied Bruno von Wien. Die ersten Zeugen dieser Rechtshandlung waren Arnold und Dietrich.[1039] Arnold war vermutlich der Vater Dietrichs des Reichen und schon, wie später sein Sohn, mit Zollangelegenheiten befasst und Ministeriale.[1040] Auch für Bernold gibt es ein interessantes Indiz, dass er in Wien und nicht in Krems wirkte. 1206 erhielt Gottfried der Kämmerer, einer der engsten Vertrauten Herzog Leopolds VI., Güter von Klosterneuburg, die der bereits verstorbene *Pernoldus* als Lehen besessen hatte.[1041] Gottfried besaß die vier Hofstätten, die dem 1196 ermordeten Schlom gehört hatten. Die Gütertransaktionen in Wien und Klosterneuburg deuten auf gemeinsame Tätigkeit Gottfrieds, Bernolds und Dietrichs des Reichen in der Administration der Herzöge von Österreich hin. Auch die Bearbeiter des niederösterreichischen Urkundenbuches halten es für möglich, dass *Pernoldus mutarius et monetarius* und der Klosterneuburger Lehnsnehmer *Pernoldus* ein und dieselbe Person sind.[1042]

Dietrich und Bernold übten ihre gemeinsamen Funktionen 1196 in Wien oder vielleicht noch in Krems aus. Herzog Friedrich I. beschäftigte sich schon damals zusammen mit Beratern mit dem Aufbau einer neuen Münzfabrikation. Es war nur mehr eine Frage

---

1033 *Kalhochus dapifer* NÖUB 3 337 Nr. 13/3.

1034 Zu Schlom vgl. unten S. 250 ff.

1035 BUB I 130 Nr. 95 Zeile 25.

1036 So im Kommentar BUB I 129, Zeile 24 ff.

1037 BUB I Nrn. 94 und 95.

1038 BUB I 230 Nr. 172 aus dem Jahr 1210: *Dietericus de Wiena* und Gottfried der Kämmerer unter den Zeugen einer Zollbefreiung des Klosters Vornbach. Ob Dietrich hier noch in erster Linie als Zollberater fungierte oder wie Gottfried der Kämmerer einfach zu den Beratern Leopolds VI. gehörte, ist nicht völlig klar. Das gemeinsame Auftreten des Kämmerers mit einem nachweisbaren Spezialisten für Zollangelegenheiten ist allerdings vielsagend. Beide auch 1208 BUB I 209 Nr. 161.

1039 LOHRMANN-OPLL, Regesten Nr. 175; LOHRMANN, Regensburger Kaufleute 79.

1040 LOHRMANN, Regensburger Kaufleute 80; NÖUB 4 Nr. 10/2 234: *Ditricus de Winna, Arnoldus filius eius* (1205/1215).

1041 NÖUB 4 234 Nr. 10/3; zu Gottfried vgl. auch den Kommentar ebda. 246.

1042 NÖUB 4 235.

der Zeit, ehe der Kremser Pfennig durch den Wiener Pfennig ersetzt wurde. Diese Veränderung wird auf etwa 1200 datiert.

Die Münzstätte Enns

Wenden wir uns nun der Münze von Enns zu: Mehrere Fragen zur Datierung ihrer Einrichtung sind strittig: Zur Diskussion stehen die 1130er Jahre respektive die Zeit um 1150. Die sicherste Datierung ergibt sich aus dem schon erwähnten Münzfund von Běhařov. Die Ennser Pfennige stammen aus der Zeit Otakars III. und wurden etwa 1150 geprägt.[1043] (Abb. 19) Wenn diese Datierung richtig ist, erfolgte die Einrichtung gleichzeitig mit der Gründung des Jahrmarkts.[1044] Noch 1191 war die bevorzugte Verwendung des Ennser Pfennigs auf dem Jahrmarkt nicht selbstverständlich. Herzog Otakar bestimmte nämlich, dass es den Kaufleuten erlaubt sei, alles, was sie wollten, mit Silber oder Gold zu kaufen oder zu verkaufen.[1045] Der Ausgleich beim Warentausch konnte, abgesehen von ergänzenden Zahlungen mit Münzen, noch immer mit Gold- und Silberbarren erfolgen, insbesondere, wenn es um höhere Beträge ging, wie beim Tuch- und Pelzhandel. Auch beim Münzverkehr auf dem Markt müssen wir mit verschiedenen regionalen Pfennigen rechnen – neben den Regensburger Geprägen kamen Kaufleute auch mit Passauer Pfennigen auf den Markt, deren Verwendung Leopold VI. erst 1208/12 verbot.[1046]

Als früher Beleg für den Ennser Pfennig gilt der in die Zeit des Zweiten Kreuzzugs gehörige Münzfund am Balkan, der für die Datierung von Ennser und Neunkirchner Pfennigen um die Jahrhundertmitte von einiger Bedeutung ist.[1047] Zu dieser Zeit bzw. knapp davor könnten Verhandlungen des steirischen Markgrafen Otakar III. bereits mit Vertretern Regensburgs, wohl auch Kaufleuten, begonnen haben, um mit einer Marktgründung dem Donauhandel im Raum Enns neue Impulse zu geben. Kontakte zu den Regensburgern sind durch die Beteiligung Otakars am bereits behandelten Konflikt zwischen Bischof Heinrich I. von Regensburg (aus der Familie der Grafen von Wolfratshausen 1132–1155) und Heinrich Jasomirgott in den Jahren 1145/46 nicht unwahrscheinlich.[1048]

1043 Hartner, Der mittelalterliche Münzfund von Běhařov (12. Jh.) 66; Alram, Der Beginn der Münzwirtschaft 17: Der berühmte Münzfund zu Rakwitz wurde 1130/40 vergraben.

1044 Zumindest bei den Verleihungen an einen Fürsten werden vom König Markt, Zoll und Münze nicht immer gemeinsam vergeben. Stein, Handels- und Verkehrsgeschichte 172.

1045 Hausmann, Urkundenbuch der Steiermark E 1, 2 Zeile 23 f. *Insuper quicquid emere vel vendere cum auro et argento voluerint, potestatem habeant.*

1046 NÖUB 4 Nr. 13/12 389 Zeile 23 *in foro Anasi cum denariis ibidem currentibus vendatur et ematur, cum Pataviensibus nullatenus.*

1047 Koch, Die mittelalterliche Münzstätte zu Enns 52.

1048 Zehetmayer, Die Babenberger als Herzöge von Bayern 198.

Abb. 19a/b: Markgrafschaft/Herzogtum Steiermark, Otakar III. (1129–1164) oder Otakar IV. (1164/1180–1192), Münzstätte Enns, Pfennig um 1160/70 – Vorder- und Rückseite.

Die Konfrontation Otakars mit Heinrich Jasomirgott hängt wohl mit einer Parteinahme für den Regensburger Bischof zusammen.[1049]

Die angedeutete Möglichkeit, den ältesten Pfennig, der aus einer Ennser Prägestätte stammen könnte, mit dem Passauer Schlag in Verbindung zu bringen, ist trotz einiger Unsicherheit im Rahmen der Rolle, die der Bischof von Passau im Ennser Raum spielte, recht plausibel.[1050] Bernhard Koch stellte schon 1955, basierend auf dem damaligen Forschungsstand, fest, dass im 1147 vergrabenen Münzfund am Balkan Pfennige vorkamen, die neben dem Brustbild eines Bischofs ein Lamm Gottes zeigen. Diese wurden 1910 von H. Buchenau als älteste Passauer Pfennige angesprochen.[1051] Der Raum, in dem der Passauer Pfennig seinen Umlauf und Geltungsbereich hatte, war beschränkt. Koch schätzte aber bei seinen kurzen Bemerkungen zur grundherrschaftlich-machtpolitischen Situation Passaus die Lage doch allzu eng ein.[1052]

Die Datierung der frühen Ennser Pfennige auf etwa 1150 lässt etwas vage den Schluss zu, dass auch der Jahrmarkt in Enns um etwa diese Zeit eingerichtet wurde. Otakar musste demnach die Herrschaft über Enns in den vierziger Jahren erworben haben. Vielleicht war die geplante Marktgründung sogar der Anlass zur Ausdehnung der

---

1049 Schneidmüller, Die Welfen 183 sieht Otakar und Bischof Heinrich als Mitglieder eines von Welf VI. gegen Heinrich Jasomirgott angeregten Bündnisses.

1050 Eine kurze Bemerkung dazu Lohrmann, Regensburger Kaufleute 32.

1051 Koch, Der Passauer Pfennig 38 mit offenbar nicht zutreffender Anmerkung 15. Zuletzt Hartner, Der mittelalterliche Münzfund von Běhařov 71 mit zwei Passauer Pfennigen 1125–1138. Vgl. auch Hartners Beitrag im Tagungsband Münz- und Geldwirtschaft entlang der Donau. Die Zuweisung des Agnus Dei-Pfennigs nach Passau ist nicht eindeutig.

1052 Koch, Der Passauer Pfennig 43 und 44.

otakarischen Herrschaft an die Donau. Der wichtigste Fund von Ennser Pfennigen ist jener von St. Valentin, der nach der heute gültigen Katalogisierung 34 Ennser Münzen enthält,[1053] die um 1180 datiert wurden.

1191 ist der Inhaber der Münze namens Riwin nachweisbar, der ein Haus *apud Anisam* besaß, wo Herzog Otakar eine Urkunde für das Kloster Traunkirchen ausstellen ließ. Es ist denkbar, dass dort auch die Verhandlungen mit den Regensburgern über die Bestätigung früherer Abgaben und Rechte bzw. diesbezügliche Neuregelungen am Ennser Jahrmarkt stattgefunden haben. Ob sich dieses Haus 1191 an der Stelle des im 15. Jahrhundert nachweisbaren Münzhauses in der Wienerstraße 12 bzw. 14 befand, ist nicht mit Sicherheit festzustellen.[1054]

Zu den Aufgaben des Münzmeisters gehörte die Beschaffung von Silber für die Herstellung neuer Münzen. Wir kennen die wichtigen Silbervorkommen, die für den Donauraum eine Rolle spielten. Aus den Städten des oberungarischen Bergbaugebietes kam vermutlich der größte Teil des Silbers, das schon im 11. Jahrhundert von Regensburger Händlern gekauft wurde. Dass diese selbst am Silberabbau beteiligt waren, wurde zwar behauptet, aber nicht nachgewiesen.[1055] Wenn die Regensburger in Oberungarn Silber kauften, erhebt sich natürlich die Frage, womit sie das Silber bezahlten? In diesem Fall könnten Waren aus den reichen Regensburger Lagern gegen Silber getauscht worden sein. Schwieriger ist die Frage zu beantworten, wie die Bezahlung erfolgte, wenn Kaufleute, die ihren Geschäften auf dem Markt nachgingen, einem landesfürstlichen *monetarius* Silber anboten. Das geschah auf dem Ennser Jahrmarkt; zumindest rechneten der Herzog und seine Ratgeber mit diesen Geschäften. Ohne nähere Erklärungen verfügte Leopold VI. folgendes: Wenn Kaufleute Silber mitbrachten, sollten sie dieses zu einem angemessenen Preis verkaufen, wenn sie das nicht wollten, konnten sie es anderswo zu einem höheren Preis verkaufen.[1056] Die Kaufleute brachten wohl Bruchsilber und solches in Barrenform. Nach der Ennser Jahrmarktsordnung war es den Marktbesuchern erlaubt, ihre Zahlungen bzw. ihre Gegeneinnahmen in Gold oder Silber abzuwickeln.[1057] Dies ist ein wichtiger Nachweis, dass Kaufleute auch in einem von Silber dominierten Zeitalter im lateinischen Westen auch über Goldvorräte verfügten. Eine Beschränkung des Handelsverkehrs mit Silber gab es offenbar nicht. Anders in Österreich: 1192 wurde

1053 Winter, Prokisch, Schatzfund von St. Valentin 66 und 71.

1054 Amstler, Geschichte der Stadt Enns 105; Koch, Die mittelalterliche Münzstätte in Enns 54; Schicker, Die beiden Ennser Münzhäuser 5 f.

1055 Geschichte von Regensburg 1 470 und Anm. 18 auf 476. Hier Bezug auf Schönfeld, Die Donau als Faktor der wirtschaftlichen Entwicklung Regensburgs 184; dort ein Bezug auf Bastian, Runtigerbuch 1, 102 Anm. 101, ein Verweis, der sich allerdings auf das späte 14. oder 15. Jahrhundert bezieht.

1056 NÖUB 4 Nr. 13/12 189 Zeile 25–27: *Item mercatores argentum ad monetam deferant et si eis, prout dignum fuerit, ibidem persolvatur, vendant, sin autem, ubicumque voluerint, vendant carius.*

1057 Hausmann, Urkundenbuch 1 EN1 S.2 Zeile 23 f.: *Insuper quicquid emere vel vendere cum auro et argento voluerint, potestatem habeant.*

in das Privileg für die Regensburger eine Bestimmung aufgenommen, die ihnen den Ankauf von Silber verbot (Artikel 23).

Mit welcher Gegenleistung konnte der Münzmeister dieses Silber erwerben? Wir müssen also feststellen, über welche Wertgegenstände der Ennser *monetarius* verfügte. Das hängt von seiner persönlichen Vermögenslage ab, die wohl mit seiner sozialen Stellung zusammenhing. Die Verhältnisse, unter denen der landesfürstliche Ministeriale Dietrich der Reiche seinen Funktionen als *mutarius und monetarius* oblag, könnte man nur mit größter Vorsicht verallgemeinern, da er wohl nicht nur aufgrund der dichten Quellennachweise als Ausnahmeerscheinung zu gelten hat. Wir wissen z. B. über den genannten *Riwinus monetarius*, abgesehen von seinem Hausbesitz in Enns, nichts. Dass er als Münzmeister einen gewissen Zugang zu den Mitteln des steirischen Kämmerers hatte, ist wohl anzunehmen. Auch, dass er auf eigene Faust nebenher Warenhandel betrieb, ist nicht auszuschließen. Das beste Tauschmittel gegen Silber wäre Gold und damit erhebt sich die zentrale Frage, ob es wahrscheinlich ist, dass der Ennser Münzmeister Zugang zu Gold hatte. Um diese Frage zu beantworten, können wir nur Indizien sammeln. Dass Gold im Handelsverkehr auch an der Donau eine gewisse Rolle spielte, haben wir ja gerade der Jahrmarktsordnung von 1191 entnommen.

Ferner waren Fürsten zumindest bestrebt, Gold in ihre Kassen zu bekommen. So heißt es im Wiener Stadtrecht, dass bei Verletzung des Stapelrechts eine Strafgebühr von zwei Mark Gold verhängt wurde, die von den Schwaben, Regensburgern und Passauern zu bezahlen waren.[1058] Und das bestätigt wieder, dass Fernkaufleute teilweise ihre Zahlungen in Gold leisten konnten. Vielleicht aber handelte es sich nur um eine Wertangabe eines Betrags, den man auch in Silber oder anders begleichen konnte. 1222 schuldete Bischof Gebhard Herzog Leopold VI. einen Betrag von 600 Mark Silber und 80 Mark Gold.[1059] Nicht zu vergessen ist auch die von Gerhard Rösch gewürdigte Tatsache, dass eine Wertangabe in Silbermünzen auch durch Waren oder andere Wertgegenstände, eben auch Gold, zur Bezahlung ersetzt werden konnte.[1060]

Das auf dem Ennser Markt 1208/1212 verwendete Geld war der »jüngere« Ennser Pfennig, der als umlaufende Münze bezeichnet wurde und eine Variante des Wiener Pfennigs darstellte. In der in das Jahr 1203 gehörenden Reiserechnungen des Passauer Bischofs Wolfger ist noch von der Verwendung des alten Ennser Pfennigs die Rede.[1061] Es wurden also die alte, sozusagen echte Ennser Prägung und die neue, die dem Wiener Schlag folgte, einige Zeit nebeneinander verwendet.

1058 BUB II 56 ff. Nr. 237 hier 64 Artikel 23.

1059 BUB II 71 f. Nr. 243 hier 72 Zeile 11 f.

1060 Rösch, Wirtschaftsexpansion 25; zur Gewinnung von Flussgold für das Bistum Passau Koch, Passauer Pfennig 45.

1061 Heger, Das Lebenszeugnis 79 Zeile 8 f. *Decanus Anasensie III tal. veterum anasensium.* Wahrscheinlich ein Hinweis auf die im November 1203 bereits in Enns geprägten Münzen nach Wiener Schlag.

Die Münzstätten Neunkirchen und Fischau

Unter den Münzstätten im steirisch-österreichischen Herrschaftsbereich ist noch Neunkirchen zu berücksichtigen, eine *villa*, die wir schon in anderem Zusammenhang behandelt haben. Bei dieser vor allem quellenkritischen Darstellung haben wir noch nicht die Frage gestellt, welchen Rang bzw. weniger rechtlich ausgedrückt, welche Machtfülle die »Ekberte« zwischen Piesting und dem Semmering und nach Süden in die Bucklige Welt hinein und weiter bis zu den Hartberger Bergen[1062] innehatten, aus der ihre zumindest teilweise bestehende Münzhoheit zu erklären ist?

Nach Kämpfen mit König Heinrich IV. und seiner Vertreibung aus Passau im Jahr 1077 war Graf Ekbert I. von Neuburg-Vornbach mit Verwandten nach Ungarn geflüchtet.[1063] Der Beginn der Herrschaftsbildung Ekberts im Pittener Gebiet, das zur karantanischen Mark gehörte, ist etwa 1080/81 anzusetzen. Die Wendung Leopolds II. 1081 gegen den König kann für Ekberts Herrschaft nicht allein ausschlaggebend gewesen sein: Auch der Traungauer Otakar II., ein Gegner Heinrichs IV., übte nun anstelle seines königlich gesinnten ermordeten Bruders Adalbero die Herrschaft in der karantanischen Mark aus.[1064] Die engagierte Rolle der Pittener Vornbacher und ihrer Gefolgsleute in der steirischen Politik verweist auf diesen Zusammenhang. Dazu kommt die Ehe Ekberts mit Mathilde, der Tochter des karantanischen Markgrafen Gottfried aus der Dynastie der Wels-Lambacher.[1065] Es sei hier aber festgehalten, was für die Zukunft von gewisser Bedeutung gewesen ist: Die Söhne aus dieser Ehe, Ekbert II. und Eberhard, waren Enkel des karantanischen Markgrafen Gottfried. Eine mögliche Konkurrenz gegenüber den Otakaren beim Aufbau der Pittener Herrschaft sollten wir daher zumindest im Auge behalten.[1066]

Der 1109 verstorbene Ekbert I. gründete 1094 Vornbach unter klosterreformerischen Bedingungen neu und schenkte dem Abt Berengar die *villa* Neunkirchen mit der dortigen *ecclesia parrochialis* und dem hier befindlichen *mercatus*.[1067] Von der Schenkung einer Münzprägestätte ist in dieser Aufzeichnung, die den ursprünglichen Sachverhalt schildert, keine Rede. Auch in einem später verfassten Bericht über die Neugründung Vornbachs und die Erstausstattung zur Zeit des Abtes Wirnto (Abt von 1108 bis 1127)

1062 Gemeint ist das Bergland südlich des Wechsels NÖUB 2/2 983. Csendes, Die Straßen Niederösterreichs 274.

1063 Loibl, Der Herrschaftsraum der Grafen von Vornbach 380.

1064 Weltin, Wehrbauten 25 mit Anm. 40. kritische Darstellung des Beginns der Herrschaft der Ekberte in Pitten 172 ff. speziell zu Neunkirchen. Weltin berücksichtigte nicht die Auseinandersetzung zwischen den Söhnen Otakars I. zu Beginn des Investiturstreits, die wir im steirischen Kapitel behandelt haben.

1065 Zur Problematik dieser Einschätzung Weltin, Das Pittener Gebiet im Mittelalter 25 f.

1066 Tyroller, Genealogie 142 Nr. 30 (Ekbert I. und Mathilde) und 144 Nr. 39 (Ekbert II.).

1067 NÖUB 2/1 Nr. 7/7 270 Zeile 13 ff.: *dediit… villam nomine Niuwenchirgun…et id, quod in ea loci est mercatum.* Zur Gründung Hartner, Die Grafen und Äbte von Formbach 208 ff.

wird das Münzrecht nicht erwähnt.[1068] Nachrichten zur Münzprägung in Neunkirchen sind 30 Jahre nach dem Tod Ekberts I. urkundlich festgehalten worden; die beiden einschlägigen Königsurkunden von 1136 und 1141 stehen im Verdacht, Fälschungen bzw. Verfälschungen zu sein: Sie sind komplex und heikel zu beurteilen.[1069]

Eine interessante Vermutung legte Bernhard Koch in den achtziger Jahren vor. 1108 und 1111 ließ König Heinrich V. wahrscheinlich selbst Münzen in Neunkirchen prägen, wie an Münzen aus dem Rakwitzer Fund mit einem Königsbild an der Vorderseite zu erkennen sei.[1070] Diese Erklärung wurde grundsätzlich mit guten Argumenten jüngst kritisiert, doch eine Verlegung der Vornbacher Prägetätigkeit in die Zeit um 1110 scheint etwas zu früh.[1071] War der König persönlich im Territorium eines Reichsfürsten, übte er während seiner Anwesenheit das Münzrecht aus.[1072] Dass Heinrich V. etwa 1108 bei seinem Feldzug gegen Pressburg dem in seinem Heer befindlichen Ekbert I. dieses Münzrecht überließ, hielt Koch für möglich, ist aber eine Annahme, die trotz einer allgemein historischen Plausibilität spekulativen Charakter hat.[1073] Aufgrund der Rückseite der königlichen Prägung, die eine aufrecht stehende Hand bzw. einen Kentauren zeigt, wies Koch die Münzen der Prägestätte Neunkirchen zu (Abb. 20).

Prinzipiell ist zur Pittener Herrschaftsgeschichte zu bemerken, dass bereits Ekbert I. vor 1109 eine spezifische Herrschaft im Pittener Gebiet ausgeübt hat; dies ist den Traditionsnotizen des Klosters Vornbach zu entnehmen.[1074] Es scheint aber, dass erst Ekbert II. in seiner 35 Jahre andauernden Herrschaft die »Grafschaft« formte. Auf die speziellen Bedingungen der in dieser Form eigentümlichen Herrschaftsform »Grafschaft Pitten« werde ich noch zurückkommen.

Zu der Zeit der Abfassung der erwähnten Berichte vor 1127, die über die Erstausstattung Vornbachs berichten, ließ Ekbert II. vermutlich in Neunkirchen Münzen prägen. Unter welchen Voraussetzungen bzw. möglichen Widerständen von Seiten etwa Leopolds des Starken (1122–1129) oder seiner Witwe Sophia (Regentschaft seit 1129) Ekbert das Recht, Münzen zu prägen, erworben oder sich angemaßt hat, wissen wir nicht.

Anfang der dreißiger Jahre entdeckte man Edelmetallvorkommen am Silbersberg bei Gloggnitz, der wahrscheinlich zu den Besitzungen Vornbachs in diesem Gebiet gehörte. Damit war eine neue Quelle für die Silberzufuhr nach Neunkirchen eröffnet, die nach

1068 NÖUB 2/1 Nr. 7/6 Zeilen 6 und 8 f. wortwörtlich wie zuvor.

1069 NÖUB 2/1 253 ff. Nr. (+) 7/2 Lothar III. für Vornbach und ebda. 259 ff. Nr. (+) 7/4 Konrad III. für Ekbert II.

1070 Koch, Der Wiener Pfennig 12.

1071 Hartner, Der mittelalterliche Münzfund von Běhařov (12. Jh.) 66.

1072 Rösch, Wirtschaftsexpansion 31; diese Regelung nach Rösch erst im Sachsenspielgel überliefert.

1073 Koch, Die Münzstätte Neunkirchen (ohne Seitenzählung) 5. gezählte Seite. Zu den Verhältnissen im Reich Nau, Münzen und Geld in der Stauferzeit 89.

1074 UBOE 1 626 ff. Die Pittener Betreffe NÖUB 2/1 Nr. 7/1 81.

Abb. 20a/b: Kloster Formbach, Werinto (1108–1127) oder Dietrich (1127– um 1140), Münzstätte Neunkirchen, Pfennig um 1110/1125? – Vorder- und Rückseite.

geologischen Untersuchungen nur geringe Silbervorkommen aufwies.[1075] Und so kommt nun das Kloster Vornbach ins Spiel. Ekbert II. hatte Besitzungen Vornbachs im Raum Gloggnitz entfremdet, die sein Vater dem Vornbacher Abt übertragen hatte. 1134 kaufte Abt Dietrich die lange Zeit umstrittenen Güter zurück.[1076] Ekbert stimmte der Lösung wahrscheinlich nur zu, um an das Silber heranzukommen, das am Silbersberg abgebaut wurde. Offenbar musste er den Abt aufgrund der umstrittenen Besitzverhältnisse auch an der Münzprägung beteiligen, was Max Weltin für durchaus möglich hielt.[1077] Der Abt ließ sich die auf diese Weise erworbene Beteiligung an der Prägehoheit von Kaiser Lothar und von Papst Innozenz bestätigen. Den Text der Kaiserurkunde überliefert eine im Kloster Vornbach entstandene Verfälschung vom Beginn des 13. Jahrhundert, der vermutlich eine nicht mehr erhaltene Urkunde Lothars III. vom 14. Mai 1136 zugrunde lag.[1078] In dieser Urkunde heißt es nun, dass der Kaiser nicht nur die Herrschaft über den Markt in Neunkirchen bestätigte, sondern auch die Münze mit allem sich daraus ergebenden Nutzen. Anknüpfungspunkt für die den Tatsachen entsprechenden Formulierungen waren die Aufzeichnungen aus der Zeit Berengars und Wirntos. Der Passus, der die Münze betrifft, ist ein Zusatz, der rechtlich wohl auf den Abmachungen mit Ekbert II. beruhte.[1079]

1075 Klebel, Die Siedlungen. Die entsprechende Stelle im Manuskript nicht aufgefunden. Zur Geologie des Silbersberges Mayrhofer, Alte Gold- und Silbererzbergbaue 16 ff.

1076 UbOE 1 643 f. Nr. LVIII, eine Streitbeilegung, die noch im Detail untersucht werden sollte.

1077 Weltin im Kommentar zu den Vornbacher Urkunden im NÖUB 2/1 340; zum Silbersberg Klebel, Die Siedlungen des Viertels unter dem Wienerwald 58 (Nachlass Klebel im Niederösterr. Landesarchiv).

1078 MGH D Lothar III. 128 f. Nr. 83; Weltin wie vorige Anmerkung und NÖUB Vorausband 8 f. Wichtig dazu auch der Kommentar zur zitierten Urkunde.

1079 In der Lothar-Urkunde heißt es: *confirmamus mercatum in Niunchirchin cum moneta et omni utlitate que*

So bestechend diese konkrete Erklärung auch erscheinen mag: Es ist die Frage zu stellen, ob die Teilung der Münzherrschaft zwischen einem weltlichen und geistlichen Amtsträger schon in den 1130er Jahren tatsächlich eine häufige, gewissermaßen normale Erscheinung war? Elisabeth Nau wies für die Zeit zwischen 1190 und etwa 1250 darauf hin, dass eine auf zwei Träger verteilte Prägeherrschaft für die meisten Münzherrschaften dieser Zeit zutraf.[1080] Ob Regensburg als Beispiel für derartige Verhältnisse geeignet ist, sehe ich kritisch. Die zwischen dem Herzog von Bayern und dem Regensburger Bischof geteilte und in Details oft umstrittene Herrschaft könnte einen »politisch«-organisatorischen Sonderfall darstellen. Dass es seit der Zeit um 1200 immer wieder zu solchen Ausgleichslösungen kam, hat mit konkurrierenden Herrschaftsansprüchen zu tun, unter denen das Verhältnis zwischen dem geistlichen Herrschaftsträger und dem Vogt besonders sensibel war. Die Münzprägung in Pettau, die zu Beginn der zwanziger Jahre des 13. Jahrhunderts zwischen dem Erzbischof von Salzburg und seinem Vogt Leopold VI. vereinbart wurde, aber nur kurz ausgeübt wurde, ist ein extremes Beispiel zum Wettbewerb der Hoheitsträger, die zu kurzfristigen Kompromissen führen konnten.[1081]

Dass das Kloster Vornbach das Münzrecht in Neunkirchen besaß, wurde dann auch in einer Urkunde Papst Innozenz' II. vom 29. März 1139 verbrieft. Zunächst bestätigte der Papst den Besitz der Pfarre und des Marktes (allerdings verwendet die Kanzlei den Begriff *forum*). Anschließend werden Pitten, Antiesen und Eholfing erwähnt und dann folgt der uns schon bekannte Text aus der Urkunde Lothars III.: *mercatum quoque in Niunchirchin cum moneta et omni utilitate que inde poterit provenire.*[1082] Im Lateran übernahm die Kanzlei den aus Vornbach gelieferten Text. Abt Dietrich konnte so auf die kaiserliche und päpstliche Bestätigung eines unter günstigen Umständen an sich gerissenen Rechts verweisen.

Ekbert II., dem man einen gewissen Ehrgeiz als vorwärtsstrebender Beinahe-Landesfürst nicht absprechen kann, reagierte erfolgreich.[1083] Im Juni/Juli 1141 überließ König Konrad III. auf Bitten seines Verwandten Ekbert diesem die Herrschaft über einen Markt *(forum)* in Neunkirchen und gestattete ihm, dort Münzen zu prägen.[1084] Offenbar wurde die Bezeichnung *forum* für einen Markt in dieser Zeit häufiger verwendet. Auch in Konrads Kanzlei wurden, wie aus dem Zitat in der vorigen Anmerkung ersichtlich ist, offenbar Behauptungen des Empfängers ungeprüft oder sogar wohlwollend übernommen,

inde provenire poterit. Die ursprünglichen Textstellen in den Berichten der Vornbacher Äbte lauteten *quod in ea loci* (Neunkirchen) *est mercatum* NÖUB 2/1 Nr. 7/6, 270 Zeile 16 f. (Berengar) und ebda. Nr. 7/7, 266 Zeile 9 (Wirnto).

1080 Nau, Münzen und Geld in der Stauferzeit 89.

1081 BUB IV/2 117 Nr. 1071 und oben im Kapitel Otakar III. – Landesherrschaft und Ökonomie.

1082 NÖUB 2/1 Nr. 7/3 257 Zeilen 3 und 5 ff.

1083 Dieser Zusammenhang auch im Kommentar Reg. Imp. IV,1,2 Nr. 213.

1084 MGH D Konrad III. 110 Nr. 62, Zeile 21 ff. *Eapropter peticionibus dilecti consanguinei nostri Ekkeberti comitis annuimus et in quadam villa sua Newnchire nuncupata forum et monetam illi concessimus.*

dass Neunkirchen nämlich eine *villa* in Ekberts Besitz war. Die Besitzrechte des Vornbacher Abtes bestanden in Neunkirchen aber zu Recht, wenn sie auch durch zahlreiche Ministerialen der Grafen in Neunkirchen in ihrer Bedeutung geschmälert wurden.[1085]

Wir haben im Laufe unserer Untersuchung festgestellt, dass für die Ausübung der Herrschaft über Markt und Münze häufig kein königliches Privileg nachzuweisen ist. Enns und Krems sind schlagende Beispiele dafür. Max Weltin wies bezüglich der Münze darauf hin, dass die königliche Erlaubnis für einen Grafen vom Range der Vornbacher umstritten sei,[1086] doch scheint das nicht das eigentliche Problem zu sein. Es geht um die Deutung der Herrschaft der Ekberte im Pittener Gebiet, der wir uns im nächsten Absatz zuwenden wollen. Die Herrschaft über den Markt leitete Weltin hingegen dem Forschungstrend der siebziger Jahre folgend aus grundherrschaftlichen Strukturen ab.[1087] Die 1141 urkundlich erfolgte Erlaubnis, Markt und Münze in Neunkirchen zu betreiben, war nach Weltin eine Reaktion auf das dem Kloster Vornbach bestätigte Münzrecht in Neunkirchen aus den Jahren 1136 und 1139.[1088]

Wir haben aber gesehen, dass nur Fürsten Markt-, Münz und Zollherrschaft einzeln oder gebündelt ausübten und diese Hoheitsrechte bei der Ausbildung der Territorien eine bedeutende Rolle spielten. Die Tätigkeit und die Pläne Ekberts II. scheinen also auf einer etwas anderen Herrschaftsebene gelegen zu haben, nämlich beim Aufbau einer Herrschaft im Pittener Gebiet, mit dem Vorort Neunkirchen. Die persönliche Stellung bzw. sein Rang als Grundlage dafür waren die auf die karolingische Zeit zurückgehenden Grafenrechte der Vornbacher in den Grafschaften westlich und östlich des Inn. Richard Loibl wies nach, dass die Ekberte in diesen Grafschaften noch im 12. Jahrhundert im Besitz einer übergeordneten und umfassenden gräflichen Gewalt waren, die keine grundlegenden Unterschiede zu den Grafenrechten des 11. Jahrhunderts aufwies.[1089] Es wäre eine übertriebene und wohl auch falsche Vorstellung, Ekbert II. eine Territorienpolitik im Sinne der Babenberger oder Traungauer zu unterstellen – es scheint, als wäre es ihm um den Aufbau einer auf traditionellen Vorstellungen beruhenden Grafschaft gegangen. Man könnte Ekbert II. geradezu die Nachahmung überholter Vorbilder vorwerfen, dass er sich nämlich vom König das Münzrecht bestätigen ließ und damit, wenn vielleicht notwendig, als Graf alter Ordnung als dessen Stellvertreter auftreten und argumentieren konnte. Der tatsächliche Grund für die Beurkundung Konrads III. war wohl in der Teilung der Prägeherrschaft mit dem Abt von Vornbach gelegen, der ja über

1085 Haider-Berky, Der Markt Neunkirchen (ohne Seitenzählung) in: Geschichte von Neunkirchen 3.

1086 Weltin, Neunkirchen, in: Wehrbauten 174.

1087 Weltin, Das Dorfgericht und seine Bedeutung für die Entstehung der patrimonialen Märkte in Niederösterreich 82 und Schlussfolgerung 92. Er betrachtet wegen der Herrschaft des weltlichen und geistlichen Adels über die niederösterreichischen Dörfer diese als potentielle patrimoniale Märkte. Daher wäre es in Ekberts Machtpotential gelegen aus einem Ort einen Markt zu machen.

1088 NÖUB 2/1 340.

1089 Loibl, Der Herrschaftsraum der Grafen von Vornbach 266 ff. bes. 271 2. und 3. Absatz.

entsprechende, wenn auch etwas anrüchige, urkundliche Bestätigungen verfügte. Was Ekbert vielleicht veranlasste, sich auf alte Herrschaftsvorstellungen zu beziehen, waren seine fehlenden militärischen Erfolge und die daraus folgende begrenzte Wirkung seiner Machtposition nach außen. Zumindest Teile des Pittener Gebietes waren Grenzgebiet zu Ungarn – Ekbert ist nur 1118, nämlich bei der Vorbereitung von Kämpfen gegen Ungarn, nachweisbar.[1090] Es handelte sich bei diesem Unternehmen um einen Racheakt Leopolds III. nach einem Einfall des ungarischen Königs in das Herrschaftsgebiet der Babenberger.[1091] Die gemeinsame steirisch-österreichische Aktion gegen Ungarn erklärt sich aus dem engen verwandtschaftlichen Verhältnis zwischen dem steirischen Markgrafen Otakar II., der mit Leopold III. verschwägert war.

Ein Wort noch zur eventuell auftauchenden Frage, ob Ekberts II. Aktivitäten die Ausbildung der steirischen Landesherrschaft der Traungauer konkurrierend begleitete? Da Ekbert mit Wilibirg, einer Schwester Leopolds des Starken, verheiratet war, suchte er wohl keinen direkten territorialen Wettstreit mit dem ihm verschwägerten Markgrafen und später mit seiner Witwe, der Regentin Sophia. Ekberts II. Herrschaft im Pittener Raum gab allerdings den Markgrafen von Steier wenig Spielraum, in die dortigen Verhältnisse einzugreifen. Mit zeitweiligen Spannungen ist allerdings zu rechnen.[1092] Das mag sich unter seinem söhnelosen Nachfolger Ekbert III. geändert haben: Loibl betonte als wichtigsten Inhalt seiner Herrschaft, dass er sich »nochmals mit aller Macht gegen den Bedeutungsverlust seines Geschlechtes gestemmt« habe.[1093] Die Aktivitäten der Grafen in Pitten werden den Markgrafen von Steier wohl nicht immer angenehm gewesen sein. Das rasche Ende der Münzprägung in Neunkirchen nach dem Tod Ekberts III. 1158 und ihre Verlegung nach Fischau wohl noch durch den 1164 verstorbenen Otakar III. stützt diese Annahme.[1094]

Die Absichten Ekberts II. und seines Sohnes waren offenbar nicht von der notwendigen politischen Fortune getragen, doch rückten die »Pittener Grafen« in die Nähe von Territorialherren.[1095] Die Beteiligung des Abtes bzw. des Klosters an der Münzprägung beruhte neben dem Interesse an den Einnahmen aus der Münze auf dem Vornbacher Besitz in Gloggnitz mit dem zu vermutenden Abbau von Silber auf dem Silbersberg.

Karl Lechner bezweifelte, dass die Grafen und der Abt gemeinsam das Münzrecht in Neunkirchen besessen und ausgeübt hätten. Bernhard Koch bestätigte das Zusammenwirken von zwei Prägeherren mit der Analyse der Münzbilder, die geistliche und/

1090 NÖUB 2/1 289 Nr. 7/25.

1091 Annales Mellicenses 501 Zeile 4 ff. und im Auctarium Zwetlense 540 zum Jahr 1118.

1092 Sie unten S. 247 f.

1093 Loibl, Der Herrschaftsraum der Grafen von Vornbach 384.

1094 Die Erstnennung der Fischauer Währung ist 1166 datiert und beziffert eine Burgrechtszahlung von einer *curtis* mit *quadraginta denarios Uiscacesis monete* NÖUB 3 Nr. 5/6 144 Zeile 1 f. Zum Schenker Burkhard von Mureck Pirchegger, Landesfürst und Adel 1 152.

1095 Z. B Ekbert III. als *comes Ekbert de Putene*. NÖUB 2/1 337 Nr. 7/81.

oder weltliche Darstellungen enthielten.[1096] Die Geschichte der Prägeherren drehte er aufgrund von Beobachtungen aus dem Rakwitzer Fund um: Zunächst habe der Abt von Vornbach allein gemünzt, ab etwa 1140 zusammen mit Ekbert II. Unsere Analyse hat ja gerade die umgekehrte Entwicklung wahrscheinlich gemacht. Es ist kein Einzelfall, dass die Auswertung der schriftlichen Quellen und jene der Münzfunde diametrale Ergebnisse bringen können.

Koch zeigt an den damaligen Münzbildern, dass die Vorderseiten der Münzen meist dasselbe Bild, nämlich die aufrecht stehende Hand, verwendeten, auf der Rückseite aber ein weltlicher oder ein geistlicher Herr abgebildet war. In Neunkirchen prägte man aber auch Pfennige, die den Regensburger Münzen sehr ähnlich waren. Ihre Münzbilder zeigen Herkules und einen Kentauren.[1097] Johannes Hartner versuchte diese Ähnlichkeit mit den politischen und verwandtschaftlichen Beziehungen zwischen den Ekberten und den Grafen von Bogen als Inhaber der Domvogtei von Regensburg zu erklären. Er vermutete, dass der Regensburger Domvogt Friedrich IV. in den dreißiger Jahren für die Prägung in Regensburg verantwortlich gewesen sein könnte. Die Mutter Friedrichs, Liutgard, die Tochter Ulrichs von Ratelberg, des ehemaligen Vogtes von Göttweig und Schicksalsgenosse Ekberts I. bei seiner Flucht nach Ungarn, heiratete den Regensburger Domvogt und Grafen von Bogen Friedrich III.[1098] Mehr ins Detail gehend wies Hartner nach, dass in den dreißiger Jahren des 12. Jahrhunderts in Regensburg und in Neunkirchen gleiche Punzen beim Prägen der Pfennige verwendet wurden. Die Analyse der Bildnisse des Herkules und des Kentauren liefern dazu überzeugende Beispiele. Vielleicht muss man diese Parallelen bei der Münzherstellung gar nicht mit verwandtschaftlichen oder politischen Zusammenhängen in Verbindung bringen. Der Regensburger Pfennig hatte in einem großen Währungsbezirk die Funktion einer Leitmünze. Die Übernahme oder Nachahmung Regensburger Münzbilder bedarf daher nicht unbedingt weiterer Erklärungen. Ob die Verwendung der gleichen Punze in Regensburg und Neunkirchen engere Verbindung der Prägeherren voraussetzt, muss allerdings der Numismatiker entscheiden.[1099]

Der Domvogt stand seit 1127 mit dem welfischen Herzog von Bayern in einem sich zuspitzenden Konflikt um Rechte und Einnahmen in Regensburg. 1129 ließ er einen Ministerialen des Herzogs ermorden, worauf es zu einem militärischen Konflikt kam. 1132 verhandelte man und es kam zu einem Frieden.[1100] Genau in dieser Krisenzeit führte Sophia die Regentschaft in der Steiermark, für den nach Selbstständigkeit strebenden Ekbert eine günstige Gelegenheit, Herrschaftsrechte auszubauen, sei es auch im

1096 Koch, Numismatik und Landeskunde 60 mit Abbildungen.
1097 Hartner, Die Grafen und Äbte von Formbach 209 ff.
1098 Tyroller, Genealogie 146 Nr. 45; Hartner, Die Grafen und Äbte von Formbach 217 ff.
1099 Grundsätzliche Überlegungen dazu Hartner, Neue Kremser Pfennige 228–231.
1100 Handbuch der bayerischen Geschichte 1 337.

Zusammenwirken mit dem Vornbacher Abt. Der Antagonismus zwischen Friedrich von Bogen, dem Domvogt und dem Welfen entspricht ein zu vermutendes Spannungsverhältnis zwischen der steirischen Regentin Sophia und Ekbert II., der am Aufbau seines Pittener Territoriums arbeitete. Der Schlusspunkt 1141 passt dazu: Die Verleihung des Rechtes an Ekbert II. im Juni/Juli, Münzen zu prägen, erfolgte noch zu Lebzeiten des Herzogs von Bayern, des Babenbergers Leopolds IV. In einem Augenblick politischer Ruhe in Bayern erhielt der Vornbacher sein Privileg.

1177/80, also rund 20 Jahre nach dem Tod des letzten Vornbacher Grafen im Pittener Gebiet, ist ein *commutator*, vermutlich ein Geldwechsler, namens Ellenhard aus Neunkirchen nachzuweisen.[1101] Er verkaufte in Anwesenheit und mit Zustimmung seiner Söhne einen Weingarten in Pottschach an Stift Admont. Der *procurator* und *dispensator* des Markgrafen Otakar IV. namens Udalschalk gab seine Zustimmung. Unter den Zeugen befand sich ein *Erinperht*, ein Holder des Klosters Vornbach.[1102] Wenn Ellenhard tatsächlich ein Geldwechsler war, übte er seine Tätigkeit wohl auf dem Markt in Neunkirchen aus.

Die steirische Regentschaft für den noch im Knabenalter stehenden Otakar IV. hatte einige Jahre vor 1177/80 die Neunkirchner Münzprägung bereits nach Fischau verlegt. Den Beleg über den ersten Nachweis der dortigen Münzstätte 1166 haben wir bereits erwähnt.[1103] Auffällig an dem dort behandelten Verkauf ist das Zusammenwirken eines Geldwechslers mit dem markgräflichen Verwalter und Schatzmeister; beide wurden wohl auch bei anderen Gelegenheiten gemeinsam tätig. Aus der Herzogszeit Otakars IV. (I.) stammt die Nachricht, dass ein Ministeriale des Herzogs namens Ortolf, der nach Fischau genannt wurde, *economus* und Münzmeister Otakars war.[1104] Die Prägestätte in Fischau bestand nur etwa 35 Jahre und war, wie Bernhard Koch vermutet hat, etwa bis 1200 in Betrieb.[1105] Es könnte sein, dass Leopold VI. im Rahmen seiner durchgreifenden Maßnahmen in Geld,- Handels- und Verkehrsangelegenheiten auch Fischau als altes Zentrum dieser Region aufgab. In Wiener Neustadt wurden nach Überlegungen von Koch erst in der Zeit, da Friedrich der Streitbare abgesetzt war (1236–1239) und sich in der Neustadt aufhielt, erstmals Münzen geprägt, da ihm damals die Kontrolle über die Wiener Münzprägung entglitten war.[1106]

1101 NÖUB 3 442 Nr. 16/33.

1102 Die älteste Schenkung in Pottschach an Vornbach gehörte zur Ausstattung Ekberts I. 1094 UbOE 1 627 Nr. I, weitere Schenkungen aus der Zeit Ekberts II. ebda. 633 Nr. XIX, 636 Nr. XXXI, 641 Nr. XLIX, 654 Nr. XCV, 659 Nr. CXII.

1103 Oben S. 246 Anm. 1094.

1104 NÖUB 3 447 Nr. 16/39 und 448 Nr. 16/40.

1105 Koch, Wiener Pfennig 13.

1106 Koch, Wiener Pfennig 15.

Die Anfänge der Wiener Münzstätte

Zu Beginn der achtziger Jahre des vorigen Jahrhunderts beschäftigte sich Bernhard Koch relativ ausführlich mit der Frage, wann die Prägung des Wiener Pfennigs in Wien begonnen habe. Im Bericht über den Kreuzzug Friedrich Barbarossas im Jahr 1189 sind als Beispiele für den skandalösen Wechselkurs der Ungarn die Werte der ungarischen Münzen für die Kölner, Friesacher, Regensburger und Kremser Währung angeführt.[1107] Damals dürften demnach noch keine Wiener Pfennige geprägt worden sein. Rudolfs Privileg für die Wiener Hausgenossen vom 16. Juli 1277[1108] bezieht sich auf die Gründung dieses Gremiums schon in der Zeit Leopolds V. Die betreffende Urkunde des Babenbergers ist nicht erhalten; Rudolfs Privileg ist in drei Fassungen überliefert, zwei deutschsprachigen und einer lateinischen Ausfertigung. Aus der Lateinischen geht hervor, dass der genannte Leopold der *avus* Friedrichs des Streitbaren war. In einer der deutschen Fassungen wird Leopold als *en* (Großvater) Friedrichs bezeichnet.[1109] Herzog Friedrichs Erwähnung diente offenbar nur der Präzisierung, welcher Leopold die Urkunde ausstellen ließ.

Koch nimmt nun an, und dies entspricht ja einem *mainstream* in der Forschung, dass die zwischen Juni 1193 und Februar 1194 in Österreich eingelangten Silbermengen des englischen Lösegeldes die Voraussetzungen für eine Neuorganisation der Münzprägung boten.[1110] In diesem Zeitraum, spätestens im Laufe des Jahres 1194, könnte die Münzprägung in Wien begonnen haben. Der konkrete Verbrauch der englischen Gelder ist nicht zu klären. Welche Städte nun tatsächlich befestigt wurden und wie hoch die Kosten waren, wissen wir nicht. Leider folgt daraus auch die Tatsache, dass wir den Anteil, der für die Münze eventuell zur Verfügung stand, auch nicht kennen. Wir wissen nur, dass Ende 1194 das Geld bis auf 4000 Mark verbraucht war.[1111] Dass Wien damals aufblühende Residenzstadt war, gehört zwar zur Schilderung der wachsenden Bedeutung Wiens als Residenz und Wirtschaftsstandort, bietet aber für die Datierung des Beginns der Wiener Münze keine konkreten Argumente. Koch kennt aber das von

1107 Historia de expeditione Friderici 26:*.et pro duobus Frisacensibus quatuor dabant Ungaricos denarios et pro Ratisponense seu Chremsense unum tantum Ungaricum*; Koch, Wiener Pfennig 14; die Auswahl der Währungen ist interessant, besonders das Fehlen der damals noch nicht unter der Prägeherrschaft der Babenberger stehenden Ennser Pfennige.

1108 Die Tagesdatierung stammt aus der lateinschen Fassung Tomaschek, Recht und Freiheiten 2 212 ff., hier 215: *Datum Wienne XVIIo kalendas augusti…anno domini MCCLXXVII.*

1109 Tomaschek, Rechte und Freiheiten 1 34 ff. Nr. XIV A, hier 34 (ohne nähere Verwandtschaftsbezeichnung Leopolds und Friedrichs) und 38 ff. Nr. XIV B, hier 38. Die lateinische Version ebda. 2 212 ff., hier 213: Rudolf bestätigt die *iura et statuta….que ab illustri Leupoldo….avo illustris ducis Friderici* gewährt wurden. Reg. Imp. VI Nr. 821.

1110 Vgl. oben S. 229.

1111 BUB IV/1 Nr. 941, S. 235 im Schreiben Erzbischofs Adalbert: *et IIII milia marcarum, que confessus est de pecunia regis Anglie adhuc se tunc habere, redderet.*

uns schon genauer behandelte Maut- und Münzpersonal aus der Zollbefreiung Herzog Friedrichs I. († 1198) für Osterhofen vom 25. März 1196. Es geht um die beiden *mutarii et monetarii Dietricus et Pernoldus*, die ihre Ämter zu gleicher Zeit ausübten und bisher irrtümlich Krems zugewiesen wurden.[1112] Wir konnten schlüssig nachweisen, dass die beiden wohl nach Wien gehören und es sich bei dem genannten Dietrich wohl um Dietrich den Reichen handelte. Seine Erwähnung als einer der Münzmeister 1196 schließt wohl aus, dass der jüdische Münzmeister Schlom aus Regensburg diese Aufgabe damals noch ausübte. Im März 1196 war Schlom noch am Leben, ermordet wurde er von Pilgern im Juni, die auf dem Weg ins Heilige Land waren.[1113] 1193/94 war er an der Vorbereitung der Einrichtung einer Münzstätte in Wien beteiligt. Er verlor seine Funktion als Münzmeister und Zöllner vielleicht 1194, als Leopold V. die Hausgenossen mit der Münzprägung und allen damit zusammenhängenden Rechten ausstattete. Bisher nicht zur Kenntnis genommen wurde, dass der hebräische Bericht über Schloms und seiner Hausgenossen Ermordung erzählt, dass der Herzog ihn für die Zölle bestellte und nicht wie im gleich zu besprechenden Prozess als Vorsteher *super officium monete*.[1114] Schlom könnte aus seinen Funktionen auch ausgeschieden sein, als er 1195 diesen Prozess gegen das Stift Vornbach verlor. Es ging dabei um die Grundherrschaft über einen Weinberg. Schlom wurde zwar hinsichtlich des Weinberges finanziell entschädigt, verlor aber seine grundherrschaftlichen Rechte, wohl eine Folge der judenfeindlichen Politik Innozenz' III., die sich gegen jegliche Herrschaftsrechte von Juden richtete und ihnen in der Gesellschaft eine dienende Stellung zuwies. Schließlich war ja nicht nur die Grundherrlichkeit eine Machtposition, sondern auch die eines Münzmeisters.[1115] Im Bericht über den Prozess heißt es, dass Leopold V. Schlom die Verantwortung für das *officium monete* übertrug.[1116] Es handelte sich offenbar um jene Funktion, die 1277 im Rudolfs-Privileg für die Hausgenossen als *magister monete* bezeichnet wurde. Der Münzmeister verfügte auch über Gerichtsrechte gegenüber den bei der Münzprägung tätigen Personen.

Fraglich ist der Zeitpunkt, zu dem Schlom nach Österreich geholt wurde. Eine Betrauung mit der Zolleinhebung und Münzprägung in Stein bzw. Krems und Enns ist denkbar, aber es ist zu berücksichtigen, dass Schlom Grundstücke in Wien besaß, die neben der *schola Iudeorum* lagen. Sein Lebensmittelpunkt lag wohl in Wien. Es ist natürlich möglich, dass sich über etwaige Besitzungen Schloms in Krems keine Nachrichten erhalten haben. Ein weiteres Argument, das einen Schluss auf eine Kremser Zeit

1112 So auch Koch, Wiener Pfennig 14; BUB I Nr. 95 130 Zeile 25 und oben S. 236.

1113 Lohrmann, Die Wiener Juden 31.

1114 Brugger, Wiedl, Regesten 1 17 f. Nr. 4 hebräischer Bericht – der Prozess BUB IV/1 Nr. 931. Daran schließt sich die Bemerkung, dass er auch für die finanziellen Bedürfnisse des Herzogs zuständig war. Diese Bemerkung könnte die Tätigkeit eines *dispensator* beschreiben.

1115 Zu Datierung und Sache BUB IV/2 Nr. 959; Lohrmann, Judenrecht und Judenpolitik 47 ff.

1116 BUB IV/1 Nr. 928: *Liupoldus dux Austrie quendam iudeum nomine Sclom preponeret super officium monete.*

Schloms erlaubt, ist eben seine Berufung zum Zöllner.[1117] In Wien gab es zu Beginn der neunziger Jahre vielleicht schon Marktgebühren, aber keinen Zoll. Ob es schon damals Einnahmen aus der Tor- oder Burgmaut gab, wissen wir nicht. Schlom könnte also schon vor 1193/94 nach Österreich gekommen sein und sich um die Silberbeschaffung für die Kremser Prägestätte gekümmert haben.

Dies könnte notwendig gewesen sein, weil damals mehrere Kreuzfahrer, darunter auch der Wiener Bürger Wergand, ihre Liegenschaften verkauften oder verpfändeten und das Geld oder Barrensilber auf die Reise mitnahmen, um ihre Kosten zu decken.[1118] Daraus entstand ein Mangel an Silber im Herrschaftsgebiet der Babenberger. Auch Wergand hatte vom Stift Vornbach zehn Pfund für einen Weingarten bekommen, um dessen Grundherrschaft der Streit zwischen Schlom und dem Kloster ausbrach.[1119]

Die Beauftragung eines Regensburger Juden mit der Beschaffung von Rohsilber passt recht gut in die Begünstigungen, die das Privileg für die Regensburger Bürger von 1192 geschaffen hatte. Dass etwa in dieser Zeit auch Schlom Münzmeister wurde, ist einigermaßen plausibel. Er hatte vermutlich Zugang zu Regensburger Waren, mit denen er Silber für die Münze erwerben konnte. Dass er das Silber in den oberungarischen Bergstätten kaufte, ist durchaus möglich, ja sogar wahrscheinlich. Auch der Besitz von Gold, das Schlom für diesen Zweck verwendet haben könnte, ist denkbar. Wir haben ja diese Möglichkeit des Silberankaufs bereits näher betrachtet. Schlom konnte solche Geschäfte im Rahmen seiner Tätigkeit als Zöllner in Stein anknüpfen und abwickeln.

Vermutlich im Zuge der Gründung der Wiener Hausgenossenschaft oder nach dem Prozess gegen Schlom wurden die neuen Münzmeister Dietrich und Bernold 1194 oder 1195 gemeinsam in ihre Ämter eingesetzt, zu denen ja auch das des Mautners gehörte. Münze und Maut hingen deutlicher voneinander ab als Markt und Münze, da die Mauten mit wenigen Ausnahmen Pfennigbeträge ausmachten. In Wien gab es, wie schon festgestellt, keine Zollstelle, die mit Stein, der damals ertragreichsten Einrichtung der Babenberger, vergleichbar gewesen wäre. Daher könnten Dietrich und Bernold, da sie auch Mautner waren, für die Organisation, d. h. vor allem für die Einhebung der Burgmaut, also der Tormaut in Wien, zuständig gewesen sein.[1120] Wenn diese Zusammenhänge stimmen, wäre die Burgmaut bereits 1194/95 eingeführt worden, womit die bisher unscharf erschlossene Datierung »vor 1221« (wegen des noch nicht geltenden Stapels in Wien) bedeutend früher festgelegt werden könnte.

Der urkundliche Nachweis der beiden Amtleute birgt allerdings eine Unsicherheit: Gerade die Aufnahme Dietrichs und Bernolds in die Zeugenliste der zweiten Urkunde,

---

1117 Brugger, Wiedl Regesten zur Geschichte der Juden 1 17 Nr. 4. Die Verpachtung eines Zolls ist mir nicht bekannt.

1118 Probszt, Österreichische Münz- und Geldgeschichte 151; Lohrmann, Die Wiener Juden im Mittelalter 24.

1119 Brugger, Wiedl, Regesten zur Geschichte der Juden 1, 16 f. Nr. 3.

1120 Zuletzt eine ausführliche Beschreibung Lohrmann, Regensburger Kaufleute 89–95.

in der Osterhofen 1196 seine Zollbefreiung erhielt, ist die einzige Veränderung gegenüber der Auflistung der Zeugen in der ersten Urkunde.[1121] Das Original dieser Fassung ist nicht erhalten und unsere Information stammt aus einer Abschrift des 15. Jahrhunderts. Doch stellt sich andererseits die Frage, wer ohne entsprechende Vorlage 300 bis 400 Jahre später ein Motiv hätte, gerade diese Namen zu erfinden oder aus einer uns unbekannten Quelle zu schöpfen? Zu den Vorgängen in Kaja wäre auch zu überlegen: Die Teilnahme von Mautnern bei Gewährung einer landesfürstlichen Zollbefreiung hat einige Wahrscheinlichkeit für sich und Dietrich der Reiche sowie Bernold passen genau in die Zeit. Unterstützt wird diese Schlussfolgerung bezüglich Dietrichs durch eine Zollbefreiung für das Kloster Garsten, die zwischen 1198 und 1203 ausgestellt wurde und mit Zustimmung der *officiales* Herzog Leopolds VI., Dietrich von Wien und Herbord von Enns, gewährt wurde.[1122]

Dieser Schlussfolgerung aus den Osterhofener Zollbefreiungen folgend können wir mit gewisser Sicherheit feststellen, dass 1196 in Wien bereits Münzen geprägt wurden. Koch nimmt einen Übergang von der Kremser zur Wiener Prägung bis spätestens 1203 an, als Bischof Wolfger in Krems Passauer Pfennige in Wiener Münze wechseln ließ.[1123] Die Verlegung könnte schon 1193/94, bald nach dem Eintreffen des Lösegeldes begonnen haben; vorher könnten die schon besprochenen Kremser Münzmeister Kalhoch und Rimunt die letzten in Krems von Wien unabhängig tätigen Münzer gewesen sein (Abb. 21).[1124]

Die soziale Einordnung Dietrichs des Reichen ist in ihrer Vielfalt aus den reichlich fließenden Quellen zu seiner Person erkennbar. Die Stellung seiner ihm eng verbundenen Mitstreiter, Gottfried des Kämmerers oder Bernolds, ist ähnlich zu beurteilen. Wir haben bereits gehört, dass Dietrich aus einer ministerialischen Familie kam, die Erfahrungen im Zoll- und Mautwesen hatte. Es scheint bei oberflächlicher Betrachtung eine für die frühe Sozialgeschichte Wiens bemerkenswerte Tatsache zu sein, dass der wohl finanzstärkste und damit einflussreichste Mann, ein Ministeriale in herzoglichen Diensten war. Wir haben mit einiger Vorsicht nachgewiesen, dass sein Vater Arnold ein Mautner Leopolds V. war; sein Name und seine Funktion stellen einen recht deutlichen Hinweis dar.[1125] Dietrich folgte in dieser Funktion als Amtmann nach und ist zweifels-

1121 Der Verzicht der Herausgeber von BUB I auf S.130 Pilgrim von Mühlbach und seine Verwandten nicht als Wiederholung aus der ersten Urkunde kenntlich zu machen (kein Petitdruck), beruht auf dem Umstand, dass sie in der ersten Urkunde in anderer Reihenfolge genannt sind.

1122 BUB I Nr. 106 140, Zeilen 11 f. und 17; Lohrmann, Regensburger Kaufleute 79 mit Anm. 418 und 419. Siehe auch oben Abb.5.

1123 Koch, Der Wiener Pfennig 14 mit der noch falschen Zuordnung Dietrichs und Bernolds nach Krems. Zum Geldwechsel 1203/04 Lohrmann-Opll, Regesten Nr. 282.

1124 NÖUB 3 207 ff. Nr. 7/21. Die Bandbreite der Datierung für die beiden Münzmeister ist allerdings weitgespannt: 1182 bis 1195 (1190).

1125 BUB I Nr. 49 66 Zeile 6 *attestatione Arnoldi mutuatoris et aliorum ministerialium*

frei zwischen 1207 und 1209 als Münzmeister in Wien nachzuweisen.[1126]. 1208 ist er im Privileg für die Flandrer als *magister monete* unter den Zeugen genannt, doch finden wir in dieser Zeugenliste auch einen Wiener Bürger *Mahtfridus*, der *monetarius* war.[1127] Dieser war Dietrich dem Reichen wahrscheinlich nachgeordnet. Dietrich wird damals nicht unter den Wiener Bürgern genannt. Das könnte allerdings mit seiner wichtigen Funktion als Münzmeister zusammenhängen. Eindeutig als Wiener Bürger ist er ein einziges Mal 1211 genannt, worauf wir gleich näher zu sprechen kommen. Ebenso nur einmal ist er 1216 als Stadtrichter nachweisbar. Der direkt folgende Zeuge Dietrich, Sohn des Pitrolf, beweist, dass Dietrich der Reiche nicht Pitrolfs Sohn war.[1128] Auffällig ist sein bereits erwähntes häufiges Zusammenwirken mit Gottfried dem Kämmerer,[1129] der so wie Dietrich zu den engsten Beratern Leopolds VI. gehörte. Dietrich und Gottfried wurden nicht unter die Wiener Bürger eingereiht. Sie und der *iudex*, also der Wiener Richter, hatten eine andere Qualität. Gerhard Rösch hat zu den sozialen Verhältnissen in der frühen städtischen Entwicklung den heute noch gültigen Forschungsstand in folgender Weise umrissen: Man habe sich von der älteren These abgewendet, »dass das Bürgertum auf der einen und die Ministerialität auf der anderen Seite als ein Gegensatz zu sehen sind. Dass jene Schicht, die man als M e l i o r a t [gesperrt vom Verf.] bezeichnet hat, aus einer Personengruppe besteht, in der diese Gruppen verschmelzen, steht fest.«[1130] Kaufleute kamen aus der Ministerialität und umgekehrt integrierten sich Kaufleute in die Ministerialität.[1131] Unsere drei herzoglichen Amtleute und Ratgeber waren Leute des Meliorats, das Elemente der Ministerialität und städtisch gebundener Aktivitäten umfasste.

An anderer Stelle habe ich die Erzählung des Jansen Enikels behandelt, in der über Dietrichs Ratschläge berichtet wurde, wie er mit Hilfe der Wiener Bürger als Kreditgeber den landsässigen Adel in finanzielle Abhängigkeit bringen könnte.[1132]

Bekannt ist seine 1211 vollendete Stiftung einer Kapelle in Zeismannsbrunn, einem Dorf in der Gegend der heutigen Burggasse, der späteren Vorstadt St. Ulrich.[1133] Dietrich hatte mit seiner Zugehörigkeit zu den Wiener Bürgern seine ministerialische Stan-

1126 BUB I 206 f. Nr. 160, 215 Nr. 165.

1127 BUB I Nr. 161 209 Zeile 40 und 46 f.

1128 BUB II 2 f. Nr. 201.

1129 Die im Privileg für die Flandrenser aus dem Jahr 1108 genannten Zeugen sind offenbar als letzte der Ministerialen angeführt: *Dietricus magister monete, Gotofridus camerarius und Marquardus iudex*. Erst danach beginnt die Aufzählung der anwesenden Wiener Bürger. Ihre besondere Platzierung ist wohl mit ihrer Amtsfunktionen zu erklären.

1130 Rösch, Zwei literarische Quellen 113 f.

1131 Mit Bezug auf die Kölner Richerzeche Irsigler, Kaufmannsmentalität 65. Hier auch die Bezeichnungen *meliores, honestiores, potentiores, sapientes* bzw. *divites* für die führende Leute mit Ansehen, Macht, Weisheit und Reichtum.

1132 Lohrmann, Regensburger Kaufleute 82.

1133 FRA II/18 21 Nr. 15: *Dietricus civis Wiennensis*. Das ist seine einzige Erwähnung als Wiener Bürger.

Abb. 21a/b: Herzogtum Österreich, Leopold V. (1177–1194), Münzstätte Krems oder schon Wien, Pfennig um 1180/90? – Vorder- und Rückseite.

desqualität wohl nicht eingebüßt. Es ist allerdings denkbar, dass die Bezeichnung Dietrichs als Wiener Bürger ein Irrtum in der Kanzlei Bischof Manegolds war, welche die Bestätigung der kirchenrechtlichen Stellung der Kapelle in Zeismannsbrunn ausstellte.

Dietrichs Rolle bei der Entfaltung der Wirtschaft der Stadt Wien zeigt, dass seine als Amtmann vom Landesfürsten abgeleiteten herrschaftlichen Funktionen auch im städtischen Bereich strukturbildend waren, wie dies als allgemeine Erscheinung schon Alfred Haverkamp in einer einschlägigen Untersuchung dargelegt hat.[1134]

Fassen wir unsere Ergebnisse zur Frage der landesfürstlichen Münzprägung zusammen. Die Münzen, deren Prägung und Umlauf zwar nicht lückenlos, aber doch mit einem gewissen Erfolg vom Landesfürsten und seiner Umgebung betrieben und gefördert wurde, erbrachten Einnahmen, die für die Zeit um 1200 nicht bekannt sind, da unsere konkreten Informationen erst aus der Zeit Friedrichs des Streitbaren stammen, als die erfolgreiche Platzierung des Wiener Pfennigs wohl eine deutliche Steigerung der Einnahmen aus der Münze erbracht hatte. Damals 1220/40 betrugen die jährlichen Einnahmen knapp 21.000 Mark, die umgerechnet den im Urbar überlieferten 14.000 Pfund entsprechen.

Überlegungen wären anzustellen, wie sich die Einführung und Bekämpfung des Münzverrufs auf diese Einnahmen auswirkte. Wie sich die zur Zeit der Abfassung der landesfürstlichen Urbare (Österreich und Steiermark) die unterschiedliche Behandlung des in der Steiermark schon üblichen fünfjährigen Münzverrufs, den es in Österreich noch nicht gab, auswirkte, ist den pauschalen Angaben nicht zu entnehmen. Gegenüber dem Edelmetall von Gold und Silber in Barrenform hatte der Geldverkehr in Form von

1134 Haverkamp, Frühbürgerliche Welt 56.

regionaler Währung den Vorteil der regelmäßigen Einnahmen. Zu untersuchen wäre allerdings die Möglichkeit, dass Geschäfte mit Barren einfach in Münzwerte umgerechnet wurden.

Wir haben darauf hingewiesen, dass die Gesamteinnahmen höher als der genannte Betrag waren, den das Münzpersonal und die organisierenden Verantwortlichen erhielten. Es handelte sich um Anteile aus den tatsächlichen Gewinnen. Der Landesfürst berief den Münzmeister und vielleicht auch andere an der Prägung beteiligte leitende Leute in ihre Funktionen. So heißt es wortwörtlich bei der Schilderung des Prozesses zwischen dem Kloster Vornbach und Schlom, dass *Liupoldus dux Austrie quendam iudeum nomine Sclom preponeret super officium monete.* Aus dem österreichischen Urbar der Zeit der Babenberger können wir schließen, dass die Einnahmen aus der Münze nicht verpachtet waren. Dies im Gegensatz zu den Stadtgerichten, von denen es klar und deutlich heißt, dass sie als Pacht vergeben wurden *(Iudicium in Wienna locatur pro mille tal).*[1135]

Die enge Beziehung zwischen Leopold VI. und Dietrich dem Reichen ist ein Beispiel dafür, wie effizient diese Zusammenarbeit war und wie sie die Repräsentation von Herrschaft und Macht förderte. Die oft gewürdigte Qualität des Hoflebens Leopolds in Wien, die angeblich mit Gold finanziert wurde, hing von Finanzleuten vom Schlage Dietrichs ab.

Im Vergleich zu den Nachbarn konnten sich die Münzen aus Krems, Enns und Neunkirchen offenbar recht gut behaupten. Gegen die Verwendung von Regensburger Pfennigen sind keine Maßnahmen der Babenberger bekannt, im Gegensatz zu den Passauer Münzen, die Leopold VI. zumindest auf dem Ennser Jahrmarkt verbot. Die Dominanz der ungarischen Pfennige war in der zweiten Hälfte des 12. Jahrhunderts bereits zurückgegangen, die Überlegenheit der Kölner und Friesacher Währung wird im oben zitierten Kreuzzugsbericht von 1189 erwähnt. Innerhalb weniger Jahrzehnte eroberte sich der Wiener Pfennig im Laufe des 13. Jahrhunderts neben dem böhmischen Geld eine marktbeherrschende Stellung in Mitteleuropa.

1135 Dopsch, Die landesfürstlichen Urbare Nieder- und Oberösterreichs 233 Nr. 8. 231 f. Nr. 1–7 gibt hingegen nur die Einnahmen aus der Münze und den Zöllen an, ohne eine Pacht zu erwähnen.

Landesherrschaft, Wälder und Forste

Die folgenden Ausführungen werden sich an geeigneten Beispielen mit der Wald- und Forstverwaltung in Österreich und der Steiermark und den daraus resultierenden Einnahmen des Landesherrn beschäftigen. Die materielle Verfügungsgewalt und die Herrschaft über das »Personal,« dem die *custodia* in den Wäldern übertragen war, zeigt sich schon bei einer flüchtigen Prüfung recht ähnlich wie der Markt und die Mauteinhebung organisiert. Dies gilt auch für den politischen und sozialen »Charakter« dieser *officiales*, die unter den verschiedensten Bezeichnungen ihre Funktionen bei der Herrschaft und Aufsicht in den Wäldern ausübten.[1136]

Die Beispiele aus dem österreichischen und dem steirischen Territorium im 12. und den ersten Jahrzehnten des 13. Jahrhunderts (bis etwa 1250) berühren ein grundsätzliches Problem: Unsere Darstellung einzelner Wald- und Forstangelegenheiten im Kontext territorialer Herrschaftsentwicklung macht es schwierig, die bekannten Themen Einforstung, Jagdrecht oder die Unterschiede zwischen *silva* und *forestis* ausreichend und in erstrebenswerter Klarheit zu behandeln.[1137] Diese terminologische Unsicherheit gilt sogar für das 1086 in einer Schenkungsurkunde Heinrichs IV. erwähnte *ius forestale* in der *silva* Harz.[1138] Der Kaiser stellte fest, dass er in der *silva* Harz die Forsthoheit ausübte und präzisierte damit, was unter *silva* in diesem Fall eigentlich zu verstehen war.

Die Frage nach eventuellen Zusammenhängen zwischen der Forsthoheit und der Landeshoheit, wie sie Theodor Mayer oder Karl Bosl gestellt haben,[1139] hat sich in dieser

1136 Wir können, wie in einer Waldschenkung für Melk beschrieben, eine Hierarchie der für den Wald zuständigen Leute erkennen, BUB I Nr. 80 109 Zeile 16. Ein *forestarius* oder *forstarius* sind aber nur dann eindeutig als untergeordnete Förster zu identifizieren, wenn sie eine Forsthube besaßen. Ein *nemoris magister* war wohl direkt dem Herzog verantwortlich.

1137 Feldbauer, Der Herrenstand in Oberösterreich 39 unterscheidet die Forsthoheit vom synonymen Gebrauch von Forst und Wald (*forestis* und *silva*, auch *nemus*), der in den Urkunden oft begegnet. Ob die auf die Karolingerzeit zurückgehende Rechtsfigur der Forsthoheit im 12. Jahrhundert überhaupt noch eine wesentliche Rolle neben der Sicherung von Jagdgebieten spielte, scheint eines der Kernprobleme der Entwicklung zu sein.

1138 MGH D Heinrich IV. 2 504 Nr. 378. Der König nimmt von einer Schenkung den Harz aus und zwar: *silvam, quae dicitur Harz cum forestali iure.*

1139 Rubner, Artikel Forst HRG I (1. Auflage) Sp. 1172 mit der noch heute gültigen Bemerkung: »Darum fehlt es bis heute an einer Untersuchung über die königliche Forstverwaltung des Hochmittelalters.« In HRG I (2. Aufl), Sp. 1632 ff. wird diese Frage nicht mehr berührt. Die verdienstvolle Studie Daslers zu Forst und Wildbann trägt zwar einiges zum Verständnis dieser Probleme bei, ist aber für unsere Fragestellungen nicht treffsicher, da es ja im Rahmen unserer Fragestellung nicht nur um die herrschaftlichen Jagdforste, sondern um die mit diesen konkurrierenden verschiedenartigen Nutzungen von Wäldern

Form als wenig hilfreich erwiesen, weil sie sich weniger an den Quellen, sondern an typologischen Modellen orientierten. In einer Rezension von Daslers Arbeit zu Forst und Wildbann hat Heinz Mohnhaupt 2002[1140] die Forschungssituation pessimistisch, aber treffend beschrieben: »Forst und Wildbann sind juristisch geprägte Begriffe, die im Mittelalter noch keineswegs über einen präzisen Inhalt verfügten. Bis heute müht sich die Forschung um Klarstellung mit unterschiedlichen Erfolgen.« Einen etwas weitergehenden Hinweis gab Mohnhaupt bezüglich der Konstituierung von Herrschaft, die über die Raumbildung zustande kam. So fasst er etwas zu allgemein zusammen, dass Bannrechte Herrschaftssplitter bildeten, die sich zu einer Summe »Herrschaft« bündeln konnten. Das ist natürlich richtig, sagt aber wenig aus, weil es zur Erklärung der Art und Weise des Ineinandergreifens einzelner Herrschaftselemente nichts beiträgt. Dieses Zusammenspiel von Herrschaftskategorien wie etwa Grund- oder Dorfherrschaft (bedeutsam wegen der Allmende in den Wäldern) in ihrem Verhältnis zur Forsthoheit entschied ja aber über Erfolg oder Misserfolg von Herrschaft. Die Raumbildung ist eines dieser Elemente der Gebietsherrschaft, die bei der Beschreibung ihrer Grenzen konkret fassbar wird.

Caspar Ehlers kommt in einer kritischen Bemerkung zu Dasler zu dem Schluss, dass jeder Einzelfall eines Forstes zunächst als eigener Prozess zu untersuchen wäre. Eine Empfehlung, der wir folgen wollen.[1141]

Zunächst noch einige in die Tiefe der Zeit zurückgreifende Bemerkungen, um die Problematik des Wandels der »Forstideologie« im Hochmittelalter besser zu verstehen. Umfangreiche Wälder prägten große Teile der Landschaften im mittelalterlichen Europa. Neben einer Fülle von Möglichkeiten wirtschaftlicher Nutzung, die rechtlich zum Teil kompliziert organisiert waren, ist in den Ardennen erstmals 643–647/648 von einem königlichen Forst die Rede, in dem die neugegründeten Klöster Stablo und Malmedy Grundbesitz und Rodungsrechte erhielten.[1142] Erwähnt wurde auch eine Schar wilder Tiere, die diesen Wald bevölkerten. Thomas Zotz erkannte in dieser Erwähnung einen Anklang an die Jagd,[1143] die sich später in der rechtlichen Form des Wildbanns niederschlug.

Gregor von Tour gebrauchte für den Wald die römische Bezeichnung *saltus*, womit eine Wald- oder Weidedomäne gemeint war. Dass bei der Neubildung *forestis* und der

---

geht. Bosl, Forsthoheit – einzelne Zitate bei der weiteren Besprechung des Problems unten S. 265; Mayer, Der Staat der Herzoge von Zähringen beschäftigt sich 361 zwar mit den Grundlagen der Landeshoheit, nimmt aber auf die Forsthoheit keinerlei Bezug. Vgl. Dazu die diesbezügliche im Lichte von Rubners Literaturauswahl nicht recht verständliche Behauptung Rubners wie oben Sp. 1173.

1140 Rezension in: ZRG Germ. Abt. 119 (2002), 461 f., bes. 463 zu Herrschaft und Raumbildung.

1141 Rezension in: Historische Zeitschrift 276 (2003), 146- 148.

1142 MGH D Merov. 1 205 Nr. 81, hier 206 Zeile 33 *in foreste nostra nuncupante Arduinna in locis vaste solitudinis consulere cupientes, in quibus caterva bestiarum germinat*; Rubner, Artikel Forst HRG 1 1. Auflage Sp. 1168.

1143 Zotz, Beobachtungen zu Königtum und Forst 95 f.

Abgrenzung eines Waldgebietes die Jagd die entscheidende Rolle spielte, ist nicht unwahrscheinlich, wir wissen es aber nicht mit Sicherheit. Wichtiger ist nach Thomas Zotz die Feststellung, dass der »fränkische Forst« ein exklusives Gebiet unter Königsrecht in Hinblick auf Waldnutzung, Jagd und Fischfang war.[1144] Besonders wichtig ist bei dieser Aufzählung die allgemeine Waldnutzung, die im späten 11. und 12. Jahrhundert im Rodungszeitalter eine völlig neue Dimension und Bedeutung annahm, aber auch neue Probleme aufwarf.

Erst in karolingischer Zeit, kam es zu einer allmählichen Entwicklung und Durchsetzung des Wildbanns in den Forsten. Spannungen zwischen der Jagdlust des Hofes und dem Streben von Einsiedlern, sich in der *solitudo* der Wälder niederzulassen, sind allerdings schon in merowingischer Zeit nachzuweisen.[1145]

Das Forstrecht wurde durch den Forstbann, das Verbot fremder, nicht besonders gestatteter Nutzung, geschützt. Seit der Zeit Karls des Großen gehörten die Forste zu einer Pfalz.[1146] Durch die Vergabe von Forsten an weltliche und geistliche Große, wie sie seit König Arnulf nachgewiesen ist, wurde die Forstorganisation dezentralisiert bzw. feudalisiert. Ernst Schubert zog mit Rücksicht auf die Empfänger aus den Forstschenkungen den übergreifenden Schluss, dass die Königsforste den Kern der materiellen Ausstattung der Reichskirche bildeten.[1147] Diese Feststellung trifft hinsichtlich der Weitergabe der Forsthoheit den Kern der Sache, wie wir an einigen Beispielen sehen werden. Eine Forstschenkung Arnulfs aus dem Jahr 889 ist vielleicht sogar das älteste Beispiel für diese Entwicklung. Empfänger war bezeichnenderweise ein Bistum, nämlich Eichstätt. Der Bischof erhielt jenen Teil der *silva* und *forestis*, der zum Königshof Weißenburg gehörte. Der für den Hof und die Grafschaft zuständige Graf Ernst gab seine Zustimmung, was auf die Zuständigkeit und damit die Einflussmöglichkeiten der Grafen bezüglich der Forstherrschaft verweist. Es folgt die für Forste und Wälder notwendige genaue Beschreibung der Grenzen. Der König übergab den Wald *sub eodem banno, sic ut antea fuit*, d. h. der Bischof erhielt die Forstrechte des Königs. Dementsprechend bedurfte es seiner Zustimmung, wenn jemand im Forst jagen, Holz schlägern, Heu schneiden oder Haustiere weiden lassen wollte.[1148]

Bei einer etwas jüngeren Schenkung stellte Zwentibold, der König von Lothringen, ein Waldgebiet unter königlichen Bann und machte so die *silva* zur *forestis*. Die Sache ist nur insofern etwas problematisch, da der Empfänger Erzbischof Radbod von Trier und der zuständige Graf Otakar Zwentibold baten, den Forst unter Königsbann zu stel-

1144 Zotz, Beobachtungen zu Königtum und Forst 98 f.

1145 Zotz, Beobachtungen zu Königtum und Forst 99 f.

1146 Schubert Artikel Forst LMA IV Sp. 658.

1147 Schubert Artikel Forst LMA IV Sp. 659.

1148 Zotz, Beobachtungen zu Königtum und Forst 110 mit Bezug auf MGH D Arnulf 108 Nr. 72. Schon damals ging die Banngewalt auf den Empfänger über, nicht erst unter Otto I.

len.[1149] Der König war also nicht die treibende Kraft hinter der Einforstung. Erst 944 in der Zeit Ottos des Großen soll die Banngewalt erstmals dem Beschenkten, damals nämlich dem Bischof von Utrecht, überlassen worden sein, was bei der Berücksichtigung von Arnulfs Schenkung nicht richtig ist.[1150] Diese Schenkungen weisen darauf hin, dass das *ius forestense* sich auf ein Gebiet beziehen konnte, das nicht unbedingt zum Grund und Boden des Beschenkten gehörte. Damit löste sich der Forstbann von der Grundherrschaft und konnte als Recht, das nicht aus dem Besitz abgeleitet wurde, als eine Art Gewere gedeutet werden. Damit konnte der Forstbann zu einem der Instrumente werden, die die Ausbildung einer Gebietshoheit begünstigten.[1151] Ähnlich sah Ernst Schubert die Entwicklung: »Der Inhaber des Wildbanns (Forstbanns) entschied über die Erweiterung der Waldnutzungen [Holz, Bienenzucht, Weiderechte Anm. d. Verf.] vor allem aber über den Siedlungsbau, der in der hochmittelalterlichen Rodungsphase auf Kosten der Waldflächen gehen musste.« Eine gewaltige Leistung, der ein Inhaber der Forsthoheit ohne kompetente Beratung kaum nachkommen konnte. Diese Beratung oblag dann Forstmeistern und Förstern, die oftmals aus der Ministerialität kamen. Wir können also auch bei Ausübung der Forsthoheit den uns schon bekannten Typus der Administration nachweisen, der zur Entwicklung der Landeshoheit beitrug.[1152]

Heinrich Rubner stellte mit Berufung auf Hermann Thimme[1153] für die nachkarolingische Zeit einen Wandel des Forstbegriffs in Deutschland fest. Durch die Schenkung oder Verleihung von Wäldern bzw. ihre gleichzeitige Nutzung durch Leute im Zuge der Besiedlung neuer Landschaften (und das waren größtenteils Wälder) erhielt sich die königliche Gewalt nur mehr als richterliche und bezog sich vor allem auf die dort lebenden Tiere, d. h. auf die Jagd. Im Zuge dieser Entwicklung entstand der Wildbann, neben dem aber immer noch der Königsforst karolingischer Prägung weiterbestand. Der Wildbann beschränkte die Möglichkeiten von Rodungen und der folgenden Kultivierung in den Wäldern, d. h. der Schaffung von entsprechenden Agrar- und Weideflächen in den Wäldern.[1154]

Eine der ältesten Erwähnungen von Forst und Wildbann in unserem Raum betraf das Leithagebirge; 1074 hatte König Salomon von Ungarn Heinrich IV. ein Gebiet Ungarns abgetreten. Hier schenkte Heinrich dem Stift Freising 100 Hufen mit allem

---

1149 Zotz, Beobachtungen zu Königtum und Forst 111; MGH D Zwentibold 39 ff. Nr. 13.

1150 Zotz, Beobachtungen zu Königtum und Forst 112 mit der Interpretation von MGH D Otto I. 143 f. Nr. 62. Zu dieser Urkunde, die eine Reihe von Fragen aufwirft, auf die hier nicht näher eingegangen werden kann, Dasler, Forst und Wildbann 221–225.

1151 Zotz, Beobachtungen zu Königtum und Forst 112. Es handelt sich dabei um ein schönes Beispiel, dass bestimmte Rechte nebeneinander bestehen konnten und nicht hierarchisch, etwa unter einem umfassenden Besitz- oder Eigentumsrecht, geordnet waren.

1152 Schubert, Artikel Forst LMA Bd. IV Sp. 659.

1153 Rubner, Artikel Forst HRG I Sp. 1171 ff. (1. Auflage), in diesem Punkt forschungsgeschichtlich genauer als die 2. Auflage; Thimme, Forestis 126 ff.

1154 Schubert, Artikel Forst LMA IV Sp. 658.

Zubehör (samt der Fischerei) aber *exceptis venationibus et wildbanno in Litahaberge.*[1155] Der Höhenrücken des Gebirges ist bis heute stark bewaldet und besteht aus Eichen, Hain- und Rotbuchen.[1156] Aufgrund der politischen Entwicklung der folgenden Jahre, die einerseits Ungarn und andererseits den Konflikt Heinrichs mit dem Papst und einigen Fürsten des Reiches betraf, ist es nicht wahrscheinlich, dass der König Zeit für das Jagdvergnügen im Leithagebirge aufwenden konnte. Dass Heinrich IV. hinsichtlich der Förderung regionaler Kräfte bei der Vergabe von Rechten Vorsicht walten ließ, zeigt sich auch bei den Forst- und Wildbannverleihungen: Seit 1080 verschwanden sie bis in die Regierungszeit Lothars III.[1157]

1049 überließ Kaiser Heinrich III. dem Bischof von Passau den Wild- und Forstbann auf dessen Besitz zwischen Sarming- und Dimbach im Komitat des Markgrafen Adalbert.[1158] Es geht also neuerlich um die Übergabe einer Forsthoheit an einen Bischof. Genauere Bestimmungen werden ausgeführt, die mit den entsprechenden Rechtsverhältnissen begründet werden: Niemand möge es wagen, ohne Erlaubnis des Bischofs und seiner Nachfolger innerhalb der Banngrenzen des Forstes zu jagen oder irgendein Tier zu fangen, das eingeforstet und durch die Banngewalt geschützt ist.[1159] Das »eingeforstete« Tier erfreut sich einer eigentümlichen, aber recht charakteristischen Rechtsbezeichnung. Die Bannverleihung erfolgte auf Bitten des Bischofs und bezog sich auf ein Gebiet, das Passau bereits gehörte.

Ende 1037 hatte nämlich der Edle Engildeo dem Bischof von Passau dieses *predium* am Ostrand des heutigen Oberösterreichs übergeben, das sich zwischen den genannten Flüssen vom Donauufer bis zum slavischen Siedlungsgebiet nach Norden erstreckte.[1160] Der Bischof erhielt ein bestimmtes Hoheitsrecht, nämlich ein »Jagdmonopol« in einem Wald, in dem königliche Forstrechte galten. Dieser Wald lag in einem Gebiet, in dem Passau während der folgenden Jahrzehnte in unmittelbarer Nachbarschaft seine Herrschaft aufbaute, wie wir sie

1155 NÖUB 1 387 ff. Nr. 31b; Kommentar 395; Lohrmann, Babenberger 193.

1156 Hübl, Die Wälder des Leithagebirges 133 ff.

1157 Dasler, Forst und Wildbann 263. Die Zurückhaltung König Heinrichs bei derartigen Schenkungen an Bischöfe oder weltliche Fürsten ist wohl mit den Problemen des Investiturstreits und daher ähnlich wie sein Rückzug aus dem Herrschaftsgebiet der Babenberger zu erklären.

1158 NÖUB 1 Nr. 22n 306 Zeile 3 ff. *tradidimus atque concessimus ius et potestatem legitimi banni super venatione et foresto in predio sancti Stephani protomaryris eiusdem episcopi patroni, scilicet in comitatu Adalberti marchionis et intra geminas fluminum Sabinichi et Tvminichi ripas sito*; Dasler, Forst und Wildbann 172 ff. Die dort geführte Diskussion über die Verortung des Dimbach ist wohl gelöst. Lohrmann, Regensburger Kaufleute 43.

1159 NÖUB 1 Nr. 22n 306 Zeile 8 ff. …*ut nemo absque licentia et voluntate prefati episcopi successorumque suorum infra predictos eiusdem foresti terminos banni conclusione vetitos presumat venari aut aliquod genus ferarum, quod inforestatum iure banni interdicitur lege, qualibet venatoriae artis industria capere vel decipere.* Die Formulierung zeigt Anklänge an den Wortlaut der Umwandlung einer *silva* in eine *forestis*, die im Besitze St. Maximin und des Erzbistums Trier waren. MGH D Zwentibold 39 ff. Nr. 13.

1160 NÖUB 1 298 ff. Nr. 22k.

beispielsweise an der Herrschaftsgeschichte der Burg Spielberg beobachten konnten. Wir entnehmen dieser Verleihung der Forsthoheit, dass der Empfänger damit ein Hoheitsrecht erhielt, das weitere Schritte bei der Durchsetzung umfassender Herrschaftsrechte unterstützte. Doch habe ich Zweifel, dass ein derartiger Befund als Argument für die monokausale Erklärung ausreicht, die Landeshoheit hätte sich aus der Forsthoheit entwickelt. Dasler hat an dieser weit verbreiteten Auffassung begründete Kritik erhoben, die sich auch, worauf ich schon hingewiesen habe, auf einschlägige Artikel im Lexikon des Mittelalters und dem Handwörterbuch der deutschen Rechtsgeschichte bezieht.[1161]

Der Gebietsstreifen zwischen Sarming- und Dimbach gehörte zu der 1142 erwähnten *silva* des Königs, die Riedmark genannt wurde, die wir aus der bekannten Schenkung von 400 Hufen kennen, die Konrad III. dem Kloster Garsten überließ. Das Gebiet der Schenkung ist näher umschrieben: Es lag zwischen der Jaunitz und der Waldaist und reichte im Norden bis an den slawischen Siedlungs- und Grenzraum.[1162] Die *silva* wurde seit Jahrzehnten gerodet, worauf auch der Name Riedmark verweist, der ja bekanntlich schon 1115 nachweisbar ist.[1163] Wie könnte sich die Waldnutzung im östlichen Mühlviertel während der 100 Jahre zwischen den beiden Schenkungen von 1049 und 1142 entwickelt haben? In der Mitte des 11. Jahrhunderts gab es einen durch seinen östlichen Streifen bekannten Wald, der trotz der im Laufe der Zeit unterschiedlichen Besitzer unter königlicher Banngewalt stand. Um diese bemühte sich Bischof Egilbert von Passau, die er auch erhielt. Die Urkunde erwähnt vor allem die Kontrolle des Bischofs über die Jagd. Ein Bischof konnte zwar ein großer Jäger sein, was kritische Zeitgenossen gern aufs Korn genommen haben, wahrscheinlicher ist aber die Vermutung, dass der Bischof im Besitz solcher weitreichenden Rechte diese eher für eine kontrollierte Landnahme im Rahmen seiner Aufsicht über die Rodungen nützte. Wir könnten sogar unterstellen, dass ohne solche Rechte, Ordnung zu schaffen, wie sie vor der Entstehung der Territorien die Bischöfe ausübten, die Binnenkolonisation mehr Mord und Totschlag als Nutzen gebracht hätte. Die Notwendigkeit der Holzgewinnung in den Wäldern und das Schaffen von Ackerland konnten bei einem Mangel an Koordination rasch zu Konflikten führen.

Wir kennen ein noch älteres für die Vielfalt der rechtlichen und sozialen Ausformung solcher Vorgänge lehrreiches Beispiel: Zwischen Passau und seinem Eigenkloster Kremsmünster kam es nach einem langen Streit, der Jahrzehnte gewährt hatte, 992/93 mit Arnold I. von Wels-Lambach zu einem Vertrag über Besitzungen bzw. Rechte in vier Wäldern, die südlich der Traun im heutigen Oberösterreich lagen. Graf Arnold überließ einen Teil dieser Rechte dem Kloster.[1164] Es ist von einiger Bedeutung, dass wir mit die-

1161 Dasler, Forst und Wildbann 30 mit Anm. 122.

1162 MGH D Konrad III. Nr. 66 116 Zeile 21–23.

1163 BUB I 3 Nr. 2 in einer Abgabenfreiheit von St. Florian.

1164 Zauner, Einforstung; der Fall unter Zitation Zauners erwähnt von Dasler, Forst und Wildbann 24 Anm. 106; zu Arnold I., gest. 1020: Tyroller, Genealogie 138 Nr. 9.

sem Vertrag über einen Nachweis verfügen, dass um das Jahr 1000 ein Streit zwischen einem Bischof und einem Grafen stattfand, in dem es um Fragen der Forsthoheit ging.[1165] Es handelt sich um ein kostbares Zeugnis aus der Übergangszeit zwischen karolingischer und hochmittelalterlicher Forstherrschaft.

Der Vertrag ist in zwei Fassungen, einer aus Lambach und einer zweiten aus Kremsmünster, überliefert. In Kremsmünster berichtete man, dass Graf Arnold sich die Besitzungen irrtümlich oder unabsichtlich angeeignet hatte. Wie das vor sich gegangen sein soll, bleibt unklar. Rätselhafte Dinge scheinen beim Erwerb dieser Rechte vorgegangen zu sein, über die wir gern besser Bescheid wüssten. War es da bei der Festlegung von Besitz- und Hoheitsabgrenzungen nach der Ungarnzeit zu Reibereien zwischen den Passauern und den zuständigen Grafen gekommen? Wir haben ja schon festgestellt, dass die Grafen bei Forsttransaktionen ihre Zustimmung gaben, wahrscheinlich sogar geben mussten. Da konnte es mit dem Bischof als Herr einer Immunitätsherrschaft trotz des dort geltenden Exactio-Verbotes, dem der Graf unterlag, zu Streitigkeiten kommen. Den Gipfel der Auseinandersetzungen dürfen wir in der Regierungszeit Bischof Pilgrims (971–991) vermuten. Seine Tätigkeit ist nachweislich von dem Bemühen gekennzeichnet, die wohl bis 907 bestehende bedeutende Passauer Machtstellung auch östlich der Enns wiederherzustellen.[1166]

Soweit die Forstrechte in der Verfügung des Grafen blieben, gingen sie später, wohl nach dem Tod Arnolds II. 1055, an das Stift Lambach über und wurden später landesfürstlich.[1167] In Kremsmünster behauptete man, neben dem Anteil an der Heuernte (!), auch das Recht zu haben, drei Bienengärten zu halten und dem Wald jährlich Holz für den Bau eines Schiffes zu entnehmen. Damit nähern wir uns auch mit unseren Forstbetrachtungen der wirtschaftlichen Bedeutung dieses Waldbesitzes. Mit der Bienenzucht bzw. -jagd in den Wäldern haben wir uns eingehend befasst. Nicht ganz klar ist, ob die hier erwähnten Bienengärten für die Bienenjagd hergerichtete Bäume enthielten oder die uns noch bekanntwerdenden Bienenhäuser aufgestellt wurden. Die Erlaubnis, Holz für den Bau eines Schiffs zu verwenden, bezieht sich nach Zauner auf das Recht der Klosterleute, im Almsee, der ganz im Süden des Forstgebietes lag, zu fischen.[1168] Groß dürfte dieses Fahrzeug nicht gewesen sein, denn es wurde aus einem einzigen Stamm hergestellt. Nun sind Fische ein wichtiges regionales und manchmal auch im Fernhan-

1165 Zauner, Einforstung 142 heißt es in der Lambacher Vertragsausfertigung: *qualiter Christianus episcopus et comes Arnolf lites, quibus actenus invicem erga nemus discordabant, conposuerunt.*

1166 Vgl. dazu NÖUB 1 128 ff. Nr. 12b (Zehentrechte Passaus), 139 ff. Nr. 12 f. (Befreiung der Passauer Hintersassen von Abgaben an den Fiskus: die Urkunde Ottos III. von Pilgrim formuliert) und 141 ff. Nr. 12g (Gerichtstag Heinrichs des Zänkers – teilweise Protokoll des Passauer Bischofs); Brunner, Herzogtümer und Marken 100–106.

1167 Zauner, Einforstung 130 stellte dies hinsichtlich der Besitzabfolge des Oberhart fest. Hier erhielt Kremsmünster ein Drittel der Heuernte.

1168 Zauner, Einforstung 131.

del eingesetztes Handelsgut; der Fischfang gehörte fast immer zu den Rechten einer Forstnutzung. Man bemühte sich in Kremsmünster auch um den Erwerb einiger Almen, von denen eine auf dem sogenannten *Chasiperg* lag, wo man, wie der Name sagt, Käse herstellte. Wie wir noch am Beispiel der Admonter Forste sehen werden, spielten die Almen bei den Landschaftsformen im Forst eine wichtige und häufig erwähnte Rolle.

In Lambach und Kremsmünster wurde eine der grundlegenden Vereinbarungen widersprüchlich dargestellt. Sie betraf das wichtige Thema der Rodung, die mit der Wald- und Forstnutzung bei Auseinandersetzungen über Besitz- und Forstrechte zu Streitigkeiten führen konnte. Es mag von Bedeutung sein, dass in Lambach die Wälder als *nemora* und in Kremsmünster als *forestes* bezeichnet wurden; an bloß verschiedene Schreibergewohnheiten vermag ich bei der erkennbaren begrifflichen Scheidung nicht unbedingt zu glauben. Graf Arnold erlaubte offenbar mit Rücksicht auf die Jagd nur, bereits bestehende Äcker und Wiesen weiterhin zu nutzen. In Kremsmünster war man der Meinung, das Recht zu haben, an geeigneten Stellen Ackerbau und Heugewinnung zu betreiben. Selbst in diesem Vertrag wurden die vier Wälder mit Ausnahme des gräflichen Jagdrechts, das in allen galt, unterschiedlich behandelt. Gerade die einzelnen Bestimmungen über die Rodung unterscheiden sich voneinander. In zwei Wäldern sollte die Rodung ausnahmslos verboten sein, in Kremsmünster meinte man, dass nur die jungen Bäume unversehrt bleiben mussten. Es gab aber auch Gebiete, die außerhalb der bäuerlichen Nutzung blieben und wohl uneingeschränkt eingeforstet wurden.

Neben weiteren Beobachtungen und Überlegungen zu Schweinemast und Weiden für Rinder, Schafe und Ziegen im Forstbereich stellte Zauner zu den Nutzungsberechtigten fest, dass es sich um Leute handelte, die entweder zur *familia* Kremsmünsters gehörten, zum Teil also auch *liberi* waren oder auch unfreie Personen. Zur Vorsicht bei Schlussfolgerungen sollte die oftmalige Verwendung der Begriffe *silva*, *nemus* und *scahhus* (ein kleines Waldstück)[1169] in beiden Beschreibungen des Vertrags mahnen: Nur in der Fassung von Kremsmünster taucht der Begriff *forestis* auf. Arnold verzichtete auf alle Plätze, die für Landwirtschaft und Tierhaltung geeignet waren und die seinem Forst (*foresto*) benachbart waren. Mit diesem Begriff bezeichnete man keinen bestimmten Wald, sondern den Rechtstypus Forst. Für einen bestimmten Wald verwendete man die Begriffe *silva* oder *nemus*. Der Forst wurde nicht durch diesen Vertrag geschaffen, sondern man einigte sich über Möglichkeiten, seine Umgebung und teilweise auch die Waldstücke selbst möglichst gut zu nutzen. Den Forst an sich gab es bereits, und dieser war in der Verfügung des Grafen; diese hatten vermutlich schon seine Vorfahren oder Vorgänger im Rahmen der Forstherrschaft der Karolingerzeit ausgeübt.

Die Verleihung des Jagd- und Forstbanns an Passau in einem Gebiet, das bereits Passauer Grundherrschaft war, wäre ein Vorgang, den Rechtshistorikern als »Einforstung« beschreiben würden. Einforstung wurde in Urkunden auf verschiedene Weise beschrie-

---

1169 Mhd. Schachen, Mittelhochdeutsches Taschenwörterbuch 178; Becker, Gföhler Wald 13.

ben – etwa durch den Gebrauch des Verbums *inforestare* und vergleichbarer Formulierungen. Auch die Umstände der Verleihung konnten auf eine Einforstung hindeuten, so beispielsweise, wenn der Wild- oder Forstbann sich ausdrücklich auch auf Besitzungen seines künftigen Inhabers erstreckte.[1170] Der Vorteil lag nicht nur in einer monopolartigen Nutzung des Jagdrechts, sondern auch in der Absicht, die Nutzung durch Dritte im eingeforsteten Gebiet schwierig oder gar unmöglich zu machen. Wir haben bereits festgestellt, dass solche Verleihungen die Ausweitung von Herrschaftsgebieten begünstigen konnten.

Der Fall Arnold/Passau/Kremsmünster ist bemerkenswert, da neben einigen materiellen Details die Rolle eines Grafen alter, karolingischer Prägung (Stellvertretung des Königs) zu erkennen ist. Es drängt sich der Vergleich mit Zöllen und Mauten auf. Die Bestimmung ihrer Höhe und die Festlegung, welche Personengruppen die Abgaben zu leisten hatten, oblag nach dem Ausweis der Zollordnung von Raffelstetten den Grafen.[1171] Dies könnte insofern von Bedeutung sein, als ja auch der Babenberger Leopold IV. als Inhaber von Forstrechten nachgewiesen ist, die auf den älteren Grafenrechten beruhen konnten, die allerdings 1141 schon durch andere Hoheitsrechte ersetzt bzw. ergänzt wurden.[1172] Es ist denkbar, dass, ähnlich wie beim Zoll, durch den Rückzug des Königs aus dem politischen Geschehen der Mark im Verlauf des Investiturstreits auch die Forstrechte in eher selbstständiger Weise schon von Leopold II. beansprucht wurden.[1173] Die Forstrechte der Grafen Arnold von Wels-Lambach, die auch eine Linie der Vorfahren der Grafen von Vornbach bildeten, sind deswegen so interessant und wegweisend, weil sie den Übergang von der älteren karolingischen Ordnung zur ottonisch-salischen einigermaßen illustrieren.[1174]

Aus unseren bisherigen Beobachtungen und Deutungen ergeben sich aber keine zwingenden Folgerungen für eindeutige Zusammenhänge von Forst- und Wildbann mit der Landeshoheit. Wir wollen uns, um diese Diskussion besser verstehen zu können, kurz der Entstehung der reichsfürstlichen Stellung, also der Landeshoheit Berchtesgadens zuwenden, die in der Forschung eine gewisse Prominenz erlangt hat. Sie wurde von Karl Bosl als Musterbeispiel der Entstehung einer Landeshoheit betrachtet, wobei er das gesamte Arsenal an rechts- und siedlungsgeschichtlicher Argumentation nützte.[1175]

Bosl und Heinz Dopsch, der sich mit Bosls Ausführungen kritisch auseinandersetzte, entschieden sich dafür, eine Urkunde Friedrich Barbarossas vom 13. Juni 1156 zum Ausgangspunkt für die Darstellung der Berchtesgaden übertragenen Forstrechte zu ma-

1170 Dasler, Forst und Wildbann 8 f.

1171 Mitterauer, Zollfreiheit und Marktbereich 117 f. Zur weiteren Entwicklung 135 ff.

1172 Unten S. 267 ff.

1173 Oben S. 45 f.

1174 Tyroller, Genealogie 130 Nr. 9. Der behandelte Vertrag wird hier nicht erwähnt.

1175 Bosl, Forsthoheit etwa 455 ff. eine überfrachtete Aufzählung verfassungsgeschichtlicher Details, die genauer Einzeluntersuchungen bedurft hätten.

chen.[1176] Der Kaiser schenkte den ausdrücklich Forst genannten Besitz mit der Jagd, Fischerei sowie Weiden und den gesamten Forstrechten dem Kloster. Er war im Besitz der Rechte, die sich auf den Forst rund um das Kloster bezogen. Den Forst hatten schon der Sighardinger Graf Engelbert und seine Eltern besessen. Heinz Dopsch hielt hingegen fest, dass Engelbert seiner Gattin Irmgard von Rott ein großes Waldgebiet zwischen Salzach und dem Saalachtal als Morgengabe übertragen habe.[1177] Irmgard, die 1101 verstorbene Witwe Engelberts, später nach Sulzbach genannt, war Mitgründerin des Stiftes Berchtesgaden. Der für Berchtesgadens Existenzgrundlage so wichtige Wald gehörte also zu ihrem Witwengut. In zweiter Ehe war sie mit Gebhard II. von Sulzbach verheiratet.[1178] Mehr als 30 Jahre vor Barbarossas Schenkung war Irmgards Sohn Graf Berengar von Sulzbach († 1125) im Besitz dieser Rechte, als er 1102 die Gründung von Berchtesgaden abschloss. Dopsch beurteilt das Ergebnis der Sulzbacher Schenkung als eine Grundherrschaft und offenbar nicht als Forsthoheit. Barbarossas davon getrennt zu betrachtende Forstschenkung war eine Stärkung der Berchtesgadener Herrschaft über eine reine Grundherrschaft hinaus und gewinnt so ihren Sinn. Der Berchtesgadener Propst war vermutlich besonders an der Übertragung des Rechtes für Rodungen interessiert, denn das war die Voraussetzung für die Anlage von Siedlungen sowie den Gewinn von Ackerland und Weiden.[1179] Erwähnt wurde neben der Jagd und der Fischerei das Recht, Weiden anzulegen, das, abgesehen von der Bienenjagd, Rodungen voraussetzt. Welches Sammelsurium von Rechten sich hinter dem abschließend erwähnten *ius forestis* verbarg, ist nicht erschöpfend zu klären. Die Forsthoheit verminderte für Berchtesgaden zumindest die Gefahr von grundherrschaftlicher Konkurrenz.

Um die Wurzeln der Berchtesgadener Landeshoheit zu erklären, müssen aber weitere Herrschaftselemente betrachtet werden. Damit landen wir wieder bei den Grafen und ihrer Zuständigkeit für die Hochgerichtsbarkeit, deren Abgrenzung zur grundherrschaftlichen niederen Gerichtsbarkeit nicht eindeutig ist.[1180] Berchtesgaden verfügte trotz seiner Forsthoheit und der Vogtei nur über grundherrliche Gerichtsbarkeit. Wie später Heinrich VI. bei Gelegenheit ausführte, übte in diesem Raum Graf Heinrich von Plain die Hochgerichtsbarkeit aus.[1181] Dopsch legt Wert auf die Feststellung, dass durch die Verleihung der Forstrechte kein aus dem Grafschaftsverband ausgenommener Hochgerichtsbezirk entstanden sei. Trotzdem halte ich auch im Lichte dieser schwierigen Diskussion daran fest, dass die Forstherrschaft zur Entwicklung einer gebietsbezogenen Herrschaft, sei sie weltlich oder geistlich, einen Beitrag leisten konnte.

1176 Bosl, Forsthoheit 476 ff., Dopsch, Berchtesgaden 280 ff. MGH D Friedrich I. 1, 234 ff. Nr. 140.

1177 Dopsch, Sieghardinger 399; ders., Berchtesgaden 286 (ohne Quellenbeleg).

1178 Dendorfer, Adelige Gruppenbildung 44 zu Irmgard von Rott.

1179 Dopsch, Berchtesgaden 284.

1180 Dopsch, Berchtesgaden 287.

1181 SUB II 651 f. Nr. 480a, Dopsch, Berchtesgaden 287 mit Anm. 94.

Die bisherigen Beispiele haben gezeigt, wie genau man beobachten und wie vorsichtig und sorgfältig man interpretieren muss, um nicht in die Irre zu gehen. Weitere Fragestellungen betreffen die Organisation der Forstverwaltung und die dort tätigen Personen, so die *forestarii* oder Amtleute mit anderen Bezeichnungen. Wie bei der Münz- und Zollherrschaft ist die soziale Verortung dieser Leute festzustellen. Auch in diesem Bereich waren es oft Ministerialen, die für die Administration verantwortlich waren oder an ihr mitwirkten. Wir werden für diese nicht immer einfach zu entschlüsselnden Verhältnisse noch einige Beispiele genauer untersuchen müssen. Bezüglich der Wälder stellt sich auch die Frage, wem sie welche Erträge ablieferten. Diesbezügliche Beobachtungen haben wir auch bei der Bienenjagd gemacht. Auch der Wald ist eine Stätte der Begegnung von sozialer Organisation mit den Polen Herrschaft und Genossenschaft.

Die Jagd ist ein herrschaftlicher Bereich; die Gewinnung von Bauholz, Weinstecken und Produkten der Baumrinden, sowie vieles andere, kamen Kloster- und Dorfgemeinschaften, also Nutzern zugute. Die Dörfer beanspruchten in den Wäldern ihre Allmende[1182] und die Frage nach der Nutzung der Allmende in einem Forst wird in den Wald- und Forstverleihungen unterschiedlich behandelt. Die Gewährung von Nutzungsrechten in Forsten haben überwiegend den Charakter von Privilegien, wobei man einräumen muss, dass die Nutzung einer Allmende nur im Streitfall Eingang in eine schriftlich überlieferte Entscheidung fand.

Soweit ich sehe, stellte ein Babenberger erstmals im Jahre 1141 eine Begünstigung für ein Kloster aus, die den Zugang zu einem Wald des Markgrafen erlaubte.[1183] Leopold IV. schenkte dem Stift Reichersberg zwei Lehen in der *villa* Langenlois mit allem dazu gehörigen Nutzen. Die Reichersberger erhielten nicht nur für die Bebauung der Langenloiser Lehen, sondern auch für andere nützliche Tätigkeiten das Recht, künftig den Wald für Transporte mit zwei großen Wagen oder anderen Fahrzeugen zu betreten (*duobus plaustris aut vehiculis*). Der Wald von dem es hieß, dass die Leute ihn Forst nannten, lag zwischen den Flüssen Kamp und Krems.[1184] Die Erlaubnis, einen Wald zwischen zwei Flüssen betreten zu dürfen und die Gewährung von Lehnsbesitz in einem Wein-

---

1182 Carlen, Artikel Allmende LMA I Sp. 419 behandelt gerade die hier gestreiften Probleme.

1183 Die Bestätigung gewisser Rechte in einem Forst für das Stift Vornbach, die wir aus einer Urkunde Papst Innozenz' II. kennen, stammt von 1139 und bezieht sich auf das Neunkirchner Gebiet, also die Steiermark. NÖUB 2/1 256 f. Nr. 7/3 *Quicquid etiam iuris eadem ecclesia ex devotione predictorum comitum Ekkeberti et Odalrici necnon Hermanni fratris eius habere debet, specialter ligna pastum edificia et quecunque adiacentis forestie utensilia, vobis nichilominus confirmamus.* Dass Leopold IV. damals auch Herzog von Bayern war, hat mit dem Inhalt der Urkunde von 1141, der sich auf einen Wald in der Mark bezieht, wohl nichts zu tun.

1184 BUB I 20 f. Nr. 15 = NÖUB 2/2 757 ff. Nr. 26/1; *duobus plaustris et vehiculis eorum amodo semper in posterum patere silvam que vulgo dicitur vorst*... In einer der Gründungsurkunden des Stiftes St. Lambrecht vom 7. Jänner 1103 ist von einem *saltus* wahrscheinlich im Kainachtal (Pibertal) die Rede..*qui vulgo vorst dicitur*, wo die Jagd, die Gewinnung von Honig und Marderfellen gestattet und *saltuares qui vorstere dicuntur* tätig waren. StUB I 112 Nr. 95.

baugebiet lassen Schlüsse auf die landwirtschaftliche Seite der Weinproduktion und die Verkehrsverhältnisse zu. Wir werden diese bei einer genaueren inhaltlichen Analyse der Urkunde noch behandeln.

Wir stoßen mit der Bemerkung *silva que vulgo dicitur vorst* auf eine Formulierung, die ein bereits angeschnittenes Problem aufwirft. Der Wald wird als *silva* bezeichnet, den die Leute Forst nennen. Unsere Schriftzeugnisse des 12. Jahrhunderts verwenden beide Begriffe teilweise synonym, andere Beispiele legen nahe, dass der Verfasser einer Urkunde zwischen den Rechtsbedeutungen *silva* und *forestis* einen Unterschied machte. Die in den österreichischen Urbaren etwas unscharfe, aber doch zu erkennende Differenzierung zwischen *silva* und *forestis*, die sich an der Abgabenhöhe ermessen lässt, ist um 100 Jahre jünger als unsere Urkunde. Im Vergleich von Urkunde und Urbar wird wohl die Ausbildung von Begriffen in der Rechtssprache erkennbar. Wenn irgendwelche »Leute« von einem *vorst* sprechen, ist man geneigt, einen Mangel an rechtssprachlicher Sensibilität in Rechnung zu stellen. Da wir aber diese Leute nicht kennen, wollen wir ihnen nicht unterstellen, dass sie unfähig gewesen wären, Rechtsfiguren zu begreifen. Das Verhältnis zwischen deutscher Rechtssprache und der lateinisch-kirchlichen Fachterminologie ist ja nicht als geklärt zu betrachten. Immerhin erfahren wir zu diesem Problem, dass man das Lateinische *silva* mit dem Deutschen *vorst* umgangssprachlich »glossiert« hat.

Die vereinfachende Mitteilung, dass die »Leute« den Wald Forst nannten, bezieht sich wohl darauf, dass an dieser Stelle nicht die umständliche, doch rechtlich korrekte Formulierung *legitimum bannum super venatione et foresto* verwendet wurde.[1185] Immerhin ist aus dieser Formulierung ersichtlich, dass den Leuten im und in der Umgebung des Gföhler Waldes bewusst war, dass es sich um ein abgegrenztes Gebiet handelte – eine *forestis* oder wie die Anwohner auf Deutsch sagten, ein »Vorst«. Die Öffnung des Waldes für die Reichersberger Brüder zu ihrem Nutzen und das Verbot für die *silvae procuratores*, sie dabei in irgendeiner Weise zu behindern, zeigen Leopold IV. als Inhaber der Forsthoheit – eine ausschließlich grundherrschaftlich zu interpretierende Rechtslage halte ich für wenig wahrscheinlich. Gerade der Auftrag der *procuratores* für Ordnung im Wald zu sorgen und wohl auch Gebühren einzuheben, wovor ja die Reichersberger geschützt waren, spricht dafür, dass der Herzog/Markgraf ihn als einen Bannbezirk betrachtete.

Johannes Fried vertritt die klassische Vorstellung von der Bedeutung der Bannbezirke als eine der Wurzeln der Territorialherrschaft: »Derartig neue Bannbezirke dienten weniger dem Schutz der schrumpfenden Wälder, dem wertvollen Bauholz und der herrschaftlichen Jagd, obwohl auch diese ihr Recht forderten, als vielmehr der Herrschaftsbildung über bisheriges Unland.«[1186] Diese Betrachtungen, aus denen wir zunächst die Rodungsfrage ausklammern wollen, führen zur Frage nach der Entwicklung der Schaffung von Bannbezirken als einem Herrschafts- und Rechtszustand in der Hand des

1185 So etwa in einer Schenkung Kaiser Heinrichs III. von 1049 an Passau. NÖUB 1 305 ff. Nr. 22n.

1186 Fried, Der Weg in die Geschichte 656.

Königs, der teilweise von Grafen überwacht und ausgeübt wurde, ehe die Banngewalt von diesen Machtträgern selbst durch Verleihung oder eigene Machtvollkommenheit wahrgenommen wurde. Usurpation war in diesem Bereich schwer möglich, die neue Deutung von Grafen- oder Immunitätsrechten durch den künftigen Landesherrn betraf auch die Wälder und ihre Rolle bei der Entstehung einer territorialen Herrschaft. Zurück zu unserem Wald zwischen Kamp und Großer Krems.

Es handelt sich bei dieser *silva* um einen größeren, über den damaligen Forst hinausgehenden Wald, der seit dem 13. Jahrhundert Gföhler Wald genannt wurde,[1187] an dessen südöstlichem Rand Langenlois liegt. Zur Verwendung des Begriffes *vorst* sei vergleichend die Beschreibung des Raums erwähnt, in dem Leopold VI. zu Beginn des 13. Jahrhunderts Lilienfeld gründete. Hier ist von einer *provincia* die Rede, die Forst genannt wurde.[1188] Ferner ist festzuhalten, dass die Leute, die als Verwalter des Waldes tätig waren, als *silve procuratores* bezeichnet wurden und nicht etwa als *forestarii*. Becker beschrieb die Bedeutung des Rechtsbegriffes Forst in der Weise, dass es sich um einen Bannwald handelte, nämlich um einen Wald, welcher der Benützung, also dem Weiderecht, der Holzung und der Rodung entzogen war. Was die Reichersberger in dem Wald tun durften, ist nicht im Einzelnen beschrieben. Die zwei Wagen dienten aber wohl hauptsächlich dem Abtransport von Holz. Andere Waldgüter wie Harze und Ähnliches könnten gesammelt worden sein. Jedenfalls übte der Markgraf, wie schon festgestellt, durch seine *procuratores* hier den Bann aus. Sie waren vermutlich Dienstleute des Markgrafen.

Ein mit dieser Aufgabe beauftragter, mächtiger Mann ist schon zur Zeit Ludwigs des Deutschen nachweisbar. Der König schenkte dem Kloster St. Emmeram in Regensburg Neubrüche, die gegenüber dem Kloster Wörth und einem dazwischen liegenden Wald (*nemus*) lagen, der auf dem Weg dorthin stand. Erwähnt wurde in der Urkunde ein *Vuito ministerialis regis*, der auch als *princeps super omnes forestes* bezeichnet wurde. Ihm untergeordnet war ein ebenfalls als *ministerialis* bezeichneter Mann namens Vvichad.[1189] Diese Ministerialen der Zeit Ludwigs des Deutschen sollen mit jenen des 11. und 12. Jahrhunderts nicht gleichgesetzt werden. Der Prozess des dazwischen liegenden Bedeutungswandels ist unzureichend geklärt.

Ob hinsichtlich der herrschaftlichen Ansprüche, der ökonomischen Nutzung und der Administration Unterschiede zwischen der Behandlung von Wäldern und Forsten

---

1187 Becker, Der Gföhler Wald 15. Dort falsch in das 14. Jahrhundert datiert; Dopsch, Urbare Nieder- und Oberösterreichs 55, Überschrift *de Gevellde*. Die Eintragung gehört in die Zeit von 1240.

1188 Fast gleichlautend und trotzdem erst zu erklären ist die Formulierung in der Stiftungs- und Dotierungsurkunde Leopolds VI. für Lilienfeld vom 7. April 1209, BUB I 222 Nr. 165: *Ceterum in provincia, que vulgo Vorst dicitur, contuli eidem meo novo monasterio* (…). Hier wurde offenbar ein ganzer Landstrich (Gebiet, Gegend) als Forst bezeichnet.

1189 MGH D Ludwig d. Dtsch, Nr. 152 215 Zeile 5; Dasler, Forst und Wildbann 178; Störmer, Hofjagd 298.

bestanden, ist unklar. Die auffällig unterschiedliche Behandlung einzelner Wälder und Forste lässt sich nicht nur auf diese in rechtlichen Kategorein zu verstehenden Typen einer bewaldeten Landschaft zurückführen.[1190] Die Urkunde selbst gibt uns Auskunft über die (Nicht-)Tätigkeit der erwähnten *procuratores silve* im Gföhler Wald, dass sie nämlich von den Reichersbergern Mönchen oder ihren Knechten keine Abgaben einheben durften. Der Text ist in diesem Punkt sehr klar.[1191] Diese Leute, wie sie auch immer bezeichnet wurden, hoben gewöhnlich, wenn es nicht Inhaber von Privilegien betraf, Gebühren für den Landesfürsten in den Wäldern ein. Die Herrschaft des Fürsten über den Wald umfasste also eine Kontrolle des Zugangs, die gewisse Einnahmen erbrachte. Damit bewegen wir uns in einem Bereich weiterer landesfürstlicher Einnahmen, wie wir sie bei Zöllen, Marktabgaben und der Ausübung der Münzhoheit bzw. -prägung kennengelernt haben. Obwohl wir in den beschriebenen Beispielen durchaus Ansätze zu einer Wald- und Forstadministration erkennen können, scheint sich erst gegen Ende des 12. Jahrhunderts jene Organisation mit Forstmeistern und Förstern ausgebildet zu haben, die Rubner als spätmittelalterlich bezeichnet.[1192]

Die später noch zu besprechenden landesfürstlichen Urbare der österreichischen Herrschaftsgebiete (über die Steiermark wurde ein eigenes Urbar angelegt) aus der Zeit von 1220/1240 zeigen die Organisation der Forst- und Waldadministration schon in einem sehr entwickelten Stadium. Wann sie entstand, können wir nur ungefähr einschätzen: Der früheste mir bekannte *vorstarius* ist der Ministeriale Ulrich von Gaaden. Näheres zu ihm und seinem Sohn geht aus einer Heiligenkreuzer Urkunde und einer Schenkung hervor.

Zu Beginn seiner Regierungszeit nach dem 15. Jänner 1177 schenkte Leopold V. dem Stift Heiligenkreuz einen Teil des Waldes, in dem das Kloster lag bzw. sich nordwestlich des Stiftsgebäudes erststreckte.[1193] Die Aufsicht über diesen Wald (*silva*) hatte ein bedeutender Ministeriale Österreichs inne:[1194] Wichard von Arnstein! Er hatte die Funktion eines *vorstarius* von seinem Vater Ulrich von Gaaden übernommen, der zur Dynastie der Stiefern-Gaaden-Arnstein gehörte und nach dem Tod Leopolds III. Forstmeister wurde.[1195] Wichards Funktion wurde nur umschrieben – ein abhängiger Förster

---

1190 Fichtenau, Wald- und Waldnutzung 16 f. zeigt die fließenden Übergänge der verschiedenen Funktionen der Wälder.

1191 BUB I Nr. 15 21 Zeile15 f.; *ut nullus eiusdem silve procratorum ab eis exigat ullum precium seu qualiscumque angariae gravamen illis faciat*; das galt *fratribus prefatis et eorum servi* (Zeile 17).

1192 Rubner, Artikel Forst HRG I 1. Auflage Sp. 1172 und ders., Forst und Forstrecht in: HRG I (2. Auflage) Sp. 1632 unterscheidet zwischen dem adeligen *magister foresti* und dem Hörigen *forestarius* und meint zwischen beide hätte sich ein Ministeriale geschoben. Zu Einzelheiten zu den Förstern und ihren Diensthuben Schubert, Artikel Forst in: LMA IV Sp. 659.

1193 NÖUB 3 484 ff. Nr. 18/3; Kartenskizze des geschenkten Waldes 487, Kommentar 511.

1194 NÖUB 3 Nr. 18/3 486 Zeile 19 bis 21: *Quia vero ministeriali nostro Wichardo de Arnsteine, ad quem custodia eiusdem saltus attinet.*

1195 *Vlricus de Gadme ducis vorstarius* als Schenker 1140/50 an Heiligenkreuz NÖUB 2/2 727 f. Nr. 23/14.

war er sicher nicht. Die politische und soziale Repräsentation der Gaaden-Arnsteiner reiht sie in die Führungsschicht der herzoglichen Gefolgschaft ein. Wichard war auch mächtig genug, um eine Entschädigung für die verlorenen Einnahmen aus dem an Heiligenkreuz geschenkten Waldgebiet zu erzwingen und sorgte auch für die schriftliche Bestätigung dieses »Deals«. Als *senex non parvae authoritatis* wurde seine Stellung am Hof Leopolds V. beschrieben.[1196] Etwa zur gleichen Zeit der Heiligenkreuzer Forstschenkung fungierte Wichard von Arnstein auch als Zeuge bei der Wiederherstellung der gerechten Zölle für das Kloster Niederaltaich.[1197]

Auf die Ausübung eines landesfürstlichen Banns (Forstbann) lässt das dem Kloster überlassene Privileg schließen, weil nämlich in diesem Wald (wohl wie bisher) nicht gerodet und keine Stallungen für Vieh und Bienenstöcke aufgestellt werden durften.[1198] Es erhebt sich allerdings die Frage, welche Vorteile das Stift aus dieser Schenkung gewonnen hat? Gerade Klöster gelten ja als wichtige Träger der Rodung und gerade diese war untersagt! Die Rodungen gefährdeten aber die wichtige Gewinnung von Bau- und Brennholz.[1199] Als Erklärung für diese auf den ersten Blick überraschende Bestimmung könnte demnach der wachsende Holzbedarf des Klosters dienen, für den die Schenkung wahrscheinlich primär gedacht war. Der Bau des Klosters und von Kirchen der Umgebung, die von Heiligenkreuz abhingen, erforderten eine große Menge an Holz. Auch nach der Fertigstellung verbrauchten die neuen Gebäude Brennholz. Konkurrenten für Bauholz waren die Ministerialen der Umgebung, die ihre repräsentativen Wehrbauten errichteten. Die Nutzung von Wäldern bedurfte einer ausgewogenen Balance durch den Inhaber der Forsthoheit, die aus rechtlichen und sozio-ökonomischen Gründen vermutlich nur mit Mühe herstellbar war.[1200]

Die Wälder gehörten zu jenem Gebiet zwischen der Dürren Liesing und der Triesting, das König Heinrich II. dem Markgrafen Heinrich I. 1002 geschenkt hatte.[1201] Diese Wälder wurden wohl in der Zeit Leopolds III. eingeforstet, wofür die Funktion Ulrichs von Gaaden spricht. Soweit die Wälder auf Dauer im landesfürstlichen Besitz blieben, waren sie bis ins 19. Jahrhundert kaiserliches Jagdgebiet. Heiligenkreuz nutzte den ihm überlassenen Wald wirtschaftlich.

Zur Geschichte der Familie NÖUB 2/1 170 f.: Burgen. Waldviertel, Wachau 459 unter Stiefern. Ulrich wird hier als landesfürstlicher Forstmeister im Wienerwald bezeichnet.

1196 Ausführlich dazu Zehetmayer, Urkunde und Adel 116.

1197 BUB I Nr. 49 66 Z 15: *Wichart de Arnestan.*

1198 NÖUB 3 Nr, 18/3 486 Zeile 7–9: *delegavimus eidem venerabili loco (i.e.Heiligenkreuz), ita tamen ut nequaquam extirpetur nec stabula peccorum aut apiaria illic collocentur.*

1199 Fichtenau, Wald und Waldnutzung 15 mit Bezug auf Klagen des Suger von St. Denis, der auf der Suche nach Holz für die Deckenbalken seiner Kirche war. Interessant ist weiters der im folgenden erwähnte Holzmangel in Stift Melk, für dessen Linderung sie ein Stück Wald erhielten.

1200 Zur Problematik der Rodung auch als Forschungsproblem Dasler, Forst und Wildbann 25 f.

1201 MGH D Heinrich II. 25 Nr. 22 = NÖUB 1 253 f. Nr. 21, 276 f. Kommentar. Lohrmann, Babenberger 78 und ders., Gottinesfeld 49 f.

1192/94 war ein *forstarius* Gerung an einer Waldschenkung Leopolds V. beteiligt. Das Stift Melk erhielt damals von Leopold V. einen an das Stiftsgebiet angrenzenden Wald aus herzoglichem Besitz, weil auch die Melker unter einem Mangel an Holz erkennbar litten. Die Designatio für diese Schenkung trafen der herzogliche Ministeriale Konrad von Streitwiesen und der gerade erwähnte *forstarius* Gerung.[1202] Der Zusatz zu den Namen *superius* et *inferius* bezieht sich wohl auf eine Rangordnung zwischen den beiden. Der Streitwieser war der übergeordnete Ministeriale, Gerung der ihm untergeordnete Amtmann, vielleicht ritterlicher Qualität.[1203] Konrad spielte mit großer Wahrscheinlichkeit bei der Umsetzung der Herrschaft im Forst eine vorzügliche Rolle. Die besondere Rolle der Ministerialität bei der Formung des Landherrenstandes in Österreich und Steier, nämlich als der »Adel« schlechthin, brachte es mit sich, dass der »Forstmeister« bzw. der mit der *custodia* des Waldes betraute Verantwortliche eben aus der Ministerialität kam und sich nicht zwischen die abhängigen Förster und die adeligen Forstmeister schob.[1204] Der »Forstmeister« und sein Förster trafen in diesem Fall allem Anschein nach sogar die Anordnung bezüglich der Forstschenkung. Es ist allerdings möglich, dass die Erwähnung des Holzmangels der Melker ein Wink mit dem Zaunpfahl für die Mönche war, sich in anderen Forstfragen zurückzuhalten. Auch an diesen Schenkungen und Maßnahmen erkennen wir den ökonomischen Gestaltungswillen Leopolds V., der auch seine Söhne auszeichnete.

Mehr erfahren wir über die zunehmende organisatorische Dichte in der Zeit Leopolds VI.

Ein in vieler Hinsicht interessanter Vertreter unter den Trägern der landesfürstlichen Herrschaft ist ein Otto von Nussdorf. In der Zeit des Propstes Wisint von Klosterneuburg (1216–1219) erhielt der *forstarius ducis* Otto von Nussdorf einen Wald bei Reinoldsberg vom Kustos des Stifts als Lehen.[1205] Die Frage, ob Otto Forstmeister oder Förster war, wollen wir zunächst zu lösen versuchen, indem wir seine soziale Qualität prüfen. Ottos Großvater Albert wurde bereits 1133/36 *de Nuzdorf* bezeichnet, als er Leopold III. bat, dieser möge seine beiden Söhne Otto und Albert zusammen mit einem *predium* in Nussdorf dem Propst Hartmann von Klosterneuburg übergeben. Das *predium* sollten die Söhne zu gleichen Teilen als Lehen erhalten. Als Otto um 1160 nach Jerusalem aufbrach, übergab er dieses *predium*, wo er auch seinen Sitz hatte, zusammen mit zwei Weingärten dem Stift. Ferner überließ er Klosterneuburg damals ein *predium* in Guntramsdorf, zu dem eine *curtis* in Fischamend gehörte. Dazu kamen sechs Manzipien, die dem Stift den jährlichen Zensualendienst von fünf Pfennigen zu leisten hatten.[1206] Zweifellos war

1202 NÖUB 4 207 f. Nr. 8/1.

1203 NÖUB 4 214 im Kommentar lediglich die Schlussfolgerung, dass er kein Ministeriale war. Ich halte ihn eher für einen Förster als einen Forstmeister. Zur Vorsicht mahnt allerdings seine Beteiligung an der Entscheidung zur Waldschenkung, die allerdings auch eine »Sachberatung« gewesen sein könnte.

1204 So Rubner, Artikel Forst HRG I Sp. 1172 und oben Anm. 1192.

1205 FRA II/4 Nr. 769, Lohrmann-Opll, Regesten Nr. 361.

1206 Adalbert und seine Söhne: FRA II/4 Nrn. 119 und 120; zu der Schenkung anlässlich Ottos Aufbruch

Otto ein recht bedeutender Grundherr. Sein Sohn oder Neffe, der spätere Forstmeister oder Förster, gehörte dem regionalen Adel an, zumindest aber jener Gruppe von Leuten, die man allgemein und etwas unscharf als *potentes* bezeichnete. Er gehörte zu den Dienstleuten des Stiftes, übte aber sein Amt im herzoglichen Dienst aus. Otto wurde ja ausdrücklich als *forstarius ducis* bezeichnet. Ob Otto eine Forsthube besaß, verschweigen die Quellen. Unsere Frage ist nicht mit ausreichender Begründung zu beantworten. Mit Vorbehalten würde ich aber einen herzoglichen Forstmeister für wahrscheinlicher halten als einen herzoglichen Förster.

Was »Personal« und Einnahmen betrifft, stehen die Urbare zur Verfügung. Unter den im ältesten österreichischen Urbar der ausgehenden Babenbergerzeit (etwa 1220 bis 1240) verzeichneten Einnahmen, sind auch solche genannt, welche die Forstmeister oder Förster in Wäldern und Forsten einhoben. Inzwischen waren Forstämter geschaffen worden, die von *forestarii* verwaltet wurden. Ab und zu wurden Fischer und Jäger, die im Wald/Forst tätig waren mit der Bewachung beauftragt und waren von den Gebühren ihrer Fischerei oder Jagdgenehmigung befreit. Der Herzog musste sich bei der Berufung solcher Amtleute nach den jeweiligen Verhältnissen richten.

In diesen Urbaren sind *silvae, forestes* und *nemora* genannt. Dabei wurden direkte Einnahmen und Abgaben verzeichnet, bei den Wäldern manchmal auch der nach einer bestimmten Anzahl von Jahren zu erwartende Kaufpreis. In Schrick nördlich von Gaweinstal gab es eine *silva*, die in drei Teile zerfiel, die jährliche Abgabe betrug zwei Pfund.[1207] In der Nähe gab es einen weiteren Wald, der nach vier Jahren einen Verkaufswert von 16 Pfund hatte. Mag sein, dass dies bei einer *silva* im Vergleich zum Forst, den man im Gegensatz zur *silva* unter gewöhnlichen Umständen nicht verkaufte, eine wichtige Feststellung war.[1208] In Rehberg gab es eine *silva*, deren Erträge zur Versorgung der hiesigen Burgleute dienten.[1209] Von kleinen Wäldern war jährlich nur ein Pfund zu leisten. Von einer *parva silva* im Ybbser Raum, die 20 Joch umfasste, waren neben dem Pfund Geldes noch zwei Scheffel Pfeffer Ybbser Maßes fällig.[1210] Ein Wald und die Fischerei in Meinhardsdorf am Wienfluss erbrachten ein Pfund, das dem Wiener Tuchschneider Kuno für 90 Pfund verpfändet war.[1211]

---

zu seiner Pilgerfahrt 1140/67 FRA II/4 Nr. 314; zu dieser Schenkung Dienst, Regionalgeschichte 130 mit Anm. 9.

1207 Dopsch, Urbare Nieder- und Oberösterreichs 9 Nr. 18.

1208 Dopsch, Urbare Nieder- und Oberösterreichs 9 Nr. 19: *et silva, que quarto anno potest vendi pro 16 tal.* Wahrscheinlich auf den gedrittelten Wald bei Schrick bezieht sich die Wertangabe 10 Nr. 20: *ibidem quedam silva divisa in tres partes, que singulis annis potest vendi pro tribus tal.*

1209 Dopsch, Urbare Nieder- und Oberösterreichs 25 Nr. 68 im Officium Rehberg: *silva ad necessitatem castri.* Die Burg kam mit der Besatzung 1235 an die Babenberger. Burgen Waldviertel, Wachau 258.

1210 Dopsch, Urbare Nieder- und Oberösterreichs 56 Nrn. 217 und 218.

1211 Dopsch, Urbare Nieder- und Oberösterreichs 83 Nr, 329: *silva et piscatio solvit 1 tal.* und einige andere

Im westlichen Waldviertel im Raum Groß-Gerungs gab es ein *nemus* in Mitterenslagen, der bis zur Naarn in der Riedmark reichte.[1212] Die Babenberger kamen 1235 nach dem Tod Ottos von Lengbach, dem Regensburger Domvogt, in den Besitz dieses *nemus*. Die Abgaben wurden im Urbar nicht eingetragen. Ein weiteres *nemus*, dessen Wert unbekannt ist, lag in einem Ort Haselbach, den Dopsch nordwestlich von Pottenstein verortet.[1213]

Bezüglich der Forste bestanden die Naturalabgaben zumeist aus unterschiedlichen Mengen von Hafer und 200 bis 400 Hühnern.[1214] Die Geldleistungen betrugen, wie bei den größeren *silvae*, meist mehrere Pfund, gingen also über die üblichen Grunddienstzahlungen deutlich hinaus. Aus der großen Zahl von möglichen Beispielen möchte ich zwei Gebiete herausgreifen: den Raum Wien/Alland-Heiligenkreuz und Gföhl. Neben anderen Orten sind Laab im Walde, Klosterneuburg und Sulz unter folgender Überschrift aufgelistet: *Descriptio avene de forestis et de advocaciis et de marchfutter.*[1215] Die Abgaben von den Forsten lassen sich aus diesen Zusammenstellungen nicht isolieren. Den Klosterneuburger Ämtern stand Wisint von Heiligenstadt vor, der jährlich 80 Scheffel Hafer und 400 Hähne ablieferte.[1216] Vor 1199 ist im Klosterneuburger Traditionsbuch ein *Wolfkerus vorstar* als Zeuge genannt, der wahrscheinlich ein Klosterneuburger Förster war.[1217] Die Abgabe in Sulz, das wohl zu der besprochenen Waldschenkung an Heiligenkreuz gehörte, betrug sogar 600 Hühner und ging wohl an die Mödlinger Linie der Babenberger, die 1236 ausstarb.

Da wir uns ja recht intensiv mit der Gföhler Schenkung von 1141 befassen, sind auch die einschlägigen Eintragungen im Urbar von Interesse, auch wenn sie um fast 100 Jahre jünger sind. Eine Überschrift kündigt die Abgaben von *avena circa forestes de Gevvellde* an. Dort gab es eine *curia iuxta piscinam*, offenbar ein Fischweiher im Gföhler Wald, der wahrscheinlich mit dem 1604 genannten Weyrhof identisch ist.[1218] Direkt aus dem Wald gab es Abgaben von 16 Scheffeln Hafer und 200 Hühner. Die Aufzeichnungen, die sich direkt vor dem *forestis in gevell* befinden, erwähnen Förster in Krems und Meisling, die offenbar den dortigen Ämtern vorstanden. Namen und soziale Zugehörigkeit dieser Förster sind unbekannt. Diese Liste ließe sich noch fortsetzen, zuletzt sei noch auf eine

---

Abgaben die in Summe mehrere Pfund ausmachten, *que obligata sunt domino Chunoni incisori*, Lohrmann-Opll, Regesten Nr. 612.

1212 Dopsch, Urbare Nieder- und Oberösterreichs 77 Nr. 313.

1213 Dopsch, Urbare Nieder- und Oberösterreichs 125 Nr. 42: Haselbach: *Ibidem est nemus sine estimatione.* Die Lage des Ortes ist unbestimmt.

1214 Hafer und Hühner zählen nach Rubner, Forst HRG 1 1. Auflage Sp. 1175 zu den »alten Abgaben« aus den Forsten, die sich im Spätmittelalter wenig veränderten. Zu beachten sind die folgenden Belege.

1215 Dopsch, Urbare Nieder- und Oberösterreichs 52.

1216 Dopsch, Urbare Nieder- und Oberösterreichs 53 Nr. 198: *De sancto loco Wisinto de officiis in Neimburch.*

1217 FRA II/4 Nr. 427 und Nr. 730 etwa 1194 und 1196: *Wolfkerus vorstar.*

1218 Dopsch, Urbare Nieder- und Oberösterreichs 55 Nr. 208 mit Anmerkung.

interessante Nachricht aus Garsten hingewiesen: *Coloni* des Abtes von Garsten jagten ein Stück Wild im herzoglichen Forst.[1219] Nach diesem Ausflug in die Urbare, die uns weit ins 13. Jahrhundert geführt haben, wollen wir noch einige wichtige Fragen bezüglich der Zugangsberechtigung der Reichersberger in den Gföhler Wald von 1141 behandeln.

Was die Nutzung des Besitzes in Langenlois betrifft, ist es am wahrscheinlichsten, dass man im Wald das Grundmaterial für Weinstöcke herausschnitt.[1220] Bezüglich der sonstigen Nutzung wäre der Frage nachzugehen, ob man Teile des Holzes oder andere Produkte aus dem Wald zum Stammkloster am Inn per Schiff transportierte. Herbert Hassinger stellt in seiner Arbeit über die Bedeutung des Zollregals für die Ausbildung der Landeshoheit die Frage nach den Bedingungen, unter denen die in der Mark der Babenberger begüterten bayerischen Klöster ihren in Österreich produzierten Wein zum Stammsitz donauaufwärts transportierten.[1221] Osterhofen, Niederaltaich und Metten, die an der Donau lagen, wurden von Leopold V. und Leopold VI. mit Zollerleichterungen privilegiert. Für die Reichersberger gab es erst 1203 eine Zollbefreiung, die für Österreich und die Steiermark galt.[1222] In einer ausführlichen Erwähnung dieses Privilegs in der Fortsetzung der Chronik des Magnus von Reichersberg hieß es, dass die freie Durchfahrt *per terram Austria et per aquam Danubii* galt.[1223] In den rund 60 Jahren davor zahlten die Reichersberger offenbar Abgaben. Zwischen der Zugangserlaubnis zum Wald und der Zollbefreiung von 1203 ist keine Urkunde eines Babenbergers zugunsten Reichersbergs bekannt. Dass die Reichersberger für den Transport einiger Produkte aus dem Gföhler Wald von Anfang an die Donau benützten, ist wahrscheinlich. Über das Aufwärtsziehen der Schiffe nach Passau und weiter auf dem Inn haben wir keine Nachrichten.

Reichersberg stand damals unter der Leitung des berühmten Gerhoch, der sich auch um die Verbesserung der wirtschaftlichen Situation des Stiftes verdient machte. Der Text der herzoglichen Begünstigung wurde von ihm verfasst – aus der feinen lateinischen Stilistik und der treffsicheren Verwendung von Zitaten aus Briefen des Paulus zog bereits Oskar Mitis diesen Schluss.[1224] Die *procuratio*, die Ernennung von Amtleuten durch den Landesfürsten, die wohl als seine Vertreter galten, war eine der auch in kanonistischen Kommentaren und Beurteilungen erlaubten Handlungen, die ja der Erhaltung von Frieden und Ordnung diente.[1225]

1219 Dopsch, Urbare Nieder- und Oberösterreichs 251 Nr. 50: *coloni abbatis Garstensis venati sunt feram 1 in foresto ducis.*

1220 Der Weinbau in Langenlois ist seit etwa 1070 nachzuweisen. FRA II/69 150.

1221 Hassinger, Die Bedeutung des Zollregals 166.

1222 BUB I 174 f. Nr. 135.

1223 Chronicon Magni presbyteri 525 voll zitiert in der Einleitung BUB I 174 Nr. 135.

1224 Mitis, Urkundenwesen 293 f.

1225 Raimund von Penyaforte, siehe Schmoeckel, Die Kanonistik 241.

Leute des Stiftes brachten eine gewisse Menge Holzes und wohl auch anderer Produkte mit Fuhrwerken aus dem Wald. Von einem Transport mit Einbäumen oder Booten auf den Flüssen Kamp oder Krems hören wir nichts. Die Erwähnung von *plaustrum* und *vehiculum* deutet auch eher auf die Verwendung von Wagen als auf eine Angabe bezüglich Gewichts- oder Volumseinheiten, die auch zu Wasser transportiert werden konnten.[1226] Dazu war aber sicher nur die Donau geeignet; durch den Gföhler Wald rollten beladene Wagen auf den Wegen zur Donau. Die schon erwähnte, den Reichersbergern von Leopold VI. gewährte Zollbefreiung im Land Österreich und auf der Donau, bezog sich wohl auch auf die Güter aus dem Gföhler Wald.[1227] Wir werden sehen, dass die Reichersberger beim Abtausch ihrer Langenloiser Lehen mit dem Bischof von Passau nicht auf ihre Nutzungsrechte im Gföhler Wald verzichteten, diese also nicht in einem bloß lokalen Zusammenhang zu betrachten sind.

Die Formulierung über den freien Zugang der Brüder in den Wald enthält keine zeitliche Beschränkung. Die Reichersberger konnten offenbar, wann immer sie wollten, Holz und Früchte aus dem Wald holen. Wie gerade angedeutet, ging es nicht nur um Holz. Bienen sammelten im Wald Honig und durch das Abstreifen und Einsammeln von Laub und Nadeln gewann man Futter für Nutztiere. Wichtig war die Gewinnung von Baumharz für die Herstellung der Pechsalbe als Heilmittel für Wunden. Ebenso das Einsammeln von Baumschwämmen als Speise (bestimmte Formen des Hallimaschs) oder zum Feuermachen mit dem danach benannten Zunderschwamm. Abgesehen von der Verwendung als Zunder stellte man daraus auch Pilzleder-Textilien für Westen und Kappen her.[1228] Die weit gefasste Formulierung in der Urkunde, dass den Reichersbergern der Wald offenstand, lässt den Schluss zu, dass sie solche Güter dem Wald entnehmen konnten. Das Holz brauchten die Reichersberger für die zu errichtenden Bauten oder Weinstöcke in Langenlois. Ein Transport des Holzes in das Stammkloster scheint bis zur Aufgabe der Langenloiser Lehen aufgrund dieser Vermutung eher unwahrscheinlich.

14 Jahre später gelangten die Langenloiser Lehen nun durch einen Tausch in den Besitz des Bischofs von Passau – die Reichersberger erhielten dafür die *villa* Roßbach im Rottal, in der Grafschaft Bertholds von Bogen gelegen.[1229] Aus dem Reichersberger Traditionsbuch erfahren wir, dass das Roßbacher Gut aus zwei Bauernhöfen und einer Mühle bestand.[1230] Der Tausch gehört zur Beilegung von Streitigkeiten zwischen dem Bistum Passau und dem Stift Reichersberg, über die 1154/55 verhandelt wurde. Das

1226 *Plaustrum* konnte auch die auf einem Schiff transportierte Wagenladung bezeichnen. Dabei befand sich ein Wagen oftmals tatsächlich auf einem Schiff.

1227 BUB I 174 f. Nr. 135.

1228 Zu den Gütern aus den Wäldern Fichtenau, Wald und Waldnutzung etwa 16 und Dasler, Forst und Wildbann 22 mit Anm. 98.

1229 NÖUB 2/2, 767 ff. Nr. 26/6; kurz erwähnt in Weber. Studien zum Weinbau 169.

1230 UbOE 1 306 Nr. 60: *predium, duas videlicet curtes et molendinum.*

Stift gab im Zuge verschiedener Tauschhandlungen weit abliegenden Außenbesitz ab und sicherte sich Güter in der näheren Umgebung des Stammhauses.[1231]

Im Kommentar zur jüngsten Edition unserer Urkunde von Max Weltin findet sich nun die Bemerkung, dass die Holzungsrechte den Reichersbergern für ihre Kremser Weingärten verblieben. Für diese Feststellung zog Weltin die Schutzurkunde Papst Innozenz' II. vom 8. Jänner 1142 für Reichersberg heran.[1232] Der Papst bestätigte in dieser Urkunde allerdings nur den Besitz der von den Reichersbergern gekauften Weingärten in Krems *et ea, que dux Luitpoldus contulit.* 1142 konnte der Papst die Langenloiser Schenkung samt den Waldrechten nur in Bausch und Bogen bestätigen. Über die Rechte der Holzbeschaffung für die Kremser Weingärten erfahren wir aus der Papsturkunde nichts. Es ist allerdings durchaus wahrscheinlich, dass Weinstöcke für die Weingärten aus dem Gföhler Wald kamen. Anton Becker wies auf die Bedeutung der Gewinnung von Weinstecken im östlichen Gföhler Wald für den Weinbau im Umfeld von Langenlois hin.[1233]

Die Einschätzung, dass Reichersberg seine Rechte am Holz im landesfürstlichen Forst Gföhl für seine Langenloiser Besitzungen vor allem für die Weingärten nutzte, bleibt damit als wahrscheinlichste Erklärung aufrecht.[1234] Der in der Mitte des 12. Jahrhunderts in dieser Landschaft betriebene Weinbau ist schon etwa 1070 nachweisbar. Bischof Altmann schenkte damals dem Stift Göttweig die Zehente von Weingärten in Langenlois und Krems.[1235]

Wir wollen uns nun auch der Frage zuwenden, aus welchem Anlass Leopold die Urkunde für die Reichersberger ausstellte. Allgemein wurde die Schenkung mit der Bedürftigkeit und Armut des Stiftes begründet. Konkreter war der Hinweis auf verwüstete Güter, die ein Heer verursacht hatte, das unter der Führung von Leopold III. und seinem Sohn Leopold IV. zur Isar zog.[1236] Die Rede ist von einem bestimmten Heer, das vom Markgrafen und seinem Sohn geführt wurde. Weltin bezog diese Narratio auf die Zeit der Auseinandersetzung König Heinrichs V. mit seinem Vater, als Leopold IV. noch gar nicht auf der Welt war, und auf Vorgänge, die 1140 zur Niederlage des Babenbergers vor der Burg Vallei führten.[1237] Die Narratio bezieht sich aber konkret auf eine ganz andere Unternehmung. Kurz nach Ostern 1133 eilten der Markgraf und sein Sohn dem Re-

1231 Loibl, Der Herrschaftsraum 188 und 286 und die Narratio der Urkunde Bischof Konrads NÖUB 2/2 768 Nr. 26/6.

1232 UbOE II 196 Nr. 132.

1233 Becker, Gföhler Wald 20; Beckers ältester Beleg für Lieferungen dieser Art aus den Wäldern des Waldviertels betrifft allerdings erst die Zeit 1310/15. Diese Lieferung umfasste 6000 Weinstecken.

1234 Der Kommentar Weltins NÖUB 2/2, 777.

1235 FRA II/69 150 Nr. 2*: decimacionem ad Lubisa et ad Chremisa vinearum;* Topographie von Niederösterreich 5, 653, rechte Spalte.

1236 BUB I 21 Zeile 4 ff. *simulque animadverti* (Herzog Leopold) *quedam eorum* (der Reichersberger Kanoniker) *predia vastata, dum exercitus vel patre meo Liudpoldo vel me ipso ducente per terras eorum iret ac rediret.*

1237 NÖUB 2/2, 777; Lampel Studien zur Reichsgeschichte, 255.

gensburger Bischof Heinrich an die Isar zu Hilfe, der eine schwere Auseinandersetzung mit dem bayerischen Herzog Heinrich dem Stolzen zu bestehen hatte.[1238]

Der Bischof wurde nach dem Bericht der *Historia Welforum* von Grafen und den Tapfersten aus ganz Bayern unterstützt.[1239] Dabei handelte es sich wohl nicht nur um das Gefolge der Babenberger. Von dieser Seite rechnete Riezler mit den Grafen von Plain, Peilstein und Vornbach. Konkret scheinen sich Leutold von Plain, Konrad I. von Peilstein und Dietrich von Kreuzenstein an der Unternehmung beteiligt zu haben.[1240] Leutold von Plain fungierte 1141 bei der Schenkung auch als Salman, dem die Güter von Leopold IV. zunächst übergeben worden waren.

Transport- und Zollangelegenheiten spielten also bei der Nutzung des Waldes offensichtlich keine oder nur eine begrenzte Rolle. Dieser Bereich scheidet in diesem Fall aus der Betrachtung der bedeutenden landesfürstlichen Einnahmen aus. Was übrig bleibt, ist für die wirtschaftliche Seite der Landesherrschaft bezeichnend genug: Leopold IV hatte Herrschafts- und die Kontrolle über Nutzungsrechte eines Waldes, der einige Eigenschaften eines Forstes aufwies.[1241] Dieser Wald befand sich 1111 im Besitz der Babenberger, denn die Kirche in Meisling wurde auf einem *predium* Leopolds III. errichtet.[1242] Wie Leopolds Herrschaft im Gföhler Wald entstand und in welchem Umfang sie eine Forstherrschaft wurde, wissen wir nicht. Diese unbekannte Vorgeschichte mag in groben Zügen bekannt gewesen sein, denn das landesfürstliche Urbar der späten Babenbergerzeit betitelte die Eintragung zu Gföhl: *de foresto in Gevell.*[1243] In Meisling gab es sogar ein Forstamt: *de officio Mauzlich forster.*[1244]

Mit diesen die Chronologie betreffenden Betrachtungen hängt auch die Frage zusammen, seit wann und unter welchen Bedingungen die Babenberger im Raum des späteren Gföhler Waldes und in der Nachbarschaft ihre Herrschaft entfaltet haben. Dieses seit zumindest 100 Jahren viel behandelte Thema würde bei einer genauen Behandlung den Rahmen dieser Arbeit sprengen.[1245]

Als Ausgangspunkt möge daher eine einfache Feststellung Beckers dienen: »Die weiten Forste, die sich zwischen Kamp und Krems(fluss) … ausbreiten, waren schon am Ende des 11. Jahrhunderts landesfürstlicher Besitz.«[1246] Für die Besiedlung des Gebietes

1238 Brunner, Leopold, der Heilige 203.

1239 Historia Welforum 41 cap. 22.

1240 Riezler, Geschichte Bayerns 1, 617.

1241 NÖUB 2/2 757 Nr. 26/1.

1242 NÖUB 1 504 ff. Nr. (+) 14/1.

1243 Dopsch, Nieder- und Oberösterr. Urbare 56 Nr. 216.

1244 Dopsch, Nieder- und Oberösterr. Urbare 54 Nr. 214.

1245 Verwiesen sei hier in subjektiver Auswahl auf Sonnlechner, Das Niederkirchenwesen in den Göttweiger Traditionsbüchern; Lohrmann, Herrschaftsverhältnisse in der Grie; zu erwarten ist eine große Darstellung der mittelalterlichen Geschichte des Waldviertels von Erwin Kupfer.

1246 Becker, Gföhler Wald 14.

und die politisch-strukturellen Veränderungen als Folge der Auseinandersetzung Leopolds II. mit dem König erweisen sich die letzten drei Jahrzehnte des Jahrhunderts als »Achsenzeit«, die durch das Quellenmaterial des Stiftes Göttweig zwar lückenhaft, aber doch zureichend belegbar ist. Die am Wald bestehenden Herrschaftsrechte Leopolds IV. gehen mit großer Wahrscheinlichkeit auf die traditionellen Grafenrechte zurück, die ein Markgraf als Stellvertreter des Königs in einem als *pagus* und *comitatus* definierten Gebiet ausübte. Die Sieghardinger als Herrn des Waldes im Raum Berchtesgaden oder die Wels-Lambacher im Raum Kremsmünster hatten eine vergleichbare Stellung.

Nachgewiesene und immer wieder zitierte und diskutierte Aktivitäten im Nordwald fallen in die knapp davor liegende Zeit. 1045/47 betraf eine Schenkung Richlinds, der Witwe des letzten Ebersberger Grafen, zehn Hufen *ad Champa*, zu der auch die Holzungsrechte im Nordwald gehörten.[1247] Die genaue Lage des Gutes ist nicht feststellbar, doch wird man es im Südosten von Langenlois zu suchen haben. Diese Holzungsrechte im Nordwald könnten sich schon damals auf den Ostrand unseres Waldes zwischen dem Kamp und der Großen Krems bezogen haben. Dieses von den Ebersbergern kontrollierte Recht, Holz aus dem Wald zu entnehmen, stand auch den anderen Bewohnern der in der Umgebung der Schenkung liegenden Güter zu.[1248] Diese Berechtigung der *habitatores*, deren Güter vermutlich den Beginn von Siedlungen darstellten, lässt vermuten, dass die Allmende sich auch aus der Gewährung von Rechten, im konkreten Fall auf der Grundlage von Nutzungsrechten im Forstbereich, entwickeln konnte.[1249] Es ist also möglich, dass die genossenschaftliche Nutzung der Allmende aus einem Nutzungsrecht von Nachbarn abgeleitet wurde, die im Besitze eines dem Forst nahe gelegenen *predium* waren.

Zur Frage nach der Herrschaftsentwicklung in der Nachbarschaft des Kamptals und den Wäldern in diesem Raum mögen noch einige Beobachtungen angeführt werden. Zwischen 1045 und 1065 überließ Gerold, Graf im Rottachgau, seine Eigenkirche in Horn dem Bischof Egilbert von Passau.[1250] 1051 erhielt Markgraf Adalbert 30 Hufen in Grafenberg, das bei Eggenburg liegt und damals in *pago Osterrich et in comitatu predicti marchionis* lag.[1251]

Das ist der entscheidende Nachweis der Ausdehnung der Herrschaft der Babenberger an den Ostrand des Nordwaldes. Da drängt sich nun eine verwegene Frage auf: Entstand die Herrschaft der Babenberger im Raum des Kamptals und seiner Nachbarschaft

1247 NÖUB 1 188 Nr. 15h: *lege quoque cedendorum lignorum absque redemptione in silva que vocatur Nortwalt*; Kommentar ebda. 193; Kupfer, Die Grafen von Ebersberg 235. Der *locus Camp* ist 790 in den Reichsannalen erwähnt und lag an der Mündung des Kamp in die Donau. Annales regni Francorum 88.

1248 Ebda. …*qua* (bezieht sich auf das Recht) *utuntur omnes habitatores reliqui predii.*

1249 Schubert, Artikel Forst in: LMA IV Sp. 439.

1250 NÖUB 1 295 Nr. 22 f. Zu Gerold: Loibl, Herrschaftsraum 392 f.

1251 NÖUB 1 336 Nr. 25a mit Kommentar 341. Der Name Grafendorf wird hier auf den genannten Grafen Gerold und nicht auf die Ebersberger bezogen.

in direkter Nachfolge nach dem Tod des Grafen Adalberos des letzten Ebersbergers? Der chronologische Ablauf 1045/47 und 1051 macht die Sache reizvoll. Ich halte die Wirklichkeit, ohne sie zu kennen, allerdings für weit komplexer. Wir dürfen ja unseren Grafen Gerold und seine mögliche Rolle im benachbarten Horner Becken nicht außer Acht lassen. Der Horner Besitz eines Grafen, der zum Umfeld der Vornbacher gehört, ist ein Zeugnis für die Präsenz mehrerer Vertreter des bayerischen Adels und ihrer Herrschaften in diesem Raum. Der Komitat Adalberts nördlich der Donau von 1051 ist allerdings von ausschlaggebender Bedeutung.

Bekannt ist die Beteiligung Leopolds IV. an der Gründungsurkunde für Zwettl, die Konrad III. im Oktober 1139, also zwei Jahre vor der Schenkung an Reichersberg, ausstellte.[1252] Die Beteiligung Leopold an der Ausstellung wurde zuletzt so begründet, dass er seinen Einfluss in diesem durch sieben genannte Dörfer klar umrissenen Gebiet stärken wollte. An der herrschaftlichen Erschließung des Kamptals war er beteiligt, wie wir nicht zuletzt aus unserer Urkunde für Reichersberg wissen.[1253]

Zur Geschichte der Nachbarschaft unseres Waldes und der Reichersberger Lehen gehören auch die Schenkungen seines Gründers, des Passauer Bischofs Altmann, von Gütern im *desertum ad Grie*. Im Zuge dieser Schenkung wurden auch die erwähnten Weingärten in Langenlois übergeben.

Damit schließen wir unsere Betrachtungen zu Österreich und wenden uns der Steiermark zu, die ja bekanntlich grün und voller Wälder ist. Vorwegnehmend ist festzustellen, dass das steirische Urkundenmaterial neben den Erwähnungen bekannter, ausgedehnter Wälder auch eine Fülle kaum beachteter topographischer Bemerkungen zu kleineren Waldstücken enthält. Diese zu erfassen wäre eine lohnenswerte Forschungsaufgabe, die in der vorliegenden Studie nicht geleistet werden kann.[1254] Stattdessen wollen wir wie im vorhergehenden, Österreich betreffenden Teil einige charakteristische Beispiele aus der Fülle des Materials auswählen.

Die Pertinenzformel einer Schenkung zweier Königshufen durch König Heinrich III. an den Markgrafen Gottfried vom 8. November 1042 ist für uns als eines der ältesten Zeugnisse von Interesse. Obwohl in dieser Urkunde kein Wald erwähnt wird, enthält die Pertinenzformel neben den üblichen Rechten auch solche, die Rodung, Bienenweiden und Jagd betreffen.[1255] Die in Gösting gelegenen Hufen lagen in einem Waldgebiet, das bis heute besteht – die aufgezählten, für Wälder typischen Rechte könnten so zu erklären sein. Fraglich ist, ob Gottfried diese Nutzungsrechte als Markgraf nicht ohnehin zustanden – er war aber nur der jüngere Markgraf, da sein Vater Arnold ihn überlebte.

1252 NÖUB 2/2 619 ff. Nr. 20/2.

1253 NÖUB 638 im Kommentar zur genannten Urkunde.

1254 Einführend wäre zu beachten: Lamprecht, Wald und Siedlung 33 ff., spezielle Forste betrifft die Studie ders., Forste im Grabenlande 45 ff.

1255 StUB I 60 f. Nr. 52 = MGH D Heinrich III. Nr. 98 125 Zeile 16 f.: *runcandi licentia, cidelweida* und etwas weiter *venationes*.

Franz Hafner gibt in seiner forstlichen Monographie zum steierischen Wald im einleitenden Kapitel eine zusammenfassende Übersicht der riesigen Waldbestände des Landes.[1256] Erwähnt werden Salzburgs ausgedehnte Besitzungen im Ennstal die dann weit nach Osten und Norden ausgreifend Admont gehörten. Weitere Besitzungen der Salzburger lagen im Pölstal mit Fohnsdorf und im oberen Murtal. Bedeutend waren auch die Besitzungen im Sausal und der Gegend um Deutschfeistritz. Die Wälder in Oberwölz, Lind und Katsch gehörten Freising. In der Einleitung findet sich auch ein kurzer Hinweis auf die wirtschaftliche Bedeutung von Eisen und Salz, die urkundlich immer wieder im Zusammenhang mit der Waldnutzung genannt werden.[1257]

Als Erstes wollen wir unsere Aufmerksamkeit auf den bedeutenden Forst oder Wald, den Sausal lenken, der sich westlich von Leibniz erstreckt. Herr dieses Waldgebietes in der Südsteiermark war aufgrund mehrerer Königsschenkungen der Erzbischof von Salzburg.[1258] Ob es sich um einen Forst- oder einen Waldbesitz handelte, wird aus der Vielzahl der Urkunden, unter denen sich auch mehrere Fälschungen befinden, nicht klar. Als echt gilt die Schenkung des *nemus Susal* Ottos I. vom 7. März 970.[1259] In der Pertinenzformel wird auf die Überlassung der *banni silvarum* hingewiesen sowie auf Fischweiher und Fischereirechte. Immerhin ein Hinweis auf einen Bannwald! Eine klarere Unterscheidung zwischen Forst- und Waldrechten ist der Urkunde nicht zu entnehmen. Eindeutiger scheinen die Verhältnisse in einer Besitzbestätigung Heinrichs III. 1051 zu sein.[1260] Dazu gehörte auch die *forestis Susel cum banno*, ein zeitlich eingeschränktes Jagdrecht (*venationem in dulcibus vallibus*), das darüber hinaus dem König im Herbst die Jagd auf Bären und Wildschweine zusicherte. Dasler sieht trotz der eindeutigen Erwähnung des Forstbanns in den Beschränkungen der Jagd ein forstrechtliches Problem.[1261]

Nach dem Ausweis der steirischen Urbare aus der Zeit der Babenberger und Ottokar Přemysls kennen wir offenbar kleinere Forste im Amt Judenburg, das in otakarischer Zeit vor 1268 von Gertruds Sohn Friedrich beherrscht wurde, wie Alphons Dopsch aus einigen Eintragungen geschlossen hat.[1262]

Ausgedehnte Waldbesitzungen hatte Admont zu beiden Seiten der Enns von seinem Gründer Erzbischof Gebhard von Salzburg und dessen Nachfolger Tiemo erhalten. Wir wissen davon durch eine Bestätigung von Erzbischof Konrad I., die am 10. Oktober

1256 Hafner, Steiermarks Wald 2, die besondere Rolle des Erzbistums Salzburg und der Bischofssitze Brixen, Freising und Bamberg wird deutlich fassbar.

1257 Hafner, Steiermarks Wald VII. Siehe dazu unten S. 282. Es ist auch darauf hinzuweisen, dass der wirtschaftliche Aufstieg von Berchtesgaden nicht nur der Forstschenkung zu verdanken ist, sondern vor allem den reichen Salzvorkommen in der unmittelbaren Nähe des Stifts.

1258 Dasler, Forst und Wildbann 181.

1259 MGH D Otto I. 530 f. Nr. 389.

1260 MGH D Heinrich III. 345 ff. Nr. 260.

1261 Dasler, Forst und Wildbann 182 mit Anm. 834.

1262 Dopsch, Landesfürstliche Urbare 27.

1139 ausgestellt wurde.[1263] Die umfassende Beschreibung dieser in der Nähe aber auch in weiter Entfernung von Admont liegenden Wälder beginnt mit der Erwähnung von Salzquellen, die dem Stift übergeben wurden. Das Sieden der Sole in den Sudpfannen verbrauchte sehr viel Holz. Deshalb sind Forst- und Waldschenkungen respektive der Zugriff auf das Holz häufig mit dem Privileg für Salzgewinnung und das Schürfen nach Metallen verbunden. Berchtesgaden ist dafür ein überzeugendes Beispiel, auch wenn man in Friedrich Barbarossas Forstprivileg von 1156 diese Berechtigung fälschlich hineinmanipulierte. Auch St. Lambrecht war in den Wäldern um Aflenz berechtigt, nach Metallen zu schürfen.[1264] Die Salzgewinnung Admonts am Fuße der Haller Mauer war vor dem Abbau in den Bergwerken des Salzkammergutes von großer Bedeutung; wir haben dem bemerkenswert hohen Salzzoll in Rottenmann Beachtung geschenkt.[1265] Hall liegt nördlich der Enns und in diesem Raum lag der von Erzbischof Tiemo geschenkte Wald, der sich ins Gesäuse nach Weng und Buchau erstreckte. Weiters führte der Forst (*forestum*) zum Laussabach, in den Bäche von den im Norden liegenden Bergrücken mündeten. Dort lag auch ein Lehen, das zu dem Wald gehörte, nämlich eine und eine halbe Hufe, für die Admont im Tausch Gunther, dem Wächter (*custos*) des Waldes, jährlich 20 Scheffel Salz bezahlte. Wahrscheinlich konnte dieser *custos*, unbekannt welchen »Standes«, mit dieser Menge Salz gute Geschäfte machen.

Unruhen gab es zwischen Salzburg und Admont um das südlich der Enns liegende Waldgebiet, das der Gründer Admonts, Erzbischof Gebhard, gestiftet hatte. Die Grenzbeschreibung beginnt in der Gegend von Rottenmann mit Erwähnung der von dort zur Enns fließenden Bäche. Der Wald dehnte sich weiter nach Osten über die Kalblingalpe zum Johnsbach und zum Hartelsgraben aus. Dann ging es über die Neuburgalm zu einem Felsen der Want genannt wurde und bei Hieflau lag. Von dem dort fließenden Gamsbach ging es durch den Gamsforst zum Seisenbach bei Wildalpen und den Bächen, die in die Salza, Mendling oder Lassing mündeten. Dieses Gebiet lag nördlich des Hochschwab. Im Norden erreichte der Wald schließlich Bromberg und den Berg Gamsstein in der Nähe der Ybbs. Die Grenze bog dann nach Westen ab zur Alpe und zum Bach Essling. Von dort ging es dann zum Bach Frenz und zur Enns Richtung Admont. Hier schließt sich der Umlauf der Waldbegrenzungen. Ein riesiges Gebiet, das bis in die Zeit des Investiturstreits unter Salzburger Herrschaft stand. Die Pertinenzformel der Bestätigung zeigt Anklänge an die zu einem Forst gehörigen Rechte, nämlich ihre Übertragung für jegliche Form der Jagd und der Fischerei. Dann folgen die üblichen Pertinenzen, die dem Nutzen der Admonter Brüder dienen sollten. Die Vielfalt der Art

1263 StUB 1 181 ff. Nr. 178.

1264 StUB 1 111 f. Nr. 95, 7. Jänner 1103 Herzog Heinrich III, von Kärnten; MGH D Friedrich I. Nr. 562 29 Zeile 28: *cum…salino et rudere, quod ariz dicitur.* Diese Pertinenzformel enthält auch die für Wälder und Forste üblichen Hinweise auf Jagd und Fischerei und nicht zuletzt die Jagd auf Biber und Marder.

1265 Oben S. 98.

der Besitzungen in diesem Wald/Forst zeigt, dass es hier neben Almen, Bergen und Gewässern auch Dörfer mit landwirtschaftlicher Produktion gab.

1143 ging es um den Pittener Wald, in dem Ekbert II. die Herrschaft innehatte und der in direkter Nachbarschaft der neu errichteten Pfarre Bromberg lag.[1266] Er umfasste wahrscheinlich auch schon damals ein von Rodungsinseln durchbrochenes Gebiet zwischen dem Handelsweg durch das Pittenauer Tal, mit der Zollstelle Warth und der ungarischen Grenze. Im Süden war das Gebiet vom Hartberg begrenzt, dessen Bergkuppeln vom Wechsel bis nach Hartberg reichten. In diesem Waldgebiet rechnete man mit Neubrüchen und in diesen neu erschlossenen Gebieten wollten die Reichersberger Brüder den Zehent, mit Ausnahme der dem Pfarrer zustehenden Teile, einheben. Der Herrschaftsraum Ekberts II. stand in rascher Entwicklung, vielleicht sogar, wie an anderer Stelle schon vermutet, mit dem Ziel, eine Territorialherrschaft besonderer Art zu etablieren. Mit seinem Tod war auch das Ende der ehrgeizigen Ziele gekommen.

Wieder auf das Pittener Gebiet bezieht sich eine Entscheidung Konrads III, wahrscheinlich vom 15. Mai 1149 über Schenkungen Adalrams von Waldeck an Seckau, die Güter betrifft, die zwischen dem Cerwald (Semmering) und dem gerade erwähnten Hartberg lagen.[1267] In demselben Jahr bestätigte der König die Besitzungen von St. Lambrecht, jene des beim Kloster liegenden Waldes mit dem Zubehör in Graslupp.[1268] Gegenüber der Grundausstattung von 1103 gab es kleinere Veränderungen. Übernommen wurde die bereits besprochene Pertinenzformel, die sich auf die Rechte und Besitzungen im Aflenztal bezieht. Ein Jahr später ist ein Wald zwischen der Weißen und der Großen Lafnitz in einer Schenkung Ekberts III. von Vornbach erwähnt.[1269]

Ein ausgedehntes *nemus* nahm seinen östlichen Ausgangspunkt im Gebiet von Deutschfeistritz und erreichte im Westen Kainach.[1270] Zu erwähnen ist auch der im Süden von Graz sich erstreckende Kaiserwald, der bis in das untere Kainachtal reichte.[1271] 1160 ist in der Schenkung der Schoberalm an Admont ein *nemus Babenbergensis*, ein Bamberger Wald erwähnt, von dem ausgehend sich der Besitz nach Norden in Richtung der Burg Eppenstein erstreckte.[1272] 1172 fanden *nemorales inquisitiones* in Wäldern um Neumarkt bei der Behandlung von Streitigkeiten zwischen Adalbert von Eppen-

1266 NÖUB 2/2 760 Nr. 26/2.

1267 StUB I 290 f. Nr. 279 unter diesem Datum; MGH D Konrad III.472 ff. Nr. 273 mit Diskussion zum Ausstellungsdatum. Hier 473 Zeile 17: *cum omnibus prediis intra silvam Cerewalt et montem Hartperch sitis.*

1268 MGH D Konrad III. 363 ff. Nr. 201.

1269 StUB 298 Nr. 287.

1270 StUB I 270 Nr. 260; 1147 nahm Papst Eugen III. das Zisterzienserstift Rein in seinen Schutz, Unter den Besitzungen war ein *nemus de Vustritz usque in Chenahc.*

1271 Purkartshofer, Kaiserwald 88 ff.

1272 StUB I 398 Nr. 410 und 601 f. Nr. 631; Pirchegger, Landesfürst und Adel 50.

stein und dem Kloster St. Lambrecht statt.[1273] Ein zwischen dem Kloster Rein und dem bedeutenden steirischen Ministerialen Reinbert von Mureck umstrittenes *nemus* und Neubrüche in der Herrschaft Arnfels weisen auf dort vorhandene Waldbestände.[1274] Das sind einige der eindrucksvollen Beispiele für den Waldbesitz in der Steiermark in Auswahl, der aus den Urkunden bis 1192 zu erschließen ist. Ins 13. Jahrhundert führen uns die steirischen Urbare.

Zuletzt wollen wir noch einmal die für unsere Untersuchung zentrale Frage berühren, welche Bedeutung die Forste für die Territorienbildung hatten, wie das Johannes Fried und Karl Bosl vertreten haben.[1275] In jedem Fall der Erwähnung von Wäldern und Forsten sind die Umschreibungen einzelner Rechte und deren sozioökonomische und topographische Voraussetzungen auf die Frage zu prüfen, wie weit die Unterscheidung von *silva, nemus* oder *saltus* bzw. *forestis* im 12. Jahrhundert noch sinnhaft ist.

Die Zugangsberechtigung der Reichersberger von 1141 fußt auf der Herrschaft Leopolds IV. im Wald zwischen Kamp und Krems. Ob die in der Urkunde genannten *silve procuratores* ausreichen, um eine Forstherrschaft nachzuweisen, ist möglich. Immerhin verbot ihnen der Markgraf,[1276] irgendwelche Abgaben oder andere Leistungen von den Reichersbergern zu verlangen. Von Jagd, Fischerei und Rodung in der *silva* hören wir nichts; außer der Versorgung mit Produkten aus dem Wald gab es keine weitergehenden Vergünstigungen für die Reichersberger Brüder und ihre Leute. Ein Fischweiher im Gföhler Wald ist erst in der späteren Zeit der Babenberger nachweisbar. Fazit: Leopold übte Hoheitsrechte in einer *silva* zwischen den genannten Flüssen aus. Zur begrifflichen Kennzeichnung dieser Herrschaft verwendeten die dort lebenden Zeitgenossen den Begriff *vorst*. Einen sozusagen logisch erzwungenen oder entwicklungsbedingten dominierenden Zusammenhang zwischen der Hoheit in der *silva* und der Landesherrschaft Leopolds vermag ich nicht zu erkennen. Natürlich wäre es wirklichkeitsfremd, apodiktisch jeden Zusammenhang zu leugnen. Grundherrschaftliche und traditionell[1277] forstherrschaftliche Elemente mischten sich zu einem neuen Ganzen – dieses Ganze ist jedenfalls nicht die Summe der Territorialherrschaft, sondern nur eines ihrer Elemente. Die Rodungs- und Siedlungsunternehmungen des 12. Jahrhunderts fanden Unterstützung und vielleicht auch Widerpart im Rahmen der nicht immer klar zu qualifizieren-

1273 StUB I 516 Nr. 548.

1274 StUB II 183 ff. Nr. 122.

1275 So Rubner, Artikel Forst HRG 1 (1. Auflage) Sp. 1173, die Berufung auf Mayer, Der Staat der Herzöge von Zähringen trifft nicht zu. Mayer schätzt zwar die Bedeutung des Schwarzwaldes für die Ausbildung der Landeshoheit der Zähringer hoch ein, doch spielt dabei die Forstproblematik keine Rolle.

1276 Da es sich um einen Wald in einem Gebiet handelt, das schon um 1050 zur Mark gehörte, spielt es wohl keine Rolle, dass Leopold IV. die Urkunde als Herzog von Bayern ausstellte.

1277 Als traditionell beurteile ich die karolingische »Forstpolitik«, die in mehreren einschlägigen Texten des 11. Jahrhunderts noch erkennbar ist.

den Forstherrschaft des Landesfürsten; sie waren aber ebenso abhängig von Vogt- und anderen grundherrschaftlichen Herrschaftsformen.

Die in der Schenkungsurkunde genannten Herrschaftselemente in dem 1177 dem Stift Heiligenkreuz übertragenen Wald setzen sich etwas anders zusammen. Es ging um einen Teil der *silva*, die im weiteren Verlauf des Textes auch als *saltus* bezeichnet wurde,[1278] in dem das Zisterzienserstift lag. Die Begrenzung dieses Teils wurde wie immer genau beschrieben. Die Schenkung erfolgte unter der bemerkenswerten Auflage, dass in dem Wald keineswegs gerodet werden durfte, es war aber auch verboten, Stallungen oder Bienenhäuser zu errichten. Die Bedeutung der Holzgewinnung aus dem Wald scheint bei diesen Einschränkungen eine Rolle zu spielen. Diese Regelung fand auch Eingang in die 1188 ausgestellte zweite Fassung der Übertragung. Der Herzog könnte natürlich auch andere uns unbekannte Gründe für seine restriktive Haltung berücksichtigt haben: Etwa eine verdeckte Gewährung eines Spielraums für seinen in dieser Gegend einflussreichen Bruder Heinrich von Mödling.

Wie wir aus der Fassung von 1188 erfahren, führte der Herzog 1177 durch einige Ministerialen die Schenkung durch. Zunächst ist Wichard von Arnstein genannt, der 1177 Forstmeister war. Die Herrschaftsverhältnisse sind klar: Der Herzog verfügte über den Wald und übertrug einem einflussreichen Ministerialen dort die *custodia*. Einige Elemente der Forsthoheit sind erkennbar, die scharfe Reaktion Leopolds auf die erwähnten Machinationen Wichards haben hierin wohl ihre Grundlage.

Wieder als *silva* bezeichnet ist jener Wald aus dem Besitz des Herzogs, den 1192/94 das Stift Melk erhielt. Als Begründung wurde der Holzmangel erwähnt. An der Entscheidung über die Schenkung waren ein führender Ministeriale, vielleicht ein landesfürstlicher Forstmeister, und sein Förster beteiligt. Besitz und Herrschaft des Landesfürsten über diesen Wald sind eindeutig nachzuweisen, die Administration war jedenfalls fortgeschritten.

Zuletzt noch einige Ausführungen zum riesigen Waldbesitz von Admont. Am 10. Oktober 1139 bestätigte Erzbischof Konrad I. von Salzburg dem Stift Admont die Schenkungen seiner Vorgänger Gebhard und Tiemo sowie seine eigenen.[1279] Dazu gehörten zwei Waldschenkungen zu beiden Seiten der Enns, die über das Gesäuse nach Osten und Norden bis nach Niederösterreich an die Ybbs reichten. Zu dem Gebiet gehörten Almen und Gewässer – Teile des Waldes standen unter der Aufsicht eines Gunther, der dafür 20 Scheffel Salz pro Jahr erhielt.

Zumindest ein Teil des Gebietes stammt aus dem Ennstaler Besitz der Hemma von Gurk, den sie zur Gründung eines Stiftes dem Erzbischof Baldwin überließ. Sein Nach-

1278 Die offensichtlich wahllose Verwendung der Begriffe legt nahe, fruchtlose Überlegungen zu ihrer eigentlichen Bedeutung zu unterlassen.

1279 StUB I 182 f. Nr. 178; wann die Erzbischöfe oder St. Peter diese Wälder wohl vom König erhalten haben ist mir nicht bekannt. Dasler, Forst und Wildbann führt diese Wälder nicht an. Vgl. aber die folgende Bemerkung zu Hemma von Gurk.

folger Gebhard gründete dann Admont. Dass unser Wald dazugehörte, beweist der Beginn des Güterverzeichnisses, das etwa 1087 entstand.[1280] Unter Hemmas Schenkungen sind zunächst Salzpfannen erwähnt und dann alle dem Stift nützlichen Besitzungen, die dem Fluss Enns folgend beim Glasbach und dem Frenzbach bei Altenmarkt lagen. Salzburg und die dazu gehörenden Forste bzw. Wälder gelangten nicht durch eine Königsschenkung, sondern durch eine in Karantanien begüterte Dame, die mit Wilhelm II., Graf von Friesach, verheiratet war und als eine der reichsten Frauen ihrer Zeit galt, in den Besitz Admonts. Hemma starb schon 1045 und es dauerte fast 30 Jahre, ehe Gebhard von Salzburg die Gründung Admonts in Angriff nahm.

Am Ende der Bestätigung wurde den Admontern garantiert, dass sie alle Formen der Jagd und Fischerei und alle anderen Vorteile aus diesen Besitzungen nützen konnten. Die alten Forstelemente sind hie und da noch erkennbar, doch ging es um die Erschließung von Siedlungsland im Rahmen einer Grundherrschaft, zu der auch ein außergewöhnlich umfangreicher Waldbesitz gehörte. Die Babenberger mögen als Vögte seit 1168 bei der Kontrolle in diesen Wäldern eine gewisse Rolle gespielt haben. Eine stichprobenartige Überprüfung der 1139 in der Besitzbestätigung Erzbischof Konrads I. genannten Ortsnamen ergab keine einschlägigen Nennungen in den Urbaren der Steiermark.

Interessant ist eine Bemerkung in Papst Innozenz' II. Besitzbestätigung vom 29. März 1139, die sich auch auf Neunkirchen bezog: Hier heißt es, dass das Kloster Vornbach der Freigiebigkeit der Grafen Ekbert, Ulrich und Hermann bestimmte Forst- oder Nutzungsrechte verdankte, wie den Zugriff auf Holz und Tierfutter und die Erlaubnis, Gebäude zu errichten. Das Kloster durfte seinen Bedarf aus dem Neunkirchen benachbarten Wald decken.[1281] Die dem Vornbacher Abt gewährten Rechte beziehen sich auf einen Forst, wie man aus der spezifischen Auflistung aber auch der Bezeichnung *forestis utensilia* folgern kann. Ferner erlaubt uns die Bestimmung den Schluss, dass die Grafen die Forsthoheit in diesem Wald innehatten. Jedenfalls war die Herrschaft Ekberts I. in diesem Raum merklich verdichtet: Die Schenkung der Pfarre und des Marktes in Neunkirchen, sowie der Rechte an der Münze und der Festlegung des *mercatum* geht wohl vor allem auf ihn zurück, wenn auch Ulrich einleitend als zweiter Schenker genannt ist. An der Überlassung der Forstnutzung war aber auch Hermann I. von Winzenburg, Ulrichs Bruder, beteiligt. Die Konzentration dieser Hoheitsrechte, letztlich in der Hand des Pittener Zweiges der Vornbacher Grafen, berührt wiederum die Frage, ob und wie solche Rechte mit der strukturierten Entwicklung von Landeshoheit zusammenhängen können. Gestützt auf das Ansehen eines Adelsverbandes, der jedenfalls schon in der Zeit Kaiser Arnulfs bedeutende Funktionen innehatte, zeichnete sich deutlich die Formie-

1280 StUB I 85 f. Nr. 77.

1281 NÖUB 2/1 Nr. 7/3 257 Zeile 7–11 *Quicquid etiam iuris eadem ecclesia ex devotione predictorum comitum Ekkeberti et Odalrici necnon Hermanni fratris eius habere debet, specialter ligna pastum edificia et quecunque adiacentis forestie utensilia, vobis nichilominus confirmamus.*

rung einer »politischen« Landschaft ab – nämlich die der sogenannten Grafschaft Pitten. Tatsächlich erhielt Ekbert II. 1141 von König Konrad III. unter nicht völlig geklärten Umständen das Recht, in seiner *villa* Neunkirchen Münzen zu prägen und einen Markt abzuhalten.[1282]

Was für alle hier noch einmal zusammenfassend skizzierten Waldbesitzungen bezeichnend ist, sind die Grenzbeschreibungen. Ob wir diese Beobachtung mit der Begrenzung von Territorien verknüpfen dürfen, ist fraglich. Hofmarken, Grafschaften und Grundherrschaften hatten Grenzen, um die auch schon in älteren Zeiten gestritten wurde. Es spricht einiges dafür, dass die Beschreibung von Grenzen als nachvollziehbare Grenzlinien gegenüber den früher nur als Grenzräume fassbaren Gebietsbegrenzungen an Bedeutung gewann. Die Grenzbeschreibungen der Forste finden wir aber auch schon in den Forsturkunden der Karolingerzeit. Es handelt sich also um keine Erscheinung des 12. Jahrhunderts, sondern um eine Möglichkeit, in jeder historischen Epoche Raumvorstellungen, die mit Besitzinteressen verbunden waren, deutlich und (be)greifbar zu machen.

Meines Wissens hat niemand jemals die Behauptung aufgestellt, die erfolgreiche Durchsetzung von Landeshoheit sei eine Folge der Markt-, Münz- und Zollhoheit. Allerdings konnten wir nachweisen, dass durch die wachsenden Einnahmen aus diesen Herrschaftsrechten und vor allem durch die damit verbundenen organisatorischen Maßnahmen die landesfürstliche Macht im alltäglichen Ablauf der Ereignisse an Wirkung zunahm. Die Einnahmen aus den Wäldern und Forsten waren im Vergleich mit Zöllen, Markteinnahmen und der Nutzung der Münzprägung und des Münzumlaufs geringer, ermöglichten aber einen oft kompliziert gestalteten Einfluss (insbesondere Ansprüche der Klöster und benachbarter Siedler) auf Rodung und Besiedlung – also auf einen durch Ackerbau und Viehzucht geprägten, von bäuerlicher Tätigkeit dominierten Sektor von Produktion und Versorgung. Ferner ist es kein Zufall, dass die Forste in den Urbaren nicht unter den »Regalien« aufscheinen. Die Forstherrschaft scheint also ein anderer Herrschaftstypus als Zoll, Markt, Münze und Gericht gewesen zu sein, der nicht primär auf den Gewinn von Abgaben gerichtet war. Dass man sie vielleicht als eine besondere Form eines Besitzrechts betrachtete, würde der in »älteren« Zeiten selbstverständlichen Zusammengehörigkeit von Besitz und Herrschaft entsprechen. In den Forsten gab es ja eine Forstherrschaft und das Betretungsverbot entspricht wohl der klösterlichen (oder auch der selten belegbaren weltlichen) Immunitätsherrschaft.

Wie wir schon bei der Besprechung einzelner Wald- und Forstschenkungen festgehalten haben, möchte ich auch zusammenfassend meinen: Die Forstherrschaft des Fürsten leistete einen gewissen Beitrag zum Aufbau der Landeshoheit, diese war aber keineswegs eine zwangsläufige Folge der Forsthoheit. Rodungs- und Besiedlungsvorgänge konnten mit Hilfe der Forsthoheit initiiert und kontrolliert werden, für die begrenztes Wald-

1282 MGH D Konrad III. Nr. 62; NÖUB 2/1 259 Nr. (+) 7/1.

land zur Verfügung gestellt wurde. Notwendig war die Forsthoheit dafür aber nicht! Es scheint, als sei das Weiterleben der Forsthoheit vor allem von der Bedeutung der Jagd als Lebensform des Adels gefördert worden.

So verlegten Rubner und Dasler die Entstehung des Wildbanns gerade in die Zeit der Umstellung, als die karolingische Forstherrschaft deutlichen Veränderungen unterworfen war. Die Weitergabe der alten Forstrechte an die Bischöfe, die dann Klöster und Weltliche mit diesen Rechten bedachten, schufen für diese Entwicklung die Voraussetzungen.

Wie angedeutet, ist es schwierig, aus den Urkunden des 12. Jahrhunderts mit Gewissheit zu schließen, ob es sich bei einer Waldlandschaft um einen Wald unter der Herrschaft eines Grundherrn oder einen Forst, in dem Forsthoheit ausgeübt wurde, handelte. Verschiedene Elemente vermischten sich in den einzelnen Fällen und ein eindeutiges Urteil erweist sich oft als unmöglich. In unserem Raum an der Donau bis zur Drau kenne ich aus dem Hochmittelalter kein Beispiel für die Umwandlung einer *silva* in eine *forestis*, wie dies 897 noch Zwentibold für einen Wald für St. Maximin und für das Erzbistum Trier festgestellt hat: *ex ea* (also aus der *silva*) *forestem facimus*. Das verfügte der König, damit es kein Mensch wage, in diesem Forst ohne Zustimmung des Besitzers *bestiam capere quaecumque venationis arte*.[1283] Diese Formulierung finden wir noch 1049 in einer Waldschenkung Kaiser Heinrichs III.[1284]

Zusammenhänge zwischen der Ausübung der Forsthoheit und der Entwicklung der Landesherrschaft bestehen, wie bereits oben angedeutet, sicherlich – diese sind allerdings eher Schlussfolgerungen, die sich aus der Kombination verschiedener Informationen aus Urkunden und historiographischen Berichten herleiten. Es gab zwar einen Nachklang karolingischer Rechtsvorstellungen von einem Forst, andere Rechtsformen der Organisation von Herrschaft und Besitz erschienen dem Denken der Zeitgenossen aber zutreffender. Es scheint so, dass man mit grundherrschaftlichen Vorstellungen und Mitteln, die in einem möglichen d. h. organisierbaren Maße unter der Kontrolle des Territorialherrn standen, Rodung und Besiedlung besser organisieren konnte als mit wahrscheinlich etwas überholten forstrechtlichen Gestaltungsmöglichkeiten.

1283 MGH D Zwentibold 39 ff. Nr. 13

1284 NÖUB 1 305 ff. Nr. 22n.

Zusammenfassende Überlegungen

Zwischen Mai und August 1191 bestätigte Herzog Otakar I. von Steier eine Jahrmarktsordnung für Enns. Eine Gesandtschaft Regensburger Bürger, unter ihnen wohl auch Kaufleute oder Schiffseigner, hatte dringend darum gebeten, die fast ein halbes Jahrhundert ältere Marktordnung zu bestätigen bzw. neu zu verhandeln; etwa 1150 hatte Markgraf Otakar III. den Markt eingerichtet, den die Regensburger organisierten.

Enns erhielt damit eine Schlüsselrolle im Donauhandel, die bis zum Beginn des 13. Jahrhunderts bestimmend blieb. Der Strom spielte schon in der späteren Karolingerzeit bei der Verteilung von Salz und anderen Waren eine Rolle, wie wir aus der bekannten Zollordnung von Raffelstetten wissen. Aus dem 10. und 11. Jahrhundert kennen wir nur schlaglichtartig einige Informationen zum Verkehrsweg nach dem Südosten. Als Handelsweg hatte der Weg über die Rheinmündung und die nördlichen Meere in das Gebiet von Nowgorod einen Vorsprung in der Entwicklung gegenüber dem Süden des Reiches. Die zunehmende Bedeutung Ungarns und des Kiewer Großfürstentums als Rohstoff- und Pelzexporteur machte auch die Donau zu einem bedeutsamen Verkehrsweg des Handelsinteresses des nordwestlichen Europas. Die dort, besonders in Flandern, ansässigen Tuchhändler bemühten sich um eine Ausweitung des Handels in den Osten. Die Donau wurde durch diese erfolgreichen Bemühungen mit ihren an den Ufern verlaufenden Straßen zu einem Fernhandelsweg.

Aufgrund seiner engen Beziehungen zu Regensburg erkannte Otakar III., dass der Warenaustausch im Donauraum eines günstig gelegenen Ortes am Fluss bedurfte. Regensburgs Funktionen als zentraler Ort im Handel waren in der Mitte des 12. Jahrhunderts bereits so intensiv entwickelt, dass wahrscheinlich kaum Potential für weitere Handelsaktivitäten in der Stadt selbst vorhanden war. Zu berücksichtigen war auch die Tatsache der oft umstrittenen Herrschaftsverhältnisse in der Stadt, die solchen Planungen nicht gerade förderlich waren. Ein günstiger gelegener Ort war Enns – die traditionell zentralörtliche Rolle Lorchs/Lauriacums in der Politik des Bischofs von Passau hob die Siedlung in ihrem Ansehen über etwaige Konkurrenten hinaus. Ob die frühere Funktion von Enns als Grenzort, etwa im Zusammenhang mit dem Ausfuhrverbot für Waffen, das im Diedenhofer Kapitular von 805 verfügt wurde, noch bekannt war, wissen wir nicht.

Mit dieser Konstellation ist die Absicht Otakars III. zu begründen, die Herrschaft seiner Dynastie im Raum Steyr/Garsten in Richtung Nordosten, nach Enns, fast bis an das Donauufer zu erweitern. Die wohl noch vor 1150 in diesem Raum entstehende Herrschaft Otakars III. überlagerte allmählich Passaus Einfluss. Die Position des Bischofs von Passau beruhte vor allem auf der bedeutenden Stellung des bischöflichen

Eigenklosters St. Florian. Dabei spielte die Teilvogtei über die Klosterbesitzungen zwischen Traun und Enns, die von einer in der Nähe von Enns lebenden und auch mit dem Kloster Garsten eng verbundenen Familie ausgeübt wurde, eine wesentliche Rolle. Vermutlich über diese nach Ipfdorf genannten Leute erlangte Otakar III. zumindest eine Beteiligung an der Herrschaft im Ennser Raum und in der *villa* Enns selbst. Die Bedeutung Passaus zeigte sich auch auf dem Ennser Jahrmarkt, wo neben anderen Münzen der Passauer Pfennig verwendet wurde.

Mit der Einrichtung des Marktes und der Ausübung der Münzhoheit in Enns entstanden Herrschaftsstrukturen, die auf ökonomischen Grundlagen beruhten und Einnahmen sicherstellten. Nach der Festsetzung der (Markt-)Zölle bei der Abreise der Händler, die in Abstimmung mit den Vertretern der Regensburger Interessen erfolgte, hoben die Ennser Richter Abgaben vom Transit auf Straßen und Flüssen ein. Gewinne zog der Markgraf ferner aus der Münzprägung und dem Münzverkehr und schließlich aus der Verpachtung der Gerichtsbarkeit. Diese Rechte wurden in den österreichischen und steirischen Urbaren nach 1220 als Regalien bezeichnet, wobei es sich gar nicht mehr um solche handelte – das Wort war weitgehend sinnentleert zurückgeblieben. Dazu kam die nicht immer klar zu beurteilende Verfügungsgewalt des Landesfürsten über ausgedehnte Waldlandschaften. Alle diese Abgaben waren Mosaiksteine, die zur Entstehung eines Bildes der Territorial- oder Landesherrschaft wesentlich beitrugen. Dieser Brückenschlag zwischen der Ökonomie und ihrer Administration war ja der eigentliche Gegenstand unserer Untersuchung zum Auf- und Ausbau einer Gebietsherrschaft.

Die Zoll- und Münzeinnahmen hingen von der gerade geschilderten allgemeinen Entwicklung ab, insbesondere jener des Handels. Auf diese Entwicklung, die weitab im Westen und Osten Europas stattfand, hatte der künftige Landesfürst nur geringen Einfluss; er konnte sie aber, wie das bei Otakar III. der Fall war, rechtzeitig erkennen und sie gewinnbringend fördern. Die Zeit nach dem Investiturstreit waren günstige Jahre für den Auf- und Ausbau fürstlicher Herrschaft. In der Zeit der Auseinandersetzung mit den süddeutschen Fürsten hatte sich der König aus Österreich und der Steiermark zurückgezogen. Der Spielraum der königlichen Gewalt stand seit damals weiterhin unter dem Druck kirchlicher Forderungen, denn das Wormser Konkordat vermochte nicht die anliegenden Probleme und Konflikte zu lösen. Unter diesen Umständen gewannen die Fürsten teilweise auch durch die Zusammenarbeit mit geistlichen Institutionen eine weiterwachsende Selbstständigkeit.

Soweit es den Aus- und Aufbau der Landesherrschaft betraf, war die Entwicklung der Organisation der Einhebung von Abgaben zumindest ebenso wichtig wie die Steigerung der Einnahmen. Sie wurde in einem bedeutenden Umfang von Personen getragen, die zu der vielschichtig aufgebauten Gruppe der Ministerialen gehörten. Zumindest zwei Gruppen sind im Rahmen unserer Untersuchung deutlich zu erkennen: Die berittenen und bewaffneten Herren ritterlicher Lebensführung, die als Landherren des Territoriums in einem besonders nahen Verhältnis zum Fürsten standen. Sie bekleideten oftmals Hofämter, wie Truchsess, Marschall, Kämmerer oder Jägermeister. Diese Funktionen der Ministerialen sind schon in den Hof- und Dienstrechten des 11. Jahrhunderts überliefert. Sie stammten aus bischöflichen und klösterlichen Herrschaften. Vereinzelt kennen wir auch schon die militärische Gefolgschaft von Leuten gräflichen Ranges, wie etwa die des bayerischen Pfalzgrafen Kuno von Rott oder die Leute vom Inn, die als Gefolgsleute der Grafen von Vornbach deren Herrschaft im Pittener Gebiet unterstützen und möglich machten. Vielleicht aus der Organisation der Hofämter entwickelte sich im Rahmen der herrschaftlichen Administration eine Gruppe fachlich beschlagener Dienstleute, die zwar auch zur Ministerialität gezählt wurden, dem städtischen Meliorat aber näherstanden. Die Benennung früher Zollspezialisten nach Wien und Enns legt dafür beredtes Zeugnis ab. Diese Leute sind ab und zu als Ministerialen nachweisbar, in den Urkunden wurden sie aber meist *officiales*, Amtleute genannt.

Den größten Einfluss als Ratgeber und Helfer hatten die Landherren, die in Krisenzeiten der fürstlichen Herrschaft einen vorübergehenden Anteil an der Hoheit im Land abgewinnen konnten. Einige von ihnen mögen durchaus über Kenntnisse »finanzpolitischer« Vorgänge verfügt haben, waren aber als Ratgeber des Fürsten eher mit den »politischen« Auswirkungen bestimmter Maßnahmen vertraut. Jene Dienstleute aber, in deren Händen die Organisation und die Aufsicht über die Einhebungen bis hinunter zum Zollknecht lagen, waren die Fach- und Finanzleute, die sich in ihrer administrativen Funktion von der militärischen Gefolgschaft des Fürsten deutlich unterschieden. Sie waren die eigentlichen Träger eines der wichtigsten organisatorischen Momente der neuartigen Territorialherrschaft – nämlich der Verwaltung. Wenn diese Verwaltung auch noch weit entfernt von der durchgreifenden Organisation der Administration seit dem 16. Jahrhundert war, war sie doch das eigentlich bezeichnende Element der Landesherrschaft. Diese Gruppe von Fachleuten, die mit ihren »Extratouren« dem Fürsten manche Schwierigkeiten bereitete (etwa durch ihre geradezu sprichwörtliche *insolentia*), verlieh trotzdem der Fürstenherrschaft ihre Durchschlagskraft. Ich halte diese Einschätzung deshalb für wichtig, weil sie anstelle der unscharfen Vorstellung von der »frühen Staatlichkeit« eine aus den Quellen nachweisbare Organisationsform, eben die *administratio*, als prägend für den Territorialstaat betrachtet und sich damit die theoretischen Modelle und Vergleiche aus dem 19. Jahrhundert erübrigen. Eines der bedeutendsten Elemente der entwickelten Territorialherrschaft ist also die Administration, an deren Verbesserung und Intensivierung etwa Leopold VI. gerade zu Beginn seiner Herrschaft besonders interessiert war und Missstände organisatorischer und menschlicher Art zu beseitigen suchte.

Leopold VI. war zu einer Zeit tätig, als sich die Herrschaftsverhältnisse infolge der bekannten Georgenberger Handfeste bereits verändert hatten. Am 8. Mai 1192 war der letzte Traungauer gestorben und der Babenberger Leopold V. (1177–1194) und sein Sohn Friedrich wurden von Kaiser Heinrich VI. am 24. Mai 1192 im Herzogtum

Steiermark als Herzöge eingesetzt bzw. belehnt (*investiti sunt*).[1285] Damit entstand das wohl mächtigste Territorium im Süden des Reiches, das auch wirtschaftlich durch seine Nachbarschaft mit Böhmen, Ungarn und den Fürstentümern der Rus zu einer sensiblen Landschaft im Mächtespiel wurde. Sein jüngerer gleichnamiger Sohn, der vier Jahre ausschließlich Herzog der Steiermark war und erst 1198 nach dem Tod seines Bruders die gesamte Herrschaft übernahm, erwies sich auch als engagierter Fürst in ökonomischen, finanziellen und administrativen Angelegenheiten. Auch seine Städtepolitik berührt diese Bereiche.

Wie eingangs dargelegt, hatte der steirische Herzog und letzte »Traungauer« Otakar IV. (I.) erst ein Jahr vor seinem Tod mit einer Regensburger Gesandtschaft über die Beibehaltung der bestehenden Abgaben, aber auch über einige Veränderungen bei der Marktorganisation verhandelt. Schon 1150, zur Zeit der Ersteinrichtung des Marktes spielten die Regensburger eine unverzichtbare Rolle. Ihre besondere Stellung beruhte auf ihren Erfahrungen im Donauhandel, Erfahrungen, die sie schon früh bis nach Ungarn und etwas später bis nach Kiew geführt hatten. Sie waren wohl schon damals für eine Handelskarawane verantwortlich, der Händler aus Köln, Aachen und Ulm, aber auch aus den Gebieten an der Maas und Flanderns angehörten. Sie spielten aber auch bei der Abhaltung des Ennser Jahrmarkts die entscheidende Rolle für die Vorteile des steirischen Landesherrn. Die Verteilung der Aufgaben im Rahmen der Verzollung von Waren, die auf dem Markt angeboten wurden, zwischen den landesfürstlichen Ennser Richtern (damals rechnete man auch die Richter zu den *officiales*, den Amtleuten) und ab nun dem Chef der Hanse (Handelskarawane), dem Regensburger Hansgrafen, war wohl der Grund für die heiklen Verhandlungen 1191, die zu Veränderungen führten. Daher wurde die Urkunde nicht nur als *renovatio*, sondern auch als *commutatio* bezeichnet. Den Hansgrafen, der mit der Betreuung der auswärtigen Handelsangelegenheiten und der Vertretung der Kaufleute betraut war, gab es erst seit Kurzem, nämlich seit den siebziger Jahren des 12. Jahrhunderts.

Die Vermehrung der Einnahmen aus dem Marktgeschäft und den Zollgebühren sowie die zunehmende Bedeutung der landesfürstlichen Münzprägung hatten eine Reihe von Ursachen, die in den allgemeinen europäischen Verhältnissen, aber auch in Maßnahmen im Land selbst zu suchen sind. Maßnahmen, mit denen die österreichischen und steirischen Fürsten auf die großräumigen Entwicklungen reagierten.

Von außen kamen Veränderungen im Warenangebot, die über Grenzen hinweg bei der Suche nach neuen Märkten wirksam wurden. Eine prägende Rolle spielte dabei der Nordwesten Europas mit seiner Tuchproduktion, die Flandern etwa zur Zeit der Grafen aus der elsässischen Dynastie (Dietrich und Philipp 1128 bis 1191) zum Zentrum dieses Produktions- und Handelszweiges machte. In der Mitte des 12. Jahrhunderts begannen flandrische und brabantische Kaufleute die Straße von Brügge nach Köln zu nutzen.

1285 BUB IV/1 Nr. 914.

Einerseits löste dies die Gründung von Messen und Märkten in den Rheingebieten aus, andererseits entstanden auf diese Weise Handelsdrehscheiben nach Osten über die Nordsee, aber auch nach Würzburg. Von Würzburg führte der Weg schließlich nach Regensburg und damit an die Donau. Manche dieser Handelsrouten wurden von Friedrich Barbarossa gefördert, andere wieder waren regional-territorialer Initiative überlassen. Die Kooperation zwischen Köln und Aachen fand auch in Enns ihren Niederschlag.

Leopold V. hatte wenige Wochen nach dem Tod Otakars I., am 9. Juni 1192, den Regensburger Bürgern in Österreich ein Privileg gewährt, das als eine der bedeutendsten Quellen zur Wirtschaftsgeschichte der Zeit um 1200 eingeschätzt wird. Im Rahmen unserer Untersuchung ist das Privileg wichtig, weil es die Tätigkeit der Regensburger als Händler detailliert beschreibt und damit manche Rückschlüsse auf den Warenaustausch in Enns ermöglicht. Dazu enthält ja die Ordnung des Ennser Jahrmarkts nur sehr dürftige Angaben. Aus dem Regensburger Privileg werden Details des Warenaustauschs und der Handelswege fassbar. Die Tuchwaren aus Flandern wurden, soweit sie nicht schon in den Rheingebieten verkauft wurden, in Köln gebündelt auf Wagen verladen und über Würzburg nach Regensburg gebracht. Ein zweiter Weg führte nach Ulm zur Donau. Einige Regensburger, die von manchen Forschern als »Russlandfahrer« bezeichnet werden, die *Ruzarii* der Urkunden, fuhren mit ihren Wagen bis in die Rus. Die genauere Nutzung des weiteren Donauweges unterhalb von Enns ist aus unseren Quellen nicht klar zu erkennen. Einige Tuchladungen kamen sicher per Schiff nach Stein/Krems, wo sich eine wichtige Zollstelle mit hohen Einnahmen befand. In Krems gab es einen Tuchhandel. Nach Böhmen sind solche Lieferungen nicht bekannt. Mit Sicherheit wissen wir aber aus der Wiener Wagenmaut, dass graue Tuchbahnen nach Böhmen gebracht und dort gefärbt wurden.

Neben der Funktion als Markt im Fernhandel war Enns seit der Einrichtung des Jahrmarkts, vielleicht sogar schon einige Zeit vorher, ein Umladeplatz für Transporte. Die Ordnung des Marktes von 1191 enthält nämlich auch einige Gebühren, deren Kombination einen Hinweis dafür geben, dass in Enns Waren von Wagen, die auf Schiffe geladen waren, heruntergerollt wurden und über die Ennsbrücke nach Osten weiterfuhren. Man umging damit die Stromschnellen und Wirbel im Strudengau. Der Untergang eines Schiffs, das etwa mit wertvollen Tuchwaren beladen war, konnte für den Kaufmann oder Schiffseigner den Ruin bedeuten. Die Schiffe, die nunmehr mit in Enns auf dem Jahrmarkt gekauften Waren beladen waren, kehrten nach Regensburg zurück. Als Gegenfuhren aus dem Osten kennen wir Pelze aus der Rus und verschiedene Metalle aus den oberungarischen Bergstätten. Der vielleicht wichtigste Massenartikel aus der Rus war Wachs; ferner ist die Einfuhr von tausenden Eichhörnchenfellen zu erwähnen.

Im Laufe unserer Untersuchung ergaben sich deutliche Hinweise auf veränderte Bedingungen bei der Förderung von Handel und Verkehr. Leopold V. (1177–1194) unterstützte bereits nach Kräften die zunehmende Dichte und Vermehrung des Warenangebots, wie sich etwa an seinem Engagement für die ausreichende Versorgung des

Wiener Marktes zeigte, als 1189 das Kreuzzugsheer im Raum Wien eintraf. In die Ennser Marktverhältnisse griff er offenbar nicht ein. Seine Söhne, besonders der jüngere Leopold, setzten andere Schwerpunkte. Es sind punktuelle, zunächst einfach erscheinende Bestimmungen, die auf eine solche Neuorganisation aufmerksam machen. Zugleich mit dem Hinauswurf des Regensburger Hansgrafen aus der Ennser Marktgerichtsbarkeit übertrug Leopold VI. diese Gerichtsbarkeit dem Ennser Stadtrichter, der wohl ein Ministeriale und Vertrauter Leopolds war.[1286] Genau in dieselbe Kerbe schlägt die Ermahnung, sich auf dem Ennser Markt der umlaufenden Währung (also des Ennser Pfennigs) zu bedienen und das dementsprechende Verbot, den Passauer Pfennig zu verwenden. Die Auswahl von fördernden und verhindernden Einzelheiten, die Markt, Zoll und Münze betrafen, standen sichtlich unter dem Einfluss der inzwischen weit fortgeschrittenen Entwicklung des Territoriums. Indizien weisen darauf hin, dass Leopold VI. die Zollzahlungen häufig erhöhte, für Wachs aber sogar erniedrigte. Wir dürfen, modern gedacht, diese Veränderungen mit der Preisentwicklung erklären. Dabei ging es aber bei Wachs nicht um eine rückläufige Nachfrage – das Gegenteil war der Fall –, sondern offenbar um andere Voraussetzungen der Bienenjagd in den Wäldern der Rus, die billigere Preise möglich machten

Seit Leopold V. (1177–1191) wurden auch Zollerleichterungen und -befreiungen in großer Zahl mit unterschiedlichen Absichten ausgestellt. Die notwendige regionale Versorgung, vor allem mit Getreide und Wein, begünstigte in Abgrenzung vom Fernhandel solche Erleichterungen. Ihre Entstehungszeit ist von Fall zu Fall nicht restlos geklärt, insgesamt ist aber der Verdacht nicht von der Hand zu weisen, dass diese Zollfreiheiten auch im Zuge der Entwicklung der Gebietsherrschaft im Laufe des 12. Jahrhunderts die dort wohnenden Untertanen begünstigen sollte.[1287] Seit der Markt- und Zollordnung Leopolds VI. von 1208/12 finden wir oft Sonderregelungen für Bewohner bestimmter Städte, woraus wir auf eine stark differenzierende Gebietsherrschaft Leopolds schließen dürfen. Maßnahmen, die der Warenversorgung einer Messe für den Fernhandel dienten, wie der Anhaltezwang für Schiffe mit Ladungen von auswärtiger Ware, der mehrere Wochen umfassen konnte, musste für die regionalen Lieferungen von Wein und Getreide verkürzt werden. Die Förderung des Fernhandels bedurfte flankierend einer sorgfältigen Beachtung des regionalen Handels.

1286 Er kam aus der Ministerialität, denn die Ennser Bürger hatten nach dem Stadtrecht von 1212 zunächst kein Interesse, diese Funktion auszuüben. Dafür waren wohl finanzielle Ursachen ausschlaggebend, nämlich die Pachtsumme, die bei der Übernahme des Amtes fällig wurde. BUB I 253 Nr. 183 Artikel 16

1287 Unter diesen Voraussetzungen wäre es notwendig die Chronologie der Ergebnisse von Mitterauer Zollbefreiung und Marktbereich zu überprüfen. Schon eine kurze Nachschau zeigt, dass viele der von ihm zitierten zolltechnische Bestimmungen aus spätmittelalterlichen Weistümern stammen, die für die Rekonstruktion der Verhältnisse des 12. Jahrhunderts wenig nützlich sind. Trotzdem sind Mitterauers Erkenntnisse im Prinzip richtig und sehr hilfreich.

Es gab aber auch bei Zöllen und beim Besuch von Märkten für auswärtige Händler günstige Regelungen, die wohl dazu dienten, einen Anreiz für den Handel im landesfürstlichen Herrschaftsraum zu bieten. Die auf diese Weise privilegierten Leute, die außerhalb des österreichisch-steirischen Territoriums zu Hause waren, kamen aus Schwaben, vom Rhein und aus dem Maasraum.

Die Bedeutung von Enns ging etwa ein halbes Jahrhundert nach der Marktgründung zurück. Wien entwickelte sich als Residenzstadt auch wirtschaftlich seit der Zeit Heinrichs Jasomirgott († 1177), vor allem im letzten Jahrzehnt des 12. Jahrhunderts. Aus der personengeschichtlichen Betrachtung der Wiener Führungsschicht und den erwähnten Beobachtungen zum Wiener Markt bei der Ankunft der Kreuzfahrer 1189 ist die wachsende ökonomische Bedeutung Wiens zu erkennen. Ich wage zu behaupten, dass lediglich Gozzo von Krems eine etwa den Wiener Paltramen vergleichbare Stellung erlangte. Die den Handelsplatz Enns schädigenden Maßnahmen hatten wohl auch mit der Vorbereitung des Erwerbs der Herrschaft in Linz 1211 durch Leopold VI. zu tun. Das passt zu den Veränderungen in Enns, die in der österreichischen Markt- und Zollordnung von 1208/12 greifbar werden.

1211 starb Gottschalk von Haunsberg, der als letzter seiner Dynastie Herr der Stadt Linz war. Nach Linz genannte Personen standen schon 1145 in engerer Beziehung zu einem älteren Gottschalk von Haunsberg. Über diesen Personenkreis und dessen vermutlichen Wechsel in die Gefolgschaft Leopolds VI. könnte man genauer erklären, warum der Herzog seine Ansprüche im Rahmen des Heimfallsrechts durchsetzen konnte.[1288] Mit der Herrschaft über Linz eröffneten sich für Leopold neue Möglichkeiten, um vom Handel über Freistadt nach Böhmen zu profitieren. Hier in Linz kreuzten sich der Donauweg und eine wichtige Süd-Nord-Verbindung.[1289] Der Salzhandel mit Böhmen war wohl das wichtigste Zollgut, das die hohe Zolleinnahme in Linz ausmachte, die 1282/1286 5000 Pfund ausmachte, etwa die Hälfte der gesamten landesfürstlichen Zolleinkünfte 1220/40.[1290] Andere Handelszweige, wie der Tuchhandel, spielten in Linz schon in der Jahrhundertmitte eine bedeutende Rolle.[1291]

Eine eigene Gruppe der Empfänger von Zollbegünstigungen waren Klöster. Schon 20 bis 30 Jahre vor der ältesten Beseitigung von Missständen bei der Verzollung, die von landesfürstlichen Mautnern verschuldet wurden, gewährte der Vornbacher Graf Ekbert III. zwischen 1145 und 1158 den Schiffen des Stiftes Reichersberg auf dem

1288 Weltin, Vom »östlichen Baiern« 218 mit Anm. 97. Zum Übergang der Herrschaft BUB IV/2 Nr. 1015

1289 Mayerhofer – Katzinger, Geschichte der Stadt Linz 1 41.

1290 Die Datierung fußt auf dem Einnahmenverzeichnis der Zölle, in dem Ybbs/Persenbeug fehlt. Dopsch, Die landesfürstlichen Urbare Nieder- und Oberösterreichs 231; vgl. auch 47 mit Anm. 2 und die Schlussfolgerungen in der Einleitung LXXII; Hassinger, Die Bedeutung des Zollregals 168 zum Salzzoll.

1291 Mayer, Der auswärtige Handel 12.

Inn gegenüber der Burg Neuburg freie Durchfahrt.[1292] Es scheint, dass Ekbert diese Vergünstigung in Ausübung seiner traditionellen Grafenrechte am Inn ausübte. Der *liberum transitum* wurde ohne finanzielle oder sonstige Gegenleistung verbrieft. Solche Freiheiten wurden seit der Karolingerzeit gewöhnlich für zwei bis zwölf Schiffe gegeben.

Eine interessante, umgekehrt verlaufende Abgabenbefreiung sei hier gewissermaßen als Nachtrag zu unserer Untersuchung angefügt. Das Stift Vornbach erhielt 1196 vom Stift Reichersberg an der Donau bei der seit dem 14. Jahrhundert wichtigen Zollstelle Aschach das Recht einer freien Benützung der Überquerung der Donau mit einer Fähre und einer freien Fürfahrt auf dem Strom. Die Erwähnung einer Maut im Jahr 1190, die eine *transvectio* auf dem Fluss betroffen hat, lässt aber doch darauf schließen, dass der *portus* in Aschach schon damals nicht ganz unbedeutend war, denn die »Herrschaft« über die Fähre war dem Stift Reichersberg entfremdet worden. Gerloh (sic: es handelt sich nicht um den 1169 verstorbenen berühmten Gerhoch von Reichersberg), 1190 Propst von Reichersberg, forderte die seit zehn Jahren entfremdete Gebühr (Maut) in Aschach zurück. Ein oder mehrere Nachbarn der Reichersberger Güter hatten 30 Jahre zuvor das Recht einer freien Überquerung der Donau erhalten (*liberam ibi transvectionem habuisset, eo quod contigua essent et terra et aqua in predio ecclesie, postea fere per X annos ex neglientia* (sic) *providentium in ius usurpata est alienum.*). Da diese Nachbarschaft zu Wasser und zu Lande gegeben war, handelte es sich bei dieser *transvectio* um die erwähnte Überquerung des Flusses, aber auch um eine Fürfahrt auf der Donau. Es gelang diesen Nachbarn aber etwa 1180 die Einnahmen dieser Maut an sich zu reißen. Gerloh berief eine öffentliche Versammlung ein (*publicum concilium*) und sieben Zeugen bestätigten die Rechte des Stiftes.[1293] 1196 erhielt Abt Friedrich von Vornbach die gerade erwähnte freie Überfahrt und Fürfahrt in Aschach, die von Heinrich von Schaunberg missachtet worden war. Die in der Urkunde verwendeten Begriffe *naulus* und *pedagium* verweisen auf die Überfahrt einer Fähre und auf die Fürfahrt längs des Stromes.[1294] Die Genehmigung müsste eigentlich Reichersberg erteilt haben, das wird aber in der Aufzeichnung des Vornbacher Abtes nicht erwähnt.[1295]

Was Leopold V. 1177/79 bezüglich der Zölle festsetzte, die das Kloster Niederaltaich zu leisten hatte, war keine Befreiung oder Ermäßigung von Abgaben, sondern die Folge des Untersuchungsergebnisses nach einer Beschwerde des Abtes über die Einhebungs-

1292 NÖUB 2/2 773 ff. Nr. 26/10.

1293 UbOE I 388 Nr. CC.

1294 Vornbach erhielt die Vergünstigung *ut non exigatur a nobis pedagium vel naulum*. Naulus bezieht sich dabei auf die Fährgebühr. Zum Pedagium als allgemeiner Transitzoll Adam, Das Zollwesen im fränkischen Reich 56.

1295 UbOE II 456 Nr. 312. Der Hinweis, dass die Vornbacher kein *naulum*, also keine Fährgebühr zu bezahlen hatten, würde bedeuten, dass es sich bei der Maut um eine Gebühr bei der Donauüberquerung handelte. Ob Vornbach schon 1190 zu den Nachbarn des Reichersberger Gut gehört hatten, wissen wir nicht, es ist aber wahrscheinlich der Fall gewesen.

praxis der Mauten. Leopold stellte fest, dass schon zu Zeiten seines Vaters die Mautner gegen das Recht offenbar überhöhte Gebühren eingehoben hatten. Es war dies eine bezeichnende Maßnahme der Fürstenherrschaft, nach Anfangsproblemen bei der Einhebung von Zöllen, Recht und Ordnung wiederherzustellen. Dem Abt wurden diese Rechte gewährt und erhielt sie auch als Lehen. Die Zahlung bestand aus einer generellen, wohl auf Leopolds Herrschaftsgebiet bezogenen Abgabe von 64 Pfennigen und in Mauthausen aus einem Pfund Pfeffer, Geschirr und Handschuhen.[1296] Auch die Arenga der Urkunde enthält kaum spirituelle Bezüge. Von einer dem fürstlichen Seelenheil dienenden Tat ist hier keine Rede. Zu den prinzipiellen Aufgaben rechtlicher Ordnung stößt Leopold vor, wenn er die Wiederherstellung von Abgabenverpflichtungen festsetzt, die bereits sein Großvater Leopold III. gewährt hatte. Wieder ein willkommener Hinweis auf das erste Drittel des 12. Jahrhunderts, in dem das territoriale Zollwesen im Gebiet der Babenberger in Gang kam.

Die mehrfach besprochene Zollbefreiung für Osterhofen, die Herzog Friedrich I. einräumte, ist auch mit weltlichen Argumenten begründet. Friedrich begünstigte Osterhofen natürlich wegen seines eigenen Seelenheils, aber auch als Ersatz für die Schäden, die Leopold V. dem Kloster bei einer militärischen Aktion 1192 zugefügt hatte.[1297]

Unsichere Kenntnis haben wir von den Warenpreisen des 12. Jahrhunderts und auch der ersten Jahrzehnte nach 1200. Theodor Mayer hat eine Schätzung des Tuchumsatzes in der Mitte des 13. Jahrhunderts von 45.000 Pfund (etwa 67.000 Mark) pro Jahr vorgenommen. Es ging dabei, abgesehen von einigen Pelzwaren, um die teuerste Ware im damaligen Handel. Unser Lieblingsvergleich, das Lösegeld des Richard Löwenherz, liegt mit der wahrscheinlichsten Variante von 50.000 Mark doch deutlich unter diesem Betrag.

Leopold VI. regelte in der oft genannten Markt- und Zollordnung von 1208/12 die Höhe von Zöllen und anderen Abgaben wegen administrativer Ungereimtheiten umfassend. Beraten wurde er dabei von Leuten, die zwar Sachkenntnisse haben mussten, aber auch für das *salus*, das Heil des Fürsten zu sorgen hatten. Wir stehen also vor dem Phänomen einer Verschränkung der spirituellen Anliegen des Herzogs, der nach seinem Heil strebte, mit der temporalen Sphäre von Handel und Transport, die gerecht zu ordnen war. Mit der Regelung von Handel und Verkehr versuchte der Fürst jedenfalls die Aufgabe zu erfüllen, Menschen mit den notwendigen Gütern zur Lebensführung zu versorgen. Für die notwendigen Dinge des Lebens zu sorgen, war, wie wir bereits gesehen haben, eine nützliche und notwendige Tätigkeit, solange sie nicht von Wucher im weitesten Sinne (d. h. nicht gerechtfertigte Einnahmen) und Betrügereien begleitet war.

Mit der Einhebung von Zöllen und Marktabgaben, die sich, wie wir schon gesehen haben, in manchmal übertriebener Weise ausdifferenzierten, beteiligte sich der Fürst al-

1296 NÖUB 3 646 f. Nr. 25/2

1297 BUB I 127 ff. Nr. 94.

lerdings an Gewinnen der Kaufleute, die in mancher Hinsicht kritisiert wurden. Gut zu argumentieren waren die Transitzölle auf Wegen, für deren Erhaltung der König und die Territorialfürsten zu sorgen hatten. Das Betreiben eines Marktes erforderte die Sorge für die Sicherheit der Marktbesucher. Die Zahlungen für die Ausstattung eines Marktes sind uns ja heute noch geläufig. Auch damals nahmen die Veranstalter für den Aufbau von Mauern der Marktbegrenzung oder das Aufstellen von Tischen und Marktbuden Gebühren ein, wie wir das auch von anderen Märkten, etwa am Rhein, kennen.

Ganz an den temporalen Aufgaben des Fürsten orientierte sich ihr Streben nach der Vermehrung der Einnahmen. Dieser Reichtum musste der Intensivierung von Macht und Herrschaft dienen, aber wohl nur dann, wenn es sich um gerechte Herrschaft und nicht um Tyrannei handelte. Diese Problematik wird besonders deutlich bei der Betrachtung grundlegender Elemente in der Tätigkeit Leopolds VI. als Herrscher. Zweifelsfrei gilt er als Fürst, für den spirituelle Motive bei seinen Planungen und Entscheidungen von großer Bedeutung waren. Wie er zu diesem Ruf kam, wäre eine interessante Fragestellung. Zugleich kümmerte er sich intensiv um die Förderung von Verkehr und Handel sowie um die Vermehrung seiner Einnahmen, die aus den Abgaben ökonomischer Tätigkeit zu gewinnen waren.

Wie wir schon erwähnt haben, spielte die Organisation der Einhebungen, an denen eine übergeordnete Gruppe von »Politikern« der Zeit bis hin zu den einzelnen Zöllnern und Förstern beteiligt war, eine beratende und ausführende Rolle. Träger dieser Organisation waren die *meliores*, zu denen Ministerialen und *cives* (*urbani*) gehörten. Ihre Tätigkeit, ihre Macht und ihr Rang wurden aber entscheidend durch ihre weitgehende Übereinstimmung mit dem Landesfürsten bestimmt. Mächtige Ministerialen wie beispielsweise die Kuenringer oder die Herren von Dürnstein in der Steiermark suchten bei Gelegenheit ihre eigenen Wege, und gerieten dabei zeitweilig in Konflikte mit dem Landesfürsten. Auch schwer zu enträtselnde Nachrichten über oppositionelle Adelige in der Frühzeit Leopolds VI. geben zu denken.[1298] Im Grunde bewährte sich aber die aktive Teilnahme der Ministerialen an den landesfürstlichen Maßnahmen und Entscheidungen.

Der Jahrmarkt, die Messe, war das eigentliche Instrument des Warenaustausches im Fernhandel. Der Austausch von Tuchen und Fertigwaren aus dem Westen bzw. von Rohstoffen, darunter Wachs, aber auch von Pelzen aus dem Osten, um nur die wichtigsten Güter zu nennen, fand auf diesen Plätzen statt. Der Werteausgleich, der im Rahmen des Austausches von Waren sich als Ergänzung notwendig erwies, erfolgte zunächst in Mark Silber, die meist nach Kölner Gewicht gemessen wurde. Im Laufe des 12. Jahrhunderts setzte sich mit der Einführung der regionalen Pfennige die Angabe der Zahlungen in Pfennigen durch: an der Donau der Kremser und der Ennser Pfennig neben dem Regensburger und dem Passauer Pfennig. Der Territorialherr war bestrebt, die Verwendung

1298 Jansen Enikels Fürstenbuch 631 Vers 1677 -1680. Leopold will mit Hilfe der Wiener Bürger Dienstmannen, die ihm nicht Untertan sein wollen, zum Gehorsam zwingen.

der unter seiner Hoheit geprägten Pfennige vorzuschreiben, da er auch aus der Prägung und dem Geldwechsel Gewinne lukrierte. Eine Maßnahme also, die zu erhöhten Einnahmen führte.

Schwierig zu beurteilen ist die Funktion der landesfürstlichen Herrschaft in den Wäldern in ihrem Verhältnis zur Landeshoheit. Die allgemeine Bezeichnung »Waldherrschaft« beschreibt die Verhältnisse des 12. Jahrhunderts besser als der Rechtsbegriff der Forsthoheit, der aber in den Urkunden ebenfalls verwendet wurde. Abgesehen von der vielbeachteten Bedeutung der Jagd und der damit zusammenhängenden Rechtsfigur des Wildbanns war der Wald der Raum, in dem Rohstoffe zu gewinnen waren und im Zeitalter der Binnenkolonisation das Gebiet, das man teilweise durch Rodung in Acker- und Weideland verwandelte. Diese Möglichkeiten der Nutzung konnten miteinander in Konkurrenz stehen. Im Gegensatz zur Jagd, die eigenen sozialen und repräsentativen Leitlinien folgte, waren die Nutzungsrechte von strukturbildender Bedeutung für die Landesherrschaft. Dabei ging es vor allem um das Austarieren von unterschiedlichen Interessenslagen.

Die Königsherrschaft in den Wäldern umfasste in der Karolingerzeit eine Banngewalt, d. h. bestimmte Rechte durften nur mit königlicher Genehmigung in den Wäldern ausgeübt werden. Solche Wälder nannte man Forste, die Festsetzung der Banngewalt »Einforstung«. Gegen Ende des 9. Jahrhunderts wurde diese Banngewalt, also die Forsthoheit, an Bischöfe übertragen. Trotz der wenigen überlieferten Beispiele ist der Schluss erlaubt, dass der zuständige Graf seine Zustimmung zu solchen Schenkungen geben musste. Tatsächlich konnte es nach der Ungarnzeit im Zuge des neuen Herrschaftsaufbaus in Bayern am Ende des 10. Jahrhunderts zu Streitigkeiten zwischen einem Bischof und einem Grafen kommen, wenn es um die Nutzung eines Forstes ging. Die markgräflich-landesfürstliche Zuständigkeit für die Wälder und Forste entwickelte sich aus der Grafengewalt, vereinzelt überließ der König einem Markgrafen einschlägige Rechte auch schriftlich, etwa dem karantanischen Markgrafen Gottfried. Wir dürfen annehmen, dass auch die Vögte in den Wäldern, die den von ihnen bevogteten Klöstern gehörten, Gerichts- und andere Rechte ausübten. Wir haben den ausgedehnten Waldbesitz Admonts beschrieben und wissen, dass die Babenberger seit 1168 Vögte waren.

Auch die Aufsicht in den Wäldern wurde im Rahmen der *administratio* organisiert. Vermutlich schon in der Zeit Leopolds III. können wir auch in diesem Lebensbereich einen Amtmann aus dem Kreis von Ministerialen als Forstmeister nachweisen. Fast gleichzeitig genehmigte der Markgraf in Österreich vielleicht erstmalig einem Kloster (Reichersberg) den Zugriff auf Holz und wahrscheinlich andere Rohstoffe, die von Bäumen zu gewinnen waren. Wenige Jahrzehnte später können wir auch eine hierarchische Rangordnung der für die Wälder verantwortlichen *forestarii* nachweisen.

Wir sehen also, dass die Wald- und Forstherrschaft auf verschiedenen Wegen mit der Landeshoheit zusammenhängen konnte.

In der Absicht, diese grundsätzlichen Veränderungen zu verstehen, erhebt sich die Frage, warum überhaupt das Bedürfnis nach einer neuen Art von Herrschaft entstand, die in den siebziger Jahren des 11. Jahrhunderts unter Heinrich IV. bzw. schon gegen Ende der Regierungszeit seines Vaters zu schweren Unstimmigkeiten mit einigen mächtigen Adeligen geführt hatte. Mit der Binnenkolonisation, die das Forstwesen durch die Rodungen beeinflusste, entstanden in einiger Entfernung von den alten Königsstraßen neue Siedlungsgebiete. Die alte räumliche Zuständigkeit des Königs reichte deshalb nicht mehr aus, um diese kleinen, intensiv bewirtschafteten Gebiete zu kontrollieren. Der königliche Beauftragte, der Inhaber des *comitatus*, setzte hier zunehmend selbstständig Maßnahmen, die seinen Spielraum erweiterten: Der Beginn des Zeitalters der markgräflichen *officiales*! Im Zuge dieser Entwicklung erlangte der Markgraf (Leopold II.) teils durch Usurpation, teils durch veränderte Rechtsvorstellungen die Verfügungsgewalt über Einnahmen. Das konnte nur im Rahmen territorialer d. h. regional überschaubarer Herrschaft gelingen. Dabei vermischten sich die Wahrnehmung der traditionellen aus der Karolingerzeit stammenden Aufgaben der Grafen mit den personalisierten Vorstellungen von Herrschaft, die sich aus Herkunft und Besitz ergaben, der bekannten »Gewere« des Fürsten am Land.[1299] In ottonischer und frühsalischer Zeit gewann diese »feudale« Vorstellung von einer Gesellschaft ohne Staat, wie sie Gerd Althoff genannt hat, an Bedeutung. Wenn auch die Bischöfe eine unverzichtbare Rolle bei dieser Herrschaftsausübung spielten, erschöpfte sich darin ihre Rolle keineswegs. Sie bewahrten zugleich mit ihrer Verantwortlichkeit für spirituelles Heil die Vorstellung von Herrschaft als einer transpersonalen Institution. Der Investiturstreit bereitete den Boden für eine etwa 200 Jahre andauernde geistig-politische Dominanz der vom Papst geführten Kirche, deren auf Institutionen bezogenes Herrschaftsverständnis auch die weltliche Herrschaft neu formte.

Wir haben einer Programmatik Otto Brunners folgend versucht, einige Fragen zur Rolle ökonomischer Lebensbereiche aus ihrem politischen Kontext heraus zu beschreiben und zu verstehen. Politische Geschichtsschreibung will detaillierte, kleinzellige Darstellungen und Erklärungen erreichen, auch wenn sie Rechts- und ökonomische Phänomene der langen Dauer miteinzubeziehen hat. Rechts- oder sozialgeschichtliche Betrachtungen ergeben als Resultat aber keinen Mainstream transpersonaler Einflüsse. Was vor sich gegangen ist, um bestimmte Strukturen zu schaffen, kann nur in der Zusammenschau vieler Fragestellungen erkannt werden und diese Zusammenschau ist politische Geschichtsschreibung als Deutungsmöglichkeit. Sie ist deutlich von der belächelten und manchmal vielleicht zu scharf kritisierten »Ereignisgeschichte« zu unterscheiden. Im Reformzeitalter des sogenannten Investiturstreits entstanden Veränderungen, die nicht nur auf geistige Entwicklungen wie die Dialektik zurückzuführen sind, sondern ebenso auf ein allmähliches Werden von Neubewertungen der Lebensumstände,

---

1299 Es ist wahrscheinlich aber noch zu wenig untersucht, ob und in welcher Weise die Territorialherrschaft des 12. Jahrhunderts entwicklungsgeschichtlich mit der frühmittelalterlichen Immunitätsherrschaft zusammenhängt.

das der umfassenden politischen Erklärung bedarf. Die von zeitgeistigen Motiven getriebenen Fürsten, die sich vom König abwandten, wurden zu Triebfedern eines Wandels, den wir beispielsweise an dem neuen Verständnis der regionalen Zollhoheit begreifen gelernt haben. Gerade der Bezug auf die zeitgeistigen Motive zeigt aber die Grenzen des Puzzles der politischen Geschichte: Jeder Entscheidung liegt auch der Motivationshorizont der Zeit zugrunde. Ihn zu erforschen und zu erahnen, gehört wohl zu den heikelsten Aufgaben des Historikers.

Ein Beispiel für die politische Deutung habe ich in der Darstellung nur gestreift: Dass Menschen trotz kriegerischer Gewalt gegeneinander auch miteinander den Konsens suchen, gehört zu den Prinzipien der Politik, muss aber nicht immer eine Lösung bedeuten. Es sind meist eher alltägliche Umstände als Überzeugungen, die den Konsens ermöglichen und begünstigen. Die Analyse der aktuellen Situation erklärt mehr als der Rückzug auf Prinzipien, wie etwa *government by consent*. Trotzdem ist das menschliche Bedürfnis nach Konsens nicht nur zeitgeistig, sondern grundsätzlich erworben.

Zuletzt wollen wir einigen kritischen Gedanken nachgehen und unsere Ergebnisse zusammenfassend kommentieren. Königs- und Fürstenherrschaft des 12. Jahrhunderts, die damals neben-, mit- und auch gegeneinander bestanden, legitimierten sich aus der geistigen (zeitbezogen klarer ausgedrückt: aus der spirituellen) Vorstellungswelt des Menschen. Das führte zur Überzeugung, sich diesem gedanklichen Fluchtpunkt der Gerechtigkeit gegenüber verantworten zu müssen. Die Verantwortung des Herrschers bestand aber auch gegenüber Menschen insofern, als diese bei unklaren Verhältnissen nach der Berechtigung der Ausübung von Herrschaft fragen konnten. Ein Nachweis dieser Berechtigung kann aber nur durch Fakten der weltlichen Sphäre geführt werden: Durch Erbe, Wahl oder Einsetzung durch eine höhere Gewalt (Beteiligung des Königs an der Einsetzung oder Kreation eines Fürsten) bzw. in strittigen Fällen durch einen militärischen Erfolg. Gelang der Nachweis, die Herrschaft auf gerechtem oder einem sonst überzeugenden Wege erlangt zu haben, musste der Herrscher Erfolg bei der Friedenswahrung und der Erhaltung oder Herstellung gerechter Zustände beweisen. Ferner hatte er dafür zu sorgen, dass seine Untertanen das zum Leben Notwendige zur Verfügung und darüber hinaus eine gewisse Bequemlichkeit hatten. All das macht sich nicht von selbst, sondern muss möglichst mit gewaltfreien Mitteln durchgesetzt werden: Vor allem mit der Gerichtsbarkeit, deren Urteile allerdings auch durchgesetzt werden mussten. Dies bedufte unter Umständen der Gewalt bis hin zum gerechten Krieg, der auch den Kauf von Waffen und Schlachtrossen legitimierte und damit heikle Bereiche des Handels berührte. Schon dafür brauchte der Herrscher Gefolgschaft und Wertgegenstände und im 12. Jahrhundert zunehmend Geld. Um Herrschaft sichtbar zu legitimieren, bedurfte es der Repräsentation etwa bei Gelegenheit der Schwertleite eines (künftigen) Herrschers oder einer Hochzeit, aus der sich gewisse Erbkonstellationen ergeben konnten, die den Fürsten unter günstigen Umständen zum »Mehrer seines Territoriums« machten. Enorme Mengen von Mitteln wurden aufgewendet, um etwaige

Konkurrenten zu erschrecken und zugleich bei Anhängern Begeisterung zu wecken oder zu festigen. Die Umsetzung spiritueller Überzeugungen in die Wirklichkeit bedurfte und bedarf politischer, militärischer und programmatischer Aktionen, die nur mit Macht und Reichtum inszeniert werden konnten.

Vermutlich waren im behandelten Zeitraum von etwa 1130 bis 1270 hunderte Angehörige des Meliorats, Ministerialen und/oder Bürger, am Auf- und Ausbau der Administration im Territorium beteiligt. Sie leisteten als »politische« Berater und sachkundige Fachleute im Zoll-, Münz- und Gerichtswesen, sowie bei der Ausübung der Forsthoheit dem Landesfürsten wichtige Dienste. Mächtige Adelige unter ihnen konnten bei Gelegenheit als Opposition in die Politik eingreifen, zogen aber meist gegen den Landesfürsten und seine Parteigänger den Kürzeren. Ihre grundsätzliche Leistung bestand aber darin, mit der Wahrnehmung ihrer administrativen Aufgaben, der Landesherrschaft einen festen Boden zu verschaffen.

Quellen, Literatur und Abkürzungen

ABEL, Strukturen und Krisen – Wilhelm ABEL, Strukturen und Krisen der spätmittelalterlichen Wirtschaft, (Quellen und Forschungen zur Agrargeschichte 32), Stuttgart, New York 1980.

ADB – Allgemeine deutsche Biographie.

ADAM, Das Zollwesen im fränkischen Reich – Hildegard ADAM, Das Zollwesen im fränkischen Reich und das spätkarolingische Wirtschaftsleben. Ein Überblick über Zoll, Handel und Verkehr im 9. Jahrhundert (VSWG Beiheft 126), Stuttgart 1996.

Adel in Bayern – Wolfgang JAHN, Margot HAMM, Evamaria BROCKHOFF, Adel in Bayern, Ritter, Grafen, Industriebarone, Darmstadt 2008.

Admonter Briefsammlung – Admonter Briefsammlung nebst ergänzenden Briefen, hg. von Günther HÖDL und Peter CLASSEN, MGH Die Briefe der deutschen Kaiserzeit VI. Band München 1983.

ALRAM, Der Beginn der Münzwirtschaft in Österreich – Michael ALRAM, Der Beginn der Münzwirtschaft in Österreich und die Geschichte des Kremser Pfennigs. JbLkNÖ 60/61 (1994/1995), 9–41.

ALRAM, Der Wiener Pfennig – Michael ALRAM, Der Wiener Pfennig, Von Herzog Leopold V. (1177–1194) bis Kaiser Friedrich III. (1452–1493), in: Geld. 800 Jahre Münzstätte in Wien. Hg. von Wolfgang HÄUSLER, Wien 1994, 53–73.

ALTHOFF, Spielregeln – Gerd ALTHOFF, Spielregeln der Politik im Mittelalter. Kommunikation in Frieden und Fehde, Darmstadt 1996.

AMBRONN, Bemerkungen zu den Anfängen – Karl-Otto AMBRONN, Bemerkungen zu den Anfängen des Hansgrafenamtes in Regensburg. VHVO 115 (1975), 231–241.

AMMANN, Deutschland und die Tuchindustrie – Hektor AMMANN, Deutschland und die Tuchindustrie Nordwesteuropas im Mittelalter in: Die Stadt des Mittelalters Hg. von Carl HAASE, 3. Band Wirtschaft und Gesellschaft (Wege der Forschung Band CCXLV), Darmstadt 1984, 55–136.

AMMANN, Die wirtschaftliche Stellung der Reichsstadt Nürnberg – Hektor AMMANN, Die wirtschaftliche Stellung der Reichsstadt Nürnberg im Spätmittelalter. Nürnberg, Verein für Geschichte der Stadt Nürnberg. (Nürnberger Forschungen 13. Band), Nürnberg 1970.

AMSTLER, Geschichte der Stadt Enns – Josef AMSTLER, Geschichte der Stadt Enns, Enns 1969.

An der Wiege – An der Wiege des Landes Steiermark. Die Chronik von Pürgg-Trautenfels, hg. von Wolfgang SUPPAN, Gnas 2013.

ANDRITSCH, Rechtsquellen Judenburg – Johann ANDRITSCH, Rechtsquellen zur Geschichte der Stadt Judenburg (Quellen zur geschichtlichen Landeskunde der Steiermark 16), Graz 2001.

Annales Blandiniensis – Annales Blandiensis a.1–1292, ed. von Ludovicus BETHMANN, in: MGH SS 5, Hannover 1844, 20–34.

Annales regni Francorum – Annales regni Francorum inde ab A. 741 usque ad A. 829 qui dicuntur Annales Laurissenses maiores et Einhardi. Hg. von Fridericus KURZE, MGH Scriptores rerum Germanicarum in usum scholarum 6, Hannover 1895.

Annales Mellicenses – Annales Mellicenses, ed. Wilhelm WATTENBACH, in: MGH SS 9, Hannover 1851, Nachdruck Stuttgart 1983, 480–501.

Annales S. Nicolai Patavienses et notae Wolfelmi a.30 – a.1275, ed. Wilhelm WATTENBACH, in: MGH SS 24, Hannover 1879, 60, 61.

Annales Sancti Rudberti Salisburgenses a. 1 – 1286, ed. Wilhelm WATTENBACH, in: MGH SS 9, Hannover 1851, 758 – 810.

APPELT, Die Erhebung zum Herzogtum – Heinrich APPELT, Die Erhebung zum Herzogtum in: Das Werden der Steiermark 63 – 74.

APPELT, Die Anfänge des Spitals am Semmering – Heinrich APPELT, Die Anfänge des Spitals am Semmering, ZHVStm 43 (1952), 3 – 13.

Arnold von Lübeck – Arnoldi abbatis Lubacensis Chronica a. 800 – 1172, ed. von M. LAPPENBERG, in: MGH SS 21, Hannover 1869, 100 – 250.

Auctarium Zwetlense – Auctarium Zwetlense a. 1024 – 1160, ed. Wilhelm WATTENBACH, in: MGH SS 9, Hannover 1851, 538 – 540.

BASTIAN, Die Legende vom Donauhandel – Franz BASTIAN, Die Legende vom Donauhandel im Frühmittelalter, VSWG 22 (1929/1930), 289 – 332.

BASTIAN, Runtingerbuch – Franz BASTIAN, Das Runtingerbuch 1383 – 1407 und verwandtes Material zum Regensburger südostdeutschen Handel und Münzwesen, 3 Bände, Regensburg 1935 – 1943.

BECKER, Gföhler Wald – Anton BECKER, Gföhler Wald, JbLkNÖ 26 (1936) 10 – 24.

BERNHARDI, Konrad III. – Wilhelm BERNHARDI, Konrad III., 2 Bände, Leipzig 1883 (Neudruck Berlin 1975).

BERNHARDI, Lothar von Supplinburg – Wilhelm BERNHARDI, Lothar von Supplinburg, Leipzig 1879 (Neudruck Berlin 1975).

BIRNDORFER, Parnham – BIRNDORFER, Parnham. Beispiel eines frühmittelalterlichen Ministerialensitzes. Heimat an Rott und Inn (1966) 14 ff.

BIRNGRUBER, Studien zu den frühen Urkunden des Klosters Waldhausen – Klaus BIRNGRUBER, Studien zu den frühen Urkunden des Klosters Waldhausen (1147 – 1332). Edition und Auswahlkommentar, Magisterarb. Wien, 2008.

BlfDLG – Blätter für deutsche Landesgeschichte.

BOSL, Forsthoheit – Karl BOSL, Forsthoheit als Grundlage der Landeshoheit in Bayern. Die Diplome Friedrich Barbarossas von 1156 und Heinrichs VI. von 1194 für das Augustinerchorherrenstift Berchtesgaden. Ein Beitrag zur Verfassungs-, Siedlungs-, Wirtschafts- und Sozialgeschichte des bayerischen Alpenlandes in: Zur Geschichte der Bayern (Wege der Forschung LX), Darmstadt 1965, 443 – 509.

BOSL, Reichministerialität – Karl BOSL, Die Reichministerialität der Salier und der Staufer. Ein Beitrag zur Geschichte des hochmittelalterlichen deutschen Volkes, des Staates und Reiches (Schiften der MGH 10) Teil 1, Stuttgart 1950, Teil 2, Stuttgart 1951.

BOSL, Die Sozialstruktur – Karl BOSL, Die Sozialstruktur der mittelalterlichen Residenz- und Fernhandelsstadt Regensburg. Die Entwicklung ihres Bürgertums vom 9.-14. Jahrhundert, in: Untersuchungen zur gesellschaftlichen Struktur der mittelalterlichen Städte in Europa (VuF XI), Stuttgart 1966, 93 – 213.

BRACHER, Der Edle Dietmar von Tiefenbach – Karl BRACHER, Der Edle Dietmar von Tiefenbach bei Pöls. Anhang III in: PIRCHEGGER, Landesfürst und Adel 3. Teil 299 – 311.

BROCKELMANN, Geschichte der arabischen Literatur – Carl BROCKELMANN, Geschichte der arabischen Literatur, Leiden 1937.

BRUGGER, WIEDL, Regesten – Eveline BRUGGER, Birgit WIEDL, Regesten zur Geschichte der Juden in Österreich im Mittelalter, Band 1: Von den Anfängen bis 1338, Innsbruck, Wien, Bozen 2005.

BRUNNER, Herzogtümer und Marken – Karl BRUNNER, Herzogtümer und Marken. Vom Ungarnsturm bis ins 12. Jahrhundert (Österreichische Geschichte 907–1156, hg. von Herwig WOLFRAM), Wien 1994.

BRUNNER, Ius, quod veri ministeriales habent – Karl BRUNNER, Ius, quod veri ministeriales habent, MIÖG 100 (1992), 175–180.

BRUNNER, Leopold der Heilige – Karl BRUNNER, Leopold der Heilige. Ein Porträt aus dem Frühling des Mittelalters, Wien u. a. 2009.

BRUNNER, Die geschichtliche Stellung – Otto BRUNNER, Die geschichtliche Stellung der Städte Krems und Stein in: DERS. (Hg.), Krems und Stein. Festschrift zum 950-jährigen Stadtjubiläum (Krems 1948), 19–102.

BRUNNER, Krems und Stein – Otto BRUNNER, Krems und Stein. Festschrift zum 950-jährigen Stadtjubiläum, Krems 1948.

BRUNNER, Land und Herrschaft – Otto BRUNNER, Land und Herrschaft. Grundfragen der territorialen Verfassungsgeschichte Österreichs im Mittelalter. Nachdruck der 5. Auflage 1973.

BRUNNER, Rechtsquellen – Otto BRUNNER, Die Rechtsquellen der Städte Krems und Stein, FRA III/1, Köln u. a. 1954.

BRUNNER, Zwei Studien – Otto BRUNNER, Zwei Studien zum Verhältnis von Bürgertum und Adel 1, Das Wiener Bürgertum in Jans Enikels Fürstenbuch, in: DERS., Neue Wege der Verfassungs- und Sozialgeschichte, Göttingen 1980, 242–265.

W. BRUNNER, Siedler, Grundherren, Untertanen – Walter BRUNNER, Geschichte I: Siedler, Grundherren, Untertanen, in: An der Wiege des Landes Steiermark 195–266.

W. BRUNNER, Das Werden der Landesgrenze – Walter BRUNNER, Das Werden der Landesgrenze gegen Kärnten und Salzburg im Raume Murau-Neumarkt in: Das Werden der Steiermark 181–224.

BUB – Urkundenbuch zur Geschichte der Babenberger in Österreich, 1. Band Die Siegelurkunden der Babenberger bis 1215, Hg. von H. FICHTENAU und E. ZÖLLNER, Wien 1950; 2. Band Die Siegelurkunden der Babenberger und ihrer Nachkommen von 1216 bis 1279, Hg. von Heinrich FICHTENAU und Erich ZÖLLNER, Wien 1955; 4. Band, 1. Halbband Ergänzende Quellen 976–1194, unter Mitwirkung von Heide DIENST bearb. von Heinrich FICHTENAU, Wien-München 1997; 4. Band, 2. Halbband Ergänzende Quellen 1195–1287, Bearb. von Oskar Frh. von MITIS †, Heide DIENST und Christian LACKNER, Wien München 1997.

BÜLL, Vom Wachs – Reinhard BÜLL, Vom Wachs. Höchster Beiträge zur Kenntnis des Wachses. 2 Bände, Band I alle 12 Beiträge, Frankfurt am Main 1970.

BUMKE, Höfische Kultur – Joachim BUMKE, Höfische Kultur. Literatur und Gesellschaft im hohen Mittelalter, München 1997.

Burgen. Waldviertel, Wachau – Burgen. Waldviertel, Wachau, Mährisches Thayatal, hg. von Falko DAIM, Karin und Thomas KÜHTREIBER, 2Wien, 2009.

Capitulare de villis – Capitulare des villis, Capitularia regum Francorum, Tomus primus, ed. von Alfredus BORETIUS, in: MGH Legum sectio II, Hannover 1883, 82 ff.

CARTELLIERI, Philipp, Graf von Flandern – Alexander CARTELLIERI, Philipp, Graf von Flandern in: ADB 53 (1907) 50–53.

Chronica Sigiberti Gemblacensis – Chronica Sigiberti Gemblacensis a. 381–1111, ed. von D. L. C. BETHMANN, MGH SS 6, Hannover 1844, 300–374.
Chronicon Magni presbyteri, ed. von Wilhelm WATTENBACH, in: MGH SS 17, Hannover 1861, 476–523.
Continuatio Admuntensis a. 1140–1250, 1425, ed. Wilhelm WATTENBACH, in: MGH 9, Hannover 1851, Nachdruck Stuttgart 1983, 579–593.
Continuatio Claustroneoburgensis I a. 1075–1168, ed. Wilhelm WATTENBACH, in: MGH 9, Hannover 1851, Nachdruck Stuttgart 1983, 607–613.
Continuatio Claustroneoburgensis II a. 1141–1214, ed. Wilhelm WATTENBACH, in: MGH SS 9, Hannover 1851, Nachdruck Stuttgart 1983, 613–624.
Continuatio Claustroneoburgenses III a. 1142–1233, ed. Wilhelm WATTENBACH, in: MGH SS 9, Hannover 1851, Nachdruck Stuttgart 1983, 628–637.
Continuatio Garstensis a. 1182–1257, ed. Wilhelm WATTENBACH, in: MGH 9, Hannover 1851, Nachdruck Stuttgart 1983, 593–600.
Continuatio Cremifanensis a. 1139–1216, ed. Wilhelm WATTENBACH, in MGH SS 9, Hannover 1851, Neudruck Stuttgart 1983, 544–549.
Continuatio Lambacensis a. 1128–1197, ed. Wilhelm WATTENBACH, in: MGH SS 9, Hannover 1851, Neudruck Stuttgart 1983, 556–561.
Continuatio Zwetlensis altera a. 1170–1189, ed. Wilhelm WATTENBACH, in: MGH SS 9, Hannover 1851, Nachdruck Stuttgart 1983, 541–544.
CORDES, Erwartungen – Albrecht CORDES, Die Erwartungen mittelalterlicher Kaufleute an Gerichtsverfahren: Hansische Privilegien als Indikator, in: DERS., Serge DAUCHY, Eine Grenze in Bewegung. Öffentliche und private Justiz im Handels- und Seerecht/Une frontière mouvante: Justice privée et justice publique en matières commerciales et maritimes, Berlin, Boston 2016, 39–64.
CSENDES, Heinrich VI. – Peter CSENDES, Heinrich VI. Darmstadt 1993.
CSENDES, Die Straßen Niederösterreichs – Peter CSENDES, Die Straßen Niederösterreichs im Früh- und Hochmittelalter (Dissertationen der Universität Wien 33), Wien 1969.
CSENDES – OPLL, Wien im Mittelalter – Peter CSENDES, Ferdinand OPLL, Wien im Mittelalter. Zeitzeugnisse und Analysen, Wien 2021.
CURTIN, The Mongols in Russia – Jeremiah CURTIN, The Mongols in Russia, Boston 1908.
DASLER, Forst und Wildbann – Clemens DASLER, Forst und Wildbann im frühen deutschen Reich. Die königlichen Privilegien für die Reichskirche vom 9. bis zum 12. Jahrhundert, Köln, Weimar, Wien 2001.
DENDORFER, Von den Babenbergern – Jürgen DENDORFER, Von den Babenbergern zu den Welfen. Herzog und Adel in Bayern um die Mitte des 12. Jahrhunderts, in: München, Bayern und das Reich im 12. und 13. Jahrhundert. Lokale Befunde und überregionale Perspektiven. Hg. von Hubertus SEIBERT und Alois SCHMID, München 2008, 221–247.
DENDORFER, Adelige Gruppenbildung – Jürgen DENDORFER, Adelige Gruppenbildung und Königsherrschaft. Die Grafen von Sulzbach und ihr Beziehungsgeflecht im 12. Jahrhundert (Studien zur bayerischen Verfassungs- und Sozialgeschichte 23), München 2004.
DEUER, Burg und Schloss Liechtenstein – Wilhelm DEUER, Burg und Schloss Liechtenstein bei Judenburg (Judenburger Museumsschriften IX), Judenburg 1983.
DEUER, Judenburg Kommentar im Österreichischen Städteatlas. 7. Lieferung 2002.

DEUER, Kunstgeschichte – Wilhelm DEUER, Kunstgeschichte, in: An der Wiege des Landes Steiermark, 427–496.

Deutsches Rechtswörterbuch 13 – Deutsches Rechtswörterbuch. Wörterbuch der älteren deutschen Rechtssprache, dreizehnter Band, bearb. von Andreas DEUTSCH, Weimar 2014–2018.

DIENST, Regionalgeschichte – Heide DIENST, Regionalgeschichte und Gesellschaft im Hochmittelalter am Beispiel Österreichs (MIÖG Erg.-Bd. 27), Wien, Köln 1990.

DIENST, Zum Grazer Vertrag – Heide DIENST, Zum Grazer Vertrag von 1225 zwischen Herzog Leopold VI. von Österreich und Steier und König Andreas II. von Ungarn, MIÖG 90 (1982), 1–48.

DIRLMEIER, Mittelalterliche Hoheitsträger – Ulf DIRLMEIER, Mittelalterliche Hoheitsträger im wirtschaftlichen Wettbewerb (VSWG Beiheft 51), Wienbaden 1966.

DIRLMEIER, Mittelalterliche Zoll- und Stapelrechte – Ulf DIRLMEIER, Mittelalterliche Zoll- und Stapelrechte als Handelshemmnisse, in: Die Auswirkungen von Zöllen und anderen Handelshemnissen auf Wirtschaft und Gesellschaft vom Mittelalter bis zur Gegenwart. Hg. von Hans POHL (VSWG Beiheft 80), Stuttgart 1987, 19–39.

DIRMEIER, Die Steinerne Brücke in Regensburg – Artur DIRMEIER, Die Steinerne Brücke in Regensburg in: Das mittelalterliche Regensburg im Zentrum Europas. Hg. von Edith FEISTNER (Forum Mittelalter, Studien Band 1), Regensburg 2006, 25–41.

DOBLINGER, Ein Münzfund von Spielberg – Max DOBLINGER, Ein Münzfund von Spielberg, Oberösterreichische Heimatblätter 7 (1953), 227–229.

DOBLINGER, Der Münzfund von St. Valentin – Max DOBLINGER, Der Münzfund von St. Valentin, Mitteilungen der Numismatischen Gesellschaft 4, 1976, 73–74.

DOPSCH, Die landesfürstlichen Urbare Nieder- und Oberösterreichs – Alfons DOPSCH, Die landesfürstlichen Urbare Nieder- und Oberösterreichs aus dem 13.und 14. Jahrhundert (Österreichische Urbare, I. Abteilung Landesfürstliche Urbare 1. Band), Wien, Leipzig 1904.

DOPSCH, Landesfürstliche Gesamturbare – Alfons DOPSCH, Die landesfürstlichen Gesamturbare der Steiermark aus dem Mittelalter (Österreichische Urbare, I. Abteilung Landesfürstliche Urbare 2.Band), Wien, Leipzig 1910.

DOPSCH, Berchtesgaden – Geschichte von Berchtesgaden, Stift – Markt – Land, Band I. Zwischen Salzburg und Bayern (bis 1594), Walter BRUGGER, Heinz DOPSCH, Peter F. KRAMML (Hg.), Berchtesgaden 1991.

DOPSCH, Der Dichter Ulrich von Liechtenstein – Heinz DOPSCH, Der Dichter Ulrich von Liechtenstein und die Herkunft seiner Familie, in: Festschrift für Friedrich Hausmann, hg. von Herwig EBNER, Graz 1977, 93–118.

DOPSCH, Geschichte Salzburgs – Heinz DOPSCH, Geschichte Salzburgs. Stadt und Land. Bd. 1 (Vol. 1–3), Salzburg 1981–1988.

DOPSCH, Die Länder und das Reich – Heinz DOPSCH, Karl BRUNNER, Maximilian WELTIN, Die Länder und das Reich. Der Ostalpenraum im Hochmittelalter (Österreichische Geschichte 1122–1178, hg. von Herwig WOLFRAM), Wien 2003.

DOPSCH, Die Ministerialität – Heinz DOPSCH, Die Ministerialität des Herzogtums Steiermark zur Zeit der Georgenberger Handfeste – ihre rechtliche, gesellschaftliche und politische Stellung, in: 800 Jahre Georgenberger Handfeste. Lebensformen im Mittelalter. Ausstellung im Museum Lauriacum Enns. Mitteilungen des Museumvereines Lauriacum Enns N. F. 26 (1986) 29–44.

DOPSCH, Sieghardinger – Heinz DOPSCH, Sieghardinger, NDB 24 (2010) 399–400.

DOPSCH, Die steirischen Otakare – Heinz DOPSCH, Die steirischen Otakare, in: Das Werden der Steiermark 1980, 75–139.

DOPSCH, Die Stifterfamilie des Klosters Gurk – Heinz DOPSCH, Die Stifterfamilie des Klosters Gurk und ihre Verwandtschaft, Festgabe zum 900-Jahrjubläum des Bistums Gurk 1072–1972 1. Teil. Carinthia I 161 (1971), 95–123.

DOPSCH, Zwischen Dichtung und Politik – Heinz DOPSCH, Zwischen Dichtung und Politik. Herkunft und Umfeld Ulrichs von Liechtenstein, in: Ich – Ulrich von Liechtenstein. Literatur und Politik im Mittelalter. Akten der Akademie Friesach »Stadt und Kultur im Mittelalter«. Hrsg. Von Franz Viktor SPECHTLER, Klagenfurt 1999, 49–104.

EBNER, Untersteiermark – Herwig EBNER, Die politische und verfassungsmäßige Stellung der Traungauer in der ehemaligen Untersteiermark, in: Das Werden der Steiermark 1980, 277–307.

ECK, Handelstätigkeit christlicher Kleriker – Werner ECK, Handelstätigkeit christlicher Kleriker in der Spätantike, in: Memorias de historia Antigua vol. 4 (1980), 127–138.

The Economy of Medieval Hungary. Ed. by József LASLOVSKY, Balázs NAGY, Péter SZABÓ and András VADAS (East Central and Eastern Europe in the Middle Ages, 450–1450, Vol. 49), Leiden 2018.

EICHSTAEDT, Der Zöllner – Andres EICHSTAEDT, Der Zöllner und seine Arbeitsweise im Mittelalter (Europäische Hochschulschriften Reihe II, Band 271), Frankfurt/Main, Bern 1981.

EMMERIG, Der Beitrag der schriftlichen Quellen – Hubert EMMERIG, Der Beitrag der schriftlichen Quellen zur Frage nach der Monetarisierung des frühen Österreichs im 12. Jahrhundert, in: XV International Numismatic Congress Taormina 2015. Proceeding II, Roma/Messina 2017, 1109–1113.

EMMERIG, Kremser Währung – Hubert EMMERIG, Kremser Währung und Kremser Münzer im 12. Jahrhundert, Mitteilungen der Österreichischen Numismatischen Gesellschaft 53 (2013), 53–75.

FELDBAUER, Herrenstand – Peter FELDBAUER, Der Herrenstand in Oberösterreich, Wien 1972.

FENNELL, The Crisis of medieval Russia – John FENNELL, The Crisis of medieval Russia 1200–1304 (Longman History of Russia) London, New York 1983.

FICHTENAU, Arenga – Heinrich FICHTENAU, Arenga. Spätantike und Mittelalter im Spiegel von Urkundenformeln (MIÖG Erg.-Bd. 18), Graz u. a. 1957.

FICHTENAU, Wald und Waldnutzung – Heinrich FICHTENAU, Wald und Waldnutzung im 10. Jahrhundert, in: Siedlung, Macht und Wirtschaft. Festschrift Fritz Posch zum 70. Geburtstag, hg. von Gerhard PFERSCHY (Veröffentlichungen des steiermärkischen Landesarchivs, Band 12), Graz 1981.

FLACHENECKER, Schottenklöster – Helmut FLACHENECKER, Schottenklöster. Irische Benediktinerklöster im hochmittelalterlichen Deutschland, Paderborn u. a. 1995.

FREEDMAN, Out of the East – Paul FREEDMAN, Out of the East. Spices and the Medieval Imagination. New Haven, London 2008.

FREEDMAN, Spices – Paul FREEDMAN, Spices and Late-Medieval European Ideas of Scarcity and Value, Speculum 80 (2005), 1209–1277.

FRIED, Die Wirtschaftspolitik Friedrich Barbarossas in Deutschland – Johannes FRIED, Die Wirtschaftspolitik Friedrich Barbarossas, BlfDLg 120 (1984) 195–239.

Fried, Der Weg in die Geschichte – Johannes Fried, Der Weg in die Geschichte. Die Ursprünge Deutschlands bis 1024, Berlin 1998.

FRA – Fontes rerum Austriacarum

FRA II/4 – Maximilian Fischer (Bearb.) Codex traditionum ecclesiae collegiatae Claustroneoburgensis (FRA II/4), Wien 1851.

FRA II/18 – Ernest Hauswirth (Bearb.), Urkunden der Benediktinier-Abtei Unserer Lieben Frau zu den Schotten in Wien: vom Jahre 1158–1418, Wien 1859.

FRA II/69 – Adalbert Fuchs (Bearb.), Die Traditionsbücher des Benediktinerstiftes Göttweig (FRA II/69), Wien 1931.

Fritsch – Grubinger, Der Münzfund von Dürnstein – Wilhelm Fritsch – Marianne Grubinger, Der Münzfund von Dürnstein, Schild von Steier 3 (1953), 10 ff.

Fuchs, Der älteste Besitz – Adalbert Fuchs, Der älteste Besitz des Stiftes Göttweig und dessen Verhältnis zu den Göttweiger Geschichtsquellen. Ein quellenkritischer Beitrag zur ältesten Geschichte von Göttweig. JbLkNÖ N. F. 9 (1910), 1–99.

Fuchs, St. Michael – Adalbert Fuchs, Die St. Michaelskirche und die Altenburg in Stein an der Donau, JbLkNÖ N.F. 8 (1916/1917) 302–348.

Gänser, Österreichischer Städteatlas Kommentar zu Graz – Gerald Gänser, Kommentar im Österreichischen Städteatlas Graz, 5. Lieferung, 1. Teil (1996).

Gänser, Voitsberg – Gerald Gänser, Zur Geschichte des Bezirkes Voitsberg im Hochmittelalter, ZHVStm 78 (1987), 121–131.

Galbert of Bruges, The Murder of Charles the Good – Galbert of Bruges, The Murder of Charles the Good, Count of Flanders. Translated with an Introduction and Notes by James Bruce Ross. New York 1959, Reprint 1967.

The Galician-Volhynian Chronicle – The Galician-Volhynian Chronicle. An annotated translation by George A. Perfecky (Havard Series in Ukrainian Studies Vol. 16; II) München 1973.

Genealogia marchionum de Stire, ed. Wilhelm Wattenbach, in: MGH SS 24, Hannover 1879, 72.

Gerhardi Vita sancti Oudalrici episcopi, ed. Georg Waitz, in: MGH SS 4, 377–419.

Geschichte und Topographie des Bezirkes Judenburg – Geschichte und Topographie des Bezirkes Judenburg. Herausgegeben von Walter Brunner, Bd. 1: Allgemeiner Teil (Große geschichtliche Landeskunde der Steiermark, Bd. 4/1), Graz 2008.

Geschichte von Regensburg 1 – Geschichte der Stadt Regensburg. Band 1, hg. von Peter Schmid, Regensburg 2000.

Gesta Friderici – Ottonis et Rahewini Gesta Friederici I. imperatoris. Ed. von Georg Waitz (MGH Scriptores rerum Germanicarum in usum scolarum 46), Hannover, Leipzig 31912.

Giselbert de Mons, Chronique – La Chronique de Gislebert de Mons. Publ. par Léon Vanderkindere (Recueil de textes pour server a l'étude de l'histoire de Belgique), Bruxelles 1904.

Glaninger, Geschichte des ehemaligen Collegiatsstiftes Ardagger – Herta Glaninger, Geschichte des ehemaligen Collegiatsstiftes Ardagger. Diss. Wien 1948.

Graus, Die Handelsbeziehungen Böhmens – František Graus, Die Handelsbeziehungen Böhmens zu Deutschland und Österreich im 14. und zu Beginn des 15. Jahrhunderts. Eine Skizze, Historica 2, Praha 1960, 77–110.

Grössing, Stadtrecht – Helmuth Grössing, Das Wiener Stadtrecht und seine ältete Niederschrift. Wiener Geschichtsblätter 26 (1971), 286–296.

Gründler, Die Herkunft der Grafen von Plain – Johannes Gründler, Die Herkunft der Grafen von Plain, UH N. F. 57 (1986), 219–237.

Gutkas, Der Besitz der steirischen Otakare – Karl Gutkas, Der Besitz der steirischen Otakare im oberen Traisen- und im Gölsental, UH N. F. 24 (1953), 198–202.

Härtel, Die älteste Urkunde über Graz – Reinhard Härtel, Die älteste Urkunde über Graz. ZHVStm 676 (1976), 57–88.

Härtel, Herzog Heinrich III. – Reinhard Härtel. Herzog Heinrich III. von Kärnten im Gedächtnis der Nachwelt, in: Schlüsseljahr 1122, 17–42.

Hafner, Steiermarks Wald – Franz Hafner, Steiermarks Wald in Geschichte und Gegenwart. Eine forstliche Monographie, Wien 1979.

Hageneder, Die Länder im spätmittelalterlichen Verfassungsgefüge – Othmar Hageneder, Die Länder im spätmittelalterlichen Verfassungsgefüge, in: Bericht über den 19. Österreichischen Historikertag (1993), 11–25.

Hageneder, Strukturgeschichte – Othmar Hageneder, Strukturgeschichte und historische Landeskunde. Ein Nachwort zu Michael Mitterauer »Zweierlei Wissenschaft?«, UH N. F. 45 (1975), 95–97.

Hahn, Zu den Anfängen der österreichischen Münzprägung – Wolfgang Hahn, Zu den Anfängen der österreichischen Münzprägung unter Markgraf Leopold III. in: Heiliger Leopold – Mensch, Politiker, Landespatron, St. Pölten 2013, 47–50.

Haider, Bestätigung der Regelung des Ennser Jahrmarktes – Siegfried Haider, Bestätigung der Regelung des Ennser Jahrmarktes durch Otakar IV., Herzog von Steiermark [sic!], ausgestellt 1191 oder 1192. Transkription und Übersetzung, Mitteilungen des Museumvereines Lauriacum-Enns N. F. 49–52, 2011–2014 /2017), 163–167.

Haider, Traditionsurkunden – Siegfried Haider, Die Traditionsurkunden des Klosters Garsten. Kritische Edition (Quelleneditionen des Instituts für Österreichische Geschichtsforschung Band 20), Wien – München 2011.

Haider, Verzeichnis – Siegfried Haider, Verzeichnis der den oberösterreichischen Raum betreffenden gefälschten, manipulierten und verdächtigen mittelalterlichen Urkunden, Linz 2022.

Handbuch der bayerischen Geschichte 1 – Handbuch der bayerischen Geschichte. Erster Band. Das alte Bayern. Das Stammesherzogtum bis zum Ausgang des 12. Jahrhunderts. Hg. von Max Spindler, 2München 1981; 2 – dass. Zweiter Band. Das alte Bayern. Der Territorialstaat vom Ausgang des 12. Jahrhunderts bis zum Ausgang des 18. Jahrhunderts. Hg. von Andreas Kraus, 2München 1988.

Handbuch der Geschichte Russlands – Handbuch der Geschichte Russlands, Band 1, I. Bis 1613. Von der Kiever Reichsbildung bis zum Moskauer Zartum. Hg. vom Manfred Hellmann, Stuttgart 1981.

Hansisches Urkundenbuch 3 – Hansisches Urkundenbuch. Bearb. von Konstantin Höhlenbauer, Band III, Halle 1882–1886.

Harl, Spätmittelalterliche Ennstaler Adelsgeschlechter – Elfriede Harl, Spätmittelalterliche Ennstaler Adelsgeschlechter, ZHVStm 39 (1948) 59–82.

Harreither, Schiffer – Händler – Salzer – Reinhard Harreither, Schiffer – Händler – Salzer – »12 pfennig oder der prawt rechtn schuech«; Mitteilungen des Museumvereines Lauriacum Lauriacum-Enns N. F. 47/48 (2009/2010) 45–82.

Harreither, Von der spätantiken civitas Lauriacum zur mittelalterlichen Stadt Enns – Reinhard Harreither, Von der spätantiken civitas Lauriacum zur mittelalterlichen Stadt Enns, Mitteilungen des Museumvereines Lauriacum-Enns N. F. 49–52, 2011–2014/2017), 89–162.

Hartmann, Der Investiturstreit – Wilfried Hartmann, Der Investiturstreit (Enzyklopädie Deutscher Geschichte Band 21), 2München 1996.

Hartner, Die Grafen und Äbte von Formbach – Johannes Hartner, Die Grafen und Äbte von Formbach. Ihr möglicher Einfluss auf die Monetarisierung der bayerischen Ostmark im 12. Jahrhundert. Folia Numismatica. Supplemetum ad Acta Moraviae 31, Brno 2017, 207–227.

Hartner, Der mittelalterliche Münzfund von Běhařov – Johannes Hartner, Der mittelalterliche Münzfund von Běhařov (12. Jh.). Aktuelle Untersuchungen und vorläufige Ergebnisse (aktualisierte Version), Museion. Zbornik kremnického múzea. Ročnik 2. Studie z medzinárodnej konferencie Numismatica centreuropaea IV, ktorá sa. Uskutočnila v Kreminici 23. – 26. septembra 2019, 2023, 63–78.

Hartner, Neue Kremser Pfennige – Johannes Hartner, Neue Kremser Pfennige. Motivwanderungen zwischen Österreich und Böhmen um die Mitte des 12. Jahrhunderts in: Cista Mystica. FS für Wolfgang Szaivert (Veröffentlichung des Instituts für Numismatik und Geldgeschichte der Universität Wien 23) Wien 2020, 209–237.

Haslhofer, Markt und Marienkult – Norbert Haslhofer, Markt und Marienkult. Siedlungsentwicklung in Enns im 12. Jh. (Forschungen zur Geschichte der Stadt Enns im Mittelalter 7), o. O. 2024.

Hassinger, Die Bedeutung des Zollregals – Herbert Hassinger, Die Bedeutung des Zollregals für die Ausbildung der Landeshoheit im Südosten des Reiches, in: Otto Brunner – Hermann Kellenbenz – Erich Maschke (Hg,), Festschrift Hermann Aubin zum 80. Geburtstag. Band 1, Wiesbaden 1965, 151–184.

Hausmann, Die Grafen von Ortenburg – Friedrich Hausmann, Die Grafen von Ortenburg und ihre Vorfahren im Mannesstamm, die Spanheimer in Kärnten, Sachsen und Bayern, sowie deren Nebenlinien. Ein genealogischer Überblick. Ostbairische Grenzmarken 36 (1994), 9–62.

Hausmann, Urkundenbuch der Steiermark – Friedrich Hausmann, Urkundenbuch der Steiermark (online).

Hausmann, Vogtei – Friedrich Hausmann, Die Vogtei des Klosters Admont und die Babenberger, JbLkNÖ 42 (1976), 95–128.

Haverkamp, Die »frühbürgerliche« Welt – Alfred Haverkamp, Die »frühbürgerliche« Welt im hohen und späten Mittelalter, in: ders., Verfassung, Kultur Lebensform. Beiträge zur italienischen, deutschen und jüdischen Geschichte im europäischen Mittelalter. Dem Autor zur Vollendung des 60. Lebensjahres. Hg. von Friedhelm Burgard, Alfred Heit, und Michael Matheus, Mainz 1997, 53–79.

Haverkamp, Jüdische Münzmeister – Eva Haverkamp, Jüdische Münzmeister und ihre Münzen im Kontext von Handel und Geldhandel, in: Geprägte Bilderwelten der Romanik. Münzkunst und Währungsräume zwischen Brixen und Prag (Runkelsteiner Schriften zur Kulturgeschichte, Band 11), Bozen 2017.

Heffeter, Die Salzachschiffahrt – Franz Heffeter, Die Salzachschiffahrt und die Stadt Laufen, Mitteilungen der Gesellschaft für Salzburger Landeskunde 129 und 130 (1989 und 1990), 5–60, 297–343.

Heger, Das Lebenszeugnis – Hedwig Heger, Das Lebenszeugnis Walthers von der Vogelweide, Die Reiserechnungen des Passauer Bischofs Wolfger von Erla, Wien 1970.

HEIMPEL, Seide aus Regensburg – Hermann Heimpel, Seide aus Regensburg, MIÖG 62 (1954) 270–298.

HELLEINER, Pfarre, Markt und Stadtherrschaft in St. Pölten – Karl HELLEINER, Pfarre, Markt und Stadtherrschaft in St. Pölten, (MIÖG Erg-Bd. 14) (1939), 89–107.

HELLER, Russische Wirtschafts- und Sozialgeschichte – Klaus HELLER, Russische Wirtschafts- und Sozialgeschichte. Band 1, Die Kiever und die Moskauer Periode (9.–17. Jahrhundert), Darmstadt 1987.

HERZOG, Jüdische Grabsteine – David HERZOG, Jüdische Grabsteine und Urkunden aus der Steiermark. Monatsschrift für Geschichte und Wissenschaft des Judentums, Breslau 1936, 59–79.

HINTERMAYER-WELLENBERG, Die Herren von Traisen – Michael HINTERMAYER-WELLENBERG, Die Herren von Traisen, ihre Beziehungen zu den Aribonen und ihr Besitz in Oberösterreich. Jahrbuch des Oberösterr. Musealvereines 154/155 (2010), 29–48.

Historia de expeditione Friderici imperatoris in: Quellen zur Geschichte des Kreuzzugs Kaiser Friedrichs I. Hg. von A. CHROUST, MGH Scriptores rerum Germanicarum. Nova Series 5, Berlin 1928, 1–115.

Historia Welforum – Historia Welforum, hg., übersetzt und erläutert von Erich KÖNIG (Schwäbische Chroniken der Stauferzeit 1. Band), Stuttgart, Berlin 1938.

HOCHBERGER, Das große Buch der Slowakei – Ernst HOCHBERGER, Das große Buch der Slowakei 1997.

HOENSCH, Geschichte Böhmens – Jörg K. HOENSCH, Geschichte Böhmens. Von der slavischen Landnahme bis zur Gegenwart. 3München 1997.

HOENSCH, Přemysl Otakar II. – Jörg K. HOENSCH, Přemysl Otakar II. von Böhmen. Der goldene König, Graz, Wien, Köln 1989.

HOLTER, ZRG Germ. Abt. 91 – Kurt HOLTER, Rezension MITTERAUER, Zollhoheit und Marktbereich ZRG Germ. Abt. 91 (1974), 307 f.

HÓMAN, Geschichte des ungarischen Mittelalters 1 – Bálint HÓMAN, Geschichte des ungarischen Mittelalters. I. Band. Von den ältesten Zeiten bis zum Ende des 12. Jahrhunderts, Berlin 1940.

HRG – Handwörterbuch zur deutschen Rechtsgeschichte.

HÜBL, Die Wälder des Leithagebirges – Erich HÜBL, Die Wälder des Leithagebirges. Eine vegetationskundige Studie, Wien 1956.

Hzg. – Herzog.

IFÖG – Institut für Österreichische Geschichtsforschung.

IRMSCHER, Bertha von Sulzbach – Johannes IRMSCHER, Bertha von Sulzbach, Gemahlin Manuels I. Byzantinische Forschungen 22 (1996) 279–290.

IRSIGLER, Jahrmärkte und Messesysteme – Franz IRSIGLER, Jahrmärkte und Messesysteme im westlichen Reichsgebiet bis ca. 1250, in: Peter JOHANEK, Heinz STOOB (Hg.), Europäische Messen und Märktesysteme in Mittelalter und Neuzeit, (Stadtforschung Reihe A 39), Köln, Weimar, Wien 1996, 1–33.

IRSIGLER, Kaufmannsmentalität – Franz IRSIGLER, Kaufmannsmentalität im Mittelalter, in: Mentalität und Alltag im Spätmittelalter, hg. von C. MECKSEPER und E. SCHRAUTH, Göttingen 1985, 53–75.

IRSIGLER, Köln und die Staufer – Franz IRSIGLER, Köln und die Staufer im letzten Drittel des 12. Jahrhunderts, in: Wilfried HARTMANN (Hg.), Europas Städte zwischen Zwang und Freiheit. (Schriften der Europa-Kolloquien im Alten Reichstag), Regensburg 1995.

IRSIGLER, Soziale Wandlungen – Franz IRSIGLER, Soziale Wandlungen in der Kölner Kaufmannschaft im 14. und 15. Jahrhundert, in: Miscellanea Franz Irsigler: Festgabe zu 65. Geburtstag, Volker HENN u.a. (Hg.), Trier 2006, 69–106.

IRSIGLER, Zollpolitik – Franz IRSIGLER, Zollpolitik ausgewählter Handelszentren im Mittelalter, in: Die Auswirkungen von Zöllen und anderen Handelshemmnissen auf Wirtschaft und Gesellschaft vom Mittelalter bis zur Gegenwart. Hg. von Hans POHL (VSWG Beiheft 80), Stuttgart 1987, 40–58.

Jansen Enikels Fürstenbuch – Jansen Enikels Fürstenbuch, Jansen Enikels Werke, hg. von Joseph LAMPEL in: MGH Dtsch. Chroniken III, Hannover und Leipzig 1900, 597–679.

JARITZ, Alltagsleben und Sachkultur – Gerhard JARITZ, Alltagsleben und Sachkultur zur Zeit der Traungauer, in: Das Werden der Steiermark, 311–326.

JbLkNÖ – Jahrbuch für Landeskunde von Niederösterreich.

KALLER, Sachsenspiegel – Paul KALLER, Der Sachsenspiegel. Übertragung ins Hochdeutsche, München 2002.

JbVGStW – Jahrbuch des Vereins für Geschichte der Stadt Wien.

KARIN, Warum trägt Cundri – Anna KARIN, Warum trägt Cundri ein brutlachen von Gent? Zeitschrift für interkulturelle Germanistik 9/2 (2018), (online).

KATZINGER, Geschichte von Enns – Willibald KATZINGER, Johannes EBNER, Erwin Maria RUPRECHTBERGER, Geschichte von Enns 1996.

KATZINGER, Mauthausen – Willibald KATZINGER, Mauthausen. Markt und Maut im Mittelalter, Mauthausen 2013.

KENTENICH, Die älteste Urkunde der Stadt Trier – Gottfried KENTENICH, Die älteste Urkunde der Stadt Trier, Neues Archiv der Gesellschaft für Ältere Deutsche Archivkunde 29 (1904), 476–479.

KLAAR, Eppensteiner – Karl-Engelhardt KLAAR, Die Herrschaft der Eppensteiner in Kärnten (Archiv für vaterländische Geschichte und Topographie 61), Klagenfurt 1966.

KLEBEL, Die Grafen von Görz – Ernst KLEBEL, Die Grafen von Görz als Landesherren in Oberkärnten, Carinthia I 125 (1935), 59–82.

KNAPP, Die Literatur des Spätmittelalters – Peter KNAPP, Die Literatur des Spätmittelalters in den Ländern Österreich, Steiermark, Kärnten, Salzburg und Tirol von 1273 bis 1439, I. Halbband. Die Literatur der frühen Habsburger bis zum Tod Albrechts II. 1358 (Geschichte der Literatur in Österreich von den Anfängen bis zur Gegenwart. Hg. von Herbert LEMAN Band 2/1), Graz 1999.

KNITTLER, Enns und der Donauhandel – Herbert KNITTLER, Enns und der Donauhandel um 1200, in: 800 Jahre Georgenberger Handfeste. Lebensformen im Mittelalter. Ausstellung im Museum Lauriacum Enns. Mitteilungen des Museumvereines Lauriacum-Enns N. F. 26 (1986) 73–81.

KNITTLER, Markt- und Zollordnung – Herbert KNITTLER, Eine Markt- und Zollordnung Herzog Leopolds VI. MIÖG 85 (1977), 342–350.

KNITTLER, Zum ältesten Steiner Zolltarif – Herbert KNITTLER, Zum ältesten Steiner Zolltarif. Eine handelsgeschichtliche Untersuchung. Mitteilungen des Kremser Stadtarchivs 17/18 (1978), 27–75.

KOCH, Die mittelalterliche Münzstätte zu Enns – Bernhard KOCH, Die mittelalterliche Münzstätte zu Enns, Mitteilung des Museumvereines Lauriacum-Enns N. F. 21 (1983), 50–54.

KOCH, Der Neunkirchener Pfennig – KOCH, Der Neunkirchner Pfennig: die Geschichte einer der ältesten Münzstätten Österreichs, in: Wolfgang HAIDER-BERKY, Neunkirchen 2005.

KOCH, Numismatik und Landeskunde – Bernhard KOCH, Numismatik und Landeskunde, UH N. F. 43 (1972), 57–72.

KOCH, Der Passauer Pfennig – Bernhard KOCH, Der Passauer Pfennig, Numismatische Zeitschrift 76 (1955), 37–60.

KOCH, Der Wiener Pfennig – Bernhard KOCH, Der Wiener Pfennig. Ein Kapitel aus der Periode der regionalen Pfennigmünze. Numismatische Zeitschrift 97 (1983), 1–149.

KÖHLER, Einzelhandel im Mittelalter – Erich KÖHLER, Einzelhandel im Mittelalter, Beiträge zur betriebs- und sozialgeschichtlichen Struktur der mittelalterlichen Krämerei (VSWG Beiheft 36), Stuttgart 1938.

KOLLER, Die Salzachschiffffahrt – Fritz KOLLER, Die Salzachschiffffahrt bis zum 16. Jahrhundert, Mitteilungen der Gesellschaft für Salzburger Landeskunde 123 (1983), 1–126.

KOVACS, A Kárpát-medenec Kora – KOVACS László, A Kárpát-medenec kora Árpád-kori kincsleletei (1000–1141), Budapest 2022.

KRAH, Migration nach Südosten – Adelheid KRAH, Migration nach Südosten: Die Viehbach-Eppensteiner in Bayern und Kärnten, in: Hochmittelalterliche Adelsfamilien in Altbayern, Franken und Schwaben (Studien zur Bayerischen Verfassungs- und Sozialgeschichte Band XX), München 2005.

KRAWARIK, Paßstraßen im Hochmittelalter – Hans KRAWARIK, Zur Siedlungsstruktur von alpinen Paßstraßen im Hochmittelalter, ZHVStm 84 (1993), 23–40.

KRONES, Verfassung und Verwaltung – Franz KRONES, Verfassung und Verwaltung der Mark und des Herzogthums Steier von ihren Anfängen bis zur Herrschaft der Habsburger (Forschungen zur Verfassungs- und Verwaltungsgeschichte der Steiermark, 1. Band), Graz 1897.

KUBINYI, Die Anfänge Ofens – András KUBINYI, Die Anfänge Ofens (Giessener Abhandlungen zur Agrar- und Wirtschaftsforschung des europäischen Ostens 50), Berlin 1972.

KUBINYI, Regensburg – Passau – Ungarn im Mittelalter – András KUBINYI, Regensburg – Passau – Ungarn im Mittelalter, in: Ekkehard VÖLKL (Hg.), Bayern und Ungarn. Tausend Jahre enge Beziehungen. Beiträge eines Symposiums der Südosteuropa-Gesellschaft und des Osteuropainstituts Regensburg-Passau, Passau 17.–19. April 1986, Regensburg 1988, 29–39.

KUBINYI – LASZLOVSZKY, Demographic Issues in Late Medieval Hungary – András KUBINYI, József LASZLOVSZKY, Demographic Issues in Late Medieval Hungary, Population, Ethnic, Groups, Economic Acivity, in: The Economy of Medieval Hungary.

KUPFER, Die Grafen von Ebersberg – Erwin KUPFER, Die Grafen von Ebersberg: Spuren einer altbayerischen Dynastie in Niederösterreich, UH N. F. 75 (2004), 228–237.

KUPFER, Das Königsgut – Erwin KUPFER, Das Königsgut im mittelalterlichen Niederösterreich vom 9. bis zum 12. Jahrhundert (Studien und Forschungen aus dem niederösterreichischen Institut für Landeskunde 28), St. Pölten 2000.

KUPFER, Krongut – Erwin KUPFER, Krongut, Grafschaft und Herrschaftsbildung in den südöstlichen Marken und Herzogtümern vom 10. bis zum 12. Jahrhundert (Studien und Forschungen aus dem niederösterreichischen Institut für Landeskunde 48), St. Pölten 2009.

KUPFER, Vom ältesten Mariazell – Erwin KUPFER, Vom ältesten Mariazell: Klostergründung, Legendenbildung und frühe Besiedlung im oberen Triestingtal, in: Hoffen auf die Ewigkeit,

Gründung und Entfaltung des Benediktinerklosters (Klein)Mariazell in Österreich im 12. und 13. Jahrhundert, St. Pölten 2020, 68–76.

Kurz, Österreichs Handel – Franz Kurz, Österreichs Handel in älteren Zeiten, Linz 1822.

Lahusen, Zum Welser Brückenprivileg – Johannes Lahusen, Zum Welser Brückenprivileg, MIÖG 31 (1910), 362–374.

Lampel, Studien zur Reichsgeschichte – Josef Lampel Studien zur Reichsgeschichte unter König Konrad III. MIÖG 32 (1911), 249–274.

Lamprecht, Deutsches Wirtschaftsleben – Karl Lamprecht, Deutsches Wirtschaftsleben im Mittelalter. Untersuchungen über die Entwicklung der Kultur des platten Landes auf Grund der Quellen zunächst des Mosellandes. Darstellung 2 Bände, Leipzig, 1886.

Lamprecht, Wald und Siedlung – Otto Lamprecht, Wald und Siedlung, ZHVStm 37 (1946), 33–44.

Lamprecht, Forste im Grabenlande – Otto Lamprecht, Forste im Grabenlande. Ein Beitrag zur Waldgeschichte Mittelsteiermarks, ZHVStm 38 (1947), 45–70.

Das Landbuch – Das Landbuch von Österreich und Steier, Jansen Enikels Werke, hg. von Joseph Lampel in: MGH Dtsch. Chroniken III, Hannover und Leipzig 1900, 687–729

Laudage, Alexander III. und Friedrich Barbarossa – Johannes Laudage, Alexander III. und Friedrich Barbarossa, Köln u. a. 1997.

Lechner, Babenberger – Karl Lechner, Die Babenberger. Markgrafen und Herzoge von Österreich 976–1246 (Veröffentlichungen des IFÖG Band XXIII), Wien, Köln, Graz 1976.

Lexer, Mittelhochdeutsches Taschenwörterbuch 381992 – Matthias Lexer, Mittelhochdeutsches Taschenwörterbuch, 38Stuttgart 1992.

Lexikon für Theologie und Kirche 1 – Lexikon für Theologie und Kirche Hg. von Walter Kasper, Erster Band, Freiburg u. a. 1993,

Lindermayer, Reise und Mobilität – Thomas Lindermayer, Reise und Mobilität im Mittelalter – am Beispiel des niederösterreichischen Raumes, Diss. Wien 2017.

LMA – Lexikon des Mittelalters.

Loehr, Mittelalterlicher Donauhandel – August Loehr, Beiträge zur Geschichte des mittelalterlichen Donauhandels. Oberbayerisches Archiv 60 (1916), 155–262.

Lohrmann, Die alten Mühlen – Klaus Lohrmann, Die alten Mühlen an der Wien (Wiener Bezirkskulturführer 26), Wien 1980.

Lohrmann, Babenberger – Klaus Lohrmann, Die Babenberger und ihre Nachbarn, Wien u. a. 2020.

Lohrmann, Der Dornbacher Besitz – Klaus Lohrmann, Der Dornbacher Besitz der Abtei St. Peter in Salzburg in: Festschrift St. Peter zu Salzburg 582–1982, Salzburg 1982, 187–201.

Lohrmann, Gottinesfeld – Klaus Lohrmann, Gottinesfeld. Die erste topographische Bezeichnung im Wiental, in: Studien zur Wiener Geschichte. JbVGStW 69/71 2013/2015, Wien 2018.

Lohrmann, Herrschaftsverhältnisse in der Grie – Klaus Lohrmann, Herrschaftsverhältnisse in der Grie 1070 bis 1170, JbLKNÖ N. F. 81 2015 (2016), 65–197.

Lohrmann, Judenrecht und Judenpolitik – Klaus Lohrmann, Judenrecht und Judenpolitik im mittelalterlichen Österreich (Handbuch zur Geschichte der Juden in Österreich, Reihe B, Band 1), Wien, Köln 1990.

Lohrmann, Regensburger Kaufleute – Klaus Lohrmann, Regensburger Kaufleute – der Jahrmarkt in Enns und die Anfänge des Wiener Handels um 1200, Pro civitate Austriae N. F. 26, (2021), 5–112.

Lohrmann, Die Wiener Juden – Klaus Lohrmann, Die Wiener Juden im Mittelalter, Berlin, Wien 2000.

Lohrmann – Opll, Regesten – Klaus Lohrmann, Ferdinand Opll, Regesten zur Frühgeschichte von Wien (Forschungen und Beiträge zur Wiener Stadtgeschichte 10), Wien 1981.

Loibl, Herrschaftsraum – Richard Loibl, Der Herrschaftsraum der Grafen von Vornbach, Studien zur Herrschaftsgeschichte Ostbayerns im Hohen Mittelalter (Historischer Atlas von Bayern, Teil Altbayern, Reihe II, Heft 3), München 1997.

Lopez, The Commercial Revolution – Roberto S. Lopez, The Commercial Revolution of the Middle Ages 950–1350, Englewood Cliffs/N. J. 1971.

Loschek, Reclams Mode- und Kostümlexikon – Ingrid Loschek, Reclams Mode- und Kostümlexikon, Ditzingen 2005.

Lubich, Heinrich V. – Gerhard Lubich, Heinrich V.. Der letzte Salierkaiser, Freiburg/Breisgau 2024.

Lübke, Außenpolitik – Christian Lübke, Außenpolitik im östlichen Mitteleuropa: Expansion und Hegemonie am Beispiel Polens und des Landes Halič-Volyń (bis 1387) in: Vorträge und Forschungen: Das Reich und Polen. Bd. 59 (2003) 21–58.

Luschin, Wiener Münzwesen – Arnold Luschin von Ebengreuth, Wiener Münzwesen im Mittelalter, Wien 1913.

Malingoudis, Die Handwerksbezeichnungen – Jana Malingoudis, Die Handwerksbezeichnungen im Alttschechischen. (Slavistische Beiträge Band 129), München u.a. 1979.

Marckhgott, Das kirchliche Leben in Lorch-Enns – Eberhard Marckhgott – Das kirchliche Leben in Lorch-Enns von seinen Anfängen bis zum Jahre 1553. Diss. Salzburg 1952.

Margue, Straße Flandern-Köln – Michel Margue, Entstehung und Entwicklung der brabantischen Städte und die Straße Flandern-Köln (11.–13. Jahrhundert in: Städtelandschaft – Städtenetz – zentralörtliches Gefüge. Hg. von Monika Escher, Alfred Haverkamp und Frank G. Hirschmann (Trierer historische Forschungen Band 43), Mainz 2000.

Mayer, Der auswärtige Handel – Theodor Mayer, Der auswärtige Handel des Herzogtums Österreich im Mittelalter (Forschungen zur inneren Geschichte Österreichs. Hg. von Alfons Dopsch Heft 6), Innsbruck 1909.

Mayer, Der Staat der Herzoge von Zähringen – Theodor Mayer, Der Staat der Herzoge von Zähringen, in: ders., Mittelalterliche Studien. Gesammelte Aufsätze, Sigmaringen 1972, 350–364.

Mayrhofer, Alte Gold- und Silbererzbergbaue – Robert Mayrhofer, Alte Gold- und Silbererzbergbaue in Niederösterreich,. Schriften des Vereines zur Verbreitung naturwissenschaftlicher Kenntnisse in Wien (1952), 1–45.

Mayrhofer – Katzinger, Geschichte der Stadt Linz 1 – Fritz Mayrhofer. Willibald Katzinger, Geschichte der Stadt Linz, Band 1. Von den Anfängen zum Barock. Linz 1990.

MB – Monumenta Boica

Meuthen, Aachener Urkunden – Aachener Urkunden 1101–1250, bearb. von Erich Meuthen (Publikationen der Gesellschaft für rheinische Geschichtskunde LVIII), Bonn 1972.

Meyer von Knonau, Heinrich IV. – Gerold Meyer von Knonau, Jahrbücher des Deutschen

Reiches unter Heinrich IV. und Heinrich V. (Jahrbücher der Deutschen Geschichte) 7 Bände, Leipzig 1890 bis 1909.
Mgf. –Markgraf
MGH – Monumenta Germaniae Historica
MGH Const. I – Constitutiones et acta publica imperatorum et regum, tom I, ed. von Lvdewicus Weiland, in: MGH Legum sectio IV, Hannover 1893.
MGH Const. II – Constitutiones et acta publica imperatorum et regum, tom II, ed. von Lvdewicus Weiland, in: MGH Legum sectio IV, Hannover 1896.
MGH D(D) Arnulf – MGH Diplomata regum Germaniae ex stirpe Karolinorum 3, Die Urkunden Arnolfs. Bearb. von P. Kehr, Berlin 1940.
MGH D(D) Friedrich I. – MGH Diplomata regum et imperatorum Germaniae 10: Friderici I. diplomata, ed. von Heinrich Appelt, 5 Bände, Hannover 1975–1990.
MGH D(D) Friedrich II. – MGH Diplomata regum et imperatorum Germaniae 14, Friderici II. diplomata, ed. von Walter Koch, bisher 6 Bände, Hannover 2002 bis Wiesbaden 2021.
MGH D(D) Heinrich II. – MGH Diplomata regum et imperatorum Germaniae 5: Heinrici II. et Arduini diplomata, ed. von Harry Bresslau, Hermann Bloch, Robert Holtzmann u.a. Berlin 22001.
MGH D(D) Heinrich IV. – MGH Diplomata regum et imperatorum Germaniae 6: Heinrici IV. diplomata, ed. von Dietrich von Gladiss und Alfred Gawlik, 3 Bände, Berlin, Weimar, Hannover 1941–1978.
MGH D(D) Heinrich V. – online
MGH D(D) Konrad III. – MGH Diplomata regum et imperatorum Germaniae 9: Conradi III. et filii eius Heinrici diplomata, ed. von Friedrich Hausmann, Wien Köln Graz 1969.
MGH D(D) Lothar III. – MGH Diplomata regum et imperatorum Germaniae 8: Lotharii III. diplomata nec non et Richenzae imperatricis placita, ed. von Emil von Ottenthal und Hans Hirsch, Berlin 1927.
MGH D(D) Ludwig der Dtsch. – MGH Diplomata regum Germaniae ex stirpe Karolinorum 1: Ludowici Germanici. Karlomanni, Ludowici iunioris diplomata, ed. von Paul Kehr, Berlin 1934.
MGH D(D) Merov. 1 – MGH Diplomata regum Francorum e stirpe Merovingica 1: Die Urkunden der Merowinger, hg. von Theo Kölzer, Hannover 2001.
MGH D(D) Otto I. – MGH Diplomata regum et imperatorum Germaniae 1: Conradi I., Heinrici I. et Ottonis I. diplomata, ed. von Theodor Sickel, Berlin ²1997.
MGH D(D) Otto II. – MGH Diplomata regum et imperatorum Germaniae 2/1: Ottonis II. diplomata, ed. von Theodor Sickel, Berlin ²1956.
MGH D(D) Otto III. – MGH Diplomata regum et imperatorum Germaniae 2/2: Ottonis III. diplomata, ed. von Theodor Sickel, Berlin ²1997.
MGH D(D) Philipp von Schwaben – MGH Diplomata regum et imperatorum Germaniae 12: Philippi regis diplomata, ed. von Andra Rzihacek und Renate Spreitzer, Wiesbaden 2014.
MGH D(D) Zwentibold – MGH Diplomata regum Germaniae ex stirpe Karolinorum 4: Die Urkunden Zwentibolds und Ludwigs des Kindes, bearb. von Theodor Schiefer, Berlin 1960.
MGH Necr. II – MGH Necrologia Germaniae II, Diocesis Salisburgensis, ed. von Sigismvndvs Herzberg-Fränkel, Berlin 1905.
MGH SS – Monumenta Germaniae historica scriptorum. Hg. Von Georg Heinrich Pertz.

MGSLk – Mitteilungen der Gesellschaft für Salzburger Landeskunde.
MIÖG – Mitteilung des Instituts für Österreichische Geschichtsforschung.
Mitis, Studien – Oskar Mitis, Studien zum älteren Österreichischen Urkundenwesen, Wien 1912.
Mitteis, Der Staat des hohen Mittelalters – Heinrich Mitteis, Der Staat des hohen Mittelalters. Grundlinien einer vergleichenden Verfassungsgeschichte des Lehnszeitalters, Köln u.a. 1974.
Mittellateinisches Wörterbuch bis zum ausgehenden 13. Jahrhundert II C, München 1999, III 2007, IV, 1 und 2 München 2021.
Mitterauer, Zollfreiheit und Marktbereich – Michael Mitterauer, Zollfreiheit und Marktbereich. Studien zur mittelalterlichen Wirtschaftsverfassung am Beispiel einer niederösterreichischen Altsiedellandschaft (Forschungen zur Landeskunde von Niederösterreich 19) Wien 1969.
Mitterauer, Zollordnung von Raffelstetten – Michael Mitterauer, Wirtschaft und Verfassung in der Zollordnung von Raffelstetten, MOÖLA 8 (1964), 344–373.
MLW – Mittellateinisches Wörterbuch.
MOÖLA – Mitteilungen des oberösterreichischen Landesarchivs.
Monumenta Carinthiae III – Monumenta historica ducatus Carinthiae. Geschichtliche Denkmale des Herzogtumes Kärnten, Band 3. Die Kärntner Geschichtsquellen 811–1202, Hg. von August Jaksch, Klagenfurt 1904 (Nachdruck 1976).
Monumenta ecclesiae Strigoniensis 1 und 2 – Monumenta ecclesiae Strigoniensis bearb. von Ferdinandus Knauz Tomus primus. Ab a. 979 ad a. 1273, Esztergom 1874, Tomus secundus. Ab a. 1273 ad a. 1321, Esztergom 1882.
Morré, Ratsverfassung – Fritz Morré, Ratsverfassung und Patriziat in Regensburg bis 1400, VHVO 95 (1935), 1–147.
MRUB – Urkundenbuch zur Geschichte der, jetzt die Preussischen Regierungsbezirke Coblenz und Trier bildenden mittelrheinischen Territorien, Bd. 1: Von den ältesten Zeiten bis 1169, bearb. von Heinrich Beyer, Koblenz 1860, Bd. 2: Vom Jahre 1169 bis 1212, bearb. von Heinrich Beyer, Leopold Eltester und Adam Goerz, Koblenz 1865.
Munro, The medieval Scarlet – John H. A. Munro, The medieval Scarlet and the Economics of Sartorial Splendour, in: ders., Textiles, towns and trade, 1994, 13–70.
Muschka, Regensburg – Wilhelm Muschka, Regensburg. Ein mittelalterlicher Bischofssitz mit besonderer Prägung, in: Thomas Martin Buck (Hg.), Quellen, Kritik, Interpretation. Festgabe zum 60. Geburtstag von Hubert Mordek, Frankfurt am Main 1999, 155–182.
Mussbacher, Das Stift Lilienfeld – Norbert Mussbacher, Das Stift Lilienfeld (Österreich-Reihe Band 292/293), Wien 1965.
Nagy, Foreign Trade – Balazs Nagy, Foreign Trade of Medieval Hungary in: The Economy of Medieval Hungary (East Central and Eastern Europe in the Middle Ages, 450–1450 Vol. 49), Leiden, Boston 2018, 473–490.
Naschenweng, Die Herren von Traisen – Johannes P. Naschenweng, Die Herren von Traisen in der Steiermark, ihre Verwandtschaft und die Gründung des Augustiner-Chorherrenstiftes Seckau, ZHVStm 96 (2005), 9–82.
Naschenweng, Die Burg Strechau und ihre Besitzer – Hannes Naschenweng, Die Burg Strechau und ihre Besitzer bis 1629, Sonderbände der ZHVStm 24 (1997), 1–43.

NAU, Münzen und Geld in der Stauferzeit – Elisabeth NAU, Münzen und Geld in der Stauferzeit, in: Die Zeit der Staufer. Geschichte. Kunst. Kultur. Katalog der Ausstellung Band III, Aufsätze, Stuttgart 1977, 87–102.

NAZARENKO, Die frühesten bayerisch-russischen Kontakte – Aleksandr V. NAZARENKO, Die frühesten bayerisch-russischen Kontakte in historischer und sprachwissenschaftlicher Sicht, in: Hermann BAYER-THOMA (Hg.), Bayern und Osteuropa. Aus der Geschichte der Beziehungen Bayerns, Frankens und Schwabens mit Rußland, Ukraine und Weißrußland, Wiesbaden 2000, 57–95.

NAZARENKO, Die Regensburger Ruzarii – Aleksandr V. NAZARENKO, Die Regensburger Ruzarii. Der bayerisch-russische Handel des Mittelalters (vornehmlich des 12. und 13. Jahrhunderts), in: Alois SCHMID (Hg.), Bayern und Russland in vormoderner Zeit. Annäherungen bis in die Zeit Peters des Großen (Zeitschrift für bayerische Landesgeschichte Beiheft 42), München 2012, 15–38.

NDB – Neue Deutsche Biografie.

NEUKAM, Schweigen ist Silber – Susanne NEUKAM, Schweigen ist Silber, Herrschen ist Gold, Die Babenbergerinnen und ihre Zeit, Wien 2013.

NEWEKLOWSKY, Flößerei auf der oberen Enns – Ernst NEWEKLOWSKY, Flößerei auf der oberen Enns, Blätter für Heimatkunde 33 (1959), 112–115.

NICHOLAS, Medieval Flanders – David M. NICHOLAS, Medieval Flanders, London u. a. 1992.

NÖUB – Niederösterreichisches Urkundenbuch (Publikationen des IFÖG, 8. Reihe) Vorausband. Die Urkunden des Niederösterreichischen Landesarchivs. Bearb. von Maximilian WELTIN, St. Pölten 2004, 1. Band 777–1076, bearb. von Max WELTIN und Roman ZEHETMAYER, St. Pölten 2008; 2. Band (2 Teile) 1078–1158, bearb. von Roman ZEHETMAYER, Dagmar WELTIN und Maximilian WELTIN, St. Pölten 2013; 3. Band 1156–1182, bearb. von Roman ZEHETMAYER, St. Pölten 2017; 4. Band 1182–1205, bearb. von Roman ZEHETMAYER, St. Pölten 2023.

OBERLEITNER, Die Stadt Enns Karl OBERLEITNER, Die Stadt Enns im Mittelalter, Wien 1861.

OEXLE, Deutungsschema der sozialen Wirklichkeit – Otto Gerhard OEXLE, Deutungsschema der sozialen Wirklichkeit im Mittelalter, in: Die Wirklichkeit und das Wissen: Mittelalterforschung, historische Kulturwissenschaft und Theorie der historischen Erkenntnis, hg. von DERS. u.a., Göttingen 2011, 340–401.

OGRIS, Die Bürgerschaft in den mittelalterlichen Städten Kärntens – Alfred OGRIS, Die Bürgerschaft in den mittelalterlichen Städten Kärntens bis zum Jahre 1335 (Das Kärntener Landesarchiv 4. Band), Klagenfurt 1974.

Oorkonden der graven van Vlaanderen – Thérèse de HEMPTINNE, Adriaan VERHULST, De Oorkonden der graven van Vlaanderen (Juli 1128 –September 1191), Bd. 2,1: Regering van Diederik van de Elzas (Juli 1128–17 Januari 1168), Bruxelles 1988.

OPLL, Studien zur frühen Wiener Handelsgeschichte – Ferdinand OPLL, Studien zur frühen Wiener Handelsgeschichte. WGBl 35 (1980), 49–62.

OSTERRIEDER, Kulturverbindungen – Markus OSTERRIEDER, Kulturverbindungen zwischen Regensburg und Kiew (10. bis 13. Jahrhundert) und die Rolle der Iren, in: Hermann BAYER-THOMA (Hg.), Bayern und Osteuropa. Aus der Geschichte der Beziehungen Bayerns, Frankens und Schwabens mit Rußland, Ukraine und Weißrußland, Wiesbaden 2000, 57–95.

OSTROGORSKY, Geschichte des byzantinischen Staates – Georg OSTROGORSKY, Geschichte des byzantinischen Staates, München 1963 (1965).

Pantheon – Liber Gotifredi magistri Viterbiensis qui Pantheon intitulatur, ed. von Georg WAITZ, MGH SS 22, Hannover 1872, 107–307.

PERFECKY, The Galician-Volhynian Chronicle – The Galician-Volhynian Chronicle. The Hypatian Codex Part two. Annotated translation by George A. PERFECKY (Harvard Series in Ukrainian Studies. Vol. 16, II), München 1973.

PEYER, Von der Gastfreundschaft – Hans Conrad PEYER, Von der Gastfreundschaft zum Gasthaus. Studien zur Gastlichkeit im Mittelalter (MGH Schriften Band 31), Hannover 1987.

PFEIFFER, Rheinische Transitzölle – Friedrich PFEIFFER, Rheinische Transitzölle im Mittelalter, Berlin 1997.

PICKL, Der Funktionswandel – Otmar PICKL, Der Funktionswandel des Stadt Pettau/Ptuj am Handelsweg zwischen Ungarn und Oberitalien vom Frühmittelalter bis zur Gegenwart, in: Stadtstrukturen an alten Handelswegen im Funktionswandel bis zur Gegenwart, Referate des 6. interdisziplinären Colloquiums des Zentralinstituts. Hg. von Franz TICHY und Jürgen SCHNEIDER (Schriften des Zentralinstituts für fränkische Landeskunde und allgemeine Regionalforschung an der Universität Erlangen-Nürnberg Band 25) Neustadt an der Aisch 1984, 57–70.

PICKL, Handel und Verkehr – Othmar PICKL, Handel und Verkehr in der Steiermark zur Traungauerzeit in: Das Werden der Steiermark 327–354.

PILS, Österreichischer Städteatlas Kommentar zu Leoben – Susanne PILS, Österreichischer Städteatlas Kommentar zu Leoben. 9. Lieferung 2006.

PIRCHEGGER, Beiträge zur Genealogie des steirischen Uradels – Hans PIRCHEGGER, Beiträge zur Genealogie des steirischen Uradels, ZHVStm 14 (1916) 24–43.

PIRCHEGGER, Erläuterungen zum Historischen Atlas – Hans PIRCHEGGER, Erläuterungen zum Historischen Atlas der österreichischen Alpenländer. 2. Abteilung: Die Kirchen- und Grafschaftskarte, Teil 1: Steiermark, Wien 1940.

PIRCHEGGER, Geschichte – Hans PIRCHEGGER, Geschichte der Steiermark Vol. 1–2, (Allgemeine Staatengeschichte 3/12, 1–2) 1920–1932.

PIRCHEGGER, Die Herren von Pettau – Hans PIRCHEGGER, Die Herren von Pettau. ZHVStm 42–43 (1951–1952), 3–36.

PIRCHEGGER, Landesfürst und Adel – Hans PICHEGGER, Landesfürst und Adel in Steiermark während des Mittelalters. 1. Teil (Forschungen zur Verfassungs- und Verwaltungsgeschichte der Steiermark XII. Band), Graz 1951. 2. Teil Die Stubenberger, ihre Zweige, ihr Besitz und ihre bedeutendsten Dienstmannen. Mitarb.: Herwig EBNER, Otto LAMPRECHT, Wilhelm WOLF (Forschungen XIII. Band), Graz 1955. 3. Teil (Forschungen XVI. Band), Graz 1958.

PIRCHEGGER, Das steirische Eisenwesen – Hans PIRCHEGGER, Das steirische Eisenwesen bis 1564. Mit einem Überblick über das Kärtner Eisenwesen, Graz 1937.

PIRCHEGGER, Die Untersteiermark – Hans PIRCHEGGER, Die Untersteiermark in der Geschichte ihrer Herrschaften und Gülten. Städte und Märkte (Buchreihe der Südostdeutsche Historischen Kommission Bd. 10), München 1962.

PIRCHEGGER, Zur Besiedlungsgeschichte der Oststeiermark – Hans PICHEGGER, Zur Besiedlungsgeschichte der Oststeiermark. ZHVStm 37 (1946), 86–107.

Planitz, Zur Geschichte des städtischen Meliorats – Hans Planitz, Zur Geschichte des städtischen Meliorats, ZRG Germ. Abt. 67 (1950), 141–175

Plank, Genealogische Studien zum Hochmittelalter – Carl Plank, Genealogische Studien zum Hochmittelalter, ZHVStm 77 (1986) 53–59.

Popelka, Die Judenburger Ritterstadt – Fritz Popelka, Die Judenburger Ritterstadt und das karolingische Wehrsystem in Karantanien, MIÖG 62 (1954).

Popelka, Untersuchungen – Fritz Popelka, Untersuchungen zur ältesten Geschichte von Graz, ZHVStm. 17 (1919) 153–304.

Posch, Besiedlung und Entstehung – Fritz Posch, Besiedlung und Entstehung des Landes Steiermark in: Das Werden der Steiermark, 23–62.

Posch, Hartberg I/1 – Fritz Posch, Geschichte des Verwaltungsbezirkes Hartberg I/1, Graz – Hartberg 1978.

Primbs, Jahr- und Totenbuch – Karl Primbs, Jahr- und Totenbuch des Minoritenklosters in Regensburg, VHVO 25 (1868), 193–324.

Prinz, Langensteiner Heimatbuch – Johann Prinz, Langensteiner Heimatbuch, Langenstein 1997.

Probszt, Judenburg in der Münz- und Geldgeschichte – Guenther Probszt, Judenburg in der Münz- und Geldgeschichte vergangener Jahrhunderte, (Judenburger Museumsschriften II), Judenburg 1958.

Probszt, Österreichische Münz- und Geldgeschichte – Günther Probszt, Österreichische Münz- und Geldgeschichte. Von den Anfängen bis 1918, Wien, Köln, Graz 1973.

Purkartshofer, Kaiserwald – Heinrich Purkartshofer, Kaiserwald, Gjaidhof zu Dobel und Tobelbad. Von Forst und Bauernwald, Forstamt und Bad, ZHVStm. 78 (1987), 87–119.

Puschnig, Kapfenberg – Reiner Puschnig, Kapfenberg. Alter Markt – Junge Stadt Kapfenberg 1974.

Puschnig, Österreichischer Städteatlas Kommentar zu Kapfenberg – Reiner Puschnig, Österreichischer Städteatlas Kommentar zu Kapfenberg, 2. Lieferung 1985.

QuE N. F. 8 – Die Traditionen des Hochstifts Regensburg und des Klosters St. Emmeram, hg. von Josef Widmann, (Quellen und Erörterungen zur bayerischen und deutschen Geschichte N. F. 8), München 1969.

QuE N. F. 28/1,2 – Die Urkunden des Kollegiatstifts St. Johann in Regensburg bis zum Jahre 1400, bearb. von Matthias Thiel; Register zu Teil 1 und 2 (Quellen und Erörterungen zur bayerischen und deutschen Geschichte N. F. 28/1,2), München 1975, 1996.

QuE N. F. 29 – Codex Falkensteinensis. Die Rechtsaufzeichnungen der Grafen von Falkenstein bearb. von Elisabeth Noichl (Quellen und Erörterungen zur Bayerischen Geschichte N. F. 29), München 1972.

QuE N. F. 39 – Die Traditionen des Klosters Prüfening, bearb. von Andrea Schwarz (Quellen und Erörterungen zur Bayerischen Geschichte N. F. 39), München 1991.

QuGStW – Quellen zur Geschichte der Stadt Wien

Rauch, Rerum Austriacarum scriptores – Adrian Rauch, Rerum Austriacarum scriptores et alia monumenta diplomatica (Vol. 1–3), Wien 1793–1794.

Reallexikon der Germanischen Altertumskunde 1 – Reallexikon der Germanischen Altertumskunde. Hg. von Johannes Hoops, Erster Band A–E, Stuttgart 1911–1913.

Reg. Imp. III, 2, 3 – J. F. Böhmer, Regesta imperii III Salisches Haus 1024–1125, zweiter

Teil 1056–1125, dritte Abteilung: Die Regesten des Kaiserreichs unter Heinrich IV. 1056 (1050) – 1106, dritte Lieferung 1076–1085. Neubearb. von Gerhard LUBICH, Köln, Weimar, Wien 2016.

Reg. Imp. IV, 1,2 – J. F. BÖHMER, Regesta imperii IV. Erste Abteilung: Die Regesten des Kaiserreiches unter Lothar III. und Konrad III., zweiter Teil: Konrad III. 1138 (1093/94) – 1152, bearb. von Jan Paul NIEDERKORN unter Mitarbeit von Karel HRUZA, Wien, Köln Weimar 2008.

Reg. Imp. IV, 2,3 – J. F. BÖHMER, Regesta imperii IV. Zweite Abteilung: Die Regesten des Kaiserreiches unter Friedrich I. 1152 (1122–1190), 3. Lieferung 1168–1180. Neubearb. von Ferdinand OPLL, Wien, Köln, Weimar 2001.

Reg Imp. IV, 3 – J. F. BÖHMER, Regesta imperii IV. Ältere Staufer. Dritte Abteilung: Die Regesten des Kaiserreiches unter Heinrich VI. 1165 (1190) – 1197. Neubearb. von Gerhard BAAKEN, Köln, Wien 1972.

Reg. Imp. VI – J. F. BÖHMER, Regesta imperii VI. Die Regesten des Kaiserreiches unter Rudolf, Adolf, Albrecht, Heinrich VII. 1273–1313. Neu hg. von Oswald REDLICH. Erste Abtheilung Innsbruck 1898.

Register Gregors VII. – Das Register Gregors VII. hg. von Erich CASPAR, MGH Epistolae selectae in usum scolarum Tom. II/2, Berlin 1923.

REICHERT, Landesherrschaft – Folker REICHERT, Landesherrschaft; Adel und Vogtei. Zur Vorgeschichte des spätmittelalterlichen Ständestaates im Herzogtum Österreich, Köln, Wien 1985.

RIED, Codex – Codex chronologico-diplomaticus episcopatus Ratisponensis, ed. von Thomas RIED, Tomus I. A Saeculo VIII ad finem Saeculo XIII, Regensburg 1816.

RHOBY, Byzanz und Österreich – Andreas RHOBY, Byzanz und Österreich. »Griechische« Prinzessinnen in Windopolis, in: Das goldene Byzanz und der Orient (Katalog zu Ausstellung Das goldene Byzanz & der Orient), Schallaburg 2012, 189–199.

RHOBY, Die zweite Theodora – Andreas RHOBY, Wer war die »zweite« Theodora von Österreich? Eine Analyse des Quellenproblems, Wiener Byzantinistik und Neogräzistik 24 (2004), 387–396.

RIETSCHEL, Markt – Siegfried RIETSCHEL, Markt und Stadt in ihrem rechtlichen Verhältnis. Ein Beitrag zur deutschen Stadtverfassung. Leipzig 1897.

RÖSCH, Die Wirtschaftsbeziehungen der Ostalpenländer – Gerhard RÖSCH, Die Wirtschaftsbeziehungen der Ostalpenländer zu Venedig am Beginn des 13. Jahrhunderts und ein Raubzug babenbergischer Ministerialen nach Ungarn. ZHVStm 70 (1979), 71–82.

RÖSCH, Wirtschaftsexpansion – Gerhard RÖSCH, Wirtschaftsexpansion und Münze im 12. Jahrhundert. Ein Problem der Geldgeschichte. MIÖG 101 (1993), 17–36.

RÖSCH, Zwei literarische Quellen – Gerhard RÖSCH, Zwei literarische Quellen zu Handel und Verkehr Österreichs im 13. Jahrhundert, Wiener Geschichtsblätter 46 (1991), 111–117.

Rudolf von Ems, Der gute Gerhard – Der guote Gêrhart von Rudolf von Ems, hg. von J. A. ASHER, 3Tübingen 1989.

RUNCIMAN, Geschichte der Kreuzzüge – Steven RUNCIMAN, Geschichte der Kreuzzüge, München 1995.

Rußland – Fischer Weltgeschichte Band 31 – Rußland – Fischer Weltgeschichte Band 31, Hg. und verfaßt von Carsten GOEHRKE u. a., Frankfurt a. Main 1972

SANDGRUBER, Ökonomie und Politik – Roman SANDGRUBER, Ökonomie und Politik. Österreichische Wirtschaftsgeschichte vom Mittelalter bis zur Gegenwart (Österreichische Geschichte Hg. von Herwig Wolfram), Wien 1995,

Sailer, Die Wiener Ratsbürger – Leopold Sailer, Die Wiener Ratsbürger des 14. Jahrhunderts (Studien aus dem Archiv der Stadt Wien 3–4), Wien 1931.

Scheibelreiter, Die Anfänge der Geldwirtschaft – Georg Scheibelreiter, Die Anfänge der Geldwirtschaft im babenbergischen Österreich in: Geld. 800 Jahre Münzstätte in Wien. Hg. von Wolfgang Häusler, Wien 1994, 75–84.

Scheibelreiter, Die Babenberger – Georg Scheibelreiter, Die Babenberger. Reichsfürsten und Landesherren, Wien, Köln, Weimar 2010.

Schicker, Die beiden Ennser Münzhäuser – Josef Schicker, Die beiden Ennser Münzhäuser, Mitteilung des Museumvereines Lauriacum-Enns N. F. 7 (1969) 5 f.

Schier, Wege und Formen des ältesten Pelzhandels in Europa, (Archiv für Pelzkunde in Bd. 1) Frankfurt/Main 1951.

Schirach, Wald-Bienenzucht – Adam Gottlob Schirach, Wald-Bienenzucht, Breßlau 1774.

Schlesinger, Der Markt als Frühform – Walter Schlesinger, Der Markt als Frühform der deutschen Stadt, in: Vor- und Frühformen der europäischen Stadt im Mittelalter Symposion Reinhausen bei Göttingen 18.-24. April 1972, Teilband 1, hg. von Herbert Jankuhn, Göttingen 1972, 262–293.

Schlüsseljahr 1122 – Gernot Peter Obersteiner und Wilhelm Wadl (Hgg.), Schlüsseljahr 1122. Herzog Heinrich III. von Kärnten und das Ende der »Eppensteiner«. Beiträge zum Symposion »1122–2022. 900 Jahre Erlöschen der Eppensteiner« im Benediktinerstift St. Lambrecht, 3. Dezember 2022, Graz und Klagenfurt 2024,

Schmid, Graf Rudolf von Pfullendorf – Karl Schmid, Graf Rudolf von Pfullendorf und Kaiser Friedrich I. (Forschungen zur oberrheinischen Landesgeschichte Band 1), Freiburg i. Br. 1954.

Schmid, Anfänge – Peter Schmid, Die Anfänge der Regensburger Bürgerschaft und ihr Weg zur Stadtherrschaft. ZBLG 45 (1982), 483–539.

Schmidt, Arbeit und soziale Ordnung – Hans Joachim Schmidt, Arbeit und soziale Ordnung. Zur Wertung städtischer Lebensweise bei Berthold von Regensburg. Archiv für Kulturgeschichte 71 (1989), 261–296.

Schmoeckel, Kanonistik – Mathias Schmoeckel, Die Kanonistik und die Zunahme des Handels vom 13. bis zum 15. Jahrhundert, VSWG 104 (2017), 237–254.

Schneidmüller, Konsensuale Herrschaft – Bernd Schneidmüller, Konsensuale Herrschaft. Essay über Formen und Konzepte politischer Ordnung im Mittelalter, in: Reich, Regionen und Europa in Mittelalter und Neuzeit. FS für Peter Moraw (Historische Forschungen 67), Berlin 2000, 53–87.

Schneidmüller, Die Welfen – Bernd Schneidmüller, Die Welfen: Herrschaft und Erinnerung (819 -1252), Stuttgart 2000.

Schön, Das Stift Osterhofen – Johann Heinrich Schön, Das Stift Osterhofen und seine Äbte o. O. 1996.

Schönfeld, Die Donau – Roland Schönfeld, Die Donau als Faktor der wirtschaftlichen Entwicklung, in: Erich Maschke, Jürgen Sydow (Hg.), Die Stadt am Fluss (Stadt in der Geschichte. Veröffentlichungen des Südwestdeutschen Arbeitskreises für Stadtgeschichtsforschung), Sigmaringen 1978, 110–124.

Scholz, Die Erbauung von Burg und Stadt Marchegg – Stephan Scholz, Die Erbauung von

Burg und Stadt Marchegg und der Ausbau von Hainburg an der Donau durch Přemysl Otakar/Ottokar II., in: Marchegg, das Marchfeld und das Werden Mitteleuropas Teil 2, hg. von Ernst Bruckmüller (Österreich, Geschichte, Literatur, Geographie 68), Wien 2024.

Schreibmüller, Gottfried von Viterbo – Der staufische Geschichtsschreiber Gottfried von Viterbo, ZBLG 14 (1943/44), 248–281.

Schwineköper, Handschuh – Berent Schwineköper, Der Handschuh im Recht, Ämterwesen, Brauch und Volksglauben (Neue Deutsche Forschung, Abt. Mittelalterliche Geschichte), Berlin 1938

Seifried Helbling – Seifried Helbling hg. und erklärt von Joseph Seemüller, Halle a. S. 1886.

Sonnlechner, Das Niederkirchenwesen in den Göttweiger Traditionsbüchern – Christoph Sonnlechner, Das Niederkirchenwesen in den Göttweiger Traditionsbüchern und Urkunden (11./12. Jahrhundert) UH, N. F. 68, 1997, 182–226.

Sp. – Spalte

Specker, Deutscher Städteatlas Ulm – Hans Eugen Specker, Deutscher Städteatlas Ulm Lieferung 3, 9, Altenbeken 1984.

Specker, Ulm – Hans Eugen Specker – Ulm. Stadtgeschichte, Ulm 1977.

Spreitzhofer, Georgenberger Handfeste – Karl Spreitzhofer, Georgenberger Handfeste. Entstehung und Folgen der ersten Verfassungsurkunde der Steiermark (Steirisches Landesarchiv Styriaca 3), Graz, Wien, Köln 1986.

Spreitzhofer, Von Grauscharn nach Graz – Karl Spreitzhofer, Von Grauscharn nach Graz: Wege zur steirischen Landeshauptstadt in: Gernot Peter Obersteiner, Peter Wiesflecker (Red.), Festschrift für Gerhard Pferschy zum 70. Geburtstag (Forschungen zur geschichtlichen Landeskunde der Steiermark, Sonderband 25 = Veröffentlichungen des Steiermärkischen Landesarchives 26), Graz 2000, 627–639.

Sproemberg, Galbert – Heinrich Sproemberg, Galbert von Brügge – Die Geschichtsschreibung des flandrischen Bürgertums. Die Bürger und der Staat in den Niederlanden zu Beginn des 12. Jahrhunderts, in: ders., Mittelalter und demokratische Geschichtsschreibung. Ausgewählte Abhandlungen. Hg. von Manfred Unger (Forschungen zur mittelalterlichen Geschichte, Band 18), Berlin 1971, 223–239.

Spufford, Handbook of Medieval Exchange – Peter Spufford, Handbook of Medieval Exchange, 1986.

Spufford, Handel, Macht und Reichtum – Peter Spufford, Handel, Macht und Reichtum. Kaufleute im Mittelalter, Darmstadt 2004.

Die Stadt Wien – Die Stadt Wien, hg. von Peter Csendes und Ferdinand Opll (Österreichisches Städtebuch, 7. Band), Wien 1999.

Stehkämper, Kaiser Friedrich Barbarossa: nur Wirtschaftsförderer oder zugleich auch Machtpolitiker? Eine Forschungskontroverse. Historisches Jahrbuch 119 (1999), 65–83.

Stein, Handels- und Verkehrsgeschichte– Walter Stein, Handels- und Verkehrsgeschichte der deutschen Kaiserzeit, Darmstadt 1977.

Stein, Der Streit zwischen Köln und den Flandrern – Walter Stein, Der Streit zwischen Köln und den Flandrern um die Rheinschiffahrt im 12. Jahrhundert. Hansische Geschichtsblätter, hg. vom Verein für Hansische Geschichtsblätter 1911, 187–213.

Steinherz, Lyoner Zehent – Samuel Steinherz, Die Erhebung des Lyoner Zehenten im Erzbisthum Salzburg (1282–1285), MIÖG 14 (1893), 1–86.

STELZER, Landesbewußtsein in den habsburgischen Ländern – Winfried STELZER, Landesbewußtsein in den habsburgischen Ländern östlich des Arlbergs bis zum frühen 15. Jahrhundert in: Spätmittelalterliches Landesbewußtsein in Deutschland (VuF 61), Ostfildern 2005.

STÖKL, Russische Geschichte – Günther STÖKL, Russische Geschichte. Von den Anfängen bis zur Gegenwart, 5Stuttgart 1990.

ŠTIH, Zur Vorgeschichte der Stadt Maribor/Marburg – Peter ŠTIH, Zur Vorgeschichte der Stadt Maribor/Marburg. ZHVStm 99 (2008), 71–85.

STÖRMER, Hofjagd – Wilhelm STÖRMER, Hofjagd der Könige und Herzöge im mittelalterlichen Bayern, in: Jagd und höfische Kultur im Mittelalter, hg. von Werner RÖSENER (Veröffentlichungen des Max-Planck-Instituts für Geschichte 135, Göttingen 1997), 289–324.

STOLZ, Die Entwicklung des Zollwesens – Otto STOLZ, Die Entwicklung des Zollwesens innerhalb des alten Deutschen Reiches. VSWG 41 (1954). 1–41.

STRNADT, Die Geburt des Landes ob der Enns – Julius STRNADT, Die Geburt des Landes ob der Enns, Linz 1886.

StUB – Urkundenbuch des Herzogthums Steiermark bearb. vo Joseph ZAHN. Hg. vom Historischen Vereine für Steiermark. I. Band 798–1192, Graz 1875; II. Band 1192–1246, Graz 1879

StUB Ergänzungsheft – Urkundenbuch des Herzogthums Steiermark, Ergänzungsheft zu Bd. 1–3, bearb. von Hand PIRCHEGGER und Otto DUNGERN, Wien 1949.

STÜTZEL, Wachs als Rohstoff – Peter Heinz STÜTZEL, Wachs als Rohstoff, Produkt und Handelsware. Hildebrand Veckinchusen und der Wachshandel im Hanseraum 1399–1421, Dissertation Erlangen-Nürnberg 2013.

SZILÀGYI, Árpád period communication networks – Magdolna SZILÀGYI, Árpád period communication networks: road systems in western Transdanubis. PhD in Medieval Studies, Budapest 2012.

TELLENBACH, Bischöfliche passauische Eigenklöster – Gerd TELLENBACH, Bischöfliche passauische Eigenklöster und ihre Vogteien (Historische Studien 173), Berlin 1928.

THIMME, Forestis – Hermann THIMME, Forestis. Königsgut und Königsrecht nach den Forsturkunden vom 6. bis 12. Jahrhunderts, Archiv für Urkundenforschung 2 (1909) 101–154.

TOCH, Netzwerke – Michael TOCH, Netzwerke im jüdischen Handel des Früh- und Hochmittelalters? In: Netzwerke im europäischen Handel des Mittelalters (VuF 72), Tübingen 2010.

TOMASCHEK, Rechte und Freiheiten – Johann Adolf TOMASCHEK, Die Rechte und Freiheiten der Stadt Wien, Bd. 1–2, (Geschichts-Quellen der Stadt Wien, Hg, von Karl WEISS, I, Abtheilung), Wien, 1877–1879

Topographie von Niederösterreich 5 – Topographie von Niederösterreich. 5. Band, hg. vom Verein für Landeskunde von Niederösterreich, Wien 1903.

TREMEL, Udulenidvor – Ferdinand TREMEL, Udulenidvor, ZHVStmk 35 (1942), 38–42.

TREMEL, Wirtschafts- und Sozialgeschichte – Ferdinand TREMEL, Wirtschafts- und Sozialgeschichte Österreichs, Wien 1969.

TYROLLER, Genealogie – Franz TYROLLER, Genealogie des altbayerischen Adels im Hochmittelalter, in: Genealogische Tafeln zur mitteleuropäischen Geschichte, Göttingen 1962–1969, 47–524.

UbOE – Urkundenbuch des Landes ob der Enns; Bd. 1: Saalbücher, bearb. von Erich TRINKS. Wien 1862; Bd. 2: 777–1230, bearb. von DERS., Wien 1856; Bd. 3, bearb von DERS., Wien 1862; Bd. 6, bearb von DERS., Wien 1872; Bd. 10, bearb. von DERS., Wien 1933–1939.

UH – Unsere Heimat

Ulmisches Urkundenbuch 1 – Ulmisches Urkunden Buch 1. Band: Die Stadtgemeinde von 854 bis 1313, hg. von Friedrich PRESSEL, Ulm 1873

Unterfränkische Geschichte 1 – Unterfränkische Geschichte, hg. von Peter KOLB und Ernst Günter KRENIG Band 1, Von der germanischen Landnahme bis zum hohen Mittelalter, Würzburg 1991.

VHVO – Verhandlungen des Historischen Vereins für Oberpfalz und Regensburg

Vita Anskarii – Vita Anskarii auctore Rimberto. Accedit vita Rimberti. Recensuit G. WAITZ (MGH Scriptores Rerum Germanicarum in usum Scholarum 5), Hannover 1884.

Vita Mariani – Vita s. Mariani monachi et confessoris, Acta sanctorum quotquot toto orbe coluntur. Februarius, vol. 2, Parisiis ³1864, 365–372.

Vitae et miracula sanctorum Iuvavensium – Vitae et miracula sanctorum Iuvavensium Virgilii, Hartwici, Eberhardi, MGH SS 11, Hannover 1854, 84–103.

VSWG – Vierteljahrschrift für Sozial- und Wirtschaftsgeschichte

VLEESCHOUWERS, De oorkonden van de sint Baafsabdij te Gent – De oorkonden van de sint Baafsabdij te Gent (819–1321), door Cyriel VLEESCHOUWERS ²Bruxelles 1990.

VuF – Vorträge und Forschungen

VUSOPOVIC, The Chronicle of Halych-Volhynis and Historical Collections in Medieval Rus – Adrian VUSOPOVIC, The Chronicle of Halych-Volhynis and Historical Collections in Medieval Rus, Leiden 2022.

WADL, 1122 – Ein Wendepunkt – Wilhelm WADL, 1122 – Ein Wendepunkt in der Kärntner Landesgeschichte, in: Schlüsseljahr 1122, 211–216.

WADL, Geschichte der Juden – Wilhelm WADL, Geschichte der Juden in Kärnten im Mittelalter. Mit einem Ausblick bis zum Jahre 1867. (Das Kärntner Landesarchiv 9), Klagenfurt 1981.

WAGNER, Zeidelwesen – Max WAGNER, Das Zeidelwesen und seine Ordnung im Mittelalter und in der neueren Zeit, München 1894.

WAITZ, Deutsche Verfassungsgeschichte 5 – Georg WAITZ, Deutsche Verfassungsgeschichte, 5. Band (DERS., Die Deutsche Reichsverfassung von der Mitte des neunten bis zur Mitte des 12. Jahrhunderts), Kiel 1874.

WANDERWITZ, Regensburg – Heinrich WANDERWITZ, Regensburg, ein früh- und hochmittelalterliches Handelszentrum, in: Edith FEISTNER (Hg.), Das mittelalterliche Regensburg im Zentrum Europas (Forum Mittelalter-Studien, Band 1), Regensburg 2006, 43–54.

WANDERWITZ, Der Regensburger Hafen – Heinrich WANDERWITZ, Der Regensburger Hafen in Mittelalter und in der frühen Neuzeit, in: Donau-Schiffahrt: Schriftenreihe des Arbeitskreises Schiffahrtsmuseum Regensburg e.V. 4 (1987), 9–14.

WATZL, Aus zwei Privilegienbüchern – Hermann WATZL, Aus zwei verschollenen Privilegienbüchern der Cisterce Heiligenkreuz von 1246 und 1251, in: DERS., »… in loco, qui nunc ad sanctum crucem vocatur«. Quellen und Abhandlungen zur Geschichte des Stiftes Heiligenkreuz, Heiligenkreuz 1987.

WEBER, Studien zum Weinbau – Andreas Otto WEBER, Studien zum Weinbau der altbayerischen Klöster im Mittelalter. Altbayern -Österreichischer Donauraum – Südtirol. VSWG Beiheft Nr. 141, Stuttgart 1999.

WEIGL, Siedlungsgeschichte – Heinrich WEIGL, Zur Siedlungsgeschichte des Wiener Raumes. JbVGStW 21/22 (1965/66), 63–80.

WEINFURTER, Reformidee und Königtum – Stefan WEINFURTER, Reformidee und Königtum im spätsalischen Reich. Überlegungen zu einer Neubewertung Kaiser Heinrichs V., in: DERS. (Hg.), Reformidee und Reformpolitik im spätsalisch-frühstaufischen Reich (Quellen und Abhandlungen zur Mittelrheinischen Kirchengeschichte 68 (1992), 1–45.

WEINRICH, Quellen zur deutschen Verfassungs-, Wirtschafts- und Sozialgeschichte bis 1250 – Quellen zur deutschen Verfassungs-, Wirtschafts- und Sozialgeschichte bis 1250, ausgewählt und übersetzt vom Lorenz WEINRICH (Ausgewählte Quellen zur deutschen Geschichte des Mittelalters Band XXXII), Darmstadt 1977.

WELLER, Heiratspolitik – Tobias WELLER, Die Heiratspolitik des deutschen Hochadels im 12. Jahrhundert (Rheinisches Archiv 149), Köln u. a. 2004.

WELTECKE, Der Narr spricht – Dorothea WELTECKE, »Der Narr spricht: Es ist kein Gott.« Atheismus, Unglauben und Glaubenszweifel vom 12. Jahrhundert bis zur Neuzeit. Frankfurt, New York 2010.

WELTIN, Ascherichsbrugge – Maximilian WELTIN, Ascherichsbrugge – Das Werden einer Stadt an der Grenze, in: DERS., Das Land und sein Recht 338–374.

WELTIN, Der Begriff des Landes – Maximilian WELTIN, Der Begriff des Landes bei Otto Brunner und seine Rezeption durch die verfassungsgeschichtliche Forschung, in: DERS., Das Land und sein Recht, 384–409.

WELTIN, Böhmische Mark – Maximilian WELTIN – Böhmische Mark, Reichsgrafschaft Hardegg und die Gründung der Stadt Retz, in: Das Land und sein Recht, 233–253.

WELTIN, Das Dorfgericht – Maximilian WELTIN, Das Dorfgericht und seine Bedeutung für die Entstehung der patrimonialen Märkte in Niederösterreich, in DERS., Das Land und sein Recht, 82–92.

WELTIN, Die Gedichte des sogenannten »Seifried Helbling« – Maximilian WELTIN, Die Gedichte des sogenannten »Seifried Helbling« als Quelle für die Ständebildung in Österreich, in: DERS., Das Land und sein Recht. 254–323.

WELTIN, Der hochmittelalterliche österreichische und steirische Adel – Maximilian WELTIN, Der hochmittelalterliche österreichische und steirische Adel in alter und neuer Sicht, in: 2. Pöchlarner Heldengespräch. Die historische Dietrichsepik, Wien 1992.

WELTIN, Das Land und sein Recht – Maximilian WELTIN, Das Land und sein Recht. Ausgewählte Beiträge zur Verfassungsgeschichte Österreichs im Mittelalter. Hg. von Folker REICHERT und Winfried STELZER (MIÖG Erg.-Band 49), Wien-München 2006.

WELTIN, Landesfürst und Adel – Maximilian WELTIN, Landesfürst und Adel – Österreichs Werden, in: DOPSCH, Die Länder und das Reich 218–261.

WELTIN, Landesherr und Landherren – Max WELTIN, Landesherr und Landherren. Zur Herrschaft Ottokars II. Přemysl in Österreich, in: DERS., Das Land und sein Recht 130–187.

WELTIN, Das Pittener Gebiet – Maximilian WELTIN, Das Pittener Gebiet im Mittelalter, in: Wehrbauten und Adelssitze Niederösterreichs. Das Viertel unter dem Wienerwald. Band 1, St. Pölten 1998, 19–35.

WELTIN, Die steirischen Otakare – Maximilian WELTIN, Die steirischen Otakare und das Land zwischen Donau, Enns und Hausruck, in: DERS., Das Land und sein Recht, 188–204.

WELTIN, Die »tres comitatus« Ottos von Freising – Maximilian WELTIN, Die »tres comitatus« Ottos von Freising und die Grafschaften der Mark Österreich, in: DERS. Das Land und sein Recht, 60–81.

WELTIN, Zur Entstehung der niederösterreichischen Landgerichte – Maximilian WELTIN, Zur Entstehung der niederösterreichischen Landgerichte, in: Das Land und sein Recht, 24–59.

Das Werden der Steiermark – Das Werden der Steiermark. Die Zeit der Traungauer. FS zur 800. Wiederkehr der Erhebung zum Herzogtum. Hg. von Gerhard PFERSCHY (Veröffentlichungen des steiermärkischen Landesarchivs, Band 10). Graz u. a. 1980.

WILLOWEIT, Entwicklung und Verwaltung der spätmittelalterlichen Landesherrschaft – Dietmar WILLOWEIT, Entwicklung und Verwaltung der spätmittelalterlichen Landesherrschaft, in: Deutsche Verwaltungsgeschichte Bd. 1. Vom Spätmittelalter bis zum Ende des Reiches, Stuttgart 1983, 66–143.

WINTER – PROKISCH, Schatzfund St. Valentin – Heinz WINTER, Bernhard PROKISCH, Der mittelalterliche Schatzfund von St. Valentin (VB Amstetten, Niederösterreich) aus 1766 (Verborgen 1180). Karl-Schulz-Gedächtnisschrift, Numismatische Zeitschrift 108/109 (2001), 61–97.

WOLFRAM, Grenzen und Räume – Herwig WOLFRAM, Grenzen und Räume. Österreichs Geschichte vor seiner Entstehung (Österreichische Geschichte 378–907, hg. von DERS.) Wien 1995.

WOLFRAM, Intitulatio II Einleitung – Herwig WOLFRAM, Einleitung, in: Intitulatio II. Lateinische Herrscher- und Fürstentitel im neunten und zehnten Jahrhundert (MIÖG Erg.-Bd. 24), Wien, Köln, Graz 1973.

WOLFRAM, Salzburg, Bayern, Österreich – Herwig WOLFRAM, Salzburg, Bayern, Österreich. Die Conversio Bagoariorum et Carantanorum und die Quellen ihrer Zeit (MIÖG Erg.- Bd. 31) Wien, München 1995.

WONISCH, Über das Urkundenwesen der Traungauer – Othmar WONISCH, Über das Urkundenwesen der Traungauer, ZHVStm 22, 1926, 52–149.

WONISCH, Die Zugehörigkeit – Othmar WONISCH, Die Zugehörigkeit des Graslupptales zur Steiermark oder Kärnten (Forschungen Zur Verwaltung und Verfassung der Steiermark 14), Graz 1945.

WSTLA – Wiener Stadt- und Landesarchiv.

ZATSCHEK, Handwerk und Gewerbe in Wien – Heinz ZATSCHEK, Handwerk und Gewerbe in Wien. Von den Anfängen bis zur Gewerbefreiheit im Jahre 1859, Wien 1949.

ZAUNER, Die Anfänge des Landes ob der Enns – Alois ZAUNER, Die Anfänge des Landes ob der Enns in: Österreich im Hochmittelalter (907–1246), 195–228

ZAUNER, Einforstung – Alois ZAUNER, Die Einforstung der Wälder des Grafen Arnold von Lambach 992/93, Jahrbuch des Musealvereins Wels 23 (1981), 115–144.

ZAUNER, Die Grafen von Lambach – Alois ZAUNER, Die Grafen von Lambach. Jahrbuch des Oberösterreichischen Musealvereins 133 (1988), 55–66.

ZAUNER, Lorch und Enns – Alois ZAUNER, Lorch und Enns in: Enns, Lorch, Lauriacum. Festschrift zur 750-Jahr-Feier des Stadtrechtes von Enns, Linz 1962, 49–76.

ZBLG – Zeitschrift für bayerische Landesgeschichte.

ZEHETMAYER, Die Babenberger als Herzöge von Bayern – Roman ZEHETMAYER, Die Babenberger als Herzöge von Bayern (1139–1156), ZBLG 77 (2014), 183–220.

ZEHETMAYER, Urkunde und Adel – Roman ZEHETMAYER, Urkunde und Adel. Ein Beitrag zur Geschichte der Schriftlichkeit im Südosten des Reiches vom 11. bis zum frühen 14. Jahrhundert (Veröffentlichungen des IfÖG 53), Wien, München 2010.

ŽEMLIČKA, Prager Westhandel – Josef ŽEMLIČKA, Prager Westhandel im Früh- und Hochmit-

telalter, in: Städtische Wirtschaft im Mittelalter in: Städtische Wirtschaft im Mittelalter. Festschrift für Franz Irsigler zum 70.Genurtstag, Hg. von Rudolf HOLBACH, Köln 2011, 1–14.
ZHVStm – Zeitschrift des Historischen Vereines für Steiermark
ZIEGLER, König Konrad III. – Wolfram ZIEGLER, König Konrad III. (1138–1152). Hof, Urkunden, Politik (Forschungen zur Kaiser- und Papstgeschichte des Mittelalters, Beihefte zu J. F. Böhmer, Regesta Imperii; 26), Wien, Köln, Weimar 2008.
ZÖLLER, Gerhard Unmaze von Köln – Sonja ZÖLLER, Kaiser, Kaufmann und die Macht des Geldes. Gerhard Unmaze als Finanzier der Reichspolitik und der »Gute Gerhard« des Rudolf von Ems (Forschungen zur Geschichte der älteren deutschen Literatur), München 1993.
ZOTZ, Beobachtungen zu Königtum und Forst – Thomas ZOTZ, Beobachtungen zu Königtum und Forst im frühen Mittelalter, in: Jagd und höfische Kultur. Hg. von Werner RÖSENER (Veröffentlichungen des Max-Planck-Instituts für Geschichte 135, Göttingen 1997), 95–122
ZOTZ, Die Zähringer – Thomas ZOTZ, Die Zähringer. Dynastie und Herrschaft, 2Stuttgart 2024.
ZRG Germ. Abt. – Zeitschrift der Savigny-Stiftung für Rechtsgeschichte. Germanistische Abteilung.

Abbildungsnachweis

Abb. 1: © Stift Rein

Abb. 2/12: © Österreichisches Staatsarchiv. Allgem. Verwaltungsarchiv – Hofkammerarchiv. FHKA SUS KS, F-482.

Abb. 3: © Museumverein Lauriacum-Enns

Abb. 4: © Bundesdenkmalamt, Fotoarchiv

Abb. 5: © Oberösterreichisches Landesarchiv, StA Gasten, Hs. 1a Fol. 17v.

Abb. 6/7: © Bayerisches Hauptstaatsarchiv: Reichsstadt Regensburg U 3.

Abb. 8–11: © Steiermärkisches Landesarchiv

Abb. 13: © Österreichische Akademie der Wissenschaften. TOPOGRAPHIA ARCHIDUCATUS AUSTRIAE INF. MODERNAE, Wien 1677. URL: http://viewer.acdh.oeaw.ac.at/viewer/image/AC04987736/64/

Abb. 14: Aus: Handbuch der Geschichte Russlands Band 1/1, S. 373, Verlag Hiersemann, © Carsten Goehrke

Abb. 15: © Volkmar Herre.

Abb. 16: Aus: The Economy of Medieval Hungary, Brill 2018, S. 53, figure 2.1.

Abb. 17a/b: © KHM, MK 177384, CNA B 10Bp

Abb. 18a/b: © Privat, CNA B 23 A/III3var.

Abb. 19a/b: © OÖ Landes-Kultur GmbH Linz, Sammlung Numismatik, CNA B 77c

Abb. 20a/b: © Privat, CNA B 32b

Abb. 21a/b: © KHM, MK 177384, CNA B 29

Personen-, Orts- und Sachregister